COLLECTION SYNERGIES

STRATÉGIES PUBLICITAIRES

de l'étude marketing aux choix des médias et des techniques hors médias

L. Marcenac
Professeur en classe de BTS Communication des entreprises

A. Milon
Professeur des universités, université Paris X
Sociologue expert auprès de CITTAL

S.-H. Saint-Michel
Consultant marketing et communication chez JIPO-Interactive
Intervenant au CELSA

Bréal éditions

1, rue de Rome – 93561 Rosny cedex

Autres ouvrages d'A. Milon et S.-H. Saint-Michel aux Éditions Bréal :

- **Études de cas de stratégies publicitaires, 1992**
- **Lexicom : les 3 500 mots du marketing publicitaire et des techniques de production, 2e édition, 2001**

Autres ouvrages d'A. Milon aux Éditions Bréal :

- **Communication et organisation des entreprises** avec la collaboration de M. Jouve, **1996.**

ISBN 2 84291 917 3

Avant-propos

La fonction publicitaire s'inscrit avant tout dans une réflexion générale sur l'espace public. Il s'agira, dans le cadre de cet ouvrage, de montrer comment se construit une stratégie de communication à travers la mise en place d'outils de communication, tout en conservant à l'esprit l'idée qu'un plan de communication met en œuvre une réflexion globale sur l'entreprise, le marché, l'État et la société civile.

Dans ce contexte, la création publicitaire est le point le plus remarqué des campagnes de communication. Étape ultime de la réflexion publicitaire, elle est sanctionnée par les grands prix (Cannes, par exemple) et par le public consommateur. Mais c'est oublier tous les cheminements intermédiaires qui ont précédé sa réalisation car la campagne de communication comprend, avant son éclosion, deux phases stratégiques.

La première phase, qui sera traitée dans notre première partie, consiste en une analyse de la situation dans le but de situer l'annonceur et son marché (1), puis de connaître le consommateur (2) pour mieux répondre à ses attentes et à ses besoins. Mais, dans le même temps, on doit tenir compte de certaines variables extérieures à l'entreprise (3). Ces éléments autoriseront des stratégies de communication et de création propres à ces études (4).

La phase suivante (seconde partie), la stratégie des moyens, est la concrétisation de ces stratégies, qui nécessite un plan média (1) et des moyens médias ou hors médias (2 et 3). Ils s'échelonneront dans un plan de campagne (4).

Sommaire

DEUXIÈME PARTIE :

Élaboration de la stratégie de communication

Première Partie

Introduction

Le secteur de la publicité et de la communication est confronté à une mutation économique et une internationalisation des marchés sans précédent. Nous verrons dans un premier temps les causes de ces mutations, ensuite les caractéristiques du consommateur des années quatre-vingt dix, et en dernier lieu un exemple de réponse apportée par la communication publicitaire.

1. Les principaux facteurs de l'internationalisation de l'économie

La mondialisation des échanges et des marchés accentue les tensions économiques. En outre, les stratégies concurrentielles font disparaître les frontières géographiques ; le marché unique européen mis en place le 31 décembre 1992 participe de ce même état de fait.

Les stratégies marketing sont de plus en plus spécifiques et la notion de secteur protégé n'existe plus. On assiste au contraire à une multiplication des OPA et OPE.

L'atomisation des marchés en micro-cibles fugaces augmente les risques de lancement de produit pour l'annonceur. Certains industriels vont même jusqu'à adopter des attitudes complètement différentes. Renault par exemple n'hésite pas à mettre en vente 79 versions pour la R19 alors que dans le même moment, il lance la Twingo avec uniquement 5 modèles.

La durée de vie des produits est de plus en plus faible et il est difficile aujourd'hui pour un industriel d'occuper sûrement un marché.

Le développement des technologies se diffuse de manière transversale et non plus de manière cloisonnée par secteur d'activité. L'internationalisation des technologies de pointe génère une croissance des délocalisations des activités de recherche et développement, des activités de production et des activités de recherche fondamentale.

L'augmentation du coût de la recherche est telle que les entreprises sont dans l'obligation de s'associer.

L'internationalisation des normes participe également de ce processus de mondialisation de l'économie. La recherche de standards mondiaux reste une préoccupation importante pour l'entreprise tournée vers l'avenir ; cela devient même un impératif technico-commercial.

Le tissage des réseaux informationnels met en place de nouvelles technologies de l'information (les NTI). D'autre part, ces NTI permettent des diffusions d'informations en arborescence beaucoup mieux adaptées aux secteurs de veille stratégique.

Toutefois, cette internationalisation de l'économie a des limites, et il serait absurde de la réduire à un libéralisme sans frontière. Les déclarations de l'économiste français Maurice Allais parues dans *Le Figaro* du 24 novembre 1992 sont très claires. Il vaut mieux imaginer une politique économique de la concertation avec préférence, plutôt que de développer des logiques périmées du libre-échange mondial, sans que cela se réduise toutefois à des politiques autarciques. Nous sommes à une époque où l'on parle beaucoup plus de concertation et de partage des activités économiques que de développement autonome et isolé.

En réalité, dans le secteur de la communication et de l'information, il est des situations où l'importation vaut mieux que l'exportation. Une entreprise a en fait tout intérêt à s'ouvrir sur le monde, et à récolter le maximum de données en vue de s'inscrire dans un processus de veille stratégique hors duquel elle aura de grandes chances de voir disparaître ses services de recherche et développement (R&D), et de se transformer en simple société de service.

2. Les caractéristiques du consommateur des années quatre-vingt-dix

L'autre composante importante de cette mutation tient au changement de conduite du consommateur des années quatre-vingt-dix. En effet, pour répondre à l'évolution rapide des mentalités du consommateur, les entreprises ont dû modifier leur stratégie marketing en fonction de plusieurs bouleversements.

L'évolution des pratiques de consommation

Si l'on fait un rapide historique des attitudes du consommateur depuis les années soixante, on constate effectivement un certain nombre de changements.

Les années soixante correspondaient à une sorte de «consommation de la consommation». Le consommateur de cette décennie consommait pour compenser les privations de l'après-guerre. Les années soixante étaient une période de frénésie et de survalorisation de l'acte de consommation. Les conduites d'achat collectives, à cette époque, l'emportaient sur les pratiques individuelles. Le choix étant inexistant, on achetait alors ce que l'on trouvait. Les marques, encore trop peu nombreuses, diffusaient peu mais en grande quantité. C'est l'époque où l'affirmation sociale passait souvent par l'identification aux valeurs sociales de la collectivité ; ce qui provoquait l'achat d'objets à valeur-signe importante, dans un but ostentatoire.

Les années soixante-dix, quant à elles, introduisent la notion de consommation contestataire. Le consommateur se marginalise de plus en plus. Il consomme en fait selon ses besoins. C'est aussi à partir de ce moment que le consommateur remet en cause cette course effrénée à la consommation (voir les mouvements contestataires de 1968). La valorisation sociale n'a plus de sens et le refus de l'uniformisation entraîne une modification de l'évolution économique. Chaque individu va ainsi essayer de se spécifier et délaisser l'esprit du groupe.

Les années quatre-vingt sont l'époque des pratiques de consommation à forte valeur-signe. Les valeurs individuelles instaurent une nouvelle forme d'individualisme moderne, sorte d'amour de soi sans limite.

En outre, chacun particularise son territoire culturel pour en faire un territoire de communication. Surgit ainsi une multitude de sous-groupes dans les grandes classifications des socio-styles. C'est aussi à la même période que l'on voit naître une désaffection pour les luttes politiques ou syndicales. Il s'agit en fait d'une sorte de démotivation à l'égard de la collectivité, chacun recherchant une manière propre d'être à lui.

Les années quatre-vingt-dix voient l'émergence d'une consommation à forte tendance informative accompagnée d'un goût évident pour de nouvelles valeurs comme l'écologie et l'action humanitaire. L'homme des années quatre-vingt-dix a su mettre un terme aux comportements individualistes et égocentrés. Cet élan d'humanité s'est accompagné de nouveaux comportements de consommation générant un marketing de niches, avec une segmentation de plus en plus précise, une couverture maximum ayant pour conséquence un déluge de nouveautés. L'innovation marketing l'emporte alors sur l'innovation technologique (les produits étant rénovés par couches successives). Étant donné la très forte évolution des marchés, les produits doivent être conçus beaucoup plus rapidement, ce qui entraîne une réduction des temps de recherche et de développement, et une meilleure organisation des filières de conception-fabrication et commercialisation (ingénierie simultanée). La plupart des entreprises des années quatre-vingt-dix conçoivent maintenant des *business units* où l'ingénieur est autant homme de marketing que responsable de fabrication.

C'est dans ce contexte d'extrême mouvance que les principaux acteurs du marché publicitaire ont été obligés de mettre en place de nouvelles stratégies publicitaires et de nouvelles grilles d'analyses. Ainsi, le Centre de communication avancée a mis en place en 1995 une nouvelle carte perceptuelle censée compléter les indications fournies par les socio-styles de la fin des années soixante-dix et des années quatre-vingt en vue de mieux comprendre les agissements des consommateurs et leur mode de fonctionnement. Ces nouvelles tendances restent des outils plus ou moins efficaces pour cerner les attitudes des consommateurs et construire ainsi des niches plus rigoureuses.

Notons cependant que ces grilles sont à prendre avec beaucoup de réserve et qu'il s'agit trop souvent d'un outil destiné à formaliser la rhétorique publicitaire (marché communautaire et internationalisation de l'économie obligent). Leur efficacité reste à démontrer.

3. Une profonde récession : un secteur en difficulté

A. Le constat

On a qualifié l'année 1992 d'année noire. Le classement des revenus des groupes publicitaires, proposé par l'AACC, confirme ce fait dans la mesure où les 20 groupes leaders du marché ont connu une baisse de leur marge brute de 4,4 % (- 0,8 % en 1991).

Le marché s'est ensuite repris. De fait, les investissements en communication représentaient en 1996 152,4 MdF (95,742 MdF en hors-médias ; 56,658 MdF en publicité).

Après l'euphorie des années quatre-vingt et les forts taux de croissance à deux chiffres (de + 17 % en 1982 à 11,5 % en 1989), le secteur semble entrer dans une phase de morosité depuis 1993 conjugant baisses et hausses, même si la croissance demeure positive depuis 1995.

Nous avons ainsi la vision d'un secteur en crise qui, selon la note de conjoncture d'Information et Publicité, ne devrait connaître aucune amélioration significative. Les causes de cette situation sont diverses.

B. Les causes

La publicité ne constitue pas un secteur au sens économique pur du terme. Par abus de langage, on parle du secteur de la communication pour montrer son interdépendance avec les autres secteurs. Si l'on ne considère que les agences de communication, on constate que le secteur de la communication est de petite taille, géographiquement centralisé à Paris et en région parisienne et qu'il est de plus en plus concentré. Si l'on considère maintenant la transversalité de ce secteur en l'élargissant à tous les intervenants et intermédiaires qu'il fait travailler, le secteur se fait pieuvre et montre des ramifications dans toute l'économie. Cette interdépendance est une des causes majeures de la crise du secteur.

En effet, la conjoncture nationale et internationale est aujourd'hui peu favorable et le secteur de la communication tout entier en subit les conséquences. Quand les marchés réagissent mal, les annonceurs ont tendance à restreindre leur budget communication. La situation de la France n'est pas exceptionnelle. D'autres pays devraient enregistrer une croissance : États-Unis, Luxembourg, Portugal, Grande-Bretagne et Allemagne. La Hongrie, la République tchèque et la République slovaque connaissent, pour leur part, une nette croissance (puisque la dernière a même vu quintupler ses investissements), ce qui s'explique par des bouleversements économiques internes à ces pays.

Certains pays de l'Est constituant donc un cas à part, «les nations publicitaires» sont en crise, ce qui entraîne des restructurations au niveau des groupes (EURO-RSCG, BDDP), une baisse des marges des agences : croissance nulle ou légère (selon les sources) des revenus bruts.

À cette crise conjoncturelle se superposent une crise de confiance, une crise morale, une crise économique et une crise humaine. La publicité est arrivée à un stade où il lui faut changer de modèle puisque son offre ne correspond plus aux demandes des annonceurs. Le modèle de communication d'entreprise doit dépasser le modèle publicitaire existant pour sortir de la crise. Une cohérence reste à établir entre toutes les communications de l'entreprise, et la vision d'une crise structurelle.

Si la publicité directe se développe autant aujourd'hui, c'est qu'elle satisfait davantage les entreprises qui aspirent avant tout, crise oblige, au retour à un investissement mesurable que la publicité média a des difficultés à leur fournir. Les annonceurs, comme on l'a beaucoup répété au moment de l'élaboration de la loi Sapin, se méfient donc de la publicité et des publicitaires. Crise de confiance entre les agences et leurs clients, assez forte pour conduire (entre autres causes) au vote d'une loi. Crise de confiance, élément d'une crise conjoncturelle et structurelle, et dans tous les cas crise de croissance qui incitent les professionnels à une réflexion sur le métier.

L'année 1993 a aussi bouleversé le cadre légal dans le secteur de la communication. Cause et/ou conséquence de la crise du secteur, les lois Évin et Sapin entraînent des changements dans la pratique publicitaire (*cf.* 2e partie, dans le chapitre 1, La loi Évin et la loi Sapin) pourtant, dès 1994, le marché publicitaire repartait à la hausse pour se stabiliser ensuite.

Le début des années quatre-vingt-dix voit aussi l'apparition d'un nouveau format publicitaire, l'infomercial, d'une durée comprise entre 45" et 3'. Cette technique *«through the line»* permet de dépasser les techniques *«above the line»*. Les infomercials les plus connus sont Ariel, SFR, Philips, le Crédit Lyonnais, Médecins du Monde... Enfin, en 1993 apparaissent les premiers spots interactifs sur le cable et le satellite, préfigurant sans doute une nouvelle façon de communiquer en direction de publics de plus en plus finement ciblés.

4. L'ENTREPRISE COMME SYSTÈME

L'entreprise est un système. À ce titre, l'ensemble des éléments qui la composent agissent en interaction et concourent à asseoir sa finalité (1).

Nous percevons très globalement cette finalité comme étant la satisfaction des besoins des consommateurs tout en assurant la pérennité de l'entreprise.

Cette finalité est déclinable en fonction de la taille de l'entreprise, de l'état d'esprit de ses membres, de tout ce qui forme sa culture... c'est la politique générale de l'entreprise.

Une fois cette politique déterminée comme une ligne à suivre, l'entreprise va établir sa stratégie qui précisera plus concrètement ses objectifs et déterminera les moyens pour les atteindre.

Les objectifs sont nombreux et si l'entreprise est un système, ne perdons pas de vue qu'elle est aussi un élément de systèmes plus larges : l'économie nationale, l'économie européenne déjà et de plus en plus économie mondiale.

Dans ce système général, la stratégie consiste ainsi pour l'entreprise à se fixer des objectifs et à obtenir des moyens pour les atteindre. Elle doit pour cela se connaître, apprécier ses forces et ses faiblesses mais aussi être à l'écoute de son environnement.

La stratégie de communication n'est pas une partie de la stratégie marketing, elle-même partie de la stratégie générale. Elle consiste également à fixer des objectifs et des moyens spécifiques à son échelon pour les atteindre.

La stratégie de communication n'est pas plus importante que les autres stratégies : stratégie d'approvisionnement, stratégie logistique, stratégie des ressources humaines...

Toutes agissent en fonction d'objectifs et avec des moyens spécifiques (qui les rendent différentes) et concourent simultanément à la réussite de l'entreprise :

- une bonne publicité n'est valable que si la production peut faire face à une augmentation souhaitée des ventes ;
- un bon climat social ne peut perdurer qu'avec une communication interne et externe cohérente...

(1) Sur les nouvelles théories de l'entreprise et la notion d'entreprise comme organisation, J.-B. Coriat et O. Weinstein, *Les nouvelles théories de l'entreprise*, Paris, Livre de Poche, 1995.

Dans cette première partie, nous nous intéresserons à la préparation de la stratégie de communication.

Il faut donner les moyens à cette stratégie ; elle doit en outre connaître ses limites. Elle ne peut être déterminée que dans une entreprise qui croit à ses bienfaits tout en reconnaissant qu'elle n'est pas la panacée et que dans certains cas, elle n'est d'aucune utilité : le problème de l'annonceur est peut-être ailleurs que dans sa communication.

Nous ne traiterons ici que de ce qui concerne la stratégie de communication.

En effet, cette première partie est une analyse marketing de la situation de l'entreprise, mais cette analyse est uniquement proposée à travers la variable communication.

Dans un premier chapitre, nous examinerons la volonté du client : l'annonceur. Ce qu'il veut, ce qu'il peut sur son marché et ce qu'il est prêt à accorder à une éventuelle campagne.

Un diagnostic interne ne suffit pas, l'entreprise, sous-système de l'économie générale, est de plus en plus soumise aux réactions de son environnement.

C'est donc l'environnement que nous examinerons dans les chapitres suivants : le **consommateur**, cible marketing (chapitre 2) et les **autres variables de l'environnement** parmi lesquelles figure la concurrence (en chapitre 3).

Ainsi, la stratégie de communication sera établie comme la résultante de trois éléments : un annonceur sur un marché déterminé, le consommateur et la concurrence. Il est bien évident que le consommateur et la concurrence font partie intégrante du marché de l'annonceur ; nous les traiterons volontairement dans des chapitres distincts afin de mieux les appréhender.

L'analyse du potentiel de l'entreprise et celle de son environnement nous permettront d'établir « un problème à résoudre ».

L'utilisation de la communication (qu'il faudra prouver) pour la résolution de ce problème constituera un quatrième chapitre sur les **stratégies de communication.**

1

L'annonceur et son marché

I. LE MARCHÉ GLOBAL

L'entreprise se situe en fait sur plusieurs marchés, elle peut en effet raisonner par rapport à la nature du produit qu'elle fabrique (**1**), et selon la cible qu'elle vise (**2**). Une fois ceux-ci déterminés, une segmentation à utilité stratégique pourra être réalisée (**B**).

A. Les marchés

Le marché est « l'ensemble des individus et organisations qui achètent ou pourraient acheter un produit ou un service » (P. Kotler). Cette affirmation comporte donc deux acteurs : le produit et les destinataires. Nous les détaillerons tour à tour.

1. Les produits

On distingue plusieurs types de marché : le marché de la marque, et celui du produit.

- **Le marché du produit auquel appartient la marque.** Cette notion renvoie à plusieurs points (nous reprenons ici la distinction faite par C. Matricon dans *Le marketing du réel* :
  - **le marché générique,** « tous les produits liés au genre du besoin satisfait par le produit principal ».
  - **le marché principal,** « ensemble des produits semblables et directement concurrents ».
  - **le marché environnant,** « ensemble des produits de nature différente du produit principal mais satisfaisant les mêmes besoins et les mêmes motivations dans les mêmes circonstances ».
  - **le marché support,** ensemble des éléments dont la présence est nécessaire à la consommation du produit étudié.

EXEMPLES

Notre marque	Marché générique	Marché principal	Marché environnant	Marché support
Miele (fours micro-ondes)	Électroménager	Fours micro-ondes	Fours traditionnels	Déstructuration des repas ; vie urbaine nécessitant un gain de temps
Rollerblade (rollers en ligne)	Sports	Rollers (*i.e.* en ligne et « quads »)	Sports « fun »	Mode, fitness
Philips (lampes halogènes)	Éclairage	Lampes halogènes	Éclairage au fluor, au néon et « traditionnel »	Coût de l'électricité, décoration

- **Le marché de la marque, c'est-à-dire sa clientèle.** On parle alors de :
  - marché atomisé quand plusieurs marques à faibles parts de marché interviennent sur le marché ;
  - marché ouvert lorsqu'aucune marque ne domine. Les chances pour chacune de se développer sont alors égales ;
  - *a contrario*, le marché est fermé si une tendance monopolistique ou oligopolistique ne permet pas aux autres marques de se développer ;
  - marché actuel et marché potentiel ;
  - marché amont (celui de l'entreprise face à ses fournisseurs), marché aval (celui des clients) ;
  - marché captif, lorsque les consommateurs de la marque ne peuvent s'adresser à la concurrence, par exemple si les diverses marques ne sont pas compatibles entre elles ;
  - marché des biens de substitution (Paracétamol/Aspirine) ;
  - marché des biens complémentaires, qui sont des biens dont la demande est liée, comme les surgelés et les congélateurs.

Ces marchés sont composés de différents destinataires.

2. Les destinataires

Un produit peut s'adresser à des consommateurs, à des acheteurs, ou bien à d'autres agents du marché.

2.1 Les consommateurs et les acheteurs

Ils comprennent :

- les **consommateurs actuels** (des produit de l'entreprise ou des concurrents) ;
- les **consommateurs potentiels** composés des **non-consommateurs relatifs** qui, par exemple, ignorent l'existence du produit ou n'arrivent pas à le trouver dans le réseau de distribution ;

– les **non-consommateurs absolus** qui ne peuvent pas acheter le produit pour des raisons importantes, qu'elles soient physiques, psychologiques, morales, etc. Pourtant, l'entreprise ne doit pas les négliger car ils pourraient dénigrer le produit sans pour autant le consommer...

LES MARCHES

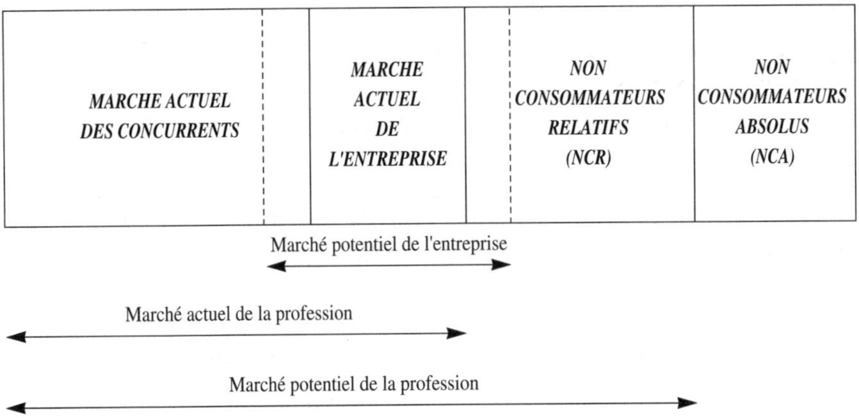

NOTA : NCR + Marché actuel de la concurrence = prospects de l'entreprise.
NCR + Marché actuel de l'entreprise = prospects de la concurrence.

2.2 Les autres agents du marché

Ces derniers conseillent ou déconseillent le produit, ce sont des « **influenceurs** ». Nous avons alors ici affaire, hormis le cas évident des utilisateurs, aux:

- **prescripteurs** qui, dans l'exercice de leurs fonctions, conseillent, recommandent ou prescrivent un produit rattaché à cette fonction, et sur la vente duquel ils ne sont pas financièrement intéressés. Ils imposent leurs choix aux consommateurs. Exemple : les médecins ;
- **conseillers** qui aident l'acheteur dans son choix, suggèrent des produits et des solutions. Ce rôle est dû à des compétences que reconnaît le consommateur à ce conseiller, à des liens familiaux ou de travail, etc;
- **distributeurs** qui, par leur intervention, contribuent à mettre en valeur le produit sur le lieu de vente, tant par des actions promotionnelles, que par de la PLV, du merchandising, etc ;
- **leaders d'opinion** (qu'ils soient une star ou une personne compétente en un domaine) ;
- les **institutionnels** (entités émanant des pouvoirs publics) qui peuvent agir sur le marché par le biais d'associations de consommateurs, par l'édiction de normes, etc ;

Le marché va servir de terrain de manœuvre à l'entreprise qui utilisera différentes stratégies. Celles-ci ne sont toutefois décidées qu'après avoir segmenté le marché.

B. La segmentation et la typologie

1. Différences entre les deux notions

Dresser une **typologie** revient à partir des individus pour les rassembler ensuite en un nombre réduit de types ayant des caractéristiques semblables. Elle regroupe les individus selon des traits caractéristiques, selon les traits qui les rapprochent le plus.

La **segmentation** part du marché pour le découper en sous-ensembles homogènes et distincts.

Ces deux techniques, qui supposent d'ailleurs un marché hétérogène, permettent une politique de marketing et une politique de communication qui sont le plus en rapport avec les attentes des sous-ensembles ainsi dégagés. Le mix marketing (la combinaison entre les **quatre "P"** d'origine américaine : product, place, price, promotion, ce qui signifie : produit, distribution, prix et communication.) est donc plus rentable et plus efficace car les investissements sont centrés sur les segments/cibles auxquels la pression marketing s'adresse.

On procède de plus à la segmentation des marchés pour :

- rechercher des opportunités de nouveaux produits ou bien des domaines où l'on pourrait repositionner le produit actuel ;
- créer des messages publicitaires plus pertinents du fait d'une meilleure compréhension/adéquation des consommateurs.

Mais avant cela, l'entreprise aura dû définir son marché, choisir des variables de segmentation, affecter les individus à ces différentes segmentations, décrire puis valider les segments retenus. Ces points nous serviront de plan. Nous verrons en premier lieu les critères de segmentation, pour ensuite aborder les qualités nécessaires à la validation des segments. Il existe certes des segmentations produits, mais dans l'optique de cet ouvrage axé sur la communication, nous traiterons seulement de la segmentation des destinataires.

2. Les principaux critères de segmentation du consommateur

Cette micro-segmentation est d'essence géographique, sociodémographique, psychographique et comportementale.

2.1 Les critères géographiques

On segmente ici selon les régions d'un pays, la densité de sa population (critère très utilisé pour implanter des complexes cinématographiques), le climat (par exemple pour les appareils de chauffage), le degré d'urbanisation (téléphonie portable), l'habitat (par exemple pour les clôtures de jardin).

2.2 Les critères socio démographiques

La segmentation de type sociodémographique est la forme dominante de la segmentation du marché car l'information, à dominante quantitative, se traite et se trouve facilement. Les variables dont elle tient compte sont :

– le genre : animal/homme. Exemple : l'alimentation animale ;
– l'âge : la communication des *energy drinks* s'adresse aux jeunes ;
– le sexe : les rasoirs mécaniques ;
– la taille et le type de la cellule familiale (le marché de l'informatique de loisir) ;
– la profession et la catégorie sociale (valable pour la presse) ;
– le revenu : les voyages ;
– le niveau d'éducation : les livres Harlequin opposés à ceux de la Pléiade ;
– la race : les produits adaptés aux cheveux crépus ;
– la religion : les produits casher en hypermarchés.

2.3 La segmentation psychographique

Ces variables peuvent être utilisées lorsqu'une étude sociodémographique n'a pas produit de segments clairs ou opérationnels. Dans le cadre de cette segmentation, l'entreprise essaie d'intégrer une partie de l'essence de la personne, en se penchant sur ses styles de vie, sa personnalité et ses valeurs (voir le chapitre **2. Le consommateur, § I, 2**). Ceci suppose, au préalable, des enquêtes qualitatives (voir le chapitre **2. Le consommateur, § II, 2**).

2.4 La segmentation comportementale

Elle comprend des variables comme :
– l'occasion d'achat (cadeau, personnel...) ;
– le lieu d'achat (hypermarché, magasin spécialisé...) ;
– le degré d'équipement en tel ou tel bien ;
– la fréquence d'utilisation et de consommation (qui renvoie parfois à la saisonnalité) ;
– les avantages escomptés par l'usage, la possession du produit ;
– le type d'usage et les circonstances d'usage (où, quand et comment utilise-t-on le produit ? à quels besoins répond-il ?) ;
– le degré d'usage (gros ou petit consommateur), qui renvoie aux quantités utilisées à chaque usage ;
– le degré de fidélité, déterminé par les panels (voir le chapitre **2. Le consommateur, § II, 1**) ;
– le niveau de préparation du consommateur face au produit, attitude à l'égard du produit ;
– la sensibilité aux actions marketing ;
– l'image de soi (idéale et réelle). Les tests de personnalité sont alors nécessaires afin de lier le construit psychologique avec la valeur symbolique du produit.

3. Deux segmentations spécifiques

3.1 La segmentation client

Pour le Business to Business, les principaux critères sont :
– le secteur d'activité du client ;

– la stratégie du client ;
– le processus d'achat ;
– l'intégration verticale ou non ;
– la complexité technologique ;
– la taille ;
– la puissance financière ;
– le régime juridique (privé ou public) ;
– la structure de commande...

3.2 La segmentation des circuits de distribution

Les critères de segmentation doivent permettre d'identifier et de mieux cerner les circuits de distribution. Les critères sont :

– le type de distributeur ou de détaillant ;
– la vente directe ou la vente par distributeur ;
– la vente par correspondance ou la vente par distributeur ;
– distributeur exclusif ou non...

Le tableau suivant propose une vue d'ensemble récapitulative.

	Stratégie de l'offre	**Stratégie de la demande**
Analyse	– concurrence perceptuelle – concurrence préférentielle – concurrence produit	– définition des segments – explication des segments
Décision	– positionnement voulu – positionnement accepté	– choix de la cible en fonction de segments nouveaux – choix de la cible en fonction de segments non satisfaits

Le but de la segmentation est donc aussi de déterminer pourquoi un individu achète un produit, pour ensuite partir du postulat que des individus similaires sont susceptibles d'acheter ce même produit. L'entreprise cherchera de plus à savoir quelle est la proximité des marques existantes par rapport à ces motivations d'achat, afin de mieux mettre en valeur ses plus-produits.

4. Les qualités nécessaires des critères de segmentation du consommateur

Pour être exploitables, les critères de segmentation doivent posséder certaines caractéristiques :

– **la pertinence** est synonyme de forte différenciation : les segments devront présenter entre eux des fortes différences quant aux comportements, attitudes, critères socio démographiques, géographiques, etc., vis-à-vis du produit ;

- **la mesurabilité** signifie qu'un segment doit être identifiable et ses individus dénombrables. Cela explique le fort poids des critères sociodémographiques, géographiques ou socioculturels au détriment des critères comportementaux trop vagues (il est difficile de dénombrer, par exemple, les « femmes sûres d'elles et bien dans leur corps ») ;
- **la valeur opératoire** d'une segmentation doit permettre à l'entreprise d'utiliser celle-ci sur le terrain.
- **une taille substantielle** afin de permettre une action rentable. Il est certes bon parfois de s'adresser à un segment peu rentable pour tirer, par exemple, la consommation vers le haut de gamme. C'est le cas des voitures de prestige.

Enfin, le segment doit être réellement **accessible** (afin de permettre des actions spécifiques de marketing) et durable, pour des raisons d'amortissement des investissements réalisés.

Les segments peuvent donc être perçus comme des opportunités.

5. Utilité stratégique de la segmentation consommateur

La segmentation est un des éléments de décision en matière de stratégies. Trois parmi celles-ci peuvent être envisagées.

5.1 La stratégie indifférenciée ou de masse

Une telle stratégie peut être décidée lorsque les différents segments ne s'opposent pas. Le marché est donc relativement homogène, peu différencié, les points communs l'emportant sur les différences. L'attaque du marché s'effectue alors par des produits standardisés.

Cette stratégie possède des avantages économiques certains, grâce à des séries longues. La distribution et la communication unifiées sont plus économiques. Mais le produit risque d'être concurrencé sur chaque segment par un produit plus adapté.

Le prix devient l'élément de compétitivité le plus important. Le maintien de cette stratégie dépend de la capacité de l'entreprise à verrouiller son marché (par des coûts de production faibles, une communication et une image de marque fortes, etc.).

Exemple : Mini Mir (pour les sols, le plafond, la vaisselle, etc.).

5.2 La stratégie différenciée

L'entreprise respecte ici la spécificité de chaque segment. Elle s'y adapte en menant une politique de gamme étendue. On cible chaque segment par un produit particulier qui a le plus d'affinité avec chaque segment.

Cela permet une meilleure couverture du marché. L'entreprise adapte aussi mieux son offre aux attentes du consommateur. On peut donc gager que les ventes augmentent de même que s'accroît la fidélité à la marque.

Par contre, les prix à la production augmentent (pas d'économie d'échelle, sauf si la différenciation n'est que superficielle, *cf.* plus bas le développement sur les produits nouveaux, **§ II**). De plus, les coûts des différentes campagnes de communication, les études de marché approfondies afin de connaître parfaitement chaque segment, grèvent le budget marketing/communication/études. Les réseaux de distribution, parfois multiples, entraînent le même effet budgétaire.

Exemple : Les Trois Suisses couvrent différents marchés à l'aide de filiales et de catalogues spécifiques : les femmes fortes (VPC Promotion), le linge de maison et les collectivités (Becquet), les produits cosmétiques (Beauté Créateurs, en partenariat avec L'Oréal), les cadres (L'Exemplaire, en partenariat avec L'Expansion).

5.3 La stratégie concentrée

Cette stratégie consiste à ne se concentrer que sur un seul segment et à se transformer ou à intervenir en tant que spécialiste. L'entreprise adapte son mix au segment choisi. Cette solution peut être envisagée lorsque le marché est atomisé et que les forces de l'entreprise (ressources financières, taille...) ne lui permettent pas d'utiliser les deux stratégies précédentes. Exemples : Coup de Cœur, Tie Rack.

Cela permet à l'entreprise de bien connaître son segment et d'acquérir une image de spécialiste. Mais sa situation est fragile :

- si le marché est étroit, s'il se resserre ;
- si un concurrent arrive en attaquant par les prix (compensant ses pertes sur le segment par des produits d'un autre segment). Enfin, en cas de problème, il sera difficile à l'entreprise de sortir de son domaine.

La segmentation des produits et des individus est certes un moyen d'optimisation du mix. Mais l'entreprise ne doit pas lui accorder une prime importance car les consommateurs, selon les marchés, sont souvent infidèles et attirés par la nouveauté (cas du marché de la confiserie du chocolat).

II. LE PLAN DE MARCHÉ DE L'ANNONCEUR

A. Communication et produit

1. RAPPELS

Le produit est ce qu'une entreprise fournit au marché. Cela peut être un bien (une chaîne hi-fi) ou un service (assurance).

Les produits peuvent être classés selon :

- **la nature économique du bien,** à savoir son caractère indépendant (le café face aux ordinateurs), substituable (le café et le thé), ou complémentaire (le café et les filtres à café) par rapport aux autres produits ;

Le marché du produit dépend donc de celui d'autres produits.

- **la clientèle :** on distingue ici les produits destinés au consommateur final (*i.e.* les ménages. On parle alors de biens de grande consommation, de biens durables, de bien non durables et de services) de ceux qui s'adressent aux entreprises (les biens industriels et les services qui leurs sont destinés) ;
- **la fréquence d'achat renvoie à deux types de biens :** les biens banals d'achat fréquent dont la durée de consommation est courte, comme les produits alimentaires, les biens anomaux (occasionnels) dont l'achat est réfléchi, peu fréquent, tandis que leur durée de consommation est plus longue, c'est le cas des canapés ou des matelas par exemple ;
- **la place du produit dans le processus de production** se segmente en trois catégories : les matières premières, les biens de production, les biens de consommation.

Ces classifications permettent de mettre en œuvre des stratégies propres à la nature du produit.

Le produit, aux types multiples, renvoie à de nombreuses valeurs.

Le consommateur juge la valeur d'un produit selon :

- des caractéristiques principales comme les normes, les composants, les performances, la qualité... du produit, ou son efficacité ;
- le contenu symbolique et les qualités esthétiques qu'il véhicule ;
- ses caractéristiques :
    - de vente tels que le conditionnement, l'emballage, la présentation, la forme...
    - d'usage comme le service après-vente, la commodité et la facilité d'utilisation, ou même la qualité promise des produits.

Cette valeur est donc étroitement liée à l'identification, à la qualité et au service que le produit permet ou suggère. Nous le verrons plus bas dans le § **2**. Nous observerons ensuite que le produit suit une phase de vie relativement précise (§ **3** et **4**), dans le cadre d'une gamme définie (§ **5**).

2. La valeur du produit

2.1 L'identification du produit

L'identification du produit s'effectue par la marque, le conditionnement, l'étiquetage et la normalisation.

■ La marque et le label

Notions juridiques liées à la communication

La marque est un signe de distinction. Pour être valide, elle ne doit pas être contraire aux bonnes mœurs, ni adopter des armoiries et emblèmes d'États, ni être générique (une marque de vêtements ne peut s'appeler « textile »), descriptive, déceptive (son nom ne doit pas suggérer une qualité qu'elle ne possède pas), ni indisponible juridiquement (une marque indisponible est celle qui a déjà été déposée par autrui). Conséquemment, la marque doit être crédible et originale (*i.e.* différenciée et juridiquement disponible).

Le dépôt entraîne l'opposabilité de la marque aux tiers sur la zone couverte par ce dernier (la France, dans le cas d'un dépôt à l'Institut national de la propriété industrielle ou INPI), et donc sa protection. À ces aspects purement juridiques s'ajoutent des impératifs liés à la communication que véhiculera la marque. Cette dernière doit en effet être facile à apprendre et mémorisable, suggérer la catégorie de produit.

Les types de marques

On les distingue selon leur forme et leur émetteur. Une marque peut être de forme :

- verbale, appelée « nom de marque ». Exemple : le mot « Renault »;
- figurative, ou aussi « non verbale ». Exemples : la calandre stylisée de Renault ;
- mixte, appelée aussi marque complexe ou logotype, c'est-à-dire une marque verbale assortie d'une marque figurative (le mot « Renault » et la calandre, sur un même document).

L'émetteur peut être une marque individuelle de producteur (Orangina) ou de distributeur (Pâturages de France, appartenant à Intermarché), ou une marque collective (c'est le cas du label).

Les marques de distribution (MDD)

On distingue plusieurs marques de distribution. La marque enseigne porte sur des produits le nom de l'enseigne (Monoprix). La marque propre n'a pas de lien avec l'enseigne mais appartient à cette dernière (Tex est une marque de Carrefour, Tissaïa appartient à Leclerc). La marque propre se veut généralement une « contremarque », *i.e.* un instrument offensif contre les marques nationales.

Enfin, paradoxalement, on range la marque générique dans la catégorie des MDD ; il s'agit d'un produit sans marque élaboré sur commande du distributeur... mais ne possédant pas de marque (*i.e.* pas d'identifiant ni de nom de marque).

Le label et l'appellation d'origine contrôlée (AOC)

Le **label** suppose une qualité supérieure. Même si le label est toujours bien identifié (en particulier le Label Rouge : 80 % des consommateurs le connaissent), les consommateurs ne connaissent pas exactement sa spécificité. Par contre, ils observent la différence de prix des produits sous label par rapport aux produits courants : les producteurs répercutent leurs investissements techniques sur le prix de ces produits. Acquérir un label est en effet une opération très onéreuse qui nécessite le plus souvent la remise en cause des circuits de fabrication existants.

L'**AOC**, qui reste plus connue que le label, n'est pas un grand argument de vente mais appuie le positionnement. L'AOC donne de l'identité au produit, de l'originalité, de la tradition, met en avant un terroir. Le camembert, le vrai, bénéficie ainsi d'une AOC, on ne peut le produire que dans cinq départements (Calvados, Eure, Manche, Orne, Seine-maritime).

Label et AOC sont synonymes de personnalisation, de garantie et d'engagement. Ils nécessitent donc un appui en termes de communication... alors qu'il sont eux-mêmes vecteurs de sens. Mais ils combattent la banalisation du marché.

Avantages de la marque

La marque facilite le référencement et permet à l'entreprise de vendre d'autres produits, dans le cas d'une gamme, qui bénéficieront de l'image du produit porteur, et de la synergie de marque. De plus, il est habituel de dire qu'un produit de marque est prévendu et que son repérage est facilité sur le lieu de vente du fait de la notoriété qui lui est attachée. Mais cela dépend fortement de la communication dont il a pu bénéficier. La marque est aussi un véhicule de communication, permettant l'affirmation du choix de l'individu par rapport aux autres : la marque permet l'expression des motivations d'auto-expression, de la symbolique et de l'imaginaire qu'elle sous-tend. Enfin, la marque est souvent synonyme, pour le consommateur, de garantie et de réassurance.

La politique de marque

Que l'on ait affaire à une marque de distributeur ou de producteur, diverses politiques sont possibles :

- **la marque produit** consiste à affecter à *une* marque, et de façon exclusive, *un* positionnement, une promesse et *une* communication. Exemples : Accor avec Sofitel, Novotel, Ibis, Formule 1 ;
- **la marque gamme** attribue de manière exclusive *une* marque à *une* promesse portant sur *plusieurs* produits et déterminant *un* territoire de compétence (une sorte de concept général). Elle permet à l'entreprise de s'attribuer un « territoire produit ». Exemple : Maison Verte ;
- **la marque ombrelle** soutient plusieurs produits dans des marchés différents. Chacun d'eux a sa propre communication, développe ses propres promesses et garde un nom générique. Exemple : Honda intervient dans l'univers des tondeuses, des voitures et des motos ;
- **la marque caution :** donne son « approbation » à un éventail large et diversifié de produits regroupés en marque-produit, marque-ligne ou marque-gamme. La marque-caution est un « socle », une réassurance. Elle intervient en deuxième ligne. Exemple : Johnson (Pliz, Fée du logis, Canard WC).

■ La norme

Il existe environ 25 organismes certificateurs (certification de produits) en France. Le plus connu est l'AFNOR. La norme est « une donnée de référence résultant d'un choix collectif raisonné en vue de servir de base d'entente pour la solution de problèmes répétitifs ». Elle peut aussi être le fait d'autres instances comme le Comité européen de normalisation (normes EN et ETS), ou de pays (normes DIN pour l'Allemagne).

L'Afnor

L'Association française de normalisation, association placée sous la tutelle du ministère de l'Industrie, regroupe les producteurs, les distributeurs, les usagers et l'administration pour définir les normes. Cet organisme publie et vérifie la conformité des produits aux normes françaises. À ce titre, il délivre la marque NF qui certifie que les produits sont conformes aux normes françaises.

Importance de la norme

La norme permet, par exemple, de fixer les dimensions d'un produit, ses caractéristiques techniques, sa composition, sa sécurité, son aptitude à la fonction, sa fabrication, etc. Prenons ici l'exemple d'une norme européenne qui, depuis octobre 1990, interdit la commercialisation des kiwis inférieurs à 65 grammes. Pour le consommateur, elle est :

- garantie de sécurité, de fiabilité, de qualité (longévité, performance, résistance, aspect, facilité d'usage...) ;
- garantie d'interchangeabilité, de compatibilité ;
- elle permet des comparaisons plus faciles entre les produits.

■ L'étiquette

L'étiquette, véritable carte d'identité du produit, satisfait les besoins du consommateur en information et facilite son choix. Elle peut aussi l'attirer par son design.

Les mentions obligatoires (en alimentaire)

Elles sont au nombre de sept (décret du 12 octobre 1972) et doivent comporter :

- la marque ;
- la raison sociale et l'adresse du producteur ou du distributeur ;
- la date limite de vente ou de conservation ;
- le pays d'origine ;
- la quantité en poids ou en volume ;
- la composition par ordre décroissant ;
- l'ensemble doit être écrit en français.

Ajoutons que certaines mentions sont obligatoires pour divers biens. Ainsi, pour les produits dangereux, le type de danger et la mention « danger » doivent figurer sur le produit.

L'étiquetage et les prix

Afin de faciliter le choix du consommateur, il est obligatoire pour le magasin d'afficher le prix sur tous les produits, que ce soit à l'unité, au litre ou au kilo. Ces deux dernières mentions sont devenues progressivement obligatoires, depuis 1983, pour les produits préemballés, les produits alimentaires, d'entretien et d'hygiène et de beauté.

L'étiquette est aussi un vecteur de communication (trop souvent négligé par les entreprises, lesquelles se focalisent sur son caractère contraignant) qui doit exprimer la personnalité de l'entreprise, tout comme l'emballage.

■ L'emballage, le conditionnement et le packaging

85 % des décisions d'achat sont prises sur le lieu de vente. Dans ces conditions, l'apparence du produit et les connotations qu'il suggère constituent un des premiers critères d'achat.

Définitions

Le conditionnement est « l'enveloppe matérielle constituant le premier contenant du produit ».

L'emballage (ou packing) se définit, lui, comme étant l'enveloppe matérielle englobant le conditionnement et permettant d'en assurer le transport, la manutention, le stockage, la conservation, voire la présentation. On appelle suremballage (ou emballage secondaire) l'élément enveloppant différents conditionnements, comme, par exemple, une caisse en carton contenant six bouteilles de liquide.

Le packaging, enfin, est la mise en œuvre visuelle de l'un de ces deux éléments.

Les fonctions physiques

L'emballage, le conditionnement et le packaging (que nous regrouperons, pour plus de simplicité, sous le vocable packaging) remplissent des fonctions de protection et de conservation (contre le vol, le froid, le chaud, l'humidité ou la casse), et de « facilitation » de la manutention, du transport, de l'utilisation (préhension, emploi, fonctionnalité).

Les fonctions commerciales et de communication

Dans le système du libre-service, le produit doit se vendre tout seul. Il doit donc avoir une fonction attractive. L'emballage, le conditionnement et le packaging sont donc des « vendeurs muets » dont le but est de séduire puis d'inciter à l'achat, entre autres par le phénomène du stimulus qui permet de raccorder le packaging à la campagne de communication (la réciproque étant aussi valable, afin de faciliter le repérage du produit en linéaire, via le packshot). Il devra apporter un véritable service ; répondre à des exigences écologiques et économiques pour permettre :

- une présentation valorisante et une identification visuelle du produit, de la gamme et de l'entreprise. Cette fonction est assurée par des codes couleurs spécifiques au marché, au segment (le conditionnement des laits entiers est rouge, celui du demi-écrémé étant bleu) ou au produit;

- la communication avec le client par la présentation d'informations diverses comme la composition du produit, sa marque, son code-barres, les conseils d'utilisation..., et éventuellement par le rappel des slogans publicitaires ou des accroches promotionnelles (dans le cas d'une promotion « on pack »). C'est la fonction informative ;
- la fonction innovatrice, apparaissant à partir des années quatre-vingt, s'illustre par l'adoption d'emballages permettant des innovations techniques, tels les flacons doseurs (dentifrices et lessives liquides), les flacons diffuseurs (Vizir et la Vizirette), les flacons poussoirs (le savon liquide), les flacons gobelets (verre, tête en bas, sur le col des petites bouteilles d'eau minérale), les contenants compactables (lessives et eaux).

L'emballage va positionner la marque sur le marché ; il est donc un véritable média qui véhicule et connote le prix, la qualité, le prestige du produit, sa cible, etc. Il doit alors s'intégrer aux autres moyens de communication. Cette identité visuelle induit une meilleure reconnaissance du produit par le consommateur

De plus, le conditionnement doit parfaitement traduire l'univers du produit, autrement dit son identité. Cela revient à dire que derrière les signes qu'il comporte, se cachent des codes qui vont définir l'univers de la marque. C'est la fonction symbolique du conditionnement.

À l'heure où bon nombre de produits sont intrinsèquement similaires, le packaging est un élément de différenciation puissant, ce qui explique ses évolutions fréquentes afin de s'adapter au marché (la durée de vie d'un packaging en alimentaire est de deux à trois ans environ).

Le choix des matériaux

Mis à part les critères abordés ci-dessus, le choix des matériaux s'effectue selon :

- leur prix d'obtention ;
- le type de produit (liquide, semi-solide...) ;
- les facilités d'utilisation (*cf.* les opercules pelables, inviolables...) et de conservation. Suite au retour au naturel, menant à des produits comportant moins de conservateurs, les fabricants doivent proposer des systèmes d'emballage plus performants pour la conservation (du type « airless ») ;
- l'effet de qualité (le verre connote le haut de gamme, bien illustré dans les yaourts, ou même mieux, dans les *pet food* qui se sont mis en 1993, à utiliser ce matériau !) ;
- les contraintes commerciales (manipulations multiples...) ;
- les contraintes juridiques (en Allemagne, les conditionnements des eaux minérales sont strictement réglementés) ;
- les codes du marché (les yaourts en pot de verre suggèrent la naturalité, la fraîcheur, la tradition et le haut de gamme, ce qui n'est pas l'univers des yaourts natures en pot plastique) ;

- les impératifs techniques (il est par exemple difficile de vendre un produit enrichi en vitamines dans un pot en verre incolore car la lumière dégrade les vitamines) et le savoir-faire de l'entreprise ;
- l'innovation des fournisseurs d'emballage.

Le choix des matériaux met en valeur le design, qui comprend les éléments graphiques et de couleur. Ils auront une fonction importante : leur code sémiologique doit être respecté. La couleur est alors porteuse d'un sens précis et il convient d'éviter toute illisibilité (écriture bleue sur fond noir par exemple). Une bonne accroche visuelle est aussi nécessaire afin d'interpeller l'inconscient du consommateur. De plus, la couleur peut répondre à des impératifs techniques, comme l'opacité afin de protéger le contenu. Elle peut également rendre des services (différentes couleurs pour classer les produits).

En conclusion, la marque et le packaging ont de nombreux points communs :

- faciliter l'identification du produit et le repérage ;
- protéger le produit de la concurrence en lui créant un univers et une propriété (de surcroît légalement défendue) ;
- véhiculer un niveau de qualité qui participe à la fidélisation de la clientèle ;
- cibler l'offre sur le marché et se différencier des concurrents.

2.2 Le service et la qualité

Le consommateur n'achète pas un produit uniquement pour ses qualités propres, mais aussi pour les éléments qui lui sont reliés et qui sont du domaine du service. Ceux-ci ajoutés à la marque, au conditionnement et au packaging, vont diriger et permettre l'émergence de la notion de qualité.

■ Les services

Les services comprennent la livraison, l'installation et la réparation du produit. Ils concernent aussi le service après vente (SAV), le crédit, la reprise de l'ancien produit... Ce sont des services purement techniques. Nous pourrions aussi mentionner les services psychologiques qui renvoient à des motivations profondes (paraître, s'affirmer...) que le produit permet d'exprimer.

■ Un exemple de service : la garantie

La garantie est un contrat qui couvre l'acheteur sur les vices et défauts éventuels durant une période fixée. Elle peut être double en émanant du producteur et du distributeur.

On distingue trois types de garanties :

- **la garantie légale est obligatoire** (article 1641 du Code civil) ;
- **la garantie contractuelle** porte surtout sur des pièces détachées, le transport ou la main d'œuvre. Elle est fortement liée au taux de panne afin de réduire les freins liés à l'achat d'un matériel paraissant peu fiable;
- **la garantie complémentaire** est optionnelle et payante.

Lorsqu'un incident survient et met en cause la garantie, plusieurs solutions sont possibles :

- le remboursement total ;
- l'échange du produit ;
- un avoir sur un autre produit ;
- la prise en charge de la réparation par le distributeur ou le producteur.

La garantie, plus qu'un moyen de parer à des problèmes induits par le produit, est surtout un des éléments de l'image de marque de l'entreprise qui s'engage à satisfaire pleinement le consommateur, montrant que ses relations avec le client ne s'arrêtent pas à la livraison du bien.

■ La qualité

Relativité de la notion de qualité

La notion de qualité varie selon les biens achetés et les consommateurs. Tout d'abord, un produit de qualité serait un bien conforme aux désirs et aux exigences du consommateur, tout en correspondant aux besoins qu'il est sensé satisfaire. Cette notion est d'autant plus relative que la qualité se conjugue au pluriel, en fonction des besoins, des attentes (un stylo haut de gamme devra écrire, être esthétique, avoir une marque valorisante pour l'utilisateur, être pondéreux, etc.) et des usages.

D'autre part, l'acheteur juge la qualité d'un produit en fonction d'un rapport besoin/qualité/prix.

La qualité, que l'on peut définir comme « ce qui est conforme aux attentes du client (désirs et exigences) » est cependant une notion plurielle et subjective, personnelle et évolutive, d'où l'importance de la publicité mais aussi du nom de la marque, du prix, de l'image des distributeurs... pour la mettre en avant.

Nous pouvons distinguer **quatre moyens pour atteindre et respecter la qualité.**

Premièrement, les moyens de production

L'entreprise peut ici :

- optimiser le choix des composants du produit. Ainsi, les salades sous sachet ont-elles été desservies par l'intégration, par certains producteurs, de la variété « pain de sucre » de très piètre qualité. La profession s'est accordée sur la composition des salades préparées ;
- faire produire selon un cahier des charges strict.

Deuxièmement, les moyens marketing, communication mise à part

Le producteur peut :

- tenir ses prix puisque qualité et prix sont liés ;
- choisir son circuit de distribution afin qu'il ne soit pas en contradiction

avec la qualité du produit (certaines marques refusent de vendre aux hypermarchés) ;

– retravailler sa communication.

Troisièmement, la communication

Les principaux moyens mis en œuvre sont :

– les cercles de qualité ;

– les cercles de progrès. Ils permettent une communication entre les différents intervenants de secteurs parfois différents, ainsi que leur adaptation aux évolutions techniques. Ces cercles servent, à l'occasion, de base à une action de motivation du personnel afin de tendre vers le zéro défaut ;

– les boîtes à idées, l'édition de documents d'information, la formation à la qualité, une politique de motivation...

Quatrièmement, les contrôles de qualité

Effectués à partir d'échantillons, ils se situent :

– lors de l'approvisionnement (au niveau des matières premières et des fournitures) ;

– lors de la fabrication pour détecter les défauts d'assemblage ;

– à la fin de la chaîne de fabrication pour déceler les produits non-conformes (Coca-Cola analyse, toutes les demi-heures, une bouteille de sa chaîne) ;

– chez le distributeur (présentation, date limite de conservation...) ;

– au moment du SAV afin de corriger les défauts du produit, et de l'améliorer ;

– après la vente, auprès du client, à l'aide d'enquêtes de satisfaction, ce que font bon nombre de distributeurs en grande consommation ou de producteurs en B to B.

Ces contrôles peuvent résulter d'accords sectoriels, comme c'est le cas pour les labels. Les pouvoirs publics, enfin, par l'Afnor et différents contrôles administratifs (exemple : les Mines pour les voitures) assurent des vérifications de la qualité.

La qualité suppose donc une détection parfaite des attentes du consommateur et des moyens conséquents pour en assurer le suivi.

Le produit possède donc une valeur. Il a aussi une vie que l'on résume en plusieurs phases.

3. Le cycle de vie du produit (CVP)

Le concept de cycle de vie peut s'adapter à un produit, à une gamme, à une marque... Il relève bien souvent de la théorie, car nombre de produits ne suivent pas ces cycles. Il permet cependant, dans les cas où il est viable, d'adopter des stratégies de repositionnement marketing, de communication ou même des stratégies plus spéciales comme l'abandon ou le relancement du produit, voire son remplacement. Le cycle de vie est aussi un moyen d'analyse et de planification ; il comprend quatre phases : le lancement, la croissance, la maturité et le déclin.

LA COURBE DE VIE D'UN PRODUIT

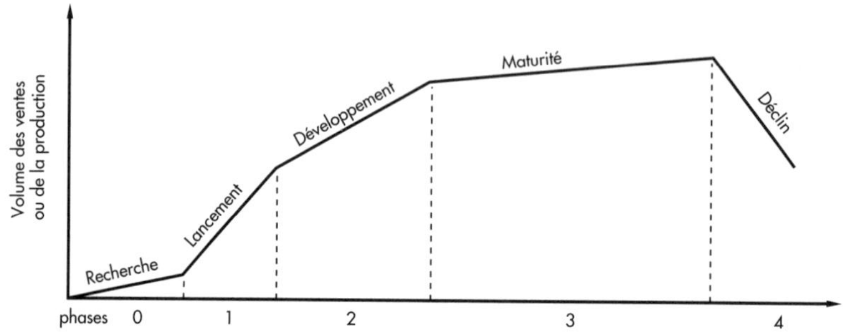

3.1 Le lancement

Cette phase est parfois précédée de délais de recherche et de mise au point. Vu sa complexité, cette phase sera étudiée plus en profondeur dans le paragraphe **4**.

3.2 La croissance/le développement

■ Caractéristiques

Lors de cette phase, le lancement du produit va échouer ou réussir. Dans ce dernier cas, les capacités de production se développent, le produit peut être amélioré pour conserver l'avance de l'entreprise par rapport à la concurrence, et donc dresser une barrière à l'entrée du marché.

■ Situation marketing

- Le consommateur commence à acheter le produit à grande échelle, permettant un développement du marché. Les premiers consommateurs répètent leur achat.
- Le prix, en cas de stratégie d'écrémage (voir B. « Communication et prix ») peut être baissé. Le CA réalisé par le produit augmente, de même que les bénéfices (grâce à un coût unitaire en baisse).
- La distribution doit se faire extensivement, c'est-à-dire qu'il faut être présent dans le plus grand nombre de points de vente afin que la disponibilité, et donc la visibilité du produit, soient maximales.
- La concurrence apparaît sauf si l'on a su dresser des barrières à l'entrée du marché avec des coûts de production faibles, une innovation croissante, une communication de leader, une image de marque forte, etc.

– La communication reste importante mais sa part, comparée aux ventes, décroît. Notons que les premiers utilisateurs influencent les prospects (c'est-à-dire les futurs clients) par une communication de bouche à oreille, d'où l'utilisation des R.P.

■ **Objectifs**

– Objectifs marketing : accroître la part de marché par la consommation et par la distribution.

– Objectifs de communication : maintenir la notoriété par une communication persuasive ; développer la notion de marque puis fidéliser le consommateur.

Cette phase peut être courte quand, sur le marché :

– la fréquence d'achat est faible ;

– le potentiel de développement est limité.

Mais elle peut être longue sur les marchés porteurs. Il faut alors veiller à la qualité et aux capacités de production qui doivent être suffisantes pour répondre à la demande.

■ **Stratégie :** augmenter la DN (distribution numérique) dans le cadre d'une stratégie extensive et de conquête.

3.3 La maturité

■ **Caractéristiques**

L'écoulement du produit se fait plus difficile puis atteint la saturation. Nous nous plaçons ici sur un marché de masse et de renouvellement.

■ **Situation marketing**

– C'est au cours de cette phase que le plus grand nombre de consommateurs est touché par le produit. Ils ont été fidélisés et le taux de pénétration du produit est très élevé.

– Le prix baisse et s'aligne sur celui des concurrents. Mais la phase de maturité est la plus rentable pour l'entreprise. Remarquons cependant que le profit, maximal en début de phase, décroît régulièrement.

– La distribution est très extensive (on recherche un développement maximal des débouchés commerciaux), il faut alors l'intensifier.

– La concurrence est stable mais rude car les nouveaux arrivants n'ont pas eu à subir les coûts de développement et de recherche. La lutte, agressive, a lieu sur le terrain des prix.

■ **Objectifs**

– Objectifs marketing : maintenir la part de marché et augmenter le profit ; étendre la consommation du produit. La communication doit empêcher les prémices du déclin (et le développement de la promotion se fait sentir), et permettre de gérer les fluctuations de la demande de remplacement.

- Objectifs de communication : différencier le produit, maintenir la notoriété par des campagnes d'entretien ; s'appuyer sur la notion de marque ; fidéliser la clientèle.

Cette étape est la plus intéressante financièrement pour l'entreprise qui se doit de la maintenir le plus longtemps possible pour retarder la quatrième et dernière phase.

■ Stratégies

Dans cette phase où l'entreprise doit étendre la consommation du produit, elle pourra :

- le reformuler et le perfectionner tant dans son conditionnement que dans son emballage, etc. Exemples : Teisseire et Dop (changements de packaging) ;
- augmenter le QA/NA (quantités achetées par nombre d'acheteurs). Exemple : Yop (on consomme plus de yaourt à boire qu'un autre type de yaourt) ;
- trouver de nouvelles utilisations. Exemples : Nescafé et le café frappé, le thé froid ;
- trouver de nouveaux moments de consommation. Exemple : le fromage à tout moment de la journée avec Mini Babybel ;
- trouver de nouvelles variétés du produit existant. Exemple : Orangina Rouge ;
- trouver de nouveaux utilisateurs :

• pour remplacer les anciens. Exemple : Mixa Bébé (en shampooing) pour les bébés et leurs mamans,

• pour s'ajouter aux consommateurs actuels, quitte à adapter le produit original à une nouvelle cible. Exemple : Philips et ses rasoirs pour femmes.

Ces différentes stratégies passent souvent par un repositionnement du produit et un développement de la gamme autour de la marque.

3.4 Le déclin

■ Caractéristiques

Le produit décline car :

- de nouveaux produits plus performants apparaissent ;
- les habitudes de consommation se modifient et rendent le produit démodé ;
- l'environnement peut avoir changé suite à des interdictions.

■ Situation marketing

- Le consommateur délaisse le produit et s'ouvre à de nouveaux biens qui satisfont mieux ses attentes.
- Le profit unitaire reste fort mais les charges de l'entreprise augmentent car ses capacités de production sont sous-employées du fait de la baisse de la demande. Mais l'ensemble reste rentable, sauf si le produit est maintenu trop longtemps.
- La distribution commence à poser quelques problèmes face à un produit dont les rotations chutent. La DN se rétrécit.
- La concurrence indirecte est aussi virulente pour les raisons que nous venons d'étudier. La concurrence directe peut être déclinante si le marché est en baisse.
- La communication devient ponctuelle et se limite à des opérations de relance de la consommation. Elle peut permettre de redonner une vigueur au produit mais nécessite alors des coûts commerciaux élevés.

■ Objectifs

- Objectifs marketing : réduire les dépenses et profiter au maximum des profits engendrés.
- Objectifs de communication : préparer le terrain pour un éventuel relancement (selon la stratégie choisie).

Il faut donc savoir « finir » un produit et savoir s'en servir comme tremplin pour un autre lancement.

Exemples de produits abandonnés : le beurre dégraissé de Bridel (abandonné fin 1991), Microchef de Royco.

■ Stratégies

Plusieurs stratégies peuvent être adoptées :

- reformuler totalement le produit (modification de fond) afin de relancer le produit, et faire comme s'il était nouveau ;
- maintenir le produit si le déclin est lent afin d'engranger du profit ;
- abandonner, c'est-à-dire désinvestir et planifier son remplacement. Ce point est important car le produit déclinant coûte cher à l'entreprise en termes économiques et en termes d'image. L'entreprise doit enfin savoir modéliser l'impact de ces trois stratégies sur le produit.

Conclusion sur le cycle de vie du produit

Le CVP permet donc à l'entreprise d'adapter sa stratégie à la phase dans laquelle le produit se situe. Mais cette affirmation est à nuancer car :

- la durée de vie dépend du type de produit et des variables environnementales (voir **Chapitre 3**) ;
- critique méthodologique : le CVP est une tautologie car il s'appuie sur le taux de croissance des ventes pour définir les phases du cycle, qui seront ensuite utilisées pour prévoir les ventes...

– le concept ne semble pas permettre de prévoir l'évolution des ventes et oblige l'analyste à croiser le CVP avec le cycle de vie du marché et de la concurrence. Il est donc essentiellement descriptif, or l'entreprise ne doit pas s'attacher à des données inéluctables (une succession supposée de cycles) mais adopter un comportement volontariste ;

– enfin seul un produit sur dix connaît du succès...

Nous avons vu que le produit pouvait avoir quatre phases. Il en est une qui les précède : le lancement.

EXEMPLES DE COURBES DE VIE D'UN PRODUIT

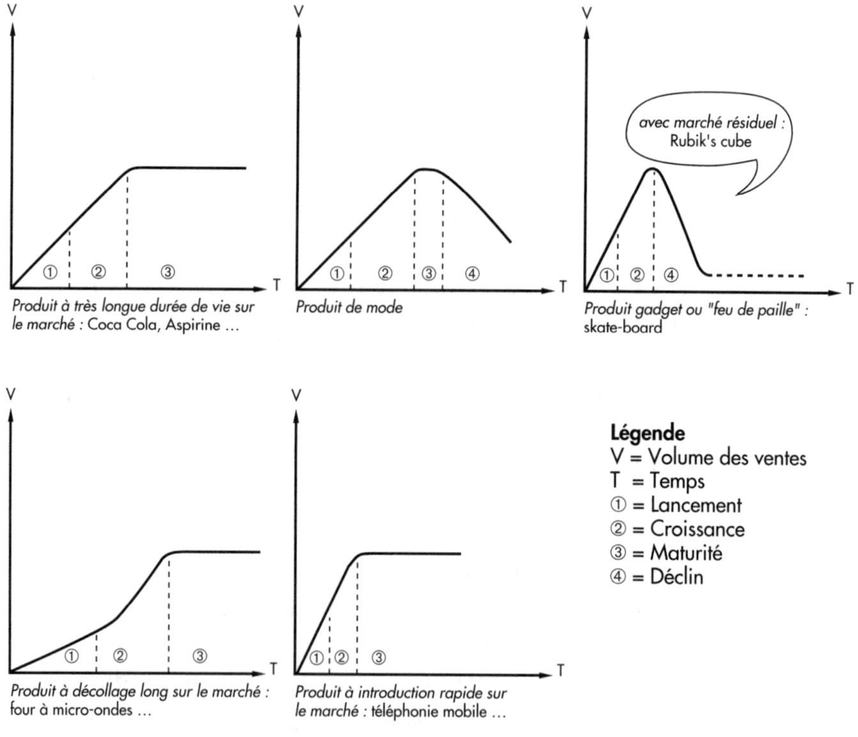

4. Le lancement de produits

L'innovation, émanation de la philosophie et de la stratégie d'entreprise, est la résultante de méthodes de création de produits § **4.2**). Ceux-ci sont évalués § **4.3**) avant d'être lancés § **4.4**). Nous examinerons tout d'abord les différents types de produits nouveaux.

4.1 Les types de nouveautés

1 000 à 1 500 produits tentent chaque année de conquérir les consommateurs (hors marques de distribution). Mais il faut distinguer trois types de nouveautés afin de mieux séparer nouveauté et innovation :

■ Les produits radicalement nouveaux

Ils sont aussi appelés « produits de discontinuité », ou « innovation révolutionnaire ». Ils bouleversent les comportements.

Exemples : le stylo bille, la « puce » électronique.

■ Les produits de semi-continuité

Ils améliorent certaines caractéristiques du produit par des procédés techniques différents, un accroissement des performances... sans modifier les comportements. Exemples : la télévision en couleur, le collant Life Trotters à la maille trois fois plus résistante sans être plus grosse (c'est le premier collant indémaillable).

■ Les produits de continuité

Ils sont perçus comme nouveaux par le consommateur. Mais cette pseudo innovation peut ne résulter que :

- d'un repositionnement du produit (généralement une montée en gamme) ;
- d'une reformulation, c'est-à-dire d'une modification de l'apparence, par exemple grâce au changement de packaging ;

Ces trois types de produits nouveaux proviennent de la rencontre entre le produit et le marché, en épousant, au choix, quatre formes :

		PRODUIT	
		EXISTANT	NOUVEAU
MARCHÉ	NOUVEAU	Les lampes halogènes vendues aujourd'hui aux particuliers, bien après avoir été proposées aux entreprises (stades sportifs)	La fourniture d'accès à Internet sur une cible de particuliers
	EXISTANT	Ofilus lancé par B'A (après Bio)	Les Chips aromatisées

Mais nous abordons ici les sources et les méthodes de création de produits nouveaux.

4.2 Les sources et les méthodes de création de produits nouveaux

■ Les sources

Les sources de création de produits nouveaux sont de deux ordres :

Internes, elles concernent alors le service recherche et développement (R&D), le service commercial ou financier, la production et les dirigeants. Les idées sont émises individuellement et/ou par des groupes de travail associant des personnes d'origines diverses.

Externes, les idées proviennent, dans ce cas, de l'observation de la concurrence et des marchés étrangers (exemple : les boissons énergisantes provenant des USA et du Japon), de la collaboration avec des centres de recherche extérieurs, des universités, des cabinets de création de produits nouveaux, et surtout de l'écoute des consommateurs. Exemples : bon nombre de jeux TV sont des adaptations de concepts étrangers, comme certains titres de presse magazine.

Ces deux sources utilisent des méthodes de création particulières.

■ Les méthodes de création de produits nouveaux

On en distingue deux fondés sur le processus de créativité.

Les méthodes intuitives

Elles font appel à deux principales techniques de créativité de groupe. La première, le **brainstorming**, conçu par Osborn (1971) réunit 6 à 10 personnes. Le problème est, dans un premier temps, formulé par l'animateur. Ensuite, le groupe est invité à rechercher des idées par association, amélioration et combinaison. Le groupe ne se préoccupe pas de la faisabilité des idées et toute critique est bannie pendant la séance. La sélection des idées sera réalisée, à tête reposée, par l'animateur, généralement.

La seconde, la **synectique**, élaborée par Gordon (1965) consiste à substituer au problème principal une analogie comme le rêve éveillé, le jeu de rôles, le portrait chinois...

Les méthodes rationnelles

Ce sont des croisements d'éléments en vue de la combinaison de fonctions, d'assemblage de possibilités, etc. à partir d'un inventaire des caractéristiques de produits ou de produits différents appartenant éventuellement à des marchés différents.

Une fois que les idées ont surgi, on procède à leur sélection.

4.3 Évaluation des produits nouveaux

Elle procède d'une étude de faisabilité et de tests de produits.

■ La faisabilité du produit

L'entreprise étudiera en particulier la faisabilité :

- **technique**, en termes de recherche et développement (R&D), de personnel, de savoir-faire, de brevets...

– **marketing**, en ce qui concerne son image de marque, la cohérence du futur produit avec une gamme existante et la stratégie de développement de l'entreprise. Elle se penchera aussi sur la concurrence, sur la distribution, et sur les attentes du consommateur ;
– **financière** pour le calcul du point mort et de la rentabilité.

Dans le même temps, l'entreprise pourra effectuer des tests afin de se situer plus près du terrain et des obstacles éventuels.

■ Les tests de produit

Sans rentrer dans les détails de cette partie faisant l'objet d'un traitement dans le cadre des études et recherches appliquées à la communication, nous les passerons rapidement en revue.

L'entreprise devra donc choisir les éléments à tester et les méthodes de test, ce qui suppose que l'on ait, entre temps, réalisé un prototype et éventuellement une présérie.

L'élément à tester

On peut tester le concept-produit, le goût et les quatre autres sens, le conditionnement, l'utilisation, le nom, le prix, la communication, etc.

Les méthodes

Elles sont nombreuses. L'entreprise peut avoir recours aux tests monadiques (où un seul produit est testé en même temps auprès du consommateur), comparatifs... que le produit soit seul ou opposé aux concurrents. Le test peut avoir lieu sur le terrain ou en laboratoire. Notons d'ailleurs que le marché-test, qu'il soit réel ou simulé, permet de tester plusieurs éléments du mix, ce qui en fait un outil précieux pour affiner le mix de communication, mais aussi les autres variables d'action marketing.

Ces méthodes permettent aussi (mais notre propos n'est pas d'y insister ici) la création d'accroches publicitaires.

L'évaluation des produits nouveaux nécessite donc des moyens énormes, parfois sans aucun rapport avec la taille d'une PME innovatrice, assurant alors la prééminence des grandes entreprises sur l'innovation : Renault a ainsi investi 13,8 milliards de francs pour concevoir, développer et industrialiser la Mégane.

Une fois le produit revêtu de tous ses atouts, le lancement peut être envisagé.

4.4 La phase de lancement

■ La politique de lancement

L'entreprise désirant lancer un produit nouveau a le choix entre de nombreux moyens pour aborder le marché. Cette sélection effectuée, elle pourra déterminer sa politique de lancement.

Quatre voies pour aborder le marché

Ces voies dépendent de la combinaison entre la stratégie de communication et la stratégie de prix, que nous reverrons plus bas dans la partie **B.**

- Une forte communication et des prix élevés permettent de jouer sur les motivations d'auto-expression. Exemple : Puyforcat.
- Une faible communication et des prix élevés caractérisent des produits s'adressant à une élite. Exemple : Rolls Royce.
- Une forte communication et des prix bas permettent l'inondation du marché. Exemple automobiles Hyundai.
- Une faible communication et des prix bas visent les consommateurs dont la principale motivation à l'achat est le prix bas, comme bon nombre de produits génériques (c'est-à-dire sans marque) émanant de distributeurs.

Quatre politiques de lancement

Il s'agit ici de politiques issues de la stratégie marketing. La communication n'agira qu'en relais.

- La politique du pionnier est réalisée quand l'entreprise crée le produit et le marché. Exemple : Hewlett Packard en informatique.

  Le premier entrant sur un marché peut alors avoir une influence majeure sur les façons dont le produit, ses caractéristiques, sont perçues par le consommateur, et ainsi conditionner et entraîner des codes sur ce marché : le pionnier devient alors une référence à partir de laquelle les autres marques seront jugées. Le pionnier est donc plus difficile à atteindre (il est concurrentiellement différencié) dans ses parts de marché. La seule solution pour la concurrence est de l'attaquer par un positionnement distinct et par une segmentation originale.
- La politique dite « du train en marche » consiste à ne lancer un produit que lorsque le produit imité appartenant à la concurrence est en phase de croissance, mais avant que ce dernier ait atteint une position forte. Exemple : IBM (par rapport à Hewlett Packard).
- La politique de segmentation peut être choisie. Dans ce cas, l'entreprise attend que le développement du marché ait provoqué une différenciation de la demande, pour ensuite se spécialiser sur l'un des segments retenus. Exemple : Décathlon (par rapport aux enseignes de grande distribution).
- La politique du « me too » consiste en le lancement d'un produit qui existe déjà sur le marché (et qui appartient à la concurrence), mais sous une forme plus élaborée. On appelle parfois cela la « japonisation». Exemple : les boules Disney imitèrent les œufs Kinder avant d'être copiées par Cadbury... Prince Cœur de Lait ressemble à Kinder Pingui, etc.

Une fois la politique choisie, une surveillance précédant le lancement s'avère nécessaire. L'entreprise doit alors tenir compte de la situation marketing propre à tout produit nouveau, avant d'envisager des stratégies en fonction des objectifs marketing et de communication.

■ Du diagnostic de la situation marketing aux objectifs de communication

La situation marketing

En phase de lancement :

- le consommateur est hésitant face au produit ;
- le prix à la production est élevé du fait des faibles volumes. Les bénéfices étant minces, le prix du produit sera alors fixé en fonction d'optiques stratégiques (voir *infra*) ;
- la distribution est généralement réservée à l'idée du lancement d'un produit qui n'a pas fait ses preuves ; la DN est donc limitée. Le système de distribution est dans sa phase de mise en place ;
- la concurrence est généralement limitée ;
- la communication doit être synchronisée avec la mise en place du produit au point de vente. Rappelons qu'un important budget est nécessaire pour assurer la phase primaire de communication. Always a ainsi été appuyé par un budget publicitaire de 120 millions de francs lors de son lancement en 1992.

Les objectifs

- Objectifs marketing : développer les ventes, pénétrer le marché en augmentant la couverture et la DN.
- Objectifs de communication : faire connaître le produit et ses caractéristiques en le faisant essayer ; viser principalement à développer sa notoriété auprès des innovateurs appartenant à la cible, auprès des distributeurs et des prescripteurs, et enfin commencer à affirmer la politique de marque auprès de la cible entière.

Les stratégies

On peut ici choisir entre deux modes d'action qui relèvent de la politique de prix (développées plus bas dans la partie **B.**) :

- la politique de pénétration ;
- la politique d'écrémage.

■ La surveillance du lancement

Le moment du lancement est délicat car trop tard, les concurrents risquent de prendre le meilleur du marché ; trop tôt, les consommateurs peuvent ne pas être prêts. Exemple : les plats cuisinés surgelés, les micro-ondes (prêts dès 1968), la fourniture d'accès à internet.

Aussi convient-il de surveiller particulièrement le produit avant et pendant le lancement.

Avant le lancement

Le rôle de la communication avant le lancement est primordial. L'entreprise doit alors :

- viser les leaders d'opinion, les prescripteurs, les distributeurs en cœur de cible ;
- mettre en place une politique publi-promotionnelle assurant le décollage du produit en parallèle avec sa mise en place au point de vente ; élaborer un argumentaire et un dossier de presse ;
- motiver le réseau de distribution et la force de vente.

Pendant le lancement

Durant cette période, plusieurs éléments seront utiles pour modifier (ou poursuivre) la campagne de communication. Il faut :

- observer les ventes et le taux de réachat ;
- observer la réaction de la concurrence et de la distribution ;
- vérifier l'accroissement du taux de notoriété.

Conclusion sur les produits nouveaux

La politique de lancement d'un produit est la phase la plus délicate sur le plan marketing et conditionne la durée de vie de ce dernier et les rapports de l'entreprise à son marché.

Lorsqu'une entreprise a lancé plusieurs produits, nous sommes en présence d'une gamme ; c'est ce que nous allons maintenant développer.

5. La gamme

5.1 Définitions

Avant d'aborder le choix puis la composition d'une gamme, quelques définitions paraissent nécessaires.

La référence est un article unique caractérisé par sa forme, sa couleur, sa contenance... Exemple : une boite 5/1 de petits pois Bonduelle, variété extra-fins. En somme, une référence = un code-barres.

La ligne de produits (ou famille) comprend des produits très proches, satisfaisant les mêmes besoins, vendus par les mêmes distributeurs, ou utilisés ensemble.

La gamme est la somme des variétés de produits offerts par l'entreprise. Lorsque l'entreprise est un distributeur, on parle alors d'assortiment.

On distingue à l'intérieur de la gamme :

- **la largeur (ou l'ampleur)** de la gamme, égale au nombre de lignes de produits différents ;
- **la profondeur** de la ligne, égale au nombre de produits qu'elle comprend;
- **la longueur** de la gamme, somme des produits de toutes les lignes, c'est-à-dire le nombre total de produits.

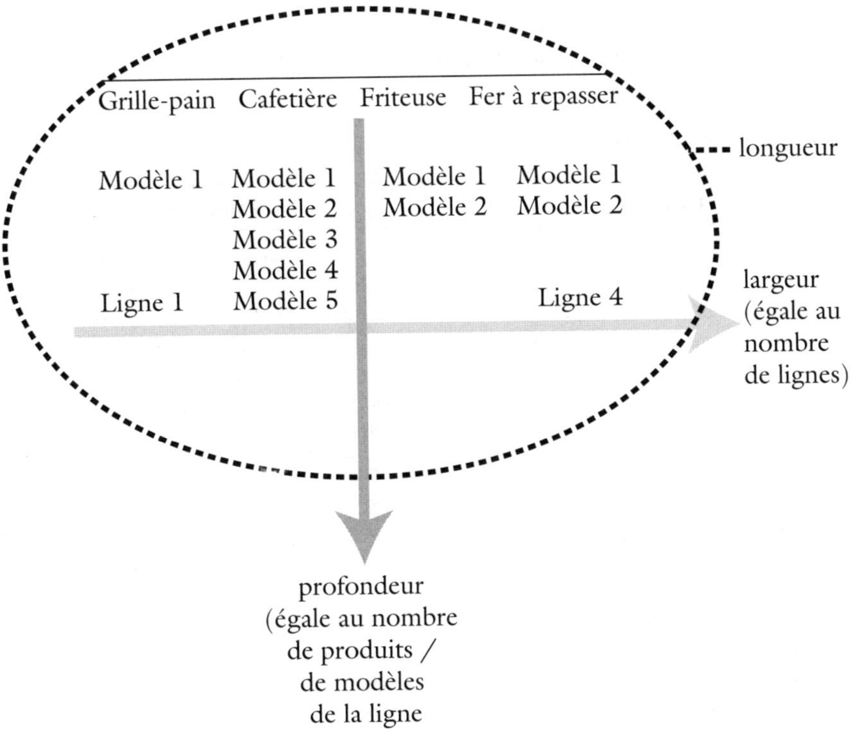

À la suite de cet exemple, on dira ainsi que la ligne des cafetières est plus profonde que celle des friteuses. La longueur de la gamme comprend 10 produits.

5.2 Intérêt et utilité de la gamme

Le rôle de la gamme est centré autour de plusieurs éléments :

- attirer les prospects afin de les défidéliser de la concurrence, principalement grâce à :
  - une complémentarité/compatibilité entre les produits. Exemple : magnétoscopes et caméscopes Sony ;
  - un « plus-produit » probant et une impression de choix ;
  - une diminution du risque perçu par le consommateur ;
- Réaliser des économies d'échelle et de mieux employer le service R&D qui sert tous les produits (exemple : recherches sur les suspensions chez Citroën) ;
- Effectuer une transition entre deux familles (par exemple, dans le cas du vieillissement de l'une) ;
- Bénéficier d'un effet de gamme favorisant le référencement en grande distribution. Exemple : les produits lessiviels (assouplissants, lessive liquide ou non...).

La justification du choix d'une gamme à l'intérieur d'un même marché, comme les longueurs de gamme des différents intervenants fait partie de la stratégie de l'entreprise avec pour chacune leurs avantages et leurs inconvénients.

La gamme courte

Forces	Faiblesses
Connaissance plus parfaite des différents segments. Concentration de la pression publicitaire. Contrôle des ventes et des stocks plus facile.	Non satisfaction de tous les consommateurs qui risquent de regarder vers la concurrence. Difficultés à résister à l'évolution du marché et à la concurrence car l'entreprise est relativement spécialisée. Importance des frais de distribution par produit.

La gamme longue

Forces	Faiblesses
Plusieurs segments du marché peuvent être exploités. Effet de complémentarité entre produits. Souplesse d'action par rapport au marché et à la concurrence.	Dispersion probable des moyens sur chaque produit, saupoudrage publicitaire. Gestion complexe des stocks et des ventes. Nécessité de positionnements très différenciés entre produits.

La longueur d'une gamme est un élément important, mais superficiel car il faut aussi analyser le rôle des produits à l'intérieur de la gamme.

5.3 La composition de la gamme

À l'intérieur de la gamme, chaque produit peut avoir plusieurs fonctions. Nous aborderons les typologies de différents auteurs.

■ Les auteurs du Mercator

Ils distinguent cinq types de produits à l'intérieur de la gamme.

Le produit **leader** est au centre de la gamme. L'équilibre de l'entreprise repose sur lui car il réalise une grande part des bénéfices et du CA. Exemple : le ketchup pour Heinz.

Les produits **d'attraction** peuvent être de deux formes :

- les produits d'appel ont pour objectif de faire vendre d'autres produits, par exemple, le produit leader ;
- les produits de prestige sont créés pour valoriser l'image et la marque de l'entreprise.

Les produits qui **préparent l'avenir** peuvent répondre à deux objectifs :

– remplacer à terme le leader. Exemple : la Sensor de Seb pour remplacer sa « cocotte minute » ou la Clipso de la même marque ;

– effectuer une transition entre deux produits leaders.

Les produits **régulateurs** absorbent une partie des frais fixes et compensent les fluctuations du produit leader. Exemple : pour Rossignol, le ski est un article saisonnier. Les produits régulateurs sont donc les raquettes de tennis, le matériel de golf vendus au printemps et en été. Cela explique sa diversification dans ces secteurs puis son rachat par Adidas.

Les produits **tactiques** ont pour but de gêner la concurrence, par exemple en occupant du linéaire ou en maintenant des parts de marché. Exemple : les carburants chez bon nombre de distributeurs (ce produit n'étant pas directement rentable pour eux).

■ Le Boston Consulting Group (BCG) (1968)

Le BCG propose une différente typologie :

Les produits dilemmes sont en phase de lancement. Ils peuvent devenir vedettes (en cas de succès) ou poids morts (en cas d'échec).

Les vedettes ont une part de marché relative élevée ; le taux de croissance du marché est fort. Sur ces produits repose le futur développement de l'entreprise.

Les vaches à lait, en phase de maturité, assurent le profit actuel de l'entreprise.

Les poids morts sont en phase de déclin. Ils peuvent provenir aussi d'un lancement raté.

Cette analyse reprend donc plus ou moins le cycle de vie du produit.

LA GAMME SELON LE BCG (1968)

Taux de croissance du marché	**Fort**	« Dilemme »	« Étoiles ou leader »
	Faible	« Poids morts »	« Vaches à lait »
		Faible	**Fort**
		Part de marché relative	

■ La matrice de Mac Kinsey

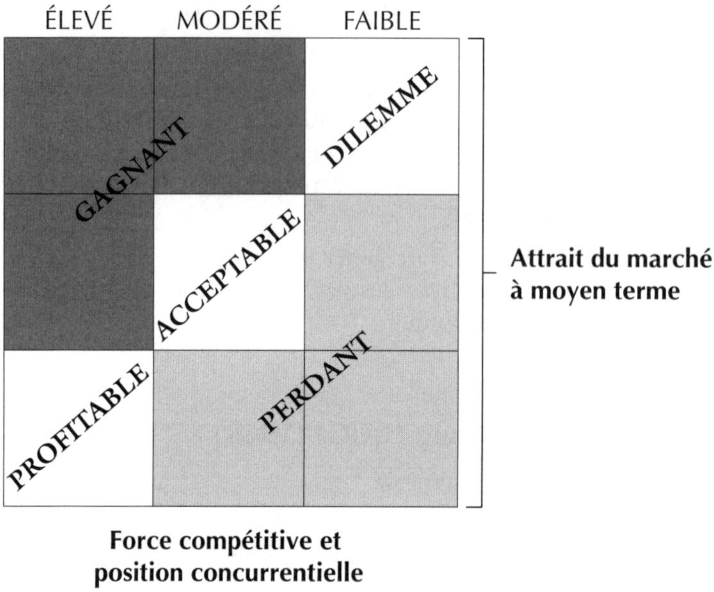

Stratégies :

- faible → investir
  - → segmenter
  - → se retirer
- perdant → se retirer
- gagnant → maintenir la position leader
  - → renforcer la position
- acceptable → maintenir et rentabiliser au mieux

■ La matrice de Arthur D. Little

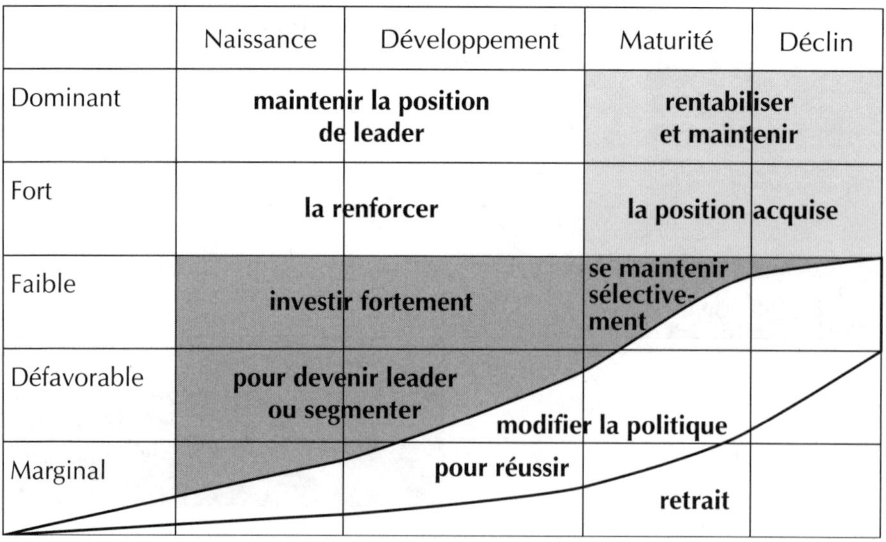

5.4 Les extensions de marque (ou **brand stretching***) et l'émergence des mégamarques (***corporate brands***)*

Les extensions de marque sont l'utilisation d'une marque dans une nouvelle classe de produits ou dans un segment différent de celui d'origine. L'extension de gamme permet à l'entreprise d'accroître sa pénétration en touchant de nouveaux acheteurs et en proposant des « services » plus complets et des territoires plus larges.

Kinder s'est ainsi étendu des œufs aux barres « sèches », puis aux barres à conserver au réfrigérateur.

L'émergence des mégamarques est inverse au *brand stretching*. La mégamarque Virgin couvre ainsi les colas, les *energy drinks*, une compagnie aérienne, des disques, des Mégastores, des cinémas...

Il s'agit ici de disposer de marques moins nombreuses mais plus fortes en sélectionnant les plus lucratives et les plus connues. Ceci induit des économies d'échelle, le développement de marques ombrelles et une rationalisation des dépenses de communication.

5.5 La gestion de la gamme

Les produits sont classés selon trois critères.

■ La part de chaque produit dans le CA

Elle s'analyse par la « règle des 20/80 » (20 % des produits réalisent 80 % du CA), ou par la loi ABC (10 % des produits réalisent 65 % du CA, 25 % en réalisent 25 %, et 65 % des produits engendrent 10 % seulement du CA).

Une diminution de la part d'un produit dans le CA peut s'expliquer, entre autres, par :

- la cannibalisation de la gamme par un autre produit ;
- le vieillissement du produit ;
- l'inadaptation du prix qui mène à un report de la consommation sur la concurrence.

Mais cette analyse reste insuffisante car elle peut confondre un CA faible avec une marge élevée (cas des produits haut de gamme). Il faut alors analyser la rentabilité du produit.

■ L'analyse de la contribution unitaire au résultat et aux frais fixes

Une baisse de la contribution d'un produit peut s'expliquer par :

- un prix trop serré qui n'a pas permis l'évolution des coûts de production;
- la concurrence et l'accroissement des dépenses publicitaires qu'elle induit (par la course aux parts de voix) ;
- l'augmentation des facteurs de production (matières premières, main-d'œuvre ...).

Ce type d'analyse doit être effectué en fonction de la place du produit dans le cycle de vie.

■ La structure par âge de la gamme

Elle résulte d'un classement des produits en fonction de leur âge sur le marché, c'est-à-dire de leur phase dans le CVP, soit en fonction du CA, soit selon le profit.

Sur le schéma ainsi réalisé, il est normal de voir que la majorité du CA ou du profit provient de produits en phase de maturité. Il permet aussi de juger si leur relève, au vu des produits figurant en phase d'étude, de lancement et de croissance, pourra être assurée. Enfin, le nombre de produits figurant dans la phase de déclin permettra de savoir quels produits de la gamme il faut renouveler, lancer, modifier ou abandonner.

5.6 La modification et l'abandon d'un produit

■ La modification du produit et de sa commercialisation

Quatre solutions majeures s'offrent alors à l'entreprise :

- une autre zone géographique ;
- une autre clientèle, grâce à une baisse de prix ou au choix d'un autre circuit de distribution ;
- des innovations par le changement de conditionnement, par une adjonction de gadgets, une amélioration de la fonctionnalité et de la qualité, etc ;
- d'autres usages par de nouvelles recettes, une désaisonnalisation, etc.

■ L'abandon

Au moment où l'on réfléchit à une telle éventualité, deux positions contradictoires sont possibles.

Les tenants du maintien du produit avancent que :

- le produit a encore des consommateurs fidèles ;
- l'abandon d'un produit nuit à l'image de l'entreprise, qui semble se résigner par rapport à son marché ;
- abandonner, c'est risquer de laisser le consommateur se diriger vers la concurrence alors que sa fidélisation a été difficile et coûteuse à gagner;
- des problèmes de communication interne, suite à des licenciements, pourraient surgir ;
- les faibles résultats du produit peuvent s'expliquer par une distribution et une équipe de vente non impliquées ;
- le profit global n'est pas sûr d'être maintenu si le produit est abandonné, ni les capacités de production réemployées.

Les tenants de l'abandon du produit jugent que le produit en question:

- nuit à l'image de marque de l'entreprise en la faisant passer pour vieillissante, voire vieillotte ;
- freine le développement de la gamme par des frais improductifs ;
- permettrait, s'il était abandonné, de reporter ses frais marketing et publicitaires sur d'autres produits plus profitables.

Face à des arguments aussi convaincants et opposés, une telle décision doit être prise avec prudence en respectant quelques principes :

- ce ne sont pas les produits les plus vieux qui sont les moins rentables pour l'entreprise ;

– une consultation de la distribution est nécessaire, afin de la préparer à recevoir un nouveau produit (sensibilisation et information) ;
– un suivi au plus près des stocks est de la première importance afin que les deux produits (l'ancien et le nouveau) ne se télescopent pas. On peut alors utiliser la promotion pour accélérer les rotations.

Conclusion sur la gamme

La gamme est un des éléments primordiaux du mix produit. Difficile à équilibrer, son analyse et sa composition sont surtout le fait d'éléments quantitatifs. Mais il ne faut pas non plus ignorer que toute gamme doit être cohérente, c'est-à-dire homogène, et complémentaire. Cela passe par un positionnement qui saura mettre en valeur ces éléments. Ce dernier dépend fortement du prix.

Conclusion sur le produit

Les clients attendent aujourd'hui des produits avec une vraie valeur ajoutée ; l'heure est à des produits qui créeront la différence plutôt qu'ils ne la feront disparaître. Ira-t-on vers plus de vérité, plus de facilité d'usage, plus de véritables fonctions ?

B. Communication et prix

Jusqu'à ces dernières années, les décisions de prix étaient surtout dépendantes de considérations financières, renvoyant alors à des contraintes de coût et de rentabilité.

Les évolutions économiques, les crises successives et les modifications de l'environnement économique (chômage, consumérisme, baisse du pouvoir d'achat, concurrence exacerbée...) ont impulsé un changement à la suite duquel le prix devient un choix d'importance stratégique et se pose dans une perspective plus large, d'autant plus qu'il est la seule variable du mix qui procure des revenus en permettant à l'entreprise de développer sa marge et ses bénéfices.

1. Contraintes et prix

1.1 Prix et acheteur

Le prix est un système d'échange dans lequel les recherches de satisfactions compensent les sacrifices monétaires.

Le coût pour l'acheteur met en cause non seulement le prix payé, mais aussi les termes de l'échange, c'est-à-dire l'ensemble des modalités pratiques qui vont conduire au changement de propriété : coût de recherche de l'information, délais de paiement, service après-vente, conditions de livraison en fonction du lieu géographique, coûts de transfert, etc.

Ces **coûts de transfert** ont lieu lorsque l'achat du nouveau bien entraîne :

– des coûts de réorganisation, de formation des utilisateurs ;
– des coûts psychologiques dus au changement : changement dans les habitudes de consommation ou d'utilisation du produit. Exemples : le passage à la numérotation à 10 chiffres ; l'euro.
– des coûts de modification des produits pour qu'ils correspondent au produit du nouveau fournisseur ou pour que la fonction pour laquelle le produit a été acquis soit utilisable.

Enfin, l'acheteur peut subir des coûts de recherche de l'information (comparaison entre divers fournisseurs. Voir le chapitre 2. Le consommateur).

Le prix, pour l'acheteur, comprend donc *le prix nominal + les coûts supportés pour s'approprier le produit.*

1.2 Contraintes au prix

Pour l'entreprise, les prix sont stratégiquement importants car le prix de vente conditionne le niveau de la demande (*cf. infra* le concept d'élasticité) et la rentabilité de l'activité. En influençant la perception du produit et plus globalement de la marque, il contribue donc au positionnement de la marque. L'effet Veblen que nous développerons plus loin montre qu'un prix élevé peut signifier qualité pour les consommateurs. Ensuite, le prix de vente est également un élément de communication vis-à-vis des concurrents : il se prête aisément à des comparaisons et tout changement de prix est perçu rapidement par le marché ; les concurrents réagiront à la nouvelle donne ainsi créée.

Pour fixer ses prix, l'entreprise doit affronter plusieurs contraintes et prendre en compte un certain nombre d'éléments :

– le développement du nombre de marques renforce le rôle du prix comme référence pour l'acheteur ;
– le raccourcissement du cycle de vie des produits nécessite une rentabilité la plus rapide possible ;
– l'augmentation des fournitures ou de la matière première ;
– les contraintes légales (blocage des prix, marges maximales...) ;
– les fluctuations monétaires et des taux de change ;
– l'émergence du pouvoir des associations de consommateurs qui, avec la crise, ont de plus en plus tendance à faire porter leurs comparatifs sur les prix ;
– la contraction du pouvoir d'achat des consommateurs/acheteurs et la plus forte connaissance par ceux-ci de certains prix de référence. Le problème des industriels est alors souvent de savoir comment répercuter sur le consommateur les surcoûts subis ;
– le poids des distributeurs, tout-puissants dans certains domaines, qui limitent les marges des producteurs sous peine de déréférencement ;
– les pressions contradictoires avec d'un côté les augmentations de matières premières, des coûts de main-d'œuvre, etc., et de l'autre une

limitation objective du prix à cause d'éventuelles politiques de contrôle des prix ou de plafond de prix à ne pas dépasser sous peine de désaffection par le consommateur.

1.3 La notion d'élasticité

L'élasticité mesure directement la sensibilité des acheteurs au prix et permet de calculer les quantités demandées en fonction de niveaux de prix.

Dans certains cas, les acheteurs sont peu sensibles au prix. Une faible sensibilité peut être notée lorsque :

- une partie du prix n'est pas supportée par eux : coût partagé (cas de certaines dépenses des communes cofinancées par le département) ;
- la dépense représente une faible part de leur budget ou de leur revenu;
- la dépense constitue une faible part du coût total du produit final ;
- le produit détient des qualités distinctives jugées importantes qui permettent d'assurer la différenciation du produit fini ;
- le produit acheté améliore nettement la rentabilité et/ou les performances de l'entreprise acheteuse ;
- le produit bénéficie d'une image de qualité, de prestige, de rareté...

Une faible **sensibilité** peut aussi être liée à d'autres produits lorsque :

- le produit est le complément d'un produit principal déjà acquis ;
- l'existence de produits de substitution (les substituts sont des biens qui permettent de satisfaire le même besoin) est mal connue ;
- les produits de substitution ne bénéficient pas d'une bonne image. À l'opposé, plus les comparaisons sont aisées, plus la sensibilité au prix s'accroît.

Dans la majorité des cas pourtant, les acheteurs sont sensibles au prix, et cette sensibilité se mesure avec l'élasticité.

Cet élément peut être le revenu, on mesure alors l'élasticité de la demande par rapport au revenu. Quand cet élément est le prix, on parle d'élasticité de la demande par rapport au prix.

Pour estimer l'élasticité (e) de la demande (D) par rapport au prix (P), il faut comparer l'évolution de la demande (ED) par rapport à l'évolution du prix (EP), ce qui donne l'équation suivante :

$$e = (ED/D) / (EP/P)$$

À l'issue de cette formule, trois cas peuvent être distingués :

Si e est inférieure à - 1, on dira que la demande est très **élastique** : une variation de prix entraînera une variation plus grande des ventes. C'est le cas des biens qui possèdent des substituts proches : une hausse du prix du bien entraînera une baisse des quantités demandées et une hausse des quantités demandées des substituts.

Si e est comprise entre 0 et - 1, la demande est peu élastique : la variation relative du prix entraîne une variation relative des quantités demandées plus faible.

C'est le cas en général pour les biens de luxe, une hausse de prix n'entraînant pas une diminution importante des quantités achetées.

Si $e = 0$, la demande est **inélastique**, c'est-à-dire qu'elle est constante quel que soit le prix.

Enfin, entre deux types de biens, on peut calculer des **élasticités croisées** qui mesurent l'influence de la variation du prix d'un produit sur les quantités demandées d'un autre produit (appartenant éventuellement à la même gamme). On peut même être amené à corréler l'augmentation du prix d'un modèle bas de gamme sur la demande du produit placé juste au-dessus en termes de prix.

L'élasticité est très utile pour les vendeurs puisqu'elle permet de :

- connaître les variations du volume des ventes d'un bien sur un marché à la suite d'une variation de prix ;
- calculer les quantités qui seront demandées à différents niveaux de prix;
- comparer les élasticités de différentes marques concurrentes ;
- comparer les élasticités de produits à l'intérieur d'une gamme.

Pourtant, le plus important n'est pas de savoir comment adapter les prix à la sensibilité actuelle du marché mais de connaître comment modifier cette sensibilité. Pour un produit très sensible aux variations de prix, une campagne de communication pourra tenter de donner une image spécifique au produit (pour éviter le report de clientèle sur les concurrents en cas de hausse de prix) et de fidéliser les consommateurs.

2. Les procédures de fixation des prix

2.1 Le prix et les coûts : la cohérence interne

À l'origine de toute tentative de fixation de prix, on trouve le prix interne. Il se définit comme étant la somme des coûts entrant dans la fabrication et la commercialisation du produit. Il ne fait donc pas référence aux données du marché. La somme des coûts permet de définir trois types de prix internes répondant aux impératifs de couverture des charges et de rentabilité obligatoires afin d'assurer la pérennité de l'entreprise. Ainsi :

■ Le prix limite

Il fixe le seuil du dumping. Il constitue le prix plancher d'un produit ; il correspond au coût direct et ne permet que de remplacer la valeur du produit : il ne tient pas compte de la marge brute mais est surtout fondé sur le coût de la main-d'œuvre et des matériaux. Il explique les délocalisations, la répartition géographique du travail, la compression des coûts salariaux, la concentration sur un seul site, le rapprochement de l'un des clients, ou l'alliance avec un autre intervenant du marché.

■ Le prix technique

Il assure la récupération de la valeur de remplacement du produit, la couverture des charges de structure (dans une hypothèse de volume d'activité). Le prix technique est donc calculé en fonction de différentes hypothèses de volume.

■ Le prix cible

Appelé aussi prix suffisant, le prix cible comprend, outre ce qui était déjà intégré dans le prix technique, une contrainte de profit en fonction du capital investi.

L'analyse des coûts est nécessaire au vu de l'objectif général de l'entreprise : assurer sa survie. Elle permet par exemple de déterminer :

- le seuil de rentabilité. Ce seuil est le point au-delà duquel un profit est engrangé. Si le profit est nul, on parle de point mort ; les ventes couvrent alors les coûts. On peut calculer, pour un prix de vente donné, le nombre d'unités de produit à vendre pour atteindre le point mort. La formule est la suivante : *F/(P-V)*

  F = coûts fixes, qui ne varient pas avec le volume d'activité (loyer, charges sociales...)

  P = prix de vente unitaire

  V = coûts variables, qui sont fonction du volume de production
- les réductions de prix maximales à consentir tout en continuant à couvrir les charges ;
- l'impact d'une hausse des charges, comme une campagne de communication, sur le niveau du seuil de rentabilité ;
- le volume d'activité à développer (à restreindre) en cas de hausse (de baisse) du prix pour générer le même niveau de profit...

2.2 Objectifs des stratégies de prix

On en distingue plusieurs.

■ Les objectifs *centrés sur le profit* cherchent à maximiser la marge ou le ratio rentabilité/capital investi. Mais cette méthode, élaborée par des économistes, ignore que le niveau de prix détermine la demande ; elle ne tient pas compte des réactions de la concurrence, des autres variables du plan de marchéage, ni du comportement du consommateur.

Il peut donc y avoir des dangers à fixer un taux de rentabilité trop élevé.

Si on pose l'équation : *profit = recette – coût*, on cherche à déterminer l'équation de la demande en fonction du prix à partir de : $R = PQ - CQ$ dans laquelle nous avons :

R = rentabilité ou profit

P = prix

C = coût unitaire

Q = quantité vendue

■ Le second type d'objectif est *centré sur le volume*. Il concerne la maximisation du chiffre d'affaires ou de la part de marché. Il peut impliquer la détermination d'un **prix de pénétration** (prix inférieur à celui de la concurrence afin d'augmenter le volume des ventes).

Cet objectif centré sur le volume pose le même problème que le premier type d'objectif à moins qu'il ne soit à court terme et ne permette de régler des difficultés de trésorerie.

■ Les objectifs *centrés sur la valeur* cherchent à maximiser le CA ; un **prix d'écrémage** (prix supérieur à celui de la concurrence afin d'augmenter rapidement le chiffre d'affaires) est alors utilisé afin de valoriser les efforts réalisés en recherche et développement.

■ Plus intéressants sont les objectifs qui tiennent compte de *l'environnement* et qui sont établis en fonction de contraintes : les coûts de revient des produits ; l'intervention de l'État (contrôle des prix, interdiction légale de certaines pratiques...); la conjoncture économique; les associations de consommateurs ; les attentes et le comportement du consommateur et la cohérence avec les autres variables. Ces objectifs sont plus efficaces dans la mesure où ils répondent en globalité au marché et pas à un de ces éléments pris isolément. Ils conduisent aussi à l'écrémage ou à la pénétration et donc à une différenciation. Ils peuvent aussi mener à un alignement quand les produits sont très standardisés ou que l'entreprise a peu d'influence sur le marché (**prix du marché**). Dans ce cas, l'entreprise portera ses efforts sur les autres variables du mix, comme la communication par exemple.

■ L'entreprise peut aussi avoir des objectifs de prix *centrés sur la concurrence*, en recherchant par exemple la stabilisation des prix ou l'alignement sur les concurrents afin d'éviter des fluctuations des prix du marché, qui pourraient affecter le comportement des acheteurs.

■ *Les objectifs d'image*, enfin, maximisent le rapport prix/qualité/image. Cette relation est importante pour certaines catégories de produits (produits de luxe...).

2.3 L'importance de la valeur perçue du produit

Le produit a une valeur monétaire, comme nous l'avons observé, mais aussi une valeur plus subjective, celle perçue par l'acheteur. La sensibilité dépend de cette notion. Pour la connaître, l'offreur doit déterminer :

- les principaux usages du produit et recenser les avantages et satisfactions objectifs et subjectifs (*cf.* les motivations) recherchés par l'acheteur ainsi que les conditions d'utilisation du produit ;
- les produits et les marques de substitution ;
- les coûts de transfert et les coûts annexes (*cf. supra*) et estimer le degré de supériorité de chaque produit sur chaque avantage et l'écart de prix entre la meilleure alternative et le produit étudié.

Ceci permettra de déterminer le prix maximal acceptable pour l'acheteur.

Le **prix maximal acceptable** est le prix au-delà duquel une résistance de l'acheteur sera observée, et en dessous duquel, au contraire, un intérêt élevé sera observé. Le prix maximal acceptable est donc le prix qui annule l'économie réalisée (*cf.* § **1.1** « **Prix et acheteur** »).

Ce prix maximal est établi après enquête par :

- la détermination des usages et des conditions d'utilisation du produit ;
- une comparaison des avantages (objectifs et subjectifs) autres que le prix apportés par le produit à l'utilisateur ;
- les coûts (objectifs et subjectifs) supportés par l'acheteur.

Un bilan avantages/coûts termine cette étude pour aboutir au prix maximal acceptable.

Il faut remarquer à ce niveau qu'une analyse globale ne suffit pas toujours. L'examen doit être établi en fonction des comportements et donc pour différencier les groupes d'acheteurs ayant des comportements identiques, ce qui conduit à une segmentation.

Les notions de valeur perçue et de prix maximal acceptable permettent de déterminer un **prix psychologique**. Comme l'a démontré Stoetzel, le consommateur associe à chaque produit une zone de prix acceptables, fruits de l'expérience et de l'information procurée par l'environnement. En dessous d'un seuil minimal, les consommateurs rejettent le produit car celui-ci connote une mauvaise qualité ; au-delà d'un certain seuil maximal, ils n'achètent pas le produit, alors considéré comme étant trop cher pour la satisfaction qu'ils en retirent.

L'entreprise peut aussi déterminer un **prix discriminatoire**. Très réglementée, cette discrimination peut par exemple s'effectuer entre clients (tarif étudiant ou chômeur) ou entre produits (un produit de base et des versions améliorées dont les différences de prix ne sont pas proportionnelles aux coûts).

2.4 Prix et concurrence

Une entreprise fixe généralement ses prix après observation de ceux de la concurrence. Son degré d'autonomie est lié à la structure des marchés qui peut influer sur la politique de prix de l'entreprise. Quatre situations principales peuvent être rappelées :

- *la concurrence pure et parfaite* caractérise un marché dans lequel de nombreux fournisseurs font face à de nombreux acheteurs, sans qu'aucun des acteurs ne soit en mesure d'influencer le niveau des prix ;
- *le monopole* voit s'affronter des acheteurs et un offreur ; le fournisseur joue alors un rôle déterminant dans la politique de fixation des prix ;
- *l'oligopole* est un marché dans lequel quelques fournisseurs s'affrontent sur un marché. La part de marché de chacun est élevée. On considère que les offreurs sont très interdépendants, surtout lorsque les produits sont faiblement différenciés. Dans l'oligopole, tout comme dans un marché de concurrence pure, l'entreprise cherche généralement à montrer la spécificité de son produit afin d'accroître son autonomie, résultat d'un effort de différenciation : elle essaie de créer de petits monopoles : c'est le cas de la *concurrence monopolistique*.

Enfin, la marge de manœuvre de l'entreprise diminue à mesure que le nombre de concurrents augmente. Compte tenu de cette situation, l'entreprise peut choisir de suivre le prix du marché ou de créer un prix de positionnement.

■ Le prix du marché

Sur certains marchés, une entreprise leader peut jouer un rôle de surveillance et de « policier » et fixer le prix du marché. Son leadership peut venir de l'importance de : sa part de marché, de son avance technologique, ou de son leadership reconnu par les autres entreprises.

Une autre entreprise peut décider de suivre simplement ce prix ; elle pense dans ce cas qu'il traduit la sagesse collective ; elle renonce aussi à une guerre des prix qui ne serait pas à son avantage.

Dans tous les cas, l'entreprise doit organiser une surveillance, appelée aussi veille, ou pige, des prix de la concurrence. Pour ce faire, plusieurs approches sont possibles :

- les relevés de prix réalisés dans les magasins (on parle de *store check*) ;
- l'analyse des tarifs de la concurrence au vu de ses catalogues ;
- l'enquête auprès de consommateurs et d'utilisateurs, voire de distributeurs ;
- la visite sur salons.

À côté de cette approche, l'entreprise peut, plutôt que de suivre les prix du marché, décider de baisser ou relever ses prix. Cette politique plus volontariste constitue un prix de positionnement.

■ Le prix de positionnement

L'entreprise peut décider de situer son prix plus haut ou plus bas que ses concurrents : c'est le prix de positionnement.

La politique de baisse des prix

Elle permet théoriquement de stimuler la demande quand elle est expansible (*cf.* l'élasticité, *supra*) et de se rapprocher du seuil de rentabilité afin d'éliminer des concurrents dont les structures de coût sont plus élevées et la rentabilité moindre.

Mais une politique de baisse des prix peut nuire à la profitabilité de l'entreprise dans le cas où une baisse de prix ne serait pas suivie d'un effet de volume, ou peut mener à mal l'image de marque.

La politique de hausse de prix et les moyens de jouer sur les prix

Une entreprise qui l'initie cherche souvent à s'assurer de la volonté des concurrents de la suivre.

Cette stratégie est surtout utilisée quand la demande croît et que les capacités de production sont utilisées à plein. L'entreprise doit aussi s'assurer que son produit dispose d'avantages perçus suffisants pour permettre aux consommateurs de la suivre.

3. Deux cas spécifiques de détermination du prix

3.1 Stratégie de prix de lancement d'un produit nouveau

Le prix d'un produit nouveau constitue un dilemme pour l'entreprise dans la mesure où le produit peut être sans comparaison directe ; son prix est un facteur déterminant de réussite de lancement ; l'entreprise doit réaliser un choix judicieux : pénétrer le marché (prix bas) ou écrémer le marché (prix élevé).

■ La politique d'écrémage

Le choix de l'**écrémage** est justifié lorsque :

- le cycle de vie du produit est court ;
- le niveau de la demande est difficilement déterminable ;
- le produit est réellement nouveau et la demande est attentive aux produits nouveaux ;
- la demande est inélastique au prix ;
- le consommateur ne dispose pas d'éléments de comparaison ;
- l'entreprise ne dispose pas de ressources de départ pour financer le lancement du produit (coûts de référencement, communication...).

Un prix élevé permet une rentabilité plus rapide. Cette politique a néanmoins des inconvénients : elle incite les concurrents à s'installer sur le marché avec des prix plus bas et elle les attire par l'espérance de marges substantielles. La solution consiste à écrémer le marché dans un premier temps puis à le fractionner en segments.

L'écrémage est ainsi une politique prudente qui permet un réajustement des prix : mieux vaut baisser ultérieurement son prix que l'augmenter. Enfin, l'entreprise devra prendre garde aux concurrents arrivant plus tard sur le marché et qui peuvent proposer des prix plus bas car ils n'ont pas eu, par exemple à supporter le poids de l'innovation et bénéficient de nouveaux développements en techniques de production...

■ La politique de pénétration

À l'inverse, une politique de **pénétration** consiste à fixer un prix bas pour pénétrer dès le départ une part importante du marché.

Son inconvénient majeur est son coût. En effet, elle exige de gros investissements initiaux (qui ne seront rentables qu'à long terme) : capacité de production adaptée au volume escompté du fait du prix faible, stocks importants, distribution intensive, campagne de communication importante.

Elle est aussi soumise à certaines conditions : économies d'échelle ou effet d'expérience permettant de réduire les coûts, une demande élastique au prix.

Cette politique est donc plus risquée que l'écrémage à moins que le prix pratiqué soit si bas qu'il crée une barrière à l'entrée des concurrents.

3.2 Le prix d'une gamme de produit

Le développement concurrentiel et la différenciation ont conduit les entreprises à multiplier le nombre de produits proposés. On raisonne alors au niveau de la gamme afin d'optimiser le résultat de l'ensemble de l'activité de l'entreprise. Il faut donc éviter les effets de **cannibalisme** entre les produits, prendre garde aux effets de substitution et de complémentarité et procéder à des calculs d'élasticités croisées à l'intérieur de la gamme. Pour les produits complémentaires, une technique souvent utilisée est celle de la vente du bien principal (rasoir mécanique, automobile...) à des prix attractifs (malgré un coût de production élevé) afin de faciliter l'achat du produit complémentaire par le consommateur (accessoires, lames de rasoir, pièces détachées...). Il s'agit donc ici de **prix captifs** pour des **produits liés**.

La gestion de la gamme peut conduire à pratiquer des **prix d'appel** : un prix faible sur un produit afin de tirer toute la gamme (voir **partie A. « Communication et produit »**).

Enfin, l'entreprise utilise souvent des **prix à double détente**, comme c'est le cas pour le câble (l'abonnement de base étant à un certain prix, tout bouquet de chaînes supplémentaires est facturé en sus), ou des **prix par lots**.

Ne perdons pas de vue une nouvelle fois ici la cohérence du mix. Le prix de chaque produit de la gamme est obligatoirement lié aux autres variables d'action marketing : le produit lui-même, la communication et la distribution. L'entreprise doit à ce niveau :

- fixer *a priori* les différences de prix devant exister entre les produits de la gamme, dans le cadre d'une politique de positionnement ;
- chercher à maximiser les bénéfices de toute la gamme pour des produits liés entre eux au niveau des coûts, mais qui demeurent concurrentiellement distincts (en particulier pour les marques produits).

4. Le prix : une variable importante en termes de communication

Tout d'abord, et indépendamment de la volonté de l'annonceur, la communication du prix est une **obligation légale** [1] .

L'ordonnance du 1er décembre 1986 oblige les offreurs à informer les consommateurs sur les prix des produits qu'ils soient ou non exposés à la vue du public ; la même obligation est faite au prix des services. Les prix doivent apparaître toutes taxes comprises et être exprimés en francs. Le consommateur doit pouvoir choisir en toute connaissance de cause. En plus de l'information sur le prix, des obligations légales existent au sujet de l'étiquetage, la qualification et la normalisation des produits.

L'annonceur doit connaître ces obligations afin d'éviter des poursuites néfastes à son image.

---

1. Les prix imposés sont interdits (sauf dérogation ministérielle) par l'ordonnance du 1er décembre 1986.

Bien plus qu'une obligation, la communication du prix est aussi un paramètre influent. La variable prix est génératrice de revenus, elle est aussi un facteur de communication qui s'adresse à plusieurs récepteurs, en particulier :

- la distribution et les revendeurs, relais essentiel du commerce moderne. Elle est une des cibles de l'entreprise. En termes de prix, c'est une contrainte : la part de la distribution dans le prix de vente est de 30 à 60 % sur certains produits ; des négociations ont lieu entre producteurs et distributeurs, de moins en moins au profit des premiers, le prix est donc ici important pour se faire référencer et ainsi vendre. Une bonne communication envers les distributeurs est indispensable ;
- les consommateurs enfin peuvent être à la base de la fixation du prix (méthode du prix psychologique, qui en fait demeure rare) mais, ils sont surtout le principal récepteur.

En effet, le prix communique la valeur du produit, il peut signifier bonne qualité, entreprise proche de ses clients... On remarque que le prix est le premier vecteur de communication promotionnelle. Le consommateur se fixe un budget exprimé en **prix rond** (pas plus de 100 francs pour tel produit par exemple). Avec des prix comme 5,95 ; 9,90 ; 59,90 ; 49,90... le consommateur estime qu'il fait une affaire même s'il économise en fait très peu. Seul lui importe de ne pas dépasser un seuil psychologique. On parle ainsi de **prix magique**, qui devrait changer lors du passage à l'euro.

Le consommateur n'est donc pas toujours rationnel en matière de prix, une baisse n'est pas obligatoirement source de rentabilité, tout dépend du type de produit (achat impliquant ou non) et de la réaction du consommateur ; une baisse peut éventuellement signifier une baisse de la qualité du produit comme l'a expliqué l'économiste Thorstein Veblen autour de la relation prix-prestige.

L'effet Veblen : pour les biens de consommation courante, le prix est une fonction décroissante de l'offre. Pour un produit de luxe, il semblerait que cela ne soit pas la même chose. Pour l'acheteur, un prix élevé est la preuve du caractère valorisant de son acquisition et un réducteur d'incertitudes (car il peut signifier la qualité et faciliter ainsi le choix du consommateur).

Nous avons vu qu'un produit était un objet physique mais qu'il véhiculait aussi un ensemble de notions.

On doit à Thorstein Veblen l'idée selon laquelle le prix élevé d'un produit donne à son acheteur l'idée de qualité et/ou le sentiment d'appartenir au groupe auquel il se réfère. Les chemises Lacoste par exemple ont une connotation sociale très marquée, ce qui explique l'engouement condamnable pour les copies moins chères venant de Corée.

La communication a ici un rôle d'amplificateur : un prix bas et une forte communication correspond à une politique de pénétration du marché comme nous l'avons vu. Au contraire, un prix élevé et une forte communication permettent de jouer sur des motivations d'affirmation de soi (parfums haut de gamme : Paris de Guerlain). Un prix élevé et une faible communication caractérisent des produits s'adressant à une élite (First de Van Cleef par exemple).

La création a aussi un rôle à jouer ici, pour montrer la qualité du produit et/ou désigner sa cible. Une qualité supérieure donnée à la communication est utile. On peut voir à ce sujet la recherche esthétique développée par certaines marques de parfums.

Il est bien évident que si un prix élevé fait croire que l'on est en présence d'un produit de qualité, la qualité espérée doit effectivement se trouver dans le produit, sinon, on ne peut envisager de réachat (le consommateur peut être berné une fois, rarement deux) et ce serait un grave risque en termes d'image.

On est loin ici du consommateur rationnel des économistes néoclassiques, capable de classer les différents biens en fonction de leur utilité. À moins que cette rationalité ne se soit évanouie avec le développement de nos sociétés [1].

En somme, le prix est dépendant et conditionne les autres variables du mix : il doit financer la communication, asseoir le positionnement marketing, corréler le positionnement de communication, et correspondre à la stratégie de distribution, tout en tenant compte de nombreuses contraintes. Il est donc un facteur de communication et un facteur de rentabilité, gouverné par des éléments financiers.

C. Communication et distribution

Avant d'aborder les fonctions de la distribution, il convient de s'accorder sur quelques définitions.

1. Définitions

Le **canal** est « une voie d'acheminement de biens de même nature entre le producteur et le consommateur et qui comprend éventuellement l'intervention de commerçants intermédiaires » (définition de l'Académie des sciences commerciales). Il inclut par exemple les grossistes, les détaillants, les concessionnaires, les centrales d'achat, les courtiers, etc.

Il peut être :

- direct. Exemple : les produits achetés à la ferme ;
- court, avec un seul intermédiaire. Exemple : la vente d'automobiles via les concessionnaires ;
- long, lorsqu'il comprend plus d'un intermédiaire ;
- intégré, quand une seule entreprise assure les fonctions de gros et de détail entre le producteur et le consommateur.

Le **circuit** de distribution d'une catégorie de produits est constitué de l'ensemble des canaux utilisés pour les distribuer.

Dans la pratique, circuit et canal sont deux termes souvent synonymes.

---

1. Dans les économies moins avancées d'ailleurs, un autre effet est à remarquer : **l'effet Giffen.** Il explique que lorsque le prix des produits de première nécessité augmente, le pouvoir d'achat de certains ménages se réduisant, la consommation des autres biens diminue et se recentre sur les biens de consommation courante, cela donc aux dépends des autres.

Circuit	Avantages	Inconvénients	*Exemples*
DIRECT	Bonne connaissance de la clientèle car contact direct, maîtrise des prix.	Fortes charges de stockage, nécessité d'un double savoir-faire (produire et distribuer), difficultés à toucher une cible géographiquement étendue.	*la vente de fruits le long des routes, ou de vin chez le récoltant*
COURT	Bon contrôle du prix dû à l'absence de grossiste.	Frais de stockage élevés.	*produits importés par un importateur et revendus directement au consommateur.*
LONG	Pas de frais de stockage, bonne répartition géographique des points de vente.	Mauvais contrôle du circuit.	*certains produits revendus par les épiceries (elles achètent leurs marchandises à des grossistes qui se les procurent chez les grossistes spécialistes).*
INTÉGRÉ	Très bonne surveillance du circuit.	Investissements élevés.	*la franchise et bon nombre de ses enseignes.*

Le **réseau** de distribution est « l'ensemble des personnes physiques ou morales qui concourent à la vente d'un bien ou d'un service, depuis le producteur ou l'importateur, jusqu'au consommateur final » (Académie des sciences commerciales).

L'**assortiment** est la gamme du distributeur. Il comprend d'ailleurs souvent une marque leader, une marque challenger, un premier prix et une marque distributeur.

2. Les Fonctions de la distribution

2.1 Les fonctions primaires

La filière distributive renvoie à plusieurs fonctions :

- l'achat du produit au producteur ;
- le transport des produits du lieu de production au lieu d'achat final (acheminement puis manutention) ;
- le stockage (quoique cette opération tende à se réduire du fait de l'objectif zéro-stock et du travail en flux tendus) et la régulation de la production par le stockage des commandes passées longtemps à l'avance ;
- l'assortiment qui consiste à réunir en un même lieu des marchandises différentes permettant un choix de produits à l'intermédiaire suivant, ou au consommateur final ;

– le fractionnement (appelé aussi allotissement) des grosses quantités achetées en lot, à la mesure du détaillant puis du consommateur ;
– la communication par :
  - une participation aux actions de communication sur le lieu de vente, tant par la PLV, les animations, la promotion, que par le merchandising.
  - une remontée de l'information du distributeur vers le producteur (attentes du consommateur, difficultés de mise en place, attractivité du produit sur le lieu de vente, etc.) et une descente de l'information du producteur vers le distributeur (état du marché, situation du rayon chez les autres distributeurs et merchandising, etc.).

2.2 Les fonctions annexes

Ce sont principalement des fonctions de service qui recouvrent :
– des horaires d'ouverture larges ;
– la livraison des achats à domicile ;
– un SAV efficace ;
– une simplification des achats. Le commerce de gros évite en effet aux détaillants des facturations multiples en présentant des produits de plusieurs origines. De plus, le consommateur final peut trouver presque tout ce dont il a besoin dans un même lieu (cas des grands magasins) ;
– la valorisation du produit par une enseigne forte ;
– la proximité : physique entre le lieu de vente et le domicile de l'acheteur, relationnelle et en termes d'image (un des arguments de Monoprix).

Ces multiples fonctions expliquent que le distributeur ne se contente pas de distribuer, mais aussi d'apporter une valeur ajoutée aux produits.

3. Les formes de distribution

Parts de marché par forme de vente (en %)

Alimentation générale de grande surface	34,1
Commerces spécialisés non alimentaires	30,1
Alimentation spécialisée ou de proximité	9,2
Commerce de l'automobile (carburants et accessoires)	7,7
Pharmacies	6,4
Commerces non alimentaires non spécialisés (grands magasins, VPC...)	3
Boulangeries pâtisseries	2,8
Autres formes de vente	7,1

La classification selon les formes économiques recouvre plusieurs agrégats.

3.1 Le commerce indépendant isolé

Cette forme de commerce se caractérise par la distinction entre la fonction de gros et celle de détail qui ne sont pas remplies par les mêmes entreprises.

■ Le commerce indépendant isolé de détail

Le détaillant achète à un grossiste afin de revendre cette marchandise au consommateur final. Le détaillant peut être sédentaire ou non sédentaire.

Le commerce sédentaire engage peu de capitaux et la structure de l'entreprise reste familiale. Les achats sont effectués auprès de grossistes, et le CA reste peu élevé. Voyons quels avantages et inconvénients ce type de commerce entraîne pour le consommateur. Ce type de commerce (affrontant des problèmes de gestion, de politique d'achat, d'aménagement du point de vente, de faible compétitivité) a subi de plein fouet la concurrence des grandes surfaces. Il n'a pas toujours su s'adapter aux évolutions du marché. Son avenir dépend maintenant de ses facilités de spécialisation (photo, sport...). Les avantages du commerce sédentaire tiennent aux relations humaines, à la proximité et au service (heures d'ouvertures larges). Mais les prix y restent élevés et la spécialisation commerciale entraîne une perte de temps lors des achats (nécessité de se rendre dans plusieurs boutiques).

Enfin, le commerce non sédentaire comprend les forains (ventes sur les marchés), les marchands de rue, etc.

■ Le commerce indépendant isolé de gros

Le grossiste est un intermédiaire qui achète de façon continue de grosses quantités de marchandises. Il se situe entre le producteur et le détaillant. Sa fonction, qu'il soit isolé ou non, comporte des avantages et des inconvénients.

Avantages

- diminution des frais de commercialisation pour le producteur ;
- régularisation de la production *(cf. supra)* ;
- baisse des coûts de stockage pour le producteur ;
- le grossiste connaît bien son marché du fait de sa spécialisation.

Inconvénients

- service après-vente insuffisant pour les produits techniques ;
- marges parfois trop élevées par rapport au service rendu ;
- éloignement des détaillants du producteur ;
- difficultés pour le producteur de mettre en valeur sa marque et de contrôler son circuit.

Après avoir été heurtés par les centrales, certains grossistes, pour survivre, se sont regroupés afin d'assurer eux-mêmes la vente au détail, devenant ainsi commerce intégré. Ils ont aussi parfois créé des « *cash and carry* » (le client paie comptant et emporte lui-même la marchandise) qui utilisent les techniques de vente en libre-service, tout en les appliquant au commerce de gros (exemple de *cash and carry* : Metro).

■ Le commerce intégré

Cette catégorie recouvre ce que l'INSEE appelle « le grand commerce ». Il se caractérise par l'intégration de la fonction de gros et de détail, cela sous une même enseigne.

Le commerce intégré se subdivise selon ses objectifs historiques. Il peut être de type coopératif (coopératives de consommateurs : CAMIF, Coop, Les Coopérateurs de Normandie ; coopératives d'entreprises et d'administrations) ou de type capitaliste.

Le commerce intégré, fortement synonyme de commerce intégré de type capitaliste, comprend plusieurs formes résumées dans les tableaux ci-dessous.

LES GRANDS MAGASINS (GM)

Origine	Boucicaut en 1852 avec « Le Bon Marché »
Caractéristiques	Un GM est un établissement commercial de vente au détail de grandes dimensions proposant, dans une ambiance particulièrement valorisante, un grand nombre de produits dans différents secteurs : habillement/textile, hygiène beauté, équipement de la maison, loisirs/culture, parfois alimentation, mais aussi des services (restauration, agence de voyage...). L'ensemble se situe dans des rayons qui constituent chacun l'équivalent d'un magasin spécialisé. Le personnel est nombreux. Les points de vente, localisés en centre-ville, proposent des assortiments de 150 000 à 300 000 références sur une surface de vente moyenne de 8 500 m^2.
Nombre	168 points de vente.
Exemples d'enseigne	Les Nouvelles Galeries, le Printemps, la Samaritaine, le BHV...
Développement	Le développement des GM est freiné par le manque de parking, l'engorgement des centres villes, les frais importants qu'une implantation dans le centre suppose. Ils ont de plus subi la forte concurrence des grandes surfaces et la mutation des habitants du centre vers les zones péri- urbaines, les obligeant à se repositionner (mode, maison, loisirs...). Ils s'orientent de plus en plus vers le services (consultantes en look personnel, cartes privatives...).

LES MAGASINS POPULAIRES (MP)

Origine	L'enseigne Woolworth (et son fondateur éponyme) en 1879, en Grande-Bretagne.
Caractéristiques	Localisés en centre-ville, leurs rayons sont multiples et proposent un assortiment à dominante alimentaire pour des produits à fortes rotations. Leur surface moyenne est de 1466 m^2.
Nombre	425.
Exemples d'enseigne	Monoprix (appartenant aux Galeries Lafayette), Prisunic (du groupe Printemps), Uniprix (Nouvelles Galeries)...
Développement	Touchés par les mêmes problèmes que les GM, les MP adoptent la même politique et se positionnent sur le haut de gamme et le service (*cf.* Monoprix).

LES GRANDES SURFACES SPÉCIALISÉES (GSS)

Caractéristiques	Cet agrégat ne comprend que les entreprises exploitant un magasin de plus de 2 500 m^2, plus de 10 magasins ou employant plus de 100 salariés. Il n'intègre pas les indépendants mais seulement les succursalistes. Le principe de la GSS est de proposer un assortiment étroit et profond, tout en se positionnant sur la spécialisation, le conseil et le service, avec une politique de prix attractifs. On distingue les grandes surfaces textile, bricolage (GSB), électro-domestique, jardinerie, sport.... Surface moyenne : 1 700 m^2.
Nombre	5 100 dont 2 100 GSB.
Développement	Les GSS s'orientent souvent vers la franchise. Ils recherchent des économies d'échelle par une couverture extensive du territoire.
Exemples	Vétimarché (GS textile) Leroy Merlin (GSB) Darty (GS électroménager) Jardiland (GS jardinerie) Décathlon (GS sport).

LES SUPÉRETTES (SUP)

Caractéristiques	D'une surface de 120 à 400 m^2 (en dessous, on les appelle mini libres-services), elles proposent un assortiment non spécialisé de 250 à 2 000 références à dominante alimentaire. Les prix sont plus élevés que dans les grandes surfaces mais les horaires d'ouverture sont généralement plus larges.
Nombre	4 300, en forte baisse.
Développement	Les supérettes sont fortement concurrencées par les *hard discounters* qui ont poussé au renouveau du concept de vente pour une telle surface commerciale. On assiste à une concentration de l'offre autour d'un petit nombre de centrales puissantes approvisionnant en même temps les grandes surfaces.
Exemples d'enseignes	Comod, Disco, 8 à 8... Les enseignes d'indépendants dominent. Les enseignes de *hard discount* sont Aldi, Lidl, Ed...

LES SUPERMARCHÉS (SM)

Caractéristiques	Les SM possèdent une surface de vente de 400 à 2 500 m^2. Situés généralement en périphérie des villes. Ils proposent de 3 000 à 6 000 références.
Nombre	7 400.
Développement	Les SM sont aussi marqués par l'arrivée des *hard discounters*, les conduisant à s'orienter au choix vers le discount pur et dur, la proximité, la qualité...
Exemples d'enseignes	Intermarché, Super U, Champion...

LES HYPERMARCHÉS (HM)

Caractéristiques	De plus de 2 500 m^2, ils proposent de 20 000 à 50 000 références et se situent près des voies d'accès importantes en périphérie des villes. Ils sont parfois au sein d'un centre commercial dont ils constituent une des « locomotives ».
Nombre	1 100.
Développement	Les HM s'orientent vers une politique d'image et de qualité dont les marques propres et de distribution en général sont le fer de lance.
Exemples d'enseignes	Leclerc, Carrefour, Auchan...

	Supérette	Supermarché	Hypermarché
Surface moyenne de vente en m²	220	980	5 680
Nombre de références présentées	1 800	5 000	32 000
Part de l'alimentaire dans le CA	92 %	76,4 %	60 %
CA annuel moyen en MF TTC	7,92	41,8	382
Temps de présence d'un client en min	8	30	77

LES MAGASINS D'USINE

Caractéristiques	Lors de leur fondation (1983, à Troyes), les produits y étaient vendus à très bas prix, permettant d'écouler les fins de série, les rebuts industriels, etc.
Nombre	Une vingtaine de centres.
Développement	Ils semblent s'orienter vers des boutiques de marques regroupées dans un centre commercial. Ils proposent toujours des prix intéressants, mais sont moins axés sur l'opération prix qu'il y a une quinzaine d'années.
Exemples d'enseignes	A l'Usine (Roubaix), Marques Avenue (Troyes), Quai des Marques (St-Denis)...

LA VENTE PAR CORRESPONDANCE (VPC)

Caractéristiques	La VPC propose un assortiment dans lequel le textile pèse pour près de 50 % du CA. Les commandes s'effectuent par courrier, Minitel, téléphone, TV. ou Internet. L'éloignement entreprise/client doit donc être compensé par une très bonne maîtrise de la logistique, de la promotion et du marketing direct.
Développement	La VPC s'axe sur le service (livraisons, etc.). Elle cherche à s'orienter vers le marché des entreprises qui progresse plus que celui des particuliers. L'avenir sera-t-il à la distribution de services par VPC (*cf.* assurances) ?
Exemples d'enseignes	La Redoute, Les 3 Suisses, Camif, Yves Rocher... Ces quatre enseignes réalisent environ 50 % du CA du secteur.

3.2 Le commerce associé

Face au développement rapide du commerce intégré, des commerçants ont décidé de réagir et de s'associer en vue d'obtenir des conditions d'approvisionnement avantageuses grâce à des achats groupés. On rassemble généralement sous cette forme quatre types d'entités.

■ Les groupements d'achat

Ils peuvent être de deux types.

Les groupements d'achat de détaillants sont parfois appelés « coopératives de détaillants » dans lesquelles les membres sont indépendants juridiquement, commercialement et financièrement. Leurs achats sont groupés (ils paient une cotisation pour accéder à la centrale d'achat), mais ils peuvent se retirer à tout moment. Le groupement centralise aussi les actions marketing et de gestion, comme les marques de distribution, l'assortiment, les actions de communication du groupement, les promotions, etc. Ils représentent environ 20 000 points de vente pour 80 groupements (exemples : Krys, Système U).

Chez Système U, il existe trois niveaux :

- au niveau local, le propriétaire du magasin est indépendant, autonome juridiquement et financièrement. Il adhère à une charte ;
- à l'échelon régional, l'implication des coopérateurs est la plus forte. La centrale régionale regroupe les fonctions d'achat, d'approvisionnement, de gestion... L'associé participe aux groupes de travail, commissions et conseils d'administration ;
- l'échelon national détermine les orientations stratégiques, gère les synergies.

Les groupements d'achat de grossistes prennent souvent la forme d'un GIE. Exemple : Difrajo pour les jouets.

■ Les magasins collectifs d'indépendants

Il s'agit ici d'une union dans une même enceinte et sous un même nom commercial de personnes physiques ou morales. La gestion et la communication sont effectuées selon des règles communes mais chacun reste indépendant.

Il n'en existe qu'une dizaine en France.

■ Les chaînes volontaires

Une chaîne volontaire est « un groupement d'un ou de plusieurs grossistes et de détaillants sélectionnés parmi leurs clients en vue d'assurer la coordination des fonctions de gros et de détail » (Académie des sciences commerciales). Chaque société est indépendante financièrement et juridiquement. En général, les associés d'une même chaîne exploitent une enseigne commune. Le grossiste est le maillon principal car, par son biais, transitent les livraisons, les ventes, l'aide à la gestion et les actions de communication.

Ils représentent 15 000 points de vente pour environ 30 chaînes (exemple : Disco). Ce type de commerce a tendance à se transformer en franchise.

■ La franchise

Définition

La franchise est un système de commercialisation de produits et/ou de services et/ou de technologies, basé sur la collaboration étroite et continue entre des entreprises juridiquement et financièrement distinctes et indépendantes, le franchiseur et ses franchisés. Dans cette relation, le franchiseur accorde à ses franchisés des droits, et impose l'obligation d'exploiter une entreprise en conformité avec le concept du franchiseur.

Ce concept comprend :

- des signes de reconnaissance (nom, enseigne, signes...). La marque du franchiseur, symbole de l'identité et de la réputation du réseau, constitue la garantie de la qualité du service rendu au consommateur. Cette garantie est assurée par la transmission et le contrôle du respect d'un savoir-faire et la mise à disposition d'une gamme homogène de produits et/ou de services et ou de technologies. Le franchiseur devra être titulaire de droits sur les signes de ralliement de la clientèle (enseigne, marque...) ;
- une sérieuse expérience et un savoir-faire prouvés. Le franchiseur devra apporter une formation initiale et apporter continuellement une assistance commerciale et/ou technique pendant toute la durée du contrat ;
- une collection de produits ;

De son côté, le franchisé devra :

- consacrer ses efforts au développement du réseau et au maintien de son identité commune et de sa réputation ;
- fournir au franchiseur des données opérationnelles vérifiables afin de faciliter la détermination des performances et les états financiers requis pour la direction d'une gestion efficace. Un accès à la comptabilité est autorisé au franchiseur.

Fonctionnement

En échange de l'exploitation du concept, le franchisé doit verser une contrepartie financière au franchiseur, qui peut prendre deux formes :

- un droit d'entrée fixe versé à la conclusion du contrat ;
- des redevances (« royalties ») assises sur le CA ou le bénéfice.

EXEMPLES DE TARIFS DE FRANCHISE

Enseigne	Droit d'entrée en francs TTC	Redevance fixe (francs/mois)	Redevance proportionnelle (en % du CA HT). Pour frais généraux	Redevance proportionnelle (en % du CA HT). Pour dépenses publicitaires
Mc Donald's	220 000	aucune	5	4,5
Phildar	35 600	aucune	aucune	0,6
Hertz	aucune	aucune	7	aucune
J-C Biguine	41 500	de 4 000 à 6 000	aucune	aucune

Les quatre types de franchise :

- La franchise de production a lieu quand le producteur fabrique les produits distribués par ses franchisés. Le franchiseur appartient alors généralement à un grand groupe industriel (Pingouin, Rodier) et se rémunère généralement sur la fabrication/revente des produits au franchisé (Devernois).
- La franchise de distribution caractérise un franchiseur qui fait fabriquer par différents fournisseurs (ou qui achète) des produits commercialisés par son réseau de franchisés. Exemples : Afflelou, Athlete's Foot.
- La franchise de service propose la reproduction des prestations qu'il a inventées et mises au point. Il s'agit principalement de méthodes de gestion, d'exploitation et de distribution. Exemples : Mc Donald's, Novotel.
- La franchise industrielle associe un industriel qui cède son savoir-faire, le droit de fabriquer et de commercialiser à un autre industriel. Exemples : Yoplait, Coca-Cola.

Franchise et communication

La franchise, du point de vue de la communication, présente des avantages et des inconvénients pour le franchiseur.

Avantages :

- augmentation rapide de la notoriété ;
- motivation des franchisés ;
- dégagement du franchiseur des tâches de gestion, lui permettant de consacrer plus de temps à la communication ;
- valorisation de la marque et fidélisation de la clientèle ;
- centralisation des actions de communication et de merchandising ;
- remontée facile et plus rapide des informations de terrain ;
- vente du produit avec son univers valorisant ;
- fidélisation du consommateur par la multiplication des magasins.

Inconvénients :

- une stratégie de différenciation vis-à-vis de la concurrence est nécessaire;
- surveillance obligatoirement étroite des cahiers des charges et de la charte graphique pour éviter l'éclatement de la marque et du concept ;
- un mauvais choix des franchisés peut conduire à une mauvaise image de marque du réseau ;
- nécessité d'un savoir-faire en animation de réseau.

La France est au troisième rang mondial (et au premier en Europe) en termes de franchise. On compte plus de 450 franchiseurs (Midas, Nicolas, Lynx Optique...) regroupant près de 25 700 franchisés.

Ce type de commerce permet à l'entreprise d'affiner sa politique de distribution, de lui adapter son discours et sa communication. Elle l'autorise aussi à choisir son circuit en fonction de ses objectifs.

4. Le choix d'un circuit

Deux critères vont permettre au producteur de déterminer son circuit de distribution.

4.1 Les critères marketing

Ils concernent le mix et le consommateur.

■ Le produit

L'entreprise doit savoir si le distributeur présentera un seul de ses produits, ou une partie de sa gamme. Il est aussi nécessaire que l'image du circuit et du distributeur soit en adéquation avec le produit. Enfin, certains produits exigent des circuits particuliers, comme les périssables, les produits pharmaceutiques, les produits onéreux (qui doivent être livrés en direct car le stock coûte cher), etc.

■ Le prix

N'oublions pas qu'un intermédiaire coûte cher – le poids de la distribution automobile représente ainsi 30 % du prix d'un modèle – et que l'on peut choisir son circuit en fonction de la marge pratiquée par chaque intervenant : si la politique du producteur est d'attaquer le marché par le bas, il visera une clientèle de distributeurs discounteurs.

■ La distribution

Le producteur doit s'adapter à la distribution existante et aux circuits suivis par la concurrence, ou imposés par la loi (par exemple, les produits pharmaceutiques).

■ Le consommateur

Le choix de l'entreprise varie aussi selon la clientèle visée (répartition géographique, pouvoir d'achat, aspects socio démographiques...). N'oublions pas, par ailleurs, que le consommateur possède une image précise de chaque enseigne, une enseigne étant le nom d'une entreprise de distribution.

Prix et choix restent les critères décisifs d'attraction et de fidélisation des consommateurs : n'oublions pas non plus qu'un consommateur moyen fréquente 3,3 points de vente alimentaire/grandes surfaces.

4.2 Les critères d'efficacité

Le choix d'un circuit dépend aussi des objectifs que le producteur se fixe, tant au niveau quantitatif que qualitatif, des ressources financières (pour le versement des droits d'entrée par exemple : certains distributeurs, contre un premier référencement, demandent une contrepartie financière) et des moyens de contrôle du réseau dont il dispose. Mais l'entreprise doit aussi juger si le distributeur :

- est efficace dans l'accomplissement de ses tâches ;
- a une capacité de dynamisme et de coopération ;
- accorde une grande place à la concurrence et à ses propres produits ;
- accepte la politique de distribution du producteur.

Le choix d'un circuit nécessite donc une mise en parallèle (et un contrôle permanent des variables marketing et de gestion) des objectifs de l'entreprise avec l'état du marché. Suite à ce choix, le producteur pourra déterminer sa stratégie de distribution.

5. Les stratégies de distribution

Le producteur peut opter entre trois stratégies : la stratégie intensive, la stratégie exclusive, et la stratégie de distribution sélective.

5.1 La stratégie intensive

La stratégie intensive est aussi appelée « de masse » ou « ouverte ». L'entreprise cherche à toucher le maximum de points de vente pouvant distribuer le produit.

La stratégie intensive convient aux produits banals, à achat fréquent, dont la vente n'exige pas de compétence particulière de la part de la distribution. Mais cela nécessite :

- d'avoir de nombreux entrepôts ou une bonne logistique afin de livrer tout le territoire ;
- de gros efforts pour dynamiser le réseau, et une bonne communication pour pré-vendre le produit.

5.2 La stratégie exclusive

Cette stratégie n'accorde la distribution du produit qu'à un très petit nombre de points de vente. Cela permet à l'entreprise de maintenir une forte image de qualité, convenant aussi aux produits techniques où les conseils sur le produit ont toute leur importance, et aux biens anomaux en général.

5.3 La distribution sélective

Ici, la distribution est choisie en fonction de multiples critères comme son image, sa part de marché sur une zone considérée, sa compétence, l'univers valorisant de sa surface de vente, etc.

En somme, ce sont des critères quantitatifs (stocks, ventes, gamme complète présentée, personnel formé, SAV, certitude d'authenticité du bien...) et qualitatifs (merchandising, accueil...).

Ce type de stratégie est surtout appliqué dans le cadre d'une politique de marque, et pour des biens anomaux, à prix élevé (exemple : les montres Cartier).

La franchise est, notons-le, un mode de distribution sélective.

Cependant, le choix d'une stratégie de distribution n'est pas fixé pour toujours : il dépend du cycle de vie du produit, c'est-à-dire de son vieillissement par rapport au marché. Ainsi, un produit, distribué sélectivement lors de son entrée sur le marché, peut ensuite l'être intensivement afin de toucher tous les segments d'utilisateurs (cas de Itinéris).

Une fois le circuit, puis la stratégie de distribution adoptés et utilisés, le producteur doit savoir gérer son circuit et communiquer avec lui.

6. Gérer le circuit, communiquer avec lui

6.1 Les conditions de collaboration

Les producteurs et les distributeurs s'engagent réciproquement sur plusieurs points :

- les conditions de paiement ;
- le prix de vente au consommateur, les remises et ristournes consenties au distributeur ;
- les conditions de vente : délais et lieux de livraison, quotas de vente...
- les services réciproques comme l'information sur la concurrence, les consommateurs, etc ;
- la communication au point de vente ;

Ces conditions passent par une nécessaire motivation des intermédiaires.

6.2 L'animation des distributeurs

L'animation est d'autant plus importante que les distributeurs vendent aussi les produits de la concurrence. En fait, l'entreprise fait face à différents problèmes selon le cycle de vie dans lequel se trouve son produit. Elle dispose alors de plusieurs moyens pour parvenir à les résoudre.

■ Animation et cycle de vie du produit

- Lancement : les objectifs du producteur, durant cette phase, seront de se faire référencer et de stopper les ventes du produit précédent.
- Croissance : éviter les ruptures, maintenir le linéaire, obtenir des mises en avant.
- Maturité : empêcher le ralentissement des ventes.
- Déclin : écouler tous les stocks avant l'apparition du nouveau produit.

■ Techniques d'animation

On a coutume de distinguer les avantages financiers des autres moyens.

Les avantages financiers

Ils comprennent :

- les remises de référencement ;
- les remises sur quantités ;
- un prix « spécial anniversaire », « hors saison », etc.,
- des primes pour la réalisation des objectifs de vente.

Les autres moyens

- concours et stimulation ;
- voyages d'étude, formation et perfectionnement du distributeur au produit. Pour ces deux points, voir les développements consacrés à la promotion ;
- politique merchandising afin de développer un véritable partenariat entre le distributeur et le producteur dans le but de satisfaire les mêmes objectifs : accroître les ventes.

Malgré ces animations, des conflits peuvent surgir entre le producteur et le distributeur, conduisant à une chute du CA du producteur. Celui-ci devra alors chercher à atténuer les tensions.

6.3 L'atténuation et la prévention des conflits avec la distribution

Le producteur, afin d'écouler avec facilité ses produits, doit :

- élargir au maximum le nombre de ses enseignes afin d'éviter toute pression de la part des gros clients ;
- communiquer pour faire tirer le produit par les consommateurs (stratégie pull) de façon à l'ériger en un « incontournable » (un produit dont le distributeur ne peut se passer) ;
- différencier ses produits grâce à des gammes, des marques adaptées aux distributeurs et aux circuits.

La gestion d'un circuit permet donc d'éviter que la distribution ne devienne un filtre. Par la communication, les intermédiaires deviennent des partenaires et des relais du producteur, même si parfois leurs relations sont difficiles ou soumises à des pressions légales (loi Raffarin, loi Galland) qui conduisent les acteurs à modifier leur jeu pour rechercher toujours plus de puissance.

2

Le consommateur

I. LE COMPORTEMENT DU CONSOMMATEUR

Le comportement du consommateur trouve son aboutissement dans l'acte d'achat. L'achat, suite à l'apport des théoriciens en sciences psychosociales, s'explique par divers facteurs. Les principaux proviennent de l'environnement et du consommateur lui-même. Nous les verrons tour à tour.

A. Les facteurs explicatifs de l'achat

Ils sont au nombre de deux : les facteurs d'environnement et les facteurs individuels.

1. Les facteurs d'environnement

Trois faits majeurs reflètent les relations entre l'individu et son milieu social.

1.1 Culture et sous-cultures

■ La culture

Les valeurs culturelles propres à chacun constituent de bons facteurs explicatifs d'achat. Elles se forment à partir des normes, des croyances, des habitudes caractéristiques à toute société. Elles se transmettent, en se modifiant, de génération en génération.

Mais la culture n'est qu'une mosaïque de différentes composantes : les sous-cultures.

■ Les sous-cultures

Proches de ce que nous avons observé dans les critères de segmentation, elles recouvrent :

- les nationalités : ainsi en matière automobile, le consommateur italien entretient des rapports affectifs avec son tableau de bord, tandis que le français désire des éléments précis, « carrés ». Prenons aussi l'exemple des Japonais, et de bon nombre d'étrangers, qui boivent le cognac à table, coupé avec de l'eau. Au contraire, il est consommé pur en France en tant que digestif principalement ;

- les religions, d'où les difficultés à développer les marques de préservatifs, de pilules abortives ou d'hygiène féminine dans certains pays à forte pratique religieuse ;
- les régions sont un élément de différenciation : le café est consommé principalement dans le nord, le thé dans le sud de la France. Les 4X4 sont plus nombreux dans les régions montagneuses, etc ;
- les âges. L'exposition aux médias varie selon les âges, ainsi que les attentes par rapport aux produits. Ainsi, l'épargne bancaire est considérée par les jeunes comme un moyen de dépenser plus tard, tandis que pour les personnes plus âgées, elle est synonyme de sécurité face à l'avenir. Enfin, pour prendre un autre exemple, le whisky est principalement consommé par les plus de 40 ans, alors que les alcools blancs (tequila, gin, etc.) le sont par les plus jeunes.

1.2 Les classes socio-économiques

Une classe socio-économique se définit comme un ensemble de personnes détenant une position voisine dans la société, et ayant des caractéristiques communes dans leurs comportements et leurs attitudes. Les classes reflètent ainsi une stratification sociale.

Le comportement du consommateur situé à l'intérieur d'une classe va tendre à adopter celui de la classe supérieure, dans un but d'identification, voire de projection.

En France, SECODIP distingue les classes par leur division en quatre strates et observe, pour trois personnes au foyer, les éléments suivants :

Catégorie	Nom de la catégorie	% de cette catégorie par rapport à la population totale	Revenus mensuels de cette catégorie en francs
A	Aisée	15	21 121 et plus
B	Moyenne supérieure	30	de 13 421 à 21 121
C	Moyenne inférieure	40	de 7 040 à 13 420
D	Modeste	15	< 7 039

1.3 Les groupes sociaux

Un groupe social se caractérise par des affinités entre ses membres, ainsi que par le respect de normes communes. On en distingue habituellement trois.

■ La famille

C'est le groupe social le plus proche de l'individu, et le principal élément d'influence sur l'individu.

Au sein de la famille, les décisions peuvent être :

- autonomes, c'est-à-dire réalisées par l'un des membres de la famille, mais elles restent sous l'influence du groupe. Exemple : un enfant s'achetant des friandises ;
- communes : chaque membre donne son avis et l'on aboutit à un compromis. Exemple : le choix des vacances, d'une habitation... Les achats onéreux et les biens durables sous-entendent généralement des décisions communes ;
- de domination par l'un des membres.

Notons l'apparition du rôle d'influenceur, voire parfois même de décisionnaire de l'enfant qui influe directement ou non sur près de 50 % des dépenses des ménages. Bon nombre de publicités lui sont adressées : les jouets bien sûr, avec des moyens de communication correspondant à son âge, comme les clubs (exemple : le Club Barbie). Il en va de même pour les yaourts (où l'enfant est influenceur à 70 %), ou pour les céréales (influenceur à 68 %).

■ Le groupe de référence, la personne de référence

On entend par **groupe de référence** (qui peut aussi être une personne) un groupe qui, momentanément ou non, sert de repère dans la détermination des croyances, des attitudes, etc. L'individu n'a pas besoin d'appartenir à ce groupe pour s'y référer.

Les exemples ne manquent pas :

- Bordeau Chesnel : « Nous n'avons pas les mêmes valeurs ! » (valeurs bourgeoises) ;
- « Sir Thomas Lipton, le gentleman du thé » où la publicité se fait description dynastique et aristocratique.

Le **groupe de pairs** est aussi un groupe de référence. Il comprend des personnes au statut social semblable à celui de la personne influencée. Exemples : les collègues de bureau, les voisins, les adversaires sportifs...

■ Les leaders d'opinion

Le leader peut provenir de la famille ou de tout groupe. Le leadership est fondé sur la compétence, l'aura, l'image du leader. Exemples : les journalistes en vue, certaines stars (politiques, culturelles), etc.

Les facteurs d'environnement permettent donc d'expliquer l'achat. Les facteurs individuels complètent aussi ce comportement.

2. Les facteurs individuels

2.1 Les facteurs de base

■ Les motivations et les freins

L'achat est un conflit où s'opposent deux pulsions : d'un côté les motivations résultant de désirs (facteurs positifs incitant à l'achat), de l'autre les freins constituant des facteurs négatifs empêchant l'achat. Reprenons ces deux points.

Les motivations

Selon H. **Joannis** (1965), les motivations peuvent être regroupées en trois catégories :

- les motivations hédonistes trouvent leur origine dans la recherche du plaisir, dans le désir de profiter de la vie, de se faire du bien et d'éviter la fatigue, l'effort. Exemples : Contrex et le « contrat minceur »... qui permet aux consommateurs d'obtenir (et sans efforts) la taille mannequin en 90/60/90... ; « Terraflor, un ventre plat du matin au soir » ;
- les motivations oblatives. L'achat est alors gouverné par le désir de faire du bien, d'offrir un cadeau, en particulier à ses proches. Exemple : « Un diamant est éternel » ;
- les motivations d'auto-expression trouvent leur source dans le désir du consommateur de s'exprimer et de s'affirmer par rapport aux autres. C'est le type même de l'achat « paraître ». Exemple : la carte American Express Gold permet de montrer aux autres son aisance pécuniaire (car les banques ne la proposent pas à tous leurs clients).

Mentionnons que les motivations peuvent aussi être économiques, l'achat étant guidé par la recherche d'un gain (exemple : le Loto), d'un rapport qualité-prix... Elles sont cernées par les études de motivation (voir dans ce chapitre **II, 2. Les études qualitatives**).

Haas, quant à lui, classe les motivations selon quatre types en les nommant tendances :

- les tendances égoïstes (très proches des besoins physiologiques, nous le verrons) liées à l'instinct de conservation (sécurité, beauté, santé, séduction), de domination, de plaisir : les « leçons » de Aubade ;
- les tendances égo-altruistes se rattachent à l'amour propre et à l'ambition;
- les tendances altruistes sont gouvernées par un désir de rapprochement, de sympathie, d'utilité, de protection, de dévouement aux autres. Exemples : les publicités pour le recrutement dans l'armée ou la police ;
- les tendances idéalistes, enfin, dépendent de l'existence d'un idéal, tels un engagement politique/religieux, la solidarité, le sens patriotique, le sens du devoir, l'écologie, etc.

Les freins et les risques

Les freins et les risques se répartissent en plusieurs catégories :

Les freins

- les freins rationnels font appel à la logique, au raisonnement. Exemple : un consommateur peut posséder un frein à l'achat d'une voiture dans ses moyens si elle ne permet pas la conduite sportive qu'il recherche ;
- les freins émotifs dépendent de l'instinct ou des sentiments ;
- les freins absolus conduisent à un refus définitif de l'achat, par exemple à la suite d'une expérience malheureuse qu'a eu le consommateur avec un produit ;

– les freins relatifs entraînent un refus plus nuancé. La décision peut d'ailleurs ne pas être définitive. La communication s'emploiera à transformer le déçu d'un jour ou le dubitatif en un consommateur actif. Un tel frein est contourné dans une publicité pour Maggi où une personne âgée cède à la tentation d'un bol de soupe, après l'avoir refusé ;
– les inhibitions sont liées à un manque de confiance de l'acheteur en son propre jugement, ou à un sentiment de culpabilité, d'autocensure et de sanction sociale, voire de rumeur. C'est un risque social. Exemple : l'achat cadeau de lingerie féminine par un homme peut être inhibé par un sentiment de frivolité ;
– les peurs sont des pulsions négatives causées par des difficultés réelles ou imaginaires liées à l'emploi d'un produit, comme la peur de ne pas avoir fait le bon choix, ou que le produit ne corresponde pas finalement au besoin qui a gouverné son acquisition.

Les **risques** empêchent aussi l'achat. Il s'agit d'événements qui peuvent se produire lorsque le consommateur aura acquis le produit. Cette notion, encore une fois subjective, renvoie à plusieurs types de risques :

– les risques matériels peuvent être économiques (risque de faire un achat inutile, superflu...), financiers ;
– les risques peuvent ensuite être liés à l'utilisation : ce risque peut alors être physique (produit dangereux pour la santé : *cf.* les crèmes dépilatoires, les substituts de repas, les laxatifs...) ou temporel (le produit induit une perte de temps, une difficulté d'utilisation, etc.). D'où par exemple le développement de la formation au matériel en informatique;
– les risques psychologiques et sociaux. À ce niveau, le risque peut être :
  • psychologique, mû par un sentiment de culpabilité (gourmandise, remords...). Canderel : « la gourmandise n'est plus un vilain défaut »,
  • social, entraîné par la peur du qu'en-dira-t-on. D'où « Bordeaux, la couleur du bon goût ».

Les risques et les freins peuvent être réduits par :

– la reprise de l'ancien produit, la formation, la dégustation... ;
– l'appel à un prescripteur, à un leader d'opinion qui favorisera le premier essai ;
– l'achat du produit effectué par l'entourage du consommateur ;
– l'échantillonnage, l'essai du produit et la garantie (par le biais du « satisfait ou remboursé », ou du service après-vente, comme la maintenance sur site en informatique) ;
– la mise en valeur du plus-produit et des motivations, ainsi que par la persuasion (publicité informative).

Ces risques, ces freins dépendent des motivations qu'a le consommateur à acheter, ainsi que de ses besoins.

■ Les besoins

Les besoins sont un ensemble d'éléments matériels nécessaires ou non à l'existence de l'homme.

Maslow (1943) en propose un classement, du reste le plus utilisé, que l'on appelle aussi « pyramide de Maslow » par allusion à sa présentation.

LA PYRAMIDE DE MASLOW

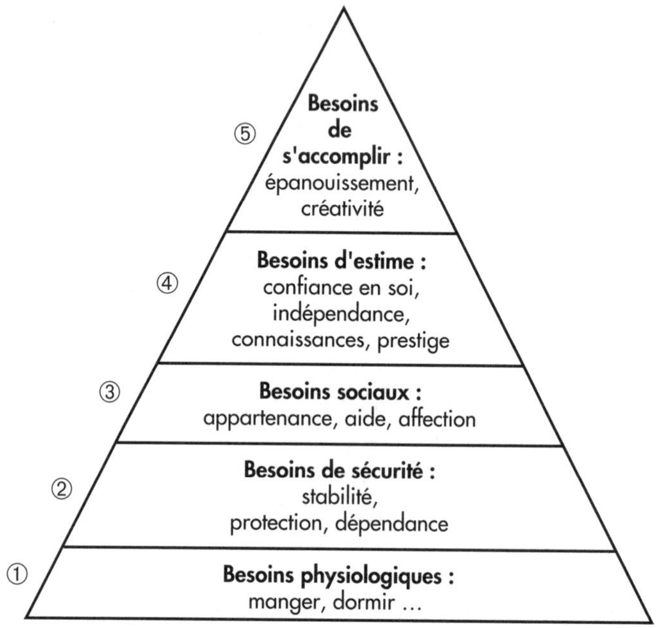

Le principe est que l'on ne peut passer d'une strate à une autre que si les besoins des strates précédentes ont été satisfaits. Cinq types sont mentionnés :

- **les besoins physiologiques** sont directement liés à la survie de l'individu, comme la faim, la soif, la fatigue, les besoins sexuels. Exemples : la publicité pour les matelas Dunloppillo « Dormez comme vous aimez », « Oasis, aux sources du plaisir » ;
- **les besoins de sécurité** s'illustrent par un désir de stabilité, de protection, de dépendance, de sécurité psychologique et matérielle. Exemple : Baygon : « Détendez-vous, on vous protège » ;
- **les besoins sociaux** (ou d'appartenance) pour lesquels l'homme recherche aide, affection, et qu'anime un désir de se sentir accepté par un groupe (sentiment communautaire) ; Exemples : Kookai et Caterpillar ont fondé leur développement sur le mimétisme de consommation chez les jeunes ;
- **les besoins d'estime :** une fois accepté par un groupe, l'homme a besoin de se faire reconnaître, d'avoir du prestige, de montrer son indépendance et sa confiance en lui ; Exemple : « Visa Premier, soyez premier partout » ;

– **les besoins de s'accomplir** concernent la tendance qu'a l'homme à se dépasser, à se réaliser, à utiliser ses capacités et à en repousser les limites. Son besoin est ici de donner un sens aux choses. Exemples : « Bosch, du travail de pro ».

Maslow montre que les différents besoins coexistent, et qu'ils dépendent des individus. Son analyse révèle que l'homme ne fait pas appel à un produit uniquement pour des raisons pratiques, mais aussi pour communiquer avec son environnement.

■ La personnalité

La personnalité possède une certaine permanence. On peut la définir comme l'organisation des caractéristiques de comportement et de schémas mentaux propres à chaque individu. Mais des traits principaux peuvent être dégagés. On distingue, par exemple, les personnalités selon leur rapport à autrui :

– l'orientation positive envers autrui ;

– l'orientation agressive envers autrui ;

– le détachement d'autrui.

On peut aussi faire référence à la deuxième topique freudienne du « ça », du « moi » et du « sur-moi », ou à des oppositions du type : réflexion/impulsion ; calme/nervosité ; activité/passivité, etc.

■ Les valeurs

Selon Rokeach (1973), une valeur est « une croyance durable qui fait préférer personnellement ou socialement un mode de comportement ou une finalité de l'existence à un autre mode de comportement ou à une autre finalité ».

Les modes de comportement sont des manières d'être et d'agir, des lignes de conduite. Ce sont des valeurs instrumentales comme l'honnêteté, le courage... Elles semblent relever de la personnalité profonde. Elles sont considérées comme plus stables que les attitudes (*cf. infra*), sont les garde-fous du comportement et le déterminent.

Ces concepts de personnalité et de valeurs sont donc très riches et divers, ce qui explique que l'on s'en serve peu car les consommateurs sont difficilement classables selon de tels critères, surtout lorsqu'on travaille sur de grands ensembles d'individus. On préfère mettre en œuvre les styles de vie qui indiquent les tendances socioculturelles qui sont à la base du comportement. Cette étude des styles de vie est menée en France par le CCA (Centre de communication avancée) et segmente la population. Nous les observerons dans la partie de ce chapitre II, A, **3. Les socio-styles**.

2.2 Les attitudes

Les attitudes sont des dispositions mentales, des tendances ou des prédispositions d'un individu à agir (ou à réagir) et à évaluer un objet ou le symbole d'un objet.

Une attitude peut aussi être définie comme « une organisation durable des croyances à propos d'un objet ou d'une situation prédisposant un individu à répondre d'une manière préférentielle (Rokeach) ».

Les attitudes se forment à partir de facteurs liés à : la culture, la famille, l'image de soi et au moi idéal, l'expérience personnelle, les croyances, les sentiments, toute information (communication, bouche à oreille, influenceurs, etc.).

L'attitude est en quelque sorte un jugement de valeur. Elle permet, en outre, le choix par la simplification de l'environnement.

Nous étudierons tout d'abord les composantes des attitudes, avant d'examiner si elles peuvent évoluer. Enfin, nous verrons quelques moyens pour les mesurer.

■ Les composantes des attitudes

L'attitude relève de trois éléments parfois cumulatifs.

Les éléments d'information (éléments cognitifs) qui découlent du vécu, de l'expérience qu'a eue le consommateur à partir de l'objet. On les appelle aussi croyances. Ils peuvent provenir de la publicité (surtout quand elle est informative), du vendeur (qui agit en conseiller et en relais d'information), de la documentation (fiches techniques), de l'expérience du produit, etc.

Les éléments émotionnels (éléments affectifs) proviennent de la sympathie, de l'antipathie, de la réputation (le bouche à oreille), des symboles que suscite le produit. On les appelle aussi sentiments. Ils proviennent et dépendent du caractère et des goûts.

Les éléments d'intention (éléments conatifs) sont aussi nommés « tendances à agir ». Ils renvoient aux données liées à l'éducation, au cadre de vie. Ils peuvent s'illustrer par une tendance à l'action ou à l'inertie, à essayer le produit, à en parler, etc.

Ces attitudes peuvent être positives quand elles passent à l'achat, négatives après une expérience ratée, une information insuffisante, erronée, ou faisant suite à des préjugés tenaces. L'attitude peut aussi être neutre découlant d'une indifférence ou d'une ignorance.

La communication doit donc chercher à renforcer les premières pour fidéliser le consommateur, renverser les secondes par des moyens correspondant aux attentes de la cible (fiches-recette, modes d'emploi, articles de presse, publicité...) et faire basculer les troisièmes en utilisant les mêmes méthodes.

Le consommateur ayant une attitude négative et recevant des informations positives se trouvera alors dans une situation mettant en péril la cohérence de ses attitudes. Cela pourra entraîner une modification de celles-ci.

■ La modification des attitudes

Selon la théorie de la **dissonance cognitive** (Festinger, 1957), un consommateur, heurté par deux éléments d'information qu'il pense vrais tous les deux, a tendance à changer son contenu cognitif et son attitude. Cette attitude est gouvernée par le principe humain selon lequel l'homme ne tolère pas sa propre incohérence quand elle est au stade de la conscience.

Quatre méthodes sont possibles pour réduire cette dissonance :

– éliminer ou atténuer les informations qui viennent à l'encontre du comportement, par exemple en mettant en cause l'émetteur de l'information, en évitant cette source, ou en faisant la sourde oreille. C'est le type d'attitude qu'ont dû combattre les campagnes publicitaires pour les préservatifs;

- éviter l'information ;
- changer d'attitude en intégrant les nouvelles informations, rechercher une information contradictoire afin de « se faire un jugement ». Exemple : utilisation du préservatif suite à une campagne publicitaire d'information et de sensibilisation à la protection de l'enfance ;
- adopter un comportement adaptatif, c'est-à-dire prendre en compte l'information (en totalité ou en partie) et en tenir compte dans son propre comportement, sans pour autant le changer ou transformer l'information en déformant les propos. Exemple : bon nombre d'automobilistes ont enregistré que la ceinture de sécurité évitait des lésions faciales en cas d'accident. Certains ne la bouclent pourtant toujours pas.

La dissonance peut entraîner un désir de recherche d'informations afin d'accroître la dimension cognitive par rapport à l'objet (exemple : la lecture d'articles sur les MST dans les revues scientifiques) amenant sans doute ultérieurement à une rationalisation de ces nouvelles informations.

Mentionnons que la dissonance la plus courante a lieu après un achat important (bien d'équipement...). La communication publicitaire devra alors renforcer les éléments cognitifs du consommateur par une publicité d'entretien, une lettre de félicitations, un cadeau au premier anniversaire de la possession de l'objet, etc.

Le consommateur a donc tendance, dans le cas où deux informations se télescopent (l'une étant favorable, l'autre défavorable), à les faire évoluer l'une vers l'autre. C'est ce que l'on appelle la **congruence**. Elle est souvent utilisée en communication quand on se sert de stars, de personnages célèbres afin que leur positivité rejaillisse sur le produit jusqu'alors chargé d'attitudes négatives (C. Crawford pour Citroën, M.-J. Perec pour Pirelli).

Mais ce phénomène joue sur une contradiction entre un élément cognitif (connaissance du produit) et un élément affectif (l'« amour », le fait d'apprécier la star).

Le changement des attitudes s'explique, certes, par la congruence. Notons également qu'il dépend du lien de l'individu au tissu social : une attitude est plus facile à modifier chez un consommateur seul et « intelligent ». Un tel changement dépend aussi de la crédibilité que le consommateur accorde à la source. Exemple : concernant les conseils de beauté et en particulier l'utilisation de démaquillants non-testés sur des animaux, la presse féminine sera sans doute plus crédible qu'un même article paraissant dans des supports plus généralistes (comme les *News*).

Pour modifier les attitudes, le choix des médias est donc prépondérant. Si l'attitude est trop profondément ancrée, on peut cependant changer, reformuler le produit. Cela suppose que l'on ait, auparavant, saisi et mesuré les attitudes du consommateur.

■ La mesure des attitudes

Les méthodes, nombreuses, sont d'emploi délicat car l'entreprise doit aussi chercher à quantifier... le qualitatif. Parmi celles-ci, deux sont principalement utilisées (nous avons choisi de ne pas traiter les modèles mathématiques) :

	5	4	3	2	1	
ÉCONOMIQUES						**CHÈRES**

– la sémantique différentielle d'Osgood comporte deux adjectifs antinomiques placés à l'opposé d'une échelle graduée. Exemple : « la marque Lada vous fait-elle penser à des voitures » ;

– l'échelle additive de Likert comporte des propositions à partir desquelles le répondant exprime son accord ou son désaccord, cela en cinq cases. Exemple : « Lada vend des voitures économiques. Êtes-vous… »

pas du tout d'accord	plutôt pas d'accord	sans opinion	plutôt d'accord	tout à fait d'accord

On peut aussi, ne le négligeons pas, recourir à :

– des échelles de préférence d'attributs ou de marques ;

– des échelles de comparaison par paires entre lesquelles on doit répartir 100 points ;

– une désignation par le consommateur de sa marque préférée, puis de la seconde, de la troisième, etc.

Certaines méthodes permettent aussi d'avoir une idée de la prédisposition, c'est-à-dire de l'intention du consommateur à acheter en fonction de ses attitudes. Il s'agit ici d'échelles d'intention, de prédisposition.

D'autres mesurent la réponse cognitive, particulièrement nécessaire aux hommes de communication, et s'attachent à :

– la notoriété assistée/spontanée ;

– la reconnaissance, l'attribution, la mémorisation ;

– la similarité perçue avec d'autres marques ;

– l'évaluation de ce qu'évoque et suggère la marque.

Les facteurs explicatifs de l'achat sont donc multiples. Ils vont gouverner un processus d'achat aux phases précises.

B. Le processus d'achat

L'achat, c'est-à-dire la réponse comportementale aux stades précédents, suit un processus se décomposant en plusieurs phases (certes, y échappent les achats impulsifs et ceux effectués par habitude).

1. La prise de conscience du besoin puis la recherche d'informations

Du besoin naît un état de tension que l'achat apaise. Ce besoin peut être conscient (il est midi, j'ai faim), ou latent (consécutif à la dégradation/consommation du produit, à l'apparition d'un produit nouveau, à la diminution de la qualité du produit habituel, etc.). Le rôle de la communication va être de réveiller le besoin, ou de faire en sorte que le besoin conscient se dirige vers une marque particulière (c'est l'intérêt de la mémorisation des messages publicitaires). Généralement, si ce n'est pas le cas, un besoin d'information sur le produit se fera sentir.

Le consommateur commence par rechercher des informations dans son expérience, puis il se tourne vers des sources externes provenant, entre autres, de la communication des entreprises et de la distribution (notices d'utilisation...), des associations de consommateurs (tests comparatifs, etc.) et des pouvoirs publics. Le comportement face à la recherche d'informations peut revêtir trois formes :

- **le comportement automatique** reproduit une décision précédente sans remettre en cause le choix et l'information initiale. Cela se rencontre surtout pour les produits à faible degré d'implication (les produits alimentaires de base par exemple) ;
- dans **le processus de "résolution limitée"**, le consommateur ne fait appel qu'à ses connaissances propres. L'achat s'effectue selon des critères qu'il aura prédéterminés. Cette situation peut avoir lieu quand, dans une surface de vente, le consommateur ne trouve pas sa marque habituelle et doit en choisir une autre ;
- **le processus de résolution étendue** suppose une plus grande recherche d'information, en particulier dans le cas d'un produit nouveau et/ou à fort risque perçu. Les informations sont alors principalement externes.

Mais ces trois éléments dépendent :

- de la nature du produit (onéreux ou non) ;
- de la personnalité du consommateur : certains consacrent de toute manière beaucoup de temps à s'informer avant d'acheter ;
- du coût de l'information. Celui-ci, inclus dans le budget temps, coûte cher à l'acheteur qui peut alors sacrifier soit son temps à l'information, soit sacrifier l'achat à son temps, ou sous-traiter la recherche d'information (par exemple, en faisant appel à son conjoint ou à un prestataire extérieur dans le cadre du B to B) ;
- du risque perçu (*cf. supra* les freins et les motivations), qui entraîne une recherche d'informations d'autant plus approfondie qu'il est plus élevé.

2. L'ÉVALUATION DES SOLUTIONS

La solution va dépendre du choix que le consommateur accorde à chaque attribut (un attribut étant par exemple une qualité, un défaut du produit). Grâce à des échelles additives, à des modèles lexicographiques (le consommateur range ces attributs par ordre d'importance), à l'estimation du niveau minimum d'un attribut, à la recherche des attributs déterminants, on peut estimer le comportement du consommateur en appliquant des modèles mathématiques comme celui de Fishbein (1967).

Cette évaluation réalisée, le consommateur va procéder à son achat. Encore faut-il qu'il ait décidé, entre autres, du magasin dans lequel il va se rendre (en fonction de l'ambiance, des prix pratiqués, etc.), et du modèle exact qu'il désire.

Des facteurs de situation interviendront ensuite.

3. Les facteurs de situation

Le consommateur est en effet influencé, pendant son achat, par cinq facteurs.

L'environnement physique

Il concerne la localisation du point de vente (loin de chez lui, en centre-ville), le type de magasin (grand magasin, surface spécialisée), les matériaux environnants, etc. La communication au point de vente (merchandising, design...) prend ici tout son poids en informant directement le consommateur sur ce qu'il désire (c'est l'information sur le lieu de vente, l'ILV), en suscitant une ambiance propice à la réflexion, ou en dégageant une impression de choix, etc.

L'environnement social

Il renvoie aux autres clients du magasin, aux vendeurs. Par exemple, l'ambiance de certains magasins de vêtements rebute les personnes timides.

Les perspectives temporelles

Elles comprennent le jour de paie, le temps qui s'est écoulé depuis le dernier achat, la saison... Exemple : un acheteur de voiture préférera attendre juillet pour acquérir son modèle afin d'avoir le millésime de l'année suivante.

L'état du consommateur, c'est-à-dire son humeur, sa condition physique influent aussi sur son achat ainsi que **le rôle du vendeur et de la communication sur le point de vente**, qui peuvent plus ou moins « pousser » la marque vers le consommateur.

4. La situation post-achat

Une fois son achat réalisé, le consommateur compare le résultat de son action avec ce qu'il en attendait. Il reçoit un feed-back (effet retour) de cette expérience.

Un feed-back négatif entraîne chez l'acheteur un doute quant à son raisonnement d'achat, et éventuellement une dissonance. Son comportement sera alors différent pour un même type de produit ou de besoin. Mais, que le feed-back soit positif ou négatif, l'achat aura permis à l'acheteur d'apprendre. Cet apprentissage est résumé par le schéma ci-dessous.

Le processus d'apprentissage s'observe dans le cadre d'un achat réfléchi. Il peut varier selon le degré d'implication du consommateur face au produit.

Afin de mesurer la réponse comportementale du consommateur, l'entreprise examine les taux d'essai, d'achat, de réachat, de fidélité (exclusive/partagée), ainsi que la pénétration du produit.

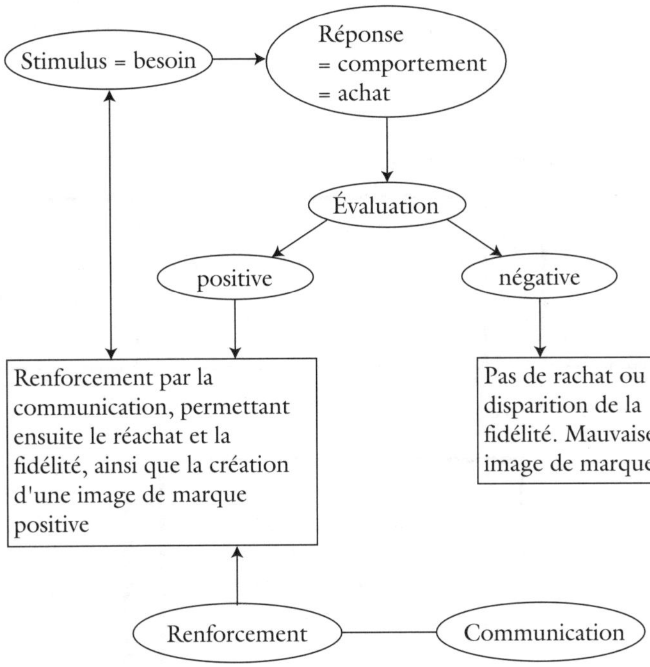

– **le stade cognitif** (learn)
– **le stade affectif** (feel ou like)
– **le stade comportemental** (do).

Le comportement de l'acheteur, nous l'avons vu, peut s'expliquer par l'information, les stimuli extérieurs, etc. (voir schéma ci-dessous). Ne négligeons pas non plus l'importance de certains phénomènes d'influence comme :

- la contagion où tout le monde se doit de posséder un produit particulier pour être « in » ou « branché ». Exemples : chaussures de *street wear*, *pagers* (Tatoo...), téléphonie mobile, etc ;
- l'imitation a le même résultat que la contagion. Elle s'en distingue par le fait que les imitateurs suivent intentionnellement l'exemple des premiers possesseurs du produit. Le rôle des stars, des leaders est alors important ;
- la suggestion. L'émetteur d'un message agit ici intentionnellement afin de provoquer un désir de possession chez les autres.

L'entreprise doit chercher à modifier les attitudes du consommateur dans un sens positif conforme à ses intérêts. Elle ne peut agir sur le comportement de celui-ci sous peine d'être coercitive et autoritaire, ni sur les motivations trop enracinées en lui.

De tels éléments nécessitent des observations fines de l'environnement du consommateur afin de comprendre et d'adapter les stratégies aux attentes de ce dernier.

SCHÉMA DU COMPORTEMENT DU CONSOMMATEUR

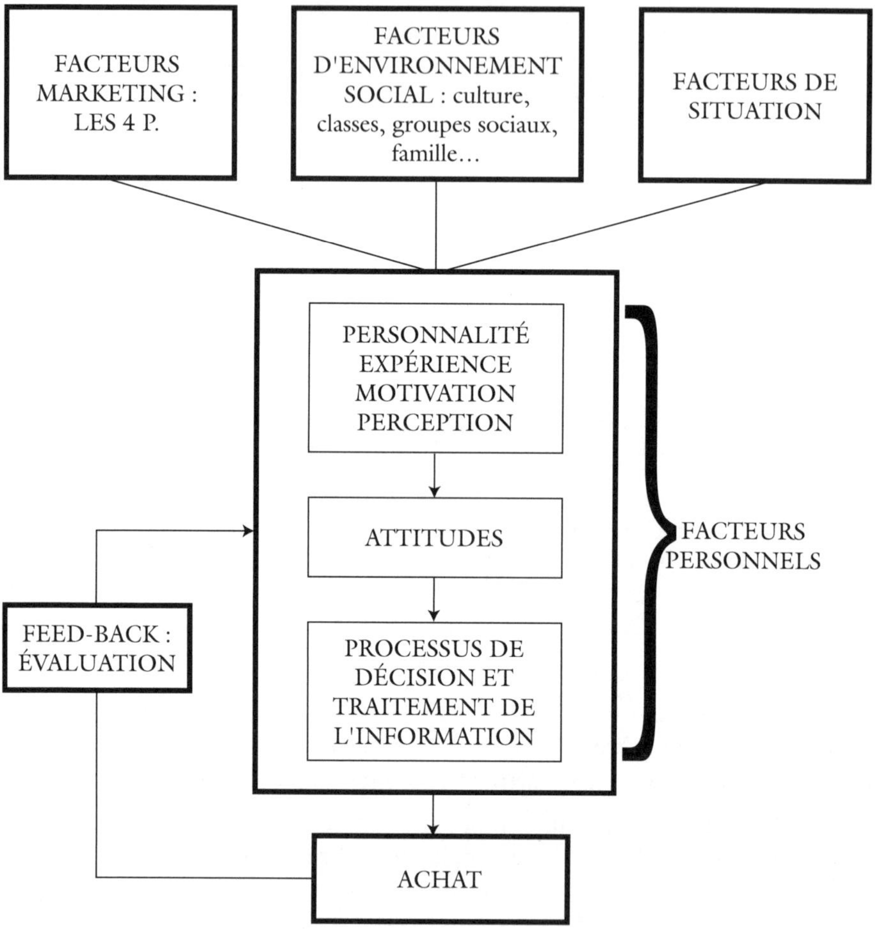

II. LE CONSOMMATEUR COMME CIBLE MARKETING

A. Connaître la cible

Une cible est un ensemble de consommateurs actuels ou potentiels qui sont choisis comme destinataires de l'action de communication ; on parle alors de **cible de communication**.

Il existe aussi une cible marketing dont nous parlerons plus précisément dans cette partie. La **cible marketing** est différente de la cible de communication. En effet, elle rassemble les acheteurs potentiels et répond à la question : à qui vais-je vendre ?

La cible de communication est constituée des personnes à qui l'on s'adresse : les consommateurs mais aussi les personnes susceptibles de les influencer comme nous l'avons vu en examinant le comportement du consommateur.

En volume, la cible de communication est supérieure à la cible marketing à moins que l'on établisse une politique sélective où l'on ne chercherait à toucher par exemple que les **relais d'opinion** ou les **prescripteurs**.

Cette sélection est évidemment de fait lorsque l'on communique envers des médecins (prescripteurs formels) pour promouvoir un médicament vendu sous ordonnance.

Il faut que l'entreprise connaisse bien cette cible : son comportement, son attitude... afin de s'adapter à ses besoins puis l'influencer ; elle dispose pour cela de nombreux outils.

1. Les études quantitatives

L'objet d'une étude quantitative est de répondre aux questions : « qui ? quoi ? où ? quand ? combien ? ».

Les études de ce type sont appelées « **directes** » car il s'agit d'informations que l'on recueille pour la première fois. Représentant près du trois quarts des budgets « études » des entreprises, elles poursuivent et approfondissent les recherches documentaires (nommées « **desk research** ») ou cherchent à quantifier des données qualitatives. Elles portent sur les usages, les habitudes, sur l'efficacité de la communication, le nom de marque, les prix, les habitudes de lecture et de consommation, etc.

Pour ce faire, l'entreprise peut recourir aux sondages ou aux panels.

Dans les études quantitatives, la validité de l'enquête est fortement conditionnée par l'échantillon. L'échantillon est une fraction de la population sélectionnée en vue d'une enquête.

Cet échantillon peut être constitué grâce à différentes méthodes : nous allons le voir. Observons tout de suite que :

- la précision est d'autant plus grande que l'échantillon est important. Sa taille conditionne aussi le prix de l'enquête ;

– plus la population est diverse, plus l'échantillon doit être important pour être représentatif de la population, et éviter ainsi les biais.

Ces précisions apportées, nous aborderons, dans un premier temps, les sondages, pour étudier ensuite les panels.

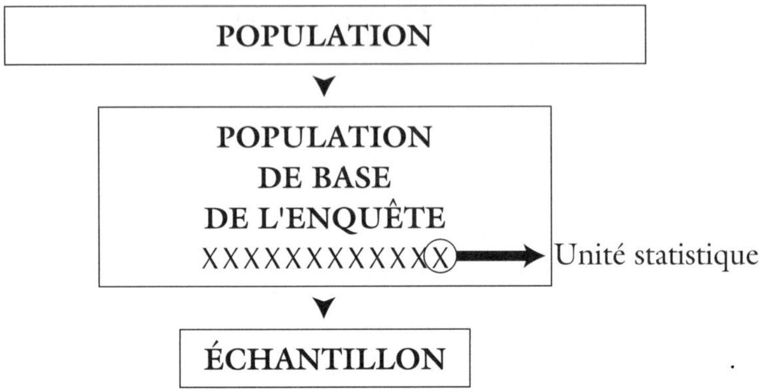

1.1 Les sondages

■ Les techniques de sondage

On distingue trois méthodes : la méthode probabiliste (aléatoire) et les méthodes non probabilistes : les quotas et les itinéraires.

La méthode probabiliste

Elle consiste en un tirage au sort des unités statistiques (individus, ménages, etc.) qui constitueront l'échantillon. Cela suppose donc que l'on dispose d'un fichier nominatif. Dans la négative, des jeux concours peuvent être élaborés afin de « faire remonter » des adresses qui serviront ensuite à constituer la liste de tirage au sort.

Seule cette méthode permet de vérifier la marge d'erreur d'un sondage car elle est purement scientifique (puisque chaque unité statistique a les mêmes chances d'être sélectionnée du fait d'un tirage aléatoire ne faisant intervenir que peu d'individus). Elle ne laisse aucune liberté aux enquêteurs pour choisir les interviewés.

Dans le cas d'un échantillon important à interroger, on peut procéder à un tirage au sort par degrés (par exemple par département, puis par commune, par quartier, etc.). Mais cette méthode coûteuse est rarement utilisée car pour être valable, toutes les personnes tirées au sort doivent répondre. Ceci explique le développement d'autres procédés, moins scientifiques, mais plus pratiques.

Les méthodes non probabilistes

La méthode des quotas

L'enquêteur est ici libre d'administrer le sondage à qui il veut, à condition que la personne interrogée ait les caractéristiques imposées. La structure de l'échantillon est donc décidée à l'avance. Elle doit reproduire les caractéristiques de la population de base : si cette dernière comprend 35 % d'étudiants, les enquêteurs devront faire en sorte qu'ils représentent 35 % des personnes interrogées.

Cette méthode présente l'avantage d'un coût réduit mais elle ne peut, tout comme le procédé suivant, permettre de calculer la marge d'erreur puisqu'elle n'est pas scientifique.

La méthode des itinéraires

Elle est appelée aussi « random route » ou Politz (du nom de son inventeur). L'enquêteur détermine sur le terrain son échantillon selon des directives qui lui ont été fournies. Elles lui imposent un itinéraire précis d'après des critères de déplacement rigoureux (par exemple : interroger le chef de famille du troisième étage, situé au numéro trois de la rue située à droite de celle de l'interviewé précédent...).

Il est évident que cette méthode est difficile à utiliser car elle nécessite une très bonne connaissance du terrain par l'institut chargé de l'étude, afin de fixer exactement l'itinéraire. Elle évite cependant que seules certaines catégories de personnes ne soient interrogées dans la rue (par exemple, on s'est rendu compte que les habitants des quartiers « mal famés » étaient peu interrogés).

Cette méthode est d'ailleurs souvent utilisée en complément des quotas.

■ La rédaction du questionnaire

Plusieurs principes sont à respecter.

La longueur et la structure

Toute question inutile doit être évitée afin de limiter au maximum le temps, nécessairement réduit, que le consommateur consacre à l'enquête. Ne négligeons pas non plus que plus le sondage est long, plus sa fiabilité est faible.

Le questionnaire doit inciter le consommateur à répondre, en mettant d'entrée des questions faciles suscitant sa curiosité et éveillant son intérêt. Ensuite, le questionnaire est articulé autour de thèmes mis en relief dans les objectifs de l'étude. Les thèmes sont classés selon un ordre logique pour l'interviewé et en entonnoir (partant du général pour arriver au particulier), pour finalement arriver à la fiche signalétique (nom, âge, sexe...). Les thèmes sont liés par des questions de transition, tandis que des questions filtres vérifient la véracité de la réponse. À l'intérieur de chaque thème, les questions faciles précèdent les questions difficiles.

Les types de question

Elles sont de plusieurs ordres :

- les questions fermées (appelées aussi questions dichotomiques) ne permettent à l'interviewé qu'un choix unique. Exemple : Jouez-vous au golf ? Oui/Non.

– les questions à choix multiple (QCM) et les questions fermées multiples (QFM) lui permettent de choisir entre différentes possibilités. Exemple : Quel est, parmi ces sports, votre sport favori ?

le golf	❑
le tennis	❑
la planche à voile	❑
le ski	❑

– les questions ouvertes laissent le répondant libre de développer sa pensée (aspect qualitatif du sondage). Exemple : Quel est votre sport favori ?

– les questions ordonnées (ou préformées) demandent à l'interviewé de classer les différents éléments qui lui sont soumis. Exemple : Quels sont, dans l'ordre, vos sports favoris ?

le golf	❑
le tennis	❑
la planche à voile	❑
le ski	❑

Les erreurs à éviter

Ici encore, elles sont très diverses. Il convient d'éviter :

– les erreurs de formulation par des questions trop ambiguës, incompréhensibles et utilisant des adjectifs (il vaut mieux avoir recours à des nombres. Exemple : dire « Allez-vous au cinéma une fois par mois, une fois par an », et non « allez-vous au cinéma très souvent, souvent, etc. ») ou des doubles négations. Des questions courtes sont préférables ;

– les questions directes, c'est-à-dire les questions trop personnelles (sexualité, religion, salaire...) ou influentes (« N'est-ce pas que... ») ;

– les questions prospectives qui demandent à l'interviewé quelles sont ses intentions futures, ainsi que celles portant sur des éléments non-vérifiables ;

– les questions doubles (ne pas dire « Que pensez-vous de la presse féminine et de son contenu ? »).

Les questions doivent être formulées de manière à obtenir des réponses fiables et précises. Celles-ci peuvent être biaisées par :

– l'amour propre (un homme d'affaires, ayant peur de l'avion, peut dire préférer le train car cela lui permet de lire) ;

– l'impossibilité d'admettre un fait (un interviewé peut annoncer qu'il a lu un livre connu alors que ce n'est pas le cas) ;

– l'embarras face à des sujets délicats ;

– la politesse face à l'enquêteur, ou à l'entreprise faisant l'objet du sondage ;

– la non-connaissance du problème posé.

L'administration

Le tableau ci-dessous présente les avantages et les inconvénients des quatre moyens utilisables.

Les enquêtes en face à face (rue, domicile, caravanes)	
Avantages	**Inconvénients**
Fiable, permet de tester des produits sous un aspect qualitatif (appel aux cinq sens), possibilité d'un questionnaire long, rapidité d'action. Ce moyen permet aussi d'adapter les questions à l'interviewé. Elle est intéressante pour les sujets complexes qui nécessitent des explications.	Méthode coûteuse ; obligation de recruter de très bons enquêteurs objectifs, ayant un bon contact et n'influençant pas la personne interrogée ; beaucoup de refus à domicile ; problèmes d'échantillon dans la rue ; atmosphère agitée. Cette méthode n'est pas adaptée aux études portant sur des sujets très personnels.

Les enquêtes téléphoniques	
Avantages	**Inconvénients**
Anonymat, économique, pas de contraintes géographiques, bon rendement, possibilité d'interroger le consommateur à un moment donné (par exemple, pendant la consommation d'un produit) et dans des endroits géographiquement dispersés. Ces enquêtes ont un court délai de mise en place ; elles sont très utilisées auprès des professions libérales.	Barrages téléphoniques, spécialisation nécessaire des enquêteurs, nécessité d'un questionnaire court et essentiellement quantitatif sans possibilité d'aides visuelles, difficultés d'obtenir des réponses, obligations logistiques importantes. Enfin, tout le monde n'a pas le téléphone.

Les enquêtes par minitel auprès des individus équipés par l'institut d'études	
Avantages	**Inconvénients**
Réaction rapide, facilité de consultation, possibilité d'un questionnaire assez long.	Coût élevé en transmission et en équipement.

Les enquêtes postales	
Avantages	**Inconvénients**
Possibilité d'avoir des questionnaires longs ou nécessitant des recherches d'information de la part de la personne interrogée, pas de contraintes géographiques, prix de revient abordable, pas d'influence de l'enquêteur. Cette méthode est recommandée pour les sujets sensibles et permet de joindre les personnes travaillant toute la journée.	Retours lents et faibles (parfois, 70 à 80 % des questionnaires ne reviennent pas) malgré l'enveloppe T ; on n'est pas, non plus, sûr que la personne ayant répondu était celle que l'on désirait. Le questionnaire doit être parfait afin de s'auto-administrer.

Le pré-test du questionnaire

La rédaction du questionnaire terminée et la méthode d'administration choisie en fonction des contraintes budgétaires, temporelles et liées au produit, le questionnaire doit être testé (c'est alors un questionnaire pilote) auprès d'un échantillon réduit (environ 10 %) appartenant à la population de base. Cela permet de mesurer la durée du questionnaire et de déceler les erreurs, les biais et les difficultés de compréhension.

Le pré-test est le pendant, en amont, du contrôle (portant sur 10 % environ de l'échantillon) qui aura lieu après l'administration de l'enquête en vue de déterminer si l'interview a bien eu lieu, si elle ne comporte pas d'inexactitudes, d'omissions ou d'incohérences.

Le sondage est le compromis entre la précision et le coût de l'enquête. Méthode de recueil de l'information, il permet souvent de préciser quantitativement des points soulevés lors des séances qualitatives que nous étudierons après les panels.

1.2 Les panels

Les panels sont très utilisés et représentent près de la moitié du marché des études (soit autant que toutes les autres études quantitatives). Ils constituent un mode de recueil d'informations à dominante quantitative. On peut définir un panel comme étant un échantillon permanent d'unités statistiques servant à recueillir de l'information sur un sujet donné. Ici encore, la valeur des résultats dépend de la qualité de l'échantillon et de la méthode de recueil de l'information. Les panels sont classés selon les caractéristiques de leurs unités statistiques. On distingue alors les panels de consommateurs des panels de distributeurs.

■ Les panels de consommateurs

Intérêt

Leur objectif est de suivre et d'analyser les comportements et les habitudes d'achat. Ils sont centrés sur les informations purement marketing et donnent des renseignements sur le profil du consommateur. Les résultats recouvrent en effet :

- le lieu d'achat ;
- les parts de marché ;
- les quantités achetées par ménage en volume et en valeur ;
- la fréquence d'achat ;
- le prix consommateur ;
- la marque, la variété, le type d'emballage.

Chaque information est ventilée et croisée selon différents critères socio-démographiques (région, PCS, âge, nombre de personnes au foyer, etc.), des critères de distribution (forme de vente, par enseigne...) et selon les biens d'équipement possédés.

Les panels consommateurs permettent donc, par exemple, de suivre ou de repositionner un produit et de choisir le type de promotion le plus en adéquation avec le profil des consommateurs, tant au niveau des caractéristiques démographiques que psychosociologiques.

Les principaux panels de consommateurs

Ils sont réalisés et commercialisés par de grosses sociétés d'études.

SECODIP avec son ConsoScan propose un panel de 8 000 foyers. L'information, recueillie par lecture laser effectuée par les foyers eux-mêmes, parvient au client (l'entreprise) en 28 jours.

Nielsen commercialise SCAN 9 000. Ce panel ne couvre pas tout le territoire. L'information est directement saisie sur le lieu de vente, réduisant les erreurs de saisie. L'échantillon est de 9 000 ménagères et de 60 magasins. Les résultats parviennent à l'entreprise 12 jours après leur recueil.

Ce panel est donc plus utile pour mesurer l'impact d'une politique de promotion car le décalage entre l'action et la réception de l'information est réduit. Ce panel mesure, hormis les points généraux évoqués plus haut : le taux de réachat et les nouveaux acheteurs ; les conditions de présence du produit au point de vente (promotion, etc.).

SOFRES propose un panel de 10 000 ménages consultés par voie postale tous les mois. Les informations recueillies sont plus réduites que dans les précédents panels : elles portent principalement sur les quantités et les parts de marché. Mais il est possible de sur-échantillonner certaines catégories (les mères de famille avec enfants par exemple).

IMS interroge 1 600 médecins exerçant en clientèle privée. Les informations sont ici différentes, et portent sur :

- le médecin : âge, spécialité, région...
- le patient : PCS, sexe...
- le traitement prescrit : maladie traitée, posologie, durée...

Les résultats ne sont que trimestriels.

BVA commercialise AGRIMAR qui porte sur les produits phytosanitaires. Ce panel permet de connaître la fréquence d'utilisation, les quantités consommées, les raisons du traitement, etc. et cela pour dix cultures. Les résultats sont délivrés semestriellement.

■ Les panels de distributeurs

L'intérêt

Ils permettent une meilleure vision du marché par marque, par produit et par région. Centrés sur l'information commerciale, ils livrent des renseignements sur l'activité de la force de vente et les éléments de gestion annonceur/point de vente. À partir d'une distinction entre les différents types de commerce (hypermarchés, supermarchés, supérettes, magasins populaires, commerce traditionnel) et de critères sélectifs (région, forme juridique du magasin, superficie), ils donnent des informations sur :

- les ventes en valeur et en volume ;
- le prix moyen consommateur ;
- le pourcentage de magasins ayant acheté ou vendu ;
- les stocks (ruptures, état...) ;

– la DN (distribution numérique) c'est-à-dire le pourcentage de magasins référençant un produit ;

– la DV (distribution valeur), à savoir le pourcentage du CA total de la classe de produit réalisé par les magasins détenteurs dudit produit.

Cependant, leur faiblesse est de ne pas proposer d'analyse des motifs d'achat ou des attitudes des consommateurs.

Les principaux panels de distributeurs

SECODIP propose plusieurs panels :

– SECODIP-INTERCOR recueille ses informations auprès de plus de 600 magasins. Les résultats parviennent au client 20 jours après ;

– DISCOMA panélise 1 500 magasins. L'enquête, semestrielle, mentionne de plus les offres spéciales et la PLV, la longueur du linéaire. Cette information est donc plus orientée vers la communication au point de vente ;

– PACO, panel de collectivités, comprend plus de 600 établissements. Les résultats trimestriels ne mentionnent que les transactions en amont de la vente au consommateur : quantités achetées, prix d'achat, nombre de collectivités ayant acheté le produit...

NIELSEN enquête auprès de 700 points de vente alimentaires, et de 300 non alimentaires. Les résultats parviennent au client avec un décalage de quatre semaines.

IMS-LMT panélise 300 officines pharmaceutiques, mais ne permet pas de chiffrer le nombre de produits en stock, ni les ventes au consommateur.

■ Les études spéciales

Les études spéciales permettent de répondre à un problème particulier auquel fait face l'entreprise. Elles sont réalisables à partir des deux types de panels que nous avons étudiés.

Les études spéciales à partir des panels de distributeurs

NIELSEN propose le modèle Sabine, permettant à l'annonceur d'optimiser :

– son positionnement en linéaire ;

– son prix (recherche de l'élasticité) ;

– sa distribution en sélectionnant les magasins présentant le plus de potentiel, etc.

Les études spéciales à partir des panels de consommateurs

SECODIP propose deux types d'études spéciales :

– les études sur la structure d'un marché. Edipe aide à (re)positionner un produit, à personnaliser les campagnes de communication, à redéfinir le conditionnement, etc., tandis que Syat définit le profil de chaque acheteur. Eplique, enfin, se penche sur des informations comportementales, comme la duplication d'achat ;

– les études sur l'évolution du marché. Elite et Elan mesurent la fidélité aux marques en dénombrant les réachats, les acheteurs exclusifs et mixtes. Etra étudie les transferts entre marques.

En somme, les panels couvrent des domaines multiples. Tout produit peut faire l'objet d'une étude (précisons que les panels d'auditeurs seront traités dans le chapitre consacré aux médias), mais certains micro-marchés ou des marchés nouveaux ne sont pas panélisés.

Panels distributeurs et panels consommateurs sont en fait complémentaires. L'entreprise les choisira en fonction du problème qu'elle doit résoudre (où la rapidité de livraison de l'information pourra la guider vers un institut plutôt qu'un autre) et de ses objectifs de développement.

Moyens d'étude lourds, sûrs, mais coûteux (entre 150 000 et 500 000 Francs), ils semblent surtout réservés aux grandes entreprises.

2. Les études qualitatives

Comme nous l'avons vu, les études quantitatives cherchent à déterminer les comportements et les opinions d'une population représentative. Ces études sont nécessaires au marketing mais ne sont pas les seules. D'autres types d'études se sont développées : les études qualitatives.

D'après la dernière étude Syntec précédemment vue, 67 % des entreprises interrogées utilisent ce type d'études ; 21 % des budgets d'étude leur sont consacrées.

2.1 Le quantitatif et le qualitatif

On ne saurait parler des études qualitatives sans évoquer Ernest Dichter. Cet Autrichien contemporain a appliqué les méthodes de la psychanalyse aux enquêtes de marché et à la publicité. En 1945, il crée un institut de motivation alors que depuis quelques années les instituts de sondage régnaient et connaissaient une croissance de leur chiffre d'affaires.

Pour Dichter, les études quantitatives reposent sur le postulat que les consommateurs élaborent consciemment leurs décisions. Il réfute cette idée et explique au contraire que les comportements sont inconscients et qu'il est donc inutile d'avoir un grand nombre de personnes interrogées ; il est bien plus nécessaire de recourir aux méthodes inspirées de la psychanalyse qui permettent de contourner l'obstacle du refoulement.

Avec Dichter, nous insisterons dans la partie suivante sur la non-rationalité du consommateur au moment de l'achat. Bien plus, nous montrerons qu'un produit a une valeur utilitaire mais aussi une dimension symbolique qui peut parfois être la seule variable déterminante dans l'acte d'achat. Des études sur la psychologie du consommateur sont donc nécessaires.

Dans *La persuasion clandestine*, Vance Packard rappelle les problèmes des producteurs de pruneaux qui dans les années cinquante voyaient leurs ventes s'écrouler.

Pour Dichter, les résistances subconscientes à l'encontre du pruneau expliquaient cette tendance. Des études montrèrent que les individus associaient le pruneau à la vieillesse, à l'avarice, au puritanisme... ils ne voyaient dans le pruneau que ses vertus laxatives. Le pruneau était ainsi lié à des sentiments peu avenants et désagréables.

Forts de ces indications, les producteurs et leurs agences transformèrent l'image du produit et présentèrent un pruneau gai et dynamique pour des individus dynamiques. En cinq ans, les ventes de pruneau redémarrèrent fortement.

Les études qualitatives ont ainsi leur mot à dire ; nous ne saurions pourtant pas donner priorité au qualitatif sur le quantitatif, ni l'inverse. Les deux méthodes sont complémentaires.

On peut en effet déterminer avec le qualitatif des critères de choix qui pourront être « prouvés » par une étude quantitative. Le quantitatif validera sur un échantillon plus important les hypothèses formulées avec le qualitatif. Telle est la démarche de définition du positionnement comme nous le verrons dans le chapitre **3. L'environnement**.

2.2 Le domaine d'étude du qualitatif

Le schéma de Lasswel est une méthode d'analyse de problème. Il propose cette analyse à travers six questions : qui ? quoi ? où ? quand ? comment ?, pourquoi ?

Si le quantitatif répond aux cinq premières, le qualitatif s'occupe de la dernière question ; il ne se préoccupe donc pas de l'opinion des interviewés mais plus profondément de leurs attitudes, motivations et structures de personnalité.

Dans son ouvrage *Marketing savoir et savoir-faire*[1], Marc Benoun propose le schéma de l'iceberg :

VISIBLE	COMPORTEMENT
	OPINIONS
NON VISIBLE	ATTITUDES
	MOTIVATIONS
	STRUCTURE DE LA PERSONNALITÉ

Si les comportements sont directement et objectivement observables, si les opinions peuvent être facilement recueillies, il en va tout autrement des attitudes, motivations et structure de la personnalité qui constituent la face cachée de l'iceberg.

La structure de la personnalité est inconsciente, elle est le niveau le plus profond de l'individu. Les motivations sont également inconscientes, elles sont définies comme étant un ensemble de pulsions négatives et positives qui pous-

(1) Paris, ECONOMICA, 1989.

sent à l'action (ici à l'achat puisque c'est cela qui nous intéresse). Les attitudes enfin vont prédisposer l'individu à faire ou ne pas faire quelque chose, elles sont la résultante de trois composantes : la composante cognitive, la composante affective et la composante conative.

À l'aide d'outils psychosociologiques, ces données inconscientes vont pouvoir être repérées et analysées. Ces études sont utiles pour :

- **l'étude du consommateur :** motivations et freins à l'achat, analyse du processus d'achat, détermination des besoins...
- **l'aide au marketing-mix :**

- prix : détermination du prix psychologique ; notons à ce niveau la nécessaire complémentarité avec les études quantitatives,
- produit : après la détermination de besoins nouveaux, recherche de nouveaux produits pour les satisfaire ; étude de leur concept, de leur image ; recherche de nom de marque...
- distribution : image de l'entreprise dans la distribution et image de la distribution du produit chez les consommateurs,
- communication : détermination des motivations et des freins à exploiter dans l'axe publicitaire, aide à la recherche des concepts et des thèmes publicitaires... En publicité, les études qualitatives sont particulièrement utiles lors de pré-tests et post-tests de campagne.

Pour les domaines d'intervention du qualitatif, des techniques d'études spécifiques ont été développées.

2.3 Les techniques des études qualitatives

Comme il s'agit de connaître le « pourquoi ? », le déroulement des études qualitatives va consister à faire parler l'individu ou un groupe d'individus sur un produit, une marque, un groupe de produits... généralement sans souci de représentativité, mis à part de simples critères comme utilisateur/non-utilisateur par exemple.

Libre cours est laissé *a priori* aux paroles des enquêtés ; c'est l'intervieweur qui analysera ensuite les réponses mais aussi les non-réponses de l'individu. Dichter dit à ce propos qu'en même temps qu'on laisse le maximum de liberté à l'interviewé pour qu'il ne s'enferme pas dans des réponses stéréotypées, il faut noter les comportements émotionnels (position de repli du corps sur la chaise par exemple) car un geste, une inflexion... peuvent être des aveux. Dichter donne ainsi tout son sens à la communication non verbale.

Nous pouvons relever plusieurs techniques d'études qualitatives.

■ Les entretiens

Ils peuvent être **non directifs**. En général, l'intervieweur commence par une phrase simple : « Parlez-moi de... » qui agit comme un stimulus. Il ne reprendra la parole que pour relancer la discussion ou se faire expliquer des points obscurs. On assiste dans ce cas à une sorte de psychanalyse dans le sens où l'interviewé doit se libérer et exprimer tout ce qu'évoque la question posée dans son esprit. Les entretiens peuvent être aussi : **associatifs ou semi-directifs**. Dans ce cas, l'interviewé doit associer l'objet de l'étude à des images, des mots, des sons proposés par l'enquêteur. Les entretiens se déroulent à deux : enquêteur et enquêté ; sinon on parle de **réunions-discussions :** d'une situation à deux, on passe à une situation de groupe où sont réunis plusieurs participants (de 6 à 10) et éventuellement plusieurs enquêteurs : observateurs, psychologues, différents spécialistes scientifiques ou spécialistes du thème d'étude abordé. Ces réunions comme les entretiens peuvent être non directives, semi-directives, associatives... le problème est ici examiné au niveau collectif. On recherche les opinions et les attitudes contradictoires et l'on cherche à déterminer comment les unes jouent sur les autres et l'arbitrage collectif qui est réalisé à leur propos.

Lors d'une réunion-discussion, on demandait par exemple aux enquêtés de parler des animaux de la forêt pour ensuite les amener à discuter de l'image de l'écureuil et enfin de celle de l'établissement financier du même nom.

■ Les techniques projectives

Elles partent de l'idée qu'un individu sera plus libre de ses paroles si au lieu de parler en son propre nom, il se substitue à un autre. Ces techniques visent à appréhender l'univers du produit et sont donc très utiles pour la définition du positionnement.

- Les tests d'expression : l'enquête doit compléter une série de phrases partiellement rédigées ou interrompues (dans le cadre de l'utilisation d'un film vidéo) ; « pour lutter contre la fraude dans les transports collectifs, il faudrait... » par exemple.
- Le Thematic Apperception Test (TAT de Murray) : l'enquête doit commenter des dessins ou des personnages présentés dans une situation précise : devant la télévision, à table... il doit ainsi indiquer la situation qui s'applique le mieux à l'objet de l'étude.
- Le test de Rosenzweig (test de frustration) : on présente une bande dessinée à l'enquêté sur laquelle des bulles ont été laissées en blanc, l'enquêté doit les remplir.
- Le test de Rorschach : on présente à l'enquêté des dessins de taches d'encres symétriques qu'il doit interpréter en liaison avec l'objet de l'étude.
- L'association de mots consiste à associer à un mot donné le premier mot qui vient à l'esprit.
- L'association de mot contrôlés : la méthode est la même que la précédente, mais les mots à associer sont fournis à l'aide d'une liste.

■ Les techniques d'observation du comportement

Elles comprennent les enquêtes *in situ* dans lesquelles l'enquêteur est physiquement présent au moment où l'enquête est soumis au phénomène étudié (par exemple, il interroge la ménagère au moment où elle prépare son repas) et la caméra est cachée : une caméra est alors dissimulée dans un linéaire de magasin et filme le comportement d'un individu qui expliquera ensuite ses réactions.

Après ces différentes interviews, réunions et observations, des analyses sont conduites. Elles s'avèrent particulièrement délicates en raison de la richesse de l'information qui se prête mal à une codification. On regroupe alors les thèmes évoqués par ordre d'apparition, de fréquence d'apparition, de catégories... Ces analyses font appel à des techniques psychologiques, sémiologiques, psychanalytiques...

2.4 Avantages et inconvénients des études qualitatives

■ Avantages

Les études qualitatives permettent une forte implication de l'enquêté, s'il est mis en confiance (d'où l'importance du choix de l'intervieweur), il ne se réfugiera pas derrière des idées toutes faites (bien que ces dernières soient aussi souvent utiles à connaître). Les études qualitatives permettent dans le même ordre d'idées une grande spontanéité, leur champ d'investigation est aussi très largement ouvert. Elles sont souples, flexibles et relativement rapides à mettre en œuvre puisqu'elles nécessitent peu de matériel, tout au plus du matériel d'enregistrement audio et vidéo.

■ Inconvénients

D'une part, leur coût est généralement élevé (néanmoins très variable selon le type d'étude et la société d'étude). D'autre part, le nombre de personnes interrogées est faible en raison de la définition même de l'étude (on ne fait pas du quantitatif). De ce fait, elles ne sont pas généralisables, pas mesurables (leurs résultats seront éventuellement validés par une étude quantitative). Elles peuvent donner lieu à des interprétations qui ne vaudront que ce que valent leurs analystes.

Enfin, un biais peut exister du fait de l'enquêteur qui peut projeter ses propres motivations, phobies... et donc influer sur l'enquête.

Avec les outils que nous venons de voir, l'annonceur peut prendre pleinement connaissance du profil de ses consommateurs actuels et futurs. Il peut ainsi développer des stratégies de ciblage (voir plus bas la partie **4. Le ciblage.**)

3. Les socio-styles

L'étude des cibles nous apprend que l'on peut connaître le consommateur en fonction de sa région géographique (22 régions administratives, 8 régions SECODIP, 9 régions PCS, ou 9 régions Nielsen, la singularité de chaque découpage varie selon les organismes statistiques), selon son habitat (rural ou urbain), selon sa catégorie sociale (PCS ou SECODIP), selon son âge ou son sexe, mais l'ensemble de ces indications ne fournit aucun détail sur ses conduites socio psychologiques. On peut en effet reprocher à ces critères socio démographiques d'être trop rigides et de ne retenir que les composantes objectives et physiques du consommateur. C'est pourquoi, dans les années soixante, certains socio psychologues comme D. Yankelovitch ont appliqué ces découvertes au monde de la communication et du marketing. Ils ont aussi élaboré un nouveau mode d'évaluation repris dans les années soixante-dix en France par le CCA (Centre de communication avancée) et par la COFREMCA.

3.1 Les différentes approches des modes de vie

Les socio-styles s'appuient sur un certain nombre d'acquis philosophiques et sociologiques. Il convient de préciser comment ces acquis socio psychologiques permettent de mieux comprendre les conduites comportementales de l'individu. C'est pourquoi nous partirons de l'analyse des styles de la vie sociale tels que B. Cathelat les définit dans son ouvrage *Socio-styles système*. L'analyse des styles de vie socio culturels se délimite ainsi à partir de quatre axes qui vont du plus particulier au plus général :

- la conduite psychologique (les comportements) ;
- la conduite mécaniste ;
- la conduite sociologique (les attitudes) ;
- la conduite culturelle (les valeurs).

Les conduites psychographiques (les comportements)

Dans la mouvance des études marketing de Dichter (1960), les modes de vie se sont définis autour de la conduite individuelle du consommateur. Cette approche psychographique repose sur les acquis des études de motivation et de conduites d'extraversion (projection vers l'extérieur d'un comportement individuel). Son objectif est en réalité de cerner la personnalité originale de l'individu, la plus profonde et la plus intime, en rejetant les comportements les plus superficiels, pour ne s'attacher qu'aux attitudes les plus profondes. L'individu, plus que le groupe, compte. Mais là encore, le contexte épistémologique n'est pas clairement défini. On ne sait pas si l'individu est réductible à son comportement ou s'il est comme une boîte noire dont on ignore, dans les plus petits recoins, les modes de fonctionnement. Nous n'avons ici qu'un modèle de psychologisme relativement flou.

La notion de psychographie se définit alors comme « un schéma-type segmentant le marché » qui pousse les groupes à acheter un produit donné (Demby). Il s'agira, en fait, de partir d'une perspective épistémologique afin d'en déduire des schémas généraux. Par exemple, le système MPI correspond à une orientation psychique qui détermine le comportement à partir d'études de motivation.

L'approche mécaniste

L'approche mécaniste refuse, elle, de prendre en compte le contenu intérieur de l'individu. Seules comptent les déterminations quasi mécanistes du sujet étudié. Il s'agit beaucoup plus d'une méthode d'étude que d'une approche conceptuelle. Le consommateur n'est plus en réalité qu'un objet de laboratoire qui se mesure et se réduit à un ensemble de catégories (*cf.* le recensement de l'INSEE, les panels consommateurs de SECODIP, NIELSEN..., les observatoires sociaux du Crédoc, etc.).

Les questionnaires permettent aussi de traduire fidèlement le contenu du message. Le traitement des données est quantitatif et mécanique, mais il est tellement quantitatif que l'approche mécaniste gomme toute dimension psychologique afin d'éviter une sorte de distorsion. Cependant, cette méthode a l'inconvénient de ses avantages ; elle perd en fait son ambition de saisir l'individu dans sa globalité. C'est pourquoi on cherchera dans ce type d'enquête à analyser le plus profondément possible les déclarations de l'individu par un recoupement. On est en fait à la recherche d'un standard précis qui a pour conséquence de limiter la richesse de la recherche puisqu'on ne tient plus compte des conduites psychologiques de l'individu. D'autre part, ces classifications n'ont d'objectivité que théorique. Lorsque l'on parle de certains métiers comme celui d'ouvrier, agriculteur, cadre, etc, cela a-t-il la même valeur à vingt ans d'intervalle ?

Le système des attitudes sociographiques (les attitudes)

La notion d'attitude se définit, nous l'avons vu, comme une propension à orienter ses conduites vers une direction précise. À la différence du courant culturaliste, il n'y a pas une espèce d'idéologie fédératrice des styles de vie mais des attitudes générales qui vont déterminer une classification plus ou moins précise. On parlait ainsi dans les années soixante-dix de grands courants socio culturels (attitudes allant dans une même direction reflétant une société en pleine évolution). À partir d'enquêtes, on dresse la carte de l'évolution des mentalités de la culture du pays étudié (attitude moyenne d'un échantillon représentatif). Dans ce contexte, les données sociales l'emportent sur les données psychologiques. Un individu appartient à telle ou telle attitude, non parce que sa logique de pensée le conduit vers tel ou tel courant, mais en référence à l'attitude du groupe auquel il appartient. Toutefois, il convient de différencier la norme sociale d'un groupe et l'attitude majoritaire du même groupe. L'attitude majoritaire du groupe n'est en fait qu'un élément qui permet de mieux cerner la notion de norme sociale.

■ « Le Monitor » de Yankelovitch

Dans les années soixante, Yankelovitch recense 26 courants socio culturels, tendances motrices de la collectivité. Par la suite, dans les années soixante-dix, il met en place 31 courants socio culturels. Ces 31 courants se recentrent autour de 5 faisceaux :

- faisceau du besoin psychologique de l'abondance ;
- faisceau de la stimulation sensorielle, les tendances d'évasion ;
- faisceau de la simplicité ;
- faisceau de la tolérance ;
- faisceau du refus de l'autorité.

■ Les 3SC et TSC de la COFREMCA

En 1975, la COFREMCA reprend le « Monitor » de Yankelovitch et l'adapte à la mentalité française. Elle invente ainsi la notion de courant socio culturel, sorte d'évaluation des comportements des individus (évolution et changement sociologiques : 3SC ; et attitudes à l'égard du travail : TSC). Elle établit 31 courants socio culturels dont les plus connus sont :

- le refus de l'autorité ;
- le libéralisme sexuel ;
- le besoin de participation ;
- l'amélioration du cadre de vie ;
- l'épanouissement professionnel ;
- l'hédonisme, etc.

La COFREMCA regroupe alors les individus en 9 types socio culturels :

– 4 types innovateurs ;
– 1 type central ;
– 4 types passéistes.

La méthode consiste à noter chaque individu en fonction de son adhésion à tel ou tel courant.

Le système de valeur « culturaliste » (les valeurs)

La notion de valeur doit se comprendre comme un modèle collectif prétendument universel. Si la motivation répond à une conduite d'extraversion, la notion de valeur correspond en réalité à une conduite d'introspection qui permet à l'individu de juger ce qui est bien. Il y a ici la mise en place d'un processus de sociabilité par adhésion à un système de valeur collective alors que la psychographie définit elle une expression individuelle.

■ Le système de valeur de Rokeach

Rokeach dresse dans les années soixante une espèce de nomenclature de valeur, sorte d'inventaire des valeurs clés du groupe social. Il définit ainsi les valeurs comme une sorte de préférence pour ce qui a été choisi. Il les présuppose comme des entités fondamentales et durables, plus durables d'ailleurs que les attitudes des conduites sociographiques que nous avons vues. Ces valeurs correspondraient en quelque sorte aux croyances des individus à l'égard des idéaux comme la vérité, l'égalité, l'honnêteté, etc. Il arrive ainsi à établir, à partir de l'analyse de Lovejoy (1950), deux axes :

– l'axe des valeurs terminales, au nombre de 18, comme la liberté, l'amitié, la sécurité... Ces valeurs définissent les idéaux de l'organisation sociale ;
– l'axe des valeurs instrumentales : au nombre de 18, comme le courage, la maîtrise de soi, l'esprit logique, etc. Ces valeurs déterminent au contraire l'organisation individuelle.

■ Le système Vals *(values and life styles)*

Le système Vals, mis au point dans les années soixante-dix, recense les conduites individuelles en s'appuyant sur la pyramide des besoins de Maslow. Inventoriant 9 styles de vie, cette classification est avant tout une typologie hiérarchique. En bas de l'échelle, les valeurs, les styles de vie répondent aux besoins fondamentaux, en haut de l'échelle, les styles de vie expriment la réussite sociale. De plus, la réussite sociale obéit à deux impératifs, celui d'une acceptation des valeurs du groupe ou celui d'un refus des valeurs du groupe, et une adhésion vers des valeurs plus contestataires, voire marginales.

3. 2 La notion de socio-style

La notion de socio-style se présente comme le résultat d'un acquis culturel (philosophique, social, psychologique, psychanalytique) et d'une étude comportementale de l'individu. Les socio-styles ont ainsi pour fonction de définir, dans les grandes lignes, la nature des conduites humaines.

La synthèse des différents courants

Depuis 1970, le CCA (Centre de communication avancée) et la COFREMCA étudient les comportements des individus en fonction de leur environnement et de leurs pratiques sociologiques. La connaissance des socio-styles devient ainsi un complément d'information important si l'on veut bien comprendre la nature des cibles. Par exemple, la tenue vestimentaire de l'individu est révélatrice de ses goûts personnels, de son contexte culturel, de son pouvoir d'achat, de sa mentalité, etc. L'étude des socio-styles va alors permettre de décrire l'évolution du système social dans lequel il évolue à partir d'un long travail d'enquête que nous détaillerons plus loin.

B. Les socio-styles et mentalités en 2000

LES NOUVELLES MENTALITÉS

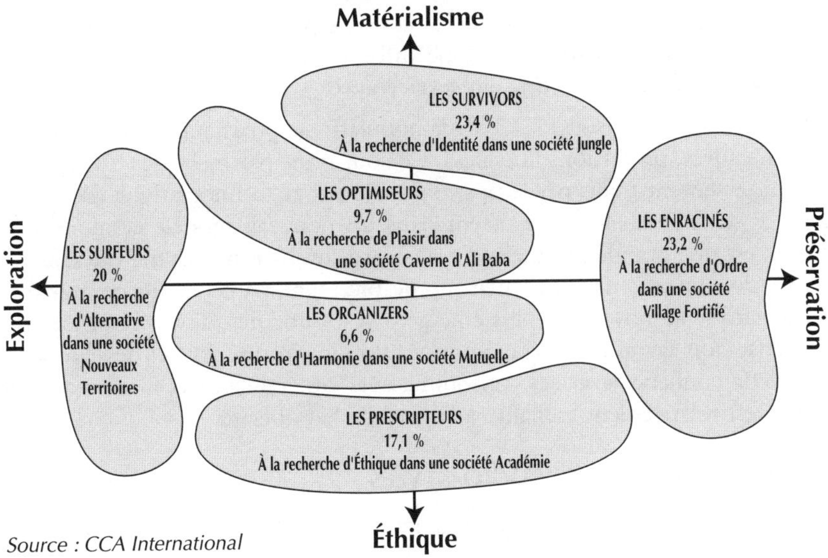

Source : CCA International

Ces nouveaux styles de vie se répartissent en 6 familles sociologiques.

Les **enracinés**, soit 23,2 % de la population, représentent les personnes âgées de condition souvent modestes, vivant principalement en province et en étroite relation avec leur environnement familial. Ils se tournent vers les moyens de communication de proximité comme la PQR. Ils achètent d'abord des produits bon marché et de première nécessité (hard discounter). Ils s'enferment dans des conduites individualistes et ne s'intéressent pas beaucoup à l'évolution du monde extérieur.

Les **surfeurs**, soit 20 % de la population, sont issus de la classe aisée. Ils se tournent vers les nouvelles technologies et les nouveaux moyens de communication. C'est une population plutôt jeune (15 à 35 ans) qui s'investit dans les achats de marque à forte valeur d'innovation. Ils pratiquent beaucoup l'achat à distance. C'est une population qui « pitonne » (zappe) et qui reste difficile à cerner pour les mediaplanneurs.

Les **survivors**, soit 23,4 % de la population, ont en général moins de 45 ans et sont issues des classes moyennes et modestes. Ils revendiquent une appartenance à un groupe de manière presque tribale. Se sentant exclus, ils se « débrouillent » avec le système social dans lequel ils se trouvent. Ils pratiquent beaucoup les jeux.

Les **optimiseurs**, soit 9,7 % de la population, sont issus des classes moyennes. Ils habitent la banlieue mais restent fortement endettés. Ils restent toutefois confiant dans le système politique et gardent le moral. Ils sont à l'affût de l'astuce et du système D. Ils sont aussi friands des cartes privilèges. C'est une population fidèle qu'il est facile de capter à l'aide de la publicité.

Les **organizers**, soit 6,6 % de la population, sont issus de la classe moyenne. Ils croient beaucoup dans les vertus de la planification. Ils préfèrent les valeurs sûres comme les assurances, les biens immobiliers, les produits de marque. Ils recherchent également les conseils pratiques et techniques, autrement dit les communications de type infomercial ou communication institutionnelle. Ils sont aussi attentifs au service après-vente.

Les **prescripteurs**, soit 17,1 % de la population, appartiennent à la classe aisée (patrons, cadres, professions libérales). Ce sont principalement des leaders d'opinion qui se sentent trahis par le pouvoir politique et technocratique. Pour lutter contre ce sentiment, ils s'investissent dans un nouveau modèle économique et social. C'est une population méfiante à l'égard du discours des marques. Ils sont capables de s'investir dans une marque de plusieurs manières, du contrat moral avec la marque au boycott le plus engagé. C'est l'une des raisons pour lesquelles l'entreprise doit savoir gérer sa communication institutionnelle et développer des relations de confiance avec ses consommateurs-citoyens. La population des prescripteurs est relativement méfiante à l'égard de la publicité.

1. La méthode des socio-styles

La notion de socio-style système telle qu'elle est définie par le CCA, filiale du groupe Havas/Eurocom, se greffe dans un champ social de connaissance. Elle serait une sorte de « savoir » des sciences sociales qui, aux yeux des consultants du CCA, aurait la valeur d'une instrumentation scientifique. Toutefois, les chercheurs du CCA laissent planer un certain flou sur la rigueur des analyses scientifiques qu'ils réalisent. Bernard Cathelat reconnaît dans son ouvrage *Socio-styles système* que « tout savoir en sciences sociales est, et ne peut être, qu'une interprétation [1] ». Cependant, il reste très vague quant au contexte épistémologique dans lequel s'effectuent ces différentes recherches. Il ne donne en fait aucune précision sur la notion de lien de causalité, de modèle théorique, et encore moins d'indications sur le protocole de recherche, rien non plus sur les

1. B. Cathelat. *Socio-styles système.* Paris, Éd. d'Organisation. 1990. p. 223. L'erreur du ciblage de la TWINGO est à ce titre révélateur.

principes de réciprocité, de persistance, de loi d'harmonisation, de contexte social, d'hypothèse ou de régulation, etc. En somme, le seul protocole scientifique qu'il veut bien détailler reste l'acquis des sciences sociales en matière de dépouillement des questionnaires et des sondages.

Dire que le produit des sciences sociales ne se borne pas à l'accumulation de données objectives mais se présente comme une structure compréhensive, sinon explicative, ne suffit pas. Il aurait fallu, pour qu'un certain nombre d'ambiguïtés soient levées, expliquer :

- dans quel contexte épistémologique le socio-style système évolue, autrement dit justifier la méthodologie des comportements psychologiques et sociaux des individus et la façon dont la classification établie par le CCA s'organise ;
- comment s'élabore le soi-disant « positionnement » des différentes catégories de socio-styles ;
- selon quels principes régulateurs on peut classer les individus en fonction des socio-styles.

B. Cathelat, même s'il affirme que la méthode élaborée par le CCA ne constitue en aucune sorte « le » modèle par excellence de la société, reconnaît néanmoins que l'ensemble constitue un instrument rigoureux autorisant une connaissance sérieuse de la réalité sociale reposant sur un savoir social précis.

Mais la question de fond reste tout de même la validation d'un tel procédé ne se réclamant d'aucune hypothèse et ne reposant sur aucun *a priori*. À ce titre, le plus dangereux dans cette régulation scientifique vient de ce que B. Cathelat dit lorsqu'il parle de la méthodologie scientifique quand il écrit : « il est dit alors que la vérification d'hypothèses est la seule procédure à caractère scientifique, et qu'il ne serait pas justifiable de générer des hypothèses *a posteriori*, après collection et traitement des données ; on commettrait alors la faute de « divination » contre le sacro-saint principe de « vérification » d'hypothèses préalables. Cette critique n'est pas sans intérêt, mais nous paraît plutôt s'appliquer au domaine des sciences exactes, où l'expérimentation en laboratoire est possible, plus qu'en sciences humaines et sociales où la multiplicité de variables est telle, dans un contexte *in vivo*, que l'on ne peut jamais prétendre à un protocole d'expérimentation totalement maîtrisé [2] ». Étonnant constat tout de même que celui-ci de la part d'un chercheur en sciences sociales. Même s'il est évident que la notion de fait social total ne signifie pas que toutes les composantes et variables soient maîtrisables par le chercheur, cela ne signifie pas pour autant qu'il faille laisser planer un doute sur la qualité du processus expérimental et scientifique. B. Cathelat précise, pour justifier la qualité de sa recherche, que la grande richesse quantitative et la grande variété qualitative de ses données autorisent un nombre important de combinaisons et laissent les interprétations plus libres. Mais que faut-il en conclure ?

---

2. B. Cathelat. *Op. cit*, p. 224.

En fait, le concept de socio-style choisit une démarche empirique sans hypothèses *a priori*. Ce que le système des socio-styles perd en rigueur et en qualité, il prétend le gagner en variété de corrélations observées. Ce système serait alors une espèce de prospective sociale sans principe régulateur.

Y a-t-il pour autant possibilité de déduire de ce système une classification, voire même une typologie ?

La réponse de B. Cathelat est sans ambiguïté : il s'agit « d'une différenciation de modèles de modes de vie et de pensée, pour aider à concevoir les individus sociaux en termes d'ensembles, sous l'angle de l'action sociale [1]». Mais les explications ne donnent aucune précision sur la nature de cette typologie. Il précise simplement qu'il s'agit d'un modèle virtuel, identique à celui établi par les sciences exactes. S'il est vrai qu'il n'y a pas de socio-style en soi militant, entreprenant, utilitariste etc., il y a des gens qui dans des circonstances précises ont les caractéristiques d'un militant, entreprenant ou utilitariste. Mais il ne nous dit rien sur la manière dont on passe d'une classification établie à la mise en boîte de l'individu dans cette classification.

Y aurait-il un critère suffisamment précis pour définir tel individu comme appartenant à la classe des entreprenants, critère qui l'emporterait sur les autres et qui suffirait à catégoriser l'individu dans telle ou telle rubrique ? Y a-t-il également une réelle différence entre la notion de classification rigide et la notion de stéréotype mise en avant par B. Cathelat ? Rien n'est moins sûr, et une fois de plus on se retrouve confronté à la même imprécision tant au niveau de la méthode qu'au niveau conceptuel de la définition. Le plus étonnant, c'est que les théoriciens des socio-styles parlent de stéréotype pour définir leur classification et en même temps, ils évoquent l'idée d'une typologie qui ne prétendrait pas à « une définition objective et unique de la réalité sociale mais à une représentation objectivement efficace de cette réalité [2] », en quelque sorte une typologie de stéréotypes subjectivement objective.

Toutefois, l'avantage de l'inventaire entrepris par le CCA tient dans le fait qu'il montre que les classifications socio-psychologiques sont soumises à des évolutions constantes, et que le système social n'est pas réductible à un ensemble de composantes économico-socio professionnelles.

Remarquons pour conclure cette introduction sur la notion de socio-style système que cette méthode s'adresse avant tout aux « décideurs sociaux et économiques », pour reprendre l'expression de B. Cathelat, qui *a priori* ne sont pas concernés par les principes épistémologiques des sciences sociales. Mais cela autorise-t-il le flou méthodologique ? Le seul détail méthodologique fourni par le CCA concerne la nature et la fréquence des interviews renouvelées tous les deux ans environ auprès de 3 500 Français de plus de 15 ans, à leur domicile, durant plus de 3 heures. Ces enquêtes s'accompagnent d'autres études sectorielles sur des thèmes comme l'automobile, les pratiques alimentaires, la banque, etc. L'ensemble de ces données reflète alors l'évolution des mentalités et permet de dresser une carte représentative des comportements de la population.

1. B. Cathelat. *Op. cit, p* 224.
2. B. Cathelat. *Op. cit, p* 235.

1.1 Méthodologie qualitative

La méthode des socio-styles se présente comme une étude qualitative sociale statistique. La particularité de ces études qualitatives tient à la part laissée à la subjectivité de l'analysant, mais c'est aussi ce qui constitue sa richesse, à condition toutefois qu'elle soit bien menée. Elle intègre tous les éléments sous-entendus dans le questionnaire, tels que la gestuelle, le regard, les soupirs, autrement dit la communication non verbale. Nous renvoyons ici à ce que nous avons déjà dit sur les méthodes d'enquêtes. L'objectif de ces types d'enquêtes étant justement de déceler et d'analyser la particularité des fonctionnements psychologiques du groupe d'interviewes afin d'en dégager les particularismes.

La méthode Epsy

Cette méthode apparaît en France à partir des années soixante ; elle est mise au point par G. et C. Aznar. B. Cathelat la présente comme une méthode reposant sur la pratique des groupes de créativité imaginaire. Il s'agit en fait, à partir d'un groupe d'une douzaine de personnes relativement homogène, pendant des périodes assez longues (2 jours), d'animer des dynamiques de groupe en utilisant les techniques projectives verbales classiques comme l'association d'idées, jeux de rôles, ou non verbales (mimes, dessins improvisés, etc.). À partir de ce matériel inconscient obtenu sur des thèmes aussi divers que le produit idéal pour laver, la voiture idéale, l'ordinateur idéal, etc., on définit dans les grandes lignes des éléments utiles pour délimiter de nouvelles pratiques de consommation. Observons que ce type de méthodes n'inventent rien, elles reprennent en réalité tous les acquis de la méthode mise en place par Dichter.

La méthode Chorum

Le CCA crée en 1974 la méthode Chorum qui consiste, selon B. Cathelat, à « simuler la dialectique sociale des influences entre divers sous-groupes de populations, pour observer quels sont les thèmes du consensus et de convergence mobilisateurs ou répulsifs [3] ». Si la méthode Epsy approfondit les mentalités collectives et la sensibilité psychologique des groupes, si les interviews individuelles privilégient le comportement intime de l'individu, au contraire la méthode Chorum a pour tâche d'identifier les thèmes et symboles susceptibles de construire un public-cible précis. La technique de cette méthode consiste à constituer un groupe-échantillon d'environ 12 personnes représentatives du problème qu'il s'agit de surmonter ou concernées par un produit précis. Lors de réunions de travail assez longues (1 ou 2 jours) autour d'un objectif commun, il s'agira de mettre sur pied des stratégies de communication, des recherches d'image et d'innovation, etc. Cette méthode doit permettre l'élaboration de scénarios marketing pour modifier, voire innover, certaines images afin de les repositionner. Rien de différent avec la méthode Epsy, seule peut-être la finalité de l'enquête entamée. Par exemple, l'image de marque des banques, des assurances, des compagnies pétrolières, etc.

---

3. B. Cathelat. *Op. cit, p.* 246.

La méthode Ethno

Cette méthode consiste à dresser une espèce de carte ethnologique des modes de vie quotidiens afin d'identifier la particularité des différents modèles étudiés. Le but de l'opération est de mesurer les différents courants qui composent le système social. Cette approche, couplée aux autres méthodes, permet d'élaborer une analyse un peu plus pointue et fidèle du système dans lequel on se trouve. Mais là encore on retrouve les structures classiques de la méthode d'enquête qualitative.

La méthode Star

La méthode Star consiste avant tout à donner une analyse en termes d'image, qu'elle soit institutionnelle, de marque, de service, de leader, etc. Ce type d'analyse repose sur les acquis du socio-style système. La finalité de cette approche consiste en fait à dresser une sorte de boussole des différents courants socio psychologiques pour mieux évaluer l'impact de telle ou telle campagne de communication ou de publicité. Remarquons une fois de plus qu'il ne s'agit en réalité que d'une traduction imagée d'une analyse sociologique. Rien de neuf en fait, sinon la mise en place d'un graphique concrétisant cette évolution socio-économique.

La méthode du Socio-check-board

Toujours une création du socio-style système, cette méthode est censée analyser le contenu socio culturel d'un message de communication ou message publicitaire. Cette méthode prétend apporter une radiographie des valeurs culturelles du phénomène étudié au moyen d'une quarantaine de caractéristiques correspondant aux motivations des différentes conduites humaines et socio-styles. B. Cathelat inventorie ainsi des check-boards généraux [1] utilisés pour rendre compte par exemple des valeurs culturelles, des valeurs langagières, politiques, etc. Et il ajoute à ces catégories générales des check-boards sectoriels pour évaluer la particularité de telle ou telle campagne. On utilise ce type de méthode par exemple dans le cas d'un positionnement d'une nouvelle voiture. Le check-board des designs permet d'évaluer le style de la voiture, le check-board des couleurs, les différentes couleurs ; même chose pour le check-board des technologies ou des différentes publicités, etc., chacun donnant un reflet du produit. La synthèse de ces check-boards permet ainsi l'élaboration d'un diagnostic qui doit à son tour définir une nouvelle cible cohérente. Nous avons ici en fait le processus traditionnel de l'étude d'une stratégie de communication.

1.2 Méthodologie quantitative

Nous ne reprendrons pas dans le détail le processus de composition des panels, qui n'a rien de spécifique au CCA. Nous dirons simplement que le questionnaire propre à l'élaboration des études du CCA porte sur 4 types de questions :

1. B. Cathelat. *Op. cit, p.* 251.

– Que faites-vous ?

– Que pensez-vous ?

– De quoi rêvez-vous ?

– Que voulez-vous ?

Les 150 questions posées permettent de délimiter à peu près 3 500 variables traitées de façon informatique. Le résultat de ce traitement déterminera la carte des diverses mentalités françaises. L'élaboration des questionnaires, comme la constitution des panels, répond aux impératifs traditionnels de l'enquête sociologique. En gros, nous dirons qu'il y a à peu près 3 500 données recueillies dans un questionnaire de 2 heures par exemple. La première étape consiste à dégager de ces réponses au questionnaire une centaine d'analyses factorielles qui conduisent à délimiter environ 350 facteurs. La deuxième étape consiste ensuite à analyser des comportements psychologiques qui vont contribuer à définir une quarantaine de macro-facteurs. La troisième étape consiste à structurer les entretiens en différents socio-styles pour ensuite, dans la dernière étape, établir la carte graphique, résultat de l'analyse qui permettra de dresser une nouvelle stratégie de communication en fonction du produit étudié.

Conclusion

Ces enquêtes, relativement lourdes à gérer, mais aussi coûteuses (en moyenne plus de 250 000 F) autorisent la création de scénarios de conquête de marché et élaborent de nouvelles stratégies de communication. Notons pour conclure que le seul intérêt de ce type d'étude est de présenter une certaine évolution de la mentalité étudiée, mais il faut être extrêmement prudent à l'égard des garanties épistémologiques que de telles études prétendent apporter. Elles ne fournissent rien de plus en fait que de simples intuitions sur les futures tendances sociologiques.

C. Des stratégies en fonction du consommateur

Selon Robert Leduc dans *La publicité, une force au service de l'entreprise,* « L'objectif de la publicité est la recherche d'un certain type de modification de l'attitude du client ou du consommateur à l'égard du produit qu'il faut obtenir d'une certaine catégorie de public, dans une certaine proportion et à l'intérieur d'un certain délai. »

Avec les types d'outils vus précédemment, on connaît l'attitude du client vis-à-vis de notre produit ou service, on se fixe alors un ou des objectifs afin de modifier son attitude.

1 Les objectifs

Selon Allport, « L'attitude est une prédisposition mentale dont l'organisation est le résultat de l'expérience antérieure de l'individu et qui exerce une influence directive et dynamique sur les réponses de cet individu vis-à-vis des objets ou des situations sur lesquelles elle porte. »

C'est donc un système d'évaluations positives et/ou négatives donné et durable composé de trois éléments comme nous l'avons vu dans le paragraphe **A, 2.2 : le consommateur**.

– une composante **cognitive :** ce que l'individu sait sur l'objet ;

– une composante **affective :** par rapport à ce qu'il sait de l'objet par des informations, par l'apprentissage... c'est l'évaluation positive et/ou négative de l'objet (« je suis pour ou contre » ; « j'aime un peu, beaucoup...») ;

– une composante **comportementale** ou **conative :** les habitudes, les actions vis-à-vis de l'objet.

Ces trois composantes entraînent globalement trois types d'objectifs :

– les objectifs cognitifs : ce sont des objectifs d'information, de familiarisation puis de renforcement ; ils portent sur la connaissance des caractéristiques du produit ou en rappellent la présence ; **c'est le faire-connaître ;**

– les objectifs affectifs : on cherche à modifier ici le positionnement, c'est-à-dire la place qu'occupe le produit dans l'esprit des consommateurs par rapport aux produits concurrents ou bien à le renforcer, ou à le repositionner. Les objectifs affectifs renvoient aussi à la valorisation et à la séduction. Il s'agit non pas d'une perception factuelle mais de jugements de valeur, de sentiments à l'égard de l'objet ; **c'est le faire-aimer ;**

– les objectifs conatifs : ils visent le comportement du consommateur, ce sont des objectifs d'achat, de réachat, de fidélisation... **c'est le faire-agir.**

Ces trois objectifs sont généralement liés, ils sont hiérarchisés et nous ne retenons à ce niveau que la hiérarchie : faire savoir, faire aimer, faire agir qui correspond au modèle AIDA :

A – ttention

I – ntérêt

D – ésir

A – chat

D'autres modèles existent qui respectent cette hiérarchie, le modèle de Rogers par exemple d'adoption d'un nouveau produit : Information, Intérêt, Évaluation, Essai et Adoption. Voir également le modèle DAGMAR/ACCA, le modèle ADOPTION et le modèle LAVIDGE STEINER.

	AIDA	DAGMAR/ ACCA	ADOPTION	LAVIDGE STEINER
NIVEAU COGNITIF	Attention ↓	Attention ↓ Compréhension	Conscience ↓	Notoriété ↓ Connaissance
NIVEAU AFFECTIF	Intérêt ↓ Désir	↓ Conviction ↓	Intérêt ↓ Évaluation	Appréciation ↓ Préférence ↓ Conviction
NIVEAU CONATIF	↓ Action	Action	Essai ↓ Adoption	↓ Achat

2 La hiérarchie des objectifs

La première hiérarchie que nous avons vue (SAVOIR-AIMER-FAIRE) est la hiérarchie de l'apprentissage. Elle est simple, ce qui explique sa longévité et son utilisation par des publicitaires.

Elle manifeste l'idée que le consommateur a besoin d'informations : il veut SAVOIR. Il faut ensuite lui faire AIMER le produit pour qu'il AGISSE : qu'il procède à l'achat.

Cette hiérarchie est liée à **la théorie de la recherche d'informations.**

Néanmoins, pour tous ses achats, le consommateur n'agit pas de la même façon.

Pour l'achat de biens courants, l'acte d'achat se fait naturellement, souvent par habitude ; pour des achats non impliquants, le « faire-savoir » est remplacé par d'autres variables. Pour des achats, même impliquants d'ailleurs, l'acte d'achat ne se fait pas uniquement à partir d'informations recherchées et sélectionnées : la quête d'informations a un coût et comme nous l'avons vu précédemment, le comportement du consommateur n'est pas toujours rationnel.

Ainsi, avec le SAVOIR-AIMER-FAIRE, il existe d'autres types de hiérarchies.

Comme il va s'agir de combiner les trois verbes savoir, aimer et faire qui correspondent aux trois composantes de l'attitude, nous avons cinq autres combinaisons possibles :

SAVOIR-FAIRE-AIMER

Cette hiérarchie est généralement réservée aux achats peu impliquants. Elle est appelée **hiérarchie de l'implication minimale.**

La majorité de nos achats est le fruit de l'habitude. À la sortie d'une grande surface par exemple, saurions-nous rationnellement dire pourquoi nous avons choisi telle marque plutôt que telle autre ?

Dans un rayon d'hypermarché, lorsque nous désirons acheter un produit banal, notre choix pour une marque peut s'expliquer par son emballage (le packaging est un réel outil de communication) mais aussi par la présence de la marque que nous avons à l'esprit, son **top of mind.**

Cette hiérarchie est donc du domaine des très grosses firmes qui, par des budgets très importants (voir à ce sujet notre exposé sur les stratégies financières dans le chapitre **3. L'environnement**), peuvent affirmer leur top of mind par un logo, un slogan..., tout signe de référence à la marque (exemple : la petite musique de Dim, « l'essentiel est dans Lactel », la petite fleur de Yoplait).

Les lessiviers axent (« axaient » est plus juste aujourd'hui en fonction de l'évolution de leur création) leur stratégie à ce niveau : une création pauvre mais une présence écrasante.

Dans cette hiérarchie, le consommateur SAIT par la présence de la marque, il peut ainsi AGIR et AIMER. Il s'agit par ce type de communication de « forcer le consommateur à apprendre même s'il ne veut rien apprendre » (C. Bonnange, C. Thomas dans *Don Juan ou Pavlov*).

FAIRE-AIMER-SAVOIR

Cette hiérarchie est en rapport avec **la théorie de la dissonance cognitive** de Festinger. Elle est appelée **adhésion confirmée.**

Cette hiérarchie est utile lors d'achats fortement impliquants (une voiture par exemple).

Notons à ce propos que l'implication du consommateur n'est pas toujours liée à la valeur du produit.

L'implication et le risque sont liés : risque financier (ici la valeur est primordiale) ; risque physique (qu'engendre la possession du produit) et risque psycho sociologique (la possession du produit est le résultat de la volonté de se montrer, de donner une image, de se rapprocher de son groupe de référence).

Pour un achat impliquant, le consommateur recherche activement l'information par la publicité mais aussi par son entourage (l'achat impliquant permet à l'individu de se rapprocher de son groupe de référence). Après les phases d'information et de choix, l'individu agit : il achète. C'est après l'action qu'une dissonance peut apparaître.

En effet, il y aura dissonance lorsque de nouvelles informations viendront perturber l'individu en lui laissant entendre que son choix n'était pas le meilleur, qu'un autre produit meilleur existait au moment de son action.

Le consommateur peut refuser d'entendre cette nouvelle information, il peut la nier... il n'en n'est pas moins perturbé et a le sentiment de « s'être fait avoir ».

Dans son entourage, il recherchera des individus pour conforter son choix. La publicité joue exactement le même rôle. Elle doit conforter le consommateur dans son choix au produit/à la marque, le sécuriser pour qu'il continue dans son choix : qu'il soit fidèle au produit/à la marque.

La publicité peut aussi viser les consommateurs des concurrents.

Dans le même ordre d'idées, il s'agira de leur montrer qu'ils ont fait le mauvais choix. On forcera la dissonance cognitive pour que les consommateurs quittent la concurrence puisqu'elle les incite au mauvais choix.

Sans chercher à attaquer les clients de la concurrence dans le post-achat, on peut tenter d'atteindre les non-consommateurs relatifs (ceux qui ne sont pas consommateurs mais qui pourraient l'être par opposition aux non-consommateurs absolus ; voir le schéma dans le chapitre **1. L'annonceur et son marché,** partie **I, 2.** On peut chercher à atteindre ceux qui n'utilisent pas le produit car leur attitude y est opposée.

L'objectif de la communication sera ici de faire essayer le produit, FAIRE FAIRE, afin de FAIRE AIMER et de FAIRE SAVOIR.

L'outil promotionnel (essai gratuit, échantillon, premier achat remboursé...) est primordial à ce niveau afin de viser un changement de comportement par un changement d'attitude.

Nous devons à Claude Bonnange et Chantal Thomas dans *Don Juan ou Pavlov* les trois derniers types de hiérarchie.

FAIRE-SAVOIR-AIMER

Cette hiérarchie est très liée à la hiérarchie précédente dans le sens où, comme elle, elle utilise l'outil promotionnel. L'essai gratuit ou remboursé ou l'échantillon font FAIRE au consommateur, on lui fait alors SAVOIR pour qu'il AIME.

La promotion n'est qu'un outil à court terme, la communication doit ici allonger ce terme afin d'entraîner le consommateur dans des réachats ; il faut penser la fidélisation.

AIMER-FAIRE-SAVOIR

Avec cette hiérarchie, on est dans le domaine des produits pour lesquels l'information est difficile ou même impossible à donner : la senteur d'un parfum ou le goût d'un nouveau sirop par exemple.

La communication doit faire AIMER le produit d'abord, la création a alors un rôle primordial, elle crée autour du produit un univers qui devient la référence pour le consommateur. Il ne peut avoir que peu d'information sur le produit, il aura (ou non) envie d'entrer dans l'univers décrit en essayant le produit.

Par la télévision, nous ne pouvons pas sentir l'odeur du café Carte Noire mais le spot TV (l'homme sort de la piscine et retrouve la femme qui l'enroule dans sa robe noire, tous deux finissant liés dans la tasse de café noir sur fond musical de « Try to remember ») nous incite à « penser » ce café par son univers de sensualité.

Une belle création fait-elle vendre ? Il semblerait que oui si le produit tient ses promesses.

Cette hiérarchie appelée **l'impulsion enfantine** n'est efficace selon Bonnange que si « le produit est le héros ou qu'il est indispensable à l'histoire racontée dans la publicité et s'il n'est pas plaqué sur elle comme un intrus ».

AIMER-SAVOIR-FAIRE

Cette dernière hiérarchie appelée **l'apprentissage attribué** est utile dans le cas d'achats fortement impliquants et pour des marchés très encombrés.

Elle est proche de l'apprentissage mais c'est le rapport à la marque qui fera en premier lieu la différence.

C'est parce que le consommateur AIME la marque par son expérience et/ou les informations qu'il SAIT et donc qu'il peut FAIRE.

Cette hiérarchie est utilisable par des firmes pouvant bénéficier d'une bonne notoriété : la « bonne » marque rassure. Miele a une telle réputation de solidité dans ses produits qu'elle peut, sur des marchés très encombrés, se permettre d'amener ses produits même après le lancement des produits concurrents.

Nous avons donc vu six hiérarchies différentes en liaison avec le type d'achat effectué. On s'aperçoit que l'on met parfois le produit en avant et parfois la marque, il s'agit en fait de voir d'abord si le produit a quelque chose à dire.

Il faut donc tenir compte une fois encore de la cohérence produit/marché.

3. Les stratégies

Une fois définis la cible et les objectifs, la stratégie peut être développée.

Les choix stratégiques

■ Stratégie de segmentation

Le marché étant segmenté (voir le chapitre **1. L'annonceur et son marché,** partie **I, Le marché global**), on cherche à toucher uniformément tous les individus (**segmentation indifférenciée**) ; à toucher tous les individus mais de manière différente (**segmentation différenciée**) ou bien on décide de se placer volontairement sur un seul créneau et l'on cherche à toucher tous les individus du créneau (**segmentation concentrée**).

Chacune de ces trois stratégies a des avantages et des inconvénients. Elles sont définies en fonction du couple produit/marché : c'est un produit déterminé sur un marché spécifique qui guide le choix stratégique.

■ Stratégie de spécialisation

L'entreprise approfondit ses activités autour des produits qu'elle réalise ; ceux-ci correspondent à la demande, l'entreprise se spécialise afin d'élargir sa demande.

■ Stratégie de différenciation

L'entreprise individualise ses produits pour couvrir plusieurs marchés.

Avec ces types de stratégies, on voit que l'objectif commercial est l'augmentation de la demande à l'entreprise, ce qui va signifier l'augmentation de la part de marché, l'augmentation du chiffre d'affaires...

Si on schématise le marché théorique total on remarque que pour augmenter sa demande, l'entreprise peut attaquer les clients actuels de la concurrence. L'objectif est alors de changer leur attitude afin qu'ils deviennent clients de l'entreprise.

Cette stratégie constitue ainsi l'une des stratégies concurrentielles que nous examinerons dans la partie suivante.

Pour augmenter sa demande, l'entreprise peut aussi tenter de toucher les non-consommateurs relatifs (consommateurs qui ne consomment pas actuellement mais qui sont susceptibles de consommer) ou bien toucher ses propres clients en essayant de les faire consommer davantage.

Dans le premier cas, on cherche à développer la demande globale, dans l'autre à fidéliser.

Les stratégies de développement de la demande globale

C'est la stratégie à mettre en œuvre sur un marché bloqué.

Il existe une différence entre marché bloqué et marché saturé. Dans le premier cas, en effet, la demande n'évolue pas mais le potentiel de développement peut être intéressant.

■ La stratégie de développement extensive

Après une étude de marché qui aura montré cet état de fait, on cherchera à développer ce potentiel par une innovation sur un élément du mix ; par exemple : un nouveau type de distribution (Kelton fut le premier à vendre ses montres dans les bureaux de tabac) ; ou bien l'on va jouer sur la concurrence afin de conquérir les non-consommateurs relatifs.

■ La stratégie de développement intensive

Au lieu de s'attaquer aux non-consommateurs relatifs, l'entreprise peut être amenée à se centrer sur ses propres clients et chercher à les faire consommer davantage.

Les moyens sont nombreux à ce niveau ; en liaison avec les outils promotionnels, l'entreprise peut chercher à augmenter la fréquence d'achat par des jeux concours par exemple : offrez-vous un tee-shirt Coca-Cola après avoir renvoyé x points à collectionner sur les bouteilles, fiches recettes sur les emballages de chocolat...

L'entreprise peut aussi chercher à allonger la saison d'achat, à faire consommer davantage (campagne des opticiens incitant à avoir plusieurs paires de lunettes...).

Cette stratégie est plus difficile à mettre en œuvre car il est difficile de faire changer les habitudes de consommation.

■ Les stratégies de fidélisation

Puisque l'entreprise doit assurer une gestion à long terme, elle doit pouvoir compter sur une demande relativement stable en volume ou du moins en valeur à l'intérieur d'un certain délai. Pourtant, dans un univers concurrentiel difficile, rien ne reste jamais totalement acquis et l'entreprise doit savoir garder sa clientèle.

Fidéliser sa clientèle est un objectif important qui est presque toujours présent ; la stratégie de fidélisation venant en complément d'autres types de stratégie.

Cette stratégie peut être réalisée de différentes façons :

- stratégie d'entretien : elle consiste en un rappel régulier de la présence de la marque afin que le public se souvienne d'elle ; l'entreprise marque son territoire par ses rappels intermittents ;
- stratégie de « lifting » : si, dans la stratégie précédente, il ne s'agissait que d'un rappel, l'entreprise va plus loin ici car ce rappel lui permet d'actualiser sa création, son thème... en fonction de l'évolution de la cible. L'entreprise peut encore reformuler la place qu'occupe le produit dans l'esprit des consommateurs. Bien plus qu'un "lifting", il s'agira ici d'une stratégie de repositionnement effectuée selon deux démarches possibles :
  - on efface tout et on recommence ;
  - on affaiblit au fur et à mesure l'ancien concept en même temps que l'on dévoile le nouveau.

Une telle stratégie est souvent nécessaire à l'allongement du cycle de vie du produit. Cette stratégie est par exemple remarquable aujourd'hui avec le rajeunissement de nombreuses identités visuelles : France Télécom, Lu, Pepsi.

4. Le ciblage

Les études qualitatives et quantitatives permettent de déterminer, à partir de la segmentation, la cible à viser.

4.1 Composition de la cible

La cible est l'ensemble des personnes que l'on choisit de viser et d'atteindre. Elle peut être composée de différents éléments.

Trois intervenants sont intégrables dans la cible :

- le consommateur, c'est-à-dire l'utilisateur ;
- l'acheteur, qui peut se différencier du consommateur. Prenons ici l'exemple des aliments pour chiens : l'utilisateur (le consommateur) est l'animal, tandis que l'acheteur est l'homme. Les acheteurs, quand ils achètent les produits de l'entreprise sont appelés clients. Quand ils achètent ceux de la concurrence, on les nomme prospects ; le but de l'entreprise sera alors de rallier à ces derniers ses propres produits ;

– les relais : prescripteurs (médecins, par exemple) et les influenceurs (journalistes, leaders d'opinion, institutionnels, etc.).

4.2 Intérêt de la cible

La cible est au cœur de l'action de communication. Elle permet de ne s'adresser qu'à ceux qui pourraient être intéressés par le produit (ou en parler), dans des termes, avec des arguments et sous un angle qui leur convient et qui est le plus efficace pour l'entreprise. De plus, le ciblage évite le gaspillage, le saupoudrage des actions.

L'intérêt et la validité de la cible dépendent directement de la pertinence de la segmentation, de l'étude du consommateur et du marché.

4.3 Stratégie de cible

Le terme de cible est souvent rattaché à un objectif permettant d'en préciser le contenu. On distingue ainsi :

– la cible **principale** (celle à laquelle la majeure partie des moyens est consacrée), la cible **secondaire** (pour laquelle on utilise le restant budgétaire) et qui sert d'appui pour remplir les objectifs ;

– la cible **différenciée**. Elle comprend les individus de profils différents, contrairement à la cible **indifférenciée.** Exemple : pour vendre du matériel de téléphonie, viser une cible différenciée consistera à s'adresser, par des moyens différents, aux utilisateurs particuliers, aux entreprises, aux municipalités, etc.;

– la cible **étroite**. Elle décide si un produit s'adresse à un marché restreint ou limité pour des raisons tant liées au produit qu'au budget dont on dispose ou à la stratégie que l'on a choisie (par exemple spécialisation). *A contrario*, la cible **large** touche, quant à elle, un maximum de consommateurs. Elle est nécessaire pour un produit grand public de consommation courante ;

– la cible **spécifique** comporte des particularités liées aux comportements et aux critères de ciblage rares de la part des consommateurs.

L'entreprise peut opter pour une cible unique ou non. Dans le dernier cas, elle a la possibilité de s'adresser à une cible prioritaire et à une cible secondaire. Parmi elles, le **cœur de cible** constitue la fine fleur de la cible (*i.e.* par exemple les consommateurs que l'entreprise doit absolument atteindre), parfois parce qu'il va donner un élan à la consommation du produit. Rappelons-nous, à titre d'exemple, ce que nous évoquions à propos du lancement des produits nouveaux dans la mesure où les innovateurs-découvreurs et les distributeurs font souvent partie du cœur de cible.

4.4 Composantes de la cible

La cible utile (c'est-à-dire celle que l'on a décidé de toucher) est à la fois quantitative et qualitative. La cible quantitative renvoie à la quantification des critères de segmentation, comme par exemple le sexe, l'âge, l'habitat, la PCS ou la spécialité (exemple : les installateurs chauffagistes), le revenu (de A+ à D-), le taux d'équipement, l'utilisation ou la non-utilisation du produit et de la marque. La cible qualitative permet d'être plus en prise avec les aspects psychographiques et est donc principalement le fait des études du CCA et de motivations. On l'appelle parfois cible psychologique.

Dans tous les cas, une cible doit pouvoir se justifier et être opératoire, comme la segmentation.

Conclusion

Ainsi le consommateur, principal récepteur de la communication, est un facteur primordial dont il faut tenir compte puisqu'il est un des déterminants de la stratégie de communication.

L'entreprise doit savoir trouver de nouveaux clients et en même temps garder ses clients actuels.

Sinon ses clients iront rejoindre ceux de la concurrence, autre facteur déterminant de la stratégie de communication comme nous allons le voir maintenant.

3

L'environnement

Nous allons maintenant aborder le troisième facteur dont il faut tenir compte pour élaborer la stratégie de communication.

Nous étudierons tout d'abord la concurrence et les stratégies qu'elle peut impliquer.

Très schématiquement une question se pose : va-t-on suivre la concurrence ou bien va-t-on chercher à s'en démarquer ?

I. LA CONCURRENCE

A. La concurrence : deux genres et trois types

Nous vivons aujourd'hui dans une situation économique de concurrence monopolistique où chaque offreur, après avoir mené une différenciation plus ou moins forte, bénéficie d'un quasi-monopole.

Ce petit monopole n'est pas un vrai monopole. Sur un créneau porteur, l'innovateur est souvent rattrapé par ses concurrents. L'offreur ne peut donc se permettre d'ignorer ses concurrents à moins qu'il ne bénéficie d'un réel monopole, comme la Seita par exemple. Dans ce dernier cas néanmoins, une concurrence existe, mais elle est subjective : les idées des consommateurs (même fondées) sur la consommation de tabac.

Il ne faut donc pas oublier qu'il existe deux genres de concurrence :

- **la concurrence objective :** les autres concurrents présents physiquement ou à venir sur le marché ; la difficulté étant de réussir à bien cerner l'univers concurrentiel. Ainsi, pour les eaux minérales plates, l'univers concurrentiel comprend-il aussi les eaux de sources ? Doit-on étudier les eaux gazeuses ?

– **la concurrence subjective :** les idées reçues, les préjugés des consommateurs sur le produit ; cette concurrence est établie à partir d'une étude qualitative.

Les concurrents du PMU sont les autres offreurs de jeux comme la Loterie Nationale par exemple (concurrence objective) et les préjugés envers les jeux d'argent (concurrence subjective).

Nous pouvons définir d'autres types de concurrence comme le fait Philip Kotler dans *Marketing management* en se situant à la place du consommateur et en supposant les questions qu'il se pose.

Kotler définit alors trois types de concurrence :

– **la concurrence générique ;**

– **la concurrence de produit ;**

– **la concurrence de marque**.

Si nous reprenons notre exemple du PMU :

« **Comment gagner le gros lot ?** » → concurrence générique :

les cartes (poker...) ; les jeux-concours ; le tiercé...

« **Quel produit choisir ?** » → concurrence de produit : jeux de hasard ;

jeux reposant sur des connaissances...

« **Quelle marque choisir ?** » → concurrence de marques PMU ;

Française des jeux.

On remarque qu'une liaison peut être établie ici avec les notions de marché générique, marché support... (*cf.* le chapitre **1. L'annonceur et son marché I, A, 1.**).

On remarque également qu'il est nécessaire de bien définir la concurrence générique : si nous avions posé une autre question lorsque nous nous sommes situés à la place du consommateur, sa définition aurait été différente.

La concurrence doit être précisée avec beaucoup de soins, elle ne concerne pas que les marques.

B. Les stratégies de positionnement

Dans notre « univers impitoyable », les firmes pratiquent la guerre économique et établissent des stratégies concurrentielles dont l'objectif marketing est de « prendre du chiffre » à la concurrence. Pour cela, sur le plan de la communication et en fonction tant de la place qu'elles occupent sur le marché (leader, challenger, suiveur ou spécialiste), que de leurs moyens et de leurs objectifs, elles peuvent :

– affirmer leur différence et leur supériorité : **stratégie comparative ;**

– affirmer leur puissance : **stratégie financière ;**

– suivre leurs concurrents : **stratégie de suivisme**.

Elles doivent, en premier lieu, affirmer leur identité et se différencier, sauf dans le cas du suivisme où l'intérêt est d'entretenir dans l'esprit du consommateur une confusion entre les marques, mais nous y reviendrons.

1. Le positionnement

1.1 Définition

Le positionnement est la place qu'occupe la marque dans l'esprit des consommateurs par rapport aux produits concurrents. Évian, c'est l'équilibre ; Danone est bon pour la santé ; Nestlé propose des produits fort en chocolat et Décathlon un assortiment pour sportifs qui se donnent.

Le positionnement peut ou non être exprimé clairement dans le « *claim* ». Celui retenu par Bouygues Telecoms par exemple est depuis quelques années le respect de la voix humaine ; désormais, la marque peut travailler sur d'autres atouts sans que les slogans actuels l'indiquent expressément. Le positionnement donne une identité au produit et/ou à la marque : Évian n'est pas seulement de l'eau, Danone pas seulement du yaourt...

Un produit n'est pas uniquement un objet physique, il véhicule de nombreuses notions comme on le précisait il y a quelques années chez Revlon : « Dans nos usines, nous fabriquons du rouge à lèvres, dans nos magasins, nous vendons du rêve. »

Le positionnement est aussi indispensable pour donner une image au produit, lui donner une personnalité. Il est utile lors d'un lancement de produit nouveau afin de situer celui-ci par rapport aux besoins des consommateurs et face aux concurrents. Il est aussi nécessaire, pour un produit existant, afin de déterminer l'image des biens concurrents de manière à trouver une formule propre.

Trouver son positionnement consiste d'abord à définir celui des autres produits ou marques. Comme il est présent dans l'esprit des consommateurs, ce sont ces derniers qui seront la base de sa construction.

1.2 La méthode de conception d'un positionnement

Elle comporte cinq étapes :

- on réalise des **enquêtes qualitatives** afin d'établir les principaux critères de choix des consommateurs pour le produit considéré ;
- on établit un **questionnaire** pour une étude quantitative à partir des critères définis dans l'étape précédente ;
- on demande aux enquêtés de faire des **estimations de similarités et de différences** entre les différentes marques présentes sur le marché ;
- à partir de cette hiérarchisation de marques, établie en fonction de critères venant des consommateurs, on construit des « **cartes perceptuelles** » ou « **mappings** » où sont placées les marques ; la figure suivante montre une carte perceptuelle pour quelques marques de prêt-à-porter ;
- on détecte enfin un « **point idéal** » montrant le créneau sur lequel des actions peuvent être envisagées.

Deux solutions s'offrent à l'entreprise à propos du « point idéal ». Ou bien elle cherchera un créneau inoccupé, ou bien elle ira volontairement sur un créneau où se trouve plus ou moins intensivement une concurrence. Elle considère alors que si des concurrents s'y trouvent c'est que le créneau est rentable, elle pense prendre moins de risques. Une telle solution peut aussi révéler la volonté d'une entreprise de « casser » la concurrence, éventuellement en y implantant des « produits tactiques ».

Ces choix stratégiques sont dépendants :

- de la puissance de l'entreprise (a-t-elle les moyens financiers et matériels de pénétrer un créneau où est installée la concurrence ?) ;
- de la puissance des concurrents sur le créneau (ont-ils par exemple installé des barrières à l'entrée ?) ;
- de l'attitude de l'entreprise face au risque.

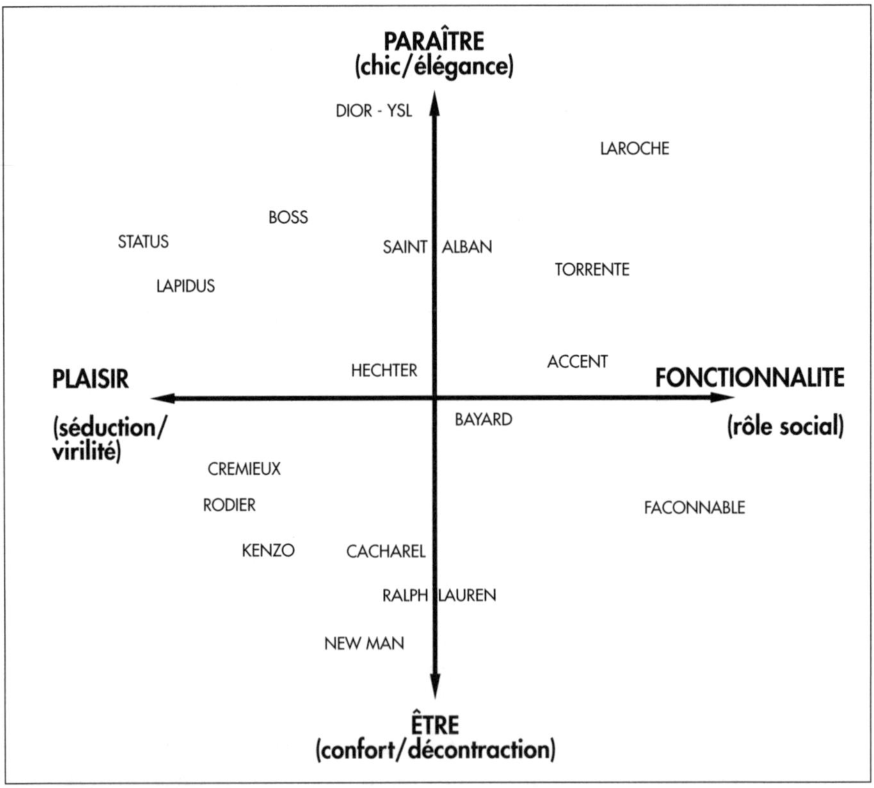

2. Les trois types de positionnement

Pour choisir un positionnement, l'entreprise doit passer par l'examen de son produit, celui des produits concurrents et des attitudes des consommateurs. L'entreprise cherche ensuite ce sur quoi elle peut agir.

Elle peut ainsi influer sur les caractéristiques du produit. Elle peut aussi agir sur ce que pense l'individu ou le groupe du produit. Elle peut enfin agir sur la motivation même de l'individu à être conforme à son groupe de référence par l'achat du produit ou plus généralement sa préférence à la marque.

Ces trois choix impliquent trois types de positionnement :

- **le positionnement objectif :** la communication est ici plus informative. On joue sur la valeur usage du produit, c'est-à-dire simplement sur l'utilisation du produit. On suppose (après vérification par enquêtes qualitatives et quantitatives) que cette valeur est déterminante au moment de l'achat. On fait la preuve démonstrative de l'aptitude du produit à répondre au besoin de la demande ;
- **le positionnement psychologique :** la communication est ici suggestive ; ce n'est plus la valeur usage du produit qui est mise en avant mais sa fonction imaginaire ;
- **le positionnement symbolique :** on se place ici dans le domaine de la consommation. Par sa consommation, le client s'affirme socialement et la communication va développer la valeur signe du produit afin qu'il réponde au besoin d'affiliation ou de différenciation sociale du consommateur.

Exemple : le savon.

Le positionnement de ce produit sera objectif s'il s'établit à partir des fonctions lavantes du savon (Le Chat), de ses capacités à vous préserver des odeurs de transpiration (Rexona) ou à vous réveiller le matin (Zest). Le positionnement sera psychologique si le savon permet aux femmes de rester belles et attirantes (Cléopatra). Le positionnement sera enfin symbolique si le savon est une référence sociale (Lux) comme il le prétend ou un facteur de rattachement géographique (symbolisme du terroir) : Le Petit Marseillais.

Le produit a donc une valeur d'image, imaginaire et sociale.

3. Les critères de choix du « bon » positionnement

Dans un article de *Stratégies* (n° 173), Jean-Noël Kapferer explique que l'avènement du positionnement dans les années soixante-dix est dû à la multiplication des marques et « au bombardement publicitaire auquel sont soumis les consommateurs ».

Il constate que le consommateur adopte une attitude de simplification. Les mappings, loin d'affirmer des différences bien tranchées entre les marques, montrent plutôt l'existence de « nuages de marques », c'est-à-dire que plusieurs marques sont regroupées et donc confondues par les consommateurs. Rappelons que le but du positionnement est, en principe, d'apporter une différenciation à la marque, à moins que l'objectif soit justement la confusion des marques dans l'esprit du consommateur (stratégie de suivisme). Très schématiquement, on distingue les marques qui proclament la technicité de leur produit, celles qui affirment leur client-type ou encore celles qui proclament leur personnalité, en cherchant à se créer un territoire et des valeurs.

Ces trois catégories correspondent à nos trois types de positionnement : le produit, le consommateur, la consommation.

Pour sortir du « nuage de marques » et s'affirmer plus pleinement, l'entreprise doit utiliser des critères afin de retenir le positionnement qui la différenciera. Kapferer propose une « check list d'évaluation des positionnements » à travers neuf critères :

- 1/**le critère de compatibilité** entre le positionnement et le produit, sa valeur objective et sa valeur symbolique : on ne peut promettre quelque chose que le produit ne tiendra pas ;
- 2/**le critère de besoin :** le positionnement vise à changer un comportement, le besoin doit être suffisamment fort pour que les consommateurs acceptent le positionnement ;
- 3/**le critère d'objectif :** le positionnement doit être en relation avec les objectifs marketing de la firme, il doit donc être suffisamment fort pour affirmer la marque dans un créneau rentable afin que la firme bénéficie des parts de marché et du profit attendus ;
- 4/**le critère d'exhaustivité :** le positionnement doit exploiter les avantages objectifs et symboliques du produit « au mieux », c'est-à-dire en fonction des objectifs fixés ;
- 5/**le critère de cohérence** avec les autres variables du mix (notons que le mot cohérence est sans doute le mot essentiel en marketing) ;
- 6/**le critère de moyens :** l'entreprise doit avoir les moyens financiers et matériels d'accéder à son positionnement ;
- 7/**le critère de résistance :** le positionnement doit tenir dans le temps. Dans *Puissance Pub*, Aimé Lemoyne analyse parfaitement l'unité temps en publicité et montre que les publicités les plus efficaces sont celles qui savent perdurer ; le positionnement doit aider à cette longévité ;
- 8/**le critère de cannibalisation :** le positionnement est un outil de concurrence et de différenciation qui doit agir entre les firmes. L'entreprise doit veiller à ce que le positionnement d'un de ses produits n'aille pas à l'encontre des autres produits de sa marque ;
- 9/**le critère de repli :** nous avons vu l'importance du facteur temps ; pourtant, si la stratégie choisie se révèle insatisfaisante, le positionnement ne doit pas bloquer l'entreprise mais doit lui permettre d'accéder à une autre voie. Au pire, l'entreprise ne doit pas hésiter à changer de stratégie.

Le positionnement et l'affirmation de la marque sont essentiels à toute stratégie, qu'elle soit concurrentielle ou de développement.

Une stratégie concurrentielle de positionnement est celle qui ne joue que sur cette différenciation, elle affirme l'identité objective et/ou subjective de la marque pour lutter contre les identités concurrentes et leur prendre ainsi des parts de marché. D'autre part, le choix d'un positionnement est long et difficile.

C. Les autres stratégies concurrentielles

Une entreprise sur un marché peut être leader, challenger, suiveuse ou spécialiste. Sa position entraîne des stratégies de communication décrites dans le tableau ci-contre.

1. Les stratégies financières

L'élément déterminant est ici le budget publicitaire dont dispose l'annonceur. Par ce budget, l'entreprise va affirmer sa présence afin d'augmenter sa notoriété.

L'outil des post-tests est principalement l'enquête, afin de calculer des pourcentages de notoriété spontanée et assistée que l'on mettra en relation avec la « share of voice » : rapport du budget annonceur sur l'ensemble des dépenses publicitaires des concurrents.

Ce matraquage publicitaire est donc réservé aux grosses entreprises, il va souvent de pair avec une création pauvre ; il s'agit essentiellement d'être vu, les moyens financiers servent plus à acheter de l'espace qu'à développer des approches créatives innovantes. (*cf.* les lessiviers).

POSITION	OBJECTIF	STRATÉGIE
LEADER	RESTER LEADER	AFFIRMATION DE L'AVANTAGE CONCURRENTIEL Les raisons de cet avantage : le positionnement.
CHALLENGER	DEVENIR LEADER	STRATÉGIE DE LUTTE AVEC LE LEADER : stratégie comparative ou stratégie financière.
	RESTER CHALLENGER (l'entreprise n'a pas les moyens du 1er objectif ou cherche à bénéficier de sa position)	STRATÉGIE COMPARATIVE (affirmation de la 2e place par démonstration qu'elle la stimule : HERTZ/AVIS ; ou que son objectif n'est pas la part de marché mais la satisfaction du consommateur : SCHNEIDER...)
SUIVEUR	DEVENIR CHALLENGER PUIS LEADER	VOIR PLUS HAUT
	RESTER SUIVEUR (faute de moyens) ET BÉNÉFICIER DES AVANTAGES DE LA POSITION	STRATÉGIE DE SUIVISME
SPÉCIALISTE	DEVENIR LEADER SUR SON CRÉNEAU	POSITIONNEMENT Stratégie comparative Stratégie financière (sur le créneau)

2. Les stratégies de suivisme

Comme leur nom l'indique, elles consistent à suivre le leader. Elles sont utilisées lorsque l'on n'a pas les moyens de l'attaquer de front ou bien lorsque l'on considère que c'est une position plus rassurante. Cette imitation se fait dans l'utilisation des médias et parfois même dans la création, puisque l'objectif est de créer une confusion dans l'esprit des consommateurs.

Il est à noter que cette stratégie sert parfois les leaders lorsqu'ils réussissent à s'affirmer en tant que tels et présentent négativement leurs suiveurs (leurs copieurs) : si tout le monde nous suit, c'est que nous sommes les meilleurs. Cela peut se traduire par des slogans du type : « le produit X, le vrai ! ». Ainsi, par exemple, Compaq sur le marché informatique s'est longtemps positionné comme l'entreprise « à suivre ». Même si ses concurrents ne conduisent pas nécessairement une stratégie de suivisme, Compaq par son affirmation se situe comme le leader qui innove. C'est la tactique du grignotage.

3. Les stratégies promotionnelles

Ce sont des stratégies concurrentielles dans la mesure où leur objectif est de prendre du chiffre à la concurrence à très court terme et avec des outils particuliers que nous examinerons en détail dans notre seconde partie, **La stratégie des moyens de communication.**

Il est à noter qu'une telle stratégie est très rarement utilisée seule. En effet, son échéance la rend rentable peu de temps alors qu'une communication se doit de viser le long terme.

Une telle stratégie doit être suivie par une stratégie de fidélisation par exemple. Nous sommes ici dans le domaine des stratégies **PUSH** qui consistent à « pousser » le produit vers le consommateur par sa mise en avant à travers les outils de promotion sur le lieu de vente et donc souvent par l'intermédiaire du distributeur.

À l'inverse, existent les stratégies **PULL** qui cherchent à faire en sorte que le consommateur « tire » le produit, c'est-à-dire qu'il le demande. Les médias sont alors l'outil principal.

4. Les stratégies comparatives

Longtemps interdite en France, la publicité comparative n'est autorisée – sous certaines conditions – que depuis le 18 janvier 1992.

La loi pour la publicité comparative suscita à la fois intérêt et polémiques. Mais elle ne compta, un an plus tard, aucun adepte...

La campagne des Trois Suisses (1995) qui comparait la rapidité de livraison de cette marque à celle de La Redoute raviva les polémiques, fut condamnée et permit de se rappeler que plusieurs règles doivent être respectées pour une publicité comparative :

- le message utilisant la marque d'autrui doit être loyal, véridique et ne doit pas être de nature à induire le consommateur en erreur en se limitant à une comparaison objective (c'est ce qui fut reproché aux Trois Suisses) ;
- la comparaison doit porter sur des caractéristiques essentielles, significatives, pertinentes et vérifiables pour des biens ou des services de même nature et disponibles sur le marché ;

- la comparaison ne doit pas s'appuyer sur des opinions ou des appréciations et ne doit pas avoir pour objet principal de tirer avantage de la notoriété attachée à une marque ;
- le message ne doit pas présenter des produits ou des services comme l'imitation ou la réplique de produits ou services revêtus d'une marque déjà proposée ;
- le message doit être communiqué au concurrent avant diffusion dans un délai au moins égal à celui exigé pour l'annulation de l'ordre de publicité.

Suite à son adoption, la publicité comparative n'a pas suscité l'intérêt qu'on lui attribuait de prime abord, et cela pour plusieurs raisons :

- trop enclin à guerroyer avec la concurrence sur des points de détail, on pourrait perdre de vue les caractéristiques objectives du produit qui pourtant le font vendre ;
- le risque au contraire d'une publicité trop objective, nécessitée par les textes, risquerait d'annihiler la création ;
- la comparative n'apparaît pas comme très constructive pour le territoire de marque, et l'on peut être tout aussi efficace en étant à la frontière de la comparative, en ne citant pas le concurrent. Exemples : « Si le pain est à la boulangerie, la viande à la boucherie, les meilleurs produits financiers ne sont pas toujours à la banque » (La Poste) ; « Il y a plus de vie dans les chats Friskies » ;
- le risque d'attirer plus l'attention sur la concurrence (puisqu'on la nomme) que sur soi-même ; les agences américaines s'aperçoivent que l'attaqué bénéficie plus de cette communication que l'attaquant ;
- le risque d'entraîner une confusion dans l'esprit des consommateurs entre les marques (à moins que cela ne soit l'objectif de la stratégie afin de bénéficier de la confusion ainsi engendrée), mais la comparative peut être une bonne arme pour les petites marques qui fondent leur stratégie sur la niche (segment très étroit sur lequel se spécialise une entreprise), avec la spécialisation qu'elle induit. Aux États-Unis, la publicité comparative est surtout présente chez les gros annonceurs : Pepsi contre Coca à coup de pop stars, Reebok contre Nike...
- les délais trop longs : il faut prévenir le concurrent attaqué longtemps à l'avance, ce qui lui laisse tout le temps de réagir, or, un des éléments forts de la stratégie, c'est la surprise et la rapidité.

II. LES AUTRES VARIABLES DE L'ENVIRONNEMENT

L'entreprise système et sous-système de l'économie générale est en relation avec les consommateurs, ses concurrents et de nombreux autres agents qui constituent des variables dont il faut tenir compte. La stratégie de communication sera dépendante de ces agents, mais aussi d'un certain nombre de phénomènes tels que l'innovation, la conjoncture... qui lui sont imposés.

C'est l'ensemble de ces agents et phénomènes que nous allons maintenant examiner.

A. Le macro-environnement

On doit à Philip Kotler et Bernard Dubois dans *Marketing Management* le terme générique de macro-environnement pour désigner « les grands courants socio-économiques à l'origine des opportunités et des menaces commerciales ». L'entreprise doit sans cesse être à l'écoute de ces phénomènes afin d'agir sur son marché ; elle peut être elle-même source d'un courant.

Le rôle de la communication consiste alors bien souvent à récupérer un courant afin d'en tirer des bénéfices et montrer l'entreprise comme innovatrice.

1. Les phénomènes à suivre

1.1 L'environnement démographique

L'analyse du comportement du consommateur est essentiel dans la démarche marketing. Le consommateur, en tant que cible, doit être qualifié et quantifié, de nombreux outils ont été élaborés afin de réaliser le profil du consommateur pour un produit déterminé.

Plus globalement, les grandes tendances démographiques doivent être suivies : évolution du taux des naissances, pyramide des âges, niveau d'éducation, mouvement des populations immigrées...

Par exemple, l'observation du vieillissement de la population a conduit à l'élaboration des produits PER (Plan épargne retraite) et au développement de la communication pour ce type particulier de produit, et à créer la vague du senior marketing.

1.2 L'environnement économique

L'étude de la conjoncture est aussi indispensable pour l'entreprise, puisqu'elle a des conséquences tant rationnelles qu'irrationnelles sur le comportement des consommateurs et les autres variables de l'environnement. La guerre du Golfe, au début de l'année 1991, entraîna une psychose qui vida les grandes surfaces et bloqua les achats d'espace prévus par les annonceurs. Dix ans plus tard, après l'éclatement de la bulle spéculative de l'Internet et les attentats aux États-Unis, on observe le même phénomène.

1.3 L'environnement naturel

Depuis les années quatre-vingt-dix, la gestion de cet environnement, avec l'émergence croissante des mouvements écologistes, a conduit à la prolifération « des produits verts » et au développement de l'axe créatif écologie dans de nombreuses publicités (par exemple les filtres anti-particules proposés par certaines marques automobiles).

On se souvient, à ce propos, de la bataille médiatique entre Henkel (Le Chat) et Rhône-Poulenc sur les phosphates dans l'eau ou encore l'attaque contre les aérosols (problème du « trou » dans la couche d'ozone), qui a conduit les producteurs à une stratégie de lutte puis de repli par le changement des produits incriminés (*cf.* aussi les différentes thèses sur l'aspect plus ou moins polluant des divers carburants).

1.4 L'environnement technologique

L'économiste autrichien Joseph Schumpeter est le premier à avoir insisté sur le rôle moteur de l'innovation, allant jusqu'à dire que seul l'innovateur a le mérite d'être appelé entrepreneur. En liant la théorie des cycles (Kondratieff) avec les grandes innovations, on remarque que l'innovation est à la base de tout redémarrage de cycle : sidérurgie et textile vers 1800, chemin de fer vers 1850, électricité vers 1900, automobile et pétrole en 1950, informatique, nouveaux médias...

La phase ascendante de chaque cycle est caractérisée par une diffusion des innovations technologiques et le développement de branches nouvelles. Les nouvelles technologies s'essoufflent ensuite ; la production se rationalise aux dépens de l'emploi jusqu'à la prochaine vague d'innovation qui fera repartir le cycle.

On assiste aujourd'hui à une augmentation des budgets de recherche fondamentale et appliquée en même temps qu'à une croissance de la réglementation de la recherche.

C'est dire que les entreprises ont réellement compris l'importance du facteur innovation. De nombreuses études ont d'ailleurs montré que le producteur, à l'origine d'une innovation, bénéficie pendant de nombreuses années de cet avantage technologique concurrentiel même s'il est rattrapé ou dépassé par les autres offreurs.

Notons que l'innovation et son application ne sont pas réservées aux grosses entreprises. Ce sont en effet trois PME qui se sont liées afin d'amener sur le marché le premier « yaourt qui n'en est pas un », le BA, alors que de grosses entreprises, dont Danone par exemple, travaillaient depuis quelques années sur le concept. Le système d'exploitation Linux n'a pas non plus été inventé par une grande entreprise.

Il faut enfin noter que l'innovation n'est pas seulement technologique. Dans un article de la *Revue Française de Gestion* (n° 24), P.-Y. Barreyre distingue quatre types d'innovations selon leur dominante : **technologique ; organisationnelle** (un nouveau mode d'organisation de la production par exemple) ; **institutionnelle** (nouvelles normes proposées par les pouvoirs publics comme le code-barres par exemple) ; **commerciale** (nouvel emballage, nouveau mode de distribution comme faire ses courses par minitel par exemple).

L'objectif de la communication est de faire connaître l'innovation, de la diffuser bien souvent par l'atténuation du frein-nouveauté et l'accentuation de la motivation-nouveauté : un savant dosage est à réaliser pour limiter les peurs habituelles face au produit nouveau et faciliter son entrée sur le marché.

L'entreprise doit chercher à innover en même temps qu'elle surveille les innovations des concurrents pour réagir.

1.5 L'environnement législatif et réglementaire

De nombreux textes de loi sont des contraintes pour les entreprises ; ces textes sont à connaître afin d'éviter des procès qui nuisent à l'image de l'entreprise.

Les textes généraux les plus importants sont l'ordonnance de 1945 sur les prix, la loi Royer d'orientation du commerce et de l'artisanat de 1974 et l'ordonnance de 1986 qui vise à une meilleure transparence du marché et à une fixation des règles de la concurrence. Des textes sont plus spécifiques à certains éléments du mix, ils visent le produit, sa qualité, les types de vente, la garantie, les prix...

En matière de publicité, des textes luttent essentiellement contre la publicité mensongère (article 44-1 de la loi Royer) ou bien frappent d'interdiction de publicité certains produits ou certains services (la distribution est interdite de publicité télévisée par exemple).

Lors d'un vide juridique, les entreprises ont elles-mêmes rédigé des codes de déontologie, comme celui de la franchise par exemple.

1.6 L'environnement culturel

Il influe sur le comportement du consommateur. La culture est dynamique dans la mesure où elle évolue sans cesse. Pour être en phase avec son marché, l'entreprise doit suivre cette évolution : la mode (le « *new age* » de « Tartare fais-moi frais », puis les publicités Kenzo et Calvin Klein), les nouveaux comportements (les « nouveaux pères » qui achètent des Pampers, les familles recomposées qui préparent rapidement à dîner avec les surgelés), la recherche de liens sociaux, etc.

C'est à ce niveau que se trouve la question essentielle : la publicité crée-t-elle de nouveaux comportements ou bien ne fait-elle que les récupérer et les amplifier ?

2. Les stratégies face à l'évolution de l'environnement

Face à un environnement considéré comme une menace et une opportunité, l'entreprise doit surveiller les composantes que nous venons de voir et élaborer des stratégies en fonction d'elles.

2.1 La stratégie de repli

L'entreprise ne peut pas suivre le changement, elle se retire donc pour se concentrer sur un marché où elle pourra continuer à agir. Elle doit, dès cet instant, commencer à réfléchir à une prochaine adaptation car elle risque de ne pouvoir changer à chaque fois de créneau.

2.2 La stratégie de lutte et d'influence

Parce qu'elle a beaucoup investi dans le secteur en mouvement, l'entreprise ne peut pas se replier à moins de perdre financièrement. Elle va donc chercher à lutter pour contenir l'évolution, éventuellement la nier ou insister sur ses aspects négatifs. À ce titre, le lobbying et le R.P. pourront être utilisés.

2.3 La stratégie d'adaptation

L'entreprise reconnaît l'évolution et s'y adapte en apportant des changements à son produit, son mode de distribution, sa communication (stratégie de lifting, de repositionnement)...

Le Club Méditerranée et Orange ont ainsi revu leurs produits et services face à l'arrivée d'une clientèle mondiale.

Ces trois stratégies ont été suivies plus ou moins successivement par les entreprises lors de l'avènement du consumérisme en France, comme nous allons le voir maintenant.

B. Consumérisme et communication

Le consumérisme est un courant socio-économique dont les entreprises ont dû tenir compte depuis le début des années soixante-dix. Il nous servira d'exemple pour montrer quelles stratégies les entreprises peuvent suivre face à un courant qui modifie le marché.

1. Définition du consumérisme

Le consumérisme dont on peut attribuer la naissance aux États-Unis peut se définir comme un « mouvement social représentant les consommateurs et destiné à les défendre et à inciter les entreprises à orienter leurs actions dans le sens du bien-être du consommateur ». Synthèse des réactions des consommateurs face aux pratiques marketing des entreprises, il est réellement apparu en France en 1972 (affaire du talc Morange) mais est d'inspiration américaine. Ralph Nader en fut à l'origine.

1.1 Ralph Nader

On ne saurait traiter du consumérisme sans évoquer cet avocat américain qui, bien que n'étant pas le père du consumérisme (des expériences existaient avant lui), a permis son développement.

Ralph Nader est parti de la constatation qu'à chaque fois qu'un homme avait un accident de voiture, c'était toujours lui que les tribunaux jugeaient et jamais la voiture. Comme on ne pouvait pas complètement stopper tous les accidents, il fallait au moins en limiter les effets et donc modifier les voitures pour qu'elles résistent mieux lors des chocs.

Nader expliqua son point de vue dans un ouvrage publié en 1965 : *Unsafe at any speed* (traduit en français sous le titre : *Ces voitures qui tuent*), et déclencha la panique à Detroit, première ville productrice d'automobiles aux États-Unis.

La grande compagnie General Motors était la principale inculpée dans l'ouvrage puisque l'un de ses modèles : la Corvair, servait d'exemple principal.

Après une politique d'intimidation menée par la firme automobile, Nader sortit victorieux de la bataille et fut acclamé par l'opinion publique.

Pour les producteurs, un réel problème était né : le chiffre d'affaires et les bénéfices chutèrent, la valeur de l'action tomba.

Les autres grandes marques durent aussi tenir compte du problème et rappelèrent certains de leur modèle pour vérification.

Après ce premier effet du consumérisme, de nombreux producteurs parlèrent d'un phénomène de mode. Il est pourtant aujourd'hui un facteur environnemental de premier ordre.

De fait, Nader continue sa croisade consumériste ; il s'est ainsi érigé, en 1996, contre les abus de position dominante auxquels se serait livré Microsoft aux États-Unis.

1.2 Sylvain Wieckman

Dans son ouvrage *Vers une société des consommateurs*, Sylvain Wieckman a établi quatre temps possibles pour le consumérisme et pour chaque action :

- un temps de contestation : il est le domaine réservé des associations de consommateurs qui lancent des campagnes d'opinion puis des initiatives commerciales, telles que des essais comparatifs, par l'intermédiaire de leurs magazines *(Que Choisir ?, 60 Millions de consommateurs* par exemple), des boycotts commerciaux...
- un temps judiciaire : producteurs devant les tribunaux ;
- un temps administratif : implantation de réglementations spécifiques intervention de lois ;
- un temps de concertation : entre les associations et les producteurs au sein d'organisations telles que l'AFNOR (Association française de normalisation) ou le BVP (Bureau de vérification de la publicité) ; on peut également avoir une concertation au sein même des entreprises.

Le consumérisme est ainsi devenu une variable à part entière de l'environnement économique dont doivent tenir compte les entreprises.

Le consumérisme peut en effet jouer plusieurs rôles : un rôle d'information par des tracts, affiches, permanences, presse locale ; un rôle de représentation des consommateurs, assorti d'actions diverses : manifestations, enquêtes qualité/prix, contrôle du commerce local, boycottage... à l'aide de divers organismes.

1.3 Les organismes

Aujourd'hui, une vingtaine d'organisations regroupe 800 000 adhérents.

Les initiatives privées sont à l'origine de la création en 1957 de l'UFC, possédant le magazine *Que Choisir* ? et de bon nombre de « branches » consuméristes de syndicats de travailleurs.

L'INC, créée en 1967 à l'initiative de l'État, est un organisme sous la tutelle du ministère de l'économie et des finances, possédant les supports *60 millions de consommateurs* et *Consommateurs actualités.* Il est un organe technique et non une organisation de consommateurs au sens strict.

2. Rôle de la communication et comportement des entreprises face au consumérisme

Globalement, le rôle de la communication va être de faire savoir que l'entreprise reconnaît le consumérisme ; elle reconnaît aussi la légitimité des consommateurs à lutter en tant qu'adultes pour une bonne information, des produits de qualité...

Le rôle de la communication face au consumérisme est aussi paradoxalement de se faire oublier. En effet, la publicité a été pendant très longtemps l'ennemi des organisations de consommateurs qui lui reprochaient sa subjectivité et luttaient pour une publicité informative uniquement. Mais aujourd'hui, le décodage publicitaire, une réglementation précise et de réelles volontés d'autodiscipline semblent acquis. Le consumérisme se développe alors sur le terrain de la comparaison des prix et des prestations tandis qu'il exige de la part des entreprises un comportement éthique et des qualités produits irréprochables.

Face à ces exigences, quelles peuvent être les réactions des entreprises ? Dans son ouvrage *Objectifs et stratégies de l'entreprise*, Meyer définit trois catégories d'attitudes défensives :

- l'entreprise peut se dégager, c'est-à-dire quitter totalement ou non le secteur qui lui paraît menacé. Cette attitude de repli est toujours longue à mener en raison du caractère irréversible des investissements ;
- l'entreprise peut s'adapter, c'est-à-dire se plier aux exigences de l'environnement, sans essayer de les modifier, considérant que c'est hors de son pouvoir ou de son intérêt. Cette imitation n'est pourtant pas sans risque : on ne peut s'adapter à tout et l'image de l'entreprise-caméléon n'est pas toujours positivement perçue. Exemple : les fabricants de tables en vitro-céramique ont revu leurs produits quand les essais de l'INC ont mis en lumière un problème de sécurité électrique ;
- l'entreprise peut enfin négocier et s'accommoder des circonstances extérieures.

Pour les entreprises qui choisissent l'attitude adaptative, il s'agit bien plus qu'une simple adaptation puisqu'elle consiste en une véritable intégration du consumérisme dans la stratégie de la firme. Cette intégration est visible par la création de services consommateurs (le « service détachage » de K2R répond à tous les problèmes de taches par exemple) ou de « monsieur/madame consommateur » dans les entreprises, c'est-à-dire de cadres chargés de gérer les réclamations et plus généralement les relations avec les consommateurs. En 1981, Peugeot créait une « direction des relations avec les consommateurs » qui, par exemple, invitait des associations de consommateurs lors de lancement de nouveaux modèles afin que les associations les testent. La firme automobile allait encore plus loin quelques années plus tard en créant le poste d'« ombudsman » : cadre chargé de la défense de l'entreprise face aux associations de consommateurs. En tant qu'interlocuteur unique, il centralise les réclamations des consommateurs et leur apporte des réponses, il est chargé également de la défense du consommateur dans l'entreprise.

Grâce à ce pouvoir consommateur, de nombreuses évolutions ont eu lieu : élimination de produits dangereux, surveillance de la publicité et de l'état d'esprit des entreprises.

Pourtant, nous assistons à une stagnation des mouvements consuméristes, même si ils restent une des contraintes de l'entreprise, une des variables environnementales. Satisfaire le consommateur ne devrait pourtant pas en être une.

4

Les stratégies de communication

I. GÉNÉRALITÉS

La stratégie de communication correspond à l'analyse publicitaire d'une situation marketing donnée. Elle se présente en fait comme l'ensemble des recommandations fournies par l'agence. En général, l'analyse de la situation et la mise en forme de ces recommandations suivent un plan rigoureux qui s'articule autour de trois axes bien définis :

- **l'axe marketing :** l'étude des objectifs et des cibles ;
- **l'axe de communication :** les objectifs, les cibles et la stratégie créative ;
- **l'axe média :** c'est-à-dire quels moyens médias pour parvenir au résultat souhaité.

C'est au niveau de l'analyse de communication que chaque agence de publicité particularisera son approche, selon des stratégies de création différentes que nous détaillerons dans la partie **III** (*copy-strat.*, modèle Procter & Gamble ; *stratégie référentielle et démonstrative*, modèle Ogilvy ; *plan de travail créatif*, modèle Young et Rubicam ; *stratégie du colimaçon*, modèle BL/LB ; *stratégie du parti-pris*, modèle HDM ; *stratégie Barbare*, modèle CPP ; *stratégie essentielle*, modèle FCA ! (Feldman) ; *stratégie des 3 V*, modèle Robert et Partners ; *le contrat créatif* de Mc Cann ; *star-stratégie*, modèle RSCG ; *stratégie paradoxale*, modèle CLM/BBDO (P. Michel) ; *stratégie de l'identité de la marque*, modèle Équateur (J.-F. Variot) ; *le roi*, modèle DDBN ; *la disruption*, modèle BDDP ; et le PCP, modèle OPÉRA RLC...).

D'autre part, il faut bien comprendre que la nature de la stratégie de création qui reste l'un des éléments importants des recommandations d'agence varie en fonction des stratégies marketing adoptées (stratégie concurrentielle, de développement ou de fidélisation, *cf.* chapitres **2. Le consommateur** et **3. L'environnement**) et selon l'axe de communication choisi par l'annonceur et l'agence (communication-produit, marque ou institutionnelle).

On peut ainsi observer 3 axes dans une stratégie de communication :

– **Axe marketing**

L'axe marketing correspond à la stratégie marketing suivie par l'annonceur. Cette stratégie marketing conduit l'annonceur à définir le marketing-mix du produit ou de la marque et l'amène à préciser le rôle de la communication de la stratégie marketing adoptée. Cette analyse invite l'annonceur et l'agence à élaborer un diagnostic de communication dont l'élément central sera, en fonction des objectifs et des cibles, la stratégie de création.

– **Axe créatif**

La stratégie créative. Pour rédiger la stratégie de création ou copy-strat., il convient en premier lieu d'étudier le langage et l'axe de la concurrence afin de créer un code créatif propre, mais on peut aussi conserver le même positionnement.

En fonction de cette analyse, on précisera l'axe et le concept de la campagne publicitaire choisie. L'**axe** (idée à faire passer dans le message) correspond à l'attitude mentale autour de laquelle le publicitaire va articuler sa campagne en définissant un terrain psychologique précis. Le thème ou *copy platform* est une traduction de l'axe. Il peut exister plusieurs thèmes pour un même axe. Si l'axe est la compétence, le thème est : à chacun sa place dans l'entreprise et le concept est le puzzle (*cf.* la campagne Manpower). Le **concept**, interprétation et personnification de l'axe contient, quant à lui, la substance du message publicitaire que l'agence exprimera à travers une idée afin d'agir sur le comportement du consommateur. C'est en quelque sorte la transposition souvent imagée de l'axe. Par exemple pour la publicité Volkswagen Polo des années quatre-vingt-dix, l'axe c'est l'économie et le concept, la fourmi ou pour les années quatre-vingt-dix, l'axe avec le concentré des meilleures qualités de voiture, et le concept avec la goutte de concentré. Pour Vedette, l'axe c'est le lavage traditionnel, et le concept, la Mère Denis, voir également le lion agressif de Peugeot, le tigre amical d'Esso, l'écureuil sécurisant et dynamique de la Caisse d'Épargne, le clown de Mir Couleur, etc. La promesse définit quant à elle le bénéfice essentiel communiqué à l'acheteur. Nous expliquons plus loin (partie **V, A**) la manière dont s'élabore un concept publicitaire.

Ainsi, à partir des caractéristiques essentielles du produit, la promesse-produit présente la ou les condition(s) d'un résultat à obtenir : si telle cause X est présente, alors l'effet Y sera obtenu (la poudre à récurer X est facile d'emploi). Le bénéfice-consommateur correspond quant à lui aux avantages particuliers que l'acheteur retirera en consommant le produit (si l'acheteur utilise la poudre à récurer X, il sera sûr du résultat). La correspondance de la promesse et du bénéfice aboutit à l'équivalence des conditions et des résultats : X <=> Y. On peut aussi, dans certains cas, casser les codes couramment employés. Voir à cet effet la manière dont l'agence Lintas a cassé le code des stratégies créatives des lessiviers dans sa campagne pour la lessive Omo.

La complexité des axes de communication, l'extrême variété des produits à promouvoir, la spécificité des agences de publicité et la complexité des styles de vie justifient les raisons de l'existence des différentes stratégies de création. Nous en avons inventoriées treize, le choix n'étant pas exhaustif, mais nous verrons à quel point les différences entre ces modèles de stratégie créative s'articulent autour de deux grands thèmes : les stratégies démonstratives comprenant un produit, un axe, un concept, une démonstration et les stratégies imaginaires définissant un style, un physique, un caractère, une culture, une conduite.

– **Axe média**

L'axe média. Nous ne développerons pas ce point dans la mesure où il fera l'objet d'un chapitre **(2e partie)**. Nous remarquerons simplement que le brief-média contient les informations de l'annonceur et de l'agence nécessaires au médiaplanneur afin de réaliser son plan de campagne et d'en vérifier l'exécution. Dans certains cas, il pourra même modifier les éléments de la stratégie de communication en fonction des post-tests réalisés.

Observons pour conclure sur ce point que le plan de réalisation d'une campagne publicitaire suit une démarche logique à effet d'entonnoir. On part du plus général, c'est-à-dire du brief-client (stratégie marketing), pour arriver à l'élaboration d'un concept publicitaire qui est censé condenser tous les éléments propres à bien véhiculer ce par quoi l'annonceur réussira à gagner des parts de marché.

II. DIFFÉRENTS NIVEAUX DE COMMUNICATION

A. Généralités

Une fois le plan d'ensemble de l'étude clarifié, il convient de préciser le niveau de communication que l'on souhaite obtenir. C'est à ce stade que s'opère le mix de communication, c'est-à-dire le choix des différents modes de communication à employer pour arriver aux objectifs marketing souhaités.

On inventorie ainsi trois grands niveaux de communication :

- **une communication marketing de type commercial** qui se polarise sur le produit, la marque, les diverses promotions de vente, et le marketing direct ;
- **une communication institutionnelle** dont la principale finalité est l'image de marque de l'entreprise ou de l'institution. Cette communication institutionnelle se réalise au moyen des différents types de publicité, mais aussi par le mécénat, le patronage, le parrainage, le sponsoring ou les relations extérieures, manifestations hors médias spécifiques à ce type de communication ;
- **et une communication supra-marque ou communautaire** qui pose la question du consommateur-citoyen [1].

1. *Cf.* F. Cormerais et A. Milon. *La communication ouverte*. Paris, Liaisons, 1994.

B. La communication commerciale

En général, la communication commerciale porte sur le produit ou sur la marque. Dans le cas d'une **communication-produit**, il s'agit de montrer, dans la campagne publicitaire, les qualités du produit en développant, autant que faire se peut, une communication crédible et cohérente. Il faudra, en effet, dans l'élaboration de la stratégie créative, montrer à quel point il y a un **plus produit** qui fait sa supériorité. On qualifie ce type de communication d'objective, même si le terme n'a pas beaucoup de sens en publicité. La qualité de la communication-produit tient ainsi au rapport direct qu'elle entretient avec le consommateur ; par contre, son principal défaut vient du fait que le consommateur s'y perd un peu dès l'instant où les produits ne sont plus différenciés. Par exemple, comment communiquer quand il s'agit de vendre des yaourts, petits suisses, crème fraîche d'une même marque tout en inculquant au consommateur l'idée de la marque ? Danone a en fait trouvé la solution en déclinant la communication-produit à partir de son radical : Dan, Danette, Dan'up, etc.

En ce qui concerne la **communication-marque**, la stratégie créative devra jouer sur le côté imaginaire ou symbolique de la communication, dans la mesure où l'on ne peut plus se référer aux qualités précises du produit mais à la particularité d'un positionnement spécifique de la marque, autrement dit sa personnalité particulière. L'agence Alliance, en charge du budget Rosières, a su par exemple positionner la marque sur un concept précis, celui du reflet : « Rosières, Rosières, suis-je moi aussi la plus mince ? ». Cette publicité montre à quel point l'axe, la marque de haute technologie, est relayé par un concept, celui de la gamme des produits « reflets », c'est-à-dire les qualités esthétiques des plaques, fours ou réfrigérateurs Rosières, équipements dans lesquels l'image de la jeune et belle ménagère se reflète.

L'avantage de ce type de communication tient à la liberté créative, beaucoup plus importante que dans le contexte d'une communication-produit. Néanmoins, elle peut, dans certains cas, être incompréhensible pour le consommateur qui n'adhérera pas forcément aux « excès » créatifs.

C. La communication institutionnelle

Elle s'articule autour de ce que l'on appelle la *culture d'entreprise* et son identité. Cette communication tourne autour des performances économiques, sociales, voire même autour de ses valeurs et de sa culture. Cette forme de publicité, apparue récemment en France, montre qu'une entreprise ne communique pas uniquement par ses produits ou sa marque, mais qu'elle a aussi une âme dont il serait bon de montrer, aussi bien en communication interne qu'en communication externe, qu'elle participe d'une culture qui peut valoriser son image. De plus, la communication institutionnelle permet de construire une meilleure cohésion au sein du groupe, surtout s'il s'agit d'une entreprise aux multiples filiales (Schlumberger, CGE...). Elle a, dans ce cas de figure, un effet catalyseur sur le personnel de l'entreprise et stimule la communication interne.

La communication institutionnelle (ou *corporate*) s'adresse principalement aux partenaires de l'entreprise ou de l'institution (salariés, fournisseurs, syndicats, citoyens...).

Elle a pour principal objectif de protéger l'entreprise dans le cas de communication de crise. Elle permet également d'accélérer le changement de statut de l'entreprise (fusion, privatisation, changement d'identité...). Le dernier intérêt de la communication institutionnelle est de capitaliser l'image de l'entreprise en montrant que l'image contribue pour une bonne part à son capital financier.

Thèmes des grandes campagnes institutionnelles : l'environnement (Rhône-Poulenc), la technique (CGE), les relations au sein de l'entreprise (EDF), les relations humaines (France Télécom), l'Europe (UAP), etc.

Il existe également une communication publique qui n'est pas institutionnelle puisqu'elle ne communique pas sur le nom de la marque ou du service. On parle alors de communication supra-marque ou communautaire.

Il existe également la communication publique qui se distingue de la communication gouvernementale, correspondant elle à une opération de communication mise en place par un gouvernement en vue d'améliorer l'information du citoyen. Cette communication gouvernementale peut être sociale quand elle vise à modifier les comportements des Français (les campagnes pour la prévention routière, la lutte contre le SIDA...).

D. Conclusion : exemple de positionnement

L'ensemble des réponses va permettre de délimiter un axe de communication, sorte d'attitude mentale autour de laquelle le publicitaire va articuler sa campagne en définissant un terrain psychologique précis, afin d'en dégager un thème puis un concept, c'est-à-dire la substance du message publicitaire exprimé à travers une idée.

Hœgaarden est une marque du groupe belge Interbrew/Stella Artois France, lancée en 1996. La marque a concentré ses investissements sur l'affichage en Abribus Decaux national, cul de bus et métro en avril juin juillet, en vagues de 7 jours. Le budget médias est évalué à environ 8 M.F.

Les objectifs de la campagne étaient de développer la notoriété afin qu'un français sur deux connaisse le nom de la marque après quatre mois de campagne ; d'imposer une nouvelle catégorie de bière, la blanche, en grande surfaces essentiellement : de viser 7 % de PDM du segment des bières de spécialité pour devenir numéro deux du segment derrière la Leffe (autre marque d'Interbrew et lancée 11 ans plus tôt).

La cible visée concernait les jeunes, moins ancrés dans la culture bière et donc plus ouverts à la nouveauté.

La campagne se déclinait en trois visuels :

– visuel 1 : accroche : «Bière blanche». Visuel : le verre typique de Hoegaarden sur fond de mur carrelé blanc. Pied : «Hoegaarden. Bière blanche originale».

– Visuel 2 : un même personnage, représenté trois fois, articule les trois syllabes de la marque. Sous ces trois éléments : « Pour bien prononcer, il faut s'entraîner ». Le verre, identique à celui du visuel 1 occupe la demi page inférieure, mais on n'en voit que le haut. Pied : «Hoegaarden. Bière blanche originale.»

– Visuel 3 : accroche : « Rien à faire, cette bière est trouble ». Visuel : le verre typique de Hoegaarden juché sur un amas de lunette. Pied : « Hoegaarden. Bière blanche originale ».

Accroche : elle renvoie systématiquement à un composant produit : la nomination du produit (« bière blanche »), sa composition (« rien à faire, cette bière est trouble »), son nom (« pour bien prononcer, il faut s'entraîner »).

On notera la présence systématique du verre Hœgaarden dans les visuels ainsi que la typographie, de tendance gothique, du nom de marque, précédé du blason appuyé par « depuis 1445 ».

Signature/base line : Hœgaarden. Bière blanche originale.

Positionnement objectif/rationnel : une bière blanche originale et authentique. Cette approche est appuyée par le nom de marque (son imprononçabilité est garante de la véracité de son origine), par l'aspect trouble de la bière (non raffinée, peut-on penser, par rapport aux bières filtrées). Hœgaarden se positionne donc dans un premier temps sur une niche à l'intérieur d'un segment comportant des bières de qualité qui jouent déjà sur la provenance ou le goût. Il fallait donc s'en différencier par d'autres aspects.

Positionnement psychologique : l'acheteur est un connaisseur qui aime déguster des produits authentiques. On insiste sur la notion de plaisir personnel et de découverte de deux nouveaux éléments pour le marché : la bière *blanche* et la bière *trouble*. L'acheteur s'évade dans un univers de consommation qu'il a su s'attribuer suite à une communication à tendance interactive qui l'amène à réagir suite à une interpellation.

Positionnement symbolique : Hœgaarden est une bière d'initiés comme le sous-entend la logique de la saga par laquelle on construit le contenu cognitif et affectif de la marque et la relation marque/consommateur dans le cadre d'une réelle complicité teintée d'humour. On espère que le consommateur saura faire partager son plaisir personnel et sa découverte à son entourage dans le cadre d'une communion autour du produit : Hœgaarden sera ainsi une source de convivialité.

III. LA NATURE DE LA STRATÉGIE DE CRÉATION ET SES ÉVOLUTIONS

De la présentation des différents modèles de stratégies créatives présentées ci-dessous, nous ne dégagerons que les grandes tendances, autrement dit le « coup de patte » de l'agence, mais cela ne signifie pourtant pas que deux créatifs d'une même agence réagissent de la même façon, heureusement !

D'autre part, nous ne prétendons pas dresser l'inventaire exhaustif des stratégies de création ; nous n'avons retenu que celles qui ont joué un rôle important dans l'histoire de la publicité. Leurs dénominations sont en fait des appellations d'origine.

En réalité, la stratégie créative d'une agence reflète, dans le meilleur des cas, un état d'esprit et, dans le pire des cas, un argumentaire de vente. Il ne s'agit pas de la mise en place d'une réelle stratégie de création, mais plutôt d'un moyen de communication interne, sorte de charte d'entreprise fédérant les salariés d'une PME à fort taux de rotation de personnel, et d'un moyen de communication externe présentant la spécificité d'une entreprise sur un marché fortement concurrentiel.

A. La stratégie de création, modèle Procter & Gamble

La stratégie de création ou copy-strat. s'intègre dans la stratégie de communication. Elle ne prétend pas définir et imposer des règles de création aux créatifs ; elle veut simplement délimiter un cadre dans lequel la création va se définir. Il est vrai que l'on se trouve souvent confronté aux mêmes problèmes, et pas seulement en publicité, dès que l'on aborde le processus créatif. Existe-t-il des règles qui vont guider l'élaboration d'une création ou la création est-elle purement et simplement intuitive ?

Il y a en fait deux grandes tendances dans les stratégies de création qui vont s'opposer ; la tendance traditionnelle qui se développe autour du modèle marketing de la copy-strat., et une tendance intuitive, imaginaire, du début des années soixante-dix. Ajoutons que l'on ne peut comprendre l'évolution des stratégies de création si on les désolidarise des processus sociologiques qui les déterminent.

À l'origine, le problème n'est pas publicitaire, il est marketing. C'est en somme tout le passage de la réclame à la publicité à partir des années soixante, passage inaugurant la nouvelle ère de la consommation. Si l'on reprend le modèle classique de la stratégie de création, le modèle Procter & Gamble, il faut, pour que l'on puisse réaliser une copy-strat. :

- **1.** un **positionnement du produit** (quelle est la concurrence du produit ou de la marque) ;
- **2.** une **détermination de la cible** (savoir à qui le produit va s'adresser) ;
- **3.** une **définition de la promesse-produit** (les qualités du produit) et le **bénéfice-consommateur** (ce que l'acheteur en retirera) ;
- **4.** une **définition du ton** ou de **l'ambiance du message**, le ton pouvant être rationnel, démonstratif, informatif, symbolique, humoristique, esthétique, imaginaire, etc.

La **promesse** joue sur les qualités et l'utilisation du produit comme son avantage spécifique, sa réponse à une motivation ou une offre d'achat... Elle se place du point de vue de l'émetteur et du référent (la marque/le produit/l'entreprise). Elle est l'avantage fondamental que la marque ou le produit propose. C'est une caractéristique qui lui permet de se différencier et assure ainsi sa supériorité sur la concurrence. La promesse doit donc être compétitive. Pour construire une promesse, il faut un **bénéfice consommateur**, autrement dit ce que la marque apporte au consommateur. On se place ici du côté du récepteur. Il peut s'agir d'un bénéfice rationnel ou irrationnel. Le bénéfice peut être multiple.

La justification, appelée aussi preuve, support ou *reason why*, crédibilise, légitime, appuie, prouve, authentifie la promesse-produit. Elle peut être liée à des caractéristiques intrinsèques de la marque, au témoignage d'utilisateurs (on appelle ceci un testimonial) ou à la démonstration qui en est faite. **Le ton et l'ambiance** « habillent » le message en lui donnant sa personnalité créative ; ils contribuent à l'image de marque et au reflet que l'acheteur peut avoir du produit.

Exemple : le Café El Gringo de Jacques Vabre :

- l'axe, c'est la qualité du café ;
- le concept, c'est la sélection rigoureuse des meilleurs grains ;
- la promesse, c'est le meilleur café ;
- la justification, c'est la prestation du spécialiste effectuant lui-même la sélection des grains ;
- le ton, c'est la communion entre l'exotisme des grands espaces et l'atmosphère du Vieux Continent dans une seule tasse de café.

À partir de cet exemple, on peut remarquer que, pour être cohérente, une stratégie de création doit être positive donc se concentrer sur les points forts du produit ; être simple et éviter les sous-entendus « métaphysiques » car le décryptage sémiologique, s'il est une richesse culturelle, n'est pas à la portée de tous ; être unique dans la mesure où, en multipliant les promesses, on est sûr de rendre le message incompréhensible ; être cohérent, toutefois les preuves peuvent être nombreuses à condition qu'elles montrent un enchaînement plausible ; de préférence être original sinon il y a risque de confusion et d'assimilation ; et en dernier lieu adaptable à une certaine déclinaison pour éviter qu'elle soit trop vite dépassée. En somme, il n'y a pas de règles pour la rédaction d'une bonne stratégie de création mais simplement un certain nombre d'étapes à suivre.

B. La stratégie référentielle et démonstrative, modèle Ogilvy

Pour David Ogilvy, la publicité est avant tout un moyen d'information. Le modèle créatif reste très classique et s'inspire directement de la copy-strat. de Procter & Gamble. La stratégie de création, dans ce cas de figure, doit traduire la valeur informative du produit ou de la marque par ses qualités.

Selon le publicitaire anglais, plusieurs règles sont à respecter pour arriver à ce résultat :

1. commencer par **connaître le produit** dans tous ses détails. Le produit, lui seul a quelque chose à dire, la publicité doit l'énoncer tout simplement ;
2. la promesse est contenue dans la **qualité du produit** lui-même, et il convient de privilégier en premier lieu le caractère vraisemblable du produit ;

3. fidéliser le consommateur en **identifiant le produit** à un personnage ;
4. éviter la **cannibalisation** du produit par une vedette. On se souvient encore de la façon dont l'acteur Gérard Jugnot a vampirisé le produit (la télévision) dans le spot TV Radiola. « Souriez, vous êtes en Radiola ». Seulement 18 % du panel avait mémorisé le nom de la marque. L'exemple de Benetton et de la carte American Express est encore plus significatif. La publicité réalisée par l'agence Ogilvy représentait le styliste Benetton vantant la carte American Express. Les études post-tests ont fait apparaître une augmentation des ventes de vêtements Benetton au lieu de provoquer une augmentation de la notoriété de la marque American Express ;
5. **tester** encore et toujours le produit, les méthodes de communication et l'attitude du consommateur ;
6. démontrer **l'efficacité** du produit.

Le spot TV pour la colle Superglue qui colle tout en 10 secondes illustre parfaitement la stratégie d'Ogilvy.

C. Le plan de travail créatif, modèle Young & Rubicam

Le **plan de travail créatif (PTC)** rassemble les différents points du marketing-mix, de la stratégie de création et du plan média comme nous l'avons montré précédemment. Il se décompose de la manière suivante :

1. analyse du fait principal marketing : diagnostic de la situation marketing ;

2. analyse du fait principal communication : diagnostic du problème de communication de la marque ;

3. émetteur : analyse du problème à résoudre à partir de l'étude des sources de business et des divers autres problèmes ;

4. destinataire : description du cœur de cible au moyen de critères comme ceux des styles de vie, critères de consommation ou PCS ;

5. rôle de la publicité : analyse de la notoriété/connaissance, des attitudes/images et des comportements ;

6. éffets attendus de la publicité : croire, sentir et remarquer ;

7. message : analyse du « plus produit » (promesse produit), du bénéfice-consommateur, de la personnalité de la marque et du style de vie. L'ensemble de ces analyses se traduit par un axe et thème publicitaires appropriés ;

8. cadre de l'action : budget, choix des moyens et contraintes créatives.

D. La stratégie du colimaçon, modèle BL/LB

Le briefing créatif de l'agence BL/LB (Bordelais, Lemonnier, Leo Burnett) se présente comme une autre variante du PTC. Il a toutefois la particularité de mettre en place une structure dynamique à effet de ricochet qui se décompose de la façon suivante :

1. type de communication
   (campagne, coup publicitaire ou nombre de format) ;
2. cible
   (critère socio démographique, style de vie, usages et attitudes) ;
3. proposition consommateur ;

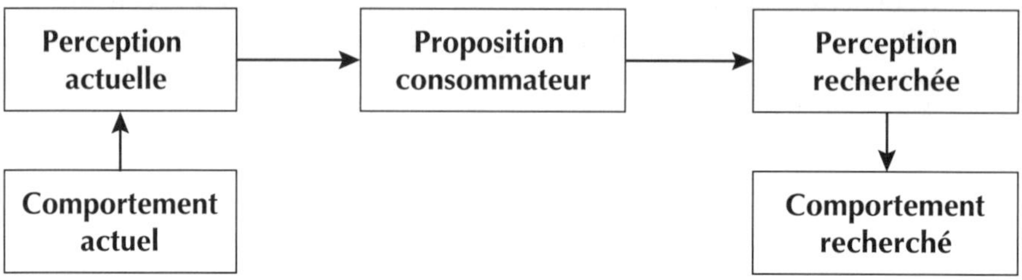

4. supports de la proposition ;
5. caractère de la marque recherché/existant ;
6. contraintes exécutionnelles ;
7. rétroplanning ;

Exemple : la campagne Aer Lingus (1991) : « L'Irlande six fois par jour dont certains vols en 1h30. »

- type de communication : campagne ;
- cible : PCS AB ;
- proposition consommateur :

  comportement actuel : méconnaissance de l'Irlande, cherté du billet, donc je n'y vais pas.

  perception actuelle : image que j'ai de l'Irlande, pays sauvage, semi-désertique.

  proposition consommateur : Aer Lingus offre des conditions particulières et avantageuses.

  perception recherchée : l'Irlande est un pays sauvage et vert qu'Aer Lingus permet d'atteindre à des prix intéressants. Il ne s'agit pas cependant de faire une campagne pour le collectif de l'Irlande.

  comportement recherché : j'achète un billet Aer Lingus.
- support de la proposition : Dublin, Cork, Shannon, à partir de 1 345 F A/R.
- caractère de marque : humour ;
- contraintes exécutionnelles : budget peu important.

Autre exemple (fictif) pour la campagne pour les éco-produits

1. type de campagne : campagne de sensibilisation ;
2. cible : les industriels produisant des produits non recyclables et les consommateurs non acheteurs de produits recyclables ;
3. proposition consommateur sur la cible des industriels

COMPORTEMENT ACTUEL
Je ne fabrique pas ce type de produit. Je n'investis pas dans des procédés de fabrication permettant un recyclage de mes produits.

→

PERCEPTION ACTUELLE
Je connais l'existence des éco-produits. Je sais que des actions sont entreprises en faveur de leur développement. Pour moi, un produit vert est un produit qui me coûte cher sans m'amener de part de marché supplémentaire. Mon entreprise ne pollue pas l'environnement.

↓

PROPOSITION CONSOMMATEUR
La frabrication et la consommation des éco-produits passent par une mobilisation générale motivée par une prise de conscience collective.

↓

PERCEPTION RECHERCHÉE
J'ai pris conscience de l'ampleur du problème. Je suis une « entreprise verte ».

→

COMPORTEMENT RECHERCHÉ
J'entreprends une politique de protection de l'environnement à travers la fabrication des éco-produits.

4. supports de la proposition : les réglementations nationales et les directives européennes par exemple ;
5. caractère recherché de la marque : il s'agit plus d'un comportement, la responsabilité et l'engagement dans le cadre d'une socialisation des individus, entreprises et collectivités. Caractère existant : irresponsabilité de tous les acteurs ;
6. contraintes exécutionnelles : permettre à chaque mairie de signer la campagne (prévoir un emplacement pour le repiquage).

E. La stratégie du parti pris, modèle HDM

L'ancienne agence HDM proposait une autre variante de la stratégie de création traditionnelle qu'elle articulait autour de la notion de **parti pris**, c'est-à-dire la volonté, pour le publicitaire, de se singulariser et de proposer un modèle qui va spécifier la marque ou le produit de l'annonceur.

La stratégie créative d'HDM (Havas, Dentsu, Marsteller) suivait le développement suivant.

1. Parti pris briefing

A) Deux vérités :

- la vérité des faits : objective ;
- la vérité des opinions : subjective.

B) Le préliminaire : savoir passer au crible les faits marquants de l'entreprise au travers de dix rubriques : la société, le produit, la concurrence, le marché, la distribution, la consommation/le consommateur, le programme de ventes, la publicité, la promotion/les relations publiques, le développement international.

C) Le résultat : prendre parti, choisir les faits marquants selon notre parti pris. Ce sont en quelque sorte les « aspérités de communication du problème posé ».

2. Parti pris stratégique

A) Éléments constitutifs :

- catégorie du produit que l'agence veut faire bouger ;
- sélection de la cible. Ce sont les prospects que l'agence veut toucher afin de faire changer d'attitudes ;
- sélection du message. Message rationnel, psychologique.

B) Deux étapes nécessaires :

- génération d'idées. En fait, il s'agit de toutes les options stratégiques ;
- sélection des meilleures options sur la base d'études, d'expériences et du simple bon sens.

C) Parti pris :

- option stratégique recommandée en fonction de sa qualité, son ampleur et sa pertinence ;
- justification de la recommandation.

3. Parti pris création

A) Le fait : l'unique fait sur lequel la publicité peut agir. Exemples : performance/amélioration du produit ; usages/attitudes consommateurs ; activité de la concurrence.

B) Le déficit consommateur : le problème que la publicité peut résoudre. Exemple : problème d'image/d'attitudes/de crédibilité/de changement d'attitude.

C) L'objectif : comment résoudre le déficit consommateur. Exemples : changement d'idées/d'habitudes/de comportement. Essayer un nouveau produit. Donner une nouvelle personnalité. Etre satisfait.

D) Le développement : à qui, sur qui ou sur quoi on veut se développer. Exemples : concurrence directe/indirecte. Catégorie de produits.

E) Le bénéfice :

- unique et compétitif ;
- rationnel ou subjectif.

F) Le(s) support(s) preuve(s) du bénéfice. Si possible, évoquer la performance du produit, originale ou compétitive.

G) Look style : portrait et image de la marque et du destinataire. Exemples : Est/fait/vit. Apprécie/aime/voudrait être.

F. La stratégie barbare, modèle CPP (ex – CFP)

Ce modèle de stratégie de création s'inspire du modèle classique de la copy-strat., mais il se place davantage sur le registre du marketing guerrier. L'agence Créhalet/Pouget/Poussielgues définit sa **stratégie barbare** de la façon suivante :

– **« Credo » Je dois être plus ambitieux :**
  - J'accepte le risque.
  - Je fais l'effort de la simplicité.

– **Le choix du champ de bataille :**
  Quel territoire arracher et à quels concurrents ?
  Qui sont ses habitants (public-cible) ?

– **Le point de vulnérabilité de l'adversaire :**
  Quelle faiblesse de ses concurrents peut leur faire perdre la fidélité du public cible ?

– **L'objectif de communication :**
  Quelle force spécifique présenter qui soit capable de faire basculer le public-cible, compte tenu de ses attentes insatisfaites ?

– **L'angle d'attaque :**
  Par quel effet de surprise faire pénétrer notre force spécifique ?

– **Briefing tactique :**
  - Public cible défini en terme typologique, sociologique et culturel.
  - Promesse ou bénéfice.
  - Le support de promesse ou de bénéfice.
  - Discipline : mythe et signe de la personnalité de la marque à respecter.

EXEMPLE DE STRATÉGIE DE PARTI PRIS

1. La société/l'annonceur **Société Évian** pour qui le produit **Athlon** est un produit secondaire.	Notre parti pris est d'éviter d'en faire un produit confidentiel. Il ne s'agit pas d'en faire un produit de grande consommation à court terme.
2. Le produit Actuellement le produit est conditionné dans une boîte de métal de 25 cl plastishied. Produit reconstituant l'effort et prouvé comme tel en laboratoire. Produit plus cher que le concurrent. Arômes différents.	Éliminer les freins à la consommation.
3. La concurrence Directe : Isostar Indirecte : *soft drink*, Liptonic et Lemtea. Solides : Negisport, Vitagermine, Gerblé. Les solides sont inexistants dans notre circuit.	Se battre contre l'adversaire direct Enerday, XL1, comprimés à croquer.
4. Le marché Direct : créé en 1982, 3 M de boîtes. Objectif de progression de 30 % à 40 %/an. Indirect : *softdrink* : 4,4 M de boîtes. Solides : inconnus mais faibles.	Éduquer le consommateur.
5. La distribution Bonne distribution en hyper, moyenne en super. Se trouve dans le rayon boissons en boîte (Coca Cola, Liptonic, Lemtea). Les solides uniquement en pharmacie.	Faire en sorte que le produit soit perçu comme différent des autres produits concurrents sur le linéaire.
6. La consommation/les consommateurs Les sportifs (tennis, foot, jogging, basket) de 25 à 35 ans de niveau moyen qui veulent professer et qui pratiquent régulièrement.	Fidéliser. Faire augmenter la consommation des acheteurs.
7. Le programme de ventes La force de vente d'Évian, acheteurs de boissons. Les objectifs de progression : + 30 %.	Entretenir la sympathie des vendeurs pour le produit.
8. La publicité Budget stable : 2,5 MF (TV : 1,5 M, Presse spécialisée : 1 M) Cible média : avertis du sport. Thème publicitaire : la boisson qui agit plus vite Les solides : 1,5 MF presse. Thèmes publicitaires : reconstituant de l'effort. *Soft drink* : 500 MF. Thème publicitaire : de désaltérer, style de vie.	Faire qu'elle se voit et rester opportuniste sur les occasions sportives.
9. La promotion/les relations publiques Sponsorisation d'équipes ou de vedettes (Wilanders). **10. Le développement international** Aucun pour Athlon, mais possible. Isostar est lancé en Allemagne, G.-B., Suisse.	Utiliser toutes les occasions de se faire remarquer. Intérêt certain pour rentabiliser la marque.

– **L'amplification de la conquête :**
- Projet d'entreprise (cri de ralliement).
- Création d'événement (occupation événementielle des médias).
- Idées de promotion/relations publiques /information / distribution.

Les mots d'ordre de l'agence sont : stratégie guerrière, entreprise conquérante, mort de la concurrence. La stratégie barbare se définit ainsi autour de trois notions :

1. l'appétit de conquête ;
2. la surprise de l'angle d'attaque ;
3. la force de la simplicité.

Les références culturelles pour l'agence sont là encore révélatrices de son état d'esprit : Alexandre et la conquête de l'Asie, Einstein et le renversement du système euclidien, et Picasso ou la mort de l'art académique et le retour au primitivisme.

Exemple : la publicité de référence de CFP, la campagne institutionnelle contre le Sida (« Le Sida, il ne passera pas par moi. »)

– ambition : modifier les comportements des gens ;
– angle d'attaque direct : responsabiliser au lieu de dramatiser dans une ambiance morbide ;
– simplicité du signe : la courbe brisée, forte d'implication.

Résultats chiffrés de l'agence : score prouvé (50 %), souvenir spontané du thème (31 %), évolution des comportements dès la 1re vague (17 % de la cible).

G. La stratégie essentielle, des racines et des ailes, modèle FCA !

Ce qui fait la nouveauté de cette stratégie, c'est beaucoup plus sa philosophie créative que son modèle de stratégie de création qui reste très classique. Il y a dans ce modèle de stratégie une espèce de retour à « **l'essentiel** » du produit. Le produit possède en effet pour Feldman une identité et une spécificité que la publicité doit mettre en avant. Rester crédible tout en dépassant les modes, telle est la devise de l'agence FCA ! (Feldman, Calleux et Ass.).

Le produit comme la marque délimite, il est vrai, un territoire de communication et la stratégie de communication ne doit rien ajouter ni enlever à ce qui fait sa nature presque mythique. En fait, il s'agit de penser une sorte de retour à l'essentiel, une simplicité ou un dépouillement pour faire du produit ou de la marque le produit de référence, afin de le rendre inaccessible à la concurrence et conforme au goût du consommateur. Toute la subtilité créative consiste à faire de ce produit ou de cette marque le produit type ou la marque de référence pour modeler la conduite d'achat du consommateur.

Donner des racines et des ailes est la mission de FCA !, mission qui se décompose de la façon suivante :

1. on croit généralement qu'une attitude favorable à l'égard d'une marque conduit tout naturellement à l'acheter. L'expérience démontre le contraire ;

2. le problème d'une marque n'est pas tant d'être aimée que de jouer un rôle clair et défini dans la vie et que ce rôle soit purement utilitaire ou largement émotionnel. Exprimer simplement, tel est le rôle et la fonction de la communication ;

3. la définition et l'expression de ce rôle vont nécessiter de communiquer simultanément sur ce qui exprime l'engagement de la marque par rapport à son public, ses **Racines**, et ce qui permet de donner leur envol à ses produits et services, ses **Ailes ;**

4. les **Racines** de la marque sont ce qui va lui donner sa crédibilité et exprimer sa raison d'être sur le marché. Sans **Racines**, une marque pourra éventuellement rencontrer des succès de circonstances, mais ne pourra pas construire un développement durable ;

5. les **Ailes** de la marque sont ce qui va permettre à ces produits d'aller à la rencontre de leurs consommateurs et de se développer largement. Sans **Ailes**, une marque, aussi valorisée soit-elle sur le plan de son image, ne vendra pas ses produits ;

6. créer des **Racines** à une marque nécessite d'aller chercher les potentialités naturelles de cette marque, celles qui donnent sa force vitale et sa justification par rapport à ses concurrents. C'est la prise en compte de ce noyau dur de la marque qui pourra donner à la communication la force de l'évidence ;

7. créer des **Ailes** à une marque oblige à comprendre quel avantage le public retire à utiliser ses produits ou ses services. C'est l'ancrage dans l'utilisation et dans la satisfaction procurée par cette utilisation qui pourra donner à la communication l'efficacité nécessaire ;

8. **Racines** et **Ailes** n'auront de sens que si elles sont communiquées dans un langage émotionnel et spécifique qui protégera la marque de tout envahissement de son territoire, et assurera ainsi son développement ;

9. **Racines** et **Ailes** auront encore plus de puissance si la marque les manifeste également par des gestes de communication qui témoignent de sa détermination et de son engagement.

L'ensemble de ces perspectives s'intègre dans une **stratégie du geste** qui permet d'inventer et de faire vivre les gestes de communication construisant les **Racines** et les **Ailes** des marques et des institutions.

> **Exemple :** la caresse de « Yoplait »et le retour à l'essentiel :
>
> La formule « Bravo la petite fleur ! » précise au consommateur toutes les qualités du produit. Le yaourt de référence devient alors celui-ci et non un autre. Notons cependant que les industries laitières jouent sur le même registre en s'adaptant parfaitement à l'évolution des mentalités en cette fin de la décennie quatre-vingt ce qui a pour conséquences de brouiller les cartes.

H. Les 3V, modèle Robert & Partners

Vérité, Vedette, Vérifiée, telles sont les composantes de la stratégie créative de Robert. Son axe de communication réside dans la découverte de la vérité du produit. Il y a dans sa stratégie une espèce de retour au fondement de l'outil publicitaire. Gommer le côté spectaculaire, le côté indirect, ironique, dévoiler le produit dans ses qualités les plus fondamentales, c'est en sorte ce qui compte pour Daniel Robert. Je vérifie, donc je suis en somme. Le thème général des créations de l'agence tourne ainsi autour d'un certain réalisme qui consiste à énoncer les choses sans détour avec une certaine efficacité. La campagne contre l'alcoolisme au volant traduit l'état d'esprit de l'agence : « Un verre ça va. Trois verres, bonjour les dégâts ! » ou plus récemment : « Tu t'es vu quand t'as bu ». Il ne s'agit pas ici de jouer sur les contraintes ou les diverses interdictions, mais au contraire de renforcer la prise de conscience des gens par un ton humoristique. En 1991, l'agence disparaît.

I. Le contrat créatif de l'agence Mc Cann Erickson

L'agence américaine propose elle aussi une stratégie de création inspirée des modèles lessiviers et marketing. Elle s'articule en cinq points.

1. Résultat attendu : quel changement spécifique sur le marché doit-il résulter de cette campagne ?

2. À qui devons-nous nous adresser : description de la cible (démographie et typologie). Cible apparente et cible réelle.

- quel est le comportement actuel de la cible à l'égard de nos produits et face à ceux de la concurrence ?
- quelles attitudes influent sur ce comportement ?

3. Que devons-nous dire ?

- quelle est la vérité produit dont la mise en avant est la plus efficace ?
- quel bénéfice la publicité doit-elle promettre à notre cible ?

4. Idée à retenir par le prospect : expliquer ce que la cible doit penser et/ou retenir après avoir vu la campagne

5. Contraintes.

Pour information, cette stratégie créative est la suite logique, comme toujours, de la stratégie marketing qui comprend l'étude de la marque, les caractéristiques produit, le positionnement-produit, les objectifs marketing, le bénéfice émotionnel (les raisons psychologiques, techniques pour lesquelles le consommateur choisit la marque), les concurrents principaux, la cible, la politique de prix, la présentation/packaging, la politique promotionnelle, la politique distributeur, les contraintes éventuelles, et le budget.

J. La star-stratégie, modèle RSCG (EURO RSCG)

L'apparition du modèle star-stratégie trouve son origine dans l'évolution des mentalités socio psychologiques et dans les modifications économiques du début des années soixante-dix. Il est une date clé à partir de laquelle s'opère cette mutation : 1973 et le 1er choc pétrolier. Ce qui compte désormais, ce ne sont plus uniquement les éléments du marketing-mix, produit, positionnement, concurrence, distribution, mais les éléments beaucoup plus symboliques et psychologiques comme les styles de vie, la qualité de la relation entre le consommateur et le produit ou la marque, le bien-être, etc.

En somme, la publicité devient de plus en plus conceptuelle, abstraite, innovante, esthétique, humoristique. La conception et le ton des publicités changent. La nouveauté réside ainsi dans la complicité que le publicitaire réussit à établir entre l'individu et le produit, et non dans la simple justification désuète, voire simpliste, d'une promesse, ce qui ne signifie pas néanmoins qu'elle disparaisse. C'est en réalité toute la différence entre « Mangez des glaces Gervais » (1952) et « Gervais, j'en veux » (1989).

Le modèle de la star-stratégie concrétise ce revirement stratégique dans la manière de concevoir une publicité. Jacques Séguéla parle, pour justifier sa position, du « caractère de la marque [1] », et il ajoute qu'une marque ou un produit, ce n'est pas seulement un aspect physique (les qualités objectives, l'aspect physique du produit sont les seuls éléments qui intéressent les auteurs de copy-strat. classique), mais avant tout un style, c'est-à-dire la façon d'exprimer, par un caractère précis, le style du produit. Le produit ou la marque deviennent en fait des stars.

L'agence RSCG (Roux, Séguéla, Cayzac, Goudard) décompose ainsi son approche créative :

1. le physique : en gros, la promesse de la copy strategy. Le physique vise une efficacité tout en restant compétitif... Il doit convaincre par les compétences objectives de la marque. Il évolue également en fonction des innovations technologiques ou des propositions à promouvoir. C'est un parti pris produit. Dans le physique, on choisit selon le produit :

1. J. Séguéla. *Hollywood lave plus blanc*. Paris, Flammarion, 1988.

– un attribut : Woolite respecte la laine, ou Citroën et ses innovations technologiques ;
– un bénéfice : Rhône-Poulenc comme le progrès au service de l'homme;
– une supériorité : Elf et la supériorité de ses carburants et lubrifiants.

2. le caractère : dès l'instant où le produit n'est pas seulement un produit mais une reproduction imaginaire, il a un caractère. Le caractère doit rechercher des qualités durables. Il correspond à l'univers attribué à la vie du produit. Il est donc constant quel que soit le produit de l'entreprise. C'est un parti pris psychologique ou sociologique. Il s'appuie sur :
– un attribut psychologique : Woolite et son caractère glamoureux, ou l'audace de Citroën ;
– un combat : la solidarité de Manpower ;
– une valeur : l'humanisme de l'assurance La Mondiale.

3. le style : c'est la façon dont le caractère va se formuler. C'est aussi la manière dont la marque va séduire. Le style doit être étonnant. C'est « le détail qui fait l'homme ». Le langage quotidien lui donnera deux forces :
– l'identification : personnalisation qui fait que chaque point de la communication sera attribué à la marque ;
– la capitalisation : faveur du public gagnée par l'accumulation d'images qui montrent le produit sous le même jour pour provoquer une confiance.

Exemple de style : Woolite et le mythe hollywoodien (Hollywoolite pour reprendre le jeu de mot de Séguéla) ou l'esthétique romantique de la XM Citroën.

Le style se renouvelle ainsi dans le temps en fonction de l'évolution des modes et des mentalités. Le style est avant tout un parti pris créatif qui se fonde sur le choix d'une façon de se présenter, d'un langage ou d'un territoire d'expression en termes d'exécution. Le style reste propre à chaque produit avec des particularités spécifiques à la marque comme :
– un style surréaliste : Citroën ;
– la preuve par l'exploit ou par l'humour comme bon nombre de publicités pour Peugeot.

Cette conception mythique de la publicité conduit en quelque sorte à une starisation de la marque/produit (faire du produit une star). Nous assistons néanmoins, depuis 1989, à un réajustement de la stratégie de communication de RSCG au profit d'un retour à la simplicité, passage des **trois R** (Rêve, Rire et Risque) au trois S (Simplicité, Substance, Spectacle). L'ensemble des nouvelles valeurs socio culturelles de la décennie quatre-vingt-dix met en place une espèce de retour à l'essentiel, une sorte de conduite quasi mystique. L'exemple de la publicité « Samsara » (Guerlain) illustre ce revirement. Les grands thèmes de la mystique hindoue apparaissent parfaitement dans la campagne TV et annonce-presse : la couleur pourpre, la position des mains, le temple, le fond sonore, le mysticisme ambiant de la composition, le nom même du parfum puisque *Samsara* signifie la roue de la vie/renaissance/réincarnation (métempsycose) en sanscrit, et l'accroche ou le rédactionnel (« À l'aube du troisième millénaire la femme se réincarne en Guerlain ») rappellent de façon prémonitoire la phrase de Malraux : « Le troisième millénaire sera religieux (mystique) ou ne sera pas. » Il s'agit en fait d'une lente réincarnation rendue possible par le parfum Guerlain qui doit conduire la femme du XXIe siècle vers un état de purification presque total.

Le choix du nom Samsara a été une erreur stratégique pour Guerlain. En effet ce parfum sensuel et voluptueux avait été créé en pensant particulièrement à la clientèle arabe, de plus en plus importante face à la clientèle américaine, fidèle à Shalimar (Guerlain réalisait à l'époque plus de 75 % de son CA à l'export). Mais Samsara, en arabe signifie « diseuse de bonne aventure » avec une connotation péjorative d'où le succès mitigé auprès de la cible principale !

Dans le cas de la publicité Woolite, ce retour à la simplicité se traduit par la sobriété de la campagne. Voir la campagne d'affichage en teasing.

1re vague : « 100 % Woolite », le visuel représente un pull ou une écharpe en gros plan.

2e vague : « 100 % laine », le visuel présente un flacon de Woolite en gros plan.

WOOLITE LAINE/AFFICHAGE
Agence : RSCG et Associés **Directeur création :** Sei Sekiguchi **Directeur artistique :** V. Behaegel **Concepteur-rédacteur :** M. Clairon **Photographe :** D. Aron **Responsables agence :** C. Lambert, D. Chaudurié, C. Sinturet **Responsables annonceur :** J-L. Pardessus, O. Dubray, J-D. Collé **Annonceur :** Reckitt & Colman

K. La stratégie créative paradoxale, modèle CLM/BBDO

Philippe Michel, le fondateur de l'agence, a adopté une position beaucoup plus radicale, voire iconoclaste. Il s'agit en fait pour lui de jouer sur l'inattendu, le paradoxe, le bouleversement des pratiques publicitaires habituelles ; de la différence encore et toujours, en somme. S'en prenant à tous les modèles classiques des stratégies de création, l'agence CLM/BBDO (Chevalier, Le Forestier, Michel, Barten, Baaten, Dustin, Osborn) montre que la communication n'est pas une communication-produit, ni marque, ni spectaculaire, ni de fidélisation mais une communication différenciée. Il convient en réalité d'ajouter une espèce de valeur différenciée au produit ou à la marque en plus de la publicité du produit. De fait, la marque représente bien plus que le code de l'entreprise qu'elle véhicule. Elle transmet en outre une sorte de style qui lui est propre.

CLM/BBDO décompose sa stratégie créative de la manière suivante.

LE TRIANGLE DE LA GRANDE IDÉE

• Le triangle du marché :

Quel est le modèle dominant dans :

1. Ce que les marques disent
2. Ce que les gens pensent
3. Ce que les gens font

paradoxe (1 ↔ 2) — **paradoxe** (1 ↔ 3) — **paradoxe** (2 ↔ 3)

• Le triangle de la marque :

Quel est le modèle dominant dans :

1. Ce que la marque dit
2. Ce que les gens pensent de la marque
3. Ce que les gens font avec la marque

opportunité (1 ↔ 2) — **opportunité** (1 ↔ 3) — **opportunité** (2 ↔ 3)

Si l'on prend le marché des collants, cela se traduit de la manière suivante :

1. Dire
   Porter des collants vous rend sexy et libre
2. Penser
   L'univers des collants se divise en deux :
   – les collants ordinaires
   – les collants pour les occasions spéciales
3. Faire
   Avant chaque achat, les clientes ont besoin de toucher le produit pour le sentir.

Les paradoxes sont les suivants :

1. En ne recherchant que le glamour, les marques rendent les collants de tous les jours de moins en moins impliquant.
2. Même si les collants ne sont pas chers, un collant filé reste un désastre.
3. C'est un achat réfléchi reposant sur des critères autant rationnels qu'émotionnels.

Dans le marché du bas, l'acteur dominant reste DIM représenté sous la forme symbolique de la femme toréador combattant les hommes qui, vaincus, tombent à ses pieds. La réponse de WELL à DIM se présente de la manière suivante :

LE TRIANGLE WELL

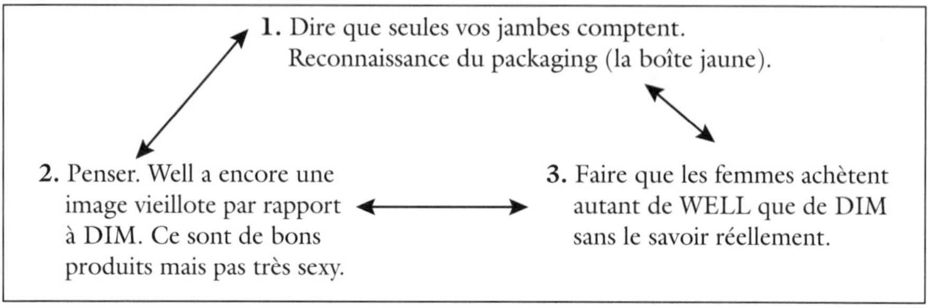

L'opportunité de WELL repose sur la dualité :

LA DUALITÉ DE WELL

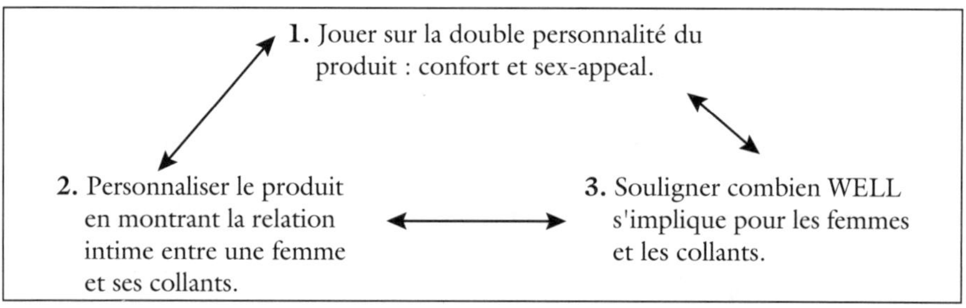

Cela s'est traduit dans le plan média par un spot TV sur le lancement des soyeux mettant en scène une femme, dont on ne voyait pas la tête, croisant et décroisant sans cesse les jambes.

Communiquer devient ainsi pour la marque le meilleur moyen de créer une espèce de mythologie spécifique à l'environnement du produit afin d'en dégager une personnalité ou un modèle d'identification. Le publicitaire crée alors une sorte de valeur ajoutée à la marque ; en fait, la stratégie créative va faire l'histoire de la marque promue. Les produits sont muets, seule la marque les fera parler, chacune selon sa spécificité (le positionnement de Kookaï est à ce niveau très significatif). Philippe Michel propose en quelque sorte un code culturel et sociologique exclusif au produit ou à la marque dont il assure la publicité.

L'agence CLM/BBDO a su ainsi transgresser les codes classiques avec Kookaï en 1988, tuer le réalisme avec le Crédit Local de France en 1989, et valoriser l'impertinence avec Mamie Nova en 1986.

Exemple à partir de la campagne Mamie Nova.

1re étape : citer la marque pour permettre l'attribution (mais cela vaut dans presque tous les cas de figure) ;

2e étape : on ne cite plus la marque, on va même dans ce cas précis bâillonner la pauvre Mamie Nova. L'effet recherché consiste à inviter le consommateur à compléter le slogan sans que le message ne dise quelque chose. La différence n'est plus dans la marque ni le produit mais dans la façon dont on va communiquer. De plus, Philippe Michel prend en compte l'évolution des styles de vie et remarque que la plupart des pratiques de l'acheteur ne sont pas déterminées ; elles relèvent souvent d'une conduite immédiate, émotive, voire irréfléchie. Il faut donner envie à l'individu « d'avoir envie » pour reprendre son expression.

Exemple de la campagne Kookaï :

CLM/BBDO joue sur les conduites subconscientes de l'adolescente et sur son comportement vestimentaire, le moyen pour elle de véhiculer et affirmer sa libido. Dans le cas présent, le publicitaire ne joue pas sur la réalité du produit mais sur la façon dont il transmet une charge symbolique en décalage avec les pratiques vestimentaires habituelles : « Tant qu'à être des filles, autant que ça se voie.» Il s'agit ici d'axer sur le côté « jamais vu », « jamais osé ». La conduite publicitaire est en réalité détournée.

Le danger de la stratégie paradoxale de CLM/BBDO tient au fait qu'en construisant le territoire de communication de la marque elle l'entraîne du même coup sur des conduites sociales spécifiques. Toute la subtilité consistant en réalité à changer de territoire au bon moment, c'est-à-dire au moment où changent les mentalités. Voir à ce titre le territoire de communication de Kookaï qui, dans les années quatre-vingt reposait sur l'image de la jeune fille sans origine, narcissique, ironique, égoïste et légèrement androgyne, ensemble de caractères spécifiques de cette décennie (la kookaïette contre la jeune fille naf-naf, libre, sociale et altruiste). Le problème s'est posé au début des années quatre-vingt-dix lorsque d'autres tendances sont apparues comme les valeurs écologiques, humanitaires, de solidarité et d'intégration. Dans ce contexte, la kookaïette ne pouvait rivaliser avec la jeune fille naf-naf. Début des années quatre-vingt-dix, pour la première fois, apparaît dans le plan média de Kookaï, non plus la jeune fille mais les parents. La kookaïette retrouvait enfin le tissu familial et changeait de discours pour revenir vers des valeurs plus sociales tout en conservant son caractère ironique (moins de méchanceté, plus de féminité).

L. La stratégie de fidélisation, modèle Équateur

Jean-François Variot, fondateur de l'agence Équateur, montre dans sa stratégie de création que la star-stratégie de RSCG est innovante mais qu'elle n'est qu'une partie du problème que pose la marque ou le produit. Dans son article « L'identité de marque [1] », J.-F. Variot décompose son approche en 6 phases :

1. le physique : caractéristique du produit ;

2. sa personnalité : son style. Ces deux premiers aspects répondent aux caractéristiques habituelles, mais il ajoute :

3. l'occasion d'utilisation ;

4. le contenu culturel de la marque ou du produit. Chaque produit est révélateur d'une pratique culturelle ;

5. le reflet de l'acheteur, c'est-à-dire dans la mémoire collective, l'image que l'individu se fait de celui qui va acheter le produit ou la marque ;

6. la mentalité du consommateur, autrement dit l'idée que le consommateur se fait de lui-même quand il achète le produit ou la marque.

La somme de ces composantes définit ce que J.-F. Variot appelle l'identité de la marque. Pour bien comprendre le contexte dans lequel l'agence Équateur élabore sa stratégie, il faut d'abord revenir à l'évolution des pratiques socio-économiques du consommateur, évolution dont la pondération suit trois grandes phases :

> ***a) les années soixante,*** le moment où les pratiques collectives l'emportent sur les pratiques individuelles. On assiste en quelque sorte dans cette décennie à la prédominance d'une progression sociale verticale. L'affirmation sociale passe par l'identification aux valeurs sociales de la collectivité, identification régulée par une aspiration verticale ascendante. Cette forte ostentation est possible à partir d'objets à valeur-signe importante ;
>
> ***b) les années soixante-dix,*** phase durant laquelle le collectif est identique à l'individuel, sorte de spécification horizontale. On voit apparaître à cette époque les valeurs de marginalisation et de contestation. C'est aussi à partir de cette décennie que le consommateur remet en cause cette espèce de course effrénée à la consommation, voire l'année contes-

1. J.-F. Variot. « L'identité de marque », *in Journées d'Études de l'IREP*, 5-6 juin 1985, Paris.

tataire de 1968. La valorisation sociale n'a plus de sens et la contestation de l'uniformisation entraîne une modification de l'évolution économique. Chaque individu va ainsi essayer de se spécifier et délaisser l'esprit du groupe ;

c) les années quatre-vingt, apparition de valeurs individualistes et narcissiques, suprématie de l'individualisme moderne. L'amour devient alors l'amour de soi. Chacun va particulariser son territoire culturel pour en faire son territoire de communication. Surgit ainsi une multitude de sous-groupes dans les grandes classifications des socio-styles. C'est au même moment que l'on voit naître une désaffection politique, syndicale, une espèce de démotivation du sentiment de la collectivité. Chacun recherche une manière propre d'être à lui, mais l'ensemble compose alors une mosaïque plus ou moins cohérente.

La combinaison de ces différents éléments détermine les valeurs du désir du groupe et de l'individu. L'opposition entre la mentalité interne (l'image de moi-même) et la mentalité externe (l'image que je donne à voir à la collectivité) définit la notion de reflet qui fera que je m'identifierai au groupe ou que je me spécifierai. Cette sorte de dialectique entre la collectivité et ma propre image définit la stratégie de communication. L'ensemble constitue, selon J.-F. Variot, le prisme de l'identité de la marque, mais il ajoute que l'élaboration d'une stratégie de communication doit se réaliser autour de trois axes :

- l'appartenance culturelle, qui passe par la mise en place de toutes les références culturelles qui vont permettre de valoriser la connotation culturelle du produit ou de la marque ;
- l'ascension sociale permettant de sortir du processus classique de la promotion sociale pour se tourner vers la valorisation individuelle. La marque permet ainsi à l'individu d'avoir une haute image de lui-même ;
- la conduite narcissique rendant compte du processus par lequel la marque ou le produit va implicitement disparaître au profit de l'individu. Le produit sera là pour flatter les conduites narcissiques du consommateur.

Exemple cité par J.-F. Variot à partir du positionnement Porsche.

- le physique : performance (positionnement) ;
- la personnalité : le perfectionnement (positionnement) ;
- l'occasion de consommation : occasion personnelle et non familiale (positionnement) ;
- le code culturel : le mythe de la technologie allemande (problématique d'image) ;
- le reflet social : voiture du gagneur, et instrument de séduction (problématique d'image) ;
- la mentalité du consommateur : l'achat du véhicule conduit au dépassement de soi (problématique d'image).

M. Le ROI, modèle DDB Needham

Le ROI (relevance, originality, impact/pertinence, originalité, impact), méthode de l'agence DDB Needham, est censé répondre aux cinq questions fondamentales de la publicité :

1. Quel est le but de la publicité ?
2. À qui s'adresse-t-elle ?
3. Quel bénéfice sera promis et comment cette promesse sera-t-elle étayée ?
4. Quelle personnalité distinguera la marque ?
5. Quels seront les médias pour ce message et quels seront les créneaux recherchés ?

Pour DDB Needham (Doyle, Dane, Bernbach), il ne s'agit pas de répondre linéairement à ces questions mais plutôt de jongler avec elles pour produire une stratégie cohérente et pertinente dans un secteur fortement concurrentiel.

L'agence reconnaît d'autre part que l'élaboration d'une stratégie avant le travail créatif permet de mieux cerner les problèmes de la marque et du consommateur. De plus, les connexions qu'autorise le recoupement des questions engendrent des approches originales.

La notion de **pertinence** se définit comme le meilleur moyen de cerner la vie du consommateur-cible en vue de réduire la liste des possibilités de promesse et de preuve. L'**originalité** permet quant à elle de casser le moule dans la manière d'approcher le consommateur, alors que l'**impact** se réfère à la capacité d'une publicité de passer à travers l'écran de l'indifférence pour attirer fortement l'attention sur le message publicitaire.

Notons pour conclure que l'approche créative de DDBN est sans grande innovation ; il s'agit une fois de plus de reformuler l'éternel copy-strat.

N. La disruption, modèle BDDP

En juin 1992, l'agence BDDP (Boulet, Dru, Dupuy, Petit) élabore une nouvelle approche créative, la **disruption**, qu'elle définit de la façon suivante : la **disruption** est un mode de pensée. Elle conduit à mettre en doute conventions et idées reçues et, ce faisant, à créer de nouvelles visions pour les clients afin d'assurer une croissance plus rapide de leurs marques et appuie son argumentaire sur le sens physique du terme de ***disruption :*** « décharge disruptive obtenue avec la pile à chlorure d'argent ».

L'argumentaire précise également que la **disruption** met en place une nouvelle stratégie s'appuyant sur :

1. un marketing intuitif dont les fondements reposent sur une analyse fine des bouleversements et conduites sociologiques des consommateurs ;

2. une nouvelle approche de la communication provoquant une sorte de délocalisation du consommateur. Ne plus l'attaquer sur des angles habituels mais s'arranger pour le délocaliser dans ses habitudes de consommation, casser les codes et positionnements habituels ;

3. une méthodologie se définissant autour du « et si » ; « et si » on pensait le problème différemment, etc. En somme, il s'agit de « déterritorialiser »

le consommateur, l'inviter à réagir différemment ; autrement dit la « déterritorialisation » doit produire l'effet d'un électrochoc sur l'individu, l'interpeller dans son comportement, ses habitudes, ses *a priori*, ou ses façons de faire, etc. ;

4. une analyse multifactorielle des stratégies communicatives mises en place par l'agence. Il convient ici de faire l'analyse des conduites socio-psychologiques du consommateur afin de mettre à plat ses comportements ;

5. une banque de données, la « *Disruption Bank* », recensant toutes les campagnes de communication mettant en place des cas de **disruption ;**

6. une figure circulaire « Disruption-Convention-Vision » schématisant la logique cyclique et fédératrice du système

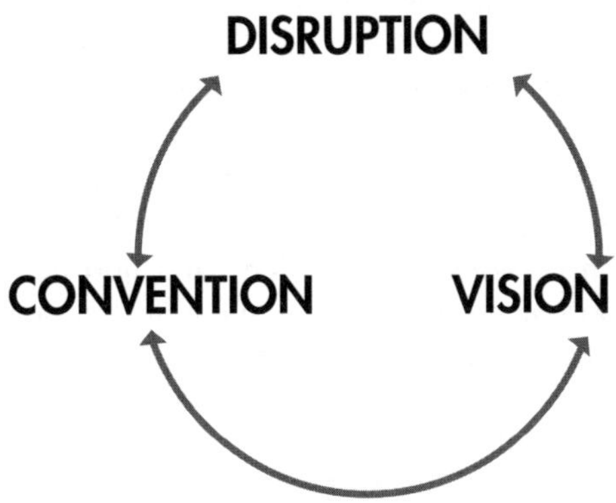

7. une vision globale résolument anticonformiste ; l'agence **BDDP** se présentant comme l'agence de publicité la plus pensante.

Si l'on fait la synthèse de cette méthode, on peut observer que le choix du concept de **disruption** est relativement dangereux, et ceci pour plusieurs raisons :

- grammaticalement, la notion de **disruption**, pour signifier l'étincelle ou décharge électrique, n'existe pas. On parle simplement de décharge disruptive ; la disruption étant en fait un terme didactique du XIXe siècle servant à définir la rupture ou la fracture ;
- sémantiquement et étymologiquement, la notion de disruption repose sur une étymologie latine précise : *rumpere, rupi, ruptum,* verbe transitif signifiant rompre, violer, rouer, empêcher, briser, casser. Le préfixe *dis* accentue la violence latente du terme puisqu'en composition il marque l'idée de séparation et de négation ;
- sémiologiquement, la notion de disruption, par sa dissonance, renforce l'image négative qu'elle véhicule, et cela d'autant plus qu'en anglais la notion évoque les mêmes connotations.

Observons là encore que la mise en place de la notion de disruption n'est pas nouvelle, et que des agences comme RSCG font de la disruption depuis plus de quinze ans. Il s'agit en fait pour l'agence DDBP d'une simple opération de promotion en vue de relancer un marché publicitaire quelque peu morose dans la période 1991/1992.

O. Le PCP, modèle Opéra-RLC (planning créatif produit)

La stratégie publicitaire mise en place par l'agence Opéra-RLC (Roux, Lambert, Consigny) en juin 1993 traduit explicitement ce changement de comportement de la part des consommateurs et des entreprises. Les concepteurs du PCP sont partis du principe que la marque, le produit ou l'institution devait dire différemment les choses pour trouver une spécificité, et de ce fait, gagner un territoire propre, une sorte de démarquage face aux espaces de communication traditionnels. Le planning créatif produit est en quelque sorte une manière pour l'agence de publicité de refuser les schémas et stratégies marketing classiques et souvent préconçus. Il convient plutôt, pour l'agence, d'être créatif par rapport au produit lui-même, d'être innovant dans la proposition consommateur pour faire en sorte que le produit ne devienne pas le produit le plus connu, mais celui possédant une réelle valeur. Condamnant la forte valeur-signe de la publicité des années quatre-vingt, le PCP repose principalement sur la valeur réelle ajoutée dans le message et dans le produit lui-même, une sorte de redécouverte des valeurs essentielles du produit ou de la marque (*cf.* la stratégie de FCA !).

– Partant du constat d'Antoine Riboud, p.-d.g.de BSN, selon lequel « la moitié des produits que nous consommerons en l'an 2000 ne sont pas encore inventés ! », le PCP propose la mise en place d'une réflexion portant sur l'innovation nécessaire pour réveiller l'envie des consommateurs en cette période de récession. Un second constat tient au fait que, aujourd'hui, les stratégies marketing de développement de produit ou de marque sont dépassées. Jusqu'à la fin des années quatre-vingt, le marketing suffisait pour mettre en connexion des technologies et des marchés. Aujourd'hui, la notion de marché a considérablement évolué. Le segment, l'attente-consommateur, les cibles, les positionnements, sont insuffisants pour traduire complètement les micro-segmentations et les micro-niches. En fait, l'ère du marketing de la demande et de l'offre n'a plus cours. Il s'agit pour le PCP de développer une sorte de marketing sociologique mettant en relation des concepts et des gens. Le problème ne se pose plus pour l'agence Opéra–RLC en termes de nouveaux besoins à satisfaire mais de propositions créatives en termes relationnels. Mieux gérer l'évolution des comportements et leur attente, c'est ce que l'agence appelle l'interface marque-consommateur. Le packaging, le design-produit, les techniques de promotion et de parapromotion sont des moyens pour accentuer cette synergie des différents acteurs du marché. L'agence prend pour exemple le cas de la Fondation Danone. Danone ne réinvente pas le yaourt avec Danone Nature. Mais, avec la Fondation Danone, la marque développe tout un discours sur la santé et les nouvelles conduites alimentaires. Pour la première fois en 1992 avec le spot publicitaire sur la Fondation Danone, la marque a intégré dans un écran habituellement consacré aux communications publicitaires classiques sur le produit ou la marque, une communication institutionnelle avec un discours à fondement écologique.

Le PCP s'appuie ainsi sur un processus en trois temps : *discovery, development, delivery.* Ces étapes sont des méthodes de recherche et d'études reposant sur l'observation des conduites socio psychologiques des consommateurs. Et l'agence Opéra–RLC de conclure : « notre ambition consiste simplement à se poser des questions que d'autres ne se posent pas toujours, afin, pour paraphraser Jacques Prévert, que ces heureux hasards ne viennent plus seulement par hasard ».

P. La stratégie créative de Publicis

L'agence créée par Marcel Bleustein-Blanchet suit une approche créative discrète (elle n'a jamais communiqué sur son modèle créatif et reste d'ailleurs très critique sur ce type de cadre à la création) peu éloignée du mode de raisonnement des lessiviers, mâtinée d'éléments psychologiques.

L'objectif est de développer l'impact de la communication en étonnant le consommateur, comme l'écrivit son fondateur : « un homme qui ne s'étonne de rien ressemble à un gastronome qui aurait perdu le goût et l'odorat » (Mémoires d'un Lion, Presses Pocket) en structurant le raisonnement créatif autour de divers points :

– Le combat de la marque ;

– Le problème à résoudre ;

– L'enjeu compétitif, c'est-à-dire contre qui/quoi la marque lutte-t-elle ;

– La cible ;

– L'insight : ce que pense la cible à laquelle s'adresse la campagne ;

– L'effet : ce que l'agence souhaite que la cible pense ou fasse ;

– L'angle, c'est-à-dire ce que l'agence va dire dans la communication;

– Les supports : les preuves des arguments qui sont avancés ;

– Le cadre de création, c'est-à-dire les contraintes ;

Le brief créatif se termine par des annexes comprenant le projet de marque, le produit, et la visualisation de la cible.

Q. Conclusion

Nous ferons plusieurs remarques pour conclure :

– La première est historique et tient au fait que le retour au caractère essentiel du produit ou de la marque a déjà été mis en place par l'agence FCA avec le concept d'essentiel et de retour aux qualités premières du produit.

– La deuxième remarque est d'ordre économique. Il semble qu'en ces périodes de crise, les agences de publicité et de communication cherchent un certain nombre de moyens pour « accrocher » une clientèle. Opéra RLC fonctionne un peu comme BDDP qui en juin 1992 a lancé, tel un produit publicitaire, son concept de disruption pour faire croire à la mise en œuvre d'une nouvelle stratégie créative censée relancer une machine publicitaire défaillante.

– La troisième remarque est d'ordre culturel. Les agences de publicité hésitent de moins en moins à se servir d'une caution culturelle pour vendre à l'annonceur une sorte de méthode créative révolutionnaire, qui n'est en fait qu'une simple reprise, sous une forme moderne, de notions déjà utilisées. Autant dans le cas de la disruption que dans celui du PCP, l'argumentaire reste assez flou, rhétorique et souvent creux.

– La quatrième remarque est d'ordre organisationnel. L'élaboration de telles stratégies créatives correspond en fait à la naissance de nouvelles agences. En interne, de telles stratégies correspondent avant tout pour elles à la mise en place d'un projet d'entreprise.

– La dernière remarque est d'ordre sociologique. Nous assistons en cette fin de XXe siècle à la mise en place d'un marketing sociologique remettant en cause les schémas classiques d'approche du consommateur. C'est en fait l'un des seuls intérêts de ces nouvelles stratégies créatives du début des années quatre-vingt-dix, à savoir apprécier différemment les conduites du consommateur et penser de manière beaucoup plus qualitative et intuitive son comportement.

C'est dans ce contexte relativement mouvementé que l'agence, comme l'annonceur, se trouve désemparée face à un consommateur imprévisible et intuitif. Sans remettre en cause les acquis d'un marketing quantitatif, il serait temps d'appréhender différemment le client dans son environnement. L'essentiel s'articule désormais autour de conduites impulsives à fort potentiel culturel par lesquelles le consommateur ne consomme plus en fonction de ce qu'il trouve (les années soixante), ni selon ses besoins (les années soixante-dix), mais selon ses envies (les années quatre-vingt-dix). En fait, ce nouveau consommateur est de plus en plus insaisissable.

IV. DIFFÉRENTES APPROCHES STRATÉGIQUES

Nous ne nous intéresserons pas ici aux autres moyens de communication (le hors média dans sa globalité) mais à la façon dont on peut définir les différentes façons d'élaborer les approches stratégiques. J.-F. Variot, dans son ouvrage *Huit stratégies pour gagner face à la crise.* (Paris, Éd. d'Organisation, 1982), propose huit stratégies différentes qui nous aideront à mieux comprendre comment s'organise une stratégie de communication sachant que les différents modèles de stratégie de création que nous avons vus précédemment sont un des moyens parmi d'autres pour réussir ces stratégies. Nous détaillerons les six stratégies les plus importantes.

A. L'écran de fumée

On peut faire beaucoup avec peu, c'est-à-dire faire croire à la concurrence que le budget est important alors que ce n'est pas le cas. Ce type de stratégie convient aux budgets peu importants à condition qu'il existe déjà une très bonne notoriété de la marque afin d'éviter toute vampirisation de la marque par une autre. Dans la pratique, il s'agira de compenser **la faible répétitivité** du message par une **force créative.** L'impact et l'attribution publicité/produit sera donc réussi dans la mesure où la notoriété est déjà existante. La cible semble être à première vue le grand public, étant donné la façon dont les médias seront utilisés, alors qu'en réalité la cible touche davantage la distribution. En fait, la

AGENCES DE PUBLICITÉ

GROUPE EURO RSCG FRANCE
dont :
- ER Babinet, Erra, Tong Cuong et Ass.
- ER Fichard, Roussel et Coutureau
- ER Kolebka, Huard et Ass.
- ER Scher et Lafarge

GROUPE YOUNG & RUBICAM FRANCE
dont :
- YOUNG & RUBICAM CAPITAL IMAGE
- BURSON
- MARSTELLER
- WUNDERMAN CATO JOHNSON
- LANDOR ASSOCIATES
- CREEP
- LUMIÈRE
- MEDIAPOLIS
- RAYON VERT

GROUPE OGILVY & MALHER
dont :
- OGILVY & MATHER
- OGILVY DEFRENOIS DIRECT
- ZOE MEDICAL

GROUPE FCA !
dont :
- FCA ! PARIS
- CONCURRENCE
- OCM

GROUPE CLM/BBDO

GROUPE SAATCHI & SAATCHI FRANCE
dont :
- SAATCHI & SAATCHI ADVERTISING
- S & S BUSINESS COMMUNICATIONS

GROUPE BUSINESS

GROUPE PUBLICIS CONSEIL
dont :
- PUBLICIS CONSEIL
- PUBLICIS GRAND ANGLE
- PUBLICIS SOLEIL
- PUBLICIS MÉDITERRANÉE
- PUBLICIS EDICO
- PUBLICIS QUALIGRAPHIE
- PUBLICIS HOURRA
- PUBLICIS ÉTOILE
- SUCCESS BM2

GROUPE BDDP FRANCE
dont :
- BDDP PARIS
- COMPAGNIE CORPORATE
- NOUVELLE VAGUE
- NICKEL
- GROUPE JUMP
- ALS CONSEIL

GROUPE DDB NEEDHAM WORLWIDE
dont :
- COLIN GUITTARD NAZARET
- PROVIDENCE
- LOUIS XIV

GROUPE LINTAS
dont :
- INITIATIVE MÉDIA PARIS
- ECTV
- SPRINT
- LINTAS PARIS

GROUPE MC CANN-ERICKSON FRANCE
dont :
- MC CANN PARIS
- MC CANN DIRECT
- MC CANN PROMO
- DELACROIX

GROUPE GREY COMMUNICAITON
dont :
- GREY DIRECT
- BEAUMONT BENNETT
- GREY ENTREPRISES

GROUPE FCB
dont :
- FCB
- NUCLEUS

GROUPE BL/LB
GROUPE DMB&B
GROUPE J. WALTER THOMPSON
ALICE
AUSTRALIE

cible virtuelle est touchée occasionnellement même si elle n'est pas visée. Voir à cet effet l'impact de la publicité TV pour Samsonite, la valise-luge (agence Concurrence) alors que le budget était faible (moins de 3 MF) ; impact très fort et mémorisation importante pour un média-planning très court. Voir également la campagne de publicité réussie de Lajaunie (1988) avec un budget peu important (700 000 F) et ses spots de 3 secondes. Le visuel ajouté à la répétition du message ont eu un très fort effet de notoriété.

B. La capture de la ruche

Cette stratégie consiste à recentrer une cible dispersée. En profitant d'une occasion précise, événement particulier (salon, manifestation sportive, etc.), on développe une stratégie créative conforme à l'attention du consommateur, stratégie qui aura une faible déperdition dans la mesure où la cible visée est déjà réunie. Avec un faible budget, on touche le plus grand nombre de personnes au moindre coût. Ceci est possible s'il y a une **bonne adéquation entre la marque et l'attente du consommateur.** Toutefois, cela augmente de fait la sélectivité puisque l'événement est ciblé géographiquement. Ajoutons qu'il faut également éviter, pour réussir ce type de stratégie, les manifestations ou événements à fort encombrement publicitaire. Ainsi, le groupe des restaurants Flo avait acheté un emplacement publicitaire durant le Jumping de Bercy en 1989. L'impact est immédiat puisque la cible des restaurants Flo correspond parfaitement à celle du public des jumpings.

C. La stratégie de résonance

Il s'agit encore de petits budgets. Le but de l'opération est de toucher, par un message très ciblé et au moyen d'un média sélectif, la cible des leaders d'opinion, influenceurs ou prescripteurs qui vont reporter leur influence sur une cible plus large. Par **effet ricochet,** la marque touche une cible étroite (les leaders) qui va reporter son influence sur la cible marketing visée qui est plus large. Il s'agit en réalité d'un simple effet de résonance. Le message étant véhiculé par des personnes et non des médias, son impact et sa mémorisation sont beaucoup plus forts.

Toutefois, la grande difficulté de ce type de stratégie est de bien définir la cible de départ et de ne pas trop positionner sa stratégie créative sur la cible prescripteur, ce qui aurait pour effet de rebuter la cible marketing. J.-F. Variot donne comme exemple la campagne France Arno 1977/1978. Avec un budget très faible, moins de 1 MF, France Arno a bien fait progresser sa notoriété. La cible des influenceurs se trouvait être ici la population féminine dans son environnement social (famille, collègue de bureau, amie, etc.), cible forte consommatrice de presse féminine. Le croisement du médiamagazine et de la cible sociologique (femme active) permet de construire une campagne sur deux supports : *Elle* et *Marie-Claire*. Le message avait pour vocation d'informer cette cible pour qu'elle reproduise le message à l'attention de la clientèle potentielle (parallèle entre la mode vestimentaire et la mode des chaussures).

D. Le tunnel

Ce qui importe ici, ce n'est pas l'effet de notoriété mais la manière dont la marque est présentée au consommateur. Il convient ainsi de trouver un média qui conduira à l'achat de la marque tout en créant un message principal détaillé impliquant la forte motivation du récepteur. Le média doit, de préférence, être direct (mailing, fichier par exemple), de même que le message ne doit pas être répété. Le but recherché est d'inciter le client potentiel à entrer dans un processus de consommation. Cette stratégie s'applique à des produits nouveaux, voire mal connus, à forte crédibilité et de forte rentabilité. Mais le coût de la communication est lourd puisqu'on adresse un message cher à un faible nombre. J.-F. Variot cite l'exemple d'un partenariat entre Évian et Film Corporation dans les années soixante-dix. Sur chaque étiquette d'Évian on proposait une pellicule gratuite pour toute personne en faisant la demande à Film Corporation. Bon moyen en fait pour « ficher » les gens, clients potentiels, les incitant par la même occasion à faire développer cette pellicule dans leur laboratoire. Bénéfice réciproque pour Évian et bonne opération promotionnelle pour Film Corporation qui, par ce procédé, s'est constitué un fichier et a pu renouveler sa clientèle.

E. Le milieu du fleuve

Se faire porter par le courant, voilà la finalité de cette stratégie. Il s'agit d'anticiper les modifications des différentes conduites sociologiques afin de lancer un nouveau produit avant les concurrents dans le but de prendre la première place, de telle sorte que les tentatives des **suiveurs**, qui tenteraient d'occuper ce nouveau territoire, renforceraient en réalité encore plus fortement la notoriété de la marque. Evidemment, il faut trouver un concept de communication qui n'autorise aucune identification entre la marque et la concurrence.

La campagne Kookaï, « *Je fais rien qu'à être jolie* », utilise ce type de positionnement, une sorte d'appropriation du territoire de l'hyper-individualisme de la femme active des années quatre-vingt. Par contre, le problème peut surgir d'une telle appropriation d'un courant socio-psychologique. La marque court le risque d'être banalisée. Essayons d'imaginer le repositionnement de Kookaï lorsque les valeurs mises en place disparaîtront.

F. Le multiplicateur

Il s'agit dans ce cas pour la marque de s'associer à l'événement et de bénéficier des retombées médiatiques, cas typique de **parrainage** et de **publicité événementielle**. Voir à cet effet tous les cas de manifestations hors médias.

V. ÉLABORATION, DÉCLINAISON ET ÉVOLUTION D'UN CONCEPT PUBLICITAIRE

A. Élaboration d'un concept publicitaire

Le cas OMO est un exemple intéressant pour expliquer la manière dont un concept publicitaire se met en place dans une stratégie de communication.

À la fin des années quatre-vingt, OMO est une marque vieillie et oubliée. Dans un marché très concurrentiel, OMO (groupe Lever, 24 % du marché) a du mal à survivre face aux produits lessiviers de Procter & Gamble (34 % du marché dont 20 % pour Ariel), Henckel et les lessives Le Chat ou SuperCroix (21 % du marché) ou Colgate Palmolive (13 % du marché). Pourtant OMO, inventeur de la lessive sans savon en 1952, bénéficie d'un fort potentiel. La mauvaise politique de communication d'OMO en a fait une marque qui a perdu la bataille de l'innovation face à Skip ou Ariel. Sa crédibilité sur sa promesse principale : la performance, ne pèse pas grand chose face à ses concurrents. De plus, la marque OMO a vieilli comme a vieilli la cible principale d'OMO. Il est vrai aussi que ses moyens sont beaucoup moins importants que ceux de ses concurrents directs (Skip avec un positionnement technologique, et Ariel avec un positionnement consumériste).

L'objectif d'OMO est d'émerger sur ce marché concurrentiel particulièrement encombré en se présentant avec une nouvelle image. Le principal objectif d'OMO est de conserver son positionnement, simple d'utilisation et pragmatique, face au positionnement technologique de son principal concurrent Skip.

C'est à ce niveau que se met en place les parti pris stratégiques :

1. casser les codes publicitaires du marché des lessiviers pour créer un impact fort. Il est vrai que les innovations créatives concernant ce genre de produit sont plutôt timorées ;

2. capitaliser les valeurs traditionnelles de la marque, notamment son caractère pragmatique :
   - en tenant un discours simple et chaleureux,
   - en revenant à la promesse principale fondée sur l'efficacité : « OMO est là, la saleté s'en va ! » ;

3. choisir des cibles de communication spécifiques :
   - la cible classique de la marque. Les clients fidèles d'OMO en valorisant la fierté du consommateur,
   - trouver une nouvelle cible plus jeune agacée par le discours classique de l'imaginaire de la propreté.

C'est à ce niveau que la stratégie créative se met en place. L'agence Lintas avec sa conceptrice-rédactrice, Dominique Causette, a proposé à l'annonceur une réponse innovante par le biais d'un concept publicitaire particulier, l'association d'un animal, le chimpanzé, et d'une langue, le poldomoldave.

La première étape de ce processus créatif a consisté en l'invention d'une langue imaginaire, le Poldomoldave, assez familière pour être comprise et assez originale pour susciter la curiosité sur un mode humoristique. Cette langue est composée de radicaux appartenant aux langues européennes (français, italien, anglais...). Il existe d'ailleurs une version française et une version internationale du Poldomoldave. La découverte de cette langue est venue à l'esprit de la conceptrice de Lintas de manière anecdotique. Assistant dans une salle de cinéma à des publicités étrangères, elle est partie du constat qu'une publicité incompréhensible sur le plan langagier, restait toutefois cohérente dans la mesure où elle mettait en place des situations de la vie quotidienne suffisamment claires pour tout le monde.

La deuxième étape consiste en la création de personnages qui vont permettre au concept publicitaire de se mettre en œuvre : les chimpanzés. Ces personnages sont assez proches de l'homme pour permettre une projection, mais assez éloignés tout de même pour éviter l'identification.

Ce couple Poldomoldave/chimpanzés, constituant le concept de la marque, va permettre la mise en œuvre d'un message rationnel tout en jouant sur un code humoristique. Ce concept publicitaire va avoir un effet direct sur la stratégie de communication de la marque, et ceci d'autant plus que Lintas va construire toute une saga autour de cette famille de chimpanzés avec le grand-père, la grand-mère, le père, la mère et les enfants ainsi que l'entourage immédiat de cette famille. Il va permettre une identification efficace au produit. Le verdict des ventes confirmera la puissance du concept publicitaire. De 1990 à 1993, la marque enregistre son plus fort taux de progression sur le marché, soit plus de 25 %. Début 1994, la marque retrouve ses parts de marché d'il y a 10 ans, soit 9 %. OMO redevient ainsi la 3e marque du marché alors qu'elle était 5e.

L'intérêt du concept publicitaire repose sur le fait :

- qu'il est déclinable ;
- qu'il est durable. La durée de vie d'un concept est d'une dizaine d'années en moyenne ;
- qu'il nécessite moins d'investissement media. Dans le cas d'OMO, le concept a permis un très fort impact avec un investissement publicitaire trois fois inférieur à ses concurrents.

B. La déclinaison

Il convient avant tout de bien différencier la **déclinaison** de **l'évolution** du concept publicitaire. On appelle déclinaison d'un concept publicitaire la façon dont il va varier en fonction des différents médias et supports. La signature reste identique mais le concept varie. Ce qui change en fait, c'est la manière dont le publicitaire va adapter son concept aux différents médias. Un peu comme le grammairien décline un nom ou un verbe, le publicitaire garde le même radical, la même structure, le même concept.

Notons également qu'il ne faut pas confondre la déclinaison d'un concept publicitaire avec la déclinaison d'un message publicitaire. Dans le cas de la déclinaison du message, le média et le support restent les mêmes, il y a simplement une série de variantes.

Exemple de la publicité pour « Levi's » :

– Rien de tel qu'un petit bouton pour prolonger l'adolescence.

– En cherchant bien, on trouve toujours un petit coin de liberté.

– Tiraillé, écartelée, la liberté n'a toujours pas cédé.

Par contre, dans le cas d'une déclinaison de concept publicitaire, le concept reste unique mais il va se décliner en fonction de ses angles d'attaque, déclinaisons illustrant la diversité de la stratégie créative. De nombreux annonceurs doivent en fait leur notoriété à ce type de déclinaison (E. Leclerc, Carrefour, Volkswagen, Darty, RATP, etc.).

C. Évolution d'un concept

L'évolution d'un concept publicitaire correspond par contre à une sorte de déclinaison dans le temps. Cette évolution se fait conformément à un certain nombre de critères :

– restructuration de l'entreprise : changement d'axe de communication pour modifier l'image de marque de l'entreprise ;

– évolution des mentalités : le consommateur ne consomme plus de la même façon ;

– repositionnement : le produit ou la marque évolue ;

– modification de la concurrence : la marque est obligée de renforcer son image pour éviter de perdre des parts de marché ;

– nouvelles stratégies commerciales : la segmentation a changé et la marque est obligée de s'adapter ;

– évolution de la cible : la marque est obligée de se replacer sur ses cibles de communication.

1. Évolution de l'entreprise

En réalité, cette évolution dépend d'un certain nombre de critères qu'il s'agira d'apprécier à leur juste valeur afin de savoir si l'évolution doit se faire brutalement ou progressivement. S'agit-il d'un lent rajeunissement ou d'une chirurgie plastique violente ?

En fait, la réponse varie selon la situation du marché. Pour une marque, ancienne ou nouvelle, il s'agira de créer un nouveau logo et un nouveau concept qui lui permettront de gagner des parts de marché. Toutefois, si la rupture est violente, il convient d'habituer le consommateur à cette évolution. Le cas du « Club Med » est significatif de cet état de fait. Jusqu'en 1986, le « Club Med » communique sur le concept du repos sensuel : « faire, voir, manger, dormir », « je suis bien, il fait bon, je vis » (agence Synergie). Puis, en 1986, l'annonceur éprouve le besoin de changer, de toucher une cible sociale différente, et de se tourner vers le concept de l'hyper-individualisme de la décennie quatre-vingt. Le « faire, voir, manger » devient « La plus belle idée depuis l'invention du bonheur » (Le fou-vivre, 1993) ; la rupture fut si violente que l'agence a réintégré dans sa nouvelle campagne des éléments de la première (alternance des deux concepts des deux agences).

Le cas de la Poste est significatif : cet organisme est passé d'une mise en avant de son dynamisme (afin de réduire les freins issus de son caractère administratif) à une communication de type bancaire, insistant sur son image, sa proximité et les conseils. Cette rupture semble d'autant plus grande qu'elle n'accompagne pas encore des signes rattachés à ce nouveau concept : le design point de vente, la formation/l'accueil, une gamme diversifiée de produits, etc. Le concept doit donc certes exprimer les nouvelles orientations de l'entreprise, mais il doit aussi être appuyé par de nouveaux moyens... sous peine d'aboutir à un décalage entre l'image voulue (par la Poste) et l'image perçue (par le consommateur).

2. Évolution du contexte économique et de la concurrence

L'évolution du concept publicitaire peut aussi avoir comme origine la modification d'un contexte économique ou concurrentiel.

Dans le cas de Monoprix l'évolution du concept répond à une opération de survie. En 1989, Monoprix accompagne ses communications du slogan « on pense à vous tous les jours » afin de dépoussiérer son image et de renvoyer au placard l'idée de magasin populaire. Monoprix en ressort grandi et rajeuni. Mais le contexte économique se modifie. La déconsommation des français entraîne une guerre des prix qui joue en faveur des hypers. Le CA de l'enseigne baisse. Elle ne sait pas, dans le même temps, communiquer sur les efforts qu'elle réalise en terme de prix (son différentiel de prix avec les hypers a pourtant été divisé par trois)...

Monoprix tente alors en 1993 la communication sur les prix à l'aide du Système C. Mais le distributeur Système U fait prévaloir son antériorité. Monoprix retire sa campagne et profite de ce flottement pour revoir sa politique de communication. Elle change d'agence.

À partir de 1994, Monoprix cherche à reconstruire les fondations de son image pour les cinq années à venir, à fidéliser les acheteurs jusqu'ici peu fidèles et peu acheteurs (Monoprix est pour la majorité de ses clients un magasin d'appoint)... Le distributeur réhabilite alors le concept de magasins de centre ville résumé dans « Monoprix, le Citymarché » et cherche à séduire une cible féminine (la majorité de ses clients sont des femmes, à la différences des hypers dont les consommateurs sont mixtes) en lui faisant comprendre que faire vos courses en semaine, et ce vous voulez de votre samedi » (visuel : un volant de badminton) ; « Nous échangeons. Nous remboursons. Nous savons que souvent femme varie » (visuel : une femme essayant de fermer son pantalon à la taille trop étroite). Monoprix développe parallèlement la notion de confort d'achat : les magasins ouverts jusqu'à 21 h en région parisienne, les livraisons à domicile, l'étiquetage des vêtements, la proximité...

En 1997, la nouvelle campagne insiste sur les même éléments : la fraîcheur des produits, l'ampleur du choix textile et son affinité avec les attentes des jeunes, le service, en particulier la livraison. Mais le ton et l'ambiance du message ont changé. Plus moderne et se rapprochant plus des codes d'entreprises de confection que de ceux des distributeurs, Monoprix semble chercher à se rapprocher d'une clientèle plus jeune.

3. ÉVOLUTION DU CONTEXTE SOCIOLOGIQUE

L'apparition de nouvelles mentalités sociologiques entraîne souvent la mise sur le marché de nouveaux produits. L'exemple des yaourts Bifidus est révélateur de ce changement d'état d'esprit. Ces mêmes yaourts touchent une cible nouvelle et obligent le publicitaire à faire évoluer les concepts de communication de ce type de produit. La «caresse» devient « ce qu'il fait à l'intérieur se voit à l'extérieur » pour toucher une cible pas seulement féminine, alors qu'*a priori* le produit ne s'adresse pas aux hommes.

4. ÉVOLUTION DU PRODUIT

Par exemple, la mise sur le marché, à la fin des années quatre-vingt, de camescopes a obligé les annonceurs à repenser leur communication. Si pour les uns la communication s'articule autour de l'idée de l'image technique (Panasonic), pour les autres elle se définit autour de la notion d'image-rêve. Sony a bien montré comment pouvait s'opérer cette évolution du concept en fonction de l'évolution du marché et du produit. Jusque-là Sony communiquait sur les qualités techniques de l'appareil (fiabilité, praticité de l'appareil, innovation). Puis le camescope est devenu un appareil plein de magie et de rêve ; la promesse-produit est vite devenue un bénéfice-consommateur, celui du rêve : « J'en ai rêvé, Sony l'a fait. »

5. ÉVOLUTION DU CYCLE DE VIE DU PRODUIT

Si le produit est en phase de lancement, de croissance, de maturité, de déclin ou de relance, le concept créatif va évoluer. La campagne de l'agence Publicis pour la Renault 5 montre ces différentes phases. À l'origine, le concept de lancement du produit joue sur l'aspect affectif.

En 1972, lorsque la Renault 5 apparaît, il s'agissait de montrer qu'elle était une voiture sympathique ; c'est pourquoi l'agence l'a personnalisée et en a fait un petit personnage joyeux et amical avec des yeux et une bouche. Le positionnement est celui d'un produit économique visant un public urbain. De plus, le reflet de l'acheteur est neutre, il vise toutes les catégories sociales.

Par contre, dans les années quatre-vingt, l'annonceur s'est rendu compte qu'il fallait faire évoluer le concept. On a donc redessiné la voiture (5 portes), on a créé des séries limitées et on a axé sur le thème de l'évolution extraordinaire et merveilleuse. La Renault 5 a perdu sa figure humaine et s'est transformée en une sorcière bien-aimée : « Ma R 5 est une sorcière. »

D. Conclusion

Une stratégie doit se faire dans :

- la continuité ;
- la différenciation ;
- la clarté ;
- le réalisme ;
- la déclinaison ;
- la cohérence ;
- l'acceptation interne.

La stratégie des moyens de communication

Deuxième Partie

1

Le plan média

Si l'on devait résumer brièvement le **plan média**, nous dirions qu'il s'agit d'un produit, de médias, de supports, d'un budget décomposé par postes (chacun correspondant à l'achat d'espace) et d'un calendrier où figurent date et heure de passage des annonces, messages ou spots. Le plan média est réalisé par le **médiaplanneur** qui a pour tâche d'indiquer les performances chiffrées de chaque média et support. Il calcule également les achats d'espace en termes de taux de pénétration de la cible visée. En somme, il fournit un devis détaillé à l'annonceur. Ce devis correspond au plan média.

Mais le plan média est en premier lieu le canal par lequel le fournisseur peut entrer en contact avec le client. Il est le résultat d'un raisonnement qui débute par une stratégie marketing pour se terminer par un média-planning. Le plan média se traduit en fait par un contenant (les divers canaux de communication qui permettent de véhiculer le message vers une cible visée) et un contenu (la stratégie créative de l'agence publicitaire). À ce titre, le contenant (choix des médias et supports) peut être l'occasion, pour le médiaplanneur, d'exercer sa créativité.

Notons néanmoins que le budget est l'élément déterminant de la stratégie de communication, surtout dans les années quatre-vingt-dix, période où l'on parle de plus en plus de surencombrement des médias. C'est la raison pour laquelle la plus grande partie des sommes mises en jeu servent en effet beaucoup plus à acheter de l'espace publicitaire qu'à la création publicitaire proprement dite. D'autre part, les annonceurs raisonnent, à l'heure actuelle, en termes de rentabilité et d'efficacité plutôt qu'en termes de créativité. Ils demandent en fait au médiaplanneur un plan très élaboré et d'un bon rapport qualité-prix.

Remarquons, pour conclure cette brève introduction, que le plan média doit diffuser un message au client, cela auprès d'un grand nombre d'individus, au moindre coût possible, le plus de fois possible, avec une cible la plus précise possible, en s'efforçant en plus de valoriser, par une bonne stratégie de communication, le produit tout en respectant le budget. Cependant, il serait ridicule de réduire le plan média à l'acquisition d'un plus grand nombre d'espaces au moindre coût.

Ainsi, dans le cadre d'une campagne de publicité ou de communication, le médiaplanneur a pour tâches d'optimiser le budget de l'annonceur et de rentabiliser son investissement publicitaire. La fonction du médiaplanneur consiste alors à élaborer un plan média (choix des différents médias et supports) afin de diffuser au mieux les messages publicitaires et toucher le plus grand nombre de personnes de la cible visée ; cela au moindre coût possible. En même temps qu'il valorisera l'expression de ces messages publicitaires, le médiaplanneur devra également respecter l'image de marque des médias et des supports.

Mais la question est de savoir qui est touché par le message publicitaire, quel est le vrai coût du CPM (coût pour mille) et à quel institut se fier ? L'IREP, la SECODIP (l'IREP établit ses calculs à partir de ce que déclarent annonceurs et supports, c'est-à-dire les sommes investies par les annonceurs pour leur publicité et les sommes reçues par les différents supports, mais ces déclarations sont-elles objectives ? La SECODIP s'en tient, quant à elle, aux relevés d'annonces et applique les prix officiels. Le CESP (Centre d'étude des supports de publicité) est-il fiable, ou le GRP (Gross Rating Point) manipulé ?

C'est cette situation qui oblige les annonceurs à surveiller de très près l'impact de chaque franc investi dans les médias. Ils doivent par conséquent faire preuve d'une plus grande vigilance dans leur choix de supports. De la même manière, les supports seront obligés, dans un avenir proche, de jouer beaucoup plus sur une créativité commerciale que sur les seules négociations tarifaires qui ne satisfont plus les annonceurs ; personne n'étant plus sûr, dans ce contexte, de l'impact d'audience réel annoncé par les supports. Va-t-on arriver au modèle américain où les annonceurs achètent leurs espaces aux centrales d'achats ou supports avec la garantie d'un GRP précis qui, s'il n'est pas obtenu, oblige les supports à rediffuser le message ?

I. DÉFINITIONS

Mais avant d'aller plus loin dans la réalisation d'un plan média, reprenons quelques définitions fondamentales propres à l'étude des médias [1] :

1. Achat d'espace : opération consistant, pour une agence ou un annonceur, à réserver des espaces, soit directement auprès d'un support, soit par l'intermédiaire d'une centrale qui achète des espaces en gros pour les revendre.

2. Affinité : rapport exprimé en indice ou en pourcentage entre l'audience utile (audience sur la cible) et l'audience totale du support. L'indice d'affinité permet de mettre en évidence la proximité d'une population cible avec un support.

3. Audience nette globale : c'est l'audience totale du support *A* ajoutée à l'audience totale du support *B*, moins la duplication d'audience.

1. Pour une étude plus détaillée des termes du média-planning, *cf. Lexicom,* par A. Milon et S.-H. Saint-Michel, Paris, Bréal, 1993.

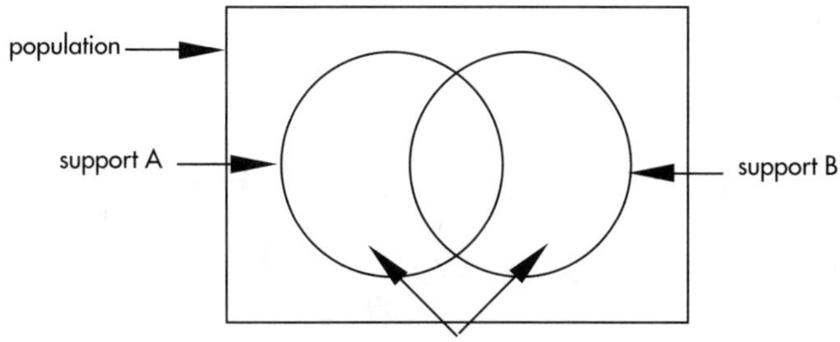

Exemple :

Une enquête du CESP donne les indications suivantes :
2 000 000 personnes lisent la revue *A*
600 000 personnes lisent la revue *B*
1 500 000 personnes lisent la revue *C*
90 000 personnes lisent les revues *A* et *B*
100 000 personnes lisent les revues *B* et *C*
200 000 personnes lisent les revues *A* et *C*
15 000 personnes lisent les revues *A, B* et *C*.

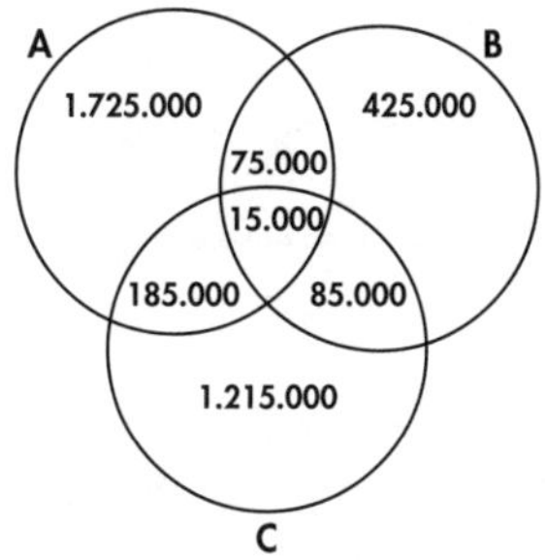

- Nombre de lecteurs exclusifs du support *A* :
  2 000 000 - 185 000 - 75 000 - 15 000 = 1 725 000.
- Nombre de lecteurs touchés au moins une fois par au moins l'une des 3 revues : 3 725 000 personnes. Chiffre obtenu en additionnant tous les chiffres du graphique :
  1 725 000 + 425 000 + 75 000 + 185 000 + 85 000 + 1 215 000. + 15 000
- Nombre de lecteurs touchés une seule fois (ne lisant qu'une seule fois la revue) : 3 365 000 personnes (audience nette globale).

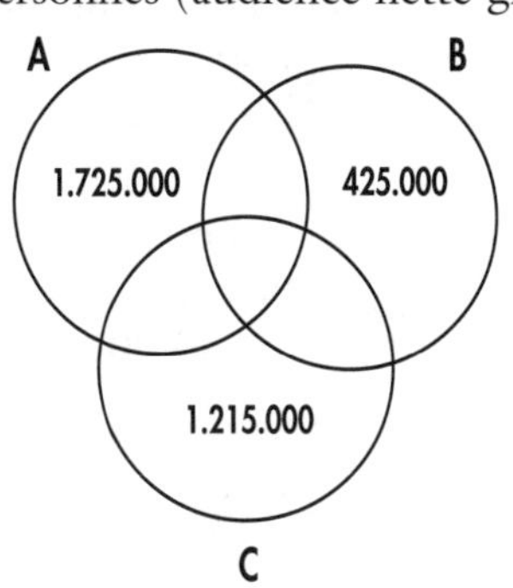

– Le prix d'une page étant de :
40 000 F pour la revue *A*,
30 000 F pour la revue *B*,
35 000 F pour la revue *C*,

le coût pour mille pour la revue *A* est de : $\frac{40\ 000 \times 1\ 000}{2\ 000\ 000} = 20$ F.

le CPM pour la revue *B* est de : $\frac{30\ 000 \times 1\ 000}{600\ 000} = 50$ F

le CPM pour la revue *C* est de : $\frac{35\ 000 \times 1\ 000}{1\ 500\ 000} = 23{,}33$ F

L'ordre d'économie sera donc *A* = 20 F, *C* = 23,33 F, *B* = 50 F.

4. Audience nette utile : c'est la différence entre l'audience totale et l'audience dupliquée de la cible visée.

AUDIENCE NETTE UTILE

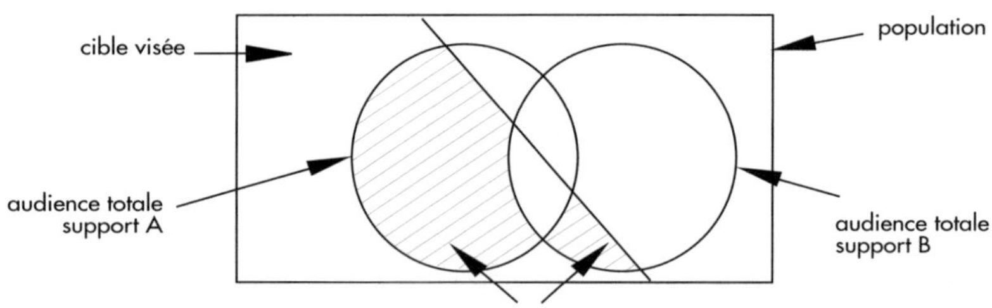

Exemple :

– Puissance du support *A* sur la cible adolescents masculins (la puissance c'est l'audience utile, c'est-à-dire l'audience totale multipliée par la cible, calcul donné en %). Pour arriver à ce calcul, il faut d'abord calculer le nombre de lecteurs hommes :

350 000 x 70 % = 245 000.

Puissance *A* (adolescents masculins) = 245 000 x 12 % = 29 400 adolescents masculins.

– Puissance du support *B* sur la cible adolescents masculins :

320 000 x 75 % = 240 000.

Puissance *B* (adolescents masculins) = 240 000 x 13 % = 31 200.

– Audience nette utile de la cible adolescents masculins :
29 400 (audience utile du support *A*) + 31 200 (audience utile du support *B*) – 1 100 (adolescents lisant les 2 supports) = 59 500 adolescents.

– Sélectivité du support *A* concernant la cible des adolescents masculins (la sélectivité étant la puissance du support sur l'audience totale x 100) :

$$SA = \frac{29\ 400 \times 100}{350\ 000} = 8{,}4\ \%$$

sélectivité du support *B* sur la même cible

$$SB = \frac{31\ 200 \times 100}{320\ 000} = 9{,}75\ \%$$

calcul du CPM sur cible adolescents

$$\text{CPM } A = \frac{\text{prix page x 1 000}}{\text{audience utile}} = \frac{115\ 000 \text{ x } 1\ 000}{29\ 400} = 3\ 911$$

$$\text{CPM } B = \frac{105\ 000 \text{ x } 1\ 000}{31\ 200} = 3\ 365$$

5. Audience utile : audience constituée par les personnes entrant dans la cible choisie et fréquentant le support sélectionné.

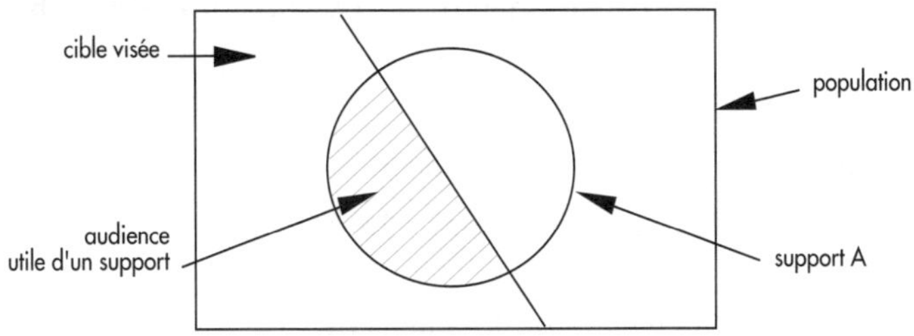

AUDIENCE UTILE D'UN SUPPORT

Exemple :

Soit le journal A ayant 300 000 lecteurs dont 80 % de lectrices et 60 % de lectrices de 20 à 40 ans. L'audience utile de la cible visée (de 20 à 40 ans) est donc de :

Aud. A = (300 000 x 80 %) x 60 % = 144 000 femmes entre 20 et 40 ans.

6. Audience d'un support : ensemble des individus qui ont été touchés par la publicité véhiculée par le support. L'audience cumulée correspond au nombre de personnes ayant écouté la radio ou regardé la télévision au cours d'une période (minutes, tranche horaire, journée…).

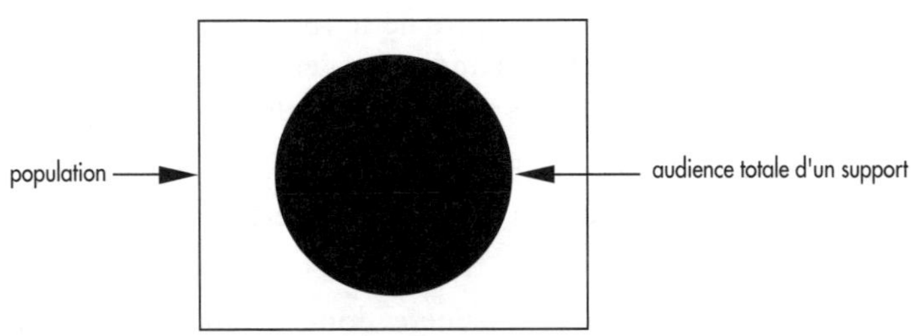

AUDIENCE D'UN SUPPORT

7. Bêta : coefficient de mémorisation calculé par A. Morgensztern correspondant au pourcentage d'une audience ayant mémorisé un message.

8. Brief média : indications fournies au médiaplanneur comme : le rappel des objectifs marketing et de communication, l'étude de la cible, le budget, la nature du produit à vendre (saisonnalité ou non), le rappel de la promesse de la copy-strat., les manifestations hors média (promotion, relations publiques), l'étude de la concurrence (campagne précédente) et le planning.

9. CPM : coût d'une insertion (coût pour mille) divisé par le nombre de personnes appartenant à la cible (audience) x 1 000.

10. Catégories :

1. PCS : profession et catégorie sociale (inactif, fonctionnaire, artisan, agriculteur, ouvrier, employé, commerçant, retraité, technicien, représentant, cadre, profession libérale, p.-d.g.).

2. Catégories SECODIP : A, aisé et supérieur, 15 % des foyers ; B, moyen supérieur, 30 % des foyers ; C, moyen inférieur, 40 % des foyers, ; et D, modeste, 15 % des foyers.

3. Socio-style : voir 1re partie, chapitre **2. Le consommateur, B, 2.**

4. Habitat : rural, – de 20 000 hab., de 20 000 à 100 000 hab., + de 100 000 hab., Paris, Lyon, Marseille.

5. Géographie : les 26 régions de France.

6. Âge : – de 15 ans, 15-24 ans, 25-34 ans, 35-49 ans, 50-64 ans, + de 65 ans.

7. Sexe : homme, ménagère ou femme active.

11. Cibles : décideur, prescripteur, influenceur, utilisateur, préconisateur, distributeur, leader d'opinion.

12. CPM : coût d'une insertion (coût pour mille) divisé par le nombre de personnes appartenant à la cible (audience) x 1 000.

13. Couverture média : nombre de personnes touchées par un support précis. La couverture brute est égale au nombre total de contacts dont la somme correspond aux individus qui fréquentent les supports choisis. Chaque individu peut être compté plusieurs fois s'il fréquente plusieurs supports. Le nombre de contacts (occasion de voir – ODV –, ou occasion d'entendre – ODE –) s'exprime en pourcentage. Leur addition se définit en GRP (Gross Rating Point). De plus, la couverture nette représente la même population que la couverture brute, mais chaque individu n'est comptabilisé qu'une seule fois, même s'il est exposé à plusieurs supports dans le même temps.

14. Diffusion : nombre d'exemplaires d'un numéro effectivement distribué par abonnement, vendu ou donné. La différence entre le tirage et la diffusion s'appelle le bouillon.

15. Cumul d'audience : manière dont un média est consommé à des moments différents, consommation entraînant un accroissement d'audience ou d'audience utile.

16. *Day time* : tranche horaire couvrant la matinée, la mi-journée et l'après-midi. ***Prime time* :** tranche horaire couvrant la première partie de la soirée (18 h 30 à 21 h pour la radio et 19 h 30 à 22 h 30 pour la TV). ***Night time* :** deuxième partie de soirée (après 22 h 30 pour la TV).

17. Duplication d'audience : part d'audience touchée par un ou plusieurs supports dont les lecteurs se recoupent (indications fournies par les organismes de sondage, PCS par exemple)

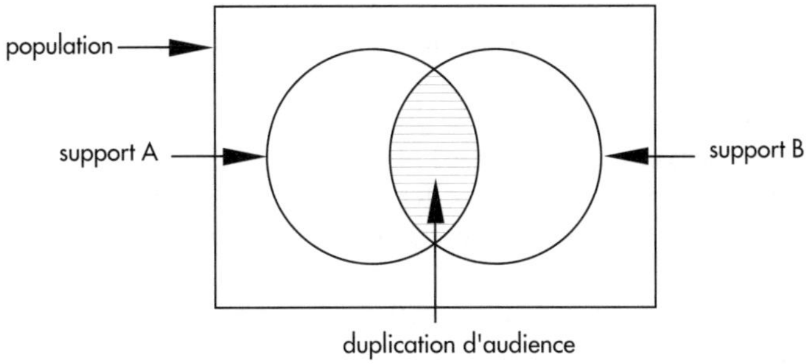

Exemple :

TABLEAU DE DUPLICATION D'AUDIENCE CONCERNANT LA PRESSE FÉMININE :

	FEMME ACTUELLE	*FEMME D'AUJ.*	*PRIMA*	*MODES & TRAV.*	*INTIMITÉ*	*NOUS DEUX*	*ELLE*
FEMME ACTUELLE		52 12	45 32	37 26	41 9	40 13	42 12
FEMME D'AUJOURD'HUI			10 33	14 45	12 12	12 17	16 22
PRIMA				42 42	24 8	22 10	30 12
MODES & TRAVAUX					20 6	21 9	27 11
INTIMITÉ						53 75	7 9
NOUS DEUX							9 8

Le tableau se lit de la façon suivante : 12 % des lectrices de *Femme Actuelle* lisent *Femmes d'Aujourd'hui*, et 52 % des lectrices de *Femmes d'Aujourd'hui* lisent *Femme Actuelle.*

18. Duplication d'audience utile : c'est l'ensemble des personnes appartenant simultanément à l'audience des supports *A* et *B*, par rapport à la cible visée.

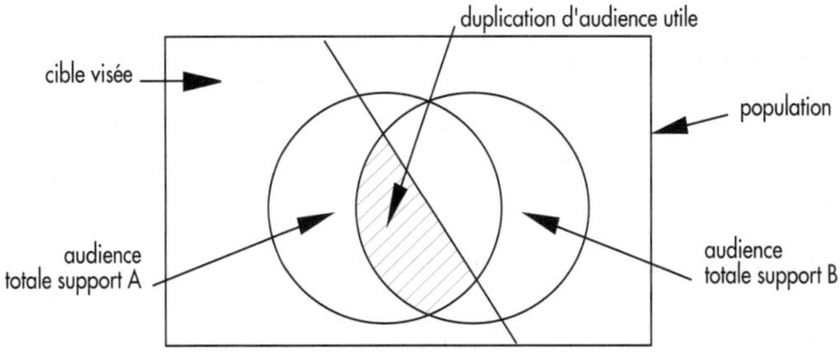

19. GRP : abréviation de **Gross Rating Point. Nombre moyen de personnes touchées par un support à un moment précis**, nombre exprimé en pourcentage. Le Rating Point représente un pourcentage de la population étudiée et le GRP définit en points le pourcentage total des **ODV** (occasions de voir) et **ODE** (occasions d'entendre) obtenu par une combinaison des diffusions sur cent personnes de la cible. Le GRP permet de mieux apprécier la puissance d'un support ; il permet même de comparer plusieurs plans média. On estime qu'un GRP raisonnable pour la télévision est de 90 à 120 par semaine. 250 à 300 par semaine pour la radio, et 200 à 250 par semaine pour la presse-magazine.

$$\text{GRP} = \frac{\text{nombre de contacts utiles}}{\text{cible totale}} \times 100$$

$$\text{répétition moyenne (n)} = \frac{\text{nombre de contacts utiles}}{\text{couverture}}$$

Exemple :

Une diffusion à 20 heures a un rating de ménagères de 20 %, une diffusion à 19 heures a un rating de 15 %. Dix diffusions à 20 heures et 10 diffusions à 19 heures donnent un GRP de (10 x 20) + (10 x 15) = 350 GRP.

Exemple :

La cible étant les femmes de 25 à 64 ans. En admettant qu'il y a environ en France 21 000 000 de femmes de plus de 15 ans dont 63 % ont entre 25 et 64 ans, soit 13 230 000 femmes dans la cible. Si en plus, on sait que pour une pleine page, par exemple, du journal *A*, l'audience utile est de 4 000 000 de lecteurs, la pénétration (ou nombre de contacts utiles) sera de :

$$\frac{4\ 000\ 000 \times 100}{13\ 230\ 000} = 30.$$

Il suffit alors d'additionner toutes les pénétrations des différents journaux (A, B, C, etc.) pour obtenir le GRP/mois si le calcul se fait à partir d'une presse mensuelle.

Le coût du GRP est le rapport entre le GRP et le prix d'achat d'espace.

20. Hors média : toute forme de publicité qui ne passe pas par les cinq médias classiques. Les hors médias les plus classiques sont : le mécénat, le patronage, le parrainage, le sponsoring, la PLV (publicité sur le lieu de vente), la promotion, le marketing direct, les relations publiques, les salons et foires, etc.

21. Instituts de sondage :

- *CESP :* Centre d'étude des supports de publicité, créé en 1956 dont la fonction est de réaliser des études médias et supports pour le compte de ses adhérents (mesure d'audience). Devenu Diffusion Contrôle en 1992.
- *OJD :* Office de justification de la diffusion, créé en 1948 dont le rôle est de vérifier la diffusion réelle de la presse à partir des tirages (mesure de diffusion). Devenu Diffusion Contrôle en 1992.
- *CCA :* Centre de communication avancée, créé en 1970. Il définit les critères psychosociologiques.
- *IPSOS :* critères de décision et post-tests d'efficacité publicitaire.

• *Média marketing :* critères de consommation.

22. Lecteur : personne qui a feuilleté, parcouru ou lu un support-presse, acheté ou non. Le lecteur simple est celui qui lit ou parcourt le support. Notons que le lecteur-acheteur est plus apprécié puisque le fait d'acheter le journal apporte un élément positif dans la fréquentation du support.

23. Mass média : terme générique qui désigne l'ensemble des véhicules de l'information dotés d'une grande diffusion (radio, TV, presse, affichage, cinéma).

24. Média : groupe de supports publicitaires de même nature (média TV : TF1, France 2, France 3, etc.).

25. ODV ou ODE : on appelle ODV le lien établi entre une personne et le support dans lequel le message publicitaire est inséré. Les contacts utiles sont ceux qui concernent la partie de l'audience du support qui entre dans la définition de la cible choisie dans le plan média.

26. Support :

a) élément matériel qui supporte réellement un message ; le film pour le cinéma, le panneau pour l'affiche, le journal pour la presse, etc.

b) véhicule qui transmet un message publicitaire (TF1, France 2, France 3 sont des supports du média TV). Par extension, c'est aussi ce qui permet de faire de la publicité (homme-sandwich, ballon, sac, télécarte, tribune...). Mais tous les supports ne sont pas considérés comme des médias, exemple : l'imprimé publicitaire est un support et non un média.

27. Taux de circulation : rapport entre l'audience d'un support et sa diffusion. Il est possible de connaître avec précision la courbe de distribution des fréquences d'un support donné afin de savoir quel est le pourcentage de la cible qui a été touché 1, 2 ou *n* fois après 1, 2 ou *n* insertions.

28. Taux de couverture : $\frac{\text{couverture x 100}}{\text{cibles totales}}$

29. Taux de pénétration : pourcentage d'une population sur laquelle le message a laissé une trace mesurable.

30. Tirage : nombre d'exemplaires qui sont sortis des presses de l'imprimerie.

II. LES OUTILS DU MÉDIA-PLANNING

Nous présentons ici les grands instituts d'études médias, qu'ils soient presse, télévision, radio, affichage, ou cinéma.

A. Médiamétrie

Cet institut créé en 1985 s'est spécialisé dans la mesure d'audience des médias audiovisuels comme la télévision, la radio et le cinéma. Son p.-d.g. est Jaqueline Aglietta. Médiamétrie a mis en place pour chaque média un comité assistant la direction dans ses grandes orientations. Il existe ainsi trois comités correspondant à ses principaux produits qui sont le Médiamat et l'enquête 75 000.

Le comité Audimétrie comprend 12 membres représentant de manière égalitaire les diffuseurs (TF1, France Télévision, Canal +, Arte, M6), les annonceurs et les publicitaires (UDA, Publicis, EuroRSCG, Carat France, DDB Needham). Ce comité réfléchit sur toutes les questions relatives aux mesures d'audience télévisuelle.

Le comité Radio, création en 1989, comprend 6 membres représentant les groupes et les stations de radio (Lagardère Active Publicité, Radio France, les radios indépendantes de catégorie B, NRJ Group, RMC et RTL Group) et 6 membres représentant les annonceurs et publicitaires (Union des annonceurs [UDA] avec 2 représentants, Optimedia, Havas Advertising, Carat France et TMP). Le comité Radio s'appuie par ailleurs sur une instance technique à structure également paritaire, la commission technique Radio.

Le comité Cinéma, création en 1993, regroupe 10 membres représentant à parité des entités de la profession du cinéma : le CNC, la FNCF, les régies (Circuit A, Médiavision), la Procirep, et les utilisateurs, annonceurs et publicitaires (Union des annonceurs [UDA] avec 2 représentants, Publicis, Havas Advertising et Carat France).

Le comité Métridom, créé en 1997, comprend 11 membres, représentant les acteurs des médias (RFO, R3O, Antilles Télévision, Antenne Réunion, Radio Caraïbes International, Communication Production Audiovisuelle), les annonceurs et les publicitaires (Union Des Annonceurs [UDA] avec 2 représentants, Groupe Publidom, Média Outre Mer, C&P Nautilus).

Le comité Câble et Satellite, création en 2001 regroupe 16 membres avec voix délibérative : six représentants des chaînes du câble et du satellite, six représentants des agences média et des annonceurs, trois représentants des opérateurs et le président de Médiamétrie ainsi que deux membres avec voix consultative représentant les chaînes du câble et du satellite. Le comité a pour objet de réunir les professionnels concernés par les mesures d'audiences sur le câble et le satellite, de se prononcer sur ces mesures et de définir les modes de communication de ces résultats.

Le comité Internet, création en 2001, comprend 21 membres dont les éditeurs et opérateurs (France Télécom-Wanadoo, France Télévision, Lagardère, Le Monde, Les Échos, PPR Interactive, Radio France, RTL, SPQR, TF1,

Vivendi Universal et Yahoo), les annonceurs et leurs conseils (Union des annonceurs [UDA], Groupe Publicis, TMP, Havas Advertising et Carat France). Sont également représentés à titre consultatif l'Association pour le commerce et les services en ligne (ACSEL), l'Internet Advertising Bureau (IAB France), l'Association des fournisseurs d'accès (AFA) et le Groupement des éditeurs de services en ligne (GESTE). Le comité Internet s'appuie par ailleurs sur une instance technique à structure également paritaire, la Commission Technique Internet.

Médiamétrie a ainsi mis en place différents outils de mesure d'audience comme :

- le Médiamat, outil de référence dans la mesure d'audience télévisuelle. Le panel Médiamat est constitué de 3 160 foyers représentant 7 716 individus de 4 ans et plus. L'outil du médiamat est le boîtier à touches individuelles (une pour chaque membre de la famille) ;
- l'enquête plurimédia 75 000 fournit une mesure d'audience sur le marché des stations de radio et du cinéma. Le panel est de 75 250 interviewés avec 250 interviews téléphoniques assistées par ordinateur effectuées chaque jour pendant 10 mois de l'année, sauf juillet et août). Cette mesure permet de décrire l'audience en termes de consommation, de critères socio-démographiques et de possession. Cette enquête évalue les transferts d'audiences, appréciables pour effectuer des programmations affinées ;
- quant au cinéma, la 75 000 mesure, à partir d'indicateurs comme la fréquentation, la composition du public, la manière dont les séances sont distribuées, le nombre moyen de spectateurs par séance, ou l'estimation du nombre d'entrées. Notons que le Médiamat est complémentaire avec l'étude MEDIACABSAT, qui permet, une fois par an, de connaître le comportement télévisuel des téléspectateurs du PAFC. Son échantillon est de 2 250 panélistes.

B. Pige SECODIP

SECODIP, filiale de la Sofrès, numéro 5 mondial des études de marché, calcule l'ensemble des dépenses et investissements publicitaires sur le marché français, et ce, depuis 1969. Le travail de pige consiste à recenser sur l'ensemble des médias chaque insertion publicitaire soit environ 1,6 millions de messages publicitaires. Ces informations sont proposées aux différents acteurs du marché de la publicité comme les annonceurs, les agences, les centrales d'achat...

SECODIP offre plusieurs services comme :

- la pige publicitaire quantitative créée en 1969 et mesurant l'ensemble des investissements publicitaires en France (parrainage compris) ;
- la pige publicitaire qualitative rassemblant les annonceurs et les publicités des nouvelles campagnes, soit environ 20 000 campagnes annuelles ;
- la pige information qui archive par thème l'actualité diffusée sur la TV, la radio et la presse.

Il existe aussi des services parallèles comme le service études de marché, le fonds documentaire ou les opérations de parrainage.

La méthode de la pige SECODIP consiste à dépouiller l'ensemble des médias ainsi que les déclarations des régies publicitaires. 75 000 marques et environ 40 000 annonceurs sont répertoriés dans l'ensemble des secteurs économiques. Les informations sont ensuite classées selon une typologie spécifique avec la famille (les produits d'entretien ménager), la classe (la lessive), le groupe (lessive pour machine à laver), la variété (lessive liquide), l'annonceur (X), la marque (Y).

L'étude des médias se décompose de la manière suivante avec :

- pour la télévision, l'étude de TF1, France Télévision, Canal +, M6, RTL TV, TMC. Chaque spot, après avoir été reconnu, est saisi par un système de reconnaissance automatique (RAIV) avec sa tarification. Pour le parrainage télévisuel, la pression publicitaire est mesurée par émission et par forme (générique, habillage d'émission, bande-annonce, siglage...). Pour le parrainage sportif, les piges détaillent la forme (bandeau, panneau, banderole...) ;
- pour la presse, le dépouillement de 825 titres (magazines, PQN, PQR, presse spécialisée...). Le format saisi est celui du média presse (format page ou mm/colonne). Publi-reportage et encart sont aussi comptabilisés ;
- pour la radio, les stations pigées sont RMC, RTL, Europe 1, NRJ, Sud Radio, Nostalgie, Europe 2, Skyrock, RFM, Fun Radio, Chérie FM. Les spots publicitaires nationaux sont traités et tarifés sur la base du tarif brut en fonction de la durée et de la tranche horaire ;
- pour l'affichage et le cinéma, les piges sont effectuées à partir des déclarations mensuelles des régies publicitaires et évaluées au tarif brut hors taxe en tenant compte des catégories et réseaux.

C. SIMM SECODIP

Depuis 1995, SECODIP a mis en place une nouvelle étude, le Système d'Information Médias-Marchés (le SIMM). SIMM étudie l'ensemble des médias dans une perspective stratégique en vue de développer de nouvelles politiques de développement publicitaire.

Il s'agit en fait d'une étude plus qualitative tenant compte des caractéristiques de consommation et d'exposition aux médias. L'étude fait intervenir des données sur les attitudes, les comportements, les opinions, et les intentions sur des marchés précis.

L'étude SIMM se fait tous les ans sous la forme de questionnaires auto-administrés par voie postale auprès d'un échantillon aléatoire après stratification de 14 800 individus. En complément de cet échantillon 2 360 individus sont recrutés par la méthode des quotas.

Le champ d'investigation de l'étude comprend environ 750 marchés, 7 000 marques, 5 médias, 210 titres de presse, des données sociodémographiques, des attitudes et comportements... Le principal intérêt de cette étude est de connaître la pénétration des marques ou produits, de définir des profils de clientèle en termes de PCS et autres critères, de mieux connaître les circuits de distribution, de créer des typologies de consommateurs de médias, de tester et d'optimiser des plans média sur des cibles précises, et d'élaborer des argumentaires de vente de supports.

Ce type d'études intéresse les régies publicitaires, les annonceurs et les centrales d'achats. De fait, la régie INTERDÉCO propose, à partir des données SIMM, une synthèse de l'évolution du comportement de consommation et de fréquentation des médias. Le nom de cette étude fondée sur 1 200 personnes est SCANNER.

D. CESP (Centre d'étude des supports de publicité)

Créé en 1956, le CESP est une association interprofessionnelle qui regroupe annonceurs, agences, centrales d'achat, et médias. La première vocation du CESP était d'analyser l'audience des médias. Regroupant environ 200 adhérents, cette association a plusieurs objectifs :

- faire de la recherche dans le domaine des médias ;
- contrôler et labéliser les études sur les médias ;
- organiser un lieu d'échange et de rencontre.

Le CESP assure le contrôle des études d'audience média comme l'étude presse magazine réalisée par AEPM, l'étude presse quotidienne réalisée par Ipsos, l'étude « La France des cadres actifs » réalisée par Ipsos, l'étude Europqn, le Médiamat de Médiamétrie, l'étude Affimétrie et l'étude Métrobus, l'enquête 75 000 de Médiamétrie, le panel radio, l'Internet…

Le CESP s'organise autour d'un comité scientifique, composé de 8 membres nommés par le conseil d'administration. Sa fonction est de faire appel à des experts extérieurs et à des groupes de travail externes, et de commissions d'études et de recherches dont le but est de recueillir des propositions d'études et de programmes de recherches sur les médias.

E. Diffusion Contrôle

Diffusion Contrôle est une association qui succéda en 1992 à l'OJD (Office de justification de diffusion) créé en 1946, lui-même remplaçant en 1946 l'OJT (Office de justification des tirages) créé en 1922 et devenant association en 1926 ; la diffusion remplaçant l'idée de tirage utile.

Diffusion Contrôle a pour mission de vérifier le tirage et la diffusion des médias supports de publicité, et tout particulièrement la presse. Cette association compte 1 500 adhérents de l'ensemble des médias, et effectue plus de 1 300 contrôles par an.

L'association se compose de plusieurs collèges, celui des éditeurs, des annonceurs, et des professionnels de la publicité. C'est bien évidement le collège des éditeurs qui est le plus important. Il regroupe des bureaux chargés de la presse payante, des supports écrits de publicité spécialisés, de la presse gratuite, des supports divers, et de la presse audiovisuelle et télématique.

Diffusion Contrôle effectue chacun de ses contrôles avec deux personnes, un représentant de Diffusion Contrôle et un expert-comptable indépendant. Sont ensuite dressés des procès-verbaux comprenant des informations sur le tirage et la diffusion moyenne par an ou par mois ainsi que les ventilations de la diffusion. Deux déclarations de diffusion sur l'honneur (DSH) sont faites en mai et en novembre. Mais il existe aussi des déclarations mensuelles sur l'honneur (DMH) faites pour l'instant mensuellement par 50 titres de presse.

Diffusion Contrôle propose également d'autres services comme l'OJD plus (répartition géographique de la presse quotidienne et de la presse hebdomadaire), des études sur les tendances de la presse, sur la qualification de la diffusion en fonction de critères socio-démographiques, des banques de données... et depuis quelque temps participe à la certification de l'audience des sites Internet.

F. AEPM

L'Audience études pour la presse magazine est un organisme créé en 1992 pour gérer les études de références en matière de presse magazine. Le principal partenaire et associé de l'AEPM est l'APPM (Association pour la promotion de la presse magazine). Des études sont menées depuis 1998 sur les « circuit supplétifs » de distribution de la presse (grandes surfaces, boulangeries...) tandis que les données sont maintenant disponibles régionalement : la PQR peut ainsi, désormais, connaître sa pénétration par département.

L'AEPM s'est fixé comme objectif d'entreprendre une véritable étude sur les audiences de la presse comme le nombre de jours de lecture, les quantités de lecture, le nombre de numéros lus, ou les audiences en lecture dernière période (LDP, c'est-à-dire la lecture d'un titre en général et non la lecture d'un numéro clairement identifié).

Les études réalisées pour le compte de l'AEPM par ISL, IPSOS et la SOFRES se font à partir d'un échantillon de 20 000 interviews réparties en deux groupes (un de 16 000 interviewés représentant les plus de 15 ans, et un autre de 4 000 interviewés âgés de plus de 15 ans et appartenant aux classes aisées et intermédiaires). Les interviews portent principalement sur les habitudes de lecture, les lectures de la veille, la date des dernières lectures, les lieux de lecture, le nombre de reprise en main...

Les principaux objectifs sont de quantifier et qualifier les habitudes de lecture de la presse magazine, mais aussi d'analyser les fréquentations des autres médias, les conditions de lecture, les caractéristiques de chaque lectorat et cible en fonction de critères sociodémographiques.

Notons que l'étude SOFRES 30 000 permet d'étudier l'audience de 50 titres non pris en compte par l'AEPM, à partir de 30 000 interviews.

G. EUROPQN-SPQR

L'EUROPQN (Étude et unité de recherches opérationnelles de la presse quotidienne nationale) est une association créée en 1992 pour réaliser des études de référence en matière de PQN. Le SPQR (Syndicat de la presse quotidienne régionale) s'est associé à l'EUROPQN. L'objectif premier est de mieux connaître le lectorat de la presse quotidienne.

L'EUROPQN s'articule autour d'un échantillon de 22 000 interviews téléphoniques dans l'année réalisées sur un panel représentatif. Ces interviews téléphoniques sont effectuées à partir du système Cati *(Computer Assisted Telephoning Interview)* en autoadministré.

Les questions posées abordent les habitudes de lecture, les dates de lecture, les lectures dans l'année, la date de la dernière lecture, le nombre de numéros lus, les heures de lecture, les lieux de lecture, la provenance, le nombre de prise en main, le nombre de numéros lus sur *n* numéros parus, la durée des lectures...

Ces informations permettent d'établir des indicateurs d'audience comme le LDP (lecture dernière période et concerne la date de la dernière lecture), mais aussi le LNM (lecture de numéro moyen, autrement dit le rapport établi entre le nombre de numéros lus et le nombre de numéros parus) et le LRC (lecture régulière confirmée, indicateur concernant les informations sur la régularité de lecture et le comportement réel de lecture). Les titres concernés sont pour la PQR, les titres du 66-3 (66 titres pour 3 semaines de publication), et pour la PQN, les 11 titres nationaux.

Les principaux objectifs sont de quantifier et de qualifier la typologie de lecture, en termes de critères sociodémographiques, de biens d'équipement et de consommation, de la PQN et de la PQR à travers le 66-3.

H. Les études d'affichage

■ Affimat

Carat Expert a mis au point une étude sur l'affichage destinée à aider le client dans le choix d'un réseau d'affichage. Affimat est construit autour d'une banque de données concernant plus de 140 000 panneaux répartis sur 252 agglomérations de plus de 30 000 habitants. Le système repose sur une codification des panneaux de chaque secteur et une centralisation de l'information, en fonction de critères spécifiques comme :

- la situation par rapport à l'axe de la route (barre-route, pan coupé, parallèle) ;
- le niveau d'isolement (isolé, 1 parmi 2, 1 parmi 3, doublon isolé, doublon parmi 3) ;
- la distance de visibilité (- de 20 m, 20 m, 40 m, 60 m, 80 m, plus de 80 m) ;
- l'écart par rapport à l'axe ;
- les effets de masque (saisonnier, permanent léger, permanent lourd) ;

mais aussi d'autres paramètres facultatifs comme :

- panneau en centre-ville ;
- panneau sur axe commerçant ;

– panneau dans le périmètre de centres commerciaux, de gare, de zone résidentielle, de stade...

Couplées aux informations des municipalités concernant le trafic, les informations d'Affimat sont relativement performantes et permettent de préciser la valeur qualitative (moyenne arithmétique de la note de chacun des panneaux du réseau), son indice d'efficacité correspondant à la note de valeur de position pondérée par la valeur axe et rapportée à une base 100, son indice de coût (prix panneau par jour brut sur une base 100, indice représentant le prix d'un panneau par jour moyen).

■ Affimétrie

Avenir, Dauphin et Giraudy, trois grands afficheurs, se sont regroupés pour créer Affimétrie, outil de mesure des performances de l'affichage. À partir d'une enquête sur les villes de + de 100 000 habitants, Affimétrie fournit des informations sur les performances réelles et les niveaux d'audience des réseaux d'affichage.

Affimétrie est la seule mesure d'audience individuelle de l'affichage validée par le CESP analysant les réseaux de + de 100 000, + de 200 000, + de 300 000, + de 500 000 hab. et PLM (Paris, Lyon, Marseille). Affimétrie étudie l'exposition des panneaux selon le déplacement des populations en fonction de leur position et de leur axe de visibilité. L'audience est ainsi mesurée par réseau en fonction de la couverture, de la répétition, du GRP.

L'étude d'Affimétrie permet d'optimiser les niveaux d'audience des différents réseaux d'affichage. Elle se fonde sur une enquête concernant les déplacements de 50 000 individus de plus de 15 ans réalisée par BVA.

■ Étude Métrobus

Cet outil permet de mesurer les audiences du métro, du RER et des bus en termes de couverture, de répétition, de GRP, de mémorisation. Ces études, réalisées par les instituts BVA, Ipsos et Esop, s'attachent à analyser les trajets par agglomérations de populations représentatives en vue d'obtenir le nombre de contacts selon les emplacements. L'échantillon est représentatif de la population de Paris et de sa banlieue. La dernière étude remonte à juin 1998

■ Médiaplan Gares

Médiaplan Gares est un outil d'études mis au point par France Rail Publicité afin de mieux qualifier et quantifier les performances des réseaux d'affichage des gares et des trains. À partir des enquêtes de la SNCF auprès des voyageurs grandes lignes, à partir des fichiers de vente de billets, il est possible d'affiner les critères en termes d'audience, d'ODV, de répétition en fonction des réseaux. La régie a ensuite décliné cette étude aux bus et au métro.

I. Les autres outils de mesure

L'étude FCA (France cadre actif) et l'étude FHR (France des hauts revenus), sont deux études du groupe Ipsos créées pour la première en 1982, et pour la seconde en 1991. L'étude FCA concerne la population des cadres et professions intermédiaires. L'étude de terrain a été menée auprès d'un échantillon de 5 351 personnes réparties en deux groupes (3 950 appartenant à la classe supérieure et segmentées en 11 couches, et 1 401 appartenant à la classe intermédiaire et segmentées en 4 couches) représentant les 5,7 millions de cadres actifs en France. Cette étude faite sous le contrôle du CESP a permis, par interviews téléphoniques, d'étudier les quotidiens nationaux et 58 magazines, ainsi que l'audience de la PQR et de l'Internet. L'objectif de cette étude est de quantifier et de qualifier la lecture de la presse, d'analyser les autres médias, et de dresser une typologie en fonction de critères sociodémographiques et psychodémographiques.

L'étude FHR s'intéresse pour sa part aux fréquentations médias des foyers à haut revenus (300 000 F et plus de revenus annuels nets). À partir d'un échantillon de 3 312 personnes de plus de 18 ans (représentant une population estimée à 3,6 millions de personnes selon la Direction générale des impôts) construit autour de la méthode des quotas, l'étude a analysé 84 supports de presse et 25 radios. L'enquête est bisannuelle.

Cette étude permet également de quantifier et de qualifier la lecture de la presse pour cette cible privilégiée, de connaître cette cible en ce qui concerne les marchés de la consommation comme les biens d'équipement, la mode, les loisirs, l'automobile ; l'intérêt étant aussi de croiser ces informations avec la consommation des produits de marques.

III. DÉCOUPAGE D'UN PLAN MÉDIA

Afin de réaliser un bon plan média, le médiaplanneur doit préserver autant le qualitatif (la particularité de chaque média et support) que le quantitatif (le nombre de contacts réalisés). C'est la raison pour laquelle on peut dire que les quatre principales contraintes du plan média sont :

- le budget ;
- la couverture ;
- la fréquence des insertions ;
- et la durée du plan média.

Ce qui signifie en fait qu'un plan média n'est pas reproductible ; il est en réalité spécifique à chaque campagne. De plus, il doit s'harmoniser aux objectifs marketing et aux objectifs de communication. Mais avant tout, pour bien comprendre la notion de plan média, il faut dissocier la stratégie média (utilisation des différents moyens de communication, média/hors média : relations publiques, mécénat, signalétique complète, conditionnement, etc.) du support planning (choix technique des supports : écran TV, horaire radio, cible magazine, en s'appuyant sur les études de l'OJD pour la diffusion et du CESP pour l'audience).

Pour établir un plan média cohérent, le médiaplanneur doit d'abord, en fonction de la nature de la campagne et en s'inspirant du brief média (indication sur la nature, la cible, la particularité des médias, exemple : le cinéma touche beaucoup plus les moins de 25 ans que les plus de 65 ans), choisir le ou les bons médias. N'hésitant pas non plus à éliminer les mauvais médias, le médiaplanneur doit supprimer les médias qui ne sont pas appropriés aux objectifs énoncés dans la stratégie média, voire éventuellement ceux qui sont indisponibles. En général, il retient un ou deux médias de base et cherche ensuite des médias d'accompagnement. Il faut en outre qu'il sélectionne les supports en fonction des médias retenus ; et en dernier lieu, il doit bien occuper les supports choisis (choix de l'emplacement dans un magazine, choix du passage dans un écran publicitaire, à la TV par exemple). Le médiaplanneur intègre en fait les objectifs marketing, les objectifs de communication, la nature des cibles, l'aptitude des médias et supports à communiquer le message et le coût relatif des supports.

Le plan média se décompose en fait en cinq étapes :

1. **Le brief média :** présentation du problème à résoudre et indications des différentes contraintes qui vont aider le médiaplanneur à choisir ses médias et supports ;

2. **Le choix média/hors média :** analyse de la répartition média/hors média par masse budgétaire ;

3. **La stratégie média :** choix des médias et répartition par masse ;

4. **Le support planning :** choix des supports pour chaque média, étude des insertions et passages par support ;

5. **Le calendrier :** présentation sur un tableau de toutes les actions publicitaires.

A. Brief média

Il regroupe les différentes informations nécessaires qui vont guider le médiaplanneur dans l'élaboration de son plan média telles que les objectifs, les stratégies et les cibles marketing, l'étude de la concurrence, les objectifs, les stratégies et les cibles de communication, la stratégie de création, le budget, le calendrier de la campagne et la politique créative de la concurrence. De la synthèse de ces informations, le médiaplanneur dégage une sélection des canaux de communication, une sélection des médias et supports, une répartition budgétaire et un calendrier.

1. La cible

Il s'agit dans un premier temps de bien distinguer la cible marketing (à qui l'on vend) de la cible de communication (à qui l'on s'adresse). De plus, c'est le maillon essentiel dans la réalisation d'un plan média puisqu'une stratégie de communication n'est pas viable si la cible est mal définie. La cible détermine en réalité le budget dans la mesure où une cible trop large coûte très cher et demeure sans effet, comme une cible surexposée demande plus de répétition donc plus de charge qu'une cible sous-exposée. Elle conditionne de plus le choix des différents médias (exemple : le cinéma est mal choisi pour toucher une cible de plus de 65 ans). Il convient également d'ajouter qu'il ne faut surtout pas mélanger les critères de cible (une cible-client en PCS et une cible-support en socio-style par exemple).

2. Le budget

Le budget est déterminé par l'annonceur. Le médiaplanneur doit, dans son choix média et support, faire attention aux coûts d'achat d'espace, coûts de production et frais techniques qui varient selon les médias.

3. La copy-stratégie/la stratégie créative

Le brief média précise la promesse, la justification et le ton de la création, ainsi que les différentes contraintes comme le planning et le format de création.

4. La concurrence

Les piges indiqueront au médiaplanneur l'axe de communication, la ventilation par média et des indications sur le budget de campagne des concurrents.

5. Le déroulement du plan média

En fonction de la particularité du produit à promouvoir, de sa saisonnalité, de la périodicité des campagnes des concurrents, de la durée d'action de la campagne en question et de la date de démarrage de la campagne, le médiaplanneur définira un calendrier.

B. Stratégie de communication : média/hors média

1. Le budget

Le médiaplanneur répartit le budget global en deux masses (média/hors média). Notons que la tendance actuelle pour les gros budgets va vers un équilibre entre le média et le hors média. 60 % des dépenses publicitaires en France sont réservés aux médias et 40 % aux hors médias. Il est vrai aussi que plus le budget sera important, plus grand sera le nombre de moyens de communication. En outre, une campagne nationale n'est possible qu'à partir d'un certain budget.

2. La cible

Il convient de rechercher des moyens de communication adéquats à la cible visée et adaptés à son hétérogénéité. Par exemple, le mailing s'adapte bien à une cible hétérogène alors que la promotion vise une cible plus homogène.

3. La nature du produit

La nature du produit à promouvoir va déterminer la conduite d'achat du consommateur. À ce titre, il conviendra de choisir le bon moyen de communication. La PLV ou la promotion conviennent à des produits achetés de façon intuitive et impulsive tandis que le mailing, les relations publiques ou les médias s'adaptent mieux à des conduites d'achat réfléchies. De la même manière, le mécénat permet d'établir un contact personnel et rend plus sympathique le rapport à l'entreprise ou à l'institution.

TABLEAU COMPARATIF
DES DIFFÉRENTS CANAUX DE COMMUNICATION

Critères	**Cibles**			**Conduites d'achat**		**Objectif de marketing et de communication**		
moyens de communication	homogène	hétérogène	spécifique	spontanée	réfléchie	notoriété	image de marque	création trafic
Média	+++	+	++	+	+++	+++	++	++
RP/mécénat	+	0	+++	0	+	+	+++	0
PLV	+++	0	++	0	+++	+	+	++
Promotion	+++	0	++	++	+++	+	+	++

Exemple de lecture : si l'on recherche un effet d'image de marque, le meilleur moyen de communication est le mécénat/RP ; par contre, si on recherche un effet de notoriété, le meilleur moyen de communication reste les médias.

C. Stratégie média

La stratégie média permet au médiaplanneur d'opérer un choix sur les différents médias. Observons qu'en fonction des secteurs économiques, la répartition des dépenses varie selon la nature du produit et la réglementation en vigueur. Si, pour le secteur alimentaire, la TV est un média ayant une bonne image, elle reste un média interdit pour les distributeurs qui doivent se tourner vers la presse, radio, cinéma ou affiche. Néanmoins, certains distributeurs comme Darty s'adaptent à la législation en choisissant un vecteur hors média comme le parrainage d'émissions TV (la météo par exemple). De la même manière, pour les produits de beauté, les magazines et la TV seront les médias les plus utilisés en raison de leur forte diffusion et de leur image de marque.

Les premiers critères du choix média sont alors le budget disponible et la nature du produit à promouvoir. En réalité, tous les médias ont leur intérêt, mais chacun a sa spécificité. En fonction de la nature de la campagne, de la cible, du budget, du produit et de la création, tel média sera plus approprié qu'un autre. Contentons nous de représenter de façon synoptique les principales qualités de chaque média que nous aborderons plus spécifiquement dans le prochain chapitre **2. Les différents médias**) :

– **Affichage :** média choc à bon effet d'annonce et de bonne couverture. Il est à utiliser dans le cadre de produits ou marques nouveaux, ainsi que pour asseoir rapidement une notoriété. Mais il est éphémère et relativement cher. Il sert de média d'appui et est souvent relayé par la presse ou la TV.

– **Presse quotidienne :** média de bonne implantation. Il est crédible comme tout ce qui est écrit et il bénéficie en plus d'une audience fidèle ; mais, comme l'affiche, ce média est éphémère.

– **Magazine :** média à fort aspect visuel. Par sa nature, il permet un argumentaire. Sa durée de vie est plus longue que pour la **PQR** (presse quotidienne régionale) ou **PQN** (presse quotidienne nationale). Média intéressant pour toute stratégie à forte argumentation. De plus, il permet une bonne sélectivité.

– **TV :** média de grand public par excellence. Média puissant et de notoriété mais aussi coûteux si l'on choisit mal sa tranche horaire. En plus, il se révèle être un média extrêmement encombré avec un taux de mémorisation relativement faible. Ce type de média est à utiliser si le budget le permet.

– **Radio :** média de bonne pénétration à condition de bien choisir sa tranche horaire, mais il nécessite une répétition élevée si l'on veut atteindre une bonne mémorisation.

– **Cinéma :** média ayant la meilleure mémorisation mais la nature de sa cible (15/35 ans) lui interdit un grand nombre d'annonceurs.

En fonction de tous ces éléments, le médiaplanneur opère un choix stratégique sur les différents médias à utiliser. Sa démarche consiste à sélectionner un média de base autour duquel graviteront différents médias d'accompagnement en tenant compte :

1. de l'indisponibilité des médias ;
2. du choix d'un média de base.

1. Média indisponible

La première contrainte pour le médiaplanneur reste évidemment la contrainte légale. Certains secteurs sont ainsi interdits aux médias (l'alcool et le tabac à la TV par exemple). La deuxième contrainte est l'inadaptation manifeste entre le média et le produit (si le cœur de cible est restreint, un média national n'a aucun sens). Les délais techniques constituent la troisième contrainte ; délais qui prennent en compte autant les délais de création de la campagne que les délais de réalisation technique (délais d'imprimerie, réservation des emplacements et supports). La dernière contrainte, sans doute la plus importante, demeure le budget. Nous donnons à titre indicatif une fourchette représentant un budget moyen selon les médias.

– **Affichage :** une vague nationale coûte entre 5 et 7 MF, plus les frais de réalisation, soit environ 350 000 F en moyenne, sachant que pour être efficace une campagne par voie d'affiches nécessite deux ou trois vagues par intervalles d'au moins quinze jours. Ce qui fait un budget d'environ 10 MF.

– **Presse quotidienne :** pour une campagne nationale, il faut compter environ entre 6 et 6,5 MF pour une pleine page NB avec un coût de réalisation de 300 000 F. Pour la presse régionale, environ 300 000 F pour une dizaine d'annonces. Comme le facteur déterminant est la mémorisation, il faut prévoir plusieurs vagues successives avec des variations dans la conception des annonces.

– **Magazine :** on peut estimer à environ 3 MF une campagne dans la presse périodique avec un coût de réalisation de 300 000 F pour une pleine page en quadrichromie. Dans la mesure où la vague doit couvrir une période de trois mois pour être efficace, période à répartir sur les mensuels et les hebdomadaires, c'est-à-dire pour une campagne moyenne cinq magazines pendant six mois pour une pleine page quadri par mois pour les mensuels et deux pages quadri pour les hebdomadaires à décaler une semaine sur deux selon les parutions.

– **TV :** pour une campagne moyenne, il faut prévoir 10 MF pour une vague de quinze jours pour un 30", avec un coût de production d'environ 700 000 F. Mais là encore, la concurrence et l'encombrement sont tels que les prix peuvent varier de 55 000 F à 510 000 F pour un 30". Sans oublier non plus que les prix annoncés et les prix négociés n'ont rien à voir. D'autre part, le média TV nécessite une répétition minimum d'environ dix spots par chaîne sur plusieurs chaînes durant quinze jours.

– **Radio :** la moyenne des campagnes comprend environ cinq à dix messages pour une diffusion sur les cinq radios d'audience nationale. Il faut compter environ 600 000 F par jour pour trois semaines soit environ 8 MF, avec un coût de fabrication d'environ 100 000 F pour un 30".

– **Cinéma :** de plus en plus, le cinéma devient un média complémentaire de la TV ou de la presse. Le prix d'une semaine pour une diffusion nationale revient en moyenne pour un 30" à 750 000 F ; la durée moyenne d'une campagne est d'environ trois mois.

2. Choix du média de base

Il s'agit d'apprécier les caractéristiques propres à chaque média pour répondre à la stratégie créative et bien couvrir la cible.

■ En ce qui concerne la **stratégie créative**, nous savons qu'il existe trois types d'axes qui la déterminent en fonction de l'effet recherché (l'effet de notoriété, l'effet d'image ou l'effet quantitatif d'augmentation des ventes) :

– **l'axe cognitif :** *faire connaître* (améliorer la connaissance du produit ou de la marque) ;

– **l'axe affectif :** *faire aimer* (modifier les attentes du consommateur, créer même une nouvelle image) ;

– **l'axe comportemental :** *faire agir* (déclencher un comportement nouveau, changer les habitudes du consommateur).

En fonction de ces trois axes, l'impact des médias sera différent :

	Affiche	TV	Radio	Presse	Magazine	Cinéma
Axe cognitif	++	+++	+	++	+++	++
Axe affectif	+	++	+	+	++	++
Axe comportemental	+	++	++	++	+	+

■ Pour ce qui est de la couverture de la cible, les instituts du type CESP, INSEE, OJD, IREP, SECODIP... ont mis en place un certain nombre de critères précis sur la nature de chaque média et support qui aident le médiaplanneur dans son choix. Chaque média est ainsi évalué en fonction de ses aptitudes à atteindre la cible visée au moindre coût possible.

Une fois ces deux critères réunis, le médiaplanneur choisit le média qui véhicule le message publicitaire en le valorisant, tout en jouant sur sa créativité (couleur, visuel, lisibilité, mouvement, crédibilité, permanence, etc.) ; la valorisation du message dépend ainsi du prestige et de la crédibilité du média. D'autre part, en fonction du cycle de vie du produit ou de la marque (création, maintien, repositionnement, etc.), les médias agissent différemment. Ils vont ainsi, en fonction de leur spécificité, augmenter ou diminuer l'aspect événementiel, nouveau, impulsif ou réflexif de la stratégie de communication.

De plus, le média sera choisi en fonction de la relation qu'il entretient avec le consommateur. La presse, par exemple, permet une répétition importante et engendre chez le lecteur une forte implication, ce qui n'est pas le cas pour l'affichage, média de proximité et à faible implication. Ensuite, le médiaplanneur choisit le média d'accompagnement pour assurer une bonne complémentarité. À titre indicatif, voici quelques exemples de couples médias :

– le couple le plus répandu est le couple **presse/TV** dont les actions se complètent bien, la TV ayant une bonne notoriété et une forte puissance mais une sélectivité faible, alors que la presse possède une bonne sélectivité socio démographique ;

– l'autre couplage fréquemment utilisé est le couple **affichage/TV**, couplage à utiliser quand il s'agit d'installer une image, mais couple peu sélectif en termes de PCS. En outre, les effets de ces deux médias sont rapides mais éphémères.

■ Pour résumer nous dirons que :

– le 1er critère du plan média est la **conformité à la cible visée ;**

– le 2e critère étant la **conformité aux objectifs de communication** (en fonction de l'axe choisi dans la stratégie de communication, axe cognitif-affectif-comportemental, on classera les objectifs de communication selon l'effet recherché c'est-à-dire : a) la notoriété b) l'image de marque ou c) l'augmentation des ventes) ;

– le 3e critère important concerne la **façon dont on communique le message**, soit en le valorisant, soit en le communiquant totalement ; le but en réalité est de cumuler notoriété, puissance d'impact, sélectivité de la cible et création rapide d'un trafic. En fait, quatre médias cumulés, comme c'est le cas pour les gros budgets, permettent d'arriver à ces objectifs. C'est ensuite que la répartition par masse budgétaire s'effectue.

D. Support planning

Le support planning présente la sélection des différents supports de chaque média, les propositions de combinaison de supports d'un même média, le nombre d'insertions et passages, le planning avec les tranches horaires, et la répartition par masse budgétaire. Le médiaplanneur fait son choix en s'appuyant sur les études réalisées par les organismes vus pour bien connaître la cible de chaque support. Par rapport au choix média qui est un choix stratégique, le choix support est un choix technique et précis, presque scientifique. Pour choisir entre les supports, le médiaplanneur peut utiliser différents critères comme :

- le classement des supports et leur puissance ;
- le GRP ;
- la qualité de mémorisation.

Les supports sont ainsi classés en fonction de leur puissance, de leur coût et de leur coefficient d'affinité :

– la **puissance** se définit par le taux de pénétration du support dans la cible, soit un nombre d'individus sur 1 000 de la cible visée

$$p = \frac{\text{audience utile x 1 000}}{\text{cible}}$$

– le coût s'exprime pour 1 000 (CPM) ; il représente l'investissement nécessaire pour toucher 1 000 personnes au moyen d'un support

$$\text{CPM} = \frac{\text{coût de l'insertion x 1 000}}{\text{audience}}$$

On parle aussi de $\text{CPM utile} = \frac{\text{coût de l'insertion x 1 000}}{\text{audience utile}}$

– le **coefficient d'affinité** définit, pour un support précis, le rapport entre l'audience utile et l'audience totale. Plus on tend vers 1, plus la proximité entre le support et la cible est étroite et plus le coefficient d'affinité est grand. Il existe aussi un coefficient d'affinité qui permet de calculer le support le plus efficace en fonction du rapport **puissance/économie**.

E. Le calendrier

Une fois le plan média réalisé, il s'agit, pour le médiaplanneur, de construire son calendrier ou média-planning en tenant compte d'un certain nombre de variables comme la périodicité, la saisonnalité, les périodes de lancement, les soldes, etc. Nous étudierons dans le chapitre **4. Le plan de campagne**, le détail de ce calendrier.

IV. CRITÈRES DE CHOIX MÉDIA

En fonction du marketing mix et de la stratégie de création, la décision du plan média suit en général le processus suivant (hors média excepté) :

- choix média (répartition budgétaire en fonction de chaque média) ;
- choix des supports ;
- la budgétisation (*cf.* 1re partie, chapitre **1. L'annonceur et son marché, C, 2**) ;
- le plan de campagne (*cf.* 2e partie, chapitre **4. Le plan de campagne**).

A. Choix média

Notons cependant que cette segmentation chronologique ne correspond pas exactement à la réalité. En général, les appréciations sont beaucoup plus intuitives. On pourra par exemple choisir un support en parfaite inadéquation avec la cible pour délocaliser le consommateur. D'ailleurs, dans le brief média, même si l'étude de la cible média est clairement définie, elle n'interdit pas au médiaplanneur d'apporter quelques innovations. C'est en fait ce qui fait l'originalité d'un bon plan média. La cible média (par quels moyens on touche le consommateur) s'inspire dans cette optique aussi bien de la cible média que de la cible support, élément principal de la **cible de communication** (à qui on s'adresse) dans la mesure où certaines personnes seront touchées par les manifestations hors médias. La **cible marketing** (à qui l'on vend) est elle-même un sous-ensemble de la cible de communication. L'analyse de la cible et des audiences se fera, de préférence, selon les mêmes critères si l'on ne veut pas construire un plan média incohérent. On imagine mal une analyse d'audience avec des critères de PCS et une analyse de cible en termes de socio-styles.

Une fois ces données assimilées, le médiaplanneur retiendra un média de base autour duquel il greffera les médias d'accompagnement. Précisons également que, sur le plan légal, certains médias sont à proscrire (incompatibilité entre le tabac, l'alcool et la télévision par exemple).

De plus, sur le plan pratique, les délais de réservation doivent être conformes à la **stratégie de communication** (réservation et délai de fabrication). Il faut en outre trouver le média qui aura un effet fédérateur sur le produit ou la marque, média principal autour duquel toute la campagne s'articulera. Il convient aussi de veiller à ce que la complémentarité média soit homogène. Le GRP est en général plus fort si on choisit deux médias plutôt qu'un dans la mesure où la probabilité de recouvrement est plus grande. Mais les cibles étant complémentaires et segmentées, le média fédérateur aura forcément quelques lacunes. De la même manière, le cœur de cible peut réclamer un soutien média important, soutien que le médiaplanneur obtiendra auprès d'un média complémentaire (voir les campagnes jumelées affichage-presse).

Le choix du médiaplanneur, pour être judicieux, s'orientera de préférence vers des médias dupliquant fortement, sans oublier néanmoins que le complément média se fait toujours en respectant la compétence propre de chaque média et non en alignant la création sur le média de base. Tout ceci sans perdre de vue que le critère principal de cette complémentarité des médias reste le facteur temps. Chaque média a une vitesse et une force d'impact qui lui est propre, mais il a ainsi une certaine efficacité (une couverture de la cible et une répétitivité des ODV bien menée touchent le plus grand nombre de personnes. Si tel n'est pas le cas, il y a dispersion des effets médiatiques).

Dans cette perspective, les principaux critères du choix média sont :

1. Nature du produit ou de la marque à promouvoir (saisonnalité du produit ou non, plan de campagne des principaux concurrents).

2. Objectifs de communication souhaités par l'annonceur (notoriété, image de marque ou augmentation du trafic).

3. Aptitude des médias à transmettre un message publicitaire (adéquation avec la cible et le produit ou la marque à promouvoir, nature de la stratégie de la création – format des messages, faisabilité technique –, contraintes légales, délais de réservation – long pour la TV, les chaînes nationales mais il existe toutefois un service de réservation d'espace publicitaire par minitel au jour le jour sur France 2 ; presque au jour le jour pour les chaînes privées –, délais de production – moins d'une semaine pour un quotidien national, un mois pour les affiches –).

4. Zone géographique à couvrir.

5. Image de marque du média (média de prestige ou non, *cf.* le « vu à la TV »).

6. Réceptivité de la cible, ODV et ODE.

7. Budget disponible.

8. Déroulement du média-planning (date de démarrage et durée de l'action).

B. Choix des supports

Le coût va être déterminant dans le choix des supports :

- le coût pour 1 000 (CPM) correspond au coût d'une insertion dans un support par rapport à l'audience d'un support ;
- le taux de pénétration par cible est le pourcentage de la cible qui a été touché par le support.

Ce calcul permet de savoir s'il y a une bonne proximité entre le support et la cible.

Viennent ensuite les critères propres à chaque produit. En général, le lecteur n'attend pas une publicité pour planche à voile dans un magazine d'informatique. De plus, si le support publicitaire est encombré, l'impact sera moins fort, etc. C'est pourquoi dans le choix des supports, il faut d'abord considérer :

– le coût pour mille sur cible ;
– l'affinité entre le support et le produit ou la marque ;
– la notoriété du support ;
– l'importance du support.

V. COMPÉTENCES GÉNÉRALES DE CHAQUE MÉDIA

A. L'affichage

Parmi les médias recensés, l'affiche est le plus vieux média du monde. Du graffiti à l'affiche en trois dimensions, la volonté de laisser sa trace quelque part est propre à chaque homme. C'est la raison pour laquelle l'affichage reste, avec la presse et la TV, le média le plus important. Toutefois, son gros handicap vient du fait qu'il ne permet pas de sélectionner la cible. En outre, l'affiche a un gros inconvénient ; elle n'autorise que très rarement un argumentaire dans la mesure où sa lecture est très rapide ; sauf peut-être dans certains lieux publics où l'affiche devient un support de lecture qui permet au lecteur de patienter (métro, gare, aérogare, etc.). En fonction de notre comportement socio culturel, l'affichage cautionne, dans l'esprit des gens, le produit ou la marque. Notre appartenance à une société de l'écriture fait que tout ce qui est écrit est réputé sérieux, décent et reste crédible.

Quant à la couverture du média-affiche, elle est totale, d'autant plus que le pourcentage de GRP a, pour l'affiche, un taux maximum. Ajoutons, pour compléter, que l'affichage devient de plus en plus un média complémentaire des autres médias ; il fixe en quelque sorte l'image transmise par les autres médias. Mais la grande faiblesse de l'affiche tient à sa nature. Elle implique un concept créatif très fort si elle veut toucher le lecteur.

Points forts	Points faibles
– média incisif – média violent à effet coup de poing – média fort pour créer une notoriété rapide – bonne fréquence et bonne sélectivité géographique – lien direct avec la distribution – visualisation couleur et bonne reproduction	– média fugace – sélectivité démographique faible – peu de souplesse d'utilisation et frais techniques importants

B. La télévision

L'évolution des différentes chaînes nationales ou privées oblige à repenser sans cesse l'utilisation que l'on peut faire de ce média. Personne ne peut préciser, à plus ou moins long terme, quel sera le paysage télévisuel français.

La sélectivité du média télévisuel n'est pas flagrante, d'autant plus que les différents supports de la TV se livrent à une guerre d'audience acharnée. En ce qui concerne la qualité du contact, on peut dire qu'elle est faible, surtout en raison de l'évolution des mentalités (le zapping notamment) et l'encombrement publicitaire (écran de quinze à vingt spots). Mais les comportements des individus devant l'écran de TV sont tellement complexes que l'on ne peut rien dire avec certitude. Par contre, ce qui est incontestable, c'est l'encombrement publicitaire (nombre de diffusions, rythme et rapidité des insertions). Cette surcharge risque d'être nocive à moyen terme sur la qualité du contact. Une meilleure répartition des insertions devrait permettre de renforcer la qualité des contacts. En plus, la cible visée fait partie des gros consommateurs de TV (les Français regardent en moyenne 3 h 50 par jour la TV). Ajoutons, à propos de la cible, que l'on peut observer une certaine fidélisation à l'égard d'une émission ou d'une chaîne. Mais l'encombrement est tel que l'agence ou l'annonceur a beaucoup de difficultés à obtenir un bon passage, ce qui limitera en fait l'impact.

Points forts	Points faibles
– média puissant et de bonne couverture nationale – média à fort effet de notoriété – pénétration rapide des foyers – fort effet démonstratif	– fort encombrement – sélectivité faible – frais techniques importants

C. La radio

Comme la télévision, ce média est en grande mutation depuis que les radios locales occupent légalement la bande FM (1982).

À la différence des radios locales privées, les radios périphériques assurent une meilleure représentativité et touchent plus largement la population. La qualité des contacts varie en fait selon l'heure et la nature de l'émission. L'audience moyenne à un instant précis se mesure en quart d'heure moyen et en cumulé. La radio est avant tout un média qui entraîne une certaine accoutumance et qui permet d'instaurer une ritualisation (auditeur fidèle à telle émission), ce qui autorise des stratégies communicatives ou publicitaires à répétition. L'histoire de la publicité à la radio montre clairement que l'impact musical de certaines marques est encore présent. Tout le monde se souvient de la petite « musiquette » de Darty ou de Dim.

De plus, les frais de production sont plus faibles que pour d'autres médias, et la mobilité de ce média en fait quelque chose de beaucoup plus manipulable que les autres médias. Ceci est encore plus vrai pour les radios locales où la sélectivité et la cible sont très précises. En outre, l'encombrement publicitaire étant moins fort pour ce type de radio, la qualité du contact est en fait plus puissante. Dans tous les cas, la radio reste un média de répétition.

Points forts	Points faibles
– pénétration rapide des foyers – bonne relation avec les réseaux de ventes	– média fugace – absence de visualisation

D. Le cinéma

La baisse de fréquentation des salles de cinéma rend le marché de ce média morose. La cible du public de cinéma est particulièrement jeune (15-35 ans). Le cinéma permet, en plus, une sélectivité géographique très précise (voir dans certains cas les annonces pour certains magasins locaux). C'est sans doute le média qui engendre la meilleure qualité de contact dans la mesure où le spectateur est entièrement disponible. Toutefois, la répétition (ODV, ODE) est faible. Par contre en ODV-ODE mémorisées, le cinéma est bien placé mais son coût reste élevé, sachant que pour une meilleure mémorisation les études montrent que le film publicitaire doit souvent dépasser 45 secondes.

Points forts	Points faibles
– mémorisation la plus forte de tous les médias – souplesse d'emploi	– couverture faible – cible trop spécifique – frais techniques importants

E. La presse

La concurrence et la crise de la presse sont telles que chaque support doit se positionner sur un créneau spécifique. De plus, la nature particulière de ce média, la grande concurrence des messages et l'attention superficielle du lecteur entraînent une qualité de contact médiocre. En un clin d'œil, le lecteur doit identifier le produit, noter ses caractéristiques principales et mémoriser son nom. On peut observer aussi que la presse quotidienne régionale est un média puissant, même s'il varie selon les régions. Mais c'est le seul média qui permet des opérations promotionnelles comme les concours ou coupons de réduction. C'est aussi un bon média de réaction pour faire face à la concurrence, surtout pour la presse locale.

Points forts	Points faibles
– couverture nationale	– message éphémère
– fidélisation de la cible	– fort encombrement
– fort argumentaire	– peu de souplesse et de disponibilité

VI. CONTACT-MÉDIA

A. Généralités

Chaque produit, chaque média, chaque campagne ayant sa spécificité, le médiaplanneur doit se demander ce qu'il attend des médias ; autrement dit, quelle est la **cible média** (à qui l'on s'adresse), attendu qu'il s'agit de toucher la cible au moyen d'un média tout en communiquant le message publicitaire. Le contact-média correspond, en réalité, au moment où l'informateur (le créatif) codera le message qui sera transporté par le média pour être décodé par le lecteur. Le principe du contact-média réside, à notre avis, dans l'idée que tout message s'exprime dans un média, quel qu'il soit, sachant qu'il n'y a pas d'exception. Les différences entre les médias viennent, comme nous l'avons vu, de leur spécificité ; la presse écrit et visualise, l'affiche fixe l'image, la radio fixe un son, la TV et le cinéma synthétisent le son et l'image. Ainsi, le contact-média va varier en fonction du type de média et support. Une publicité qui passe dans un support comme *L'Expansion* sera pour l'annonceur le moyen de toucher le lecteur en entreprise ; d'autres supports rechercheront le contact-foyer (journal TV), d'autres encore, le contact de rue (affiche). En outre, le contact-média est aussi bien individuel que collectif. Il existe comme cela des transmissions d'audience collective (type de magazine au sein de la famille, spot radio ou TV écouté ou vu par les membres d'un même foyer. Une mention toute particulière pour la TV et la radio, médias d'accompagnement, qui souvent permettent des activités parallèles comme la lecture).

B. Mesure du contact-média

L'équation décrite habituellement :

communication = attention x persuasion, reste vraie :

- la persuasion évalue l'indice de satisfaction et l'incitation du message publicitaire ;
- l'attention, critère principal, permet d'apprécier l'intensité du contact-média.

Différentes méthodes sont utilisées pour obtenir ces indices de satisfaction, d'autant plus que les résultats des diverses enquêtes montrent que les attentions varient en fonction de la durée du message et de son horaire de diffusion. Armand Morgenzstern, chercheur français, a établi une équation pour mesurer l'attention et la mémorisation afin de savoir quels sont, sur un nombre *n* d'individus, ceux qui sont susceptibles de mémoriser un message. L'équation se définit en ces termes : soit α, le pouvoir d'attention et ß, le pouvoir de mémorisation ; la loi du souvenir s'énonce de la façon suivante : $\beta = \alpha 2$. Il attribue ainsi un coefficient β à chaque média ; radio (30") : 5 % ; affichage (4 x 3) : 4 % ; TV (30") : 15 % ; cinéma (30") : 70 % ; presse (1P/4C) : 10 % ; le coefficient α étant de 20 % pour la radio, de 16 % pour l'affichage, de 40 % pour la TV, de 85 % pour le cinéma et de 30 % pour la presse.

Précisons que A. Morgenzstern ajoute un deuxième principe pour montrer qu'à chaque nouveau contact, une fraction de mémorisés s'additionne à celle du contact précédent. La mémorisation variera alors selon le média et support, en fonction de l'emplacement (1re ou 4e de couverture), du format (double central de la revue) ou de la durée (il vaut mieux un 15" percutant qu'un 30" soporifique). Si le β est de 10 %, cela signifie que 10 % d'une population déterminée a mémorisé le message au 1er contact, 90 % ne l'ayant pas mémorisé. Au 2e contact, 10 % de 90 % de la population l'auront mémorisé, soit 19 % (10 + 9), etc.

VII. DÉNOMBREMENT DES MÉDIAS ET SUPPORTS

A. Le dénombrement des médias

- **ODV presse :** exposition à un journal ;
- **ODV radio TV :** exposition au média à un moment précis (de préférence en précisant le jour et la date) ;
- **ODV cinéma :** présence dans la salle ;
- **ODV affiche :** passage devant le panneau.

De la même manière, le dénombrement des supports a évolué. Jusqu'à une certaine époque, les annonceurs se contentaient d'un dénombrement assez flou. Le prix des insertions ayant considérablement augmenté, les annonceurs veulent maintenant payer le juste prix pour leur message. C'est la raison pour laquelle les instituts de sondage doivent dénombrer avec précision les contacts générés par les différents supports pour apprécier la qualité des contacts. Pour la TV et la radio, l'annonceur réclamera des précisions sur la nature de ces contacts (le jour, la chaîne, l'heure, et s'il y a accoutumance).

En général, le médiaplanneur recherche une audience (contact avec un support donné) précisément datée. Les différents instituts de sondage permettent d'apprécier la nature de ces contacts.

On peut faire ainsi une sélection du genre : un homme marié, deux enfants, vivant dans une ville de plus de 100 000 individus, habitant dans un appartement de quatre pièces, ayant un revenu mensuel de 20 000 F, achetant tel journal une fois par semaine, regardant la TV deux heures par jour, appartenant au socio-style des activistes, etc.

En conclusion, remarquons qu'en termes de PCS, la TV est le média par excellence des PCS moyennes-populaires, alors que le cinéma a une cible SECODIP A-B et la radio une cible SECODIP A-B-C.

B. Le dénombrement des supports

Soit deux supports *Télé 7 Jours* et *Revenu Français.* L'audience de *Télé 7 Jours* est beaucoup plus importante que celle du *Revenu Français ;* mais l'audience utile, c'est-à-dire la cible touchée, est beaucoup moins importante. C'est la raison pour laquelle on a mis en place un indice d'affinité qui permet d'évaluer la déperdition. Par exemple, si le *Revenu Français* a 600 000 d'audience et 300 000 d'audience utile (cadre supérieur), son coefficient d'affinité est d'environ 50 % alors qu'il sera de 10 % pour *Télé 7 Jours.*

Les prix d'insertion étant élevés, les annonceurs font tout pour définir un CPM (coût pour mille) précis. C'est pourquoi on divise le coût d'une insertion par le nombre de personnes appartenant à la cible. Aujourd'hui, le calcul se fait en termes de CPP, coût au point par pénétration, c'est-à-dire qu'on cherche à évaluer de façon précise la pénétration par cible.

Si la pénétration est supérieure à la pénétration moyenne, et si le CPP est inférieur au CCP moyen, le support est bon marché et puissant. Si la pénétration est inférieure à la pénétration moyenne, et si le CPP est supérieur au CCP moyen, le support est cher et peu puissant.

C. La distribution des contacts

Le médiaplanneur construit son plan média à partir de plusieurs insertions dans différents supports. Cette distribution des insertions entraîne duplication et cumul d'audience. La duplication correspond à l'audience commune à deux supports, répétition des ODV sur un même individu, cela *n* fois. Le cumul d'impact correspond quant à lui à la manière dont un support est consommé à des moments différents, entraînant un accroissement de l'audience totale ou utile. La duplication et le cumul d'audience vont permettre de mieux évaluer la distribution des contacts :

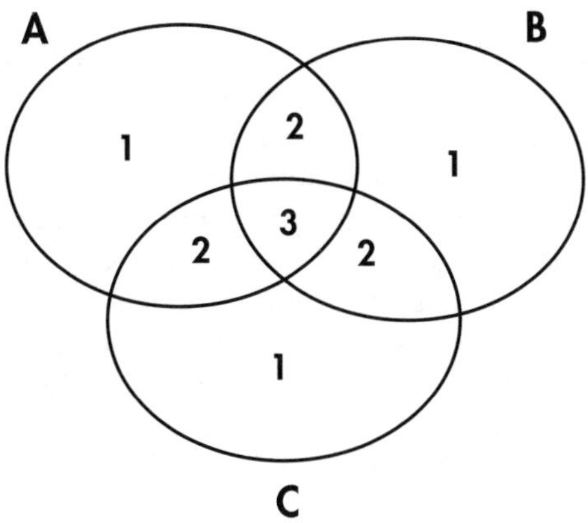

A, B, C = supports

les chiffres correspondent au nombre d'ODV

VIII. BUDGET

L'établissement du budget média s'intègre dans le budget général de la campagne publicitaire, analyse que nous avons déjà développée dans la 1re partie de cet ouvrage, chapitre **1. L'annonceur et son marché, III, B**).

Rappelons brièvement qu'en matière de budget, l'annonceur procède :

- soit par un choix arbitraire : on dépense autant que l'entreprise estime bon de dépenser pour la publicité ;
- soit par une reconduction réévaluée du budget de l'année précédente : l'annonceur réajuste de façon ponctuelle l'investissement de l'année précédente ;
- soit par rapport aux dépenses de la concurrence : on dépense moins, autant ou plus en fonction d'un ratio entre la part de publicité sur la part de marché ;
- soit en fonction du chiffre d'affaires. L'annonceur détermine un pourcentage du CA qui correspondra à l'investissement publicitaire ;
- soit en fonction d'une formule intégrant les trois derniers éléments.

IX. ÉVOLUTION DES PLANS MÉDIAS

A. Généralités

Plus le nombre de personnes appartenant à la cible sera important, plus le plan média sera réussi. Cette estimation se quantifiera en pourcentage. Soit un nombre d'ODV précis, plus grand est le pourcentage des personnes touchées et plus le pourcentage de la couverture sera élevé. Par exemple, 35 % à 0 ODV, 30 % à 1 ODV, 15 % à 2 ODV, 12 % à 3 ODV, et 8 % à 4 ODV. Ainsi, le GRP obtenu est de 30 % x 1 + 15 % x 2 + 12 % x 3 + 8 % x 4 = 128 % x répétitivité moyenne, soit 128 x 2,55 = 326 GRP. Mais là encore, ces chiffres ne sont que des indicateurs qui ne nous autorisent aucune description réellement objective et fiable d'une situation donnée.

De la même manière, plus le nombre de contacts distribués sur la cible est important, plus la cible est cohérente ; c'est le cumul de l'audience utile qui va évaluer cette cohérence. Il existe ainsi un calcul qui permet de mesurer l'impact d'un plan média, le GRP qui exprime le nombre moyen de contacts sur 100 %. Il s'obtient en additionnant les pénétrations à chaque insertion touchant la cible. Ce calcul se fait en pourcentage. Toutefois, le problème vient du peu de rigueur de ce type de calcul dans la mesure où on peut toujours cumuler les contacts, mais si l'on ignore tout de la qualité des contacts, cela ne sert à rien. Remarquons néanmoins qu'en segmentant la cible par âge, habitat, PCS ou socio-style, on peut éventuellement réduire l'imprécision. Ajoutons également que le GRP n'exprime qu'un empilement de contacts sur une cible mais ne décrit pas la façon dont ces contacts se répartissent sur une cible précise.

B. Les centrales d'achats d'espace publicitaire

Notons en dernier lieu que l'achat d'espace vient après la construction du plan média ; mais cette opération peut intervenir bien avant dans la mesure où il n'y a pas de processus chronologique théorique. L'acheteur d'espace donne en principe son accord au service commercial de l'agence qui confirme ensuite l'opération auprès des supports et engage officiellement l'agence. Puis, l'agence vérifiera la bonne réalisation technique. La lourdeur de la vérification variera selon le type de média, et il est vrai dans ce contexte que les vérifications auprès de la PQR ou PQN sont plus complexes en raison de la nature de ce média. En outre, la plupart du temps, surtout pour les petites et moyennes agences, l'achat d'espace est confié à des centrales d'achats d'espace publicitaire qui négocient ces achats.

L'achat d'espace publicitaire en gros apparaît dès le début du XXe siècle lorsque les annonceurs ont été assez puissants pour négocier, à des prix intéressants, leurs espaces.

Agences médias	Marge brute 2001 (millions d'euros)	Part de marché (millions d'euros)	Volume d'activité (%)	Effectif 2001
Carat France (Aegis)	86,9	32,9	3 658,70	650
MPG France (Havas Advertising)	48	18,1	2 988,00	430
OMD (Omnicom)	28,7	10,8	1 707,40	300
Initiative Media (Interpublic)	16,8	6,3	1 097,60	140
Optimedia France (Publicis Centre Media)	11,4	4,3	914,7	85
Starcom SMG (B com3)	11,1	4,2	647,9	68
Universal McCann/ Comcord (Interpublic)	11	4,1	701,3	70
MindShare (WPP)	9,6	3,6	660,1	71
CIA Le Lab (Tempus)	9,1	3,5	442,1	68
MediaCom Paris (Grey Global Group)	7,3	2,8	503,1	90

Source : Stratégies

1. La centrale d'annonceurs

Historiquement, c'est le premier type de centrale d'achat publicitaire. Les gros annonceurs du début du XXe siècle profitèrent de leur lourd investissement publicitaire pour négocier au plus près avec les supports afin d'acheter les espaces à des prix concurrentiels. Voir par exemple les relations commerciales entre Nestlé et la SPEDIC au début des années soixante, ou même en remontant plus loin, aux relations entre Peugeot et la Publicité Française à la fin des années vingt. Cette tendance à l'heure actuelle tend à disparaître, et les annonceurs, faute de mieux, confient cet achat d'espace à des centrales, indépendantes la plupart du temps. Toutefois, au début des années quatre-vingt-dix, de gros annonceurs comme BSN (Danone), Colgate, Thomson, etc. ont favorisé la création de centrales d'achats afin d'obtenir des tarifs préférentiels (25 % environ), et des surcommissions (BSN-Danone) avec la SPFD, filiale de Carat par exemple).

3. La centrale d'achat indépendante

La centrale d'achat d'espaces indépendante naît officiellement en 1969 lorsque Gilbert Gross regroupe ses achats d'espaces publicitaires pour les revendre ensuite aux agences ou annonceurs. Gilbert Gross modifie ainsi la chaîne publicitaire qui, traditionnellement, partait du travail créatif de l'agence en passant par le choix média/support pour se terminer par l'achat d'espace. Les centrales deviennent aujourd'hui de réels conseils en achat d'espace pour les annonceurs.

3. La centrale d'agences

Au début des années soixante-dix, sont apparues les centrales d'achat indépendantes, et les agences ont réagi en créant au sein de leurs sociétés des départements spécialisés dans l'achat d'espace comme Liberté Média pour RSCG par exemple, ou se regroupent entre agences pour créer une centrale commune (TMP, PHS).

4. La centrale d'achat spécialisée

Depuis peu se sont créées des agences spécialisées dans tel ou tel média. Agence Med par exemple pour la presse médicale, Rush Conseil pour l'affichage ou Carat Affichage.

5. Conclusion

En résumé, nous dirons que le marché de l'achat d'espaces publicitaires n'a pas toujours été très « clair », et que la suspicion des annonceurs à l'encontre des supports et centrales d'achat a été forte. La situation de quasi-monopole des centrales, l'augmentation constante des tarifs des emplacements, la perplexité des annonceurs à l'égard de l'objectivité du GRP annoncé par les supports et l'incapacité du Conseil de la concurrence à clarifier les choses n'ont rien fait pour lever le discrédit qui plane sur l'ensemble de la profession.

À l'origine, il existait une espèce d'*art de la négociation* relativement dangereux venant s'ajouter à ces diverses pratiques commerciales. En effet, il y avait le tarif officiel qui incluait la commission d'agence (environ 15 % en moyenne) et les « dégressifs » qui variaient en fonction du chiffre d'affaires ou du volume d'achats. Ensuite, il y avait les surcommissions officieusement négociées entre les agences de publicité et les différents supports en fonction du volume d'achats de l'année. Ces surcommissions se négociaient en fin d'année. De plus, afin de fidéliser l'agence, le support pouvait consentir à l'agence des ristournes importantes. C'est ainsi qu'il existait des « **commissions de préconisation** » (intéressement au choix d'un titre, ou « **commissions de fin d'ordre** » (ristourne en fonction du volume réellement acheté). Lorsque la situation était claire, l'agence ristournait ces négociations à l'annonceur, ce qui n'était pas souvent le cas. La loi Sapin mit fin en 1993 à ce genre de pratique.

C. Les lois Sapin et Évin

Parce que la publicité a un but mercantile, le droit intervient, comme dans de nombreux autres domaines, pour la réglementer ou favoriser les relations professionnelles qu'elle tisse. C'est dans cette optique que l'on assiste depuis 1992-1993 à une volonté de faire davantage intervenir le droit dans les affaires publicitaires.

Pour de nombreux publicitaires, le retour de vacances 1992 fut une période de doute. Début juin, des membres de la profession s'étaient vu notifier des griefs suite à l'enquête de la Direction nationale des enquêtes de concurrence. Septembre promettait la poursuite des résultats de cette enquête, les réponses des intéressés et d'éventuelles sanctions du Conseil de la concurrence. Septembre annonçait en outre, l'établissement de nouvelles règles du jeu du secteur par l'entremise du projet de loi du ministre de l'Économie et des Finances de l'époque, Michel Sapin.

Dans un souci de transparence, Michel Sapin souhaitait « prendre à bras le corps le problème de certaines pratiques de la publicité » dans un projet de loi d'abord intitulé : « Projet de loi relatif à la lutte contre la corruption ». L'emploi des termes « lutte contre la corruption » déplut fortement aux professionnels du secteur et le titre devint : « Projet de loi relatif à la prévention de la corruption et à la transparence de la vie économique et des procédures publiques ». La transparence, tous les acteurs étaient pour. Pourtant, si le mot corruption avait été employé, c'est qu'une suspicion entourait les relations publicitaires et qu'une loi devenait nécessaire. C'est cette volonté de réforme des relations du secteur et son origine que nous examinerons dans une première partie avant d'analyser les apports de la nouvelle loi.

1. Une double volonté et un manque d'autoréglementation

1.1 Une volonté gouvernementale

La volonté de lutter contre la corruption émane tout d'abord et très globalement de l'État. On se souvient du premier discours de Pierre Bérégovoy, en tant que Premier ministre, à l'Assemblée nationale : le fameux « j'ai ici une liste... » ; et de la lutte contre trois fléaux, dont la corruption.

Le 23 avril 1992, une commission de prévention de la corruption était mise en place et présidée par Robert Bouchery. Le 8 juillet, la commission remettait un rapport où un chapitre de quatre pages était consacré à la publicité (parmi l'urbanisme, l'immobilier et l'attribution des marchés publics). Dieudonné Mandelkern, chargé plus spécialement de ce chapitre, indiquait dès l'introduction que le secteur de la publicité passait pour « receler des pratiques de financement illicites ». Le ton était donné et, dès le lendemain, le ministre de l'Économie et des Finances Michel Sapin annonçait que ces pratiques seraient condamnées dans un projet de loi.

Cet intérêt pour le secteur de la publicité n'était pas le fruit du hasard. En 1987, le Conseil de la concurrence avait émis un avis sur le fonctionnement du marché publicitaire. Saisi par l'Association des agences conseils en publicité (devenue depuis AACC – pour communication –) le 8 avril 1987 au moment du « front du refus » (contestation des agences devant la volonté de rapprochement Havas-Hachette lors du rachat de TF1), le Conseil établit un rapport de quatre-vingt pages, le 26 décembre. À l'époque, certains parlèrent de pressions devant la faiblesse de ce rapport : il faisait suite à un autre rapport, celui-là de cent cinquante pages, réalisé par Bernard Spitz et Jean Marimbert. On parla encore de pression devant l'absence de conclusions sur Havas et le rapprochement SGGMD (aujourd'hui Carat)/EUROCOM. Quoi qu'il en soit, pour des membres de l'administration, ce rapport était « un avis exploratoire, pédagogique, impossible à utiliser en contentieux pour infliger des sanctions ».

Le 16 janvier 1990, le Conseil de la concurrence s'autosaisissait afin d'enquêter sur « le fonctionnement de la concurrence dans le secteur de la communication et de la publicité ». Cette enquête mena à la constitution d'un rapport de deux cents pages établi par Jean-Pierre Lehmann et Pierre Louette et surtout à une notification de soixante-dix griefs envoyés aux intéressés le 9 juin 1992. Les intéressés étaient surtout les régies des grands supports et les quatre grandes centrales d'achat d'espace accusées de fausser le jeu de la libre concurrence (nous reviendrons plus en détail sur ces griefs dans le § 1.3.). Les « accusés » ont eu deux mois pour répondre. Les réponses ont alors été examinées et un rapport final a été établi.

Les enquêtes du Conseil de la concurrence, qui ont mené à la notification de griefs, et le rapport Bouchery à la base du projet Sapin, ont ainsi mis en lumière le manque de clarté du secteur publicitaire français. La simultanéité des deux approches n'est pas le fruit du hasard et montre bien la volonté gouvernementale de lutter contre la corruption dans la vie économique. Cette volonté s'appuie sur la vision d'un secteur où la transparence ne semble pas régner, mais un secteur où s'abat en outre une crise.

1.2 Crise du secteur et volonté des annonceurs

La fin des années quatre-vingt aura vu une récession toucher le secteur publicitaire français. Les agences habituées à une croissance à deux chiffres connaissent alors nous l'avons vu, une croissance moindre et un cortège de difficultés économiques et sociales : licenciements, restructurations...

Du côté des annonceurs, on peut tout d'abord penser qu'une certaine frilosité freine les investissements publicitaires. Dans une période d'incertitude économique, les budgets publicitaires sont les premiers à être réexaminés de très près.

Un sondage du magazine *Challenges* révélait en décembre 1991 que pour les trois mois à venir, 89,4 % des entreprises interrogées n'avaient pas l'intention d'augmenter leur budget communication et que, d'une manière générale, 64,6 % des entreprises interrogées auraient pour 1992 des investissements publicitaires stables. Néanmoins, la stabilité des investissements publicitaires, l'une des causes de la récession du secteur, n'est pas uniquement due à la frilosité des annonceurs. On constate en effet une perte de confiance des annonceurs dans les intermédiaires publicitaires. Les interviews des grands annonceurs sont nombreuses au sujet du projet Sapin. Tous félicitent la volonté du ministre d'aller vers une transparence du secteur. Dans un contexte d'incertitude économique, les annonceurs reprochent aux intermédiaires publicitaires leurs coûts élevés mais aussi une certaine opacité qui les rend incapables de voir effectivement où va l'argent versé. La rémunération à la commission permet aux intermédiaires de se faire rémunérer par l'annonceur et dans une plus large mesure par les supports. Dans ce cas, les annonceurs s'interrogent sur l'efficacité des recommandations médias des agences pouvant être tentées d'aller davantage vers le support qui rémunère le mieux plutôt que vers celui le plus en adéquation avec le problème de communication de l'annonceur.

Face à cette perte de confiance, certains annonceurs sont même allés jusqu'à créer un GIE pour contrer les centrales : la centrale des Annonceurs réunis. Dominique Vastel, directeur de la communication du groupe GAN, fut à l'origine de cette création et est un des premiers annonceurs à avoir publiquement dénoncé les pratiques du secteur dans un article du *Monde* où il parlait du « triangle des Bermudes de la pub ».

Dans un contexte de forte concurrence, les agences demandaient moins à leurs annonceurs mais récupéraient davantage auprès des supports. Pour Dominique Vastel, le manque de confiance des annonceurs dans leur agence vient du fait que leur rémunération n'est pas fonction de la qualité du travail fourni mais du volume budgétaire dont elles ont la charge. Le problème de fond est bien à ce niveau : les formes de rémunération des intermédiaires.

1.3 La rémunération des agences

Les résultats de l'enquête Ballester (enquête annuelle sur les agences de communication) montraient à la fin des années quatre-vingt que :

- 36 % des annonceurs rémunèrent leurs agences à la commission (42 % en 1980) ;
- 50 % les rémunèrent aux honoraires ;
- 6 % mixent les deux systèmes ;
- 6 % négocient des devis ;
- 2 % utilisent d'autres formes de rémunération (intéressement aux résultats par exemple).

La méthode des honoraires ne pose pas de problème particulier. Les honoraires sont fixés par l'annonceur en regard du temps passé sur l'ensemble des prestations. Ils sont pratiqués couramment pour les activités de conseil ainsi que dans les cas de budgets à faible volume d'achat d'espace. La notion de temps passé sur l'ensemble des prestations peut néanmoins paraître difficile à appréhender pour les personnels travaillant sur différents budgets.

La commission d'agence sert à payer l'ensemble des prestations effectuées par l'agence. Elle peut être établie de deux manières :

- le principe de la « commission classique ou française » est celui d'une commission versée à l'agence par l'annonceur sur l'achat d'espace effectué pour une campagne donnée. La facturation établie à l'annonceur se fait sur le tarif brut de l'achat négocié (prix initial de l'espace acheté dans un support, assorti d'une réduction due à une négociation). Lorsque le volume d'achat peut varier considérablement pendant l'année, l'annonceur s'engage à garantir un minimum de rémunération : c'est la « commission assortie d'un minimum garanti ». Enfin, on parle de « commission dégressive » lorsqu'à chaque tranche de budget est affecté un taux qui décroît avec la hauteur des tranches ;
- dans le système de la « commission à l'américaine », l'agence est rémunérée par une commission dont le taux (fixé entre 10 et 12 %) est arrêté en début d'année. C'est le cas des budgets dont l'achat d'espace tient une place très importante par rapport aux travaux de production.

Le système de la commission est entouré d'une certaine opacité. Il peut conduire comme nous l'avons vu à la recommandation de supports qui offrent de meilleures bases de négociation ou qui sont financièrement liés aux agences (le secteur de la publicité est très concentré).

Le Nouvel Économiste, dans un article du 16 octobre 1992, évoque la notion de rabais. Le projet de loi Sapin parle de rabais de 10 % pour la télévision et 70 à 80 % pour la radio. Le rapport du Conseil de la concurrence parle de 0 à 5 % pour la presse quotidienne régionale, 5 à 25 % pour la télévision, 15 à 20 % pour la presse quotidienne nationale, 20 à 30 % pour les magazines et 35 à 60 % pour la radio. Enfin, pour Hervé Blandin, le patron d'AB Media, les abattements vont de 20 à 50 % ; 75 % pour la radio, « c'est naturellement faux » et de 40 à 50 % pour les magazines ou l'affichage, cela resterait exceptionnel. Ainsi, la base du brut négocié ne repose que sur la bonne foi de l'agence, ce qui entraîne la colère des annonceurs. En outre, à côté des commissions existent les surcommissions.

La surcommission est une commission supplémentaire reversée par les supports aux centrales ou agences en fin d'année. Le montant de cette commission est déterminé au début de l'année et doit théoriquement être reversé à l'annonceur. Calculée à partir des dégressifs et des ristournes obtenus par l'intermédiaire, cette surcommission permet de reverser à l'annonceur tout ou partie des avantages obtenus grâce au volume de son achat d'espace. Elle est reversée soit sous forme d'espèces, soit sous forme d'avoir sur l'année suivante. Existe enfin la surcommission de préconisation : commission supplémentaire, censée récompenser centrales et agences pour les recommandations qu'elles ont faites du support dans leur plan média. Elle est versée en général en début d'année et se monte à environ 1,5 % du total de l'année précédente.

Le système de la commission est le système le plus répandu dans le monde. Même s'il est de plus en plus battu en brèche (exception faite de Procter & Gamble) aux États-Unis, même s'il est inexistant en Suède, ce dernier pays n'est qu'une exception en Europe, la commission apparaît comme un bon moyen pour évaluer le travail fourni sur une campagne utilisant des médias. Pourtant, en France, le système paraît peu clair : l'existence de rabais tenus secrets par les supports et de forts liens financiers entre tous les intermédiaires n'est pas pour les annonceurs un gage de recommandations médias efficace. D'un manque de clarté, on arrive allègrement à une certaine opacité contre laquelle tente de lutter le nouveau projet de loi. L'appareil juridique antérieur montra en effet très tôt ses limites.

TAUX DE COMMISSION

	TV	RADIO	PQN	PQR	MAGAZINE	PRESSE SPECIALISEE	CINEMA	TRANSPORT	AFFICHAGE
Belgique	15	15	15	15	15	20	15	15	15/20
Luxembourg	15	15	15	15	15	20	15	15	15/20
Danemark	15	15	15/16,5	15/16,5	16,5	15	15	15	15
France (1)	-	-	-	-	-	-	-	-	-
Allemagne	15	15	15	15	15	15	15	15	15
Grèce	20	20	20	30/40	20	20	20	20	30/40
Irlande	15	15	15	17,5	15	15/17,5	15	15	15
Italie	15	15	15	15	15	15	15	15	15
Hollande	15	15	15	15	15	15	15	15	15
Portugal	15	15	15	15	15	15	15	15	15
Espagne	10/15	10/15	10/15	10/15	10/15	10/15	10/15	10/15	10/15
Grande-Bretagne	15	15	15	10/15	15	10	15	15	15
Autriche	15	15	15	15/20	15	15	15	15/20	10/15
Finlande	15	15	15	15	15	15	15	15	10/15
Islande	10/15	10/15	-	-	15	15	--	15	15
Norvège	13	13	5/11	5/11	13	3/15	15	15	15
Suède	3/15	-	3	3	3	3	3	3	3
Suisse	-	10	5/15	5	15	5/10	10	5	5
Turquie	-/+ 15 (2)	-	25	25	25	25	25	-/15	25

(1) Rémunération sur barème. (2) Collectivités publiques/secteur privé.

Source : *EAAA*.

2. L'ARSENAL JURIDIQUE EXISTANT

Aux origines de l'activité publicitaire, le publicitaire était un courtier. Sa fonction consistait à mettre en relation un annonceur et un ou plusieurs supports. Il était rémunéré par l'un ou par l'autre. Le courtier était commerçant mais n'agissait pas pour son propre compte puisque l'annonceur signait le contrat avec le support et les factures lui étaient adressées. Le courtier n'engageait pas sa responsabilité en cas d'insolvabilité de l'annonceur à moins qu'il se porte garant et garantisse alors l'exécution du contrat.

Le courtage a vu les débuts de la publicité. Il est apparu très vite que ce système juridique ne correspondait pas au fort développement de ce concept ni aux volontés des premiers leaders du marché publicitaire français qui souhaitaient créer une véritable industrie.

Pour asseoir ce développement, le système juridique devait évoluer ; fut créé en conséquence le contrat d'agence.

L'annonceur qui veut communiquer doit quasi inévitablement avoir recours à une agence. Même si cette dernière ne fait que coordonner les travaux d'autres professionnels, elle est à la base de toute campagne et passe des contrats avec ses différents partenaires. Le contrat passé avec l'annonceur est régi par le droit commun des contrats mais aussi par un contrat-type élaboré en 1961 à la suite d'un avis rendu par la Commission de la concurrence en 1958. C'est donc à la suite d'une enquête sur l'état des relations financières dans le secteur qu'une réglementation est intervenue à l'époque. La constatation d'irrégularités n'est pas une nouveauté : le projet de loi Sapin procède de la même logique.

Le contrat régissant les rapports entre l'agence et son annonceur peut tout d'abord s'analyser comme un mandat : l'annonceur donne pouvoir à l'agence de réaliser pour lui une campagne publicitaire d'une certaine durée. Mais comme, selon les usages de la profession, l'agence est réputée agir en son nom propre pour le compte du support, elle a la qualité de commissionnaire, et donc de commerçant (le mandataire ne l'est pas nécessairement), avec toutes les conséquences que cela implique : compétence des tribunaux de commerce, application de la législation sur la faillite... La jurisprudence reconnaît néanmoins parfois la double qualité de l'agence : mandataire à l'égard de l'annonceur et commissionnaire à l'égard du support. Cette double casquette et le manque de clarté qu'elle implique ont conduit à l'élaboration d'un contrat-type.

Le contrat-type définit : les obligations réciproques des parties, l'organisation de la cessation des relations contractuelles et les relations de l'agence avec le support. Il envisage également cinq prestations que l'agence doit fournir : études, préparation, exécution et suivi de la campagne, contrôle et règlement des factures. Pourtant, il n'a qu'un caractère supplétif, c'est-à-dire qu'il s'applique si les parties s'y sont expressément référées ou non ; il a dans le second cas valeur d'usage, mais les contractants peuvent toujours se situer en dehors du cadre prévu par les usages professionnels. Ainsi, les parties peuvent agir volontairement hors du contrat-type qui ne peut se substituer à leur volonté contraire. Ce contrat-type montre encore ses limites dans la mesure où il reste flou sur les relations de l'agence avec les supports. L'agence peut être commissionnaire ducroire du support : elle garantit alors le support contre l'insolvabilité des annonceurs au nom desquels elle traite ; le support peut refuser de verser une commission à l'agence, puisque celle-ci ne lui rend aucun service dans la mesure où l'annonceur peut s'adresser directement au support.

Les relations entre tous les acteurs du secteur publicitaire sont ainsi organisées par une législation mise en place dans les années soixante (le contrat-type date de 1961) comme le montrent les deux très bons ouvrages de Jean-Jacques

Biolay : *Promotion des ventes et droit de la publicité* (Delmas 1991) et *Le Droit de la publicité* (Que sais-je ? PUF 1986). Il n'existait donc pas de vide juridique dans le domaine publicitaire. Si aujourd'hui une loi nouvelle cherche à réglementer davantage le secteur, c'est que des abus ont été effectivement constatés. Que propose en conséquence le projet Sapin ?

3. Vers une réglementation du secteur

Face à l'opacité critiquée du secteur publicitaire, le gouvernement a réagi en opérant une double démarche : le rapport du Conseil de la concurrence et le projet de loi Sapin.

3.1 La constatation des irrégularités : le rapport du Conseil de la concurrence

Le rapport de 1992 est beaucoup plus conséquent que celui de 1987 ; d'un volume de deux cents pages, il est décomposé en trois parties :

I - Le secteur de la publicité en France ;

II - Les modalités spécifiques du fonctionnement du marché (commissions, surcommissions et autres remises) ;

III - L'opacité du marché (secret, dissociation des pièces comptables...).

Les soixante-dix griefs énoncés en juin 1992 sont les suivants :

- le premier concerne une entente tacite entre les acheteurs et les régisseurs ;
- soixante-quatre griefs concernent ensuite les régies des grands supports (sauf Canal + et Général Médias) ;
- le n° 66 est une mise en cause de Carat plaçant les supports en état de dépendance ;
- les n° 67 et 68 accusent The Media Partnership (TMP) et Publi Média Service (PMS) d'une coalition susceptible d'entraver la concurrence en faisant baisser les prix artificiellement ;
- le n° 69 accuse Carat et Eurocom d'un pacte de non-agression ;
- le n° 70 relate les relations privilégiées du *Monde* et de *Libération* qui auraient opté pour des positions tarifaires concertées face aux centrales.

L'exposé des griefs montre que les centrales d'achat d'espace et les relations qu'elles entretiennent avec les régies sont les principales accusées. Déjà à l'origine du premier rapport en 1987 (l'AACP avait saisi le Conseil de la concurrence au moment d'un éventuel rapprochement d'Eurocom/SGGMD) et maintenant du second rapport, les centrales sont toutes puissantes sur le secteur bien que leur existence soit relativement récente.

De plus en plus, pour appuyer leur crédibilité sur le conseil en choix des médias et supports, les centrales se sont dotées de cellules de recherche fondamentale en média-planning. L'évolution de la télévision les a aussi conduites à parler d'optimisation de l'achat d'espace.

Si les centrales se lancent ainsi dans le conseil et le mettent en avant, c'est aussi pour tenter de justifier des bénéfices après impôts colossaux (selon *Faits de société* du 14.03.1992). Les annonceurs, comme nous l'avons vu, souhaiteraient connaître les taux réels de négociation support par support. Les centrales s'y refusent. Pour des budgets dépassant les cent millions de francs, cela n'est pas grave puisque de telles sommes imposent aux centrales des efforts conséquents. C'est plus grave pour les budgets (plus nombreux) compris entre dix et quarante millions.

3.2 La réglementation : du projet... à la loi Sapin

Présenté au Conseil d'État le 20 août 1992, le projet de loi est constitué de 57 articles dont neuf concernent la publicité dans le titre II consacré à la normalisation de la vie économique. Son principal intérêt est de proposer un choix aux intermédiaires publicitaires. Tout intermédiaire entre l'annonceur et le support sera soit mandataire (autorisé à faire des préconisations médias, il ne sera rémunéré que par l'annonceur), soit grossiste (il ne pourra alors pas être préconisateur) ; le cumul des fonctions de grossiste et de mandataire est interdit ; les supports et les grossistes devront faire connaître leurs tarifs.

Cette première ébauche du projet semblait aller dans le sens du rapport du Conseil de la concurrence qui condamnait la double casquette des intermédiaires (des centrales d'achat d'espace principalement). Pourtant, à sa sortie du Conseil d'État, le projet n'évoque plus du tout le statut des grossistes, il n'existe plus qu'un mandataire uniquement payé par l'annonceur.

Les obligations sont :

- l'existence d'un contrat entre l'annonceur et le mandataire ;
- la publication des tarifs des supports et leurs dégressifs ;
- la facture du support au nom de l'annonceur ;
- la mention du cumul des activités de préconisateur et de régisseur.

Une autre innovation du projet est l'abandon de la commission puisque le support n'est payé que par l'annonceur. Dès le 9 septembre 1992, ce point sera un peu ébranlé avant le Conseil des ministres puisque le texte définitif du projet (avant son examen à l'Assemblée nationale) change l'article 10 du chapitre 2 qui devient : « **dans le cas où l'achat d'espace n'est pas payé directement par l'annonceur au vendeur d'espace,** un exemplaire de la facture est communiqué par ce dernier à l'annonceur. » On assiste ainsi au rétablissement des flux financiers entre les supports et les intermédiaires même si l'annonceur doit connaître l'état des relations financières entre les deux acteurs.

C'est dans une atmosphère trouble que le projet de loi a été examiné par l'Assemblée nationale du 14 au 16 octobre 1992. En moins de cinq heures, le texte a été adopté. Michel Sapin a proposé l'amendement 504 qui rétablit une forme de commission sans la nommer expressément. L'article 13 de la loi votée annonce ainsi que : « tout rabais ou avantage tarifaire de quelque nature que ce soit accordé par le vendeur doit figurer sur la facture délivrée à l'annonceur et **ne peut être conservé en tout ou partie par l'intermédiaire qu'en vertu d'une stipulation expresse du contrat de mandat** ». Il semble ainsi que tout soit possible du seul fait que l'annonceur soit au courant. C'est la connaissance que doit avoir l'annonceur des relations entreprises en son nom par son agence qui est ainsi au centre de la loi comme le montrent les points importants de la loi votée :

- la commission d'agence : réintroduite dans les conditions vues plus haut ;
- cumul des activités de régie et d'agence : deux sociétés exerçant ces activités peuvent avoir des liens financiers du moment que l'annonceur en est averti.

Les autres points concernent :

- le statut des intermédiaires : seul le statut de mandataire est autorisé ;
- cumul des mandats : non interdit mais doit respecter les limites stipulées par l'ordonnance de 1986 sur les abus de position dominante ;
- hors-média : les députés ont adopté un amendement de la Commission des lois indiquant que « tout autre achat de produit ou de service réalisé par cet intermédiaire pour le compte de l'annonceur doit également faire l'objet d'un contrat de mandat ».

Notons que cet article a en fait été abandonné en seconde lecture à l'Assemblée. Finalement, le contrat de mandat a été étendu à une seule catégorie précise du hors-média « facile à définir » : « les imprimés et les dépliants qu'on distribue dans les boîtes aux lettres et qui font directement concurrence à la presse » ;

- petites annonces et annonces nécrologiques : non concernées par le projet ;
- sanctions prévues : les personnes morales ayant enfreint la loi peuvent encourir, outre des amendes (de 200 000 F à 2 000 000 F), la peine d'exclusion des marchés publics à titre définitif ou pour une durée de cinq ans au plus ;
- entrée en vigueur de la loi : application au 31 mars 1993 ; il est prévu qu'« à l'issue d'un délai de trois ans après l'entrée en vigueur de la présente loi, il sera procédé à une évaluation des effets des dispositions du présent chapitre » (*Stratégies* n° 806 - 23 octobre 1992). Les réactions des différents acteurs sont sensiblement les mêmes que celles précédant le vote de la loi, même si les agences se réjouissent de la réintroduction d'un ersatz de commission.

Plus nouvelles sont les réactions des agences de promotion et de marketing direct qui, avant le vote, s'inquiétaient « des problèmes de leurs grands frères de la pub auxquels elles sont souvent capitalistiquement liées » et qui reconnaissaient que « le projet Sapin ne les concernait pas directement » (*Stratégies* n° 804 - 9 octobre 1992). Aujourd'hui, elles sont touchées par la loi. Certaines condamnent leur apparition dans la loi obtenue « sous la pression des médias » (Pierre Callégari) et pensent que « la loi va inciter les agences de marketing direct qui font du média à ne plus faire un conseil objectif » (Denis Bonnet, PDG d'Ogilvy Defrenois). Plus globalement, elles reconnaissent que « la loi réglemente quelque chose de tout à fait marginal puisque 92 % des opérations hors-média ne passent pas par les agences et que les commissions sur les médias représentent à peine 10 % des revenus des agences de marketing direct » (Marc Bruzeau, président de l'AACC marketing direct).

Après une seconde lecture à l'Assemblée, le projet de loi fut adopté sans grand bouleversement, le 16 décembre 1992.

Une saine volonté gouvernementale de lutter contre la corruption et d'amener une transparence reconnue par tous comme nécessaire dans la vie économique française a ainsi entraîné une vaste réforme dans le secteur de la publicité. Le Conseil de la concurrence a constaté des délits et émis des griefs à l'encontre des contrevenants. La loi Sapin a, à sa suite, tenté d'imposer un cadre juridique plus strict au secteur. Mais le projet de loi a subi de nombreuses modifications jusqu'à nier l'activité des centrales d'achat d'espace principalement décriées pourtant par le Conseil de la concurrence.

La loi ne résout donc pas tout et « un Grenelle de la publicité » permettrait à tous de mieux définir des règles qui, négociées, s'imposeraient (enfin) à l'ensemble du secteur.

La loi aujourd'hui ne satisfait globalement que les annonceurs. Tout reste en fait possible si l'annonceur est au courant. C'est donc que le problème originel était la perte de confiance de l'annonceur dans son intermédiaire. On peut s'interroger alors sur la nécessité d'une intervention de l'État dans un secteur où justement devrait régner la confiance.

À ce propos, une agence « anti-divorce » est née en France à l'automne 1992. Agency Assessments est copiée sur le modèle anglo-saxon et a pour mission « d'optimiser les relations entre les annonceurs et leurs agences ». Sans ambiguïté du côté des annonceurs, ne travaillant que pour eux et n'étant rémunérée que par eux, l'agence cherche à leur faire comprendre « qu'ils n'ont pas intérêt à tuer les agences (...) » car celles-ci sont « un creuset de talents complémentaires (...) à un prix qu'il faut payer » (Florian Chollet et Jean-Marie Crantelle, fondateurs de l'agence – *Communication CB News* n° 273 - 19 octobre 1992).

Si le problème demeure la confiance de l'annonceur en son intermédiaire, la sanction normale dans une économie de l'offre et de la demande ne devrait-elle pas être tout simplement l'abandon de cet intermédiaire pour un autre plus crédible ?

4. La loi Évin

Moins lourde de sens que la loi Sapin, qui tente de remettre en cause les structures même des agences, la loi Évin a de nombreuses conséquences financièrement douloureuses pour le secteur publicitaire. Considérant que faire la promotion d'une marque de cigarettes ou d'alcool entraîne une augmentation ou un entretien de la consommation de ces produits, surtout chez les jeunes, le ministre de la Santé de l'époque, Claude Évin, a cherché à strictement limiter la communication pour ces deux produits déjà bien encadrés par des textes émanant de deux de ses prédécesseurs : Simone Veil et Michèle Barzach.

4.1 Principales dispositions

La loi n° 91-32 du 10 janvier 1991 prévoit à partir du 1er janvier 1993 un traitement particulier de « toute propagande ou publicité, directe ou indirecte, en faveur du tabac ou des produits du tabac (ou des boissons alcooliques) » selon l'article 2 (et L. 17). Dans les deux cas, « est considérée comme propagande ou publicité indirecte toute propagande ou publicité en faveur d'un organisme, d'un service, d'une activité, d'un produit ou d'un article autre que le tabac ou un produit du tabac (ou une boisson alcoolique) lorsque, par son graphisme, sa présentation, l'utilisation d'une marque (d'une dénomination), d'un emblème publicitaire ou de tout autre signe distinctif, elle rappelle le tabac ou un produit du tabac (ou une boisson alcoolique) » selon l'article 3 (et L. 17-1).

Le texte est clair, l'interdiction paraît totale. Elle l'est pour le tabac et elle a été aménagée pour l'alcool. En effet, toute publicité (média et hors-média) en faveur du tabac et des produits du tabac est interdite sauf dans les débits de tabac. Des affichettes peuvent se trouver dans ces lieux mais elles doivent être « non visibles de l'extérieur » (article 2). La publicité en faveur des boissons dont le degré volumique d'alcool est supérieur à 1,2 % est en revanche autorisée :

- dans la presse écrite à l'exclusion des publications destinées à la jeunesse dont la définition est à trouver dans la loi n° 49-956 du 16 juillet 1949. Cette ancienne loi précise en son article premier que ces publications sont « toutes publications périodiques ou non qui par leur caractère, leur présentation ou leur objet apparaissent comme principalement destinées aux enfants et aux adolescents » ; l'article 2 précise en outre que ces publications ne contiennent rien qui puisse « démoraliser la jeunesse » ou « inspirer ou entretenir des préjugés ethniques ». La définition de publication destinée à la jeunesse peut paraître floue et le concept d'enfant et surtout d'adolescent a sûrement beaucoup évolué depuis 1949 ;
- en radio de 0 heure à 17 heures et le mercredi de 0 heure à 7 heures (décret n° 92-1047 du 23 septembre 1992) ;
- en affichage dans les zones de production ;
- en affichage mobile sur les véhicules de livraison (l'inscription ne devra donner que la désignation des produits, le nom et l'adresse du fournisseur) ;
- sous forme d'affichettes et d'objets à l'intérieur des lieux de vente à caractère spécialisé ;
- en publicité directe (messages, circulaires commerciales, catalogues et brochures) de la part des producteurs, importateurs, négociants, concessionnaires ou entrepositaires ;
- en faveur des fêtes et foires traditionnelles consacrées à des boissons alcooliques locales et à l'intérieur de celles-ci ;
- en faveur des musées, universités, confréries ou stages d'initiation œnologique à caractère traditionnel, ainsi qu'en faveur de présentations et de dégustations (d'après l'article L. 17).

Notons que « toute opération de parrainage est interdite » et que selon l'article L. 18, la publicité autorisée « est limitée à l'indication du degré volumique d'alcool, de l'origine, de la dénomination, de la composition du produit, du nom et de l'adresse du fabricant, des agents et des dépositaires ainsi que du mode d'élaboration, des modalités de vente et du mode de consommation du produit » ; elle peut faire référence « aux terroirs de production et aux distinctions obtenues » ; elle doit enfin « à l'exception des circulaires commerciales destinées aux personnes agissant à titre professionnel, être assortie d'un message de caractère sanitaire précisant que l'abus d'alcool est dangereux pour la santé ».

Les infractions sont punies d'une amende de 50 000 à 500 000 F et le maximum de l'amende peut être porté à 50 % du montant des dépenses consacrées à l'opération illégale. En cas de récidive, la vente des produits qui ont fait l'objet de l'opération illégale peut être interdite pendant un à cinq ans. Notons que l'agence peut être tenue solidairement responsable : elle paiera en conséquence les amendes et frais de justice avec son annonceur. Enfin, la suppression, l'enlèvement ou la confiscation de la publicité interdite se fera « aux frais des délinquants » (article 12 et L. 21).

En outre, l'article 3 de la loi Évin prévoit des dérogations pour les produits mis sur le marché avant le 1er janvier 1990 par une entreprise juridiquement et financièrement indépendante d'une société de tabac. Le problème est de savoir si dans le cas de Peter Stuyvesant Travel il s'agit d'une publicité directe ou indirecte.

4.2 Une loi lourde de conséquences

La loi Évin a des conséquences importantes dans le secteur de la communication. Les annonceurs et leurs agences se trouvent placés dans un marketing de crise. Surtout en ce qui concerne le tabac, la loi va profiter aux marques leaders (bénéficiant déjà d'une forte notoriété) et plus ou moins bloquer la sortie de nouveaux produits. Un double déplacement va s'opérer : de la communication média au hors-média et d'une cible consommateur à une cible distributeur (CHR essentiellement).

Pour les supports, les conséquences financières furent beaucoup plus douloureuses encore. Les deux tableaux suivants montrent pour 1990 et 1991, dates concernant la période de la mise en place de la loi Évin, les investissements publicitaires médias réalisés par les marques de tabac et de boissons alcoolisées (les évolutions sont données en %).

TABAC (en millions de francs) :

	1991	1990	Evolution 91/90
Total	252	265	-4,70
Presse magazine	225	241	-6,6
Quotidiens nationaux	17,40	14	24,29
Presse de province	7,40	8,40	-11,70

BOISSONS ALCOOLISÉES (en millions de francs) :

	1991	1990	Evolution 91/90
Total	1 313	1 587	-17,20
Presse	605	721	-16,10
Radio	187	293	-36,20
Affichage	491	485	1,30
Cinéma	29	87	-66,30

Source : *Stratégies* n° 812 - 4 décembre 1992.

À la vue de ces tableaux, on comprend aisément qu'une limitation, voire une interdiction complète dans plusieurs cas vont entraîner un manque certain dans les recettes publicitaires non compensées par des campagnes anti-tabac. Le tabac représentait 74 % des recettes publicitaires de l'*Écho des Savanes*, 40 % de celles de *Newlook*, 18 % de celles de *Sport-Auto*... pour prendre des exemples dans différentes familles de presse. Quant au cinéma, il est aussi durement touché puisque tabac et alcool représentaient 40 % de son chiffre d'affaires en 1990.

Dix ans après, la loi Évin semble conquérir l'Europe entière puisque, le 4 décembre 1997, les ministres de la Santé de l'Union européenne ont voté une décision de principe visant à interdire toute publicité en faveur du tabac d'ici à octobre 2006. Cette décision a entraîné de vives réactions de la part des agences européenes. Elle doit néanmoins recevoir l'accord du Parlement pour être définitivement adoptée.

	TÉLÉVISION	RADIO	CINÉMA	PRESSE QUOTIDIENNE	PRESSE MAGAZINE	AFFICHAGE
France	> 1,2° ❶	> 1,2° ❷	> 1,2° ❶	> 1,2° ❶	> 1,2° ❶	V S B ❷ •
Espagne	> 20° ❶	> 20° ❶	V S B ❷	V S B ❸	V S B ❸	S ❸
	V B ❸	V B ❸				
G.-B.	S ❶	V S B ❸	V S B ❸	V S B ❸	V S B ❸	V S B ❸
	V B ❸					
Italie	> 21° ❸	> 21° ❸	V S B ❸	V S B ❸	V S B ❸	V S B ❸
Allemagne	V S B ❸	❸	V S B ❸	V S B ❸	V S B ❸	V S B ❸
Pays-Bas	V S B ❸	❸	V S B ❸	V S B ❸	V S B ❸	V S B ❸

>1,2° : Boisson ayant un degré d'alcool supérieur à...
V : Vins **S** : Spiritueux **B** : Bières
❶ : Interdiction totale ❷ : Restrictions légales ❸ : Autodiscipline ❹ : Pas d'interdiction
• Changements éventuels

Sources : Fédération internationale des vins et spiritueux et Centre for Information on Beverage Alcohol.

Stratégies n° 862, 28 janvier 1994.

Une crise conjoncturelle doublée d'une crise structurelle agit sur le secteur de la communication. Cause ou conséquence de ces crises, mais de toute façon fortifiant, le cadre juridique a aussi entraîné des bouleversements dans les agences et les médias. Même si le montant des amendes infligées aux acteurs du marché de l'achat d'espace a été successivement baissé, l'intervention juridique a entraîné le secteur vers une plus grande transparence. Pourtant, si la transparence semble respectée, des dysfonctionnements continuent à exister dans l'achat et la vente d'espace. Ces dysfonctionnements ont été épinglés par le service central de la prévention de la corruption (SCPC) dans un rapport publié le 18/12/97 qui vise essentiellement les régies publicitaires dont le « fonctionnement perverti » peut les faire « servir de supports à des affaires de corruption et de trafic d'influence ». Ces pratiques constitueraient des inégalités de traitement entre les annonceurs, voire de réelles pratiques discriminatoires condamnées par la loi. En janvier 1998, un dossier a été transmis par le SCPC à la justice, ce qui témoigne au moins de la surveillance exercée sur le secteur de l'achat d'espace.

X. CONCLUSION

Exemple de stratégie de communication du groupe X

L'annonceur X demande à l'agence Y de réaliser un plan de communication pour le lancement d'un nouveau savon de beauté de luxe pour femme, produit de base pour la marque.

– **Fait principal**

L'annonceur cherche à accroître sa notoriété à travers le lancement de son nouveau produit. Il s'agit en fait autant d'une communication produit que d'une communication marque. En outre, la campagne doit permettre d'asseoir l'image de la marque, et par conséquent d'augmenter le chiffre d'affaires de l'entreprise. Les trois objectifs de communication doivent s'harmoniser dans un plan de communication cohérent. Le budget de la campagne a été fixé à 10 MF sur une durée d'action d'un an.

– **Brief client**

Les études marketing de l'annonceur montrent que la cible est exclusivement féminine, de PCS A/B, d'habitat urbain (plus de 100 000 hab.) en fonction des zones de chalandise, d'une tranche d'âge : 20-55 ans. Le plan média devra donc tenir compte de cette sélectivité géographique dans la mesure où un média d'audience nationale débordera très largement la cible prescrite. L'INSEE et le CESP estiment à moins de 5 millions la cible large, et à 2,9 millions le cœur de cible.

– **Choix des médias/hors médias**

Les objectifs étant triples, il faudra adapter ses choix médias. La campagne de notoriété demande des choix médias et hors médias prestigieux, de même que l'instauration d'une image de marque implique une longue période de communication. D'autre part, l'augmentation du trafic nécessite des actions rapides, sélectives et répétitives.

Une campagne mono-média n'aurait aucun sens puisque aucun média ne répond à lui seul aux trois objectifs **(notoriété, image de marque et augmentation du trafic)**. Dans la mesure où le budget le permet, on peut utiliser tous les médias, chacun ayant sa spécificité, sans oublier non plus qu'il va falloir les coupler :

- **affichage :** l'audience est importante, média de bonne implantation mais non sélectif en termes de PCS ;
- **presse/magazine :** média sans doute le plus approprié pour ce type de produit. Média de longue durée qui permet de bien asseoir une image durable. De plus, la sélectivité PCS est bonne mais c'est un média relativement lent ;

- **TV :** média de prestige et très puissant, mais de faible sélectivité géographique et de faible sélectivité par tranche d'âge. Média pouvant créer aussi un fort trafic ;
- **radio :** média à effet rapide et relativement puissant, à condition d'utiliser les cinq radios d'échelle nationale (Europe 1, RTL, RMC, France-Inter, Réseau NRJ). Mais le principal handicap de ce média tient à son manque de sélectivité générale et à sa difficulté à instaurer une notoriété en profondeur ;
- **cinéma :** média d'excellente mémorisation, mais lent et de faible puissance en raison de sa cible. Bon média pour installer une image de marque durable ;

En fonction de l'adéquation de la stratégie de communication et des médias, on peut établir les critères suivants :

- objectifs de notoriété (TV), d'image (cinéma, magazine) ou de trafic (TV, radio, affiche) ;
- cibles : âges, PCS, socio-style, habitat (presse/magazine, cinéma) ;
- créativité du message publicitaire : argumentaire, effet visuel, composition, lisibilité, couleur, etc. (presse/magazine, TV, cinéma) ;

En ce qui concerne les différents couples de médias à choisir, on peut retenir :

- **radio/TV :** couple rapide, puissant et d'échelle nationale. Bonne notoriété et création de trafic important ; mais la sélectivité générale est faible, ce qui implique une grande déperdition ;
- **affiche/TV/presse magazine :** sans doute le couplage le plus fréquemment utilisé quand le budget l'autorise. Les actions sont complémentaires, ce qui permet de remplir les trois objectifs cités plus haut (notoriété, trafic et image de marque) ;
- **presse/radio :** les actions se complètent bien, elles créent un trafic, une puissance, mais la notoriété sera plus faible ;
- **cinéma/radio :** médias complémentaires, bonne installation de la notoriété et du trafic ; mais la sélectivité est trop faible.

Pour le hors média, étant donné la nature du produit et de la marque à promouvoir, on retiendra les relations publiques auprès des prescripteurs institutionnels (réseau des différents revendeurs) et la participation aux forum-beauté et salons. Développer l'image de marque de l'annonceur et du même coup sa notoriété par une entreprise de mécénat de prestige à grande envergure (type fondation pour la recherche, aide à la création artistique et galeries d'art...).

– répartition budgétaire par média

La répartition peut s'envisager de la façon suivante :

25 % hors média (380 000 €) et 75 % média (1,14 millions d'euros), affiche : 150 000 € ; TV : 460 000 € ; magazine/presse : 230 000 € ; cinéma : 150 000 € ; radio : 150 000 €.

LES CRITÈRES DE CHOIX DES MÉDIAS

Presse quotidienne	**Presse magazine**	**TV**	**Affichage**	**Radio**	**Cinéma**
souplesse caractère événementiel	image argumentation	leadership Puissance Image Notoriété Démonstration	leadership répétitivité caractère événementiel action rapide impact	information répétitivité action rapide	image impact

TABLEAU RÉCAPITULATIF DES DIFFÉRENTS CRITÈRES DE RÉALISATION D'UN PLAN MÉDIA

	Presse quotidienne	Presse magazine	TV	Affiche	Radio	Cinéma
sélectivité générale	+–	+++	++	-	++	+++
sélectivité socio-démographique	-	+++	-	+	+–	+++
couverture géographique nationale	+++	++	+++	+++	++	+
couverture socio-démographique	++	++	+++	+++	++	++
couverture tranche d'âge	–	++	++	-	++	++
couverture mémorisée	-	++	++	++	+	++
sélectivité géographique	++	-	–	+++	++ (sauf FR3 et le câble)	+++
cible d'âge	++	+++	++	-	++	++
cible PCS	++	+++	++	-	++	+++
nombre de contacts 1 à 5	++	++	+++	+++	++	–
qualité des contacts	+	+	-	+	–	++
répétitivité moyenne	++	++	+++	+++	+++	–
audience cumulée	++	++	+++	+++	+++	–
CPM	-	+	+	+++	+	–
GRP	-	+	+	+++	++	–
mémorisation	+	+	+	–	-	+++
persuasion	++	++	+++	+	++	+++
réglementation	non	oui	oui	non	non	non
disponibilité	++	-	–	-	++	+++
délai	+++	++	+	+	++	+
format	+++	++	+++	++	+	+++
événementialité	+++	+	+	++	++	–
rapidité distribution des contacts	++	++	+++	+++	+++	–
régularité distribution des contacts	+++	+++	+	++	+	+
créativité	+	+	++	+	+	+++
quantité d'information	+	++	+	-	+	+
argumentaire	++	+++	+	-	+	++
rapidité de réalisation	+++	-	–	+	+++	–
faisabilité	+	+	++	+	++	++
économie conception/ fabrication	+++	+	-	+	–	–
relecture du message	++	+++	-	–	–	–
prestige	+	+	+	++	-	++
crédibilité	++	+	-	++	–	+
renforcement d'image	+	+++	+++	++	+	+++
puissance instantanée	+	+	+++	+++	-	–
durée physique du message	+	+++	-	+	–	–

2

Les différents médias

I. LA PRESSE

A. Historique

1. La presse comme une nécessité

1.1 L'installation de la notion de presse

Même si la dynastie des T'ang avait développé une gazette officielle de 618 à 907, la notion de presse apparaît dans nos économies occidentales avec l'invention de l'imprimerie par Gutenberg à Strasbourg en 1438. Cette première étape va permettre la création des nouvelles imprimées selon trois approches : les occasionnels pour les informations générales, les canards pour les faits divers et les libelles, placards et chansons pour la presse d'opinion. Cette première presse n'est pas régulière. La presse périodique apparaît véritablement au XVIIIe siècle, aux Pays-Bas tout d'abord : *Les nouvelles récentes* (*Nieuwe Tydingen*) en mai 1605 à Anvers. La France attendra 1631 la naissance de *La Gazette* de Théophraste Renaudot.

Dès sa naissance, la presse est soumise au contrôle du pouvoir. La France se situe entre deux extrémités : la rapide libéralisation de la presse britannique (Le *Daily Currant* est de 1702 à 1735 le premier quotidien du monde occidental) et la forte pression qui pèse sur la presse allemande. Le régime français est à l'époque le principe du privilège royal. Sous l'Ancien Régime, pour pouvoir être imprimés, les périodiques doivent posséder un monopole d'impression. Théophraste Renaudot l'obtient de Louis XIII pour *La Gazette* le 30 mai 1631 ; suivront *Le Journal des Savants* en 1665 et *Le Mercure Galant* en 1672. Les autres périodiques autorisés devront verser des indemnités aux détenteurs du monopole. On comprend aisément que ces périodiques ne développent pas les idées révolutionnaires qui circuleront alors par des occasionnels imprimés à l'étranger ou des « nouvelles à la main ». Un premier élan de liberté apparaît dès la convocation des États Généraux où tous les grands acteurs de la Révolution écrivent des articles dans des périodiques. La presse devient un réel acteur du jeu politique, la libre communication des idées et des opinions est proclamée dans la Déclaration des droits de l'homme du 24 août 1789 et affirmée financièrement par des subventions accordée par le Bureau d'esprit public.

1.2 De la liberté à sa confiscation

Le vent de liberté de 1789 dure relativement peu. Dès 1793, la Terreur s'impose aussi sur la presse qui va connaître dès lors d'incessants aller et retour entre libéralisation et interdiction. Le Directoire crée une taxe : le droit de timbre ; l'Empire impose le silence ; les Cent-Jours suppriment la censure ; la liberté est de nouveau supprimée sous la seconde Restauration.

Le système Napoléon, de 1804 à 1810, n'autorise qu'un seul parti et la presse ne doit dépendre de lui seul. Un brevet de libraire et un brevet d'imprimeur permettent de contrôler l'état d'esprit des journaux. Des censeurs sont même intégrés à ces journaux qui reçoivent souvent directement le canevas de leurs articles du pouvoir. Une autre contrainte existe : elle est financière. Louis XVIII sous la Restauration fait créer le cautionnement : lors de sa création, un journal doit déposer une grosse somme d'argent qui sera confisquée en cas de manquement à des règles fixées par le pouvoir. L'arsenal du muselage de la presse est ainsi variable selon les gouvernants : autorisation préalable, cautionnement, droit de timbre, censure plus ou moins directe, délit de tendance...

Un nouveau tournant apparaît en 1830. Charles X qui voulait totalement supprimer la liberté de la presse perd son trône, entre autres pour cette raison. Les Orléans succèdent aux Bourbons et Louis-Philippe qui doit en quelque sorte sa place à la presse lui accorde des concessions. Elles seront de courte durée. La presse qui se sent libre multiplie les attaques dans des journaux comme *La Caricature* politique, morale et littéraire et *Le Charivari*. En conséquence, le cautionnement est rétabli et après l'attentat républicain du 28 juillet 1835, les très sévères « lois de septembre » sont votées. Après la chute de Louis-Philippe, une période d'instabilité s'instaure jusqu'au coup d'État du 02 décembre 1851 et du plébiscite du 21 décembre 1851 qui promulgue le régime autoritaire de Louis Napoléon Bonaparte.

La période démarre relativement mal pour la presse puisque pour la première fois, une constitution, celle du 15 janvier1852 n'affirme pas la liberté de la presse. Le symbole est important puisque même si les régimes précédents respectaient peu ou pas du tout cette liberté, ils l'évoquaient au moins dans leur texte fondateur. Ici, pas de liberté proclamée, la presse est même écrasée par le cautionnement, la censure, le concept de communiqué (tout journal doit obligatoirement reproduire les avis du gouvernement quel que soit le sujet) et le système des avertissements (le premier n'a pas de conséquence, le deuxième suspend la diffusion quelques jours, le troisième implique la suppression). Le régime s'assouplit néanmoins à partir de la loi du 18 juillet 1868. L'avertissement a été supprimé en 1867, l'autorisation préalable en mars 1868 comme les droits de timbres pour certains journaux. On est ainsi passé d'un régime autoritaire à un régime libéral, le développement du parlementarisme a permis un fort développement de la presse comme cela était déjà le cas en Grande-Bretagne plus d'un siècle plus tôt.

2. La presse comme un enjeu

2.1 De la presse d'opinion à la presse populaire

La période précédente, surtout marquée par le silence imposé à la presse, a paradoxalement permis le développement de celle-ci. Au niveau de la technique, la presse à vapeur se développe, les rotatives font leur apparition entre 1860 et 1870. Le recueil et la vitesse de circulation des nouvelles ne cessent de s'améliorer avec le télégraphe optique de Chappe et surtout le télégraphe électrique de Morse en 1837. Le chemin de fer à partir de 1840 permet la vitesse dans la distribution des nouvelles. Les grandes agences de presse sont aussi créées à cette époque : tout d'abord Havas en France dont d'anciens salariés vont créer Reuter en Grande-Bretagne et Wolff en Allemagne. Associated Press et United Press se partagent le marché américain. Le développement de ces agences se double en France de celui de la publicité puisque Havas se dote très vite d'une fonction publicitaire en fondant la Société générale d'agence afin d'affirmer la publicité commerciale dans les journaux.

En conséquence, l'offre se multiplie. *La Presse* créé par Émile de Girardin en 1836 est un élément marquant. Après avoir créé *Le Voleur* en 1828 qui reprenait les meilleurs articles des concurrents puis le *Journal des connaissances utiles* en 1831, de Girardin a l'idée de créer un véritable journal populaire à faible prix (4 francs au lieu de 15) grâce à la publicité. Dès lors, une réelle presse populaire voit le jour : *L'Illustration* en 1843, *Le Petit Journal* en 1863. La presse se tourne vers la distraction : c'est la période des romans-feuilletons, elle devient un produit industriel : la vente au numéro se développe au détriment de l'abonnement seul possible avant. On voit la création des kiosques. En 1852, la librairie Hachette a signé un accord avec la Compagnie du Nord afin d'ouvrir des bibliothèques de gare dans lesquelles elle vendra des journaux. En relativement peu de temps, Hachette devient le premier marchand de journaux de France. La presse devient populaire et perd sa volonté première de former une opinion. Tout semble installé pour son âge d'or.

2.2 L'âge d'or de la presse

Après l'Empire, la IIIe République, à partir de 1871, voit se dessiner la presse telle que nous la connaissons aujourd'hui. Après une politique libérale en 1870 qui supprime totalement le droit de timbre, le cautionnement et allège les charges fiscales, le gouvernement Thiers en 1871 remet en place le cautionnement et prévoit une taxe postale qui fait fortement chuter les abonnements. Le gouvernement de Broglie ira plus loin en interdisant la création de nouveaux journaux. Cette mesure sera levée en avril 1876 et on assistera à un nouveau retour du libéralisme lors des élections de 1878 qui ouvrent une ère prospère à la presse avec la loi du 29 juillet 1881 qui « assimile les entreprises de presse à n'importe quelle entreprise privée » tout en instituant néanmoins « des délits de presse qui instaurent la responsabilité individuelle et collective, depuis le distributeur jusqu'à l'éditeur de la publication ».

La presse est réellement devenue un enjeu et la loi de 1881 est née de ce concept. Selon Jean-Noël Jeanneney dans *Une histoire des médias*, les origines de la loi sont doubles : l'esprit des Lumières qui veut faire comme en

1789 de la presse une agora moderne (« la liberté de la presse est un droit sacré et permet seule la formation civique d'un peuple, propre à lui permettre l'exercice sage et réfléchi de sa souveraineté ») et une « coalition hétéroclite » de la Chambre élue en octobre 1877 où tout le monde, pour des raisons différentes veut la liberté de la presse : des monarchistes pour critiquer le régime aux socialistes pour déstabiliser celui-ci en passant par les républicains pour paradoxalement la neutraliser par un trop grand nombre de journaux.

La liberté de publication et la liberté de diffusion sont posées comme absolues même si la presse anarchiste sera interdite par une loi de 1894. Vers 1900, on compte environ soixante-dix quotidiens dans les kiosques. Cinq millions d'exemplaires sont vendus quotidiennement dont quatre millions par les plus forts tirages : *Le Petit Journal*, *Le Petit Parisien*, *Le Matin* et *Le Journal*. Chaque tendance politique est représentée : *L'Humanité* (créé par Jean Jaurès en avril 1904), *La petite république* ou *Le cri du peuple* par exemple à l'extrême gauche, *La Justice*, *L'Homme libre* ou *L'Aurore* (qui publiera le fameux « J'accuse » d'Émile Zola défendant le capitaine Dreyfus le 13 janvier 1898) chez les radicaux, *Le journal des débats*, Le Temps ou encore *Le Figaro* (créé en avril 1854 par Henri de Villemessant) au centre droit, *La libre parole*, *L'Autorité*, *L'Action Française* ou *La Croix* (très différent de ce qu'il est aujourd'hui) à droite. Des supports spécialisés sont aussi créés : *Le Vélo*, premier quotidien sportif fondé en 1900, *L'Équipe* en 1903. Des journaux de province se développent enfin comme *La Dépêche de Toulouse*.

Cet âge d'or a pourtant un envers. La presse libre se développe fortement et va se nourrir des scandales de l'époque en alimentant l'antiparlementarisme alors que c'est justement le parlementarisme qui lui a donné cette liberté. C'est le règne de la diffamation et de la corruption, avant celui du « bourrage de crâne » à la veille de la Première Guerre mondiale puis durant cette guerre, où les gouvernants utiliseront la propagande et la censure à partir du Bureau de presse du ministère de la Guerre par lequel toute information doit transiter. Les journaux paraissent parfois avec des blancs après passage de leurs articles devant les commissions de censure mise en place par ce bureau.

Entre les deux guerres, le développement se poursuit et l'information prime davantage encore sur l'analyse. Seul le Front populaire proposera un débat sur la presse. Léon Blum propose une nationalisation de la presse pour la rendre plus libre ; cette idée de presse-service public ne sera pas reprise. La période est encore marquée par la création de familles de presse (création de *Marie-Claire* en 1937), la concentration et la rationalisation du secteur et le fort développement de la publicité.

La Seconde Guerre mondiale montrera à nouveau le rôle d'enjeu de la presse. On trouve, en effet, d'un côté les journaux proches des gouvernants puis des occupants (après avoir interdit tous les journaux, les occupants mettent en œuvre une autorisation préalable et favorisent la reparution d'anciens titres qui deviennent instruments de propagande) et de l'autre, des journaux résistants et clandestins qui formeront la base de la presse d'après-guerre.

3. La presse comme un produit industriel

La période de l'après-guerre va établir le secteur de la presse dans les dimensions que nous lui connaissons aujourd'hui.

3.1 La construction du secteur

Dès la libération, l'ordonnance du 06 mai 1944 rétablit la liberté de la presse et une réelle volonté de structurer le secteur apparaît. Le dépôt légal (obligation de remettre à un service d'archivage officiel un certain nombre d'exemplaires selon la loi du 21 juin 1943) est indispensable et la transparence est imposée par la reprise d'un projet de Léon Blum de 1936. Ainsi, les prête-noms sont interdits, le tirage doit être justifié (l'**Office de justification de la diffusion – OJD** – est créé en 1946), la publicité rédactionnelle doit être indiquée, le compte d'exploitation et les bilans financiers du journal doivent être publiés une fois par an, le pluralisme est enfin exprimé par l'encadrement des conventions : « une même personne ne peut être directeur ou directeur délégué de plus d'un quotidien tirant à plus de 10 000 exemplaires ou d'un hebdomadaire tirant à plus de 50 000 exemplaires ». Cette volonté de pluralisme existe en parallèle à l'épuration que connaît le secteur au sortir de la guerre qui a vu des supports collaborer avec l'ennemi. Certains directeurs et rédacteurs en chef seront exécutés, des supports seront interdits, leurs biens confisqués et transférés à d'autres entreprises privées par l'intermédiaire de la Société nationale des entreprises de presse (SNEP) créée à cet effet par la loi du 11 mai 1946. On peut voir ici le rétablissement de l'autorisation préalable [1] dans la mesure où les journaux autorisés n'ont pas besoin de fonds importants puisqu'ils bénéficient de matériel saisi. L'épuration touche enfin la distribution. L'État veut faire de la Messagerie un service public afin de casser le monopole Hachette accusé d'avoir diffusé les journaux de la collaboration. La Fédération de la presse française créé les Messageries françaises et Hachette, en réaction, L'Expéditive.

« Les journaux et périodiques ayant commencé à paraître après le 25 juin 1940, ceux qui ont continué à paraître plus de quinze jours après l'armistice dans la zone nord et plus de quinze jours après le 11 novembre 1942 en zone sud sont interdits ». Sont autorisés à reparaître : *L'Humanité* (PC), *Le Populaire* (SFIO), *L'Aube* (Démocratie chrétienne), *Le Figaro, Ce Soir* (proche PC), *La Croix.* D'autres journaux issus de la clandestinité sortent de l'ombre : *Combat* dont le rédacteur en chef est Albert Camus, *Défense de la France* qui deviendra *France-Soir* avec Pierre Lazareff, *Franc-Tireur*, *Front national* (proche PC), *Libération* et *Le Parisien Libéré*. Fin 1944, d'autres journaux paraissent encore : *L'Aurore, Paris Presse*, *Les Échos* et *Le Monde* dont le contexte de création relaté par Patrick Eveno dans *Le Monde 1944-1955* [2] donne une bonne vision de cette période riche en événements.

Cette presse fortement issue de la résistance connaît de fait un changement de ton puisque les idéaux politiques sont mis en avant. L'État est partie prenante de

---

1. E. Cazenave, C. Ullman-Mauriat. *Presse, radio et télévision en France de 1631 à nos jours.* Hachette, 1995.

2. *Le Monde édition,* 1996.

cette restructuration à travers des aides financières justifiées par les difficultés économiques. Le papier se fait rare et il est contingenté : chaque journal dispose alors du même nombre de pages sauf *Le Monde* qui édite *in extenso* les textes officiels. La loi du 28 février 1947 supprime l'autorisation préalable et affirme rétablir le système de la concurrence tout en l'encadrant par de nombreux textes. Des limites économiques sont par exemple fixées à la concentration et seront appliquées et développées jusqu'à la période actuelle : la loi du 12 septembre 1984 (dite loi « anti-Hersant ») interdisait à un groupe de presse de posséder un ensemble de quotidiens nationaux dont la diffusion totale serait supérieure à 15 % de la diffusion globale des quotidiens de ce type ; la loi du 01 août 1986 interdit à un groupe de personnes physiques ou morales de contrôler plus de 30 % de la diffusion totale des quotidiens nationaux et régionaux...

Ainsi, depuis la création de la Ve République, la liberté de la presse est réelle en France mais se trouve dans un dilemme. Les concepts d'information pouvoir, contre-pouvoir, anti-pouvoir posent problème au pouvoir politique en place et explique son intervention empêchant les entreprises de presses, entreprises privées, d'obéir aux lois du marché. Les concentrations sont plus ou moins interdites, le recours aux capitaux étrangers est fortement réglementé et le contexte économique pénalise la presse française dont le seul recours est l'aide financière de l'État qui justement cherche à s'en dégager.

3.2 Problèmes contemporains

Parler de la crise de la presse française est une constante depuis quelques années. Divers chiffres permettent de constater la chute de la presse, surtout du côté des quotidiens : 70 dans les kiosques à la veille de la Première Guerre mondiale, 19 en 1944, 26 en 1945, 12 en 1953 et une dizaine aujourd'hui. En termes de diffusion, la chute est aussi remarquable : un million d'exemplaires de quotidiens nationaux en 1870, 6,5 millions à la veille de la Première Guerre mondiale, 6 en 1945, 4,5 en 1969, 2,9 en 1980 et 2,5 en 1996, (OJD). Cet essoufflement de la presse quotidienne plus marqué qu'ailleurs fait face à la bonne forme de la presse magazine comme nous le verrons plus loin.

Jean-Noël Jeanneney dans *Une histoire des médias*[3] met en avant trois causes au déclin de la presse quotidienne.

- **La concurrence des autres médias :** pour l'auteur, cette cause semble facile à donner et peu évidente dans la mesure où on constate que le nombre de lecteurs potentiels s'est accru depuis l'avènement des moyens audiovisuels modernes. Néanmoins, une analyse du temps de loisir des Français montre des modifications. L'évolution des pratiques culturelles des Français affiche une progression importante du temps passé devant la télévision. L'écoute de disques et de cassettes s'est aussi considérablement accru et en conséquence, on constate un recul du temps consacré à la lecture, surtout chez les 15-24 ans. Sans entrer dans un débat sur la primauté de l'audiovisuel sur l'écrit, on peut au moins s'interroger sur l'influence de la télévision sur la presse qui représente pourtant une aide importante : la presse TV est le principal secteur de la presse magazine, de nombreux supports de presse quotidienne proposent un supplément

3. Seuil, 1996.

TV et certains supports sont enfin directement nés de la télévision et de ses dérivés : support presse vidéo par exemple ou supports liés à des émissions (santé, enfants, séries pour ados). Enfin, une dernière influence tient au contenu même de la presse. Le lecteur-télespectateur habitué à zapper semble conserver ce penchant en presse : on parle ainsi de « presse à zapper » dans les supports où de longs développements sont absents et remplacés par des encadrés. On parle aussi de « presse mosaïque ». La presse magazine est entrée de plain-pied dans l'ère marketing qui sous-entend études, ciblage précis, repositionnement..., la presse quotidienne devrait suivre.

- La deuxième cause a une **dimension économique et financière**. Les débuts de la décennie quatre-vingt-dix ont été difficile pour les médias en général et plus particulièrement pour la presse. Une chute des recettes publicitaires liées plus ou moins aux **lois Évin** et **Sapin** (*cf. supra*), une augmentation sans précédent du prix du papier... ont conduit de nombreux supports dans le rouge. Au même moment, des restructurations se sont avérées peu fructueuses et une crise importante a replacé la presse au cœur d'un ancien dilemme : des entreprises privées qui ne peuvent obéir aux lois du marché. La volonté de Léon Blum était, on l'a vu, de nationaliser la presse pour la rendre libre. Sans aller jusqu'à cette extrémité, l'État intervient fortement sous forme d'aides pour préserver la presse de « financements occultes ». L'aide peut être directe, elle est dans ce cas proportionnelle au tirage et favorise les feuilles les plus prospères : le magazine *Stratégies* titrait « Banco pour les gros » au début des années quatre-vingt-dix. L'aide est aussi indirecte : le taux de TVA applicable à la presse est faible, l'article 39 *bis* du Code général des impôts permet de faire passer la taxe sur les bénéfices en provision d'investissement dégrevée d'impôts, 49,3 % du budget de l'agence France presse est assuré par l'abonnement des administrations, le fameux abattement fiscal de 30 % pour les journalistes... Ce dernier point a rebondi en 1996 lors de l'examen de la loi de finances pour 1997. Outre la réduction de 50 % de l'allégement des charges téléphoniques et de 15 % de l'aide aux quotidiens régionaux, départementaux et locaux à faible ressource publicitaire, les principaux syndicats de presse se sont aussi battus pour sauvegarder l'abattement de 30 % de l'assiette du revenu imposable pour dépenses professionnelles des journalistes. « Comment ne pas voir dans cette succession de mesures ou d'initiatives une volonté délibérée de réduire le soutien traditionnel et indispensable de l'État à la presse ? L'intérêt d'un pays démocratique, et plus encore en période de crise, est pourtant de permettre à une presse libre d'assurer sa mission d'information, ce qui deviendra à l'évidence de plus en plus difficile pour un certain nombre de titres » déclarait au *Figaro* Jacques Saint-Cricq, président du syndicat de la PQR en novembre 1996.

Créé en 1934, l'amendement portant création de l'abattement de 30 % avait été une première fois attaqué par le gouvernement de Vichy qui avait ramené le taux à 20 %. Valéry Giscard d'Estaing l'avait plafonné à 50 000 francs en 1970. Cet abattement est réellement une aide indirecte à la presse puisqu'il permet aux entreprises de maintenir les salaires et sa suppression risquerait d'entraîner, selon les syndicats de presse, des distorsions entre des entreprises qui pourront, en conséquence, augmenter les salaires et celles qui ne le pourraient pas. Cette levée de boucliers a renvoyé l'État libéral à ses responsabilités et s'est soldé fin 1996 par un amendement créant un fonds de compensation pour les revenus des journalistes perdant l'abattement de 30 %. Un nouveau gouvernement en mai 1997 voit par l'intermédiaire de Catherine Trautmann, ministre de la Culture et de la communication « la nécessité de remettre à plat tout le système des aides à la presse dans la concertation et de réexaminer la question de l'abattement fiscal de 30 % dont bénéficient les journalistes » (*Le Figaro* 27 juin 1997).

La loi de finances pour 1998 a pourtant prévu la disparition progressive de la « niche fiscale » dont bénéficiaient les journalistes. Cette même loi a prévu une taxe de 1 % sur certaines activités hors média afin d'en faire bénéficier la presse quotidienne nationale comme régionale.

Les aides gouvernementales (246 millions de francs pour 1998 inscrits au chapitre des services généraux du premier ministre, auxquels s'ajoutent 100 millions destinés à compenser la suppression progressive des abattements professionnels des journalistes) sont pourtant indispensables, même si leur distribution est parfois discutable, et ont apporté une certaine moralité par l'interdiction des prête-noms, hommes de paille, et des cumuls secrets de propriété qui ont conduit à la substitution des spéculateurs individuels par des investisseurs institutionnels. On a ainsi du côté des recettes une plus grande moralité et des aides de l'État, et du côté des charges, des coûts très lourds et une force syndicale souvent nécessaire mais ici très forte et hostile au changement ; le conflit de l'été 1997 au *Midi Libre* en fut une nouvelle preuve. Depuis le luddisme de 1779 (début des fortes luttes des salariés qui brisaient les nouvelles machines), la presse a toujours connu des syndicats forts dont la présence explique des frais de personnel relativement élevés et parfois un blocage des structures. Jean-Noël Jeanneney explique à ce propos par exemple que « *Le Monde* emploie plus d'ouvriers que les logiques techniques ne l'exigeraient ». Les problèmes économiques peuvent enfin englober le problème des invendus lié au faible développement du portage à domicile et au faible taux d'abonnement (environ 15 % en France contre 80 % aux USA, 62 % en Allemagne et 92,8 % au Japon pour la presse quotidienne ; ce taux est enfin de 31,2 % pour les hebdomadaires généralistes et 67 % pour les magazines spécialisés).

- Jean-Noël Jeanneney s'interroge enfin sur la qualité de l'offre en constatant un discrédit grandissant de la presse écrite. Plus largement, ce discrédit touche tous les journalistes et, en fait, plus durement les journalistes de télévision qui, depuis la guerre du Golfe ou les fausses interviews de chefs d'État, ou encore des commentaires hâtifs (Lady Di), se sont souvent discrédités. On peut ainsi penser, à l'inverse, que ce discrédit sur l'audiovisuel en général peut être une chance pour l'écrit. L'écrit demande, en effet, plus d'efforts mais à ce titre peut être considéré comme plus sérieux.

B. Connaître les supports : panorama de la presse en France

La presse a une position de leader en ce qui concerne la répartition des investissements publicitaires parmi les cinq grands médias. Cette position lui est assurée par sa grande richesse tant au niveau de la diversité de ses titres que des possibilités qu'elle offre aux annonceurs géographiquement (presse locale, régionale, nationale...) et dans le temps (presse hebdomadaire, mensuelle...).

Néanmoins, cette position s'érode. La part de marché de la presse (y compris petites annonces et publicité locale) était de 56,9 % en 1987 et elle a perdu dix points en dix ans : 47,3 % en 1996 selon l'IREP. En 1999, elle s'élevait à 51,5 %. La presse a reçu 4 277 millions d'euros en 1999. Les secteurs qui investissent le plus en presse sont : la distribution (680 millions d'euros), les services (492 millions d'euros), le transport (492 millions d'euros), le secteur toilette-beauté (342 millions d'euros) et le secteur bureautique-informatique (240 millions d'euros).

Pourtant, ces investissements cachent de fortes disparités. La presse est en effet un média complexe dans la mesure où elle présente de nombreux types et de nombreuses familles qui supportent différemment la conjoncture. La plupart des organismes d'études et de recherches retiennent la classification suivante :

- presse quotidienne nationale (PQN) ;
- presse quotidienne régionale (PQR) ;
- presse magazine (PM) ;
- presse gratuite (PG) ;
- autres formes de presse (AFP).

Nous suivrons cette classification afin de montrer, dans le tableau suivant, les avantages et les inconvénients de chaque type de presse en termes de choix annonceur.

TYPE	AVANTAGES	INCONVENIENTS
PQN	– forte pénétration et grande fidélité du lectorat – souplesse d'utilisation (réservation 3j. NB, 1 semaine couleurs) développement d'éditions régionales et de suppléments thématiques	– durée de vie très courte et qualité du papier ne permettent pas une vision optimale du produit
PQR	– gros impact régional – segmentation locale – grande crédibilité	– idem PQN
PM	– visualisation produit – utilisation couleurs – bonne qualité repro. – sélectivité – disponibilité du lecteur	– peu souple (longs délais d'achat, ex. : 12 à 16 semaines NB) et cher
PG	– utilisation très souple (réservation et distribution) – possibilité de distribution sélective	– qualité papier
AFP(*)	en fonction de leur périodicité : presse périodique (hebdomadaire ou mensuelle) : les avantages principaux sont le ciblage, la forte pénétration dans les milieux concernés et la lecture attentive et compétente dont elles font l'objet.	(*) selon l'IREP : presse industrielle, presse périodique spécialisée, presse médicale, presse agricole...

Le type AFP est à analyser très précisément car certains titres sont très performants pour l'annonceur qui agit sur un secteur très précis.

1. La presse quotidienne

1.1 Présentation générale

Selon les résultats d'audience, un Français sur cinq lit chaque jour un quotidien national, auquel il consacre 30 min/jour et que la reprise en main est de 2,2. L'étude montre que l'audience est faible mais stable depuis quelques années. La pénétration en termes de lecture d'un numéro moyen est de 19,5 %. La hiérarchie est par ordre décroissant d'audience : *Le Parisien/Aujourd'hui, L'Équipe, Le Figaro, Le Monde, Le Journal du dimanche, Libération, France-Soir, Les Échos, La Croix, La Tribune, L'Humanité.* La presse quotidienne est au quatorzième rang mondial. Cette position montre la décroissance de ce type de presse et l'attrait de plus en plus faible qu'elle suscite chez les médiaplanneurs : en dix ans, la publicité extra-locale dans la PQR est passée selon l'IREP de 19 à 32 %. Certains annonceurs prétendent même que la PQN est morte puisque son lectorat se concentre maintenant de plus en plus en région parisienne. Elle serait ainsi devenue le support de presse d'une région.

1.2 La PQR

Pour la province, on parle de presse quotidienne régionale. Au niveau du lectorat, on compte, en 1999, 16 668 000 lecteurs réguliers confirmés (LRC) en PQR 66. 22,4 % de la vente provient des abonnements, 43,9 % de l'achat du quotidien, 7,7 % de la disponibilité sur le lieu de travail et 32 % des titres sont donnés, prêtés ou trouvés. La plus forte pénétration est en Bretagne – 68,9 % – ainsi qu'en Auvergne, en Alsace et en Lorraine ; la plus faible en Haute-Normandie – 32,4 % – en Picardie et en Rhône-Alpes. La **PQR** se porte mieux que la nationale car elle a su gérer les reproches qui lui étaient faits :

- elle est peu disposée à l'originalité : l'exemple le plus connu est le refus par certains titres de campagnes comme celle de Leclerc contre les pharmaciens par exemple. Dans le même ordre d'idée, des campagnes politiques qui iraient à l'encontre des objectifs électoraux de la direction du titre seraient aussi refusées. Des services tels que les messageries qui concurrenceraient plus ou moins directement les propres services du titre seraient encore refusés ;
- elle est chère : le coût moyen au mille de la PQR varie de 100 à 1 000 francs selon les supports pour un quart de page en « informations générales ». Une campagne moyenne dans toute la PQR vaut de trois à quatre millions de francs ;
- elle est complexe : il n'existe pas de centrale spécialisée. Il faut donc négocier avec de nombreux intermédiaires. La difficulté essentielle est que tous les quotidiens n'ont pas le même format et donc pas le même nombre de millimètres par page (base de l'achat d'espace voir plus loin 3.3 Le prix de l'espace presse). Il convient alors techniquement de modifier l'impression de l'annonce ce qui entraîne des coûts supplémentaires en temps et en argent ;

– elle est peu ouverte aux études : des données quantitatives existent comme pour les autres types de presse mais la PQR est pauvre en données qualitatives pourtant nécessaires en termes de choix annonceurs.

Ces inconvénients ne sont pourtant pas insurmontables. Ils relèvent davantage d'une méconnaissance de la PQR et principalement du facteur innovation dont elle a su faire preuve :

– elle s'ouvre à l'originalité. L'exemple le plus connu est celui du café Grand-mère qui en très peu de jours a lancé dans quarante-cinq quotidiens une annonce et un jeu avec numéro vert à l'occasion d'un changement d'heure. En 1989, ce même annonceur a détourné la « une » de certains titres en remplaçant par le nom de sa marque les noms des villes ou des régions contenus dans le titre du support : on trouva ainsi ce jour-là, « Le Courrier de Grand-mère ou encore « Le Télégramme de Grand-mère ». L'exemple le plus récent est celui de Leclerc qui, en février 1997, utilisa la PQR pour développer une campagne institutionnelle (budget : 840 000 €). Le 15 janvier 1998, la Bourse de Paris a diffusé dans les 63 titres un supplément (à parution trimestrielle jusqu'en 2002) de 4 pages sensibilisant les lecteurs sur les implications financières du passage à la monnaie unique.

La PQR est ainsi prête à l'originalité, au coup d'éclat ; elle cherche de plus en plus à être présente dans l'événement publicitaire. Cette volonté lui est permise grâce à sa formidable souplesse d'utilisation. En effet, les délais de réservation en presse quotidienne sont relativement plus faibles que dans les autres médias, ce qui permet aux annonceurs de réagir très vite aux réactions du marché (on se rappelle à ce propos la campagne Eminence qui rhabilla dès le lendemain les sexes de la campagne Benetton).

Un autre avantage de ce type de presse est la possibilité qu'elle offre au niveau de la déclinaison des messages dans le temps. Cette déclinaison est difficile en affichage (lourdeur de la gestion des panneaux) ; elle coûte cher en télévision et est risquée en radio (risque de cacophonie). Elle est au contraire possible et efficace en presse. Cette efficacité vient de la grande fidélité du lectorat de la PQR qui fait confiance à « son » journal qui devient ainsi le garant de l'annonce.

L'efficacité de la PQR est démontrée par l'analyse de résultats de campagne où les scores « Vu-Lu » sont supérieurs à 50 %. La PQR permet donc un impact en plus de la régularité de lecture, de la proximité et de l'implication de ses lecteurs :

– elle est chère mais possède une audience spécifique : la PQR touche un Français sur deux. Elle touche toutes les couches de la population en fonction de ses rubriques : la rubrique télévision est davantage consultée par les femmes ; la rubrique spectacles par les jeunes ; la rubrique économie par les hommes cadres supérieurs... La PQR est ainsi un média de masse. L'innovation en la matière a été la création de suppléments thématiques afin de cibler encore davantage ;
– elle a su innover et devenir moins complexe : pour l'ensemble de ses titres présentés sur la carte suivante, la PQR dispose de cinq régies qui ont su se lier afin d'offrir aux annonceurs un produit publicitaire commun : le **66-3 PQRN** (presse quotidienne régionale utilisée nationa-

L'AUDIENCE DE LA PRESSE QUOTIDIENNE RÉGIONALE

(en diffusion)

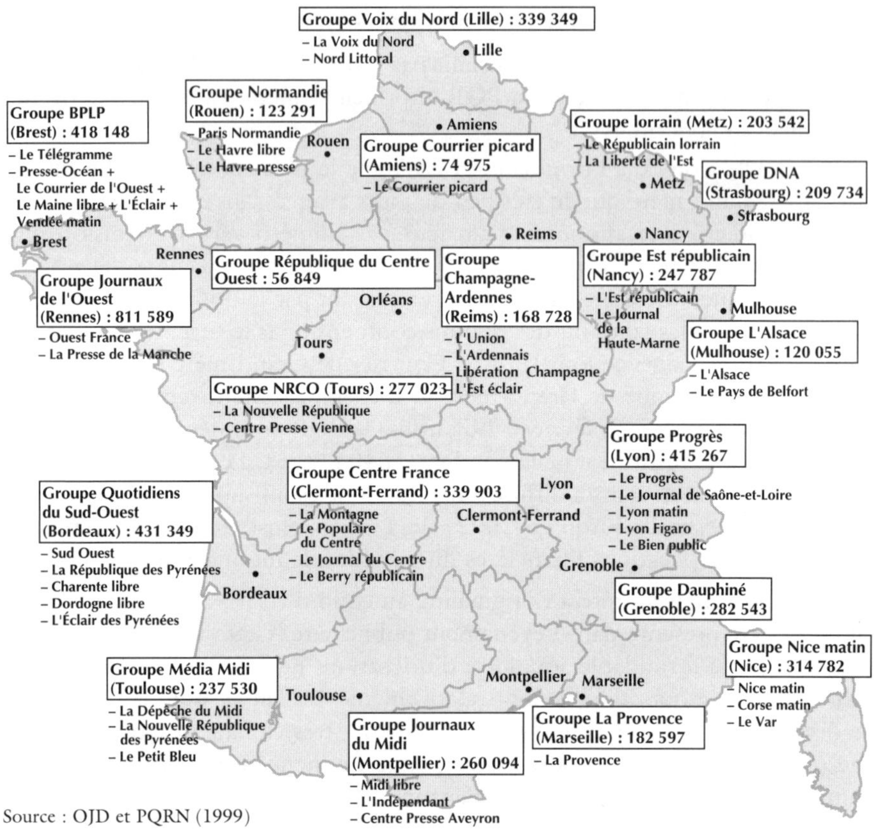

Source : OJD et PQRN (1999)

lement). Il permet à un annonceur de passer trois insertions dans soixante-six titres et répond bien à des critères de puissance, de répétition et surtout de simplicité, puisqu'un annonceur se retrouve face à un seul interlocuteur et nom plus à une multitude pour un même message. Il s'agit pour la profession d'établir des passerelles entre les différents titres et ainsi de simplifier le travail des médiaplanneurs.

La formule du 66-3 a si bien marché qu'elle semble aujourd'hui « vampiriser » les titres eux-mêmes en faisant oublier aux annonceurs les produits propres aux supports.

De plus, le couplage PQR/TV régionale, à l'instar de *Ouest France*/FR3 Ouest semble aller dans le sens d'une meilleure affinité régionale et d'une réelle complémentarité entre les deux médias.

La **PQR** s'est enfin dotée d'outils afin de répondre aux besoins des médiaplanneurs. Le Syndicat national de la PQR (SNPQR) a créé « l'outil PQR » qui recense les titres, les tarifs et les régies. L'organisation QUOT & CO a mis en place une banque de données relative à la PQR. La SOFRES a développé une étude sur « le parcours de lecture » d'un journal local. L'IFOP et MÉDIAMÉTRIE commercialisent enfin deux études « Impact Presse

Quotidienne » et « les Médialocales ». Ces différents outils restent encore aujourd'hui par trop quantitatifs mais ils ouvrent la voie dans laquelle veut s'orienter le SNPQR afin de développer les informations sur ses produits.

L'innovation se marque aussi par la volonté de se situer en « multilocal » : « un stade intermédiaire entre les actions de communication nationales et celles entreprises localement pour les magasins qui visent à couvrir tout ou partie des zones de chalandise d'une enseigne, et elles seules », selon Bruno Marzloff et François Bellanger dans *Les nouveaux territoires du marketing* (Éditions Liaisons - mai 1996). Forts de leur importante crédibilité et en général seuls sur leur territoire, les groupes de presse régionale « soignent leur navire amiral (le quotidien) mais développent autour une flottille d'autres médias pour en assurer la bonne route » et se situer entre le national et le local. Le 66-3 est le premier exemple mais les supports de PQR démultiplient les éditions locales, proposent des pages thématiques aux annonceurs, facturent au « client utile » (la régie de *Ouest France* adapte son tarif commercial à la zone utile du client) ou s'orientent enfin vers le hors-média en proposant des supports gratuits « toute boîte aux lettres » brisant ainsi le traditionnel clivage média/hors-média. Bruno Marzloff et François Bellanger concluent de ces nouvelles offres destinées à satisfaire davantage la proximité avec la consommateur que les supports ne sont plus seulement des vendeurs d'espace mais de réels conseils pour les agences.

1.3 Les supports en PQN

La PQN ne se porte pas très bien. Cela entraîne une politique de plus en plus affinée pour les titres et une utilisation du marketing direct doublée d'une présence accrue sur le terrain (exemple du *Parisien* et de ses démarchages à domicile en région parisienne). Trois lecteurs de PQN sur 5 habitent en province. Les supports sont aussi conduits à créer des produits « ramasse pub. » : les dossiers du *Figaro*, les « rendez-vous » du *Monde*, les salons du *Quotidien*... Ces politiques ont toutes pour objectif de vaincre la crise du lectorat. La désaffection touche surtout les jeunes : de 1986 à 1996, le taux de pénétration auprès des 15/24 ans est passé de 13,5 à 11,7 % et celui des 25/34 ans de 16,4 à 11,5 %.

Le Figaro : créé le 15 janvier 1826 et racheté en juin 1975 par Robert Hersant, il a développé son offre rédactionnelle (*Figaro Magazine* créé en 1978, *Madame Figaro* en 1980, *Figaro Décoration* en 1996). Grâce à l'approche particulière du *Figaro Économie*, le support a su renouveler son lectorat et relancer sa politique commerciale même si la diffusion stagne encore et que les résultats baissent comme tous les généralistes. Il bénéficie aujourd'hui de la prime du leader et se présente comme le support presse des décideurs d'entreprises et des personnes à hauts revenus, ce qui l'a amené à s'associer à *Libération* et à *La Tribune* dans un couplage nommé PQN Quadri News... en réaction à Plein Cadre (voir infra). Diffusion totale payée 1999 : 353 309 exemplaires, audience : 1 115 000 lecteurs.

Le Parisien : créé le 22 août 1944, il appartient aux Éditions Amaury. De 1961 à 1981, il a développé des éditions départementales qui lui donnent l'audience et le coût aux mille lecteurs les plus performants en Île-de-France. Lancé dans une stratégie de prix bas, il perd de l'argent mais gagne des lecteurs. Face à

InfoMatin disparu depuis, il a développé *Aujourd'hui* qui bénéficie d'un prix très faible. *Aujourd'hui* se veut national alors que *Le Parisien* accentue sa dimension locale par la création de logos départementaux. Diffusion totale 1999 *Le Parisien-Aujourd'hui* : 478 152 exemplaires, audience : 1 607 000 lecteurs.

France-Soir : créé le 8 novembre 1944, il appartient au Groupe Hersant depuis 1976 et a déménagé vers les locaux du *Figaro* en 1992 pour des raisons d'économie. D'autres changements sont intervenus en 1992 comme l'apparition d'un supplément *Lundi Emplois* (tabloïd de 24 pages), la suppression de l'édition de l'après-midi, le changement de périodicité des gratuits (*France Soir Ouest, Est, Sud, Nord*) qui deviennent bimensuels. Ces changements n'ont pas permis une remontée et le support a alors prévu « une relance de la dernière chance » en septembre 1997. On s'est orienté vers un tabloïd de 40 pages à 3,80 francs et « politiquement neutre ». Diffusion totale 1999 : 139 174 exemplaires, audience : 439 000 lecteurs.

Le Monde : créé le 18 décembre 1944, il a lancé le 9 janvier 1995 une nouvelle formule (réorganisation de la maquette, création d'une police spécifique, nouvelle hiérarchisation de l'information) afin de se présenter comme un quotidien de référence en France et à l'échelle internationale. Les investissements dans son imprimerie d'Ivry ont entamé ses fonds propres et ses réserves et ont donc rendu l'équilibre du journal fragile. Son déficit a entraîné la réunion des différentes pages en un cahier unique doublé d'un supplément selon les jours de la semaine :

- lundi (daté mardi) : Économie
- mardi : Initiatives
- mercredi : Arts et spectacles
- jeudi : Livres
- vendredi : Sans visa
- week end : Télévision.

Le Monde a aujourd'hui achevé sa recapitalisation mais doit dégager des bénéfices pour échapper à une prise de contrôle. L'arrêt d'*InfoMatin* qui participait à l'amortissement des charges du Monde Imprimerie conduit encore à un manque à gagner. Diffusion totale 1999 : 346 125 exemplaires, audience : 1 373 000 lecteurs. Pour compenser sa faiblesse publicitaire, *Le Monde* est associé au couplage Plein Cadre avec *Les Échos* et *L'Équipe* (5 insertions dans les 3 titres sur 1 semaine).

Libération : créé en 1973, ce support est passé d'un stade de militantisme à celui d'un quotidien d'information reconnu. Comme pour *Le Monde*, le changement d'imprimerie a coûté cher et le journal a dû augmenter son capital en 1992. En 1995, le quotidien s'est lancé dans une nouvelle opération : Libé III qui a été un échec et a précipité *Libération* dans les bras du groupe Les Chargeurs réunis. Diffusion totale 1999 : 160 548 exemplaires, audience : 603 000 lecteurs.

L'Humanité : créé en 1904, il a connu de grosses difficultés financières et suit un effondrement des ventes. Bon nombre de postes de correspondants à l'étranger sont supprimés. Malgré cette coupe dans l'équipe de rédaction, *L'Humanité* désire « en finir avec la régression et l'asphyxie » et « s'évader de la politique politicienne, développer une approche plus faits de société tout en affirmant son identité politique de journal d'opinion ». 1993 a vu un changement du support dans le fond et dans la forme, la maquette a été relookée. Diffusion totale 1999 : 54 469 exemplaires, audience : 220 000 lecteurs.

La Croix : créé le 16 juin 1883 pour défendre l'enseignement chrétien, ce support est devenu un quotidien national d'information générale qui fonctionne à 93 % par abonnement. Sa diffusion se fait à 73 % en dehors de l'Île-de-France. Le support a voulu marquer sa différence en lançant une nouvelle formule assise sur deux points :

- permettre une lecture rapide grâce à un travail graphique approfondi ;
- fournir au lecteur des éléments de réflexion que les autres médias ne peuvent apporter, tout en gardant la dimension de dialogue propre au support.

Les efforts portent ici sur un meilleur service apporté au lecteur et sur des efforts commerciaux plus concentrés. Diffusion totale 1999 : 85 659 exemplaires, audience : 247 000 lecteurs.

L'Équipe : créé en février 1946, il est le quotidien français de référence du sport et de l'automobile et son concept publicitaire est celui du meilleur rapport puissance/économie sur les hommes. Ses ventes étaient, dès le premier trimestre 1990, en hausse de 20 % dans un marché en baisse. Le Mondiale a fait le reste. Son audience le place leader en PQN et augmente sur les cadres. L'indice d'évolution de *L'Équipe* du lundi chez les « affaires et cadres supérieurs » se situe parmi les plus forts. Cette force marque un tournant et consacre le goût du lecteur pour les centres d'intérêt. De fait, *L'Équipe* propose des couplages avec les émissions de sport de F2 (nommés BIATHLON et STARTING-BLOCK). Diffusion totale 1999 *L'Équipe*-édition générale : 374 263 exemplaires, audience : 2 000 000 lecteurs.

Les Échos : créé en 1908 et appartenant au groupe Pearson, ce titre spécialisé en économie a vu sa diffusion augmenter, soulignant une fois de plus l'intérêt du lectorat pour des informations ciblées. Ainsi sa diffusion a augmenté de plus de 50 % de 1986 à 1993 pour atteindre 119 986 exemplaires en 1996. C'est le quotidien le plus lu par la cible dirigeants et cadres d'entreprise. Audience : 566 000 lecteurs.

L'audience de la presse quotidienne nationale (lecture numéro moyen)

	1999 (000)	%		1999 (000)	%
Population 15 ans et + résidents					
La Croix	319	0,7	**L'Humanité**	343	0,7
Les Échos	773	1,6	**Libération**	903	1,9
L'Équipe	2 532	5,4	**Le Monde**	1 954	4,1
Le Figaro	1 378	2,9	**Le Parisien/Aujourd'hui**	1 958	4,1
France-Soir	654	1,4	**La Tribune**	494	1,0

2. La presse magazine

La presse magazine connaît une exceptionnelle vitalité. Au milieu des années quatre-vingt, 1 354 magazines étaient vendus par semaine pour 1 000 habitants, soit le double de ce que l'on recense au Royaume-Uni, en Italie ou en Suisse ; 25 % de plus qu'en RFA et aux Pays-Bas et 18 % de plus qu'au Canada et aux États-Unis. À ce titre, la France détient le premier rang en Europe, ex aequo avec la Finlande. Un rapide historique montre que ce type de presse est apparu dès la naissance de la presse périodique avec *Le Journal des savants* d'Émile de Girardin. Les années cinquante virent un très fort développement des hebdomadaires : *L'Observateur* qui deviendra *France-Observateur* puis *Le Nouvel Observateur*, *L'express* puis *Le Point*. Cette réussite de la presse magazine ne se fait pas au détriment de la presse quotidienne puisque les deux types de presse ont des concepts bien spécifiques. La réussite de la presse magazine est due principalement à sa démarche, à savoir coller aux souhaits de ses lecteurs. Les groupes puissants qui la dirige adoptent des approches marketing spécifiques, afin d'atteindre des niches spécifiques, voire en créer. On parle à ce niveau de « micromédia ». L'offre est ainsi très diverse, de nombreux magazines grand public sont recensés dans 33 familles par Diffusion Contrôle.

Chaque famille est spécifique et mérite une étude appronfondie en matière de choix annonceur. Néanmoins, certains supports sont difficiles à faire entrer en totalité dans une catégorie. Nous développerons alors plus particulièrement certaines familles afin de donner une vision la plus large possible des magazines français.

2.1 La presse féminine

La presse féminine est particulièrement intéressante à étudier dans la mesure où sa cible principale constitue un acteur très présent dans l'acte d'achat et dans la sphère décisionnelle (femme conseillère, acheteuse, prescripteur).

Neuf femmes sur dix lisent au moins un magazine féminin dans l'année. 469,6 millions d'exemplaires (cumul d'exemplaires) sont achetés par an : 20,2 % de la PM, 8,9 % de la consommation presse des Français. Notons que l'étude Carat Presse considère comme féminin un titre inscrit à l'AEPM dont l'audience est constituée d'au moins 60 % de femmes.

Elle est paradoxalement sous-investie publicitairement en comparaison de sa puissance. Une vision globale montre une image trop bas de gamme et un lectorat trop indifférencié ou trop populaire. Une vision plus précise montre des généralistes et des pratiques ayant su séduire les publicitaires et des titres people et évasion proportionnellement moins investis. Ces différences montrent que la presse féminine constitue une offre riche et diversifiée. Au niveau de la vente au numéro, elle occupe une part de marché de 23,7 % en termes d'exemplaires et de 21,6 % en chiffre d'affaires. Elle se trouve ainsi en deuxième position derrière la presse de télévision (39,6 % et 25,6 % de part de marché). De fait, la presse s'industrialise et deux grandes tendances sont à remarquer : la systématisation du marketing presse (réunions de groupe, panels de lectrices, sondages...), l'internationalisation des titres français, le plus souvent en association avec des groupes de presse étrangers, en particulier ELLE et le développement des couplages, comme Planète Femmes, commercialisé par interdéco

(Hachette) et regroupant Elle, parents, enfants, biba, Vital, 20 ans, Top Model, Jeune et Jolie, Femme...

La presse féminine a su évoluer et coller aux différentes mentalités et activités de sa cible principale. Il existe, de fait, une forte relation entre le niveau d'activité féminine, le degré de dynamisme personnel et la lecture des magazines.

La presse féminine remplit quatre fonctions sociales auprès de ses lectrices :

- une fonction formation assurée par les rubriques pratiques qui rendent service aux lectrices dans leur vie quotidienne ;
- une fonction évasion assurée par les fictions ou les reportages déconnectés des réalités ;
- une fonction guide/séduction assurée par les rubriques mode/beauté ;
- une fonction information assurée par les enquêtes de société et les articles d'activités culturelles.

Le poids de ces différentes fonctions varie selon différentes familles de titres que nous allons maintenant étudier : la presse du cœur ; les familiaux ; les généralistes/pratiques ; le haut de gamme/mode/beauté ; la presse des jeunes. (Notons que 4 sous familles sont parfois proposées : généralistes, pratiques, évasion, people).

■ **La presse du cœur :** elle est en perte de vitesse. En termes de diffusion payée France, *Nous Deux* (créé par Cino Del Duca en 1947 et inspiré de l'italien *Grand Hôtel* lancé un an plus tôt) et *Intimité* chutent, concurrencés par des feuilletons télévisés (*Santa Barbara*, *Côte Ouest,* par exemple) tandis qu'une partie du lectorat a migré vers les romans de la collection « Harlequin » ou vers de nouveaux féminins pratiques. Les cures de rajeunissement des titres n'y feront rien.

En octobre 1987, *Voici* fut lancé. Considéré au départ comme un magazine de la presse du coeur, il s'affiche aujourd'hui comme le premier picture magazine (magazine d'actualité) des femmes : 1/3 people, 1/3 féminin, 1/3 évasion. « Il se situe désormais à la rencontre de deux univers, celui des féminins mais également celui des news-pictures comme *VSD* ou *Paris-Match* » (*Stratégies* n° 717). Avec une progression de 54,9 % en 1989, *Voici* se présente dorénavant comme un généraliste, sa diffusion totale payée est de 588 374 exemplaires en 2000.

■ **Les familiaux :** ce secteur constitue une famille à part entière dans le classement Diffusion Contrôle. Il bénéficie d'un marché publicitaire captif et d'une faible concurrence dans les autres médias : les émissions télévisées ou de radio traitent rarement de ces sujets. On constate une ou deux créations tous les dix ans et quatre supports sont présents. *Parents* créé en 1969 est leader en audience (46 %, AEPM 1995), en diffusion (37 %, DC France payée 1995) et en investissement publicitaire (34 %, Sécodip 1995). Viennent ensuit *Famili*, le plus récent (1993) et qui a connu la plus forte progression (audience : 16 %, diffusion payée : 23 % et investissement publicitaire : 29 %) puis *Enfant magazine*, créé en 1977 (respectivement : 21 %, 20 % et 27 %), et *Famille magazine* (respectivement 17 %, 20 %, et 10 %). En diffusion totale payée en 2000 : *Parents* : 359 527 exemplaires ; *Famille magazine* : 198 395 ; *Enfants magazine* :

197 150 ; *Famili* : 162 876. Ces quatre titres se comportent bien au niveau européen puisqu'ils se situent dans les six plus fortes diffusions européennes. Chacun propose un positionnement spécifique : pédagogie et exhaustivité pour *Parents*, psychologie et éveil doublés d'une vulgarisation médicale pour *Enfant magazine* par exemple. Ils sont publicitairement très attractifs et pas seulement pour des annonceurs directs (petits pots, couches...) puisque 50 % des annonceurs de *Parents* et 60 % de ceux de *Famili* sont des investisseurs classiques de la presse féminine. L'audience est forte (dix fois la diffusion pour *Parents* par exemple). Les taux de duplication sont élevés entre eux. La cible est pointue et généralement haut de gamme : jeunes femmes actives, PCS A, B, C+, urbaines. Le lectorat d'*Enfant magazine* semble le plus haut de gamme. La caution des magazines est forte : « ils sont prêtés, conservés, consultés comme des encyclopédies » (*Stratégies* n° 999). Ils proposent enfin une diversification des annonces publicitaires : publirédactionnels, offres produits... Du fait du positionnement, le problème demeure, la fidélisation qui s'étend généralement peu au bout de trois ans. C'est la raison pour laquelle ils cherchent à s'adresser aux femmes d'une manière plus générale après avoir été axés au départ sur les jeunes mamans. Ces magazines sont ainsi parmi les plus performants de la presse féminine.

■ **Les généralistes/pratiques :** c'est le secteur le plus actif dans le domaine du marketing puisqu'il cherche à connaître son lectorat avec beaucoup de rigueur. Il pratique des réunions de groupe, des tests par sondages... et procède relativement souvent à des « liftings » de ces titres.

Les magazines de ce secteur sont généralistes dans la mesure où ils abordent de nombreux sujets : vie pratique, séduction, actualité... Ils sont également pratiques dans leur traitement : mode d'écriture accessible pour tous.

Nous distinguons les hebdomadaires et les mensuels.

Parmi les hebdomadaires, *Femme Actuelle* est le leader (diffusion totale payée : 1 641 000 exemplaires, audience : 6 415 000 LDP, lecteur, dernière période, régulier). Il est le deuxième périodique derrière la référence en termes de diffusion : *Télé 7 jours*. Depuis 1988, nous notons la présence de *Maxi* (diffusion totale 2000 : 662 541 exemplaires) qui connaît une progression de sa diffusion (+13 % depuis son lancement).

Parmi les mensuels du secteur, *Prima* (diffusion totale payée 2000 : 841 496 exemplaires) est le leader loin devant *Modes et Travaux* (diffusion totale payée 2000 : 581 611 exemplaires) qui cherche désormais à toucher une cible plus jeune et s'est engagé dans la voie de la modernisation de sa maquette et de son contenu. Depuis 1988, le groupe Marie-Claire a lancé *Avantages* sur ce secteur. Il propose un concept original de fiches cartonnées détachables au format du magazine. Cette formule connaît un fort succès et les autres titres l'ont repris. *Avantages* se situe dans le haut de gamme des généralistes entre le segment mode/beauté et pratique (diffusion totale 1999 : 561 000 exemplaires, audience : 1 715 000 LDP).

■ **La presse people :** l'économie de la presse people repose plus sur la diffusion (2,5 millions d'exemplaires) que sur la publicité. Les titres, même s'ils bénéficient de fortes diffusions, souffrent d'un déficit d'image auprès des annonceurs. C'est pourquoi *Voici* et *Gala* cherchent à se repositionner sur le marché de la presse féminine. Les femmes représentent en effet environ 70 % de leur lectorat. En diffusion totale en 2000 : *Point de vue* : 301 430 ex. ; *Voici* 588 394 ex. ; *France Dimanche* : 624 609 ex. ; *Gala* 277 385 ex. ; *Ici Paris* : 509 418 ex.

■ **Le haut de gamme :** le secteur est très riche et mérite un découpage entre « les titres phares » en termes de puissance, les titres « luxe » et les porteurs de valeurs nouvelles.

Les titres phares rassemblent *Elle* et *Marie-Claire* qui sont des titres de référence pour le lancement de produits nouveaux ou pour un positionnement dans un univers haut de gamme. En 1993, *Elle* était d'ailleurs le leader dans le Top 10 de la pagination publicitaire. Alors que *Elle* (diffusion totale 1999 : 320 000 exemplaires, audience : 1 018 000 LDP réguliers) semble aujourd'hui en perte de vitesse, *Marie-Claire* (506 466 LDP réguliers en 2000) progresse régulièrement depuis 1983. Les deux magazines s'orientent vers une politique d'internationalisation.

Autre titre phare, *Madame Figaro* (508 854 exemplaires en 2000) est leader sur une cible Affaires, Cadres Supérieurs. Enfin, *Marie-Claire* après son rachat par le groupe Bauer tente de rajeunir son image et ainsi sa cible tout en gardant son ancrage en province.

Les titres porteurs de nouvelles valeurs sont en LDP réguliers : *Biba* (236 000 exemplaires en 1999, audience : 411 000 lecteurs), *Cosmopolitan* (207 000 exemplaires), *Vital* (diffusion totale payée 2000 : 104 927 exemplaires) et *Dépêche Mode* (diffusion totale payée 2000 : 47 023 exemplaires). *Biba* traite des préoccupations des femmes sous trois angles : professionnel, familial et personnel. *Cosmopolitan* est davantage centré sur la séduction. *Dépêche Mode* se consacre à la mode beauté et assure une fonction guide. *Vital* après avoir profité du courant santé/forme/équilibre axe aujourd'hui davantage ses rubriques sur la mode/beauté. L'essoufflement du secteur de la forme l'a orienté dans cette nouvelle voie.

Enfin, les magazines de luxe sont *Femme* qui est passé de bimestriel à mensuel en 1996 (75 535 exemplaires, audience : 771 000 lecteurs) et *Vogue Paris* en 2000 (diffusion totale payée 2000 : 107 221 exemplaires) qui demeurent marginaux par leur diffusion, leur fort ciblage (classes supérieures) et leur instabilité. *Femme* s'oriente davantage vers l'information (60 % de son contenu) et *Vogue* vers la séduction/mode/beauté (70 %).

■ **La presse pour les jeunes :** c'est un secteur encore peu exploité qui regroupe *Vingt Ans* (153 000 exemplaires en 1999, audience : 637 000 lecteurs), *Jeune et Jolie* (206 000 exemplaires, audience : 742 000 lecteurs). Le premier davantage axé sur l'information (60 % de son contenu) a été lancé en 1960. Il a fusionné en 1987 avec *Jacinthe* et connaît depuis une érosion régulière de sa diffusion. *Jeune et Jolie* se présente comme le magazine des jeunes filles de 12 à 17 ans et est axé sur la séduction mode/beauté (70 % de son contenu).

Les lectrices sont fidèles à un magazine tout en lisant plusieurs. Sa bonne connaissance permet l'établissement de plans médias cohérents en fonction d'objectifs précis. Par exemple, si l'on cherche à obtenir une forte couverture de la cible féminine on retiendra les titres leaders de chaque famille. Si au contraire on cherche à cibler une catégorie précise de femmes, il s'agira de repérer la famille et donc les titres lus par la cible. Retenir *Biba*, *Cosmopolitan* et *Vital* pour travailler une cible jeune, moderne et active est une bonne solution mais la communication restera confidentielle puisque ces magazines ont une diffusion peu élevée. Notons pour finir qu'une grande attention doit être portée au fait que les titres féminins sont fortement dupliqués. Pour les annonceurs qui travaillent sur des marchés internationaux, la presse féminine est aussi une opportunité dans la mesure où elle s'est fortement internationalisée. *Elle* par exemple présente 25 éditions dans le monde et 4,8 millions d'exemplaires sont vendus chaque mois. La presse féminine est aussi riche en titres. Même si la télévision est plus puissante, la presse la rattrape en ciblage et en image. La pénétration de certains titres sur la cible femme est supérieure et le coût est moindre à ce qu'il serait en télévision.

2.2 La presse masculine

Devant le succès de ce type de presse aux États-Unis et le développement d'un marché publicitaire masculin sur la mode et les produits de beauté principalement, la France s'est dotée d'une presse masculine. Le problème est de bien la situer. En effet, il est impossible de transférer un schéma féminin à l'homme, c'est-à-dire qu'il est très difficile de disséquer cette presse comme nous venons de le faire pour les supports féminins. La presse masculine a toujours un centre d'intérêt, il n'existe pas dans cette famille de presse généraliste. Elle est complémentaire des news (presse d'information) qui développent d'ailleurs des supports spécifiques à l'homme comme *L'Expansion* avec *L'Expansion Homme*.

Ainsi, la presse masculine est difficile à classer. Elle traverse les autres familles de presse : news (son lectorat est majoritairement masculin : 74 % d'hommes pour *L'Expansion* et 55,4 % pour *L'Express* par exemple), sports, célébrités...

Cette presse se résume globalement à une presse haut de gamme, le bas de gamme étant déjà couvert par la télévision.

La presse masculine concerne ainsi en majorité des hommes de revenus supérieurs.

Les supports offrent généralement des informations sur la mode et la beauté au masculin puis leurs contenus divergent. Certains se consacrent davantage au sport. Enfin, une dernière sous-famille de la presse masculine : la presse érotique. Elle représente la partie du secteur qui va le plus mal. Entre 1986 et 1988, *Lui* a par exemple perdu plus de 57 000 exemplaires avant de disparaître... et de réapparaître en septembre 95. Il semble que la télévision ait fortement récupéré l'érotisme soft des supports presse qui cherchent davantage aujourd'hui le haut de gamme. Cela se traduit par des changements de maquette et l'abandon de la femme nue en couverture de *Newlook* par exemple.

Max dont le lectorat regroupe 60 % d'hommes de 18 à 35 ans est aussi présent dans cette famille. Il semble avoir trouvé sa place et montre ainsi que la presse masculine est un secteur porteur si les motivations de « l'homme moderne » sont bien analysées. De fait, *Max* possède la 1re PDM de ce segment, devant *Entrevue* (dont la diffusion est pourtant 4 fois supérieure), magazine de Filipacchi Médias. La disparition de *Vogue Hommes* et le relancement de *L'Officiel Hommes* en 1995 sont des expériences intéressantes à suivre à ce niveau. *L'Officiel Hommes* est né en 1976, a été racheté par *L'Express* en septembre 1989 pour disparaître trois mois plus tard. Il reparaît en mars 1996 et ces allées et venues montrent bien la difficulté de cette presse à trouver une cible fidèle.

2.3 Les news, les pictures et les magazines d'actualité

En 1923, *Time* (créé par HR. Luce et B. Hadden) invente le concept de la presse magazine et se positionne comme une petite encyclopédie de l'information hebdomadaire où les commentaires et les analyses sont strictement séparées et les rubriques équilibrées (même si l'économie est la plus traitée). *Newsweek* (créé par T. Martyn et A. Harriman en 1933) et *Life* inspireront aussi leurs confrères français.

■ Panorama des news

Surtout consacrés aux ténors et aux faits politiques, les news constituaient surtout dans les années soixante-dix une presse d'opinion, ils étaient une arme de promotion sociale pour les cadres. Dans les années quatre-vingt-dix, ils vont peu à peu délaisser la politique pour s'intéresser aux faits de société et à l'individu car la mentalité de l'activisme qui constituait jadis leur cœur de cible décline : les jeunes cadres dynamiques ont vieilli. Cet abandon de la politique est néanmoins à modérer selon les supports. Pourtant, en 1997, 21 millions d'exemplaires ont été vendus chaque semaine au cours d'une année très riche en actualité, contre 16,5 millions en 1996.

Les différences entre les supports proviennent de circonstances historiques, mais dans tous les cas, les news ont un contenu similaire : ils doivent donner la garantie qu'aucun événement important de la semaine n'échappera aux lecteurs. Ils ont ainsi un devoir d'exhaustivité mais dont de plus en plus annoncés par les titres à centre d'intérêt (Géo, Capital) quant à leur contenu, et par la PQN au niveau publicitaire (couplages).

L'Express **:** le 05 mai 1953, *Les Échos* sortent un supplément sous l'impulsion de Françoise Giroud. Son positionnement était alors « à gauche, hors du marxisme », « contre le colonialisme » et son objectif était de « transformer la croisade solitaire de Pierre Mendès-France en travail d'équipe » afin qu'il accède à la tête du gouvernement (les citations sont de Jean-Jacques Servan-Schreiber). Relifté (changement de logo, réduction des unes politiques au profit des faits de société) en 1988, puis 1992, 1993... et 1998 il a été repris par CEP-Communication en 1996 et renoue depuis avec les « scoops ». Diffusion totale payée 1999 : 422 000 exemplaires, audience : 1 337 000 LDP (lecteur dernière période régulière).

Le Nouvel Observateur **:** en 1963, J. Daniel et S. Lafaurie, deux des meilleures plumes de *L'Express* donnent leur démission. En 1964, aidés des capitaux de C. Perdriel, ils fondent *Le Nouvel Observateur* dont le premier numéro sortira en novembre 1964. Cet hebdomadaire, à la sensibilité de gauche, cautionné par Pierre Mendès-France et Jean-Paul Sartre deviendra le miroir des évolutions de société, reflétant la jeunesse en lutte, le mouvement des femmes et les tendances libertaires (« Le manifeste des 33 salopes » par exemple). Aujourd'hui, le magazine se veut toujours intellectuel et engagé, humaniste de gauche. Depuis un lifting en 1985, il est plus étoffé et possède une approche plus économique. Diffusion totale payée 1999 : 452 000 exemplaires, audience : 1 704 000 LDP.

Le Point : en 1971, un groupe de journalistes de *L'Express* (J. Duquesnes, C. Imbert, G. Suffert, P. Ramon et O. Chevrillon) démissionnent. En septembre 1972, le premier numéro du *Point* sort avec le concours financier d'Hachette. *Le Point* a toujours penché vers le classicisme. C. Imbert le présentait comme « une synthèse, un décryptage sérieux et rigoureux de l'information générale qui entend privilégier les événements qui auront une signification historique ». Les repositionnements et les liftings de 1989, 1990 et 1991 vont d'ailleurs vers un retour au news classiques. Malgré ces améliorations, ce news possède une image plus vieillotte que ses concurrents. Il a été racheté en octobre 1997 par François Pinault. Diffusion totale payée 1999 : 301 000 exemplaires, audience : 856 000 LDP.

L'Événement du Jeudi : le 08 novembre 1984, J.-F Kahn lance *L'EDJ*. Sa maquette, sa quadri, obligent *Le Nouvel Observateur* à paraître en couleurs, à refondre son contenu et à avancer son jour de parution au jeudi. J.-F. Kahn fixe comme objectif à l'hebdomadaire de « faire sauter les carcans de la double langue de bois partisane ». Il désire être ni à droite ni à gauche sans être partisan. L'hebdomadaire joue sur le registre de la provocation, de la polémique, du rebrousse-poil ou de l'humeur afin de proposer « un regard et un point de vue originaux sur l'actualité ». Après de nombreuses difficultés, *L'EDJ* repris par le groupe Lagardère, semble redresser la tête grâce à l'augmentation de son volume publicitaire. Diffusion totale payée 1999 : 108 000 exemplaires.

Pour conclure, nous pouvons dire qu'il naît en France un news tous les dix ans. Chaque nouvelle création traduit un gain de lecteurs supplémentaires : nous serions donc sur un marché ouvert mais dominé par de grosses machines de presse. La surinformation, la télévision qui couvre de plus en plus les événements à chaud... conduisent progressivement les news à glisser vers les pictures en les obligeant à jouer le sensationnalisme, la dramatisation et la déstabilisation. Ils suivent en cela les goûts du lecteur qui se désintéresse des appareils politiques et se passionne davantage pour ce qui a trait à son égo. Que reste-t-il alors aux pictures quand les quotidiens font des sujets magazines, les news du sensationnel et la télévision des magazines de société ? Le lancement par J.-F. Kahn de l'hebdomadaire *Marianne* en 1997 semble pourtant aller à l'encontre de cette tendance. J.-F. Kahn explique dans *Stratégies* n° 999 du 14 février 97 : « *Marianne* sera un journal vivant, réactif, différent ; (il) ne se veut concurrent d'aucun des grands hebdomadaires (...), pas de feuillet sans une idée, une information, un angle. Pas d'obscurité, de longueur, de remplissage. » *Marianne* se veut un « after news ». Il est encore trop tôt pour constater l'éventuelle réussite de ce nouveau concept qui vise l'objectif emblématique de un million d'exemplaires diffusés mais ce lancement montre au moins la vitalité du secteur. Il reste à transformer le succès du titre auprès du public en succès auprès des publicitaires.

■ Panorama des pictures

Ils sont sous-investis en publicité en comparaison avec ce que récoltent les news ou certains magazines à centre d'intérêt. Ils doivent ainsi :

- séduire en priorité leurs lecteurs ; faute de taux d'abonnement forts, leur diffusion s'effectue essentiellement par la vente au numéro contrairement aux news ;

– offrir une forte spécificité rédactionnelle par un angle d'attaque différent, d'autant plus qu'ils ne peuvent traiter toute l'actualité à fond car leurs équipes sont plus réduites et leur périodicité plus longue.

Paris-Match **:** il appartient au groupe Filipacchi. Premier news picture en termes de diffusion totale (621 000 exemplaires en 1999, audience : 2 238 000 LDP), il souffre d'une image people qui nuit à son CA publicitaire. Il a subi de plein fouet la concurrence de la télévision qui capte les budgets moyen de gamme, tandis que les news lui soustrayaient les budgets plus haut de gamme. Pourtant, sa puissance et son coût au mille sont intéressants. Il s'axe sur l'aventure, l'inattendu, l'intense et l'émotion. Il vit pour les 2/3 de ses ventes en kiosque et joue sur une lecture différente de son support par le public par un recours à l'aspect visuel, affectif et émotionnel. Son public est mixte (au moins dans les CSP supérieures) et homogènement réparti sur le territoire (pour mémoire, les news ont une spécificité parisienne). Il demeure très populaire.

Le Figaro Magazine **:** il se distingue par ses rubriques art de vivre et son engagement non dissimulé à droite. Son traitement people et reportage visant à faire rêver et à étonner, le font mordre sur la cible de Géo. N'ayant cessé de s'enrichir, ce support tend à se présenter comme la reproduction d'un écran de télévision.

Même s'il arrive en deuxième place des pictures, ***Le Figaro Magazine*** (diffusion totale payée 1999 : 479 000 exemplaires, audience : 1 421 000 LDP) se vend mieux car il est plus haut de gamme que ses concurrents. En outre, la qualité de son papier et de son lectorat (très parisien à 34 % et haut de gamme) lui assurent un bon CA publicitaire dans les domaines de l'immobilier et du luxe (très concentrés en Île-de-France). Mais cet atout est aussi en sa défaveur car ce sont surtout ces secteurs qui ont le plus désinvesti dernièrement, ce qui a conduit à une baisse de la pagination pour ce secteur économique. Enfin, sa LDP est en baisse (–2,7 % en juin 1997).

Un autre point particulier de ce support est qu'il bénéficie du package du week-end et du niveau de fidélité le plus élevé parmi les news et les pictures : 60 % de ses lecteurs l'achètent toutes les semaines. Il est enfin le picture le plus mixte (51,1 % de femmes).

En fait, mis à part son contenu et si l'on s'attache surtout aux caractéristiques du lectorat, *Le Figaro Magazine* est plus proche des news que des pictures. Il les concurrence d'ailleurs sur le plan publicitaire : si l'on exclut les petites annonces, il réalise un CA supérieur à celui de *L'Express*. Il est en quelque sorte, un news de luxe.

VSD **:** créé par M. Siegel en 1978, il affirme sa spécificité par la place accordée aux loisirs, soit 2/3 de son contenu. Son lectorat, plus masculin (à 56 %) et plus jeune, est un atout face à ses concurrents. Ses lecteurs se recrutent aussi parmi les téléphages : 33,6 % d'entre eux sont équipés de magnétoscopes (plus que ceux de *Première*). Enfin, 80 % de sa diffusion est faite en kiosques. Diffusion totale payée 1999 : 215 000 exemplaires, audience : 923 000 LDP.

La Vie* et *Le Pèlerin : pénalisés par un lectorat plus âgé et plus provincial que leurs concurrents, voyant leurs ventes s'éroder, ces deux hebdomadaires chrétiens ont conclu un accord de couplage. Leur taux de duplication est de 15 %.

La Vie, fondé en 1945, a pour volonté de porter un regard chrétien et humaniste sur l'actualité en prenant le ton des news pour conquérir un public de chrétiens critiques et exigeants sur le plan intellectuel. 80 % de ses lecteurs sont abonnés. Le lectorat de *La Vie* est familial, provincial, sérieux et féru de PQR. Il est donc très proche de celui de la télévision, ce qui le rend, quand on y ajoute son image rétrograde auprès des agences, difficile à commercialiser. De fait, le CA pub ne représente que moins de 5 % du CA total pour une diffusion totale payée 1999 de 223 000 exemplaires et une audience de 743 000 LDP.

Le Pèlerin (créé en 1873) se veut plus consensuel, familial et pratique ce qui le rapproche des féminins pratiques et des senior magazines. Comme le dit un de ses dirigeants : « nous mettons en une des visages, des sourires, des regards pour jouer la carte de la proximité et de la convivialité. On complète par de la titraille pratique, censée exprimer la fonction service du journal ». Son lectorat, formé à 90 % d'abonnés est homothétique de la population française. Mentionnons enfin que le faible encombrement publicitaire de ce support favorise la mémorisation des annonces. L'hebdomadaire *Pèlerin Magazine* a une diffusion totale payée 1999 de 336 000 exemplaires et une audience de 1 065 000 lecteurs.

■ Les mensuels généralistes

Cette famille est très innovante mais parfois de courte durée (*Rolling Stone* dura 28 numéros après son lancement en 1988, *Bazar* s'arrêta au numéro 3). Elle reste fragile car les mensuels doivent développer des efforts considérables pour couvrir l'actualité compte tenu de leur périodicité. Ils doivent aussi se renouveler sans cesse pour justifier leur existence, d'autant plus que le créneau de chacun est étroit.

Créé par JF. Bizot, *Actuel* qui renaît de ses cendres en 1979 revendique le reportage. Il occupe à cette époque un créneau moderniste, celui d'avoir su flairer les tendances des jeunes de 18/25 ans. Après les années soixante-dix, il délaisse ses tendances underground pour se présenter comme un produit moderne et esthétique qui flaire les tendances et médiatise les avant-gardes. Il cesse de paraître dans les années quatre-vingt-dix.

Globe fondé par J.-M. Benamou en novembre 1985 surfe sur l'air du temps. Il se pose, selon son fondateur, à la confluence de plusieurs : « celui de la grande presse mensuelle américaine comme *Esquire* ou *Vanity Fair*, celui de la créativité anglaise à la manière de *The Face* (...) ».

Les magazines d'actualités apportent un plus qualitatif à une base quantitative quand il s'agit de toucher les pionniers en matière d'opinion et de consommation. Le dernier né est *Entrevue* créé par Thierry Ardison et dont la diffusion totale payée 2000 était de 453 468 exemplaires.

Pour conclure, nous pouvons voir que les changements de formule en cascade montrent qu'aucune position n'est jamais acquise et que le milieu est en mouvement perpétuel. L'univers concurrentiel remet en cause les concepts de départ et pose le risque de l'interchangeabilité des titres pour le consommateur.

Ce dernier devient de fait, l'objet d'attentions marketing : la concurrence se fait à grands coups de unes marketing (pensées pour doper les ventes en kiosques), reprenant de vieux marronniers (le salaire des cadres, la santé, le pouvoir, le sexe...) qui, de plus, alimentent les petites annonces et la pagination publicitaire. Mais cette mécanique peut être dangereuse car la mine risque de se tarir.

Ces changements de formule sont aussi nécessaires car le cinéma et la télévision ont introduit une exigence de mouvement, de couleur et de rapidité à laquelle les magazines doivent répondre.

2.4 La presse TV

Ce type de presse a un fort potentiel : plus de 17 millions d'exemplaires vendus chaque semaine, plus de 64 millions de lecteurs hebdomadaires, soit 57 % de la population française de plus de 15 ans. Plusieurs facteurs expliquent ce fait :

- 97,4 % de la population dispose d'un poste de télévision (1/3 des ménages est multi-équipé) ;
- une consommation accrue du petit écran tant en durée qu'en fréquence (75 % des Français regardent la télévision tous les jours) ;
- des chaînes plus nombreuses depuis les années quatre-vingt, obligeant le consommateur à un choix raisonné et sélectif face à l'offre.

Mais cette presse à fort tirage reste sous-investie publicitairement : elle ne pèse que 23,65 % des investissements réalises en presse magazine. Les publicitaires et les annonceurs lui préfèrent :

- la télévision quand ils désirent un média puissant ;
- les autres titres de la presse magazine quand ils désirent un média plus ciblant.

Cette désaffection ne prend malheureusement pas en compte les nombreux atouts de la presse TV :

- la puissance ;
- l'économie : son coût pour mille est le plus faible de la presse ;
- la sécurité du lectorat opposée aux aléas de l'audience TV fortement dépendante des programmes ;
- son fort pourcentage de lecteurs réguliers : une audience cumulée de plus de 64 millions de lecteurs LDP dont 15,8 millions de ménagères de moins de cinquante ans ;
- la couverture complémentaire de certaines cibles non touchées par les autres médias : 15 % des français sont des lecteurs exclusifs de magazines de télévision ;
- sa durée de vie d'une douzaine de jours et le nombre de reprises en main (9,9 contre 6,7 pour l'ensemble de la presse magazine)

La presse TV est de plus mal utilisée : elle comporte peu de campagnes d'images, les annonceurs rechignant à figurer à côté d'annonces contestables (croix magiques, régimes amincissant exceptionnels...) et de VPCistes (qui représentent 28 % des investissements du secteur) aux objectifs différents. Il est vrai que cette presse possède des inconvénients :

- en général pas de ciblage efficace.
- elle recouvre souvent au niveau qualitatif l'auditoire des chaînes TV.

La presse TV réalise (sauf pour *Télérama*) 80 % de sa diffusion en kiosque. Son lectorat est relativement fidèle : entre 50 000 et 60 000 lecteurs changent de support chaque semaine. Un des enjeux est ainsi de fidéliser le lectorat. Les supports réalisent alors des efforts sur :

- la grille de programme qui reste la motivation principale à l'achat. Elle doit être claire, facile à consulter et fournir le plus d'informations possibles. Dans les années quatre-vingt, *Télérama* a bouleversé sa grille lors de l'arrivée de Canal +, La Cinq et M6 : il a fait fuir 35 000 lecteurs. En 1988, un nouveau réaménagement par horaire et non plus par chaîne lui a fait perdre 8 000 acheteurs (notons que dans le même temps, le prix de vente augmentait de 8 à 10 francs) ;
- la partie magazine éventuelle. Cette presse bénéficie de la livraison des programmes par la Fédération de la presse hebdomadaire et périodique dix-sept jours avant la diffusion. La concurrence entre chaînes et la déprogrammation que cela induit parfois gêne l'élaboration de la grille et de la partie magazine. Cette dernière partie est pourtant un véritable élément de positionnement du support. Elle permet par exemple de créer un rapport de connivence, de confiance et d'implication avec le lectorat. Elle ne peut pourtant que rester statique et traiter des événements à chaud sur une émission, compte tenu des délais de fabrication et d'impression ;
- la couverture. Un soin particulier lui est apporté car les variations des ventes peuvent être de l'ordre de 60 000 exemplaires. Les unes les plus porteuses concernent les feuilletons américains et les stars hollywoodiennes ;
- les jeux-concours en partenariat avec les chaînes.

Les titres proposent donc un véritable contrat de lecture. Le positionnement des titres correspond à un mix des trois éléments vus plus haut auxquels s'ajoutent les trois faits suivants : les femmes achètent le support, la famille le lit, l'homme choisit les programmes. Les titres doivent donc moduler leur contenu en fonction de ces données et se définir une cible familiale.

Concernant le lectorat, BVA avance une carte sociologique qui distingue :

- les « accros » et les « téléphiles » qui représentent 23,4 % des lecteurs et se reconnaissent dans *Télé Poche*, *Télé Z* et *Télé Star ;*
- les « conformistes », 34,3 %, ils lisent Télé 7 Jours et dans une moindre mesure *Télé Loisirs ;*
- les « sélectifs intellos », 12,4 %, ils lisent *Télérama ;*
- les « mineurs et bouche-trous », 19 %, ils regardent la télévision en plus d'autre chose ;
- les « téléphobes », 4 % qui ne lisent pas la presse TV !

Notons que les suppléments (vendus en même temps que des quotidiens) trouvent leur place entre les « conformistes » et les « bouche-trous ».

Quelle que soit la famille d'appartenance, les positionnements et l'image des titres sont précis. Cela s'explique par un contexte hyper-concurrentiel sur lequel :

- le prix est un des éléments fondamentaux pour la demande ;
- tous les grands groupes de presse sont présents tandis que les petits n'ont pas voix au chapitre en raison du prix du ticket d'entrée (le lancement de *Télé Loisirs* a par exemple nécessité un investissement de 28 millions d'euros) ;
- les forts tirages dépendent de la pression publicitaire (certains titres dépensent par exemple entre 3 et 8 millions d'euros par an en promotion et publicité ; *Télérama* par son positionnement reste une exception). En plus des outils publicitaires habituels, les supports sont de gros utilisateurs de parrainage d'émissions de télévision et de radio. Mais la course à la chaîne la plus regardée et la multiplication des parrains ne risquent-elles pas d'entraîner une confusion ?

Nous pouvons enfin constater que les supports ne font preuve d'aucun avant-gardisme, se contentant de suivre les habitudes des consommateurs d'images télévisées. Appartenant au domaine de l'écrit, elle est ainsi paradoxalement le reflet de la télévision et de ses évolutions ; cette presse vit pour et par la télévision et l'émergence des bouquets numériques devrait entraîner une refonte des supports ou de nouvelles créations.

Audience totale payée et audience 1999 : *Télé 7 Jours* (2 465 000 exemplaires, 7 847 000 LDP), *Télé Z* (2 261 000 exemplaires, 7 400 000 LDP), *Télé Star* (1 707 000 exemplaires, 5 969 000 LDP), *Télé Loisirs* (1 836 000 exemplaires, 5 954 000 LDP), *Télé Poche* (1 112 000 exemplaires, 4 289 000 LDP), *Télérama* (661 000 exemplaires, 2 307 000 LDP).

2.5 La presse maison/décoration/bricolage/jardinage.

Né avec la reconstruction d'après-guerre et après avoir subi la crise de l'immobilier et celle de l'industrie du meuble, ce type de presse connaît aujourd'hui un nouveau départ dû aux transformations des mentalités : cocooning, recherche d'authenticité, nouvel art de vivre...

Elle Décoration (lancé fin 1987) a réveillé le secteur par une approche plus luxueuse qui a conduit les titres vieillissants (*La Maison de Marie-Claire*) à rajeunir leur concept.

Les différents supports proposent des positionnements spécifiques : du pratique/conseil au luxe, et connaissent un regain d'attention de la part des publicitaires et annonceurs.

Au niveau de la diffusion totale payée et de l'audience 2000, le Top 5 de la famille maison/décoration/jardin est : *Pour nos Jardins* (251 985 exemplaires), *Rustica Hebdo* (284 485 exemplaires), *Mon Jardin Ma Maison* (163 313 exemplaires).

2.6 La presse économique et financière

C'est une des familles les plus riches : dix éditeurs et dix-neuf quotidiens et magazines. Compte tenu des conséquences de la crise économique sur ses recettes publicitaires et des nouvelles attentes du lectorat, elle a su opérer une forte mutation : refonte du paysage éditorial et forte concentration entre les mains de quatre gros éditeurs (CEP - Communication, Prisma Presse, groupe Les Échos et Desfossés International). Selon *Stratégies* n° 967 10 mai 1996, elle se situe pourtant en plein paradoxe : « son marché publicitaire est saturé, mais son potentiel de lectorat reste intact ». Quatre sous-familles sont repérables :

- les généralistes : *Capital*, (qui occupe près de la moitié de la diffusion de ce segment), *Challenges*, *Enjeux-Les Échos*, *L'Expansion*, (leader en PDM publicitaire sur ce segment), *Le Nouvel Économiste*, *Le Revenu Français* ;
- les managériaux : *L'Entreprise*, *Entreprendre L'Essentiel du management* ;
- les patrimoniaux : *Investir Magazine*, *Le Revenu Français Patrimoine*, *Mieux Vivre Votre Argent* :
- les Financiers : *Investir*, *Le Journal des finances*, *La Vie Française.*

Ils sont publicitairement intéressants dans la mesure où leur cible est fortement constituée de cadres actifs et de hauts revenus : par exemple pour *Capital*, le pourcentage de pénétration sur les patrons et cadres actifs est de 19,8 %, de 20,1 % sur les affaires/cadres supérieurs, 27,1 % sur les affaires et cadres supérieurs en entreprises et de 23,2 % sur les hauts revenus (450 KF et plus) ; respectivement pour *Challenges* : 8,5 % ; 9,4 % ; 12,1 % ; 11,6 %. Quatre magazines se partagent environ 75 % de la manne publicitaire : *Capital* (406 414 exemplaires en 2000), *L'Expansion* (149 600 exemplaires en 2000), *L'Entreprise* (85 296 exemplaires en 2000), mais cet un secteur très évolutif et *Challenges* fait une percée importante (266 214 exemplaires en 2000).

2.7 La presse jeune

Depuis quelques années, la presse enfantine s'est fortement développée. Depuis cinq ans, les titres destinés aux moins de 6 ans se sont multipliés et les publications pour la jeunesse représentent 125 titres et un tirage de 150 millions d'exemplaires. Au milieu des années soixante-dix, une cinquantaine de titres tiraient à 360 millions d'exemplaires. Ce tirage moins intensif résulte du positionnement des titres sur des créneaux bien précis : les niches du marché se définissent par âge, de 15 mois à 18 ans et par l'essor d'une presse à vocation plus pédagogique qu'auparavant. Si le secteur des plus de 10 ans est toujours dominé par une presse distractive, les moins de 10 ans ont affaire à des titres plus éducatifs.

La presse pour jeunes se développe ainsi qualitativement, le secteur est très encombré par de très grands groupes (Bayard Presse, Édimonde Loisirs, Milan, Fleurus...) mais la publicité y est encore très limitée.

Diffusion totale payée 2000 :

- enfants : *J'aime lire* (200 855 exemplaires), *Pomme d'Api* (142 469 exemplaires), *Wapiti* (72 021 exemplaires), *Winnie* (107 681 exemplaires) ;

- adolescents : *Star-Club* (245 390 exemplaires), *Science et Vie junior* (170 000 exemplaires), *Salut* (112 957 exemplaires) ;
- illustré et BD : *Super Picsou géant* (240 145 exemplaires), *Le Journal de Mickey* (193 361 exemplaires) *Mickey parade* (133 101 exemplaires).

2.8 La presse senior

Les plus de cinquante ans étaient dix-sept millions en 1997 et seront vingt-deux millions en 2 010, soit une progression de 30 % (3,9 % pour l'ensemble de la population). Leur pouvoir d'achat est évalué entre 700 et 800 millions de francs soit 50 % supérieur à la moyenne des ménages actifs. C'est ainsi une population intéressante pour les annonceurs, on parle à ce propos « d'or gris » et la presse tente de coller de près à ce secteur en fort développement. *Notre Temps*, créé en 1968 a toujours été leader (913 201 exemplaires en 2000). Il est d'ailleurs le deuxième mensuel français après *Prima*. Il subit pourtant la forte concurrence du mensuel *Le Temps retrouvé* qui lancé en 1981 a renouvelé son concept et opère un repositionnement en s'orientant vers les loisirs et vers une population féminine. Il s'appelle désormais *Pleine Vie* et sa diffusion totale payée est en 2000 de 1 023 952 exemplaires. Les deux autres titres de cette famille sont hebdomadaires et ont déjà été évoqués dans la famille pictures puisqu'ils se positionnaient au départ dans celle-ci ils sont dorénavant à considérer comme appartenant à la presse senior : *La Vie* et *Pèlerin Magazine*.

Cette présentation de quelques familles de la presse magazine n'est pas exhaustive. Certains supports peuvent appartenir à plusieurs familles : les féminins et la maison/décoration par exemple. On pourrait ainsi développer chaque famille en sous-familles devant le nombre de titres et la mortalité rapide de certains. La presse magazine agit sur un secteur très concurrentiel. Quoi qu'il en soit, le plus important demeure dans l'optique d'une campagne de communication efficace, le choix du ou des supports et leur cohérence comme nous l'examinerons plus loin C. (Choisir un support).

3. La presse gratuite

Née en France dans les années soixante, la presse gratuite touche 50 % de la population des grandes villes (elle est paradoxalement peu présente à Paris où les boîtes aux lettres sont difficiles d'accès) et peut atteindre 80 % dans les villes moyennes. Elle constitue un média de proximité : 20 % des français de plus de quinze ans passent au moins une annonce par an, son chiffre d'affaires est de 5 milliards de francs et 40 millions d'exemplaires sont distribués par semaine.

On peut la définir en quatre points : la diffusion gratuite et organisée à grande échelle, des informations spécifiques à une région, la publication unique d'informations commerciales et locales, et l'absence de vocation éditoriale contrairement à ce qui se passe dans d'autres pays.

La composition sociodémographique de son lectorat est commune à la composition de la population avec une part plus importante des 25-35 ans. Selon la Cofremca, les lecteurs se retrouvent dans les tendances fortes de la consommation puisque la presse gratuite propose « une pratique alternative de la consommation ». Deuxième média local derrière le prospectus, elle attire surtout les petites annonces de particuliers (25 % de son financement) qui lui font confiance et recherchent les bonnes affaires. Elle attire encore peu les annonceurs nationaux pour trois raisons majeures :

- une diffusion géographique limitée : 150 territoires de base existent mais aucun éditeur ne peut avoir une couverture nationale ; les lectures de gratuits se dupliquent fortement ; une offre commune à l'image du 66-3 en PQR n'est pas envisagée ;
- absence d'outils de mesure et d'études sur le lectorat aussi bien qu'en médiaplanning ;
- une image négative de la part des annonceurs.

Ces raisons sont de moins en moins bonnes :

- l'offre s'est organisée et concentrée autour de quatre acteurs majeurs : COMAREG (145 éditions, 14 000 000 exemplaires par semaine), SPIR (Groupe Ouest-France, 68 éditions, 6 248 000 exemplaires par semaine), CARILLON (Groupe Ouest-France, 41 éditions, 2 640 000 exemplaires par semaine), S3G (Groupe Sud-Ouest, 30 éditions et 4 en Espagne, 1 540 000 exemplaires par semaine). Ces groupes multiplient leurs offres sur tout le territoire : *Bonjour* de la Comareg est présent sur les neuf régions UDA) ;
- développement de deux nouveaux termes : les études (la Comareg et BVA étudient la pénétration et l'audience) et l'innovation (« service taxi » de la Comareg qui propose un réel ciblage) ;
- effort des éditeurs pour montrer aux annonceurs que la presse gratuite est publicitairement efficace : 87 % des Français (hors Paris intramuros) affirment recevoir un ou plusieurs journaux gratuits dans leur boîte aux lettres, 50 % d'entre eux les lisent systématiquement et 28 % occasionnellement *(Stratégies* n° 952 du 26 janvier 1996) ; la presse gratuite permet le ciblage d'une population locale à des tarifs très accessibles : 25 francs la ligne en moyenne.

Après avoir séduit le commerce local de proximité, historiquement peu ouvert à la publicité, la presse gratuite a tous les atouts pour passer dans les années à venir à un niveau national.

4. Les autres types de presse

Ce dernier secteur regroupe des familles très spécialisées sur un secteur : presse agricole, presse médicale...

Son principal avantage est le très fort ciblage qu'elle permet, la forte pénétration dans les milieux concernés et la lecture attentive et compétente dont elle fait l'objet. Son sérieux donne une caution à l'annonce qu'elle publie. Cette presse est réservée à des produits concernant directement la cible visée par le support.

La presse médicale par exemple concerne 60 000 médecins qui ont dix titres à leur disposition, parmi lesquels : *Le Quotidien du médecin, Le Généraliste, Le Panorama du Médecin, Impact médecin hebdo, Impact quotidien...* Même si, compte tenu de la conjoncture (fusion des laboratoires, plan Juppé de 1996 visant à freiner les dépenses promotionnelles des laboratoires...), la pagination publicitaire s'effondre (- 47 % de 1990 à 1996, - 42 % des investissements publicitaires sur la même période), ces supports constituent les véhicules prioritaires sur cette cible spécifique. Deux outils d'audience s'y consacrent essentiellement : le CESIM (Centre d'études sur les supports d'information médicale) et Kalicible lancé en juin 1995 par Médiadeal l'une des deux centrales d'achat du marché (*Stratégies Spécial Santé* n° 1 005 du 28 mars 1997).

La presse professionnelle est lue par plus de 80 % des salariés. Chacun lit 2,8 titres et consacre à chacun 42 min en moyenne. Le taux de fidélité est fort et la crédibilité élevée. Elle est majoritairement utilisée dans un but d'information.

C. Choisir un support

L'analyse des avantages et des inconvénients de chaque type de presse est une première démarche nécessaire afin de choisir le porteur du message.

Certains types ont, comme nous l'avons vu, une qualité d'impression très médiocre ; c'est un critère important pour certains produits : un produit de luxe pourrait-il se permettre d'apparaître dans un support de faible qualité d'impression ?

L'opinion politique du support peut aussi être un critère de choix. Il semble dangereux pour une marque d'apparaître dans un support très coloré politiquement. En effet, cette présence peut laisser supposer la tendance politique de la marque et donc la faire rejeter par des consommateurs opposants. La solution est d'éviter les supports extrémistes ou bien de se montrer simultanément dans des supports politiquement opposés.

Enfin, la valeur des articles où le message est susceptible de passer est aussi un critère. Le support peut servir de caution à l'annonce. En outre, un journal riche par la qualité de ses articles donne des indications sur son lectorat.

Le support peut également influer sur la création de l'annonce. Le tabac Samson développait par exemple une publicité spécifique dans le magazine *Actuel*.

Tous ces critères sont des exemples d'une liste non exhaustive.

Avant de choisir un support plutôt qu'un autre, la première démarche est d'acheter le support et de l'analyser afin de se demander s'il est cohérent avec le produit et la cible.

Cette démarche empirique nécessaire est à lier à une démarche plus rationnelle reposant sur des bases statistiques.

1. La diffusion

1.1. La diffusion quantitative

La diffusion d'un support mesure le nombre d'exemplaires d'un même numéro vendus à titre onéreux ou distribués gratuitement (dans les avions, les hôtels...).

Le tirage est à distinguer de la diffusion, il est une donnée interne qui indique le nombre d'exemplaires d'un même numéro sorti des rotatives (donc exemplaires vendus et invendus).

La diffusion est une donnée précisée par le support mais pour éviter toute erreur ou mensonge, cette donnée est également calculée par certains organismes. Notons que le support qui n'accepte pas que ces organismes indiquent sa diffusion est suspect aux yeux des annonceurs.

Parmi ces organismes se trouvent l'Office de justification de la diffusion (OJD) devenu Diffusion Contrôle qui contrôle les ventes sur plusieurs mois, le Centre d'Études des supports en publicité (CESP) qui réalisait une enquête permanente par sondages et qui labellise aujourd'hui les enquêtes réalisées par d'autres organismes.

L'Institut de recherches et d'études publicitaires (IREP) est aussi d'une aide précieuse pour connaître la diffusion d'un support.

1.2. La diffusion géographique

Le choix est large : au niveau national, au niveau régional, au niveau départemental et jusqu'à celui de la ville. Ce dernier niveau se développe par la création des « city » indépendants ou bien liés au pouvoir local : journaux des mairies comme *Paris, Le Journal* émanant de la mairie de Paris.

Certains supports ont aussi une diffusion au niveau international : supports nationaux diffusés à l'étranger (*L'Express International*) et supports étrangers également diffusés en France (*Time*).

Un produit de grande consommation aura sa place dans un support national, un produit de luxe (bijoux, parfums) dans un support international et une supérette dans un support local afin de créer du trafic sur le lieu de vente par exemple.

1.3. La diffusion temporelle

Le choix est encore large. Une parution quotidienne est un bon support pour annoncer par exemple une promotion . Se pose alors un autre choix : journal du matin ou bien journal du soir. Le journal du matin rentre rarement à la maison alors que celui du soir y est apporté et peut donc aussi être vu par le conjoint et les enfants.

Une parution hebdomadaire a généralement plus de standing qu'un quotidien. Le jour de parution dans la semaine est à prendre en considération : une parution le vendredi peut être avantageuse. En effet, le week-end, le taux de reprise en main (c'est-à-dire le nombre de fois où le support est repris par un lecteur) sera plus élevé ; un vendredi peut annoncer les promotions du week-end, il peut inciter à se rendre dès le lendemain dans tel ou tel magasin...

Enfin, une seule parution dans le mois est aussi à analyser comme les parutions au moment des fêtes, des vacances...

2. L'AUDIENCE

Elle est constituée par tous les individus qui ont lu ou feuilleté pendant la période de référence (le mois pour le mensuel, la semaine pour un hebdo...) le journal ou le magazine quelle que soit la façon dont ce support est parvenu entre leurs mains (qu'ils l'aient ou non acheté).

Les études réalisées pour connaître l'audience se fondent sur :

- le contact avec le support au cours des douze derniers mois ;

– les habitudes de lecture identifiées à l'aide d'échelle de fréquence de lecture ;
– la date de la dernière lecture qui permet de reconstituer la **LDP,** « lecture de la dernière période » c'est-à-dire la lecture d'un numéro au cours d'une période de référence (un mois pour un mensuel, une semaine pour un hebdomadaire) ; il est à noter que le dernier numéro lu n'est pas obligatoirement le dernier numéro paru ; on définit aussi la **LNM,** « lecture d'un numéro moyen », c'est-à-dire le nombre de numéros lus par rapport au nombre de numéros parus au cours des sept derniers jours et la **LRC,** « lecteurs réguliers confirmés », c'est-à-dire le nombre de lecteurs habituels ou quasi habituels (au moins trois fois par semaine) ayant lu un quotidien au moins une fois au cours des sept derniers jours.
– la provenance du dernier numéro lu (acheté, par abonnement, prêté...);
– le nombre de premières lectures ;
– la proportion de pages lues ;
– la durée totale de lecture ;
– le nombre de reprises en main ;
– les moments de lecture...

Pour qu'elle soit utilisable par l'annonceur, cette audience donnée par le support ou les organismes vus précédemment ne doit pas être générale mais caractérisée en termes de catégories socio-professionnelles, de sexe, d'âge, de degré d'urbanisation...

De plus, la presse est un média individuel : un seul individu l'utilise à un moment *t0* mais cet exemplaire passe entre plusieurs mains et a ainsi des lecteurs secondaires. On calcule alors un taux de circulation qui est le rapport de l'audience sur la diffusion.

Enfin, un exemplaire peut être repris en main plusieurs fois par le même individu. Il faut aussi tenir compte de cette notion puisque cette reprise en main constitue une nouvelle occasion de voir.

Le médiaplanneur analysera ces différents critères et effectuera les calculs adéquats comme nous l'avons vu dans chapitre 1. Le plan média. Il devra également combiner ces calculs avec le coût de l'achat d'espace.

Les principales études sur la presse sont :
– l'étude **AEPM** de l'**APPM** (Association pour la promotion de la presse magazine) qui s'est substituée aux études du CESP, elle concerne la presse magazine
– **EURO-PQN** pour la presse quotidienne ;
– 66-3 SPQR pour la presse quotidienne ;
– « SOFRÈS 30 000 » : elle étudie les titres qui n'étaient pas retenus par le CESP (seuil minimum de diffusion annuelle **OJD** de 60 000 exemplaires pour ce dernier) ;

- **IPSOS** *CADRES* : cette enquête s'occupe de vingt et un publics homogènes regroupés dans quatre catégories spécifiques de l'INSEE : petits patrons ; affaires ; cadres, professions intellectuelles supérieures ; professions intermédiaires. Cette analyse particulière de ces catégories est très utile pour des supports spécialisés ;
- « 75 000 **Médiamétrie** » : le sondage téléphonique journalier à l'origine réservé aux médias audiovisuels comporte aujourd'hui des questions concernant la presse. Cette enquête permet un dépouillement géographique sur un département et même parfois sur une agglomération ;
- enquêtes ponctuelles réalisées à la demande des supports eux-mêmes ou de leurs représentants afin de bien connaître leur audience et avoir un outil de négociation dans leur vente d'espace aux annonceurs.

L'audience est un critère essentiel dans le choix d'un support puisqu'elle permet de voir si la cible de l'annonceur est en phase avec celle du support. L'audience est à rechercher auprès des organismes que nous avons vus ainsi que directement auprès des supports qui peuvent fournir différents découpages de leur public.

3. Le prix de l'espace presse

Une différence est à faire entre l'achat d'espace presse quotidienne et l'achat d'espace pour la presse magazine. La PQ ne pose pas de problèmes de calculs puisque l'espace se vend en millimètres/colonne et en pages. Des majorations existent en fonction de l'emplacement précis demandé pour l'insertion dans une rubrique ou une page spécifique. Cet emplacement est dit préférentiel. L'utilisation de la couleur est aussi soumise à majoration du prix puisqu'elle fait augmenter les scores « vu et lu » de l'annonce.

L'espace en presse magazine est vendu à la page, demi-page, quart de page, huitième, seizième... Le choix du format dépend du prix bien évidemment mais aussi du produit et des objectifs de l'annonceur. Il serait faux de penser qu'une page entière aurait automatiquement plus de rendement qu'un quart de page par exemple ; il n'existe pas de relation linéaire entre le format de l'annonce et son rendement, d'autres critères sont à prendre en considération. L'emplacement en est un : des études ont prouvé que l'ordre de lecture prioritaire était d'abord le quart haut – droit, puis bas – droit, puis haut – gauche, et enfin bas – gauche. Un emplacement préférentiel entraîne une majoration du prix comme le « recto de rigueur » (l'ordre de lecture prioritaire se trouve à droite), la double page, l'utilisation de la couleur et bien évidemment l'emplacement en deuxième, troisième et quatrième de couverture, puisqu'en plus d'une situation préférentielle, les annonces bénéficient en ces places d'une qualité de papier supérieure.

Les tarifs de chaque support sont à rechercher auprès des supports eux-mêmes, auprès des régies et des publications spécialisées telles que *Tarifs Média* par exemple.

D. Tester la presse

Dans un souci d'efficacité, les professionnels de la publicité tentent de tester le message et son support. On distingue les pré-tests des post-tests ; les premiers étant réalisés avant l'insertion du message dans le support, les seconds après parutions.

1. Les pré-tests

Les plus utilisés en presse sont au nombre de trois :

- le « folder test » : il consiste à placer dans un classeur des chemises plastiques contenant des annonces photos ou des pages de journaux que l'on veut tester. Des chronomètres placés sur la couverture de dos du classeur permettent de mesurer les temps de lecture passés sur le matériel que l'on teste ;
- le « split run » : il consiste à insérer un message dans un support ou une région déterminée en même temps que l'on insère un message témoin dans un deuxième support ou une deuxième région ayant les mêmes caractéristiques que la première. Les deux messages étant munis d'un coupon réponse, d'un bon de réduction ou d'une offre-cadeau, on mesure la remontée et ainsi comparativement, la performance des deux messages, ou de deux, voire plusieurs supports, si le message inséré était le même. L'inconvénient majeur de ce test néanmoins très utilisé est qu'il ne permet pas de savoir pourquoi tel message a obtenu un score supérieur à tel autre.
- le test feuilleté : il consiste à insérer une annonce dans une revue dont on n'a conservé que les principaux articles.

2. Les post-tests

Parce que ces tests sont réalisés le plus rapidement possible après la parution du support, en général 24 à 48 heures après, on appelle les post-tests, « *after 24 hours recall* » ou « *day after recall* » (DAR).

Ils permettent d'établir le score brut (pourcentage des individus déclarant avoir vu l'annonce) et le score prouvé (pourcentage des individus qui ont réellement vu l'annonce : la preuve est faite par la description de l'annonce par les enquêtés).

Dans certains cas, les post-tests cherchent à mesurer la compréhension et le jugement des individus.

Les post-tests sont réalisés par questionnaire au domicile des individus et moins souvent par correspondance ou par téléphone.

La presse est un média très hétérogène quant à la diversité de ses titres et l'on ne peut donc pas l'appréhender globalement. Chaque type de presse a ses avantages et ses inconvénients et des calculs d'achat d'espace différents.

Si la presse quotidienne est davantage un outil à lier aux actions promotionnelles grâce à sa rapidité, la presse magazine constitue un outil de communication d'image générale.

Tous les produits, compte tenu de la législation en vigueur, peuvent être concernés par la presse, et même de plus en plus des produits à ciblage très fin, puisque la presse magazine s'oriente vers des cibles très étroites avec les « micromédias ». Une autre utilisation de la presse est le publi-rédactionnel qui consiste en l'insertion d'une annonce rédigée comme un article. Apparu de façon illicite dès les débuts de la presse périodique, ce faux article de presse est apparu de façon légale dans les années cinquante dans le magazine *Elle,* qui proposait à des marques de faire tester leurs produits par un journaliste du support chargé de les présenter dans un espace payant. Il peut constituer un coup ponctuel ou être un élément d'une réelle stratégie de communication dans plusieurs supports comme Contrex le fit en 1994 puis en 1997 (budget 1,52 millions d'euros) en proposant 52 publi-rédactionnels dans 30 supports. Il permet de résoudre des problèmes de communication que la publicité classique ne peut résoudre, puisqu'il permet dans dire plus et son côté informatif semble plus en rapport avec les nouveaux comportements des consommateurs. Longtemps réservé au secteur de la beauté et donc aux magazines féminins, le publi-reportage concerne aujourd'hui une grande majorité de secteurs et donc de supports. Il a connu une réelle explosion dans les années quatre-vingt-dix, des agences spécialisées se sont même créer pour répondre à la demande. Pour une plus grande utilisation encore de ces articles créés dans l'aspect et le ton du support accueillant et portant obligatoirement la mention de leur dénomination : publi-reportage, publi-rédactionnel, publi-information..., les annonceurs réclament par l'intermédiaire de leur association (l'UDA) : la limitation du nombre de publis à un par numéro, une tarification claire, qu'on les écarte des cahiers publicitaires et qu'on évite qu'ils perturbent une double page publicitaire (en encart central par exemple).

II. LA TÉLÉVISION

La télévision subit, depuis les années quatre-vingt, des bouleversements conséquents. Aux différentes privatisations, ou divers éclatements des structures, s'ajoutent la valse des actionnaires (GMF, Maxwell, Hersant, Berlusconi...), des directeurs de chaînes (Guilhaume, Bourges...) et la disparition de chaînes (La Cinq). La tendance actuelle du paysage audiovisuel français (le PAF) montre ainsi à quel point la TV a du mal à trouver son équilibre. Existe-t-il alors des axes comme celui qui opposerait TF1 au pôle du service public France 2/France 3, axe auquel on pourrait ajouter une sorte de troisième voie privée Canal +/M6 ? Difficile à l'heure actuelle de préciser l'orientation générale des différentes mouvances de l'univers télévisuel. La progression des chaînes câblées et la multiplication des chaînes à thème modifieront peut-être le contexte du paysage télévisuel français.

D'autre part, on assiste aujourd'hui à un surencombrement des écrans publicitaires dont l'effet ne peut être que négatif : saucissonnage des émissions, découpage des films (un écran par film cinéma), séparation de la météo du journal télévisé, diffusion des multiples jeux nationaux, dédoublement des émissions qui augmentent artificiellement les insertions d'écrans publicitaires, dépassement illégal des temps de passage, parrainages plus ou moins douteux ; tout cela risque en fin de compte de tuer la poule aux œufs d'or et de provoquer une espèce de publiphobie.

L'avenir de la télévision laisse donc présager l'augmentation du nombre de chaînes, le développement des TV portables et la profusion du nombre de postes par foyer. D'autre part, il semblerait que l'on se dirige vers de nouvelles pratiques sociologiques du comportement des Français à l'égard de la télévision, c'est-à-dire une écoute plus individualisée, une augmentation des programmes et des télévisions câblées, et la croissance du parc des magnétoscopes avec ses applications. On assistera ainsi bel et bien à une réelle fragmentation de l'audience.

A. Historique et généralités

La télévision se définit comme la traduction d'une image en pulsions d'un courant électrique et la transmission de ces variations à un récepteur reconstituant l'ensemble en image.

On considère que la télévision est d'abord née comme « un appendice chétif de la radio [1] ». Après une période d'expérimentation, elle a pourtant rattrapé et dépassé cet autre média : lors du couronnement d'Élisabeth II, le 2 juin 1953, l'audience de la télévision dépassera pour la première fois l'audience de la radio britannique.

On trouve l'origine de la télévision dans le pantélégraphe de Caselli en 1856. Le bélinographe est aussi un ancêtre d'avant-guerre puisqu'il permettait l'envoi de photographies. Enfin, des découvertes en photoélectricité vont permettre en 1932 le programme expérimental de René Barthélémy d'une heure par semaine à partir de Paris. En 1935, un premier studio est créé rue de Grenelle ; on passe de 60 à 180 puis 455 lignes et la Tour Eiffel sert d'antenne. En 1939, une centaine de récepteurs sont installés en région parisienne, souvent dans des lieux publics. On émet quinze heures par semaine. La guerre impose un arrêt plus ou moins brutal à ces balbutiements malgré quelques divertissements destinés aux soldats allemands hospitalisés en région parisienne.

C'est l'après-guerre qui voit le réel développement de la télévision. En 1949, François Mitterrand, ministre de l'Information, fixe par arrêté le standard français à 819 lignes. Ce standard propose une qualité d'image supérieure mais la France n'arrive pas à l'imposer aux autres pays européens. La télévision se trouve dès son origine sous le monopole de l'État. L'ordonnance du 04 février 1959 affirme ce monopole et donne un statut à la RTF (Radiodiffusion télévision française) : établissement public à caractère industriel et commercial, doté d'un budget autonome. Le 31 juillet 1963, le Service de liaison interministériel pour l'information (SLII) est créé. Cet instrument du contrôle gouvernemental est là pour verrouiller l'information et les changements intervenus : création de l'**ORTF** (27 juin 1964), création de la deuxième chaîne (1964), son émission en couleur (01 octobre 1967), l'arrivée de la publicité (octobre 1968) pour deux minutes quotidiennes et dont la gestion est confiée à une société anonyme à capitaux d'état (la **RFP**, des régies autonomes seront créées par la loi du 03 juillet 1972), arrivée de la publicité sur la deuxième chaîne (1971)... favoriseront une utilisation toute-puissante du pouvoir sur la télévision.

---

1. Jean-Noël Jeanneney, *Une Histoire des médias*, Le Seuil 1996.

L'expérience Chaban-Delmas d'après 1968 laisse penser à une libéralisation. Le SLII a déjà été dissout et le nouveau premier ministre supprime le ministère de l'Information et la direction unique de la télévision en nommant un directeur pour chaque chaîne. Entouré de spécialistes, le premier ministre mène une réflexion sur la télévision face aux changements de société. La qualité de l'Information augmente, des magazines apparaissent mais le président de la République Georges Pompidou affirme que « l'ORTF est la voix de la France » et qu'en conséquence « être journaliste à l'ORTF n'est pas la même chose que d'être journaliste ailleurs ». On assiste alors à une reprise en main de l'ORTF jusqu'à son éclatement en 1974 sous Valéry Giscard d'Estaing.

Sept sociétés sont créées en remplacement : trois sociétés de programmes télévisés mises en concurrence (TF1, Antenne 2, FR3 créée en 1972), une société de programmes radio, (Radio France), la SFP (Société française de production), TDF (Télédiffusion de France, chargée de la technique et de la diffusion) et l'INA (chargé de l'archivage et de la recherche). La dernière étape de la construction du paysage audiovisuel français (PAF) a comme point de départ l'arrivée des socialistes au pouvoir et surtout la promulgation de la loi de 1982 qui rend « la communication audiovisuelle libre ».

L'existence de chaînes privées avait été évoquée dès 1974 mais le projet était resté sans suite. En 1984, la première chaîne privée est lancée : Canal+, dont le principal opérateur est la société Havas (privatisée en 1987). Deux ans plus tard, deux chaînes suivent : la Cinq, le 20 février 1986 dont la concession est attribuée à un industriel italien (Silvio Berlusconi) associé au groupe français des Chargeurs réunis et TV6, le 1er mars 1986, chaîne musicale dont la concession est attribuée à NRJ associé à Publicis et à Gaumont.

Les débuts sont tumultueux, tant au niveau économique que politique. La loi de 1982 est abrogée au profit de la loi Léotard du 30 septembre 1986 qui engage tout le secteur de la communication dans le système de la concurrence. La Haute Autorité, créée comme organe de surveillance du PAF, est remplacée par la Commission nationale de la communication et des libertés **(CNCL)** qui malgré son nom montre une liaison avec le pouvoir bien plus évidente que l'organisme précédent. La CNCL nomme de nouveaux dirigeants pour tous les organismes publics, abolit le monopole de diffusion et met ainsi fin aux régimes des concessions publiques. Les chaînes sont alors réattribuées à de nouveaux opérateurs : la Cinq à Robert Hersant associé à Silvio Berlusconi, TV6 devenu M6 à la CLT associée à la Lyonnaise des eaux. Elle attribue enfin au groupe Bouygues TF1 qui émet pour la première fois sous sa nouvelle forme le 16 avril 1987.

Le retour d'un gouvernement socialiste en mai 1988 remplace la CNCL par le Conseil supérieur de l'audiovisuel (**CSA**), annonce une présidence commune pour A2 et FR3 qui deviendront France 2 et France 3 et établit un projet de chaîne publique culturelle : la Sept. L'arrêt des émissions de la Cinq le 12 avril 1992, cédée pour finir à Hachette laissera vacant le canal attribué à la chaîne franco-allemande Arte en novembre 1992. Une chaîne éducative : la Cinquième occupera dès 1995 le canal avant 19h00 (heure où Arte démarre ses émissions) ; les deux chaînes sont aujourd'hui sur le point de fusionner.

Ce rapide historique montre le poids économique du média télévision qui attire de très gros groupes de communication (et le terme est forcément très général ici puisqu'on a vu par exemple Bouygues et la Lyonnaise des eaux très présents), parfois davantage à la recherche d'un moyen de pression révélé que d'une simple affaire financière : Hachette a perdu environ 3,5 milliards de francs dans la relance non aboutie de la Cinq. La loi de 1986 ne permettait pas de dépasser le seuil d'une participation maximale de 25 % au capital d'une télévision nationale et de 50 % à celui d'une télévision régionale ou par satellite. La loi Carignon de décembre 1993 a élevé le premier seuil à 49 %, ce qui entraîna par exemple la démission d'André Rousselet de la présidence de Canal+ (pacte d'actionnaires entre Havas, la Générale des eaux et la Société Générale). Cela entraîne de manière moins anecdotique, une réelle course à la concentration dans le domaine des chaînes hertziennes et vers aujourd'hui le numérique.

À l'heure actuelle, TDF (Télédiffusion de France) dispose d'un réseau de 70 émetteurs et 2 000 réémetteurs, couvrant ainsi environ 98 % du territoire national. On estime aujourd'hui à 20 600 000 les foyers équipés de téléviseurs en France (21 millions au Royaune-Uni et 24 millions en RFA).

Aujourd'hui, 93,5 % des foyers ont un téléviseur, 92,9 % possèdent un poste couleurs, et 33,5 % des foyers possèdent deux postes de TV ou plus. 74 % ont un magnétoscope et 90 % une télécommande. Quant aux habitudes de consommation télévisuelles, on peut dire qu'elles sont inégales en fonction des publics. Il existe ainsi :

- le public inconditionnel de la TV, soit 10 % de l'audience globale, dont la moyenne d'écoute représente environ 35 heures d'écoute par semaine ;
- le public de distraction, soit 35 % de l'audience, dont la durée moyenne est de 22 heures d'écoute par semaine ;
- le public cinéphile, soit 35 % de l'audience dont la durée moyenne d'écoute est de 10 heures par semaine ;
- et le public dit cultivé, soit 20 % de l'audience dont la durée moyenne d'écoute est de 15 heures par semaine.

D'autre part, les émissions les plus suivies restent en premier lieu les films, ce qui revient à dire que la pratique télévisuelle des Français est classique et traditionnelle, même si les émissions d'actualité et les variétés retrouvent un regain d'intérêt.

Au niveau publicitaire, la télévision conforte d'années en années sa position. Dans un contexte économique difficile, elle voit sa part des investissements publicitaires augmenter. Parmi les cinq grands médias, la part de la télévision dans la répartition des investissements publicitaires est d'environ 35 %, deuxième rang derrière la presse. Quels que soient les indicateurs publicitaires, on constate une croissance des investissements en télévision de + 3,6 % (France Pub) à + 7,6 % (Sécodip) de 1995 à 1996, avec une stagnation en 1997. Mais le marché progresse depuis 1998 avec 9,1 % d'augmentation en 1999, soit 4 312 millions d'euros (498 271 spots de 1 à 45 secondes). On a même assisté à une baisse du volume du nombre de spots diffusés (– 2 %) en 1997. Il semble que les gros annonceurs ont tissé la couverture à leurs besoins publicitaires et qu'ils ne font aujourd'hui que maintenir leur budget. D'autres annonceurs sont arrivés sur le marché (secteur tertiaire surtout) mais ils ne semblent pas avoir le potentiel de se substituer aux annonceurs traditionnels. Cette stagnation est à surveiller comme la destination du report d'investissement.

B. Sélectionner la télévision

1. Quelques définitions

- **antiope :** abréviation pour acquisition numérique et télévisualisation d'images organisées en page d'écriture. Il s'agit en fait d'un service de télétexte destiné surtout aux malentendants. Ce procédé est proposé par TDF depuis 1979. Le téléspectateur le reçoit à l'aide d'un décodeur.
- **audience :** nombre de téléspectateurs que peut atteindre (audience potentielle) ou qu'atteint réellement (audience réelle) la télévision. L'audience cumulée correspond, pour sa part, au pourcentage de téléspectateurs ayant regardé telle chaîne au moins une fois durant la journée dans les dernières vingt-quatre heures. L'audience moyenne correspond à la moyenne des audiences recueillies par une même chaîne ou pour un même programme sur une période précise. Souvent, dans les organismes de sondage, l'audience est calculée quart d'heure par quart d'heure. La mesure d'audience peut être reconstituée à partir d'un échantillonnage représentatif et calculée par audimétrie, de façon instantanée. Le calcul d'audience est au centre d'un débat mouvementé dans la mesure où il détermine le coût des insertions publicitaires.
- **audimétrie :** c'est une technique de mesure de l'audience. En 1980, sont installés les premiers audimètres (appareils reliés au téléviseur et au téléphone) qui fournissent automatiquement à l'ordinateur central les données sur la pratique télévisuelle du sondé. Cependant, la faiblesse du système tient au fait que l'on ne mesure pas la présence effective du téléspectateur mais le nombre d'heures où le poste de TV reste allumé. Cependant, depuis 1985, Médiamétrie a mis en place des audimètres à bouton-poussoir. Chaque membre de la famille sondée est invité, pour respecter le protocole du sondage, à presser une touche lorsqu'il s'installe devant la TV.
- **banc-titre :** table surmontée d'une caméra qui permet de filmer image par image des documents fixes.
- **bartering :** programme fourni clé en main par un annonceur en échange de l'espace publicitaire.
- **BVP :** le Bureau de vérification de la publicité est un organisme indépendant régi par la loi de 1901 (association sans but lucratif). Son financement est assuré par la cotisation des adhérents. Il se compose d'annonceurs, d'agences, des différents supports, des organismes interprofessionnels, du Conseil national du commerce et de l'INC. Sa principale fonction est d'élaborer des recommandations pour protéger le public contre la publicité mensongère. Il n'a pas de pouvoir coercitif, mais ses recommandations sont très souvent suivies et il

peut, dans les cas extrêmes, saisir la répression des fraudes. Toute personne peut saisir le BVP s'il s'estime victime d'un abus.

- **câble :** vecteur de signal audio ou vidéo à partir d'une tête de réseau, information transmise jusqu'au téléviseur raccordé. Il existe actuellement deux types de techniques du câble : le câble-coaxial (fil de cuivre qui transporte un signal électrique) et le câble-fibre optique (fil de silicium transportant un signal lumineux). La fibre optique permet de véhiculer beaucoup plus d'informations que le câble coaxial, toutefois le coût est plus important.
- **cahier des charges :** document qui établit les obligations légales de chaque chaîne. Ce cahier des charges s'applique autant aux chaînes privées que publiques. Après avis des conseils d'administration de chaque chaîne et du CSA, le gouvernement fixe les charges des chaînes. Par exemple, les chaînes publiques ont pour devoir d'exprimer la parole du gouvernement, des partis politiques ou des syndicats (*cf.* la diffusion par F3 des questions écrites au gouvernement en direct de l'Assemblée nationale), mais aussi des émissions religieuses (*cf.* F2 le dimanche). Par extension, ce terme s'applique aux chaînes privées dans les accords souscrits entre le gouvernement et les directeurs de chaînes privées. Ces obligations, trop peu souvent respectées, concernent le taux de diffusion d'œuvres de fiction françaises, le nombre de coupures publicitaires, les différents partenariats, etc.
- **CSA :** Conseil supérieur de l'audiovisuel. Cette instance a été créée le 17 janvier 1989. Elle est composée de neuf membres désignés pour six ans par les présidents de la République, de l'Assemblée nationale et du Sénat. Le président du CSA est nommé par le président de la République. Le CSA nomme et révoque les présidents des chaînes publiques et veille au respect des cahiers des charges des chaînes. Il attribue également les fréquences aux chaînes privées. Le CSA a aussi un pouvoir de sanction pour non-respect du cahier des charges. Son président est depuis 1995 Hervé Bourges. En matière de spots publicitaires, il exerce un contrôle *a posteriori*, c'est-à-dire après leur passage à l'antenne (pour mémoire, le BVP peut réaliser un contrôle *a priori* à la demande des agences).
- **décodeur :** appareil qui permet de traduire en clair des signaux codés. Canal+ a lancé un nouveau décodeur, le Syster (système terrestre) dont la clé à puce dispense du code mensuel relativement fastidieux.
- **droit :** obligations auxquelles les chaînes sont soumises. **Droit à l'antenne** : garantie d'expression accordée aux différents courants politiques, syndicaux ou religieux. **Droit de communication du gouvernement** : possibilité pour le gouvernement de s'exprimer sur une question précise. **Droit de réplique** : possibilité pour les partis politiques d'opposition de répondre à une communication politique gouvernementale. **Droit d'expression** : droit accordé sur les chaînes

publiques à tous les partis politiques et syndicats pour faire connaître leur position et leur action. **Droit de réponse** : possibilité donnée à toute personne qui se sent atteinte, dans son honneur. La demande doit être formulée huit jours après la diffusion de l'émission en question. La réponse ne peut faire plus de trente lignes dactylographiées. Cette réponse doit être diffusée dans un délai d'un mois. **Achat de droit** : acte par lequel une chaîne achète des droits qui lui permettront de diffuser une œuvre réalisée par une télévision. **Droit dérivé** : royaltie accordée à une chaîne de TV par une société commerciale pour l'utilisation d'un nom, d'un personnage, etc.

- **durée d'écoute :** temps moyen passé devant une TV par un téléspectateur.
- **Eurovision :** il s'agit d'une banque internationale d'échange d'actualités et de programmes télévisuels, banque créée en 1954 par l'Union européenne de radiodiffusion.
- **film :** Canal+ reste la chaîne qui diffuse le plus de films durant l'année. Le cahier des charges des chaînes les oblige à respecter un certain quota de films français, quota accompagné d'obligations du type : interdiction de diffuser des films le mercredi, le vendredi soir, le samedi et le dimanche avant 20 h 30. Mais ces impératifs ne concernent pas Canal+.
- **INA :** Institut national de l'audiovisuel. Cet organisme constitue en fait la mémoire de l'image et du son de la France. Il a pour obligation d'archiver les émissions audiovisuelles. L'INA s'occupe également de la restauration des documents détériorés.
- **interactivité :** concept nouveau dans le monde de la télévision. Il signifie communication à double sens entre le diffuseur et le téléspectateur. L'interactivité est largement utilisée dans les jeux pour enfants, les émissions de téléachat ou les « sondages » instantanés organisés par les différentes chaînes.
- **jeux TV :** les premiers jeux apparaîssent à l'ORTF en 1954 avec *Gros Lot* de Pierre Sabbagh et *La Tête et les Jambes* de Pierre Bellemare. On assiste actuellement à une explosion de jeux télévisés plus ou moins intelligents mais pourvoyeurs d'audience et de recettes publicitaires.
- **Mip TV :** c'est le marché international des programmes. Il réunit à Cannes, depuis 1963, les principaux producteurs d'émissions et distributeurs. C'est à cette occasion que s'effectuent les différentes transactions sur les prix et droits de diffusion. Il existe également un Mipcom, salon de la communication qui se déroule à Cannes en octobre.
- **Mondovision :** diffusion d'un même programme dans un certain nombre de pays au moyen de plusieurs chaînes. C'est le 17 septembre 1962 que fut diffusée la première mondovision, un hommage à Dag Hammarskjöld, secrétaire général de l'ONU.
- **monopole :** le monopole de l'État sur la communication date de 1837. Il s'applique au télégraphe en 1845, au téléphone en 1876, à la radio en 1900, et à la télévision en 1935. En 1982, la loi abroge en partie ce monopole en permettant la création de radios locales et

chaînes privées. En 1986, la loi l'abroge complètement. Toutefois, l'État garde le monopole de la diffusion par l'intermédiaire de TDF.

- **parrainage (sponsoring) :** c'est le moyen par lequel un annonceur va financer une partie ou la totalité d'une émission en échange de l'apparition de son nom et de son logotype à l'écran.
- **part de marché :** pourcentage d'audience obtenu par une chaîne sur l'ensemble des téléspectateurs regardant la TV.
- **prime time :** heure de grande écoute : 19 h-22 h 30. Il existe également le day time, la journée, et le night time, après 22 h 30. Mais les séquences les plus convoitées restent celles qui précèdent le prime time, c'est-à-dire l'access time. C'est dans ce créneau du prime time que les spots sont les plus chers exception faite des espaces vendus pendant les matchs de football.
- **publicité :** il s'agit de la ressource essentielle des chaînes privées, mais elle contribue également au financement des chaînes publiques. Le volume horaire de publicité est défini dans le cahier des charges de chaque chaîne.
- **redevance :** taxe annuelle définie par la loi de finances du 30 juillet 1949. La redevance permet de financer en partie les chaînes publiques
- **RFE :** la Régie française des espaces a été créée en octobre 1984. Sa fonction est d'exploiter, sous forme de communication institutionnelle, les temps d'antenne des chaînes publiques.
- **sanction :** le CSA a dans ses statuts le pouvoir de punir les chaînes pour tout manquement à leur cahier des charges. Dans le secteur public, le CSA peut aller jusqu'au retrait du mandat du président de la chaîne. Dans le secteur privé, le CSA peut retirer l'autorisation d'émettre. Canal+ bénéficie d'un statut particulier dans la mesure où le CSA ne dispose d'aucun pouvoir de sanction étant donné le régime de concession dont bénéficie la chaîne. Il peut simplement en aviser le gouvernement. Il existe également d'autres types de peines comme les amendes (3 % maximum du chiffre d'affaires de la chaîne) ou la suspension des programmes, etc.
- **satellite :** le premier signal TV transmis par satellite date de 1962. Il existe deux types de satellite. Le satellite de télécommunication qui permet la diffusion d'un signal d'un point à un autre et le satellite de diffusion directe qui permet de transmettre un message (image-son) à destination d'un récepteur branché sur une antenne parabolique.
- **sécam :** standard de transmission français mis au point en 1956 par Henri de France.
- **SFP :** la Société française de production et de création audiovisuelle a été créée en août 1974. Sa fonction consiste à produire ou faire produire des œuvres de création française. Depuis la loi Léotard du 30 septembre 1986, les chaînes ne sont plus obligées de passer par la SFP ; elles doivent simplement souscrire un certain nombre de com-

mandes, ce qui explique qu'elles passent de plus en plus par des sociétés de production indépendantes.

- **sitcom :** il s'agit d'une abréviation américaine pour traduire comédie de situation. Les sitcoms sont des séries à épisodes sans que ces épisodes soient dépendants les uns des autres. Cela permet de construire des séries qui n'ont en général aucune fin, mais surtout, pour certaines chaînes privées comme l'ex- Cinq, de comptabiliser ce type de créations comme des créations françaises. Cela permet également d'occuper un temps d'antenne à moindre frais dans la mesure où le coût moyen d'une sitcom revient au minimum à 150 000 F l'heure d'émission. Ex. : *Hélène et les garçons, Classe Mannequin, 2 Be 3, Friends.*
- **soapopéra :** expression américaine désignant une série TV dont chaque épisode est indépendant. À l'origine, ce sont les grands lessiviers comme Procter & Gamble qui ont été les producteurs de ce type de feuilleton qui fonctionnent sur le principe du *bartering*.
- **spot :** le spot est un message publicitaire destiné à toucher le consommateur, film de court métrage de 8, 15, 20, 30, 45 ou 60 secondes. En 35 mm, un spot de 30 secondes correspond à 13,68 mètres et 750 images de 15,25 mm de haut. Notons que le film publicitaire doit comporter obligatoirement vingt images muettes en début de diffusion.
- **standard :** il existe trois grands standards TV. Le **NTSC américain** (Amérique du Nord, Amérique Centrale, Japon...), le **PAL allemand** (Amérique du Sud, Europe sauf la France...) et le **SECAM français** (France, Afrique de l'Ouest, Europe de l'Est...). Ces standards ne sont pas compatibles. Le satellite TDF1 utilise un standard unique : le Mac.
- **talk-show :** émission en plateau au cours de laquelle l'animateur fait parler ses invités, sorte de conversation à bâtons rompus ou sur thème.
- **TDF :** Télédiffusion de France. Cet organisme assure la diffusion des émissions. Depuis la loi du 30 septembre 1986, TDF n'est plus un organisme d'État et n'a plus le monopole de la diffusion.
- **téléachat :** le téléachat est une vente télévisuelle par correspondance. C'est TF1, avec Pierre Bellemare, qui inaugure ce type d'émission. Depuis, toutes les autres chaînes ont suivi.
- **TVHD :** télévision à haute définition. Ce procédé est à l'origine d'une guerre commerciale importante entre l'Europe, les États-Unis et le Japon.

2. Avantages et inconvénients du média télévision

2.1. Les avantages

■ Média puissant et complet

Le premier avantage du média TV tient à l'audience que la TV permet de réaliser. Étant donné le nombre de postes de TV disponibles, toute opération publicitaire se présente de fait comme une opération de masse, ceci d'autant plus que son effet est quasi immédiat. De plus, la télévision – comme le cinéma – permet une certaine qualité d'audience dans la mesure où le public est relativement disponible, malgré le zapping qui devient une pratique télévisuelle de plus en plus répandue.

La TV est d'autre part un média complet dans le sens où son message est visuel, sonore, animé et coloré. L'ensemble des composantes visuelles, sonores et d'animation font donc de la TV un média complet dont l'argumentaire peut ainsi être détaillé. La TV reste également un média à fort effet démonstratif. Il n'y a qu'à observer la façon dont se construit la publicité pour la « Superglue » qui colle tout en 10 secondes.

En somme, la TV est un média idéal pour assurer la notoriété du produit, pour effectuer son lancement, pour construire son argumentaire et pour expliquer son utilisation. Nous verrons cependant plus loin les produits interdits de publicité à la TV. Ajoutons également que le média TV est un média à fort prestige (*cf.* le « vu à la TV » sur les emballages) et qu'il exerce à cette occasion une influence importante sur l'acheteur, mais aussi sur les influenceurs et distributeurs. Le « c'est écrit dans le journal » se trouve ainsi remplacer par « ils l'ont dit à la télé ». L'effet d'une campagne TV exerce alors un effet immédiat sur les ventes, étant donné sa pénétration rapide des foyers. D'autre part, l'a priori sur la TV est tel qu'on le considère comme un média cher donc prestigieux, alors qu'il y a des coûts d'insertion faibles pour certaines tranches horaires (*cf.* F3, 19 h 20 et le journal régional).

À ces avantages, s'ajoutent les pratiques sociologiques des Français à l'égard de la TV et les dispositions légales spécifiques à l'insertion publicitaire à la TV. Celle-ci est le média préféré des Français.

DURÉES D'ÉCOUTE

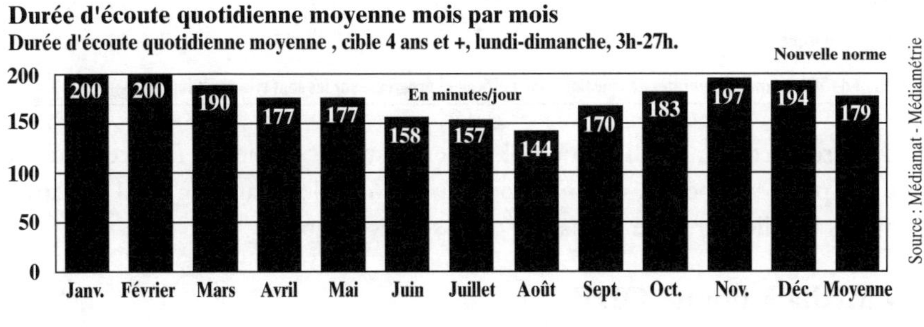

■ Média à faible encombrement

L'un des meilleurs atouts de la TV est sans doute l'impossibilité pour des produits concurrents d'être dans le même écran publicitaire. De plus, ces écrans ne peuvent dépasser 12 minutes par heure de diffusion. On est donc assez loin du seuil de saturation. L'encombrement existe certes, mais est très localisé sur certaines chaînes et certaines tranches horaires. Ces phénomènes peuvent être minimisés par un médiaplanning pointu et une meilleure politique d'emplacements préférentiels, selon Annie Loncq, directrice médias chez Ogilvy (*Le Figaro*, 23 juillet 1996). La radio est deux fois et demi plus encombrée que la télévision. En télévision, 8,7 % du temps d'antenne en prime time (18 h 30-22 h 30) est occupé par la publicité, alors que pour le prime time radio (7 h-9 h), cette proportion passe à 22, 8 %. D'autre part, la proportion de publicité écoutée dans l'écoute totale du prime time télévision est de 9 % alors qu'il est de 22,9 % pour la radio. Il semblerait également que la presse magazine se trouve confrontée au même problème, la durée de lecture est relativement faible, environ 15 minutes par magazine en moyenne. Ce temps moyen de lecture est obtenu en rapportant le nombre de titres lus au temps de lecture. En outre, l'encombrement du média presse magazine est important et il n'est pas rare d'observer que la pagination publicitaire dépasse souvent 50 % du total de la pagination du magazine.

En termes de messages reçus, la TV est avantagée par rapport aux autres médias. Ainsi, sur 15 minutes d'exposition, un consommateur moyen est sollicité par : 19 affiches dans la rue, 93 affiches dans le métro, 80 pages de publicité dans un magazine de 200 pages, 5 messages radio de 30 secondes et 2 messages TV de 30 secondes.

Les performances de la TV
(Source : TMP Research)

Critère de performance (Cible : Ménagères < 50)	Non exposés à la campagne		Cinq expositions		Score potentiel maximum		Nbre d'expos au seuil de gaspillage	
	1992	1995	1992	1995	1992	1995	1992	1995
Reconnaissance	38	37	58	59	63	61	4,8	53
Mémorisation	26	30	38	44	41	46	5	3,2
Visibilité	32	34	492	51	52	53	4,5	3,7
Opinion Pub	6,4	6,6	6,8	7,1	6,9	7,3	6	3,5
Notoriété	73	58	78	67	79	68	5,2	6,4
Opinion de Marque	6,5	6,6	6,8	7,2	7	7,3	6,7	3,4
Force de la marque	45	40	51	51	53	52,3	5,3	4,2

> L'audit de 700 campagnes permet de constater que l'efficacité progresse sur les sept critères d'impact

D'autre part, le niveau d'encombrement est plus faible en France que dans les autres pays européens, ce qui revient à dire que le volume global des investissements publicitaires ne demande qu'à se développer.

■ Média à bonne ODV

La TV est un média assurant une bonne qualité de mesure d'audience. L'audimétrie à bouton-poussoir mesure à la seconde près le nombre d'individus présents pendant la diffusion d'un écran publicitaire. Ce qui revient à dire que l'annonceur achète le nombre précis de personnes présentes lors de la diffusion de son message.

■ Média de qualité

L'étude « Audile-ESOP » met en évidence le faible différentiel existant entre l'attention portée aux émissions et l'attention portée aux écrans publicitaires. Toutefois, nous verrons dans le paragraphe suivant que d'autres études font dire l'inverse aux chiffres. Contentons-nous de donner ces indications en précisant néanmoins que ces données méritent la plus grande vigilance.

QUALITÉ D'ÉCOUTE ÉCRAN/ÉMISSION

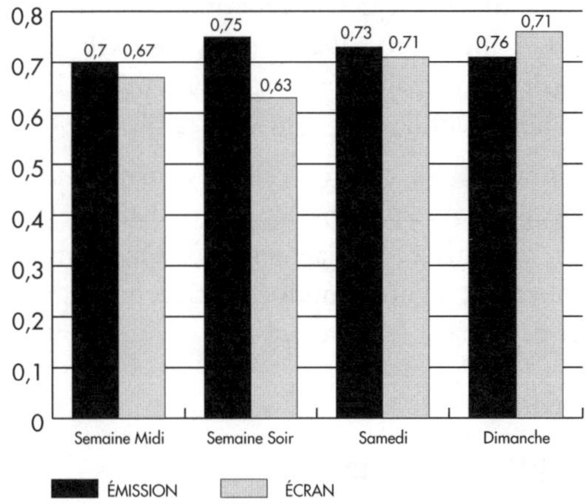

Qualité d'écoute : très attentifs = 1 ; attentifs = 0,75 ; peu attentifs = 0,50 ; pas attentifs = 0,25 ; fuite absolue : 0,00.

TF1 Publicité réalise une étude : « La télé fait des vagues », avec l'institut Oktos afin de définir des types de médiaplanning en télévision. On constate une radicalisation dans les choix des annonceurs qui favorisent de plus en plus l'économie aux dépens de l'efficacité. Six familles d'annonceurs apparaissent pour six espaces :

– « **espace optimisé du quotidien** » **:** ce premier type regroupe des annonceurs exerçant une pression limitée mais quasi quotidienne dans des tranches horaires économiques visant les ménagères de moins de 50 ans et les ménagères avec enfants. Ce type regroupe tous les lessiviers mais aussi les secteurs de l'alimentation et de l'hygiène-beauté pour un budget brut moyen de 760 000 €. Les chaînes principalement utilisées sont TF1, France 2 et M6.
– « **espace concentré aux grands moyens** » **:** on rencontre ici des vagues courtes mais présentes dans toutes les tranches horaires avec des montées en puissance lors des week-ends. C'est la « politique des rouleaux compresseurs », afin de toucher le maximum de consommateurs et en particulier les individus de moins de cinquante ans, plutôt masculin et de PCS+. Le secteur automobile est largement présent dans cet espace ainsi que l'alimentaire (Évian, Volvic, Le Nectar de Jacques Vabre et Danone Prestige), pour un budget moyen de 9,6 millions de francs. Il concerne toutes les chaînes.
– « **espace public** » **:** c'est un espace où les chaînes choisies par les secteurs alimentation, hygiène-beauté et pharmacie sont celles de France Télévision pour un budget moyen de 2,4 millions de francs. Une forte pression a lieu le week-end et le day-time est surutilisé.
– « **espace sélectif** » **:** cet espace prévoit un petit nombre de tranches horaires, mais une forte répétition et pression en day-time, avec une

surutilisation du week-end. Le petit électroménager est ici très présent, comme les secteurs culture-loisirs et alimentation.

– « **espace raréfié** » : on a ici utilisation d'une ou deux tranches horaires afin de privilégier la répétition et une forte utilisation du day-time. Les annonceurs des secteurs appareils ménagers, services et culture-loisirs principalement se présentent sur France Télévision et M6. Les budgets utilisés ici sont plus faibles.

– « **espace enfants** » : la cible est celle des enfants mais aussi leurs mères, les produits présents sont ainsi les jouets (Barbie est le plus gros investisseur sur cet espace) et l'alimentaire. On a un nombre limité de tranches horaires, en après-midi essentiellement, mais les vagues sont longues et démarrent le mercredi. Les chaînes sont TF1, F3 et M6.

2.2 Les inconvénients

■ Média de faible sélectivité

La TV a l'inconvénient de ses avantages, et son principal défaut demeure la très faible sélectivité, géographique ou socio-démographique. La diffusion très large de ce média rend impossible la sélection du public, même si on peut néanmoins tempérer cette faible sélectivité par un choix des tranches horaires qui, bien fait, peut compenser cette lacune. L'annonceur aura ainsi tout intérêt à choisir son horaire de passage en fonction de l'audience de la cible (voir à cet effet le type de publicité passant dans les émissions pour enfants, plage horaire 16 h 30-18 h 30, et l'occupation publicitaire du créneau 22 h 30-24 h). D'autre part, l'encombrement des écrans publicitaires est important et il n'est pas rare de voir jusqu'à vingt spots sur certains écrans avec un taux de mémorisation très faible.

Les 50 ans restent la cible surconsommatrice de TV, devant les 15 ans et plus.

Selon une étude Médiamétrie/Alice (*CB News* 1er décembre 1997), les cibles faiblement exposées à la TV ont moins de 50 ans, les individus sont actifs, de professions libérale ou intermédiaire.

Durée d'écoute quotidienne moyenne par âge

Durée d'écoute par individu, lundi-dimanche, 3 h-17 h

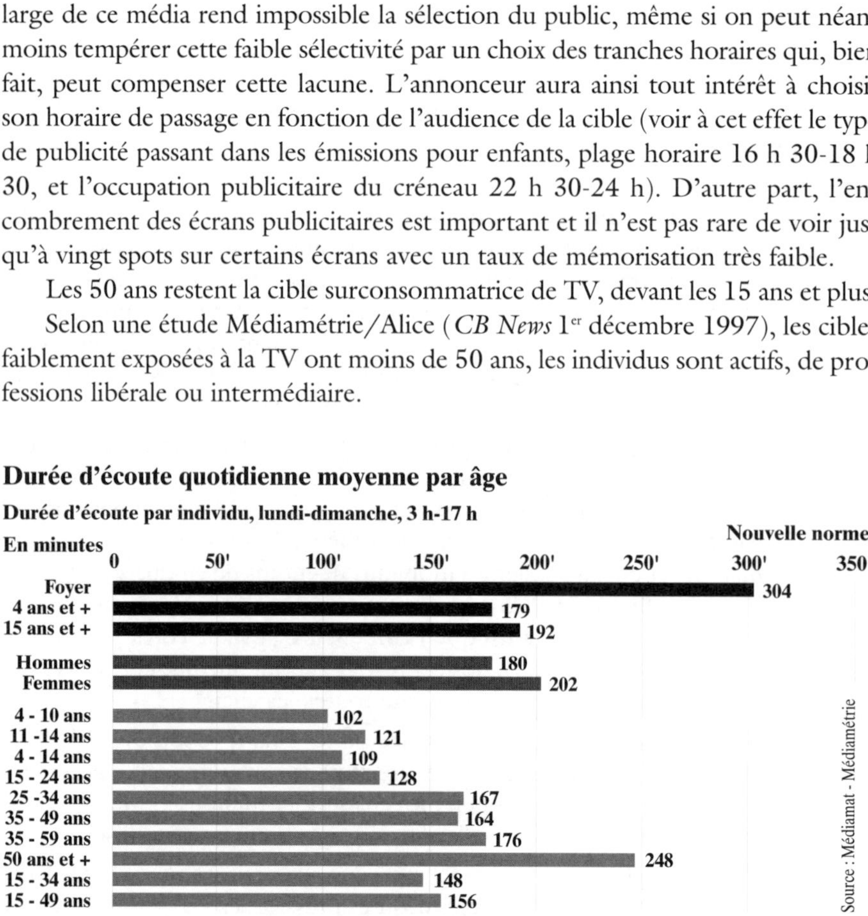

Durée d'écoute quotidienne moyenne par PCS

Durée d'écoute par individu, lundi-dimanche, 3 h-27 h

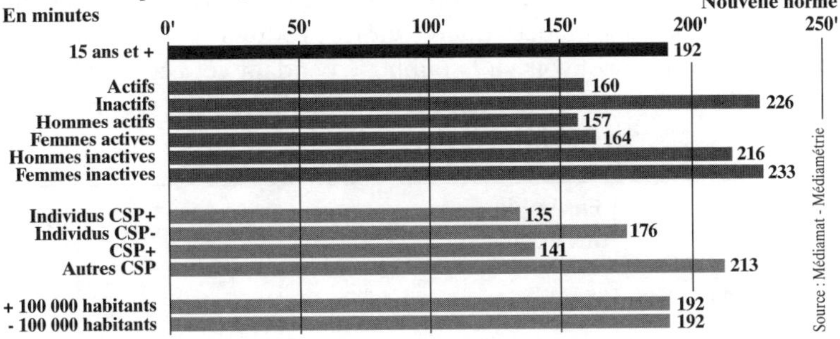

Nouvelle norme : pour s'aligner sur la norme européenne définie par les instances internationnalles, Médiamétrie, en accord avec les représentants de la profession, a décidé d'inclure les foyers vacanciers dans l'élaboration des résultats d'audience, à partir du 1er juillet 1996.

■ Média à fort encombrement

Un volume de pub doublé en cinq ans (en minutes)…

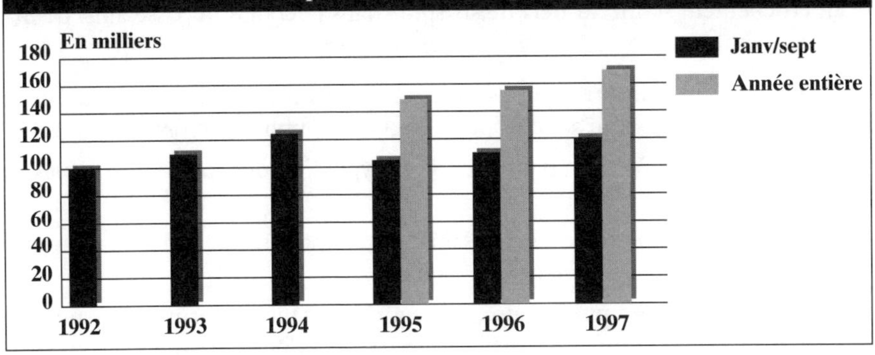

… mais des campagnes de plus en plus visibles

Critère de performance (Cible : Ménagères < 50)	Valeur avant campagne		Valeur après 5 contacts		Progression de 0 à 5 contacts		Différentiel d'efficacité
Reconnaissance	40	45	*66*	*73*	26	28	2
Mémorisation	30	37	*45*	*59*	15	23	8
Visibilité	36	40	*56*	*66*	20	26	6
Opinion Pub	6	6	*6,6*	*6,8*	0,7	0,6	-0,1
Notoriété	78	62	*87*	*75*	9	13	4
Opinion de Marque	6,4	6,8	*7*	*7,1*	0,6	0,3	-0,2
Force de la marque	47	38	*57*	*48*	10	10	0

* Puissance moyenne des campagnes en 1992 : 580 GRP
** Puissance moyenne des campagnes en 1997 : 410 GRP

Enfin, la TV représente 4 380 millions d'euros d'investissements pub dépensés. Le nombre de messages s'est élevé, en 1999, à 498 271 spots.

■ Média à faible mémorisation

Parmi ceux qui ont vu l'écran, on obtient les réponses suivantes quant au taux de mémorisation spontanée (quels sont les produits et les marques pour lesquels vous vous souvenez avoir vu la publicité pendant cet écran publicitaire ? et assistée (dites si vous avez vu ou entendu de la publicité pour tel produit ou telle marque durant cet écran publicitaire).

	Ensemble des écrans	**1 à 3 spots**	**4 à 12 spots**	**13 et +**
Mémorisation spontanée	2,1 %	1,4 %	2,5 %	1,3 %
Mémorisation assistée	24,2 %	24,9 %	24,6 %	21,5 %

Les deux graphiques ci-contre montrent l'évolution des scores, non plus sur trois catégories de longueur d'écran mais sur une échelle de sept tranches de longueur d'écran, ce qui nous permet de déduire les points suivants.

1. Les très petits écrans passent trop vite pour être remarqués, mais la chute se fait cruellement sentir au-delà de six spots dans l'écran. On passe ainsi de 3 % à 1 % de mémorisation spontanée, ce qui demeure relativement faible.

2. Quant à la mémorisation assistée, on perd près de 32 % entre les deux points extrêmes de la courbe, du fait de la charge publicitaire des écrans.

Les conclusions que l'on peut tirer de ce type d'études sont défavorables au média TV. Elles montrent :

- qu'il y a une forte décroissance de l'impact sous l'effet de la charge et de l'encombrement publicitaire ;
- que la charge publicitaire, le rang de passage, le format des spots, la tranche horaire et la particularité de la chaîne sont autant de facteurs déterminants dans la puissance de l'impact ;
- que la mémorisation décroît proportionnellement avec l'encombrement. Cette baisse peut atteindre 25 % au-delà de seize spots.

On peut également constater que l'écran à spot unique obtient le meilleur score de mémorisation. De même, en fonction du rang de passage, on obtient des variations remarquables de scores. Par exemple, si pour un écran de onze spots, la mémorisation assistée est de 24 % pour la moyenne de l'écran, l'effet de position fait passer la mémorisation de 28,5 % pour le premier spot à 20 % pour le dernier. La mémorisation décroît donc régulièrement avec le rang de passage.

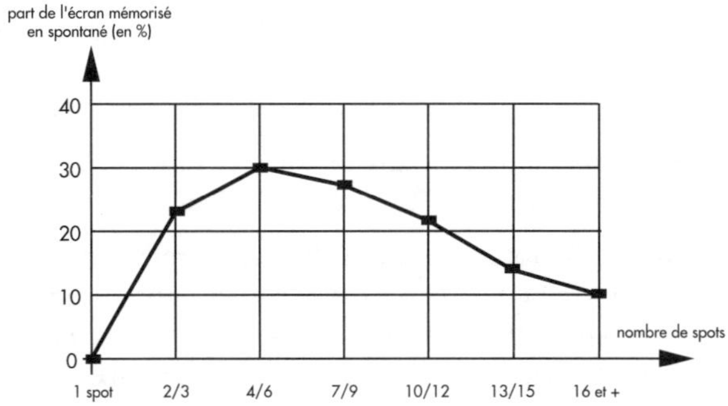

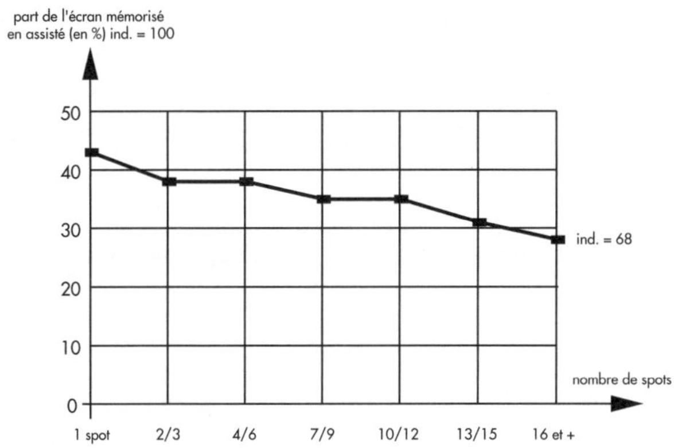

Au-delà de la 10e place, la chute atteint environ 30 %.

INFLUENCE DU RANG DE PASSAGE

Rang	1	2	3	4	5	6	7	8	9	10	11
mémorisation assistée	**28,5**	**27,6**	**26,8**	**25,9**	**25,1**	**24,2**	**23,4**	**22,5**	**21,7**	**20,9**	**20**
Indice	**100**	**97**	**94**	**91**	**88**	**85**	**82**	**79**	**76**	**73**	**70**

INFLUENCE DU FORMAT DU SPOT

Durée de spot	**% de mémorisation**	**Indice 100 = 30″**
– de 15″	19,3	76
– 15 à 30″	23,2	86
– 30″	26,9	100
– plus de 30″	34,4	à partir de 125

À titre de comparaison pour un indice base 100, pour un tarif d'un 30 secondes sur M6, le 8 secondes est à 35 alors que le 120 secondes est à 340. Les indices d'efficacité des spots selon leur format sont donc relativement contestables par rapport aux variations de tarif pratiquées par les supports.

À tous ces facteurs, il convient aussi d'ajouter l'influence du milieu social du téléspectateur dans son choix des chaînes regardées.

On peut néanmoins noter, depuis 1990, une réelle baisse de l'audience des jeunes pour toutes les chaînes, exceptés M6 dans une moindre mesure. Selon Médiamétrie, les programmes ciblés jeunes sont autant regardés par les senior. Les raisons de cette désaffection sont la forte concurrence des jeux vidéo et des magnétoscopes mais surtout l'insatisfaction vis-à-vis de l'offre de programmes des chaînes hertziennes. La radio tire avantage de cette désaffection puisque c'est en prime time, moment principal de la baisse de pénétration de la télévision chez les jeunes qu'elle met en place des émissions spécifiques. La radio accroît ainsi sa pénétration sur les jeunes comme nous le verrons.

La catégorie du produit va également exercer une influence sur le téléspectateur.

CATÉGORIES DES PRODUITS	MÉMORISATION SPONTANÉE (%)
– Alimentation	**2,2**
– Hygiène, beauté	**2,5**
– Produit d'entretien	**2,7**
– Automobile	**3,4**
– Électroménager	**2,0**

Le secteur automobile arrive en tête des scores de mémorisation et les produits d'entretien en deuxième position. Cela tient sans doute à la qualité créative des spots publicitaires de ce type de produit.

En conclusion, nous dirons, à propos du média TV, que la fuite volontaire devant l'écran TV (zapping + ceux qui profitent de l'écran publicitaire pour faire autre chose) fait passer l'audience potentielle de 100 à 67. Il convient aussi de préciser que l'autre source de déperdition importante reste l'oubli des spots : 100 → 67 (perte due aux fuites volontaires) → 24 (mémorisation assistée). La dernière source de perte tient à la mémorisation assistée moindre pour les écrans les plus chargés (treize spots et plus) -----> 21 %. D'autre part, le fait de se livrer dans la même pièce ou dans une autre à des activités diverses fait sensiblement baisser le score de mémorisation.

■ Média lourd

À ces handicaps, s'ajoute la lourdeur de l'utilisation du média TV qui, outre sa difficulté de mise en application technique, nécessite un **délai de réservation assez long** lui interdisant ainsi une action d'opportunité ou de riposte dans de brefs délais. De plus, les créneaux publicitaires ne sont pas extensibles (ils sont déjà largement encombrés), il faut donc les réserver longtemps à l'avance. Toutefois, certaines chaînes ont mis à la disposition des agences et des annonceurs un service minitel assurant une gestion presque journalière de l'occupation des écrans publicitaires. M6, par exemple, précise dans ses conditions commerciales que la réservation d'espace peut se faire deux jours ouvrables avant la diffusion. Par contre, il est bien évident que pour les gros supports, comme TF1 ou F2, la programmation est bien plus longue. Toutefois, il est possible sur bon nombre de chaînes de réserver au jour le jour par minitel les emplacements publicitaires. Cela s'appelle du **Média Broking**.

■ Média ou ticket d'entrée élevé

Le budget moyen par marque s'élève en effet à 6 MF. Il est en hausse, probablement pour compenser l'encombrement (le nombre de spots et de marques est aussi en hausse).

En somme, les arguments développés par la TV ne sont jamais négatifs ou positifs. Tout est question d'arbitrage, d'équilibre et de choix.

Ainsi, Philip JONES (*CB News*, 10 février 1997) a cherché à démontrer que les annonceurs devaient privilégier une pression hebdomadaire minimale pour vendre plutôt que distribuer plusieurs contacts sur les périodes actives entrecoupées de silences... Dans une étude STRATCOM développée en 1996, France Espace avait observé que certains secteurs étalent et que d'autres concentrent leurs investissements en publicité TV.

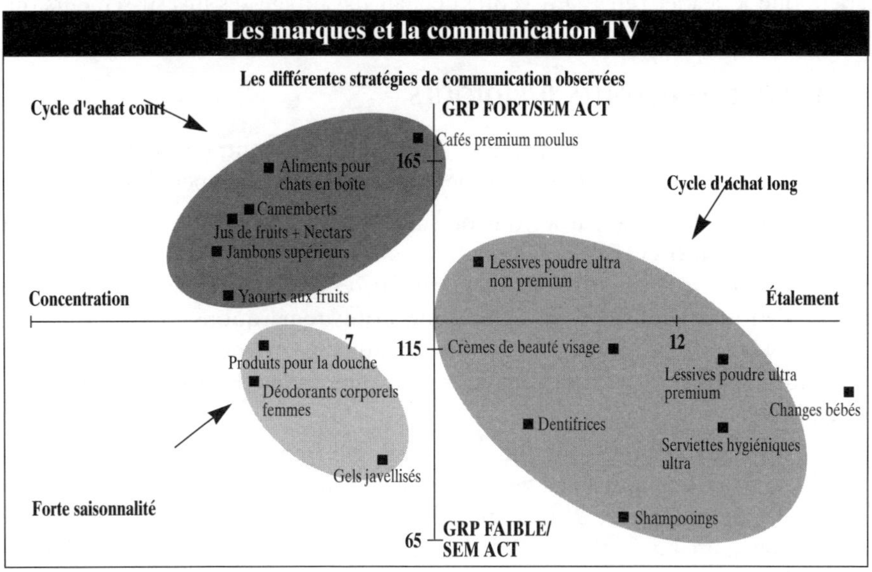

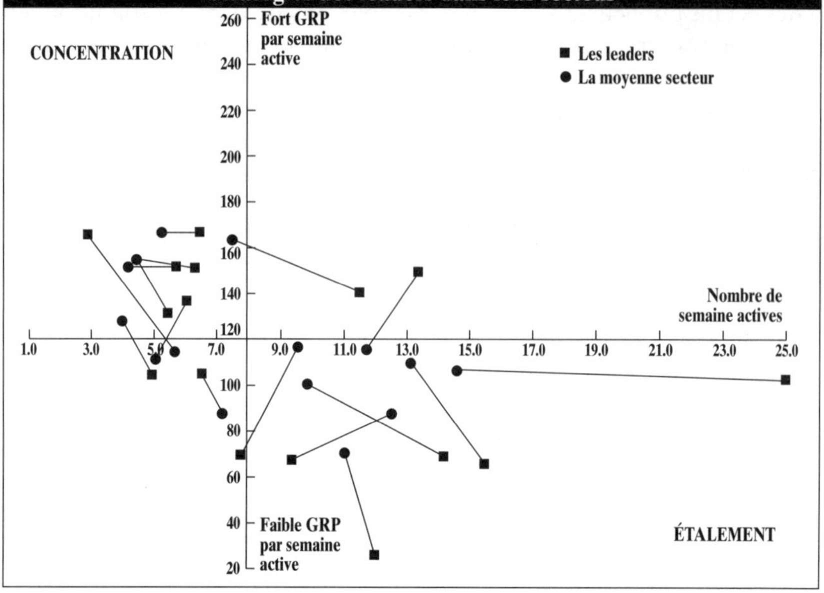

Stratégies des leaders dans leur secteur

Dans douze des quinze secteurs étudiés, la régie des chaînes publiques a repéré que le leader (en PDM ventes) étalait davantage ses investissements que ses concurrents.

3. Les contraintes juridiques

Avant de préciser dans les grandes lignes les diverses contraintes légales concernant la publicité à la télévision, il convient de faire un bref rappel historique.

Si la publicité est apparue tout de suite sur les chaînes TV privées comme Télé Monte-Carlo et Télé-Luxembourg, elle n'a été autorisée sur les chaînes nationales que le 1er octobre 1968 à concurrence de deux minutes par jour durant l'entracte de 19 h 55. Pour l'anecdote, remarquons que les premiers produits à passer à l'antenne furent des produits de marques alimentaires dans la grande majorité. Ces cinq premières marques furent Boursin, Bel, Régilait, Schneider et Virlux.

C'est la même année que fut créée la Régie française de publicité dont la principale fonction consistait à gérer la publicité sur l'antenne. À partir de 1972, la publicité de marque et de produit fut introduite sur la deuxième chaîne avec un temps maximal de diffusion de 17 minutes pour les deux chaînes par jour. À titre de comparaison, nous en sommes aujourd'hui à des diffusion allant de 10 à 12 minutes par heure.

En 1974, furent créées deux filiales de la RFP, RFP-TF1 et RFP-A2, filiales assurant la gestion de la publicité sur l'antenne. Ce n'est que le 1er janvier 1983 que la publicité a été autorisée sur FR3, publicité gérée par RFP-FR3. Si la principale fonction de la RFP est de vérifier le respect de la législation, elle assure également une liaison directe avec les pouvoirs publics afin d'élargir les secteurs autorisés d'antenne publicitaire. Il existait ainsi bon nombre de secteurs d'activité ne pouvant faire de la publicité à l'antenne, comme par exemple l'alcool et le tabac, qui sont eux interdits d'antenne mais également interdits de toute opération de mécénat, de parrainage et de partenariat. Il y avait aussi la construction immobilière, les lignes aériennes, la micro-informatique, la VPC, l'édition, le spectacle, le tourisme, etc.

Depuis 1986, certains secteurs ont été autorisés d'antenne. Ce furent d'abord les jouets, les lignes aériennes, l'immobilier, les aliments pour animaux. La distribution reste toujours interdite d'antenne mais ce type de secteur d'activité se tourne vers le parrainage et le partenariat. D'autres secteurs sont autorisés à l'antenne avec la permission du ministère : les médicaments, les eaux minérales et les placements boursiers et financiers par exemple.

C'est dans ce contexte que la RFP assure le contrôle des spots publicitaires. Elle vérifie le contenu de chaque spot avant son autorisation de diffusion. Sa commission est composée de représentants des pouvoirs publics, de représentants des annonceurs et de représentants du Bureau de Vérification de la Publicité.

Aujourd'hui, les infractions à la loi sont beaucoup plus fréquentes de la part des chaînes que de la part des annonceurs qui sont contrôlés en amont par la RFP et par le BVP, dont l'avis a été demandé par l'agence de publicité. On peut ainsi noter comme infractions les plus flagrantes à l'égard de leur cahier des charges des cadeaux illégaux, ou le non-respect des stratégies de production.

C. Connaître les supports TV

Les techniques de la sociométrie permettent dans le cadre d'enquêtes qualitatives de dresser des cartes représentant le paysage mental des Français. La technique d'enquête consiste à placer sur une carte perceptuelle un certain nombre de mots-clés qualifiant le mieux les produits. On demande ainsi à l'échantillon représentatif de noter une série de mots de - 3 à + 3 (le 0 représentant l'indifférence). Cet échantillon, d'environ 210 mots proposés à un échantillon de 22 000 personnes, permet de répondre à l'ensemble des situations de consommation actuelles. On ne dit plus ainsi qu'on a affaire à un PCS+ de 35 ans issu de milieu urbain mais que les auditeurs de telle radio ont choisi des mots comme « caresse, rêver, île, bonheur ».

C'est avec ce type de technique que la Sofrès a établi une carte perceptuelle pour chaque chaîne de TV :

• **TF1 :** termes choisis : cérémonie, propriété, discipline, patrie, industrie, économiser.

Le public de TF1 a le culte de l'ordre. Le rendez-vous phare est *Le journal de 20 heures.*

• **F2 :** termes choisis : récompense, élégance, précieux, peau ; termes rejetés : légèreté, masque, vieillir, ironie, critiquer.

• **F3 :** termes choisis : étranger, créateur, théâtre, prêtre ; termes rejetés : cadeau, richesse, légèreté, rigide.

F3 reflète l'idée d'humanisme et d'aventure, et refuse toute forme d'agressivité ou de matérialisme. Les émissions-clés sont *Thalassa, Faut pas rêver, Soir 3.*

• **Canal+** : termes choisis : nus, lune, île, ruse, magie, feu, vitesse, défi, musique, aventure ; termes rejetés : héritage, politesse, justice, certitude, honneur, foi, patrie, morale.

• **Arte :** termes choisis : étranger, livre, art, créateur, différent, révolte, inconnu, désordre.

Arte est complémentaire de Canal +, elle évoque la liberté et la singularité, et recherche la différence.

• **M6 :** termes choisis : mode, victoire, naissance, cadeau.

M6 est complémentaire de TF1, elle développe la même idée de vie quotidienne et familiale, tendance matérialiste ancrée dans le quotidien.

PART D'AUDIENCE DES CHAÎNES

En %	1990	1991	1992	1993	1994	1995	1996	2000
TF1	41,9	42,1	41,0	38,5	38,4	37,3	35,4	36,5
France 2	22,1	21,3	25,4	25,0	26,1	23,8	24,2	18,9
France 3	11,0	11,3	14,2	15,7	15,9	17,7	17,7	12,4
Canal +	4,3	4,6	5,1	4,3	4,6	4,4	4,5	4,8
M6	7,3	8,0	10,8	12,5	11,1	11,5	11,3	18,8
La Cinquième	11,7	10,9	-	-	-	1,4	1,6	1,2
Arte	-	-	0,8	1,2	1,0	0,8	1,4	1,3
Autre	1,7	1,8	2,7	2,8	2,9	3,1	3,4	6,1
Source : CESP Radio TV								

RECETTES PUBLICITAIRES DES CHAÎNES

	milliards de francs							millions d'euros
de francs	1990	1991	1992	1993	1994	1995	1996	1999
TF1	7,2	7,8	8,8	9,3	10,1	10,9	11,5	2 426
France 2	2,0	2,2	2,7	2,9	3,4	3,6	3,9	704
France 3	0,9	1,0	1,3	1,5	1,6	2,3	2,5	438
Canal +	0,3	0,4	0,5	0,5	0,5	0,55	0,54	120
La Cinq / La Cinquième	2,3	2,0	0,5	—	—	0,03	0,05	20
M6	1,0	1,3	2,2	2,5	2,9	3,3	3,7	823
Source : CESP Radio TV								

TOP 10 DES SECTEURS ET ANNONCEURS

Secteur	Investissements en millions d'euros (1999)	Poids en %	Annonceur	Investissements en millions d'euros (1999)
Alimentation	1 120	26	L'Oréal	226
Hygiène-beauté	570	13	Danone	155
Industrie Transport	457	10	Nestlé	166
Edition	469	11	Procter & Gamble	132
Produits et matériel d'entretien	287	7	PSA	120
Services	236	5	Unilever	159
Culture et loisirs	169	4	SEAGRAM	98
Boissons	137	3	TF1	98
Equipement ménager	287	7	Henkel	94
Voyage-Tourisme	107	2		

Durée moyenne d'un écran : 22 secondes. Un point d'audience sur les 15 ans et plus : 439 100 individus.

1. TF1

TF1, privatisée en 1987 (principaux actionnaires : public : 54,5 %, famille Bouygues : 39 % et salariés : 2,5 %), reste la chaîne la plus regardée (1 h 46 par jour).

TF1 se définit comme une télévision populaire, mais aussi comme une chaîne d'information. **Première chaîne nationale**, TF1 est la chaîne familiale par excellence visant à fédérer tous les publics, attirant ainsi près de 90 % des marques actives. 95 % du CA pub de la chaîne est réalisé sur les moins de 50 ans. TF1 se présente auprès des annonceurs comme une chaîne de qualité cherchant à affirmer son identité de support d'information et des grands événements. Ce qui était à l'origine la faiblesse de TF1, c'est-à-dire l'information et le sport, est devenu en fait sa force. Les parts d'audience montrent que, sur ces différents secteurs, TF1 a rattrapé, voire dépassé F2. Le 24 juin 1994, TF1 a inauguré sa chaîne d'information continue, LCI (sur le satellite dans un premier temps).

TF1 semble également bénéficier d'avantages spécifiques à sa position. La première qualité tient à la **puissance de ce support** qui lui permet d'obtenir 50 % des GRP générés sur la population des téléspectateurs de plus de 15 ans avec seulement 29,4 % des écrans publicitaires diffusés et 51,6 % des recettes brutes de la TV. La deuxième qualité tient à la **sélectivité** que ce support propose au moyen de programmes ciblés. En dernier lieu, TF1 prétend, grâce à l'image de marque de la chaîne, associer un **contexte de prestige** aux communications publicitaires.

TF1 occupe également une place privilégiée dans le domaine **de la fiction et des films.** Les meilleures performances des longs métrages sur TF1 sont inégalées par les autres chaînes.

Les **magazines** occupent une place relativement importante sur la chaîne et couvrent les principaux centres d'intérêt des téléspectateurs (santé, littérature, aventure, animaux etc.).

Mais c'est sans doute avec les **journaux d'information** que TF1 a le mieux réussi sa percée. La moyenne d'audience des journaux de TF1 a été deux fois supérieur à celle de F2. À cela s'ajoutent les magazines d'information du type de *Reportages*, le samedi à 13 h 30, premier magazine d'information. Mais c'est surtout avec les émissions de variétés que TF1 attire son public.

Pour les **émissions de jeunesse**, TF1 détient également les plus gros scores. *Le Club Dorothée* représentait 42 % des parts de marché sur les 6–10 ans le dimanche et 48 % sur les 11–14 ans. L'après-midi, en semaine, cette émission obtenait plus de 35 % des parts de marché. Mais c'est le mercredi que les audiences étaient les plus importantes. Le Club a pourtant été supprimé à la rentrée 1997. *Disney !*, diffusé le dimanche matin, obtient 55,8 % de parts de marché sur les 6–10 ans et 63,1 % sur les 11–14 ans.

Il ne faut pas oublier non plus la place des **émissions sportives** sur la chaîne. Des émissions comme *Téléfoot*, *Auto-moto*, *Formule Sport* permettent d'assurer en moyenne 7 % d'audience.

C'est également sur TF1 que l'on trouve **les jeux** les plus regardés : *Qui veut gagner des millions*, *Le Maillon faible*.

En ce qui concerne les conditions commerciales de la chaîne, elles sont à peu près identiques à celles des autres chaînes, soit une réduction de 25 % pour les campagnes collectives d'intérêt national et 35 % pour les campagnes gouvernementales et les grandes causes nationales. À ces abattements, s'ajoutent les abattements saisonniers de 20 % du 1er au 6 janvier et les 50 % du 13 juillet au 25 août par exemple.

Il convient également d'ajouter certaines majorations tarifaires en fonction de l'emplacement (+15 %), de la diffusion à l'intérieur d'un même écran de deux ou plusieurs messages pour un même produit (+ 5 %), de la présentation ou citation dans un même message de deux ou plusieurs produits ou marques d'un même annonceur (+ 15 %) et de la citation d'une marque autre que celle de l'annonceur (+ 25 %). Autour de TF1 gravitent aussi un certain nombre d'entreprises satellites dont les plus connues sont les suivantes :

- TF1 Films Production, société de production de films de cinéma. Une centaine de longs métrages sont coproduits chaque année. Les investissement en fiction de TF1 se montent à 1 MdF. Notons que le cahier des charges de la chaîne lui impose d'investir 15 % de son CA en production d'œuvres de TV, en plus des 3 % du CA net que TF1 investit dans des production d'œuvres cinématographiques. Trois autres filiales s'occupent de production télévisuelle : Protocrea, Glem production et Banco production ;
- TF1 Entreprise qui regroupe les activités vidéo et télématique (36-15 TF1) ainsi que les produits dérivés. Télé-Shopping et Une Musique s'occupent aussi de distribution et d'édition. Une autre entité : Nouvelles Éditions TF1, devrait voir le jour dans ce domaine en collaboration avec les Éditions Robert Laffont ;
- Eurosport (détenue à 34 %), LCI (à 100 %) et Odyssée (à 100 %), chaînes diffusées par câble et satellite ;
- TF1 International, entité de commercialisation des droits audiovisuels.

2. France 2/France 3

C'est le 7 septembre 1992 qu'Antenne 2 et FR3 changent de logo et d'identité visuelle pour devenir France 2 et France 3, dépendant du groupe France Télévision dirigé alors par Hervé Bourges.

Chaque chaîne conserve son identité propre en développant toutefois une auto-promotion croisée.

France 2, chaîne du service public, se présente comme la chaîne de l'information et de la création et France 3 recherche avant tout la qualité de l'émission avant l'audience. Pourtant, F2 a de grandes difficultés à remonter l'audience de son 20 h et à fidéliser ses spectateurs sur le carrefour 20 h/20 h40. C'est probablement ce qui a poussé la chaîne à demander au CSA l'autorisation (accordée en mars 97) de diffuser des écrans de 6 min pendant les films et les fictions longues lui permettant d'engranger 230 MF de recettes supplémentaires en 1997 – et de diffuser 326 mm de pub en plus.

Les deux chaînes de France Télévision ont une bonne image dans l'opinion : 81 % des Français font confiance à F3 et 76 % à F2. Les deux chaînes publiques n'apparaissent pourtant pas en bloc face aux yeux du public et c'est F3 qui pour eux reflète le mieux l'esprit du service public (ses décrochages régionaux interviennent beaucoup dans ce jugement). 66 % des Français considèrent qu'il y a trop de publicité sur F2 qui a considérablement augmenté ses pages de publicité : 3 heures par semaine aux heures de grande écoute. TF1 parle à ce propos de concurrence déloyale et demande l'interdiction de la publicité sur les chaînes publiques qui disposent de la redevance télévisuelle. 54 % des Français pensent pour clore ce point qu'il n'y a pas trop de publicité sur F3.

F3 mais surtout F2 se présentent comme **les chaînes des opérations exceptionnelles**. Les téléthons (30 heures d'émissions en direct pour collecter des fonds afin d'accélérer la recherche sur les maladies génétiques) favorisent ces diverses interactivités entre le service public et les télépectateurs. C'est aussi l'occasion pour les journalistes, réalisateurs, techniciens, personnels administratifs et téléspectateurs de travailler ensemble pour la même émission (F2, F3, Radio-France, SFP, TDF, France-Télécom, public...). L'originalité de ce type d'opération tient au fait que la télévision demande aux téléspectateurs d'agir pour manifester leur solidarité au lieu de les isoler chez eux. Dans la même perspective, F2/F3 réalisent d'autres opérations de télévision interactive comme *La grande moisson* sur les Champs-Élysées, *Drapeau blanc* sur les routes, *Le jour de la terre* ou les *Championnats d'orthographe*...

F2 est aussi membre-fondateur depuis 1985 du « **Groupement européen de production** », première entreprise de coopération en matière de création de programmes de fiction et en assure la présidence jusqu'en 1991. Ce groupement réunit les sept principales chaînes de télévision européennes : la ZDF (Allemagne), l'ORF (Autriche), la SGR/SSR (Suisse), la RAI (Italie), Channel 4 (G-B) et la RTVE (Espagne). Depuis la création de ce groupement, 170 heures de fiction européenne ont été lancées dont 110 heures en coproduction avec F2.

F2/F3 offrent également aux jeunes des programmes axés sur le rêve et la découverte, tout en donnant priorité à la production française. En période de vacances scolaires, le volume des **émissions destinées aux enfants** s'élève par exemple sur F2 à 23 heures par semaine contre 15 heures le reste de l'année. Ces rendez-vous pour la jeunesse sont adaptés à toutes les tranches d'âge de 2 ans à 15 ans. Allant résolument contre la violence et les diverses émissions étrangères stéréotypées, le service public n'a qu'un seul mot d'ordre : la création. F2 participe, par son investissement, à la relance d'une industrie en déclin.

FR3 se distingue aussi par la proximité de ses informations, elle réalise entre 19 et 20 h 50 % de PDM sur les 15 ans ou plus, et 40 % de ses recettes publicitaires.

Le service public promeut également l'art dramatique à travers la diffusion d'émissions musicales. Il est également un partenaire important de la création cinématographique. C'est ainsi que F2 investit en moyenne 100 millions d'euros.

D'autre part, le service public souffre de certaines contraintes. Le fait que le principal actionnaire de F2/F3 soit le public contraint les chaînes à être encadrées par un substantiel réseau de normes législatives et réglementaires placé sous le contrôle du CSA. Ce cahier des charges comportait notamment les obligations suivantes : le sous-titrage à l'intention des sourds et malentendants ; les émissions religieuses ; l'information des consommateurs. Le rapport MISSIKA sur la télévision publique, demandé par le gouvernement et remis fin 1997, proposait de substituer aux missions « informer, distraire et éduquer » une charte axée sur cinq principes : qualité, diversité, pluralisme, transparence, innovation. Dans *Les Échos* (11 déc. 1997), J.-L Missika s'interrogeait. « Informer ? c'est assuré par la presse et la radio ; éduquer ? cette mission de service public est le fait de plusieurs télévisions. Quand à distraire, cela voudrait dire que l'État devrait aussi financer les fêtes foraines....» L'auteur du rapport fustigeait aussi le rôle de l'État dans la concurrence (frontale) avec TF1 : « l'État actionnaire est attentif et tatillon en ce qui concerne les points de détail et absent pour les décisions stratégiques » et propose que la nomination des présidents de Chaînes publiques se fasse par l'État et non plus par le CSA, avant de remettre en cause le positionnement du pôle public : « Je soutiens qu'on ne peut être à la fois concurrents et faire de la contre-programmation. Etre en concurrence, cela revient à vouloir tuer l'autre. Oublier cela, c'est affaire de choix politique. Il revient à l'État actionnaire. »

Couples d'écrans sur France Télévision

Depuis janvier 1994, France Télévision commercialise des couples d'écrans. Cette innovation a pour effet d'élargir l'offre utile de F2 et F3 sur la cible. Un nombre conséquent de GRP supplémentaires ont ainsi été mis à la disposition des annonceurs. Ces couples d'écrans satisfont aux conditions suivantes :

- audience stable ;
- indice d'affinité élevé avec la cible ;
- des environnements de programmes différents pour les deux écrans ;
- une puissance globale supérieure à 2,5 GRP sur la cible ;
- une faible duplication entre les deux écrans ;
- un coût au GRP très attractif par rapport au marché.

F3 commercialise depuis début janvier 1994 des blocs d'écrans propres à chacune de ses douze régions. Bénéficiant d'un abattement spécifique de 25 %, ils constituent un bon moyen d'optimiser ses investissements dans le cadre d'une communication strictement régionale ou d'une surcompression sur une partie déterminée du territoire.

3. Canal +

Créée fin 1984, Canal + fut la première chaîne cryptée en France. Son capital se répartit entre le public (38,1 %), les salariés (3,4 %), le CCF (1,7 %), la BNP (2,1 %), la Caisse des dépôts (6 %) et un pacte d'actionnaires (48,7 %) constitué par Havas, la Générale des eaux et la Société Générale détenant respectivement

23,5 %, 20,1 % et 5,1 % du capital de la chaîne. Notons que c'est à la suite de la constitution de ce pacte qu'André Rousselet donna sa démission de la présidence en 1994. Depuis, Canal + a été absorbé par le groupe Vivendi-Universal. Canal + est une chaîne cryptée mais est réellement devenue au fil des ans un groupe de services présent à l'étranger.

Concernant sa dimension de chaîne, on peut constater sa réussite. D'un million d'abonnés en 1986, elle en recensait 3,87 millions en 1994 et a passé le cap des 4,6 millions en 1999. Le taux de fidélité est de 97,2 %. L'année 1994 a connu une croissance exceptionnelle de + 5,4 %. Cette dynamique est expliquée par le dixième anniversaire de la chaîne qui a dopé sa communication et par le renouvellement des décodeurs (remplacement des anciens décodeurs par des « Systers » dotés d'une clé électronique à puce) qui a permis dans chaque région de nouveaux abonnés représentant de 7 à 10 % de la population locale des clients. Cette réussite a deux origines : un souci de qualité au niveau des programmes et une approche personnalisée des clients.

La qualité au niveau des programmes est proclamée par la chaîne tout au long des 20 heures de diffusion par jour en semaine et des 24 heures pendant le week-end. L'étude de la cible montre que le public de Canal + est jeune, familial, actif et col blanc (les cadres supérieurs et professions intermédiaires sont sur-représentés).

Dans l'image du public, Canal + est avant tout la chaîne du cinéma, du sport, de l'information et des émissions enfantines. L'offre des programmes fait apparaître le classement suivant : films (45 %), fictions (14,5 %), enfants (9 %), sport (7 %), magazines (8 %), variétés (7 %), information (3 %), documents(2,5 %), divers (2 %).

Il faut tenir compte, dans ce classement, des rediffusions, ce qui explique le pourcentage assez faible d'émissions sportives.

Le cinéma est la motivation première des abonnés. Il bénéficie de l'exclusivité d'exploitation des films (1 an après leur sortie en salle contre 2 ou 3 ans pour les autres chaînes). De plus, la chaîne propose environ 400 films par an dont 87 % d'inédits à la télévision. La multidiffusion des films (en général 6 fois sur 15 jours à des horaires différents), le respect des formats, la version originale et depuis 1995 un sous-titrage lors d'une rediffusion pour les malentendants constituent un attrait, un service unique, en somme un service à la carte.

Canal + pré-achète, à travers sa filiale Le Studio, près de 90 % de la production cinématographique française et 20 % des recettes de la chaîne sont investies dans le cinéma. Canal + est ainsi devenu le premier partenaire du cinéma français.

Le sport constitue sur Canal+ le complément indispensable de l'image cinématographique de la chaîne : les abonnés ont pris goût à des sports auxquels ils ne s'intéressaient pas. De plus, la chaîne diffuse des sports inédits sur les autres chaînes hertziennes (corridas, football américain, basket américain, billard, catch, etc.).

La particularité de la chaîne tient à ce qu'elle diffuse une partie de ses programmes en clair (4 heures par jour). La grille du clair est conçue comme un complément des programmes des autres chaînes et comme une vitrine visant à attirer de nouveaux abonnés. Elle s'articule autour d'une communication jeune et conviviale où l'humour, l'information et la culture ludique ont été conçus pour une série variée d'émissions touchant toutes les cibles : les enfants (émissions prioritaires : *Ca cartoon*), les 15 49 ans (*Les Guignols de l'information*,

Burger quiz, C'est pas le 20 heures, le Vrai Journal), les actifs, les PCS+, les ménagères de moins de 50 an. Canal + s'affirme dans son positionnement comme une chaîne différente des autres et donc non concurrentielle ; son ton particulier est de plus en plus copié par certaines autres chaînes, sans succès jusqu'à aujourd'hui.

L'autre clé de la réussite de la chaîne cryptée est l'approche personnalisée de ses clients. Chaque mois, le magazine de la chaîne est envoyé gratuitement aux abonnés. La proximité est assurée tant par les réponses rapides aux messages des abonnés (courrier, minitel, téléphone avec voix vocale par exemple) que par des opérations « portes ouvertes », invitations à des avant-premières cinéma ou des matchs de football, tarifs préférentiels sur des produits dérivés (cassettes des Nuls ou des Guignols par exemple). Dans une politique de communication surtout basée sur l'affichage, la liaison Canal+/PSG est encore un atout.

La proximité avec les abonnés est un point fort mais constitue aussi une forme de blocage dans la mesure où le nombre d'abonnés atteindra forcément une limite due à la faible élasticité du marché français. La recherche « à tout prix » d'un maximum d'abonnés n'est d'ailleurs pas un objectif : « vouloir se lancer vers 5 ou 6 millions d'abonnés, ce serait devenir cannibales entre chaînes cryptées et généralistes et compliquer nos relations avec les chaînes françaises comme avec les salles de cinéma ou les stades. Nous allons franchir le cap des 4 millions d'abonnés, tout en sachant que nous disposons encore d'une marge. Si l'on poussait les feux, on recruterait alors une frange d'abonnés plus volatils. Nous préférons de loin capitaliser sur nos abonnés fidèles » (Pierre Lescure au *Figaro-Économie*, le 03/04/95). Face à ce choix, le groupe Canal + se doit de trouver de nouvelles sources de profit. La chaîne représente aujourd'hui 95 % des recettes du groupe, cette part devrait diminuer à 80 % dans 5 ans et jusqu'à 50 % dans 10 ans selon le directeur général du développement.

La diversification du groupe s'est d'abord très vite opérée au niveau du câble et du satellite. Canal + s'est lancé dans le câble avec des chaînes thématiques : Canal J, Canal Jimmy, Planète, Ciné Cinéfil, puis en 1992 dans un bouquet de chaînes sur satellite : Canalsatellite accueillant les chaînes thématiques de Canal+ et LCI, la chaîne d'information de TF1 (depuis février 1995). Canal+ a aussi procédé à une internationalisation qui assure sa présence en Belgique, Allemagne, Espagne, Pologne et Afrique (Tunisie, Sénégal, Côte d'Ivoire, Gabon). Des approches sont en cours en Turquie, Inde, Russie et au Chili. Dans tous ces pays, la chaîne opère seule ou en partenariat, celui avec le groupe Bertesmann en Allemagne est le plus remarquable à ce jour. La réussite la plus importante est en Espagne où le taux de pénétration de la chaîne locale est de plus de 10 %. En l'an 2002, Canal + aura plus d'abonnés à l'étranger qu'en France.

Canal + se lance aussi dans le numérique qui permettra en plus de la chaîne et des chaînes thématiques plusieurs services : télé-achat, paiement des films à la carte... Enfin, le projet d'une chaîne mondiale « Voilà » est bien avancé puisque cette chaîne pourrait être diffusée sur les réseaux des câblo-opérateurs américains 6 heures par jour. Ce concept qui repose sur des programmes illustrant le style de vie européen (gastronomie, mode, luxe) et complétés par une production télévisuelle et cinématographique européenne fait aussi l'objet de négociations au Japon et en Amérique latine.

La fusion avec Nethold le 17 décembre 1996 a permis de constituer l'un des plus grands groupes mondiaux de télévision avec plus de 8,5 millions d'abonnés.

Canal + a aujourd'hui un poids considérable en France et de plus en plus sur la scène internationale. Ce poids a du être pris en compte par le CSA lors du renouvellement de la concession de la chaîne cryptée. Comme toute chaîne privée, Canal + est dans le droit commun et doit demander le renouvellement de son autorisation d'exploitation tous les 5 ans auprès du CSA. La dernière convention a été adoptée le 23 mai 1995. Canal + est ainsi soumise à des contraintes : 4,5 % du chiffre d'affaires doit être consacré à la production audiovisuelle européenne ; des quotas de diffusion sont imposés (60 % au moins d'œuvres européennes et 40 % au moins d'oeuvres d'expression originale française) y compris aux heures de grande écoute. En matière publicitaire, la durée maximale de la publicité dans les pages en clair (elle n'existe pas dans les pages cryptées) ne peut excéder 10 % de la durée quotidienne totale de diffusion, ni 20 % d'une heure donnée soit 12 minutes.

Canal+ est aussi la chaîne du parrainage, qui permet de créer un événement autour d'une marque, et d'obtenir une notoriété importante, s'intégrant dans une stratégie de communication globale. Canal+ définit sept atouts pour attirer les partenaires commerciaux.

1. association à l'image de la chaîne, univers jeune et dynamique ;

2. maîtrise de la cible : auditoire jeune, urbain, haut de gamme. Le cœur de cible est connu pour chaque émission : homme actif pour le sport, jeune ménagère pour les films TV, foyer avec enfant pour les reportages animaliers ;

3. faible encombrement publicitaire, donc plus d'impact ;

4. stimulation de la force de vente ;

5. association à l'image propre de chaque émission et possibilité de développer une communication institutionnelle de la marque ;

6. possibilité de décliner les axes d'une communication globale et de développer une synergie entre le parrainage et la publicité ;

7. possibilité d'être présent sur la chaîne de façon régulière et continue.

Techniquement, le partenaire commercial peut mettre son image au générique de début et de fin des émissions (*billboard*), à l'intérieur de l'émission et dans les bandes annonces qui en assurent l'autopromotion. Tous les signes distinctifs tels que le logo, la musique et les couleurs, autrement dit l'identité visuelle de l'annonceur, sont pris en charge par Canal+ Régie qui assure aussi la réalisation et la production de l'ensemble du dispositif.

4. Arte

Arte est une structure constituée de trois pôles :

- la Centrale de Arte à Strasbourg, chargée de la diffusion et de la programmation ;
- la Sept à Paris ;

– Arte DeutschlandTV Gmbh à Baden-Baden (filiale de l'ARD et de la ZDF).

Arte est dirigée par un comité de gérance avec à sa tête Jérôme Clément, président également du directoire de la Sept, et Dietrich Schwarzkopf, vice-président du comité de gérance et directeur des programmes de l'ARD.

Le programme d'Arte est diffusé en D2Mac par le satellite TDF1 TDF2. En Allemagne, le signal est repris en PAL par les réseaux câblés, atteignant ainsi plus de 10 millions de foyers, par l'intermédiaire du satellite Kopernikus. En France, le signal est repris par D2Mac et en SECAM par les réseaux câblés. Arte est également diffusée sur le cinquième réseau hertzien depuis le 28 septembre 1992. Arte ferait une audience oscillant entre 1,5 et 2 points Médiamat.

Arte se veut porter par une mission culturelle et ne se définit pas d'objectif en termes d'audience. L'absence de publicité sur son antenne en est une explication. Constatant une faiblesse au niveau de l'information et des grands documentaires de société, la chaîne franco-allemande entame un redéploiement visant à rendre plus accessible ses émissions culturelles.

5. France 5

La Cinquième est née le 13 décembre 1994 en direct de la pyramide du Louvre et en présence du premier ministre et des ministres de la Communication, de l'Éducation et de l'Emploi. Ce lieu et cette présence gouvernementale marquent bien le territoire de cette nouvelle chaîne puisqu'elle s'affirme du savoir et de la connaissance : « le gai savoir » selon le philosophe Michel Serres, président du comité scientifique de la chaîne (autre preuve du positionnement choisi), « la MTV du savoir » selon Cyril Viguier, directeur adjoint des programmes. La Cinquième était présidée par Jean-Marie Cavada à sa création.

Elle émet tous les jours de 6 h 15 à 19 h 00 avant Arte. Chaîne publique, elle a un statut de société anonyme à capitaux publics répartis comme suit : Etat (51 %), ANPE-Afpa (15 %), Onisep-CNDP-Cned (7 %) ; le restant se partageant entre des organismes d'éducation et de communication : F3, La Sept-Arte, INA, Caisse des dépôts, Fondation privée, Bibliothèque de France et Réunion des musées nationaux. Son budget est d'environ 122 millions d'euros affectés pour 5/7e à l'écran, 1/7e à TDF et le reste à l'établissement qui regroupe environ 150 personnes. La mission qu'elle s'est donnée l'oblige à des formats courts, à la multidiffusion et l'interactivité.

Au niveau publicitaire, IP (filiale d'Havas) est sa régie. La publicité autorisée est de 4 minutes par heure en moyenne (6 min en régime général) et 9 minutes maximum sur une heure donnée (12 min en régime général). Les premiers annonceurs furent des institutionnels puis la publicité s'est ouverte à tout type d'annonceur, IP ayant mis en place cinq modules par cible : 3 pour les jeunes, 1 pour les moins de cinquante ans et 1 spécifique pour les mères de moins de cinquante. L'accent est principalement mise sur le parrainage dont on espère de 20 à 25 % du chiffre d'affaires de la chaîne. L'objectif annoncé à l'inauguration était celui du qualitatif et d'un ciblage par niches.

Un an après, la Cinquième avait déjà remporté son pari. Pour l'anecdote, Jean-Marie Cavada a été élu homme de l'année par *Stratégies*. En novembre 1995, 13,7 millions de personnes regardaient une ou plusieurs émissions par semaine sur 13 heures de programmes quotidiens. Certaines émissions ont déjà fidélisé leur public : *Arrêt sur image* par exemple. La Cinquième trouve des téléspectateurs réguliers parmi les retraités (24 %), les étudiants (15 %) et les ouvriers (13 %). Depuis octobre 1995, la Cinquième est présente sur le câble et depuis novembre 1995 sur le satellite Eutelsat. Les premiers produits dérivés en coédition sont aussi lancés. La chaîne a engrangé 22 millions d'investissements publicitaires.

La Cinquième doit concrétiser sa réussite et régler des relations parfois difficiles avec Arte. La création d'un groupement d'intérêt économique entre les deux chaînes va dans ce sens puisqu'il vise à faciliter les synergies. Une fusion des deux chaînes a été programmée à terme. La Cinquième devient une filiale de France Télévision en janvier 2002. Elle change de nom et s'appelle France 5.

6. M6

Créée en 1985, M6 a vu sa concession réattribuée en 1987 puis en 1996. L'ouverture de nouveaux émetteurs accompagnée d'opérations promotionnelles de la chaîne lui permettra d'atteindre une initialisation de 91 % de la population équipée de téléviseurs en 1997.

Les principaux actionnaires de la chaîne sont la CLT, Lyonnaise-Dumez, Groupe Amaury, Paribas, Suez et l'UAP. M6 a passé un accord avec Télé Monte-Carlo pour une diffusion commune des programmes. **Jean Drucker** en est l'actuel président-directeur général et **Nicolas de Tavernost** le directeur général.

M6 se présente comme la **chaîne musicale et la chaîne de la jeunesse** par excellence. Depuis sa création, M6 a diffusé et coproduit de nombreux dessins animés (*Gadget Boy*, *Sacrés Dragons*, *Diabolik*...) et de nombreux clips, ce qui en fait le plus important coproducteur de vidéomusique en France. Elle est 2e en part d'audience sur les 15/34 ans.

Les différentes segmentations de la chaîne montrent que le public est jeune, urbain, de profession et catégorie sociale moyenne ou aisée.

M6 a su en une douzaine d'années s'imposer sur le marché. Alors qu'elle visait surtout les femmes de 15 à 34 ans, elle propose aujourd'hui « une astucieuse combinaison de populations très différentes et néanmoins très recherchées par une majorité d'annonceurs » (*Stratégies* n° 1 001, 28/02/97-). Elle a par exemple une affinité avec les PCS+ meilleure que TF1 et F3. « Elle n'a plus peur de jouer dans la cour des grandes » et se permet d'augmenter ses tarifs publicitaires qui demeurent encore compétitifs. Son actuel cheval de bataille concerne les décrochages régionaux initiés à Bordeaux en 1989 et qui deviennent un réel atout pour la chaîne. Elle souhaite étendre la durée de ses décrochages et y intégrer de la publicité locale. Un amendement dit « amendement M6 » a été déposé dans ce sens ce qui lui permettait d'accroître son CA publicitaire.

7. Le PAFC

En France, près de cinq millions de foyers reçoivent les chaînes du PAFC (paysage audiovisuel français de complément), soit 16,1 % de la population totale (étude satellite-câble). Ils sont répartis comme suit :

- foyers reliés à une antenne satellite individuelle : 2 295 000 ;
- foyers abonnés au câble : 2 673 000:.

Nous aborderons d'abord les chaînes **câblées** avant de nous pencher sur le **satellite**.

■ Le câble

Les motivations du consommateur à s'abonner au câble sont nombreuses : le nombre de chaînes accessibles, le sport, l'information, la qualité de l'image et du son, les chaînes étrangères, les problèmes de réception des chaînes hertziennes, les programmes pour enfants... Cela constitue les points forts de l'offre de programmes sur le câble, dispensée par quelques dizaines de chaînes thématiques et 3 généralistes (RTL, TMC, TV5). Pourtant, les programmes comportent beaucoup de rediffusions car, faute de budget, les chaînes s'approvisionnent sur le second marché. Malgré cela, on constate que les abonnés au câble boudent les chaines généralistes « hertziennes », en particulier TF1.

PRÉSENTATION DE QUELQUES CHAÎNES DISPONIBLES SUR LE CÂBLE ET SUR LE SATELLITE

Chaîne	Caractéristiques
Canal J	Comdev et Canal +, 390 sites Format : jeunesse Foyers abonnés : 2 870 000 Cœur de cible : 4-10 ans Régie : Thématiques Régie.
Canal Jimmy	Canal + et Générale d'images, 149 sites Format : années 1960-1970 Foyers abonnés : 2 470 000 Cœur de cible : 15-34 ans, PCS + Régie : Thématiques Régie
Ciné-cinéma/Ciné-Classics	Canal + et Générale d'images, Format des deux chaînes : cinéma Foyers abonnés : 710 000 (Ciné-cinéma) + 650 000 (Ciné-Classics) Cœur de cible : + de 35 ans, PCS + Régie : Thématiques Régie PDM : 1,5
LCI (La Chaîne Info)	TF1, 117 sites Format : information en continu Foyers abonnés : 3 430 000 Régie : TF1 Publicité. Audience cumulée : 9,4
Eurosport France	Canal + et Générale d'images, 425 sites Format : sport Foyers abonnés : 3 695 000 Cœur de cible : hommes – 50 ans Régie : Thématiques Régies.
MCM	Générale d'images et Canal +, 325 sites Format : musique Foyers abonnés : 3 014 000 Cœur de cible : 15-24 ans Régie : Thématiques Régie.
Planète	Canal + et Générale d'images, 226 sites Format : documentaire Foyers abonnés : 2 820 000 Cœur de cible : PCS + Régie : Thématiques Régie.
Paris Première	Lyonnaise Com., 142 sites Format : spectacle, mode et vie parisienne Foyers abonnés : 3 680 000 Cœur de cible : 31 % de l'audience est PCS + Régie : M6 Publicité.

Série Club	M6, 30 sites Format : séries et feuilletons TV Foyers abonnés : 1 822 000 Cœur de cible : 25-34 ans Régie : M6 Publicité
La chaîne Météo	France Télécom Format : information en continu Foyers abonnés : 2 470 000 Cœur de cible : PCS + Régie : Thématiques Régie
RTL 9	CLT Foyers abonnés : 3 079 000 Cœur de cible : ménagères – 50 ans Régie : IP
Sources : Thématiques Régie 2000.	

On observe ici que Canal+ cherche comme nous l'avons vu précédemment un relais de croissance par le câble.

Pour attirer les annonceurs, les régies vantent la qualité des téléspectateurs du câble. L'abonné possède en effet de nombreux traits caractéristiques : il est plutôt urbain et masculin, suréquipé en produits bruns, de PCS+ et actif, à revenus plus élevés que la moyenne, consommateur de produits haut de gamme, on note aussi la présence d'enfants au foyer, prescripteurs de produits alimentaires et de loisirs. Mais, nous pouvons avancer qu'avec le développement du nombre de foyers raccordés, le profil de l'abonné au câble se rapprochera plus de celui du foyer moyen. Des chaînes comme Série Club contribuent déjà à « démocratiser » le câble.

Malgré ses avantages : la qualité du public, le faible encombrement et le délai de réaction très court (puisque l'offre est supérieure à la demande), le câble rencontre de grosses difficultés de commercialisation de son espace publicitaire, principalement à cause de la difficulté de mesure de son audience. Si, pour les chaînes hertziennes, les données du Médiamat recouvrent 2 300 foyers soit 5 660 individus et sont disponibles quotidiennement, Audicâble (commercialisé par Médiamétrie) ne concernent que 1 950 panélistes et ne fournit des données qu'une fois par an. Ces problèmes s'ajoutent à celui du développement de l'équipement en prises raccordables.

En effet, un rapport de l'institut Dafsa parle à propos du câble de nombreux échecs et d'un cercle vicieux : trop peu de prises raccordables et un prix d'abonnement fort entraînent un manque d'attractivité et une faible pénétration commerciale d'où, des investissements moindres en création de chaînes originales et riches ainsi qu'en construction de réseaux. Néanmoins, l'abonnement au câble a progressé de 20 % en 1994 et le nombre de foyers abonnés est de 1,6 millions. La tentation de l'abonnement tend à régresser (20 % de Français tentés en 1994 contre 32 % en 1992) mais des efforts sont faits dans deux directions afin d'atteindre la prévision actuelle de l'institut Dafsa de 3 millions d'abonnés sur 9 millions de prises à l'horizon 2000 (au même horizon, la régie IP prévoit que 15 %

des foyers français seront câblés). Les premiers efforts concernent le prix. Le câble français est le plus cher d'Europe : 214 euros environ par an (900 francs en Suisse et 600 francs en Belgique). À un effort sur le prix doivent succéder une meilleure répartition du câble sur le territoire national (actuellement 63 réseaux en Alsace, 49 en Lorraine, 21 en Île-de-France et 5 en Bretagne, 2 en Auvergne et 1 en Haute Normandie) et conséquemment une meilleure offre de programmes des chaînes qui permettrait une réelle segmentation. D'un autre côté, l'État propose aussi des avancées par l'assouplissement du cadre réglementaire. Le premier décret câble de 1992 avait permis un réel démarrage : plus de 300 000 prises par an. Un décret paru au *Journal officiel* du 25 janvier 1995 répond à certaines demandes des câblo-opérateurs. Le temps maximal de publicité autorisé est augmenté (le temps maximal de publicité est de 12 minutes par heure d'antenne en moyenne quotidienne et de 15 minutes pour une heure donnée) ; les chaînes pratiquant des décrochages régionaux sont autorisées à diffuser de la publicité pendant ces décrochages ; les chaînes de cinéma peuvent diffuser davantage de films (416 au lieu de 364 et 500 pour les chaînes de paiement à la séance) et dans des tranches horaires plus souples (huit fois en deux semaines contre six fois en trois semaines) ; les horaires interdits de cinéma sont raccourcis les vendredis, samedis et dimanches ; les chaînes paneuropéennes émises depuis la France dans au moins trois langues ne sont pas soumises au quota de diffusion de 40 % d'œuvres audiovisuelles françaises ; la publicité locale est néanmoins interdite, elle semble toujours réservée à la PQR. Le développement du câble semble ainsi passer par des aides publiques et pour un temps encore, par des investissements à perte sur une longue période pour les câblo-opérateurs.

■ Le satellite

Pour ce qui concerne le satellite, les abonnements ont progressé et IP reconnaît que 30 % de foyers sont connectés depuis 2 000 : deux fois plus que pour le câble. Les raisons de cet engouement proviennent des avantages du satellite par rapport au câble : une offre plus importante que sur le câble grâce à la diffusion numérique, la réception directe par des paraboles dont le prix est de moins en moins élevé, une certaine liberté d'action vis-à-vis du CSA et une forte stratégie push de la part des deux principaux opérateurs (TPS et Canal Satellite). L'offre ne cesse d'ailleurs pas puisque de nombreux projets existent : après avoir prévu d'investir 91 millions d'euros en cinq ans dans le bouquet numérique TPS, TF1 réfléchit à Hyperkid (chaîne à diffusion numérique destinée aux enfants), M6 à Vivre (vers une cible à dominante féminine), France Télévision et Arte à la Chaîne fiction, Canal+ à C (consacrée à la cyberculture), les productions AB ont aussi tenté une diffusion sur le satellite. Les cibles du câble et du satellite sont pour le moment pourtant proches : régions est, nord et parisienne, niveau d'études supérieures, 18-24 ans, enfants au foyer, les cadres supérieurs sont plus nombreux dans la cible du satellite.

Conclusion sur le PAFC

Câble et satellites permettent donc des surpressions et constituent des espaces de complément. Ces deux modes de diffusion s'adressent aux annonceurs qui intègrent dans leur plans médias des éléments correctifs en termes de cibles (par exemple la cosmétique pour hommes et les constructeurs automobiles sur Eurosport) mais leur utilisation demeure délicate : le PAFC comprend plus de 200 chaînes.

À terme, la cohabitation satellite/réseau hertzien risque d'être difficile, surtout avec l'apparition de la compression numérique (qui permet à un même canal de ne plus diffuser une mais quatre ou huit chaînes... au même coût !). L'inconvénient du coût de diffusion lié au satellite aura alors vécu ; l'affrontement avec les chaines hertziennes sera inévitable. Et la pénurie de nouveaux programmes risquera de se faire sentir.

Pour le moment, le pourcentage de répartition de l'audience se fait selon un rapport 70/30 en faveur du hertzien (enquête IP Télévision). Il pourrait néanmoins évoluer compte tenu de l'évolution des pratiques télévisuelles des enfants. En effet, ceux-ci sont sensibilisés très jeunes au nouveau paysage audiovisuel. Ainsi, le pay per view risque de fragmenter encore plus l'audience TV.

Ne faut-il pas repenser les équilibres entre câble et satellite, mais aussi entre ces deux modes de diffusion et l'hertzien ?

D. Utiliser la télévision

La publicité à la TV ne se réduit pas à l'insertion de spots dans les écrans prévus à cet effet. Il existe depuis peu différentes formules permettant à certains annonceurs, interdits de télévision comme les distributeurs (Darty, Fnac...), d'avoir leur place sur le petit écran. En matière d'utilisation de la formule spot, nous avons précisé plus haut l'analyse de TF1 dans le paragraphe B. 2.1. Les avantages de la télévision.

1. Le parrainage (sponsoring) télévisuel

Le parrainage télévisuel commence en 1987 en France. Il consiste dans le financement presque complet de l'émission. La liaison entre l'annonceur et le producteur de l'émission est alors clairement annoncée ; on se souvient de la façon dont Orangina, avant 1986, s'était engouffré dans le vide juridique en parrainant l'émission de Stéphane Collaro, *Cocoricocoboy*. Officiellement, le parrainage doit servir à promouvoir l'image d'une entreprise et non ses produits. De plus, il doit être **clairement annoncé**. Il a en plus l'avantage d'ouvrir des secteurs interdits de publicité à l'écran comme la presse, la distribution ou l'édition, sauf l'alcool et le tabac.

- **Sont autorisés** avant ou/et après la diffusion de l'émission : la citation du nom de l'entreprise, la présence du logo et la musique de l'entreprise, par contre leur affichage de façon permanente est interdit. Notons que la « politique consistant à jouer avec des messages publicitaires en tant qu'élément culturel est autorisée ».
- **Sont tolérés** la référence au secteur d'activité de l'entreprise, les slogans à condition qu'ils n'incitent pas à la consommation d'un produit ou d'un service offert par le parrain, et le témoignage d'un dirigeant de l'entreprise à condition qu'il s'agisse d'exprimer son intérêt pour le sujet traité.

- **Sont interdits** par contre la présence du produit réel ou stylisé, la reprise de tout ou partie du message publicitaire (Mutuelles du Mans, l'assurance auto qui se paie au kilomètre), la bande publicitaire de 10 secondes consacrée au parrain, ou encore une présence dans un générique supérieur à 6 secondes, voire des slogans dans les bandes-annonces.

À l'heure actuelle, la plupart des émissions télévisuelles sont ainsi encadrées (Darty et la météo). Dans certains cas, il y a un rapport précis entre l'émission et le sponsor (la retransmission du tiercé et le journal *Tiercé-Magazine*). 70 % des téléspectateurs acceptaient favorablement les opérations de parrainage télévisuel, ils rejetaient à 80 %, les écrans publicitaires de coupure. Mieux vaut donc avoir pour l'annonceur un *billboard* de 5 secondes ou 8 secondes avant une grande manifestation sportive qu'un écran de coupure de 30 secondes pendant la même épreuve sportive.

Ainsi, on peut estimer à 600 000 euros/mois le prix de 2 billboards encadrant la météo en semaine sur TF1, et 410 000 euros pour ceux du week-end. Sur M6, la météo est vendue à l'année pour 1,9 millions d'euros.

Le coût de l'espace, ajusté sur celui d'un spot classique, est aussi fonction du nombre de bandes annonces qui valorisent le programme parrainé, de la fonction interactive du parainage qui permet à la chaîne de fixer le téléspectateurs grâce à une mécanique de jeu, de la présence ou du nom du sponsor dans les écrans pub qui encadrent le programme, de la fourniture de dotations dans le cadre d'un jeu, etc.

En général, le parrainage comporte trois phases. La première consiste, pour l'annonceur qui désire parrainer, à acheter un espace dont la valeur est déterminée par la chaîne. Ensuite, la chaîne étudie la meilleure adéquation avec l'annonceur en fonction de l'image de marque ou du produit à promouvoir. Lors de la dernière étape, la chaîne réfléchit sur la meilleure façon d'intégrer l'image du partenaire dans le programme en question. Ce travail correspond en fait à une étude de cas avec la recherche d'un positionnement précis, d'un ton, d'une cible et d'un budget défini. Le parrain intervient en fait par des bandes-annonces durant l'émission et dans le générique. En fonction de son budget, l'annonceur pourra parrainer une émission régulière, des rubriques spécifiques (bourse, météo, course, etc.), des jeux, ou des événements exceptionnels comme des matchs, les Jeux olympiques, etc... La tendance est cependant au parrainage de programmes courts. On peut aussi distinguer quatre familles de rapports téléspectateurs/parrains : les **sensoriels** privilégiant l'animation (modèle inventif), les **légitimistes** valorisant le partenaire le plus approprié, les **esthètes** recherchant la fonction institutionnelle (modèle du mécénat) et les **moralistes** privilégiant la fonction paternelle (valorisation de l'idéal parrain-sportif).

Les annonceurs veulent investir dans cette nouvelle forme de communication. Cette pratique du parrainage (sponsoring) est tout de même réglementée par le CSA, réglementation qui n'autorise en fait, dans les écrans d'accompagnement, que la présence du logotype du parrain à l'exclusion de tout argumentaire. Pourtant l'UAP, en plus de son logo, fait apparaître sa signature « Numéro 1 oblige », même chose pour Décathlon : « À fond la forme ». La camionnette de Darty pose le même problème. N'est-on pas dans ce cas de figure dans un argumentaire implicite puisqu'il y a avec Darty un dessin d'animation ? Si les annonceurs sont friands de ce type de pratiques publicitaires, c'est pour la simple raison que le consommateur fait l'amalgame entre l'écran publicitaire, le contenu de l'émission parrainée, et le parrain. L'annonceur exploite ainsi cet amalgame. C'est pour toutes ces raisons que le médiaplanneur doit utiliser ce type de stratégie de communication afin de développer une **communication globale**. Les stratégies publicitaires classiques s'harmonisent maintenant à ces nouvelles pratiques publicitaires. L'exemple de Rhône-Poulenc est, à cet effet, significatif. Leader de l'industrie chimique, et de fait premier pollueur, Rhône-Poulenc a choisi intelligemment de parrainer l'émission d'aventure *Ushuaïa*, sur TF1. Tout le thème publicitaire qui accompagne l'émission présente la beauté des grands espaces et la pureté du monde naturel : « l'avenir d'un monde meilleur », de plus Rhône-Poulenc profite de chaque séquence pour placer son logo alors que la législation en vigueur n'autorise le nom du parrain qu'au début et à la fin de l'émission. Mais les dérapages sont encore plus flagrants sur Canal+ qui grâce à son statut particulier de concession, n'est pas obligé comme le sont les autres chaînes, de donner au CSA le texte de ses parrainages. D'après une enquête de la Secodip, en 1996, la répartition par chaîne montrait que TF1 accueillait les principaux parrains-annonceurs.

PARRAINAGE TV
Les 5 plus gros secteurs investisseurs en heures

Distribution	60 h 30	Services	11 h 01
Information médias	30 h 19	Parrainage sportif	24 h 47
Alimentation	17 h 40		

En somme, distribution et médias occupent 50 % de l'espace

Peu à peu, le parrainage devient une forme de publicité déguisée qui permet aux annonceurs et aux chaînes d'échapper au quota de publicité par heure. De plus, on assiste actuellement à une sorte de saucissonnage des émissions. Le journal télé, la météo, la Bourse sont ainsi coupés en rondelles publicitaires très demandées par les annonceurs. Les jeux télévisés jouent avec ce type de parrainage à double ou triple effets : le parrainage classique (celui mentionné dans les écrans ouvrant et fermant le générique) et le parrainage qui devient un partenariat lorsque l'annonceur présente ses produits sur le plateau et que ceux-ci deviennent les fameux cadeaux de l'émission. Mais le pire se trouve dans les écrans publicitaires qui accompagnent les grands événements sportifs comme le Mondial de football en 1998 par exemple où, à chaque ralenti, apparaissaient sur l'écran les logotypes de Philips, Eurocard, Agfa, M & M's, Mars et Olivetti. Mais faut-il pour autant condamner le parrainage ?

Depuis 1972, où ce type de communication avait provoqué un scandale à l'ORTF lorsque certains animateurs n'hésitaient pas à citer une marque à l'écran afin de recevoir des compensations en échange, une évolution a été constatée. Aujourd'hui, le sponsoring est une publicité officielle, réglementée et très recherchée par les annonceurs. La majeure partie ses agences de publicité ont leur département parrainage - sponsoring- mécénat. Cette communication pose tout de même un problème d'encombrement. Comment ne pas susciter des confusions dans l'esprit du public quand la Fédération de rugby par exemple signe des contrats avec des parrains différents (Société générale, La Maaf, Buckler, Groupama) ?

PARRAINAGE TV
les 5 plus gros annonceurs, en heures

Darty	20 h 11	*Télé Star*	6 h 52
Gitem	8 h 47	But	5 h 20
Télé Z	8 h 29		

2. Le partenariat

C'est une variation du sponsoring. Le partenariat consiste dans le financement de l'émission, souvent à concurrence de la moitié de son budget total. Le partenaire n'est pas toujours choisi par le producteur, il peut très bien être imposé par la chaîne. Le Club Med a ainsi été le partenaire de l'émission *Sirocco* lorsque le Club a financé le tournage de certaines séquences dans ses propres décors.

3. Le bartering

Procédé américain relativement peu répandu en France, le *bartering* consiste à offrir à l'annonceur l'espace publicitaire en échange d'un programme « clés en main ». La société commerciale réalise ainsi un programme dans lequel elle inclut des spots publicitaires et cède gratuitement l'ensemble pour une diffusion à la société de télévision. Le *bartering* s'est largement développé aux États-Unis lorsque Procter & Gamble a produit des « **soap operas** ».

Aux États-Unis le *bartering* représente environ 10 % des investissements publicitaires. En France, TF1 est la première chaîne qui se soit timidement impliquée dans ce type de production. *La roue de la fortune* et les deux soap-opéras, *C'est déjà demain*, et *Haine et Passion* ont été négociés avant la privatisation de la chaîne. Les émissions ont été financées par Unilever et Procter & Gamble et pensées par l'agence Lintas, en contrepartie de 41 000 et 13 000 euros d'espaces publicitaires en 1987/1988. Mais il semble à l'heure actuelle que la pratique du *bartering* soit remplacée en France par le sponsoring de production.

4. Les droits de diffusion

Particulier au sport, ce type de procédé consiste pour la chaîne à avoir les droits exclusifs sur tel ou tel événement sportif afin de revendre les droits de diffusion. Voir à ce titre « le Tour de France » et F2, « la Coupe de France » et TF1, « le Tournoi de Monaco » et F3.

5. Les jeux participatifs

Les jeux sont de plus en plus nombreux à la TV. Émissions à très forte audience, ces jeux attirent les annonceurs qui sont prêts à négocier très cher l'achat d'une sorte de droit d'asile. *La Roue de la fortune* et Mitsubishi et Meublena (le 6 secondes à 3 500 euros en 1992) ; *Une Famille en or* et La

Foir'fouille, Interflora et *Sacrée soirée* avec 80 citations pour 1,07 millions d'euros en 1992, GMF et la météo pour 1,8 millions d'euros par an, etc. Ces programmes de jeux sont très rentables pour les chaînes de télévision. D'une durée de 26 minutes, ils coûtent environ 15 000 euros. Les jeux coupés d'un seul écran publicitaire de 7 spots rapportent environ 45 000 euros, plus le sponsoring (environ 30 000 euros), plus les droits d'asile (environ 76 000 euros), soit 150 000 euros.

6. La publicité interactive

Il existe deux types de formes annexes de publicité indirecte à la TV. Le **télé-achat** et le **marketing téléphonique**, formes d'autopromotion indirecte et de communication interactive, sont devenus tous les deux une source de revenus importante pour les chaînes privées, et peu connue du public.

6.1. Le télé-achat

C'est TF1 qui inaugure le télé-achat sur son antenne alors qu'il n'existait encore aucune réglementation sur cette activité. En 1988, TF1 revendiquait 80 % du marché et, même si ses parts de marché ont diminué, TF1 reste leader sur un marché estimé à 660 millions d'euros. L'avantage du télé-achat tient au fait qu'il opère une liaison étroite entre les distributeurs interdits de publicité TV et les chaînes TV privées. De plus, les contraintes juridiques sur la publicité à la TV sont très contraignantes et le télé-achat permet de les détourner. Gratuit pour les annonceurs et pour les sponsors, à l'exception des frais techniques et des frais de gestion, il offre de multiples avantages comme :

- une information personnalisée pour tous les prospects ;
- une déclinaison de la gamme des produits ;
- des réseaux et des offres promotionnelles de l'annonceur ;
- la constitution d'un fichier précis ;
- une analyse pointue de la situation marketing en vue du lancement d'un nouveau produit.

Le télé-achat a en plus l'avantage d'être simple à mettre en place. Par exemple sur TF1, le logo TVHA s'incruste lors de la diffusion du spot en question. D'autre part, la promotion est effectuée par la chaîne ; l'ensemble assure ainsi à l'annonceur un maximum de contacts utiles. Il reste en outre un moyen publicitaire efficace dans la mesure où il offre quatre à six minutes en direct avec les prospects, moyen économique pour diffuser un message personnalisé. Grâce à cette particularisation des messages, le télé-achat est le meilleur moyen de transformer une simple présentation de produit en demande de contact, puis en essai et éventuellement en achat. Il s'accompagne aussi d'un service consommateur.

6.2. Le marketing téléphonique

Le marketing téléphonique trouve une autre application avec les fameuses questions téléphoniques ou par minitel. Lorsqu'un téléspectateur décroche son téléphone pour répondre à une question posée par la chaîne, cela lui coûte 0,56 € dont 0,32 € pour le destinataire. Par minitel, l'appel coûte 0,19 € dont 0,14 € reviennent au serveur de la chaîne. En somme, on assiste dans les deux cas à une forme d'autofinancement. Le côté douteux de l'opération TV, minitel ou téléphone, plus le contexte plus ou moins ambigu dans lequel s'insèrent ces questions, a invité le CSA à recadrer la législation dans la mesure où il s'agit dans la plupart des cas de questions politiquement floues laissant croire que les résultats ont valeur de sondage.

Toute l'ambiguïté du système repose sur le fait que les chaînes privées prétendent que ces opérations favorisent l'interactivité entre les chaînes et leur auditoire, interactivité fictive qui ne cache en réalité que de basses opérations commerciales touchant la plupart du temps des individus appartenant à des cibles dénuées d'expérience. Lorsque le téléspectateur décroche son combiné et compose son numéro, il reste en général quelques secondes en contact avec un répondeur qui, au bout du temps écoulé, coupe la communication pour laisser place à un autre appel. Avec le minitel, le client est obligé de consommer parfois jusqu'à quarante-cinq secondes de publicité de la chaîne avant de pouvoir répondre à la question posée.

Le 1er février 1994, un nouveau code déontologique a été mis en place par le BVP à propos du marketing direct télévisé. Le texte concerne les messages de marketing direct télévisé associant un prix et un numéro d'appel.

Sont autorisés : l'envoi de documentation et d'information au téléphone, les répondeurs téléphoniques, les codes serveurs minitel, les audiotex et le recueil des coordonnées du consommateur pour un complément d'information.

Sont interdits : la vente directe, la prise de commande, les opérateurs humains, le renvoi sur un autre poste afin de réaliser une commande et les systèmes vocaux automatiques permettant une prise de commande.

7. Les Infomerciales

Apparu il y a plus d'une dizaine d'années aux États-Unis, le terme « infomerciales » constitue la contraction anglo-saxonne des termes information et commerciale (spot publicitaire en anglais) et définit des programmes publicitaires de long format et présentant de manière plus complète un produit. Ils sont diffusés en dehors des écrans publicitaires mais après un écran indiquant qu'il s'agit de publicité payée, à des heures de faible écoute et en général sur de longues périodes. Ils recherchent une interaction avec les prospects et sont accompagnés d'un numéro vert permettant à celui-ci de recevoir des informations complémentaires. Au départ, mal considérées, les infomerciales intéressaient essentiellement de petites sociétés qui ne pouvaient emprunter les réseaux classiques. Aujourd'hui, de grandes sociétés se sont engagées dans ce moyen de communication (65 % des 200 plus gros annonceurs américains y recouraient en 1994) qui semble bien en relation avec les nouvelles attentes des consommateurs. En 2000, les infomerciales ont généré sur le marché américain 1,5 milliards d'euros.

En France, l'infomerciale a fait des débuts très timides. Poussé par les sociétés américaines qui connaissent bien le concept et par les nouvelles chaînes du câble et du satellite à la recherche de financements, ce nouveau moyen de communication n'a tenté pour le moment que peu d'annonceurs : Philips, Renault, Médecins du monde et SFR (les spots Ariel, relativement longs sont davantage des testimonials plutôt que de réelles infomerciales). Même s'il est habituel de distinguer le

SELLING INFOMERCIAL du CORPORATE INFOMERCIAL, les objectifs sont similaires à ceux des campagnes américaines : capter l'attention du consommateur, lui faire s'approprier le message et le faire s'impliquer. La technique est identique : le fond avant la forme d'où l'emploi d'une démarche pédagogique visant la démonstration et laissant le temps de réfléchir. Des agences spécialisées se sont déjà créées : Euro RSCG Infomerciales, TV Mission pour Publicis... mais la situation française, voire européenne, semble bloquée par un vide juridique. On ne dispose pas en effet de temps d'antenne pour elles : sur TF1 par exemple, la publicité est limitée à 144 minutes par jour, soit 6 minutes par heure (voire 12 minutes par « heure glissante »). Les infomerciales considérées comme des publicités se doivent de passer dans ces écrans. Une réflexion est menée actuellement en Europe qui devrait donner une nouvelle directive « Télévision sans frontière » et qui pourrait donner un espace aux infomerciales. Les chaînes doivent également mener une réflexion sur la tarification de ce nouveau moyen de communication : actuellement sur France Télévision, un spot de 1'30 vaut trois fois 30". L'infomerciale semble un outil efficace : une seule diffusion permet au téléspectateur de retenir le message, le recours au numéro vert permet de mesurer son efficacité... mais la situation française actuelle leur semble peu ouverte.

Enfin, l'infomerciale n'a rien à voir avec le télé-achat car elle renvoie (pour l'instant ?) aux circuits de vente traditionnels.

8. La publicité interactive

La publicité interactive à la TV est apparue en novembre 1997 sur la chaîne thématique spectacle (diffusée sur Canal satellite). Ce programme permet aux foyers abonnés à la chaîne de recevoir des coupons de réduction, d'obtenir des informations, de participer à des jeux, d'essayer des produits à l'aide d'une pression sur la touche OK de leur télécommande (ce qui permet de les identifier).

Cette première incursion du marketing relationnel en TV est aussi relayée par Internet.

L'enveloppe comprenant 700 diffusions de spot et la présence sur Internet revient à environ 45 000 euros pour 6 mois. La cible est de 700 000 foyer environ.

E. Les pré-tests et post-tests

Ce sont les moyens par lesquels on va vérifier si l'effet produit sur le consommateur correspond d'une part à l'effet recherché, et d'autre part si la stratégie d'un plan média, par exemple, est judicieuse.

1. Les pré-tests

L'objectif du pré-test est d'apprécier la valeur du spot avant sa diffusion. Il est toujours temps de modifier le script en fonction de la demande-consommateur. Le pré-test mesure la compréhension du spot sur le téléspectateur. Il permet aussi de vérifier la qualité d'attention du téléspectateur, la crédibilité du spot (inspire-t-il confiance ou non ?), son incitation (va-t-il engendrer une conduite d'achat ?) et sa mémorisation. Le pré-test reste en fait le meilleur moyen d'éviter des erreurs irréversibles ou difficilement récupérables pour l'annonceur.

Le pré-test, à la différence du post-test, s'effectue en laboratoire sur un échantillon représentatif. Pour le média TV, il débute par la présentation d'un scénario à des téléspectateurs et à des professionnels. L'ensemble du projet se compose d'une série de photographies projetées de façon successive afin de mettre l'ensemble en mouvement. Ensuite on réalise une maquette du film en vidéo et on la diffuse devant un échantillon représentatif de téléspectateurs d'environ dix à vingt personnes. En général, la diffusion de la maquette s'intègre dans un écran publicitaire dans des conditions proches de celles de la vie courante, souvent d'ailleurs dans un programme populaire (la mise en situation est irréversible). L'échantillon est ensuite interviewé librement ou à partir d'un questionnaire, et c'est en dernier lieu que la RFP et le CSA vérifient le spot au niveau du scénario et du film monté avant diffusion.

Il existe différentes mesures des pré-tests pour les spots TV :

- **le « folder » :** insertion du spot à tester dans un faux écran publicitaire selon une démarche préétablie. Cette technique est un moyen d'analyse de la perception, de l'attention et de l'identification du message ;
- **le « split-run » :** insertion dans un support de plusieurs versions à tester dans un même écran. On peut mesurer ainsi la mémorisation, la compréhension, la crédibilité et l'incitation du spot par comparaison ;
- **le « clucas » :** présentation du message à tester séquence par séquence ou quelquefois en entier dans un écran. On peut ainsi vérifier la perception, l'attention, l'identification, la mémorisation et la crédibilité du message ;
- **l'entretien familial :** présentation du spot à tester sur magnétoscope devant une famille représentative. On mesure ainsi l'efficacité, la mémorisation, la crédibilité et la compréhension du spot ;
- **le « schwerin » :** présentation du message à tester, seul dans un écran publicitaire, au cours d'un bref programme. On peut alors apprécier les attitudes et comportements des téléspectateurs face au spot.

2. Les post-tests

Le post-test mesure l'efficacité d'un spot après sa diffusion. En général, il s'effectue sur un échantillon représentatif et il contrôle la mémorisation mais surtout la pénétration du spot. Par exemple sur un échantillon représentatif de 1 000 personnes, 700 ne se souviennent pas du spot et 300 s'en souviennent.

Sur les 300 personnes qui se souviennent du spot, 50 personnes ont acheté le produit du spot soit :

$$\frac{50 \text{ x } 100}{300} = 16{,}6\ \%\ \text{d'acheteurs assistés au produit.}$$

Sur les 700 qui ne se souviennent pas avoir vu le spot, il y en a quand même 70 qui ont acheté le produit soit :

$$\frac{70 \times 100}{700} = 10\ \%\ \text{d'acheteurs spontanés au produit.}$$

La comparaison de ces deux chiffres permet de tester l'efficacité et l'impact du spot sur les consommateurs, qui se mesurent de la façon suivante :

16,6 % - 10 % = 6,6 % d'acheteurs dont la consommation a été provoquée par le spot.

3. Le panel Médiamat

La réalisation de ces tests s'accompagne également d'études panélisées qui permettent d'analyser les changements de comportements suite à la diffusion de spots.

Aujourd'hui, il existe un moyen fiable et de gestion moins lourde pour mesurer les variations d'audience, l'audimat. Il s'agit d'un boîtier placé sur chaque téléviseur des mille téléspectateurs panélisés. C'est en 1981 qu'apparaissent ces premiers boîtiers. Ce boîtier enregistre les chaînes regardées, la durée d'écoute et l'utilisation du magnétoscope. Ces informations stockées sont transmises et l'ordinateur donne le pourcentage d'audience de la veille quart d'heure par quart d'heure ou minute par minute. Ces résultats sont diffusés par Médiamétrie. Cependant, le système ne mesure pas la présence effective du téléspectateur devant l'écran mais le nombre d'heures où le poste reste allumé. En 1985, Médiamétrie met au point l'audimètre à bouton-poussoir où chaque membre de la famille s'identifie à partir d'une touche sur la télécommande qui lui est réservée.

Le panel Médiamétrie représente 5 660 personnes. Le coût du contrat annuel oscille entre 38 000 euros et 215 000 euros pour Médiamétrie. Pour une chaîne nationale, le coût de l'abonnement annuel s'élève à 1,52 millions d'euros. D'autre part, on estime qu'il y a seulement 47 % des panélisés qui sont exposés aux messages publicitaires ; un panélisé représentant environ 10 000 foyers, cela signifie que l'écran publicitaire ne touche réellement que la moitié des téléspectateurs.

La complexité des pratiques culturelles des Français devant la télévision et l'incessante évolution du paysage audiovisuel français ne rendent pas le système Médiamétrie très fiable. C'est pour combler ces manques que Motivaction a mis au point en 1988 le procédé Motivac, élaboré par Jean-Louis Croquet et la société Bertin, procédé utilisant la reconnaissance de forme par capteur photonique permettant de vérifier si la personne est bien devant le poste de télévision (échantillon d'environ 3 000 personnes). Toutefois, les experts du CESP ont déclaré le système fiable à 40 % seulement, donc inutilisable.

Reconnaissons pour conclure que le principe de l'Audimat a modifié considérablement la qualité des programmes depuis la création des chaînes privées. La concurrence des chaînes, la suppression de certaines émissions à faible audience, la volonté de faire des « scoops » pour les émissions d'actualité, le goût plus ou moins douteux et la sensiblerie de certaines émissions nocturnes, tous ces phénomènes relèvent de la même pratique de l'audimat : faire de l'audience pour augmenter les parts de marché afin d'attirer le plus possible d'annonceurs, et par voie de conséquence d'augmenter le prix de chaque insertion, quitte à nuire à la qualité du contenu !

III. LA RADIO

A. Historique

1. Des origines technologiques au retard français des années quatre-vingt

Créée essentiellement pour des applications militaires, la radio est historiquement liée aux développement des techniques. La première étape de son histoire est la télégraphie sans fil (TSF). La théorie d'ensemble des ondes électromagnétiques de James Charles Maxwell en 1864 conduit Heinrich Hertz en 1887 à découvrir et produire des ondes. Le premier radioconducteur est créé par Edouard Branly en 1890 et la première antenne par Marconi en 1894. Il propose ainsi les premières expériences de communication à distance en morse par les ondes hertziennes. Une première liaison au-dessus de la Manche est réalisée par Marconi en 1899 et une première transatlantique par Branly en 1901.

Il s'agit ensuite de transmettre la voix humaine et l'invention de la lampe triode par Lee De Forest permettra ce bond en avant. La première liaison pour la voix humaine est réalisée en 1908 à partir de la Tour Eiffel qui doit d'ailleurs sa sauvegarde à cette innovation puisqu'elle était destinée à la ferraille dès 1905. La radio ne montre pourtant pas encore sa vraie destination puisque toutes les recherches sont effectuées dans un souci de communication « de point à point ». Il faudra attendre l'après-guerre, le début des années vingt pour que les émissions soient dirigées vers des récepteurs multiples et non identifiés. C'est la grande époque des sans-filistes passionnés qui, réunis en association, vont parfois créer leur propre station radiophonique. Les fabricants de postes cherchent également à ouvrir des stations afin de développer la vente de leurs produits : Radiola est ainsi la première station en 1922.

L'État de son côté créée la même année la station de l'École supérieure des PTT. Ce développement de la technologie est lié à la main mise de l'état sur ce nouveau moyen d'information. Très liée à la télégraphie dont l'État a le monopole depuis 1793, la radio se trouve sous monopole étatique dès le 06 mars 1917. Notons que la grande loi sur la liberté de la presse de 1881 ne bénéficie pas au nouveau média. Le monopole est réaffirmé en 1923 mais la même année, le 24 novembre 1923, un décret autorise les postes privés « pour favoriser l'industrie électrique ».

La France se situe dans un modèle étrange, à mi-chemin entre ceux des autres pays développés. L'Italie et l'Allemagne ont dès l'origine affirmé la prééminence de l'État. La Grande-Bretagne a donné naissance en 1922 à la BBC qui a le monopole de la radio mais une distance est effective avec le gouvernement puisqu'il existe un conseil de gouverneurs nommés par le pouvoir exécutif. Les USA sont à ce niveau les plus libéraux. Ils voient, dès 1920, de nombreuses stations se créer et un véritable Far West des ondes conduit à la rédaction du Radio Act (23 février 27) qui créé la Federal Commission et impose la possession d'une licence pour installer un poste émetteur. Les radios américaines connaissent très vite les bienfaits financiers et les méfaits sur le contenu des programmes de la publicité. C'est pour éviter entre autre ce danger que l'État impose sa présence sur les ondes mais cet aussi ce qui explique le relativement faible développement des stations. On compte en 1928 treize postes privés et quatorze d'État qui bénéficieront en 1933 de la redevance (dix ans après sa création en Grande-Bretagne et en Allemagne) et qui verront en contrepartie disparaître la publicité.

Le Front populaire affirmera aussi la place de l'État mais davantage pour une raison de stratégie politique : ne bénéficiant pas du soutien des grands supports d'information écrite, le Front populaire s'adressera davantage à l'opinion publique par ce canal, à un tel point que la presse de droite le surnommera la « TSFIO ». L'avant-guerre est d'ailleurs marquée par le réveil de la presse devant ce qu'elle commence à considérer comme un concurrent important. Sa stratégie est d'affirmer ses différences. Le développement de la radio a ainsi conduit à une modification de la presse vers une affirmation de sa capacité de réflexion, mais aussi de sa capacité de sensation à travers les débuts du grand reportage. Cette modification s'oriente enfin vers la spécialisation de la presse : les grands débuts de la presse féminine et sportive. Ces bouleversements sont liés à une forte action de ce que l'on qualifierait aujourd'hui de lobbying qui conduira à l'interdiction des bulletins d'information avant 13 h 00, à la limitation de la publicité et à une élévation de la taxe (de 13 à 30 %). Devant la montée de la radio, la réaction de la presse américaine avait été de prendre des participations dans la radio. Ce cas de figure a été très peu développé en France dans un premier temps. Enfin, jusqu'à la guerre, les techniques publicitaires se développent. Les premiers contrats d'affermage de la publicité radiophonique sont conçus par Marcel Bleustein Blanchet vers 1930. Le publicitaire deviendra même propriétaire d'un poste émetteur : Radio Cité.

La Seconde Guerre mondiale affirme la force de propagande de la radio. On assiste à une réelle guerre des émetteurs. L'après guerre installe un long système qui durera jusqu'en 1982. La fin de la guerre marque la réquisition de toutes les stations privées et la volonté de l'État de faire de la radio un service publique. Le monopole de l'état est absolu. En mars 1945, la Radiodiffusion nationale (créée le 29 juillet 1939) devient la RTF, un Conseil supérieur de la radiodiffusion française est créé en décembre 1945, toutes les autorisations d'émettre d'avant-guerre sont révoquées.

Seuls échappent au monopole les postes dits périphériques dont les studios se situent en France mais qui émettent d'un territoire étranger voisin. L'état français est néanmoins présent dans certains de ces postes par l'intermédiaire de la Sofirad qu'il a créé en 1945 et qui contrôle Radio Monte-Carlo (RMC) et détient 35 % de Europe n° 1 (créée en 1955, cette station deviendra Europe 1 et a été privatisée le 05 mars 1987 quand la Sofirad a cédé ses actions au groupe Hachette). La radio est « la voix de la France » (avant la télévision), elle continue de se développer grâce à des innovations : en 1952, l'émetteur d'Allouis permet une couverture totale de la France, la stéréophonie améliore l'écoute en 1954, les postes à transistors (inventés par la Cie Bell Telephone en 1948) transforment le comportement d'écoute qui devient mobile et individuelle. À la veille des années quatre-vingt huit stations sont autorisées pour cinquante millions d'habitants (8 000 pour 221 millions d'habitants aux USA). France Inter, France Culture, Fip et France Musique appartiennent à l'État sous l'égide de Radio France (créée en 1974).

2. Situation actuelle

Le changement majeur date du 29 juillet 1982 où une loi sur l'audiovisuel précise dans son article premier : « la communication audiovisuelle est libre ». Des dérogations au monopole étaient déjà prévues par la loi du 09 novembre 1981 mais la loi de 1982 va modifier en profondeur le paysage radiophonique français. Une Haute autorité est créée afin d'organiser la bande de modulation de fréquence et distribuer des autorisations d'émettre : le 21 décembre 1982, elle en accorde à 17 stations privées du Centre de la France. La loi du 1er août 1984 en autorisant la publicité sur la bande FM fait se tourner de nombreuses stations dites libres à l'époque vers une démarche plus commerciale alors que leur vocation de départ était davantage sociale. Ces stations abandonnent toute subvention de l'État alors que les radios associatives conservent avec la loi du 17 janvier 1989, un statut à part dans la mesure où elles peuvent obtenir une aide financière de l'État à condition que la publicité ne représente que 20 % de leur chiffre d'affaires.

Au début des années quatre-vingt-dix, le paysage radiophonique est composé de quatre grandes radios périphériques : RTL, Europe 1, RMC et Sud Radio, une radio nationale (Radio France disposant de stations nationales contrôlées par l'État : FIP, France Inter, France Culture, France Info) et d'environ 1 800 radios FM dont 300 stations à statut associatif, 500 indépendantes et 1 000 en réseau. En 1997, on dénombrait 13 réseaux principaux desservant une population totale de 418,6 millions d'auditeurs. En 2001, suite aux rapprochements, on en compte 8, groupant 1 200 stations.

Un pas dans la guerre des fréquences a encore été franchi avec la loi Carignon promulguée en février 1994 qui autorise les groupes de radio à couvrir un bassin de population de 150 millions d'habitants contre 45 millions précédemment (le chiffre de 150 millions est obtenu par cumul d'auditeurs, 3 radios nationales dépasseraient le seuil = 3x60 millions d'habitants = 180). Cela permet ainsi aux groupes dont les quatre principaux sont le groupe Europe 1 (Europe 1, Europe 2, RFM, Skyrock), le groupe CLT (RTL, Fun, RTL2, Sud Radio), le groupe RMC (RMC, Nostalgie, Radio Montmatre) et le groupe NRJ (NRJ, Chérie FM, Rires et Chansons) de posséder trois voire quatre réseaux (ensembles de stations de radio reliées entre elles selon diverses modalités : licence, fournitures de programmes...). Une telle puissance ne satisfait pas encore ces groupes qui ont pratiqué de nombreux achats de fréquences en sous-main. On semble se situer en plein paradoxe puisque d'un côté, la loi Carignon permet la constitution de grands groupes et de l'autre, la doctrine du CSA empêche de telles constitutions, en raison de la rareté des fréquences disponibles. Pour éviter une nouvelle guerre des fréquences, le CSA a réfléchi à un nouveau plan de fréquences. Après avoir obtenu des opérateurs qu'ils rendent les fréquences rachetées en sous-main, il a présenté le 19 novembre 1997 l'attribution de 472 fréquences. Le nouveau paysage radiophonique s'est construit autour des quatre grands groupes commerciaux disposant chacun de trois réseaux.

Au niveau économique, on constate une forte concentration. Ces phénomènes économiques se réalisent pourtant sous la pression d'interventions juridiques de plus en plus contraignantes.

Le **CSA** a redéfini les cinq catégories de radios privées dans son communiqué 281 du 10 novembre 1994 :

- **catégorie A :** services associatifs éligibles au fonds de soutien (voir plus haut). Ce sont des radios de proximité, communautaires, culturelles ou scolaires qui doivent consacrer au moins quatre heures par jour entre 6 h et 22 h 00 aux programmes d'intérêt local ;
- **catégorie B :** services locaux ou régionaux indépendants ne diffusant pas de programme national identifié. Leur zone de desserte est inférieure à six millions d'habitants et ils doivent consacrer au moins quatre heures par jour entre 6 et 22h00 à un programme d'intérêt local ;
- **catégorie C :** services locaux ou régionaux diffusant le programme d'un réseau thématique à vocation nationale. La zone de desserte est la même que celle de la catégorie B et un programme d'intérêt local doit être diffusé quotidiennement en complément d'un programme identifié fourni par un réseau thématique à vocation nationale ;
- **catégorie D :** services thématiques à vocation nationale. Il s'agit d'émetteurs passifs d'un programme thématique sans décrochages locaux. Ex. : Radio Classique, BFM ;
- **catégorie E :** services généralistes à vocation nationale. Ces stations font une large part à l'information et ont une grande diversité de programmes. Une heure par jour peut être destinée à des décrochages d'informations locales. Ex. : Europe 1, RTL.

La notion de programme d'intérêt local est essentielle puisqu'elle détermine la possibilité de recueillir des publicités locales. Pourtant, la définition de programme local et de publicité locale demeure flou. À ce niveau, le SNRP (Syndicat national des radios privées) demande aujourd'hui la fusion des catégories B et C qui permettrait aux réseaux d'acquérir des radios commerciales locales jusque-là indépendantes. Certaines de celles-ci ne sont d'ailleurs pas hostiles à de tels rapprochements qui leur permettraient une meilleure croissance.

Au printemps 2001, le CSA a déclaré son intention de modifier la définition des catégories radiophoniques. Dans cette perspective, l'instance de régulation a souhaité recevoir l'ensemble des représentants et acteurs du secteur radiophonique français. Le CSA a annoncé qu'il rendrait ses premières conclusions sur le sujet à l'automne 2001.

Dernière contrainte juridique : la loi du 1er février 1994, plus connue sous le nom d'amendement Pelchat est entrée en application le 1er janvier 1996. Elle impose aux stations de diffuser au moins 40 % de chansons françaises (est considéré comme chanson française un texte chanté ou récité, avec un accompagnement musical, et diffusé dans son intégralité en français ou dans une langue régionale française), dont 50 % de nouveaux talents (artiste ou groupe d'artistes n'ayant pas encore obtenu deux albums disque d'or soit cent mille disques vendus avant un nouvel enregistrement) ou de nouvelles productions (considérées comme telles pendant les six mois suivant une première diffusion sur un réseau public ou privé couvrant un bassin de population supérieur à six millions d'habitants) entre 6 h 30 et 22 h 30. Certaines stations se plaignent qu'une telle loi les fasse s'éloigner de leur format d'origine : musique « dance », (Voltage), techno (Nova), rock (Oui-FM) par exemple, d'autres approuvent plus ou moins les 40 % mais critiquent les 20 % de nouveautés au regard du manque d'offres de la production française.

Cela explique que les mêmes artistes français soient de plus en plus diffusés (MC Solaar, Cabrel, Dion, Goldman...). Suite à la loi d'août 2000, le CSA a autorisé six réseaux à moduler leurs quotas. NRJ, Fun et Nova peuvent ainsi diffuser 35 % de chansons françaises et 25 % de nouveaux talents. Nostalgie, RFM et MFM voient ces seuils fixés à 60 % pour les chansons françaises et à 10 % pour les nouveaux talents.

L'avenir verra certainement un développement de la concentration économique, les radios indépendantes seront de moins en moins nombreuses ; seules les radios associatives et communautaires continueront leurs parcours grâce à des subventions. Dans ce contexte, les régies se tourneront de plus en plus vers des offres simplifiées afin d'attirer des annonceurs frileux jusqu'à maintenant.

Les efforts pédagogiques menés par les radios et leurs régies semblent porter leurs fruits : le média est en progression depuis 1997. De plus, les interrogations sur l'encombrement publicitaire de la télévision ont pu réorienter les investissements vers la radio qui bénéficie de réels atouts et qui pourrait quitter son rôle de média de complément.

La radio pourrait aussi attendre des opportunités de l'évolution technologique. Pour Pierre Bellanger, « à la radio horizontale des années cinquante et soixante, où chacun avait son émission, a succédé la radio verticale des années quatre-vingt où chacun avait sa radio. Dans une logique de segmentation, on est arrivé à des stations de niches et il convient d'explorer aujourd'hui de nouveaux formats » *(Stratégies* n° 945). Ces nouveaux formats se développent grâce à la technologie numérique. Multiradio est le premier exemple français. Il constitue un bouquet de neufs programmes très spécifiques de radio sur le câble (salsa, chants grégoriens, musique new age,...). Le produit offert sans animateur ni publicité propose presque 40 programmes de musique diffusés en numérique. Les grandes stations généralistes suivent aussi le mouvement. Après avoir réagi en lançant des radios thématiques dans les années 90, elles travaillent aujourd'hui au développement de la technologie du DAB : digital audio broadcasting. Ces nouvelles technologies (DAB et RDS : radio data system), capables de thématiser l'offre jusqu'à permettre aux auditeurs de composer eux-mêmes leur programme radio sont encore soumises aux autorisations du CSA et conduiront à une nouvelle définition du panorama radiophonique français, voire européen et mondial.

B. Sélectionner la radio

1. L'AUDIENCE

Le taux d'équipement en radio des foyers est de 98,8 % (90 % en possèdent deux ou plus). Malgré les TV privées nées en 1986, l'écoute de la radio n'a cessé de progresser : 74,3 % de pénétration en 1986, 77,3 % en 1989, 80,9 % aujourd'hui. 183 minutes est la durée moyenne d'écoute par jour d'un auditeur. À chaque instant de la journée, 6,5 millions de français écoutent la radio et chaque jour la radio touche 39,5 millions de 15 ans et plus.

1.1. La mesure de l'audience

L'audience radio est **difficile à saisir** car on écoute la radio au foyer, en dehors de celui-ci (n'oublions pas que trois quarts des voitures sont équipées d'autoradios écoutés en moyenne 90 minutes par jour sur les 183 minutes d'écoute quotidienne de la radio ; 32 % des Français se déplaçant en voiture écoutent la radio en même temps) ou même dans les lieux publics. De plus, on ne sait pas qui a allumé le poste... Il est donc impossible de savoir qui est décideur du choix d'écouter par exemple telle ou telle station. Enfin, on assiste à une multiplication des sources de mesure de l'audience et de ses indicateurs que sont :

– le quart d'heure moyen ;

– l'audience cumulée ;

– la durée d'écoute par auditeur ou par individu.

L'audience cumulée exprime le nombre moyen d'auditeurs différents ayant écouté une station dans une journée, quelle que soit la durée d'écoute. Il s'agit donc de la couverture totale de la station au cours de cette journée. Cet indicateur exprime la puissance de la radio.

Le quart d'heure moyen (il y en a 76 par jour) indique le volume d'audience obtenu en moyenne par une station à tout moment. Il compte pour une unité chaque auditeur présent à chaque quart d'heure sans tenir compte du fait que ce soit la même personne ou une personne différente. L'impact sur la durée d'écoute est immédiat car à durée d'audience cumulée égale, plus le quart d'heure moyen est élevé, plus la durée d'écoute est forte (et vice versa).

Nous pouvons ainsi avoir, par exemple, les données suivantes :

Quart d'heure	Station A	Station B
premier	250 auditeurs	500 auditeurs
deuxième	250 nouveaux auditeurs	500 mêmes auditeurs
troisième	250 nouveaux auditeurs	500 mêmes auditeurs
quatrième	250 nouveaux auditeurs	500 mêmes auditeurs
audience cumulée	1 000 auditeurs	500 auditeurs
quart d'heure moyen	250 auditeurs	500 auditeurs

Nous voyons donc ici que la station A présente un fort taux de renouvellement de son audience, tandis que la station B possède des auditeurs très fidèles.

Une station peut donc choisir l'un des deux indicateurs pour mettre en avant ses avantages... montrant qu'il faudrait s'accorder sur l'un des deux... Selon certains professionnels, seule l'audience cumulée permet de calculer le nombre d'auditeurs en multipliant le taux d'audience cumulée par 475 000 (qui est la valeur d'un point d'écoute).

1.2. Les instituts de mesure d'audience

Médiamétrie est l'institut leader dans ce domaine. Cet organisme procède à 10 mois d'interviews générant un échantillon de 75 000 personnes. Quatre vagues avec sur-échantillons locaux sont possibles.

Le but est ici de produire 4 fois par an une mesure de comportement d'écoute individuel des stations de radios et des réseaux FM au niveau national. La composition des auditoires est analysée. La méthodologie repose sur le fait que les 75 000 personnes interrogées sur leur écoute de la veille constituent un échantillon représentatif de la population âgée de 15 ans et plus résidant en France (y compris la Corse).

Les enquêtes sont ainsi réalisées sur 10 mois ; les interviews sont effectuées par téléphone et retraitées par ordinateur ; la représentativité sociologique et géographique des interviews est assurée par une équipondération entre les jours d'enquête.

Les résultats donnent :

- des indicateurs d'audience sur la journée (5 h-24 h), par jour nommé et pour un jour moyen de la semaine et du week-end ;
- des indicateurs d'audience d'un jour moyen de semaine par tranches horaires sur 16 univers de population ;
- l'audience sur 250 cibles ;
- une ventilation de l'audience cumulée par 14 critères d'analyse ;
- une audience des stations quart d'heure par quart d'heure sur 16 univers de population, pour un jour moyen de semaine et sur l'ensemble de la population pour le samedi et le dimanche.

Enfin, notons que, suite à la décision du Comité Radio du 14 juin 2001, le seuil de publication des résultats est passé de 2 % à 1 % à compter de la période avril-juin 2001.

En plus de la mesure permanente de l'audience de la radio à travers la 75 000, **Médiamétrie** propose aussi un **panel radio** constitué à partir des répondants à l'enquête 75 000. Il permet de mieux connaître les éléments suivants :

- habitudes d'écoute de la radio et des stations par tranche horaire, sur lundi-vendredi, samedi et dimanche ;
- distribution et nombre moyen de stations écoutées, ventilé par critère socio-démographique sur 21, 15 et 8 jours ;
- distribution et nombre moyen de jours d'écoute, ventilés par critère socio-démographique sur 21, 15 et 8 jours ;

– exclusivités et duplication d'audience sur 21, 15 et 8 jours ;

– nombre moyen de jours d'écoute ;

– couverture maximale ;

– accumulation d'audience ;

– audience cumulée semaine moyenne (7 jours, 5 jours).

La diversité des cultures et de l'écoute radiophonique d'une région à l'autre et d'une agglomération à l'autre imposent l'examen de l'écoute radio de la manière la plus fine possible.

Les Médialocales constituent un dispositif de mesure permanent de l'audience radio des 15 ans et plus sur 94 agglomérations, 67 départements et 20 régions INSEE.

Les **Médialocales** permettent de connaître :

– les stations les plus écoutées dans une agglomération, un département ou une région ;

– le profil des auditeurs des stations ;

– l'environnement concurrentiel local ;

– la notoriété des stations.

Ces études proposent :

– Des résultats accessibles « à la carte » : par région, département ou agglomération ;

– La possibilité de réaliser des sondages sur des zones spécifiques ;

– La possibilité de constituer des regroupements d'univers.

Malgré ces études, de nombreuses questions restent sans réponse :

- l'écoute radio sur le baladeur (10 % de l'écoute des 15/19 ans) ne peut pas être « entendue » ;
- il faudra pré-coder toutes les stations pour procéder à une répartition valide des audiences ;
- l'échantillon qui acceptera ce matériel sera-t-il représentatif de la population ?
- comment être sûr que le son détecté par l'appareil est bien entendu par la personne qui le porte ?

1.3. La structure de l'audience radio

L'audience de la radio est généralement faible en août et stable les autres mois. 37 812 000 Français écoutent chaque jour la radio pendant 3 h 13 minutes. 53 % des français écoutent la radio tous les jours du lundi au vendredi.

Tout au long de la semaine, la radio est écoutée de manière importante surtout du lundi au vendredi et de façon moins soutenue le week-end. Tout au long de la journée, la tranche 6 h-8 h30 est de loin la plus écoutée, suivie des tranches

8 h 30-12 h, 14 h-18 h, 12 h-14 h, 18 h-20 h, 20 h-24 h et 5 h-6 h. La tranche 7 h-12 heures dépasse toujours 20 % de l'audience au quart d'heure moyen.

ÉVOLUTION DE L'AUDIENCE SELON LES MODES DE RÉCEPTION

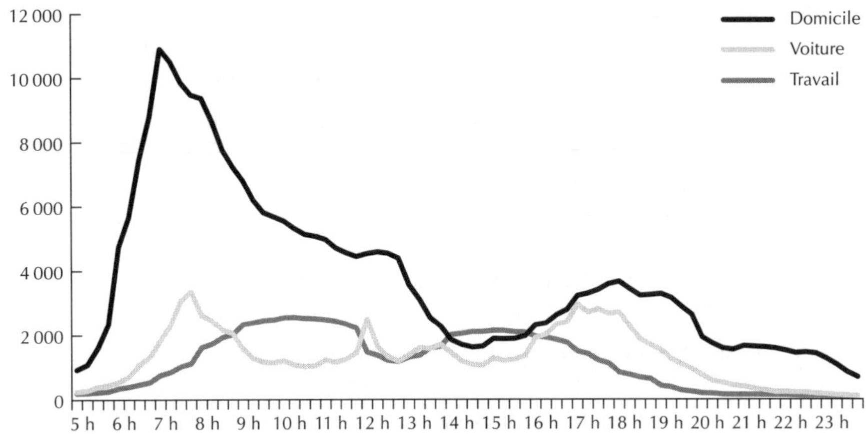

Enfin, les français écoutent 4 stations en moyenne.

L'audience de la radio est plutôt masculine et jeune (en particulier pour les 15/24 ans). Les PCS les plus en affinité avec le média sont les artisans et commerçants, les cadres et professions intellectuelles supérieures ainsi que les professions intermédiaires. En somme, la radio est un bon média de complément à la TV.

De manière moins générale, le profil par station laisse apparaître des différences en fonction de l'offre des programmes : les jeux sont davantage écoutés par les femmes et les plus de 50 ans, les informations par les hommes, les plus de 50 ans et les PCS+, le flux musical par les 15-24 ans...

L'audience cumulée est supérieure à la moyenne dans les départements suivants : Nord-Pas-de-Calais, Alsace, Franche-Comté, Rhône-Alpes, Pays de la Loire, Poitou-Charentes, Limousin, Île-de-France, Centre, Haute-Normandie

Chaque station dispose enfin plus ou moins d'un profil type d'auditeur. RTL, Nostalgie et Chérie FM sont davantage écoutées par les femmes. Fun, NRJ, et RTL2 sont davantage écoutées par les 15-24 ans ; Europe 2, Chérie FM et RFM par les 25-34 ans ; Nostalgie par les 35-49 ans ; Europe 1, France Inter, RMC et RTL par les 50-59 ans ; France Info par les plus de 60 ans.

En termes de PCS, la pénétration auprès des hauts revenus situe par ordre décroissant : France Info (20 %), France Inter (20 % environ), Europe 1, RTL.

2. Les coûts, les frais techniques et les contraintes

La création d'un spot revient environ à 15 000 euros. Mais les stations demandent des frais techniques de diffusion qui se situent entre 26 et 35 euros le message. Les cassettes doivent être remises 10 jours avant le début de la campagne, mais les délais de réservation sont plus longs : la réservation de packs doit s'effectuer 5 semaines à l'avance.

Comme en télévision, la facturation des spots au temps passe par des indices qui sont presque les mêmes quel que soit le support. Les formats supérieurs à 30 secondes sont favorisés. Mentionnons sur ce dernier point que certaines stations demandent à ce que les formats supérieurs à 30 secondes leur soient soumis pour approbation. Prenons deux exemples dans le tableau présenté ci-après.

COEFFICIENTS TARIFAIRES MOYENS PAR FORMAT

	5 s	15 s	25 s	30 s	40 s	60 s
Base	50	65	95	100	150	240

Source : Media Poche

Ainsi, pour obtenir le prix d'un spot de 25 secondes facturé à 3 000 euros les trente secondes, on réalise l'opération suivante : 3 000 x 0,95 = 2 850 euros.

La facturation peut aussi se faire, lorsque le message est lu à l'antenne par un animateur, au nombre de mots (45 mots toutes les 15 secondes).

Ajoutons, concernant les tarifs, que les jours les plus chers sont le jeudi et le vendredi. Ces deux jours sont en effet ceux ayant les plus fortes audiences et précédant les courses du week-end.

Enfin, il est bon de savoir que les messages ou citations d'animateurs ou de journalistes d'autres stations ne sont que très rarement acceptés.

La radio reste un média plus abordable que le papier, et cela partout en Europe. Elle est trois fois moins chère que la TV, et son coût pour mille est inférieur à celui de la presse. Cela explique sans doute que la France possède les plus gros investissements publicitaires en radio.

LES TARIFS MOYENS EN RADIO
Tarif moyen 30 s au 1/1/2000 (tarif blanc ou bleu en euros)

Station	Semaine lundi-vendredi	Station	Semaine lundi-vendredi
France Inter	2 078	Europe 2	1 494
France Info	1 452	RFM	1 226
Europe 1	2 204	Skyrock	1 319
RTL	3 301	Chérie FM	1 512
RMC	531	RTL 2	790
Sud + Wit	297	MFM	250
NRJ	2 482	Rire & Chansons	450
Fun	999	Les Indépendants	1 785
Nostalgie	1 857		

Source : Media Poche

3. Bilan de la radio

3.1. Points positifs

La radio possède de nombreux atouts résumés par les termes de puissance et de couverture pour délivrer un message de proximité :

- sa répétition qui permet d'obtenir une forte pression publicitaire en un temps réduit (avantage pour les produits nouveaux) et sa puissance (en particulier sur les PCS élevées) ;
- la rapidité de mise en place d'une campagne (intéressant pour l'événementiel) ;
- une audience prévisible car elle fonctionne sous forme de rendez-vous stables ; sa puissance s'illustre alors tout particulièrement sur la tranche 6 h 30-10 h 30 où elle représente 80 % du budget-temps consacré aux médias. En effet, le tiers des Français prennent leur petit déjeuner en écoutant la radio ;
- une audience complémentaire à la TV : plus la cible est qualifiée, plus l'écart de consommation entre radio et TV se creuse ;
- la sélectivité quantitative (par le choix du jour de la semaine, de l'heure, de la pénétration) et qualitative (selon la station, le programme et l'heure) ;
- le marquage sonore et donc la création d'un territoire sonore de marque (*cf.* Le BHV qui investit en grande part de son budget média en radio) ;
- le synchronisme des moments de consommation avec le passage du spot ; (exemple : les spots de la Prévention routière pour le port de la ceinture de sécurité au moment des départs en vacances) ;
- l'interactivité média/auditeur ;
- la qualité de l'insertion : en radio, le zapping est inexistant ;
- le ticket d'entrée bas (c'est-à-dire le prix pour une campagne efficace) ;
- la caution des animateurs et les publi-reportages possibles ;
- les opérations hors antenne mais retransmises, comme les podiums que l'on nomme parfois 3e programme ; voire les retransmissions sur le web (opérations spéciales) ;
- la création possible d'émissions (on est alors très proche du bartering TV) ;
- enfin, on dit souvent que si la TV délivre un message, la radio réactive et renforce ce message en générant la restitution des images du film TV ;
- l'efficacité : selon une étude Marketing Scan (2001), une campagne radio engendre un gain minimum de 15 % sur les volumes de vente. Ce chiffre monte à 64 % dans le cas d'un mix promotion + radio ;
- couverture : l'addition de 5 à 10 stations dans un plan radio permet de développer une couverture de 80.

3.2. Points négatifs

- la radio n'autorise pas la mise en valeur visuelle du produit ; la création radio est majoritairement centrée autour des messages prix/produit, aboutissant à un déficit créatif ;
- le caractère fugace du spot ne permet aucune réflexion (c'est pour cela qu'elle est un puissant média d'incitation à l'achat) et nécessite

donc de travailler la répétition mais un spot placé en tête d'écran se mémorise mieux que la moyenne (étude CSA, juin 1997) ;

- une perception du temps de la publicité près de deux fois supérieure à la réalité. De plus, sur les stations généralistes privées, la durée mensuelle de la publicité avoisine les 60 heures, représentant environ 2 500 messages...
- critique des professionnels sur la complexité des tarifs et leur inflation depuis la loi Sapin, le manque d'effort réalisé en études et l'absence de réelle volonté de sortir de son image d'outil promotionnel : « il faut aller vers une modification du comportement de vente des commerciaux qui devraient mieux vanter la capacité de la radio à créer autre chose que du trafic » (Valérie Debord, *Stratégies* n° 1 013). Cette dernière citation laisse au moins supposer que le média a de l'avenir en proposant de nouvelles offres.

De leur côté, les professionnels de la radio critiquent la vision des annonceurs qui ont enfermé ce média dans le court terme : « la radio n'a pas la part de marché qu'elle mérite » selon Roger Coste, Président du syndicat indépendant des régies de radios privées (SIRRP). De nombreuses opérations sont ainsi organisées pour convaincre les annonceurs du secteur alimentaire de désinvestir en TV au bénéfice de la radio.

C. Connaître les supports radio

Nous nous intéresserons ici à la connaissance des supports en radio au niveau de leur offre publicitaire. Puisqu'il s'agit de choisir un support en cohérence avec la stratégie de communication, les profils des auditeurs et l'audience des stations sont nécessaires comme les tarifs. Sur ce dernier point, nous pouvons constater que chaque station a des offres différentes et généralement très diversifiées : prix par spot (tout format), package (lot de services proposés en un tout indivisible et offerts groupés), couplage (association de plusieurs supports pour proposer leur espace groupé à un tarif global et plus avantageux)... On constate également des ressemblances au niveau des tarifs de base :

- au niveau des remises sur le tarif de base : remise professionnelle (lorsque l'achat est fait par l'intermédiaire d'un mandataire), 15 % en moyenne ; dégressif de volume (remise croissante par tranche d'investissement brut sur une année), 2 % à partir de 2 millions d'euros chez IP par exemple (ce chiffre monte à 3 % pour 5 millions d'euros) ; remise de regroupement de mandats ; prime de fidélité ; remise pour les annonceurs nouveaux ; floating time (achat de dernière minute sans exigence de planning ; de moins en moins utiilsé) ; prime annonceur exclusif ; remise pour publicité collective ou gouvernementale (–15 % chez RTL, 15 % de messages gracieux supplémentaires chez Lagardère Active) ; publicité gouvernementale (environ –40 % chez Lagardère Active)...
  - au niveau des majorations : les emplacements préférentiels donnent lieu à des majorations tarifaires :
  - Tête d'écran : +25 %

- Deuxième position dans l'écran : +20%
- Fin d'écran : + 15%
- Sélection d'un écran particulier : +25%
- Tête ou fin d'écran et sélection d'un écran particulier : +30 %
- Citation d'une autre marque : + 10 % à +15 %
- Deux messages pour un même produit dans un même écran : +20 %

– Au niveau de la période de diffusion : certaines régies ont mis en place des périodes de couleur, dont les prix peuvent varier de 5 % en plus ou en moins du prix tarif.

Ces différents éléments sont donnés à titre indicatif. On se reportera aux plaquettes des tarifs éditées par les différentes régies et généralement très bien réalisées. N'oublions pas en outre que nous sommes ici dans un domaine particulièrement concurrentiel où règne donc la négociation commerciale. Une classification des stations est difficile compte tenu de leur diversité. On a longtemps effectué une segmentation thématiques/généralistes et on s'oriente aujourd'hui vers une définition du paysage à partir de trois univers : les multithématiques pour qualifier les radios qui offrent plus de trois genres musicaux (RTL, France Inter, RMC, Sud Radio et Europe 1), les bithématiques (Nostalgie, Fun Radio, Europe 2…) et les monothématiques (RTL2, NRJ, RFM...). Une telle complexité n'aide pas lorsqu'il s'agit de classer les radios. Les stations néanmoins s'y retrouvent dans leurs plaquettes publicitaires puisque affirment leur place de première en musicales, en radio d'information… De fait, l'importance de la place accordée à l'information peut aussi constituer un élément de segmentation important.

L'AUDIENCE DE LA RADIO FIN 2001
Audience semaine septembre-octobre 2001

	Sept.-oct. 2001			Avril-juin 2001			Sept.-oct. 2000		
	AC% [1]	DEA mn	PDA %	AC % [1]	DEA mn	PDA %	AC % [2]	DEA mn	PDA %
Général	84,6	188	100,0	83,5	194	100	83,6	189	100,0
Généralistes									
RTL	13,6	162	13,9	13,5	159	13,3	15,1	157	15,1
France Inter	11,5	138	10,0	10,7	135	9,0	10,9	129	8,9
Europe 1	11,0	135	9,3	10,6	133	8,7	10,9	129	8,9
France Bleu	6,3	136	5,4	6,7	142	5,9	6,2	118	4,6
RMC Info	2,5	109	1,7	1,9	101	1,2	2,3	114	1,6
Musicaux									
NRJ	12,3	91	7,1	12,3	98	7,4	11,9	96	7,2
Nostalgie	8,3	117	6,1	9,1	122	6,9	8,7	135	7,4
FUN Radio	7,0	92	4,1	8,1	105	5,3	6,3	80	3,2
Skyrock	7,0	97	4,3	6,8	106	4,5	6,4	91	3,7
Europe 2	6,1	97	3,7	5,1	101	3,2	5,4	95	3,2
Chérie FM	5,2	104	3,4	5,4	114	3,8	6,0	103	3,9
RTL 2	4,5	109	3,1	4,5	102	2,8	4,3	98	2,7
RFM	3,9	116	2,8	4,2	113	2,9	4,5	118	3,4
Rire et Chansons	3,6	81	1,8	3,6	76	1,7	3,5	70	1,6
MFM	1,4	98	0,8	1,5	114	1,1	1,3	116	1,0
Thématiques									
France Info	13,2	71	5,9	10,5	67	4,3	11,5	63	4,6
France Musiques	1,4	105	1,0	1,6	111	1,1	—	—	—
Radio Classique	1,3	104	0,8	1,0	128	0,8	—	—	—
Locaux									
Les Indépendants (3)	9,2	103	6,0	9,2	114	6,5	10,8	119	8,1

(1) 1 % = 476 700 personnes de 15 ans et plus .

(2) 1 % = 475 800 personnes de 15 ans et plus .

(3) la composition du GIE Les Indépendants.

LA RÉPARTITION DES INVESTISSEMENTS PUBLICITAIRES SUR LES GRANDES STATIONS
En valeur (total radio : 1 448 millions d'euros)

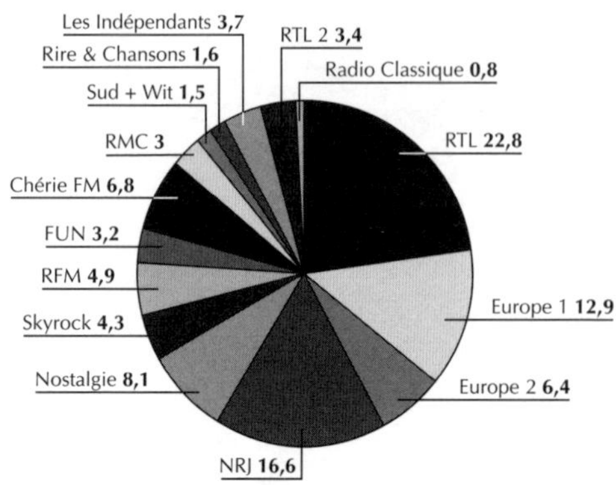

Source : Secodip

AUDIENCE COUPLAGES
Septembre-octobre 2001

	Sept.-oct. 2001			Avril-juin 2001			Sept.-oct. 2000		
	AC%[1]	DEA mn	PDA %	AC %[1]	DEA mn	PDA %	AC %[2]	DEA mn	PDA %
Général	84,6	188	100,0	83,5	194	100,0	83,6	189	100,0
Largadère Active	32,9	129	26,6	32,5	131	26,2	34,1	128	27,6
IP Radio	28,3	138	24,7	29,1	139	25,0	27,7	136	23,9
Groupe NRJ	26,5	111	18,4	27,1	118	19,7	26,7	119	20,2
Les Indépendants	9,2	103	6,0	9,2	114	6,5	10,8	119	8,1
Les Franciliennes (avec Oui FM)	3,4	95	2,0	4,5	108	3,0	—	—	—
Les Franciliennes (sans Oui FM)	2,9	84	1,5	3,6	104	2,3	—	—	—
Les Parisiennes (avec Oui FM)	2,6	90	1,5	2,7	93	1,5	—	—	—
Les Parisiennes (sans Oui FM)	2,0	76	1,0	1,8	80	0,9	—	—	—
Mega Franciliennes	3,9	104	2,6	—	—	—	—	—	—
Mega Parisiennes	3,1	102	2,0	—	—	—	—	—	—
Sud + Wit FM	1,3	121	1,0	1,5	143	1,3	1,4	151	1,3
Samedi-dimanche									
Général	75,5	171	100,0	74,8	176	100,0	75,9	177	100,0
Largadère Active	27,4	117	24,9	28,7	120	26,2	29,2	126	27,5
IP Radio	22,7	128	22,5	24,0	124	22,7	21,8	137	22,3
Groupe NRJ	21,6	116	19,4	23,0	115	20,2	22,4	110	18,4
Les Indépendants	8,7	106	7,1	8,5	110	7,1	10,1	121	9,2
Les Franciliennes (avec Oui FM)	2,6	105	2,1	3,9	103	3,0	—	—	—
Les Franciliennes (sans Oui FM)	2,1	92	1,5	3,2	100	2,4	—	—	—
Les Parisiennes (avec Oui FM)	2,2	102	1,7	2,2	93	1,6	—	—	—
Les Parisiennes (sans Oui FM)	1,6	86	1,0	1,6	83	1,0	—	—	—
Mega Franciliennes	3,0	112	2,6	—	—	—	—	—	—
Mega Parisiennes	2,5	113	2,2	—	—	—	—	—	—
Sud + Wit	1,1	115	1,0	1,2	108	1,0	0,8	118	0,7

AUDIENCE DES AGRÉGATS PAR FORMAT
Septembre-octobre 2001

	Sept.-oct. 2001			Avril-juin 2001			Sept.-oct. 2000		
	AC%[1]	DEA mn	PDA %	AC %[1]	DEA mn	PDA %	AC %[2]	DEA mn	PDA %
Général	84,6	188	100,0	83,5	194	100	83,6	189	100,0
Programmes généralistes	38,8	169	41,2	38,0	167	39,1	39,4	161	40,2
dont programmes généralistes privés	25,4	162	25,8	24,7	159	24,3	26,5	159	26,7
Programmes musicaux	43,7	135	37,2	44,2	145	39,5	42,8	137	37,3
Programmes thématiques	16,0	84	8,5	13,1	83	6,8	14,5	81	7,5
Programmes locaux	13,7	111	9,6	14,0	121	10,4	14,3	117	10,6
Autres programmes	6,2	92	3,6	6,3	108	4,2	6,1	114	4,4
Radio France	29,7	125	23,4	26,9	129	21,5	27,7	118	20,7
Samedi Dimanche									
Général	75,5	171	100,0	74,8	176	100,0	75,9	177	100,0
Programmes généralistes	33,1	156	40,0	32,2	152	37,4	34,9	147	38,2
dont programmes généralistes privés	19,7	150	22,9	19,9	145	22,0	21,6	148	23,8
Programmes musicaux	36,2	129	36,1	38,7	134	39,4	35,8	134	35,9
Programmes thématiques	13,2	85	8,6	11,1	89	7,5	11,9	102	9,1
Programmes locaux	13,1	108	10,9	12,7	119	11,5	13,9	124	12,9
Autres programmes	5,5	105	4,5	5,5	103	4,3	5,1	102	3,9
Radio France	25,9	124	24,8	23,4	124	22,1	24,4	124	22,6

Les programmes généralistes regroupent les stations : Europe 1, France Bleu, France Inter, RMC Info, RTL, Sud Radio.
Les programmes généralistes privés regroupent les stations : Europe 1, RMC Info, RTL et Sud Radio.
Les programmes musicaux regroupent les stations : Chérie FM, Europe 2, Fun Radio, MFM, Nostalgie, NRJ, RFM, Rire et Chansons, RTL 2, Skyrock.
Les programmes thématiques regroupent les stations : BFM, France Culture, France Info, France Musiques Radio Classique.
Les programmes locaux comptent FIP et les radios locales non affiliées à un réseau national.
Radio France : FIP, France Inter, France Info, France Bleu, France Musiques, France Culture, Le Mouv', Hector, Elisa.

1. Les stations commercialisées par IP

IP commercialise l'espace publicitaire de RTL, Sud Radio, Fun, RMC, M FM, Sport O'FM et RTL2.

1.1 RTL

RTL, support détenu par Bertelsmann ayant racheté la CLT (Compagnie luxembourgeoise de télédiffusion), est la première radio de France ; 13,5 % des français écoutent RTL chaque jour (audience cumulée). Chacune de ces 6,5 millions de personnes reste, chaque jour, plus de 2 h 30 (159 minutes) à l'écoute de RTL. Pourtant, RTL fait face à la baisse régulière de son audience (–20 % en 2000).

Ses rendez-vous immuables présentés par des célébrités du petit écran en font une station s'inscrivant dans la continuité, où dominent très fortement les ménagères.

RTL propose différentes formules de présence publicitaire (en plus de l'achat à l'unité ; cf. tarifs dans l'illustration) parmi lesquelles :

- FIRST : le produit de médiaplanning qui associe l'espace publicitaire des 6 stations commercialisées par IP ;
- INFLUENCES s'appuie sur les stations multi-thématiques ;
- DUPLEX associe Sud Radio+wit FM et RTL ;
- BEAUTIFUL+ est un couplage entre RTL et RTL2 pour suivre les cadres tout au long de la journée.

RTL : quelques tarifs pour un spot de 30 s à quelques moments de la journée...

Heure	Prix en euros
6 h 30	3 822
7 h 15	9 940
8 h 15	7 622
9 h 15	5 107
12 h 15	4 497
13 h 15	3 278
17 h 15	5 107
18 h 15	2 744
19 h 15	1 235

1.2 Fun Radio

Elle a été créée en 1984, ses formats sont « musique et animations ».

Dans le Top 5 des stations musicales elle possède un profil jeune et représenterait le meilleur rapport puissance/affinité/CPM sur la cible des 15/34 ans. Les offres commerciales :

- FIRST : Le produit de médiaplanning à destination des 25-59 ans associant les 6 stations d'IP ;
- Générations : l'offre générationnelle permettant de communiquer sur les amoureux de musique.

1.3 Sud Radio

Cette station multi-thématique, en partie racheté en janvier 2001 par RTL Group, est leader sur les 3 régions INSEE du Sud Ouest avec 15 % de PDA commerciale.

692 000 auditeurs l'écoutent chaque jour soit 10.3 % d'AC.

Sud Radio peut permettre de renforcer la pression publicitaire sur des villes comme : Bordeaux, Toulouse, Montpellier, zone sous-pénétrées par les autres grandes stations nationales.

Sud Radio propose de l'espace à l'unité, mais aussi en couplage (First, associant les 6 stations d'IP).

1.4 RMC Info

Le 5 juillet 2000, NRJ Group prend le contrôle à 83,3 % de RMC en rachetant les parts de Pierre Fabre. Le projet est de créer une radio tout-info. Le 13 novembre, NRJ Group annonce qu'il renonce à RMC du fait du dépassement du seuil des 150 millions d'habitants desservis par les fréquences du groupe (NRJ, Chérie FM, Nostalgie, Rire & Chansons). Alain Weill, directeur général, démissionne de NRJ et crée la société Nextradio. NRJ Group lui vend RMC. Le

CSA (Conseil supérieur de l'Audiovisuel) ne s'y oppose pas, NRJ n'ayant officiellement aucun lien avec Nextradio.

RMC inaugure un nouveau format news-talk depuis janvier 2001 et, suite à son changement de nom, devient une radio nationale disposant de 134 émetteurs FM et d'un émetteur grandes ondes. Cet ensemble dessert 32,4 millions d'habitants (dont 12 millions en Île-de-France).

Ce concept s'articule autour de grands axes : information (3 grandes sessions d'infos), interactivité et réactivité, proximité et services.

Enfin, la station réalise de nombreux décrochages rédactionnels locaux.

RMC propose de l'espace à l'unité, mais aussi en couplage (First, associant les 6 stations d'IP).

2. Les stations commercialisées par Lagardère Active Publicité

2.1 EUROPE 1

Europe 1 appartient à Hachette. Elle est la deuxième radio privée de France en part de volume d'écoute sur les ménagères, les actifs et les 25-59 ans. Elle a aussi une forte pénétration sur les cadres qui la placent première radio privée sur cette tranche de population :

- Première station commerciale sur les cadres supérieurs avec 599 000 cadres supérieurs en moyenne par jour
- Première radio sur les cadres actifs les plus décisionnaires et les plus influents,
- Première radio sur les cadres Supérieurs disposant de plus de 55 000 euros de revenu annuel net.

Cette radio, écoutée quotidiennement par 5,256 millions d'auditeurs, développe le concept « news and talk », apparu en 1996, initié par Jérôme Bellay.

Europe 1 est donc une radio parlée d'information et de magazine, proposant l'info 8 h/jour et appuyée par de grandes signatures d'intervenants : A. de Tarle, C. Nay, J.-L. Gombeaud, J.-P. Elkabbach, M. Grossiord, L. Ruquier, L. Evrard, A. Dumas, Y. Calvi, F. Kraemer, B. Cras, Y. Kulig, B. Castaldi, G. Durand et E. Martichoux, P.-L. Basse, D. Schick, C. Dubranche.

EUROPE 1 : quelques tarifs pour un spot de 30 s à quelques moments de la journée...

Heure	Prix en euros
6 h 30	2 793
7 h 15	9 452
8 h 15	9 452
9 h 15	2 973
12 h 15	2 698
13 h 15	1 494
17 h 15	762
18 h 15	1 418
19 h 15	1 418

2.2 Europe 2

Créée en 1987, sur un format « adulte contemporain », EUROPE 2 vise un public de trentenaires et diffuse essentiellement de la pop.

Les artistes les plus représentatifs du cœur de programmation d'Europe 2 sont : Manu Chao, REM, U2, De Palmas, Dépêche Mode, Cranberries, Dido, Cold Play, Robbie Williams, Texas, Travis, Zazie, Lenny Kravitz, Aston Villa, Jean-Louis Aubert.

Europe 2 semble avoir beaucoup investi, depuis de nombreuses années, dans sa grille de programmes. Depuis 2001, quelques plages sont particulièrement remarquées : le Morning de Cauet (6 h à 9 h), Marie Lecocq (9 h à 12 h), les Duels d'Eric Madelon (16 h-19 h), Pop Connexion (19 h-0 h)...

Europe 2 est écoutée par plus de 6,6 millions d'auditeurs sur 7 jours.

2.3 RFM

– Créée en 1981, RFM est une pionnière de la bande FM. À l'origine radio « rock » à destination des 20-30 ans, RFM a évolué vers un format « soft gold » en 1994, date d'entrée du groupe Europe 1 dans le capital. Depuis 2001,elle a choisi de se recentrer sur les seventies dans la ligne d'un format « adulte » visant une cible de quadras.

– La programmation musicale de RFM est basée essentiellement sur des titres datant de 1965 à 1985 : les Beatles, Michel Polnareff, Barry White, William Sheller, Supertramp, Serge Gainsbourg, Billy Paul, M. Berger, John Lennon, Stevie Wonder, Bernard Lavilliers, Diana Ross, Eddy Mitchell, Whitney Houston, Brel, Aznavour...

– À partir de 2001, RFM a mis en place le 1er talk show sur une musicale adulte (Malher et Lange).

– RFM est écoutée par plus de 5,5 millions d'auditeurs sur 7 jours.

2.4 Les indépendants

Il s'agit d'un GIE de 44 stations locales et régionales qui ont confié leur espace publicitaire à Europe-Régie. Le profil de ses auditeurs est : 45 % de 20-34 ans, 37 % de CSP+, 55 % d'actifs et 59 % d'agglomération de plus de 100 000 habitants. Mais les stations demeurent très diverses (format, cible, puissance...).

Notons que Lagardère Active Publicité commercialise également l'espace de Autoroute FM et Autoroute Info.

Dans un souci de synergie, la régie procède aussi à des packages nommés Active Plus. Un abattement forfaitaire est réalisé pour l'achat de plusieurs radios qu'elle commercialise et pour une même campagne (à condition que « l'investissement minimum sur la petite station » dépasse un certain seuil. Les annonceurs bénéficient par exemple de 38 % d'abattement s'ils investissent sur 3 stations de Lagadère Active Publicité lorsque la part de marché publicitaire dans leur plan radio pèse de 35 à 45 %.

3. Radio France

Régie France Publicité est la régie des stations de Radio France. Créée en avril 1987 elle est encadrée par deux lois : une de 1987 qui autorise la publicité sur ses ondes si elle émane de collectivités ou d'organismes publics et parapublics ; la deuxième de février 1988 autorise le parrainage pour l'ensemble des sociétés, associations ou collectivités. On ne trouve sur ses ondes que des campagnes collectives, des campagnes d'intérêt général et des campagnes des entreprises publiques ou parapubliques. Chaque nouvelle privatisation lui fait ainsi perdre des clients.

La régie réalise environ 20 millions d'euros de CA publicitaire, provenant à 75 % de la publicité, le reste revenant au parrainage.

La régie met en avant le faible encombrement de ses ondes (moins de 10 minutes de publicité par jour) qui offre une meilleure qualité de mémorisation, la qualité de ses auditeurs (force sur les PCS+) et l'existence d'un comité d'agrément de la publicité qui contrôle les messages avant diffusion.

Nous traiterons ici des deux principales stations de Radio France : France Inter et France Info. Notons que cette dernière a réussi une belle percée en termes d'audience depuis 1995, marquant ainsi la force des radios thématiques.

3.1 France Inter

La limitation de la publicité et le ton de la station la font s'adresser aux PCS supérieures. Sa couverture est nationale grâce aux relais de TDF (Télédiffusion de France).

Ses tarifs ne distinguent pas, contrairement à ses concurrentes, les jours de la semaine. Seul le week-end est tarifé différemment.

TARIFS PUBLICITAIRES SUR FRANCE INTER

Semaine	5 s	10 s	15 s	20 s	25 s	30 s	35 s	40 s	45 s
	€ H.T.	€ H.T.	€ H.T.	€ H.T.	€ H.T.	€ H.T.	€ H.T.	€ H.T.	€ H.T.
05 h 00-06 h 00	229	297	343	388	434	457	548	594	640
06 h 00-06 h 30	762	991	1 143	1 295	1 448	1 524	1 829	1 981	2 134
06 h 30-07 h 00	2 058	2 675	3 087	3 499	3 910	4 116	4 939	5 351	5 762
07 h 00-09 h 00	3 430	4 459	5 145	5 831	6 517	6 860	8 232	8 918	9 604
09 h 00-11 h 00	1 144	1 487	1 715	1 944	2 173	2 287	2 744	2 973	3 202
11 h 00-13 h 00	1 296	1 685	1 944	2 203	2 462	2 592	3 110	3 370	3 629
13 h 00-17 h 00	381	495	572	648	724	762	914	991	1 067
17 h 00-19 h 00	1 067	1 387	1 601	1 814	2 027	2 134	2 561	2 774	2 988
19 h 00-19 h 30	1 525	1 982	2 287	2 592	2 897	3 049	3 659	3 964	4 269
19 h 30-20 h 00	915	1 189	1 372	1 555	1 738	1 829	2 195	2 378	2 561
20 h 00-24 h 00	229	297	343	388	434	457	548	594	640

TARIFS DU PARRAINAGE DE RUBRIQUE SUR FRANCE INTER

Météo	152 449 €
Bourse	99 092 €
Trafic info route	73 176 €
Info Santé	45 735 €
Partenaires d'entreprises	24 392 €
Économie matin	25 916 €
Jardinage	22 867 €
Info sciences	22 867 €
Patrimoine	22 867 €
Saveurs et Terroirs	15 245 €
Les Livres	38 112 €

3.2 France Info

Apparue depuis le 1er juin 1987, cette « radio de l'information continue » a vu son audience s'accroître très fortement et percer en Île-de-France où elle est la 2e station.

La station axe son développement sur le parrainage de chroniques. Mais, comme sur toutes les stations de Radio France, seule la raison sociale de l'entreprise peut être citée (et non la marque).

TARIFS PUBLICITAIRES SUR FRANCE INFO

Semaine	5 s	10 s	15 s	20 s	25 s	30 s
	€ H.T.	€ H.T.	€ H.T.	€ H.T.	€ H.T.	€ H.T.
05 h 00-06 h 00	381	495	572	648	724	762
06 h 00-07 h 00	1 144	1 487	1 715	1 944	2 173	2 287
07 h 00-09 h 00	2 058	2 675	3 087	3 499	3 910	4 116
09 h 00-11 h 00	1 144	1 487	1 715	1 944	2 173	2 287
11 h 00-13 h 00	762	991	1 143	1 295	1 448	1 524
13 h 00-17 h 00	381	495	572	648	724	762
17 h 00-18 h 00	686	892	1 029	1 166	1 303	1 372
18 h 00-19 h 30	762	991	1 143	1 295	1 448	1 524
19 h 30-20 h 00	686	892	1 029	1 166	1 303	1 372
20 h 00-24 h 00	267	347	401	454	507	534

TARIFS DU PARRAINAGE DE RUBRIQUE SUR FRANCE INFO

Météo	134 155 €
Économie aujourd'hui	42 686 €
Bourse	38 112 €
Jeu des 1 000 euros	22 867 €
Tous au jardin	9 147 €
Météo marine	4 955 €

Enfin, le 17 juin 1997, Radio France a lancé le Mouv, réseau de 17 fréquences d'une radio destinée aux jeunes, suscitant ainsi une polémique : les réseaux privés y voyaient une concurrence déloyale.

5. Les stations commercialisées par NRJ Régie

Née en 1981, NRJ est la première radio FM. Elle est la seule station FM d'importance à être indépendante d'acteurs économiques puissants ou de groupes multimédias. Elle s'intègre à un ensemble de stations composé aussi de Nostalgie, Chérie FM, Rire et Chansons.

NRJ, radio nationale, fédère 5 876 000 auditeurs chaque jour et 471 000 à chaque instant.

En 3 semaines, NRJ permet de toucher près de 15 millions d'auditeurs.

La station est première sur diverses cibles (même si les critères de comparaison varient en fonction des atouts mis en avant) :

- les 11-14 ans avec 1 013 000 auditeurs quotidiens et les 15-24 ans avec 2 522 000 auditeurs quotidiens ;
- les moins de 50 ans (14,1 % de part d'audience) et les 25-49 ans (en AC) ;
- les foyers de 4 personnes et plus ainsi que sur les foyers avec enfants de moins de 15 ans (en AC) ;
- les ménagères de moins de 50 ans, les responsables des achats de moins de 50 ans (en AC).

En somme, chaque radio a un positionnement bien particulier sur des tranches d'âge, comme le montre le tableau ci-dessous.

NRJ	15-24 ans
Nostalgie	15-49 ans
Europe 2	15-49 ans
Skyrock	15-24 ans
Fun	15-24 ans
RFM	15-49 ans

D. Les pré-tests et post-tests radio

1. Les pré-tests

Une analyse du différentiel de compréhension, d'appréciation et d'efficacité permet de choisir entre plusieurs créations. D'autre part, on peut tester la compréhension, l'agrément et l'efficacité du message. Enfin, certains tests particuliers sont possibles pour :

- la mémorisation du numéro de téléphone, de l'adresse et du code minitel (généralement dans le cas d'une opération promotionnelle ou de marketing direct), la perception, l'attention, l'identification, la compréhension, la crédibilité, les attitudes et les opinions ;
- la restitution du message, etc.

Dans la majorité des cas, l'annonce à tester est insérée au milieu d'autres messages.

Un pré-test coûte environ 8 000 euros pour des interviews portant sur des échantillons de 150 à 200 personnes. Bon nombre de régies proposent de tels tests.

2. Les post-tests

Les bilans de campagne, temporaires, mesurent :

- l'impact du message en ce qui concerne sa mémorisation, son attribution et son appréciation ;
- les éléments de reconnaissance du message ;
- la compréhension du contenu.

Des **baromètres** permettent, par contre, de suivre dans la durée les évolutions de la marque en ce qui concerne :

- sa notoriété ;
- l'impact de sa campagne ;
- les éléments de reconnaissance ;
- le point de saturation publicitaire.

Les bilans et baromètres portent sur des échantillons de 150 à 300 personnes et nécessitent un investissement de 8 000 euros chacun environ.

E. Utiliser la radio

1. Pour quels types de produit l'utiliser ?

On peut utiliser la radio pour se servir de la forte répétition de ce média, par exemple pour les produits de grande consommation, tant pour un lancement que pour une campagne d'entretien (par exemple le BHV). Son effet rapide (mais court !) la fait conseiller pour les soldes et l'appui média des actions promotionnelles afin de créer du trafic sur le lieu de vente (*cf.* la grande distribution en fin de semaine) : d'ailleurs, 38 % des messages sont à caractère promotionnel. Les services, qui n'ont pas besoin d'illustrer leurs produits, peuvent l'utiliser avec efficacité. Mais la radio est presque toujours utilisée en complément car elle n'a pas l'image, elle est fugace.

2. Comment l'utiliser ?

Les spots doivent adopter un langage simple, un ton direct mais évocateur, ainsi qu'une prise à partie de l'auditeur. Les digressions sont possibles, comme dans le langage parlé. La voix de celui qui parle (le speaker, ou l'animateur) revêt une première importance car elle connote les émotions. La musique (une ritournelle, c'est-à-dire un jingle) permet également d'accroître la reconnaissance de la marque et du message (45 % des publicités utilisent un sonal). La forme du message peut être multiple. On distingue ainsi :

- les messages pré-enregistrés : 71 % ;
- les messages lus à l'antenne par un animateur : 11 % ;
- les messages mixtes : 18 % utilisant les deux formes précédentes.

Cependant, malgré les richesses du média, peu d'agences et de créatifs apprécient la radio, qu'ils perçoivent souvent comme un média peu valorisant et difficile à gérer : de nombreux produits sur un grand nombre de supports. Pour aider les médiaplanners, les régies se lancent depuis plusieurs années dans une offre simplifiée. La première tendance s'est faite sous la forme de couplage de plusieurs stations. Un annonceur peut ainsi faire passer son message sur une station ou plusieurs sans avoir à réserver un espace sur chacune d'entre elles (couplages). On assiste même à la mise en avant de couplage inter-régies, à l'image de la presse. C'est ainsi que 75-15 Radio a vu le jour fin 2001. Ce produit permet à un annonceur de la grande consommation de communiquer simultanément sur les 15 principales stations privées, en lui assurant 75 % de couverture sur les deux cibles les plus souvent visées : la ménagère de moins de 50 ans et le responsable des achats de moins de 60 ans. Cette offre de 428 messages de 30 secondes (pour un budget de 390 000 euros, soit 60 % d'abattement sur les tarifs bruts ; plus du quart du budget est investi sur le 6/9 heures et plus d'un tiers sur le 9/12 heures) s'accompagne d'un bilan dressé par MarketingScan, qui doit mesurer une progression des achats du produit promu d'au moins 10 % entre les petits et les gros consommateurs de radio. Si tel n'est pas le cas, les régies s'engagent à rembourser 90 000 euros à l'annonceur. En somme, par cette approche, les régies semblent passer d'une garantie d'audience à une garantie de résultats. De telles offres permettent à de nouveaux budgets d'accéder à des radios d'envergure mais elles sont aussi bénéfiques aux stations : elles tirent ainsi les moins utilisées publicitairement et mettent également en valeur d'autres tranches horaires et d'autres modes d'utilisation de la radio.

Dans un souci commercial, les régies proposent également des couplages avec d'autres médias. La radio affirme sa position de complément à travers ce que l'on nomme le plurimédia, le mix média, c'est-à-dire la combinaison entre différents médias. Les deux plus grosses régies qui sont fortement liées à des groupes plurimédia ont initié ce mouvement vers le début des années 90, mais ce type d'offre semble avoir du mal à trouver un public, malgré leur segmentation sur des cibles haut de gamme.

3. Les principaux secteurs investisseurs

Le budget moyen investi par marque sur une radio est de 381 000 euros. Mais la part que les différents secteurs économiques consacrent à leurs investissements radio est très variable.

En somme, la radio, comme bon nombre d'autres médias, subit un phénomène de concentration et se dirige vers plus de couplages.

La puissance semble recherchée, de même que les économies d'échelle. Mais n'est-ce pas au détriment de la finesse du ciblage ?

INVESTISSEMENTS PAR SECTEUR EN RADIO (1999)

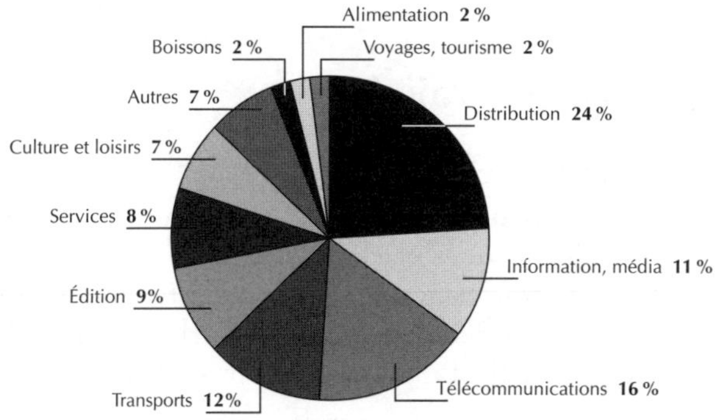

Source : Secodip

ÉVOLUTION DES RECETTES PUBLICITAIRES EN RADIO

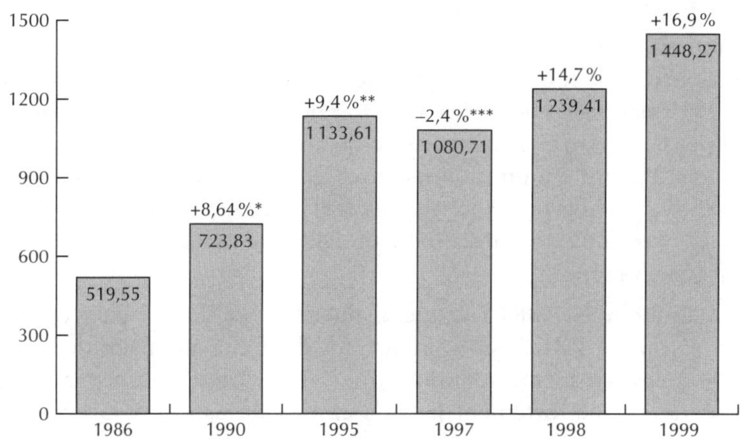

* *Taux annuel moyen de croissance sur 4 ans*
** *Taux annuel moyen de croissance sur 4 ans*
*** *Taux annuel moyen de croissance sur 2 ans*

Source : Secodip

IV. L'AFFICHAGE

A. Historiques et généralités

L'affiche remplit plusieurs fonctions :

- une **fonction culturelle passive** (autodidaxie) et de communication qui porte le débat sur la place publique (*cf.* les campagnes de Leclerc contre le monopole bancaire sur les « Cartes Bleues » ou contre les sacs plastique) : l'affiche est un art de la rue qui doit choquer, étonner, séduire. Il s'agit d'une forme de prise de parole sociale ;
- une **fonction idéologique** comme tout média, en éveillant et en suscitant des besoins pour stimuler artificiellement la consommation ; l'affiche a donc une fonction aliénante en retirant à l'individu la libre disposition de lui-même.

Ces fonctions sont encadrées juridiquement par de nombreuses lois qui se sont succédée dans le respect dont chaque individu dispose d'exprimer et de diffuser des informations et des idées. Ce droit doit aussi être établi en fonction de celui qui permet à autrui de ne pas être dérangé par ces informations et idées. L'affichage a d'abord été un monopole royal partagé par l'Église selon un édit royal de 1539. Une corporation organisant l'affichage à Paris fut créée par un arrêté en 1771 mais c'est la fameuse loi de 1881 qui organise réellement le droit de l'affichage en France.

La loi du 29 juillet 1881 fait une distinction en affichage en protégeant les panneaux réservés à l'affichage administratif dont chaque maire doit définir la place. Elle ouvre en même temps la voie à l'affichage commercial moderne. Celui-ci se développe fortement jusqu'à être freiné par deux lois récentes qui constituent des contraintes dans deux directions. En direction des produits autorisés à l'affichage tout d'abord avec la loi Évin et dans la direction d'une plus grande protection de l'environnement avec la loi du 2 février 1995.

La loi du 10 janvier 1991 interdit « toute propagande ou publicité directe ou indirecte en faveur du tabac ou des produits du tabac » sauf pour les affichettes disposées à l'intérieur des bureaux de tabac si elles ne sont pas visibles de l'extérieur et si elles sont en conformité avec les caractéristiques définies par arrêté ministériel. Quant aux publicités en faveur des boissons alcoolisées, l'amendement du 17 juin 1994 en autorise l'affichage à condition qu'elles soient assorties « d'un message de caractère sanitaire précisant que l'abus d'alcool est dangereux pour la santé ».

En matière de protection de l'environnement, la loi du 02 février 1995 précise dans son article premier que « chacun a le droit d'exprimer et de diffuser informations et idées, quelle qu'en soit la nature, par le moyen de la publicité, d'enseignes et de préenseignes, conformément aux lois en vigueur et sous réserve des dispositions de la présente loi ». Son article 2 cherche néanmoins à « assurer la protection du cadre de vie » et fixe ainsi « les règles applicables à la publicité, enseignes et préenseignes, visibles de toute voie ouverte à la circulation publique ». Cette loi dite loi Barnier (du nom du ministre de l'Environnement de l'époque) réaffirme la loi de 1979 mais est plus répressive envers les implantations anarchiques et non conformes à la législation. Sa principale innovation repose sur la création d'une « déclaration préalable » obligatoire pour une nouvelle implantation ou une modification des réseaux.

Cette loi fait suite à une réelle volonté des afficheurs et du ministère de l'Environnement de réfléchir à une meilleure utilisation de l'affichage qui permettrait une plus grande efficacité du média tout en évitant une pollution visuelle. Cette réflexion avait conduit à la **Charte de qualité** de 1992. Cette charte avait entraîné la suppression d'un certain nombre de panneaux. Cette suppression se nomme **dédensification**, elle a été forte de 1991 à 1993 : plus de 10 % des panneaux ont disparu dans les villes de plus de 100 000 habitants. Elle s'est stabilisée depuis autour de - 1,5 % par an en moyenne. La baisse a aussi été différente selon les agglomérations : de - 30 % à Amiens ou Metz par exemple à - 9,2 % à Paris. Les chutes les plus importantes se situent dans les villes moyennes de 200 000 à 500 000 habitants. Au niveau qualitatif, cette dédensification a permis au contraire une amélioration proportionnelle au taux d'isolement soit + 8 % en 5 ans (il est actuellement de 63 % : 89 % à Cannes et 49 % à Forbach qui sont les deux extrêmes).

La dédensification fut le premier élément visible de la remise en question dans laquelle s'est orienté le média et qui porte aujourd'hui ses fruits. Selon le bilan plurimédia réalisé tous les ans par Sécodip, l'affichage est devenu en 1996 le troisième pôle d'investissements publicitaires dans les médias en passant devant la radio. La progression de la PDM de l'affichage est réelle et on peut globalement constater un net retour des annonceurs vers l'affichage, suite à un doute sur l'efficacité de la télévision.

Les changements apparus dans le secteur ont d'abord été d'ordre économique puisqu'une forte concentration de l'offre s'est effectuée. Aujourd'hui, Avenir, Giraudy et Dauphin détiennent 90 % du marché du grand format extérieur. La région parisienne ne compte plus qu'une seule société indépendante ; une dizaine seulement sur toute la France. La volonté de renouveler leur patrimoine et les effets de la loi qui restreignait les possibilités d'implantation ont conduit les gros opérateurs du marché à une course au gigantisme par rachat de petites structures qui avaient de plus en plus de mal à survivre dans un contexte économique difficile. Les comptes des afficheurs enregistrent une amélioration de leur situation : 7,5 % de croissance du chiffre d'affaires pour Giraudy pour l'exercice 1995/1996 par exemple.

Cette meilleure offre au niveau quantitatif s'est doublée d'une meilleure offre qualitative : dédensification comme on l'a vu, certification de type ISO 9002, meilleure mesure de l'audience (voir ci-après), réflexions sur la mise en valeur des panneaux, leur architecture... L'affichage se trouve en quête d'innovation constante : le recours à des designers devient habituel (Giugiaro pour le 12/12 de Giraudy, J.-C. de Castelbajac pour Dauphin par exemple), création de nouveaux supports comme le magic bus (autocar classique habillé d'une gigantesque image projetée par ordinateur selon le principe d'une glace sans tain, un train, un métro ou un avion pourraient être habillés selon le même principe)... Les progrès accomplis permettent à l'affichage de sortir d'un rôle de substitution à d'autres médias pour aller vers celui de complément, voire de média principal.

Cette spécificité française attire les groupes étrangers et 1999 a vu les trois grands afficheurs changer de main. Le marché français se partage aujourd'hui entre trois acteurs majeurs : Clear Channel, Decaux et TDI.

B. Sélectionner l'affichage

1. La notion d'audience

L'**audience** est constituée de toutes les personnes qui passent au moins une fois devant une affiche pendant une période donnée. Les critères d'efficacité en affichage sont les suivants :

- le **nombre de passages** est la somme des passages par personne au cours d'une durée déterminée, divisée par la population de la zone considérée. Il sert à déterminer la **répétition**, qui est le nombre moyen de passages des personnes qui sont passées au moins une fois devant une affiche (nombre total de passages/audience). L'audience est exprimée en pourcentage ;
- la **couverture** est le pourcentage de l'audience, par rapport à la population des 15 ans et plus de la zone considérée ;
- la **force** est le nombre moyen de passages quotidiens (c'est-à-dire le nombre de passages divisé par la durée de la campagne) devant un emplacement (ou un groupe d'emplacements) divisé par la population totale. On dit qu'un contact par jour et par habitant constitue une force 1 (donc une force 2 si il y a deux contacts/jour/habitant, etc.). Elle se réfère à la population totale et non à l'audience réelle. Mais elle donne une idée de la densité et de la puissance d'un réseau.

Ces critères sont difficiles à mesurer car cela nécessite une présence terrain constante et élaborée dans la mesure où le nombre de faces est considérable et disséminé tant d'un point de vue géographique que social. Pendant un certain nombre d'années, l'affichage était critiqué sur ce point puisque sans chiffre précis d'audience, le choix des médiaplanneurs demeurait délicat. Dans son souci de réforme et de transparence, le média a réfléchi à cette mesure d'audience et proposé le modèle Maud (Modèle d'affichage urbain sur les déplacements) mis au point par l'afficheur Avenir et l'institut Esop dès 1986.. Maud permettait de reconstituer, sur un plan, le trajet (de la veille) des interviewés afin d'extrapoler les flux de déplacement et de tester tous les dispositifs des panneaux, qu'ils soient réels ou fictifs et quelle que soit la taille de l'agglomération concernée. Les afficheurs ont ainsi développé leurs propres outils de mesure :

- Avenir, Dauphin et Giraudy se sont réunis en 1992 au sein d'un groupement d'intérêt économique afin de présenter les audiences des réseaux dans les villes de plus de 100 000 habitants. **Affimétrie** est le nom de cet outil de mesure réalisé à partir d'enquêtes BVA auprès de 50 000 personnes dans les 55 agglomérations de plus de 100 000 habitants. Les résultats de l'enquête sont intégrés dans un système de cartographie réalisé par Avenir. Chaque afficheur implante ensuite sur ces cartes ses propres panneaux. Le GIE fait appel aux autres afficheurs (France Rail et Métrobus l'ont ainsi rejoint) afin de faire d'Affimétrie le seul outil de mesure mais ceux-ci sont encore réservés et formulent des critiques à son sujet. Elles portent sur la non prise en compte de la qualité de l'audience, sur le fait que seules les agglomérations de plus de 100 000 habitants sont répertoriées. Quoi qu'il en soit, Affimétrie est un pas en avant pour l'affichage. Pour l'avenir, une réflexion est menée par le GIE afin d'établir le poids de l'affichage dans les ventes d'un produit par l'élaboration d'un système de mesure des efficacités en matière de consommation (en liaison avec NIELSEN).

- **Médiaplan Gares** est un modèle de calcul des performances élaboré à partir des données établies par la SNCF (ventes par trajet, ventes par titre de transport, enquêtes voyages) et par France Rail Publicité, sur les implantations, les probalités de voir chaque panneau... Le modèle donne les performances de chacun des réseaux et pour chaque plan média : l'audience et la structure par âge, sexe, région, catégorie socio professionnelle, nombre d'occasions de voir et répétition. En prévision, les responsables de l'affichage à la SNCF ont élaboré un modèle de calcul des performances des réseaux implantés dans les trains et un outil de mesure de l'audience des non-voyageurs : utilisateurs des services et des commerces des gares qui peuvent doubler la fréquentation d'une gare.

Des sociétés privées proposent aussi des études sur l'affichage. La centrale d'achat d'espace Carat a élaboré Carat Affimat qui enrichit les données d'Affimétrie par un système d'évaluation du trafic et de la qualité visuelle des panneaux. Le potentiel d'une face à capter son audience est noté à travers six critères : qualité de l'axe, situation du panneau par rapport à cet axe et qualité visuelle c'est-à-dire visibilité, isolement et environnement du panneau ainsi que qualité du matériel. Toutes ces informations sont visualisées à partir d'un logiciel commercialisé par la centrale : Carat Map. D'autres logiciels d'aide au médiaplanning en affichage sont disponibles sur le marché : Affi Expert chez Affi-Conseil, Poster Scan de Poster Conseil, Epis chez GDA-Top Affiche, Dédale chez Spass Conseil, Logi-Média Bible de Georges Rusch Conseil. Devant cette nouvelle offre forte, le risque est la confusion face à des critères d'évaluation bien évidemment concurrentiel.

Mentionnons qu'un **réseau** est une sélection d'emplacements commercialisés d'un bloc pour une durée déterminée sur une agglomération, un groupe d'agglomérations ou leur périphérie. La création de réseaux est réalisée à partir d'analyses de données sur l'évolution urbaine et les flux démographiques. Elle s'effectue par la recherche d'emplacements d'après des critères précis (ciblage, zone de chalandise, haut de gamme, etc.) et d'après la visibilité de l'affiche, la qualité de son emplacement (qui s'apprécie en fonction de son isolement par rapport à d'autres panneaux publicitaires) et de sa position.

Un cadre esthétique, de plus, met l'affiche en valeur, améliorant sa perception et l'intégrant à son univers.

POSITIONNEMENT DES PANNEAUX

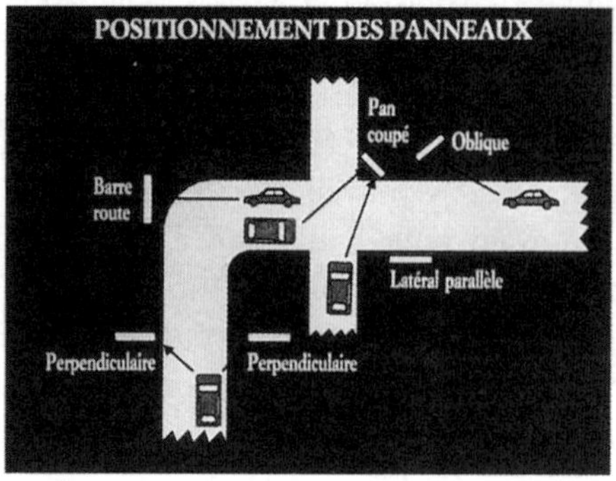

2. Les coûts

Le coût d'une campagne dépend aussi des objectifs de communication à atteindre. Le tableau ci-dessous permet de mettre en parallèle les investissements en affichage et leur répercussion sur divers éléments.

	2 millions de F			4 à 5 millions de F			6 à 8 millions de F		
	15 ans et +	Ménagères	15-34 ans	15 ans et +	Ménagères	15-34 ans	15 ans et +	Ménagères	15-34 ans
Population (en milliers)	12 455	5 764	5 118	19 213	10 277	8 078	19 213	10 277	8 078
Couverture	84,1	81,7	86,2	83,9	83,2	86,6	89,1	87,9	90,4
Couverture à 15 contacts	53,9	47,3	59,4	49,8	44,3	55,6	64,9	60,1	69,4
Couverture à 20 contacts	46	39	52	41,3	35,3	47,5	58	52,5	63,2
Répétition moyenne	32	26,1	38,1	27,3	22,7	32,1	44,7	37,4	53,6
Mémorisation (b = 4 %)	53,9	47,3	59,4	49,8	44,3	55,6	64,9	60,1	69,4

3. Les contraintes

Des contraintes à la création existent, du fait de la limitation de la surface des panneaux et de l'épaisseur du relief (il est, par exemple, impossible de coller une voiture sur un panneau d'affichage car la saillie maximale est de 25 cm). Une publicité, comme l'a fait Raider (sur 11 000 panneaux) avec un objet qui sort du cadre est possible, à condition que la surface totale ne dépasse pas 4 m^2 dans les villes de moins de 2 000 habitants, 12 m^2 dans les villes de 2 000 à 10 000 habitants, et 16 m^2 dans les agglomérations de plus de 10 000 habitants. Notons que si le panneau est situé au bord d'une grande route ou si l'agglomération fait partie d'un ensemble multicommunal, la surface autorisée est de 16 m^2 (loi du 29 décembre 1979 et décret du 21 novembre 1980).

Aux niveaux législatif et réglementaire, les interdictions sont absolues ou relatives.

Les interdictions absolues

- sur les immeubles classés ou inscrits ;
- dans les sites classés ;
- dans les parcs nationaux et les réserves naturelles ;
- sur les arbres et les monuments naturels ;
- à moins de 100 mètres et dans les champs de visibilité des sites et immeubles classés.

Les interdictions relatives

La publicité est interdite hors agglomération sauf décision du conseil municipal qui peut décréter une **zone de publicité autorisée** à proximité des établissements commerciaux et industriels, des centres artisanaux ou encore dans les groupements d'habitations.

Les publicités non lumineuses sont interdites sur certains supports (par exemple poteaux électriques, équipements propres à la circulation routière, ferroviaire, fluviale...) et autorisées sous condition. Une publicité non lumineuse peut ainsi être apposée sur une clôture non ajourée ou sur un mur de clôture à l'exception des murs de cimetières et de jardins publics. Elle peut être installée sur un mur de bâtiment à condition que ce mur soit aveugle ou qu'il ne comporte que des ouvertures de surfaces réduites. Même dans ce cas, la publicité ne doit pas dépasser les limites du mur qui la supporte et doit se situer dans un plan parallèle au mur. Enfin, la publicité ne peut être apposée à moins de 50 cm du sol, ce qui constitue une garantie de visibilité pour l'annonceur. En fonction de la taille de l'agglomération, une publicité ne peut être supérieure à 16 m^2 et sa hauteur au-dessus du niveau du sol ne peut pas dépasser 7,50 m.

Les portatifs publicitaires sont interdits dans toutes les agglomérations inférieures à 10 000 habitants. Leur surface maximale est de 16 m^2, leur hauteur maximale de 6 m.

La publicité lumineuse est interdite sur les murs de clôtures ainsi que sur les éléments de clôture. Elle ne doit pas dépasser les limites du mur ou du garde-corps qui la supporte et doit leur être parallèle. Elle ne doit pas réunir plusieurs balcons et être constituée de lettres autoportantes. Enfin, et ici aussi, les normes de hauteur sont rigoureuses.

Une contrainte temporelle est liée aux délais de remise des affiches, soit trois semaines avant le début de la campagne en général (deux chez More O'Ferrall, quatre jours pour le réseau Avenir). Elle dépend aussi des dates de départ des campagnes qui varient selon les semaines, les afficheurs, les réseaux et leurs couvertures géographiques (nationale ou régionale), rendant difficile un planning média temporellement concentré (sauf à choisir un réseau et un afficheur...).

Les tarifs, et c'est là une contrainte financière, ne comprennent pas les taxes municipales qui grèvent certains panneaux, ni le surcollage d'éléments comme une mini affiche sur un 4x3 (dire « quatre par trois », c'est-à-dire quatre mètres sur trois mètres) pour mentionner l'adresse du distributeur local. La livraison de 20 % environ d'affiches en plus, afin de recouvrir les panneaux dont l'affiche s'est dégradée, accroît ces dépenses.

Enfin, les formats multiples nécessitent parfois une création spéciale.

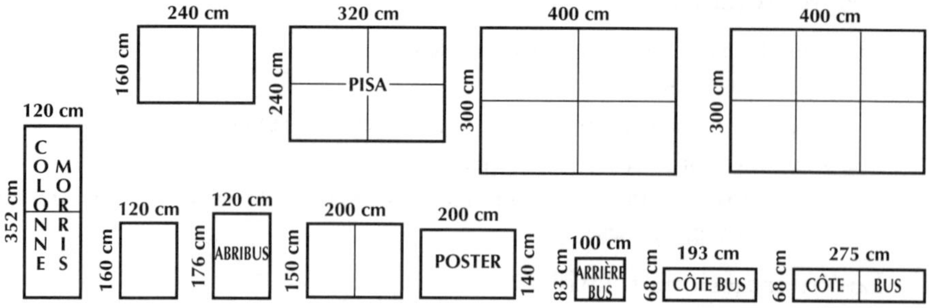

Pour terminer, ajoutons que les affiches éclairées par le verso (Abribus, Flash, etc. – voir plus loin **C. Connaître les supports**) demandent des impressions recto verso, augmentant les frais techniques.

4. Bilan de l'affichage

Ses atouts :

- grande sélectivité (et souplesse) dans l'espace permettant un ciblage géographique ;
- diversité d'implantation (ville, agglomération, péri-urbain, routier), d'habitat par ses cinq tranches de moins de 40 000 à plus de 500 000 habitants ;
- puissance (87 % de couverture 1 jour moyen de la semaine et 1 exposition potentielle de 28 minutes) ; pourtant, en période de lancement, l'affichage est sous-utilisé par les marchés de la grande consommation ;
- variété des supports et des possibilités d'expression créative : panneaux doubles (ceux-ci sont moins utilisés car leur couverture n'est pas parfaite), animés, à l'italienne, en relief, comme la campagne pour playstation, où une vraie console était accrochée en haut des panneaux ;
- capacité de communication spectaculaire ;
- média de masse depuis la fragmentation de l'audience TV et radio ;
- rapidité d'effet et d'utilisation (*cf.* Giraudy qui affiche, à 20 h 00, le Président de la République le soir de l'élection) ;
- disponibilité ;
- qualité des emplacements, des supports et des réseaux ;
- ciblage des actifs ;
- média de proximité.

Ses faiblesses :

- la cible des non-actifs âgés, des ouvriers et employés ;
- la faible sélectivité de son audience ;
- les coûts de fabrication ;
- le prix qu'il suppose pour une campagne nationale ;
- le manque d'argumentation sur le produit ou l'entreprise ;

– l'entretien (risque d'affichage sauvage, de dégradation suite à des intempéries...) ;
– la force de la campagne pour les réseaux nationaux, obligeant souvent à des compléments locaux.
– l'encombrement à certaines dates. Il faut donc savoir anticiper (certains afficheurs refusent des dizaines de campagnes en fin d'année, faute de place).

5. Utiliser l'affichage

5.1 La création

L'affiche exige de beaucoup dire en peu de mots (et si elle dit tout, elle est rapidement confuse !). Elle ne permet pas, comme un film TV, de masquer une idée faible par une belle musique ou par des images mouvantes (toujours plus séduisantes que les images fixes). L'affiche nécessite donc une idée simple et forte. Sans quoi elle est muette.

On estime que l'**affiche est explorée en trois temps :** en un dixième de seconde, il se produit un accrochage chromatique et formel sans que l'on puisse reconnaître un objet. Un cinquième de seconde permet d'identifier une formule simple, et en une ou deux secondes, une exploration minimale de l'affiche est possible, plus longtemps pour une information détaillée.

D'où l'usage des images logotypes, véritables idéogrammes. L'affiche est donc « un télégramme adressé à l'œil » (Savignac), un message à haute densité : « L'affiche, c'est le Nescafé de la publicité, le concentré de la communication » (J. Séguéla) qui délivre un message dans sa forme la plus brutale, tel un cri (« L'affiche est un cri de la rue », J. Hénocq).

Certaines agences, comme CLM/BBDO, ont pourtant imposé des affiches aux accroches plus longues, qui ont pris le parti d'interroger le passant et de lui faire signe. Cependant, le principe de l'affiche à l'accroche courte est toujours respecté pour les abribus car ils saisissent au vol les automobilistes. Cependant, accroche courte ou pas, l'image et les mots doivent renvoyer à un seul élément : la marque.

Nous pouvons ajouter que :

– le rapport attribution/reconnaissance est favorable aux affiches photos :

	RECONNAISSANCE	ATTRIBUTION
Photo	46,7 %	23 %
Dessin	45 %	25 %

– la présence de personnages augmente sensiblement les scores et joue un grand rôle sur l'agrément. La reconnaissance, avec un personnage, monte à 54,5 % et à 30 % en attribution (respectivement 41% et 19,8 % sans personnage) ;
– quand un visuel a fait ses preuves, il faut le faire évoluer au niveau de son territoire, de ses codes et registres :

	RECONNAISSANCE	ATTRIBUTION	AGRÉMENT POSITIF
Un seul visuel utilisé	46,7 %	23 %	42 %
Plusieurs visuels	45 %	25 %	45 %

– un éclatement de l'affiche autour d'une déclinaison est plus efficace (*cf.* la campagne Dim : « Merci à Dieu d'avoir créé les femmes », « Merci à la terre qui est si basse », « Merci aux hommes d'aimer les femmes »... avec à chaque fois un visuel différent). Les scores IPSOS montrent l'intérêt de cette création :

	RECONNAISSANCE	ATTRIBUTION
Visuel nouveau	42,5 %	20,5 %
Visuel de la même famille	52 %	30 %
Reprise exacte	50 %	26 %

– un 4 x 3 doit être lisible à 20 fois sa dimension horizontale, tandis que le nom de marque situé en haut garantit une visibilité maximum ; le fond de l'affiche (son arrière-plan) doit être simple. Il convient de ne pas négliger des couleurs attractives ;

– le minimum culturel doit être utilisé pour en faire le maximum communiqué.

5.2 L'achat

L'offre étant supérieure à la demande (sauf sur certains réseaux encombrés comme ceux de Decaux), il est possible à un acheteur d'acquérir de l'espace au dernier moment, et à moindre coût : les réseaux nationaux sont ainsi soldés à moins de trois semaines avant la campagne (et ils sont vendus éclatés). L'informatique autorise ce **broking**. Mais dans le cas d'une campagne que l'on désire structurée ou si l'on veut acheter des réseaux, il est conseillé de ne pas recourir à un tel moyen car l'on n'aurait alors que les emplacements disponibles, et non les emplacements ou les réseaux désirés.

Cependant, on s'accorde à dire que les délais de réservation d'un 4 x 3 sont de 2 à 6 mois, contre un an à un an et demi pour le mobilier urbain et six mois pour l'affichage transport. Les délais de réservation dépendent aussi de la demande.

Il est possible d'acheter des panneaux à l'unité (rappelons que le prix d'achat d'un réseau représente 20 % de rabais par rapport à un achat à l'unité). Cela permet de réaliser des campagnes « sur mesure », souples, géographiquement localisées, afin éventuellement de renforcer, sur une cible précise, une campagne existante. Mais l'achat à l'unité demeure difficile car il faut apprécier les performances de chaque panneau. Les critères de choix lors d'un tel achat sont : la position du panneau, la circulation, la présence d'autres panneaux à proximité (préférer des panneaux isolés). Il convient aussi de prendre peu de panneaux, mais de meilleure qualité.

Les afficheurs consentent un abattement professionnel de 15 % aux agences « en vue de rémunérer la création et le conseil média », tandis que 2 % sont accordés aux annonceurs.

Bon nombre d'entre eux ont créé un calendrier mentionnant trois périodes, chacune proposant des remises spécifiques :

– période rouge : 100 % du tarif ;

– période blanche : - 15 % ;

– période bleue : - 25 %.

Les dégressifs-volumes concernent le montant de l'investissement réalisé, ils vont de 2 à 12 %.

Les afficheurs priment les annonceurs fidèles, ceux dont les budgets sont en hausse par rapport à l'année précédente et ceux qui décident leur achat bien à l'avance.

Enfin, une prime pour cumul de mandat (spécialement destinée aux agences et centrales) s'applique dans tous les cas ; elle va de 2 à 3 %.

L'affichage est donc d'un achat relativement difficile, ce qui a mené CARAT à lancer en 1997 un logiciel, MAXIMAT, de génération de campagne basé sur AFFIMAT, AFFIVILLE (qui permet de répartir le budget par agglomération) et CARAT MAP (cartographie de tous les afficheurs).

5.3 La stratégie

L'entreprise, à l'aide de l'affichage et par le biais de son agence, peut rechercher :

– un coup technique par le format, le relief (Playstation), le moteur (Skip), l'habillage (Minute Maid en 1996), l'odorat (Soupline Vanille en 1996), qui lui revient relativement cher et est difficile à réaliser. Mais l'entreprise peut ici viser une reprise par d'autres médias sous forme de rédactionnels gratuits (Myriam) ;

– la création par la déclinaison, l'esthétisme, le teasing (« aguichage »), qui, lui aussi, nécessite un plan média coûteux.

L'affiche « coup de maître » et « coup de patte » joue aussi le rôle d'appel ou de rappel du concept, en appui d'un média purement démonstratif comme la télévision, sauf si l'on recherche un « coup », dans le cadre d'une stratégie monomédia, par exemple. Quelle que soit l'approche choisie, l'intermédiaire obligé reste le contrôle d'achat d'espace : CARAT et EURO RSCG-MÉDIAPOLIS réalisent en effet près de la moitié de l'achat en volume pour ce média, et TMP près de 10 %.

C. Connaître les supports

L'affichage se divise en deux catégories :

– l'affichage urbain et routier ;

– l'affichage transports et mobilier urbain.

Les forces en présence (Source : afficheurs)								
Afficheur	Avenir	Dauphin	Giraudy	France Rail	Métrobus	AP Systèmes	J.-C. Decaux	DMU
Actionnaire	J.-C. Decaux	Clear Channel	Infinity	Clear Channel	Publicis	JCDecaux	Famille Decaux	Clear Channel
Nombre de panneaux[1]								
– grand format	36 000	43 000	55 000	1 400	nc	nc	13 000	—
– autres (estimation)	—	16 000	—	19 000 (gares) 26 000 (trains)	nc	nc	70 000	26 000
CA Pub France 1999 (milliards de francs)	1,2	1,535 (1998)	1,4	0,7	1	0,2	1,5	nc

1. Hors longue conservation.

Source : CB News n° 608 – 27/03-02/04/2000

1. L'AFFICHAGE TRADITIONNEL ROUTIER ET URBAIN

1.1 GIRAUDY

Cette société a été vendue par Europe 1 Communication (qui avait racheté les parts de Publicis en 1998) à ses dirigeants et à un fonds d'investissement britannique, Morgan Grenfeld Equity, en 1999. Celui-ci le revend en 2000 à Infinity Broadcasting Corporation (filiale de TDI Advertising Europe).

La gamme proposée par Giraudy s'articule autour de 3 formules : Système, Polisys, Multisystème, dont nous présenterons quelques exemples de produits.

■ Summertime

Situé dans 250 villes, ce réseau s'adresse à des campagnes régionales (sud) ou saisonnières (il n'est commercialisé qu'en juillet et août, en utilisant des panneaux des réseaux Stéréo, Label, Plages). De plus, 80 % des séjours de vacances ont lieu en France, et dans 83 % des cas, l'automobile est le moyen de transport. Il est performant en province avec des forces comprises entre 2,58 et 4,27. 4 800 panneaux.

■ 12/12

C'est le média du prestige avec 1 820 faces (130 à Paris, 410 en banlieue et 1 260 en province). 40 faces offfrent 8 m² et 75 % des panneaux sont éclairés.

■ Gamme Polisystème

Les produits de la gamme Polisystème offrent 28 500 supports organisés en 9 lignes de produits locaux répondant à 2 concepts : territorial et marketing. Les réseaux sont autonomes mais peuvent être complémentaires et valorisent l'objectif de proximité avec le consommateur. Produits : Poliazolispot, Poliagglo, Poliforce, Poliville, Policouronne, Polipôle, Polizone et Poliplus.

Il est présent dans 59 agglomérations de plus de 100 000 habitants (26 millions de personnes) et couvre 44 % de la population de 15 ans et plus ainsi que 35 % des cadres. 80 % des panneaux sont isolés. 2 900 panneaux.

■ **Stéréo**

65 % des emplacements (situés dans 57 agglomérations de plus de 100 000 habitants) sont placés côte à côte. Il couvre plus de 25 millions de personnes.

■ **New pole**

Réseau sur les axes à grand trafic. 2 577 panneaux et une couverture de 85,6 %.

GIRAUDY. Cet afficheur ne propose pas de réseau local.

	Nombre de panneaux Paris	Nombre de panneaux banlieue	Nombre de panneaux province	Nombre total de panneaux	Jour de départ
Master	190	470	2 236	2 896	lundi
Stéréo	170	410	1 626	2 206 doubles	mercredi
New Pole	150	400	2 027	2 577	mardi
12/12			1 260	1 820	mardi
Summertime	150	410		5 000	
Gamme Polisystème				28 500	

1. 2 AVENIR

La vente par Havas de HMC-OA (Havas Média Communication – Outdoor Advertising) a fait passer Avenir dans le giron du groupe Decaux en avril 1999.

A) RÉSEAUX NATIONAUX

■ **Empir**

Les panneaux parisiens sont éclairés et la couverture géographique de la banlieue parisienne s'arrête à la banlieue incluse.

■ **Duumvir**

Il se présente sous la forme de deux 4 x 3 facilitant la création (par exemple, le renvoi d'une affiche à l'autre, *cf.* Kookaï) et permettant de jouer sur la duplication. Sa couverture large touche 25 millions de personnes. La quasi-totalité des panneaux parisiens sont éclairés.

■ **Admyr**

Créé en 1993, il comprend des cadres répartis dans 56 agglomérations de plus de 100 000 habitants, plus Paris et la région parisienne.

B) RÉSEAUX LOCAUX

Eblouir et Privilège sont des réseaux de prestige. Ils peuvent être appuyés, en local par National 7 et Puissance, réseaux de couverture.

■ **Eblouir**

Ce réseau de panneaux éclairés ne couvre pas la banlieue des 23 agglomérations de plus de 180 000 habitants. Son architecture originale, son emplacement solo et son éclairage semblent garantir une bonne perception du message. Ces emplacements ne sont commercialisés qu'en ville à ville.

■ National 7

Sa couverture large autour de 56 agglomérations de plus de 100 000 personnes, avec Paris et sa région ou de 56 agglomérations de 35 000 à 100 000 habitants en font un outil complémentaire pour toucher les petites communes ou pour cibler les individus urbains non touchés par la télévision par exemple. Il touche plus de 28,6 millions de personnes.

Enfin, Avenir a lancé en 1996 le 1er réseau commercialisé par tranche horaire, Periph'temps libre, dont le cœur de cible est les PCS+ parisiennes.

AVENIR **National**	Nombre de panneaux	Jour de départ	Précisions
ADMIR	2 500	lundi	agglo de plus de 100 000 hab.
DUUMVIR	2 000	jeudi	agglo de plus de 100 000 hab.
EMPIR	3 0000	mardi	agglo de plus de 185 000 hab.
RAVIR	700	mercredi	agglo de plus de 200 000 hab.
Local I-D-F			
PERIF TEMPS LIBRE	20	lundi	de 6 h 30 à 9 h 30 et de 16 h 30 à 19 h 30
PARIS CADRES	250	mercredi	

1.3 DAUPHIN

Suite au rachat de Lévi-Tournay fin 1989 (spécialisé dans les centres commerciaux comme Parly 2 et La Défense), Dauphin gagne en implantation dans la région parisienne. Il y est d'ailleurs leader. Son parc est composé de réseaux régionaux (45 %), nationaux (23 %), de panneaux vendus à l'unité (19 %) et en longue conservation (13 %). Dauphin, concessionnaire des panneaux disposés sur les travaux publics parisiens (entre 100 et 180), développe aussi l'affichage en relief. Depuis 1997, l'afficheur propose son label de qualité « 99 % de panneaux isolés » ainsi qu'un «contrat innovation» offrant 15% de réduction à toute campagne pour un nouveau produit lancé dans les 12 mois. Une OPA de More Group a fait passer Dauphin sous la coupe du groupe mondial Clear Channel. La société est découpée en trois entités : Dauphin Communication, Dauphin Affichage et Dauphin Adshel (mobilier urbain).

■ Grand chelem

12 000 panneaux (Dauphin + Marignan + Thomas) sur Paris, banlieue et province. C'est le dispositif le plus puissant chez Dauphin. Il utilise les formats de 4,8 et 12 m². Prix selon périodes de 5,7 à 7 MF.

■ TGV (très grandes villes)

Créé en 1984, il couvre 29 villes, soit 21,297 millions d'habitants avec 2 045 panneaux pour 20 agglomérations.

Les achats se font groupés ou à l'unité. Les tarifs mentionnés en annexe concernent des achats groupés. Il vise les cadres et les cols-blancs pour des produits high-tech et de luxe, ce qui explique son prix élevé.

Sa cible est plus jeune que la moyenne nationale et plus haut de gamme.

Ce réseau peut être utilisé en synergie avec la télévision dans les régions où l'audience de cette dernière est faible. C'est un produit pointu qui se veut média à part entière, proche d'un magazine d'informations.

DAUPHIN NATIONAL	Nombre total de surface	Jour de départ	Précisions
MÉGA	2 885	mardi	62 agglo de plus de 101 000 hab. dont Paris I-D-F
MAGNUM	790	jeudi	17 agglo de plus de 200 000 hab. réseau double
PACK	4625	mercredi	171 agglo de plus de 20 000 hab. format en 8 et 12 m^2
QUAND VIENT L'ÉTÉ	7 000	jeudi	de fin juin à fin août seulement

■ Magnum

L'isolation de ses panneaux (pas d'autres faces ni enseignes dans un rayon de 40 mètres) lui permet un impact maximum, créant un espace de liberté et d'expression. Il descend dans les villes de 100 000 habitants, soit 53 agglomérations. En 1997, l'afficheur a lancé le « contrat innovation » offrant 15 % de réduction à toute campagne pour un nouveau produit lancé dans les 12 mois.

■ Giga

Implanté sur les axes reliant les postes périphériques entre eux ainsi qu'à la ville principale. 4 736 faces (5 MF environ).

126 agglomérations de plus de 40 000 habitants y compris Paris et banlieue avec 4 000 panneaux.

■ Méga

Il permet une forte et puissante présence en centre – ville et sur les grands axes. De nombreux panneaux sont éclairés. Ce réseau puissant couvre 62 agglomérations de plus de 100 000 habitants avec près de 3 000 panneaux.

■ Les réseaux locaux

Ils comprennent, entre autres, Lead'r, Cov'r, Big'r et s'achètent pour 7,10 ou 14 jours en ville à ville.

1.4 MORE O'FERRALL

More O'Ferrall, d'origine britannique, propose deux réseaux pour un patrimoine de 2 500 panneaux environ répartis dans 23 villes.

MORE O'FERRALL	Nbre des panneaux Paris et R P	Nbre panneaux province	Nbre total de panneaux	Précisions
O'NE	730 dont 90 % éclairés	1 590 dont 10 % éclairés	2 320	Format allongé en 5,53 x 2,17m
MORE O'FERRALL 2	225 dont 65 % éclairés	0	2250	Réseau double, 4 x 3

1.5 THOMAS ET MARIGNAN

Thomas, avec ses 22 000 faces, se positionne sur une cible particulière, les rurbains, qui habitent dans des agglomérations inférieures à 20 000 habitants.

Leurs caractéristiques sont précises : ils se déplacent trois fois plus que les citadins et les parisiens, et ils ne quittent pas leur univers pour faire leurs achats (sur une semaine, 70 % ne se rendent jamais à la grande ville). Il faut donc les toucher chez eux. Leur consommation est proche de celle des citadins, mais les produits nouveaux pénètrent dans le monde rurbain plus lentement, à cause du manque d'information. Pour les toucher Thomas utilise ses réseaux Satellites qui entourent les agglomérations d'importance.

Enfin, le manque d'encombrement publicitaire sur ce créneau en fait une cible plus réceptive, bien que sur-exposée à la télévision.

Thomas fut racheté par Marignan en 1994, lui-même contrôlé à 100 % par Dauphin depuis janvier 2000.

Marignan affiche en 12 heures. Ses réseaux (regroupant 6 000 faces) touchent 70 % de la population des villes de plus de 100 000 habitants et 42 % de la population urbaine totale.

Il se positionne comme une force complémentaire aux réseaux nationaux concurrents à l'aide des « city ».

Les afficheurs répertoriés en 1.3, 1.4 et 1.5 appartiennent au groupe Clear Channel.

MARIGNAN	Nbre total de faces	Précision
NATIONAL URBAIN		
CITY 500 CITY 300	1 000 1 500	Paris et RP plus 7 agglo de plus de 500 000 hab. Paris et RP plus 16 agglo de plus de 300 000 hab.
NATIONAL RURBAIN		
L'ITINÉRAIRE	6 000	Commercialisé par Thomas et Marignan Villes de moins de 20 000 hab., soit 24 millions de pers. Formats de 4 et 8 m^2

2. L'affichage sur mobilier urbain

Le mobilier urbain regroupe 94 527 panneaux répartis en centre-ville sur le territoire national. Son poids selon la taille des agglomérations est le plus important dans celles de 5 000 à 20 000 habitants (22 %) et le moins important dans celles de plus de 300 000 (10,2 %), et de moins de 5 000 habitants (10,1 %). Ce taux est de 10,2 % sur Paris et sa banlieue. Dans l'offre affichage totale, le mobilier urbain représente 11,4 %. Les panneaux sont considérés par les annonceurs comme présentant des qualités de présentation, d'entretien et d'isolement, ce qui fait de ce mode d'affichage un produit de luxe, Whirpool par exemple l'utilise comme support exclusif de sa communication en affichage. Son seul point faible est l'absence d'outil de mesure des performances commun à la profession. Decaux est de très loin le leader sur ce marché puisqu'il en détient 69,7 %. Sirocco détient 20,1 % du marché et affirme sa présence sur les midipoles (agglomérations de 10 000 à 50 000 habitants) et les minipoles (moins de 10 000 habitants). Les 10,2 % restant sont partagés par des sociétés de moindre importance.

Le marché est devenu depuis deux années un champ de bataille concurrentiel. En effet, peu présent dans les centres-villes, les grands afficheurs tentent de pénétrer le marché du mobilier urbain par rachat de sociétés afin de créer des liens utiles pour leurs autres réseaux avec les collectivités territoriales. Dauphin a ainsi racheté Lacroix et Giraudy, a repris Alliance Publicité Colin au cours de l'année 1995. En région parisienne, Dauphin dispose de 3 500 faces, Giraudy de 2 600 faces, 4 310 sur l'ensemble du territoire et espérait atteindre l'objectif des 10 000 en 1996. Dans ce contexte fortement concurrentiel, Avenir n'est pas en reste puisqu'il s'est associé en décembre 1995 avec Sirocco pour créer Sirocco International dont le mobilier, présent dans les villes de plus de 50 00 habitants (sucettes et abribus) et dans celles de plus de 20 000 habitants, concurrencera directement le réseau Senior de Decaux. Nous présentons ici les deux afficheurs aujourd'hui les plus installés : Decaux et Sirocco.

2.1 DECAUX

J.-C. Decaux est l'inventeur du concept du mobilier urbain. La société, créée en 1975, possède un patrimoine de plus de 64 000 faces et pèse près de 68 % du CA de ce type d'affichage (24 % pour le groupe Dauphin).

Plusieurs produits sont proposés. Tous sont éclairés et mis en place en douze heures et se situent dans des villes de plus de 30 000 habitants.

Son entrée en affichage traditionnel (rachat de Avenir) et son ambition internationale (le groupe est présent dans 1 200 villes dans le monde) en font un acteur mondial.

DECAUX	Nbre total de faces	Précisions
MUPI PARIS	535	Format 120 x 176
MUPI/ABRIBUS BANLIEUE	3 000	Format 120 x 176
ABRIBUS PARIS	1 100	Format 120 x 176
ABRIBUS PROVINCE	11 750	Format 120 x 176
SENIOR PARIS	430	Format 320 x 240
SENIOR BANLIEUE	675	Format 320 x 240
SENIOR PROVINCE	2 575	Format 320 x 240

2.2 SIROCCO

Sirocco regroupe les afficheurs UPA, PUBLI-CITES et PEL. La société est implantée dans les villes de 20 000 à 40 000 habitants et dans quelques grandes villes (Bordeaux, Le Havre, Lille, Marseille). Son patrimoine est d'environ 22 000 faces en mobilier urbain dans 3 000 villes. Depuis son rapprochement avec Avenir, il propose aussi 570 faces de 8 m² dans les villes de plus de 20 000 habitants. Sirocco a été racheté par More Group en 1998.

3. L'AFFICHAGE TRANSPORT

Métrobus, première société du secteur, possède l'exclusivité de la concession de la RATP (renouvellement tous les cinq ans), sans en être une filiale. Il se partage la France avec France Bus qui gère, entre autres, la ville de Lyon (bus et métro). France Rail, filiale à 100 % de la SNCF, est le second intervenant.

L'affichage transport représentait 20,6 % du chiffre d'affaires total de l'affichage fin 1996. Cette croissance s'explique par les particularités de ce support devenu essentiel pour les annonceurs. L'affichage transport propose un grand assortiment : flanc et cul de bus, grand format quais, mobilier de gares... dans des formats le plus souvent hors normes standard. Il propose également une surreprésentation en région parisienne et une sous-représentation dans les agglomérations de moins de 50 000 habitants. Ses avantages sont nombreux :

- « l'effet farandole » : les consommateurs semblent fortement attirés par des emplacements et des formats non conventionnels, ce qui « fait rebondir l'impact d'une campagne » ;
- l'audience en affichage intérieur (dans les rames et wagons) est captive ;
- le ciblage (alors qu'en règle générale, l'affichage ne cible pas) : audience généralement jeune et active pour France Rail Publicité qui propose même depuis le début 1996 le réseau Destination Cadres (3 200 faces offrant une pénétration maximale sur les PCS+ et le monde des affaires).

La croissance de l'affichage transport s'explique surtout par le développement des transports eux-mêmes. On dit à ce propos que l'affichage est le média d'une ère nomade dans la mesure où « nous passerons plus de temps en dehors du logis, nous vivrons (...) dans nos transports individuels et collectifs, dans de nouveaux lieux de vie : gares, métros, aéroports, stations-services, centre commerciaux » (*Stratégies* n° 1 000, 21 février 97).

Les Français consacrent 70 minutes par jour à leurs déplacements, 88 minutes en région parisienne. L'automobile demeure le mode de transport dominant mais les transports collectifs (30 % des déplacements motorisés) se développent surtout en région parisienne où toute personne se déplaçant est exposée à l'affichage 33 % de son temps. L'affichage transport est bien un média incontournable.

Par rapport à la population d'Île-de-France, les utilisateurs de transports sont plus masculins (59 %), plus actifs (76 % contre 60 %), plus affaires cadres supérieurs (27 % contre 23 %), plus jeunes (63 % ont moins de 35 ans, contre 44 % en IDF), plus consommateurs de loisirs et utilisateurs de grandes surfaces et de grands magasins. Ces quelques chiffres montrent l'intérêt de cette catégorie d'affichage.

3.1 METROBUS

Métrobus est une filiale de Publicis. L'avantage du bus est que c'est le seul support qui touche tous les secteurs d'une agglomération depuis le centre jusqu'à la périphérie et qui n'est pas implanté en fonction de contingences réglementaires.

La multiplicité des réseaux du support permet à des annonceurs très différents de s'afficher. D'autre part, le 4 x 3, moins cher que le 4 x 3 extérieur, possède une efficacité semblable. Cela explique sans doute que 30 % des annonceurs métro n'utilisent que ce support.

■ Caractéristiques de l'audience

Le métro-RER parisien est fréquenté chaque jour par 5,74 millions de voyageurs, pour un trafic annuel de 1,48 milliard de voyages, répartis comme suit :

– métro : 1,185 milliard ;
– RER : 295 millions.

Le taux de couverture du métro-RER est élevé car 81,4 % des habitants de la région parisienne l'utilisent, soit 6,57 millions de personnes de plus de 15 ans. La pénétration varie bien sûr selon la durée de la campagne :

– 7 jours : 54,9 % ;
– 14 jours : 65,6 % ;
– 21 jours : 70,1 %.

Le métro-RER est donc un support puissant. Il favorise aussi la répétition. Les utilisateurs se répartissent ainsi :

– 21 % voyagent tous les jours ;
– 24 % voyagent une à quatre fois par semaine ;
– 25 % voyagent une à trois fois par mois ;
– 30 % voyagent moins souvent.

Ajoutons, concernant la répétition, que le nombre moyen de voyages effectués en une journée est de 2,9 (soit 35 minutes et 11 stations).

Par rapport à la population de l'Île-de-France, l'audience du métro-RER est plus jeune, plus instruite, apprécie plus les sorties et moins la télévision. Elle fréquente plus les grands magasins et les magasins populaires (mais moins les hypers), les grandes surfaces spécialisées, en particulier pour la hi-fi et la vidéo. L'audience du métro-RER et du bus accorde plus de place au sport et au tourisme. L'audience apparaît donc comme étant qualitative, mais ces plus ne sont que rarement supérieurs à + 10 % par rapport aux caractéristiques de la population de l'Île-de-France. D'autre part, on assiste à de légères contre-performances en ce qui concerne le taux d'équipement en appareil photo, voiture, décodeur Canal+, etc.

Métrobus propose deux principaux réseaux.

■ Le réseau quais

Les panneaux 4 x 3 sont placés sous le signe :

– de la diversité ;
– de la force car le nombre de panneaux peut être choisi ;
– de l'expression créative par un ou plusieurs panneaux ;
– des coûts ;
– de la durée de conservation ;
– de la possibilité d'afficher sur toutes les stations ou station par station, voire ligne par ligne ; c'est le cas du réseau massif dont la durée de conservation est de 7 ou 14 jours.

■ Le réseau couloirs

Il permet d'obtenir une bonne couverture sur la quasi-totalité des stations et autorise une pression publicitaire centrée sur un arrondissement (dans le cas d'un achat par massif, ce dernier étant constitué d'un groupement de panneaux).

■ Les autres produits Métrobus

Ils comprennent les **oriflammes** (petites feuilles de papier plastifié pendant du plafond des voitures), les portes **Sésame** (situées au-dessus des bornes de compostage du métro), les panneaux situés au fond des voitures (mentionnons qu'il n'y en a pas sur les lignes 7, 8, 13, leur présence étant faible sur la ligne 10), **les portes d'accès et les rampes**, ces dernières proposant une surface en forme de parallélogramme.

De plus, notons que le réseau **Flash**, seul réseau éclairé, commercialisé en tout ou en partie, au format similaire à l'abribus Decaux, propose des panneaux doubles. Ils sont situés dans les salles d'échange métro/RER.

Enfin, Métrobus vend des emplacements réservés à la presse, aux loisirs et à la culture.

Concernant les bus parisiens, l'affichage sur ce mode de transport tient à :

- la densité de son réseau et la nombreuse population desservie (2,17 millions par an) ;
- son imbrication dans le tissu local ;
- sa forte couverture : 95 % au bout de 15 jours ;
- la qualité de ses contacts avec une forte proportion de jeunes, d'actifs et de CSP élevées.

Son format à l'italienne (c'est-à-dire allongé), ses possibilités d'expression créative sont de réels atouts. Exemple : Ajax vitre, où l'on pouvait voir un homme en train de faire les vitres, sortant de l'espace publicitaire lui étant réservé ; Perrier utilisant les moyeux des roues pour y « clipper » sa capsule tandis qu'une bouteille figurait à l'arrière, sortant de son cadre.

		Nom	Faces
Bus Paris-banlieue		Droit européen	1 750
		panoramique	2 900
		Arrière	2 300
		Avant	2 000
Métro	quai	Platine	450
	couloirs	Superflash	1 338

3.2 FRANCE RAIL PUBLICITÉ

Cette société a été rachetée par Clear Channel en mars 2000 devant Métrobus (filiale de Publicis) qui souhaitait aussi l'acquérir.

75 % des utilisateurs de transports en commun transitent par les gares. L'intérêt du support France Rail Publicité et des lieux événementiels comme la gare Saint-Lazare (première gare de France) est alors évident.

Les réseaux sont présents dans 27 gares parisiennes et leur équilibre a été déterminé en fonction de l'importance des différentes zones : quais, passages, sorties... La répartition des 15 000 panneaux, les publicités dans les métros et bus (sauf à Paris) et la maintenance des gares par sa filiale Landimat en font un acteur majeur dont la SNCF a néanmoins décidé de se séparer en cédant 80 % du capital en mars 2000.

Les utilisateurs réguliers des trains sont jeunes et actifs : les 14–24 ans représentent 34 % des voyageurs (contre 18 % dans la population d'Île-de-France) et les actifs représentent 72 % (contre 59 %) avec une sur-représentation des cadres (13,6 % contre 9,7 %). Le profil de l'audience allie donc qualité et nombre (4,2 millions de voyageurs hebdomadaires). Pour atteindre cette cible, France Rail Publicité propose des réseaux que nous avons regroupés en fonction de leur couverture géographique.

■ Les réseaux parisiens

Ils sont quatre : Top Presse, Spectacle, Capitale et Super Capitale. Le profil de leur audience est celui des utilisateurs du réseau banlieue SNCF et RER, ainsi que celui des voyageurs des grandes lignes.

- **Top Presse** est réparti dans toutes les gares parisiennes, il propose un double impact, tant par les affiches en elles-mêmes que par la mise en avant (du titre faisant l'objet de la publicité) dans les Relais H situés à proximité des emplacements. 150 faces de 120 x 174.
- **Spectacle** se positionne comme un support événement du cinéma, du théâtre, des concerts. Il est situé dans 27 gares. 150 faces.
- **Super Capitale** est un réseau en 120 x 174 comprenant 400 faces sur Paris et la 1re couronne.

■ Les réseaux Île-de-France

Le profil d'audience en format 4 x 3 est le même que pour les réseaux parisiens, mais étendu à l'Île-de-France. Nous pouvons distinguer trois réseaux :

- **Twins Francilien** est un réseau de couverture générale de la région grâce à sa présence sur les axes SNCF. Ses 1 250 panneaux sont situés dans 185 gares, sur les quais.
- **Carré d'As**, de format 60 x 60, 535 000 F propose 15 000 cadres dans les voitures, sur 14 jours.

■ Un exemple de réseau national : les Twins

- Ces panneaux (120 x 174) doubles, implantés sur tout le territoire offrent une couverture qui se veut totale. La commercialisation peut s'effectuer, au choix : nationalement, Paris seul, banlieue, Île-de-France, province, et même 40 panneaux sont proposés dans la gare Saint-Lazare. Ces caissons lumineux sont situés sur les quais et dans les cours des gares. 2 500 faces.

■ Les autres produits de France Rail Publicité

France Rail Publicité possède la concession du « Train Forum » utilisé en événementiel. Ce train est habillé aux couleurs de l'annonceur et circule de gare en gare. Des actions événementielles et promotionnelles peuvent aussi être réalisées par la location :

- de podiums dans les six grandes gares parisiennes ou en province.

- de 4 x 3 suspendus (ils furent utilisés la première fois par Dim pour ses sous-vêtements masculins en 1987) dans la salle des pas perdus. Le choc visuel prend ici toute sa dimension. Ex. St-Lazare, 13 doubles faces.

3.3 Les autres entreprises

France Bus gère les emplacements de 10 des 15 grandes villes de province. Il réserve le flanc droit à la publicité locale, le gauche aux annonceurs nationaux.

Aéroports Publicité, filiale à 100 % de Métrobus, possède les 64 aéroports français en régie exclusive. Les emplacements jouent sur la disponibilité des voyageurs : 2/3 passent entre 30 et 120 minutes dans l'aérogare.

4. Les autres formes d'affichage

Il est possible d'afficher sur les parkings des hypermarchés grâce à SMA (filiale de grands afficheurs), dans les stations de ski, dans les aéroports (AP) sur les chariots (Affichariot de Médiaperformance), les kiosques, les vitrines, les ballons dirigeables, les mongolfières, les banderoles aériennes et même les avions (Magic Touch)...

L'affichage mobile recouvre tout affichage apposé sur un véhicule. Son principal support demeure le camion qui accepte le 4 x 3.

D. Pré-tester et post-tester l'affichage

1. Les pré-tests

Deux méthodes peuvent être utilisées, la première étant la plus rudimentaire;

- **la méthode du carroussel** consiste en une projection de diapositives pendant un laps de temps donné, ce qui permet de déterminer la puissance de l'accroche et la lisibilité de l'affiche. Mais cela n'autorise pas un test en milieu réel ;
- **le test Force +,** de Guy Bachelin Objectifs, utilise la conception assistée par ordinateur pour incruster des projets d'affiches dans un film reproduisant les déplacements d'un piéton, ou d'une voiture dans la rue, pendant une minute trente. À l'intérieur de ces films sont répartis six emplacements d'affichage (abribus, 4 x 3 isolés et en massif), l'affiche à tester se situant en troisième position. Chaque affiche est exposée trois secondes. Ce système mesure la valeur de la communication et le concept en situation, la valeur d'accroche et d'impact. L'approche coûte environ 100 000 F pour cent questionnaires.
- **Le visiotest** de Giraudy permet de modifier les créations en grandeur réelle et de les tester dans un environnement urbain.
- **le logiciel Cyboard** de Dauphin permet aux créatifs de juger de l'impact et de la visibilité de leurs œuvres sur leur PC.
- **l'Affithèque** de la centrale d'achat AFFI-CONSEIL est un modèle mathématique qui compile le scores IPSOS et les visuels des différentes campagnes pour déterminer les éléments qui permettent de

générer de bons scores d'impact. L'AFFI-IMPACT cherche à prévoir les scores d'impact en fonction de divers paramètres : scores des précédentes campagnes, budget affichages et TV sur les 3 années précédentes, renouvellement du visuel, présence d'un personnage, nombre de visuels, humour, citation ou nom de la marque dans l'accroche.

2. Les post-tests

Leur but est de connaître le nombre de personnes exposées à la campagne, de savoir combien l'ont regardée et combien en ont retenu le message.

Ces mesures sont réalisées depuis 1977 par IPSOS dans le cadre du « baromètre affichage » mesurant, chaque année, 1 300 affiches et 750 campagnes grâce à 300 interviews (en région parisienne uniquement) de personnes de 18 à 55 ans. Elles évaluent la qualité créative des campagnes en termes d'impact et d'agrément qui prennent la forme de plusieurs scores :

- **le score de reconnaissance** mesure la proportion des interviewés déclarant se souvenir avoir vu les affiches présentées dans un livret. Son standard est de 45 %. En affichage, la démémorisation reste faible en chutant d'environ 20 % en trois mois ;
- **le score d'attribution** est la proportion d'interviewés citant correctement la marque ou le nom de l'organisme considéré, après avoir vu le visuel démuni de ses signes de reconnaissance (la marque, le nom de l'entreprise et des produits sont cachés). Son standard est de 21 % ;
- l'enquêteur note les réponses incomplètes ou erronées qui constituent alors le **taux de confusion ;**
- **le score d'agrément** mesure combien une affiche plaît aux interviewés (agrément positif, dont le standard est à 43 %) ou déplaît (agrément négatif).

Ces scores varient selon les secteurs, comme le montrent les exemples ci-dessous.

Les secteurs services, maison, distribution, loisirs grand public et matériel de bureau ont des scores inférieurs aux standards (33 % et 9 % pour le dernier).

SECTEURS	RECONNAISSANCE	ATTRIBUTION
Collectivités, intérêt général	54 %	28 %
Alimentation	50 %	25 %
Hygiène, beauté, santé	48 %	24 %
Médias, édition, spectacles	47 %	22 %
Transports	46 %	25 %
Boissons	46 %	21 %
Habillement textile	46 %	19 %

Les scores varient aussi selon la notoriété de la marque. Si la notoriété de la marque est inférieure à 50 %, les scores de reconnaissance et d'attribution sont de 39 % et 11 %. Avec une notoriété située entre 50 % et 80 %, on atteint 45 % et 20 %. Si la notoriété de la marque est supérieure à 80 %, les scores sont de 47 % et 26 %.

Enfin, les scores IPSOS varient selon le niveau de concurrence dans le média : si elle est inexistante, les scores montent à 46 % (reconnaissance) et 23 % (attribution).

La mémorisation se traduit par un score d'impact qui varie selon la qualité de l'affiche et la force de la campagne. Les courbes de démémorisation décroissent moins vite qu'en télévision. D'ailleurs, il semble que la complémentarité affichage/télévision soit réelle : les scores varient selon le média utilisé avec l'affichage.

Ainsi, selon une étude TMPR (*CB News* 26/5 1997), l'affichage permet + 45 % en mémorisation et + 24 % en force de la marque lorsqu'il est associé à la TV.

Utilisé avec la presse, l'affichage augmente les scores de mémorisation de 37 % (+11 % pour la force de la marque). En parallèle avec la radio, l'affichage génère une mémorisation de + 35 %.

Enfin, en ce qui concerne les post-tests, les afficheurs, sur l'initiative de Dauphin et avec la collaboration de SECODIP, ont lancé Affisource en 1997. Affisource pige toutes les données relatives aux campagnes d'affichage à partir des déclarations quotidiennes des afficheur sur leurs contrats. Les données sont centralisées et triées par SECODIP, qui se charge de leur distribution. Affisource est gérée par un GIE, sur le modèle d'Affimétrie.

Les 5 premiers secteurs investisseurs (1999) en MF

Distribution	2 452	Culture/Loisirs	1 099		
Transport	1 223	Boissons	802	Télécommunications	790

Conclusion sur l'affichage

Le mouvement de dédensification s'est donc accéléré ces dernières années. Dans un premier temps, les grands afficheurs ont cherché à contrer leur retrait progressif des centres urbains, ils se sont adaptés au développement des pôles d'activité hors des villes et ont développé une argumentation fondée sur l'importance du trafic à l'extérieur des agglomérations. Les afficheurs ont alors fait d'intenses efforts pour développer des outils cartographiques performants afin de devenir des spécialistes du géomarketing. Plus récemment, les trois groupes présents dans le grand format ont fait des incursions sur le marché du mobilier urbain, tant par rachat (Dauphin absorbant Lacroix) que par association (Avenir et Sirocco), puis se sont implantés sur 8 m^2, intermédiaire entre le petit format du mobilier urbain (2 m^2) et le grand format... Les budgets de l'industrie du luxe, privilégiant le 2 m^2 et le 8 m^2 sont en ligne de mire... Ainsi que Decaux, principal intervenant sur ces deux marchés. Ces attaques ont sans doute incité Decaux à développer Révélation, système permettant d'offrir deux visuels selon que l'affiche est éclairée ou non (campagne de la Barclay's en 1997).

Dans le même temps, plus axés sur la couverture et la puissance, les couplages se développent, principalement avec d'autres médias complémentaires : affichage et radio (France Rail/ Radios Régies par IP ; Giraudy/ radios commercialisées par Europe Régies), affichage et inflights (AP/RCI). Un essai a été mené début 1998 pour un couplage interne à l'affichage avec Avenir, Giraudy, Dauphin et More O'Ferrall. Baptisé Grand Réseau, il ne porte que sur les doubles faces (mais tous les doubles des quatre afficheurs !), soit 3 000 dispositifs et 6 000 faces, permettant ainsi de toucher 50 % de la population française pour un coût de 4 MF.

Ces évolution montrent que l'affichage est entré dans une phase économique dynamique et de plus en plus vive concurrentiellement. Mais un travail reste à accomplir : la mesure de l'efficacité, ce qui constituerait un pas de plus vers la professionnalisation du plus vieux média du monde. Une réflexion sur l'affimétrie est aussi en cours.

V. LE CINÉMA

A. Sélectionner le cinéma

On a pris l'habitude de dire que le cinéma est né en décembre 1895 lorsque Antoine Lumière donna la première représentation publique dans les sous-sols du Grand Café à Paris.

Cette invention était la conséquence de nombreuses autres :

- découverte au XVIIIe siècle du phénomène de l'impression rétinienne (l'œil conserve l'impression visuelle d'une image pendant un dixième de seconde après qu'on l'ait stoppée) ;
- développement de la photographie à partir de 1825 par Niepce et Daguerre.

En 1895, le cinéma n'était qu'une invention et les premiers spectateurs étaient peu nombreux à concevoir qu'environ un siècle plus tard, il serait si présent dans notre quotidien.

Cette évolution fut possible grâce à de nombreuses autres découvertes :

- le cinéma sonore en 1926 ;
- le cinéma en couleurs en 1935 ;
- le cinéma en « relief » en 1953.

Parallèlement au développement des techniques cinématographiques, le cinéma publicitaire naissait. Pour C.R. Haas dans *Pratique de la publicité*[(1)], les premiers films publicitaires étaient « d'un anachronisme navrant tant par le choix que par l'ordre et le rythme des images ». C'est donc que la publicité, encore très proche « de l'affiche ou de l'étalage filmé », n'avait pas compris l'essence même du cinéma.

(1) Dunod, 1987

Pour Haas, une foule dans un cinéma n'agit que si elle est homogène. Pour ce faire, il faut prendre le temps d'établir une communion des sentiments entre les « rêveurs éveillés » que sont les spectateurs. Le film doit davantage évoquer que suggérer et chercher à démontrer.

Parce que les premières publicités, en liaison avec les idées des premières copy-stratégies (USP essentiellement), ne jouaient que sur l'information et la démonstration des bienfaits du produit, elles étaient en décalage avec ce qui les supportait : le cinéma.

Le cinéma est un spectacle. C'est cette orientation qu'a choisie la profession pour sortir le secteur d'un état de crise qui, bien que n'étant pas fini, permet d'envisager un avenir plus radieux.

En effet, même si le cinéma est passé de 1955 à 1989 de 400 millions de spectateurs à environ 120 millions et qu'il soit peu probable de revenir au chiffre de 1955, un redressement s'opère après 1990. 155,5 millions d'entrées ont été enregistrées en 1999 et 167 millions en 2000.

La publicité au cinéma s'est aussi orientée vers le côté spectacle. La qualité de ses films est bonne aujourd'hui ; des auteurs de longs métrages réalisent aussi des films publicitaires : Chatilliez, Miller, Besson...

RÉPARTITION DES INVESTISSEMENTS PUBLICITAIRES PAR SECTEURS EN 1999		
Secteurs	**Poids relatif du secteur**	**Évolution 1999/1998**
Toilette, beauté	13 %	+5 %
Alimentation	13 %	+35 %
Télécommunications	12 %	+54 %
Culture, loisirs	12 %	+46 %
Distribution	9 %	+5 %
Services	7 %	–3 %
Transport	7 %	+24 %
Boissons	6 %	+77 %
Voyage, tourisme	4 %	+300 %
Habillement, accessoires	4 %	–3 %

Source : SECODIP

En 1999, les investissement publicitaires ont progressé de 26 % par rapport à 1998 pour se situer à 821 millions de francs bruts.

Le cinéma est un média porteur pour la publicité, c'est le média qui permet la meilleure mémorisation et il est pourtant relativement peu utilisé. Ce paradoxe s'explique par les avantages et les inconvénients de ce média.

1. Les caractéristiques du cinéma

Le cinéma possède de nombreux atouts... qui expliquent un coût GRP élevé (de l'ordre de 35 000 à 45 000 F).

1.1 Un taux de mémorisation élevé

Avec 75 %, le cinéma enregistre le plus fort taux de mémorisation, bien avant la télévision (de 15 à 20 %), la presse magazine (10 %), la radio (5 %) et l'affichage (3 %).

Si 75 % des individus se souviennent de la projection des films publicitaires qu'ils ont vus au cinéma, c'est que ce dernier est un média complet s'adressant au sens le plus réceptif chez l'homme : la vue. Il s'adresse aussi à l'ouïe qui est également un sens réceptif.

Le cinéma lie donc l'image, le son et bien davantage encore, le mouvement et la dimension. En ce qui concerne l'odorat, des expériences ont été menées (on demandait aux spectateurs à un moment déterminé du film de gratter une plaquette où se trouvaient des odeurs) mais elles n'ont constitué que des gadgets.

1.2 Un média puissant sur la cible des hauts revenus

Le cinéma agit sur cette cible comme un média rapide et à forte pénétration. Ainsi, en un mois, le cinéma touche 34,6 % des Français à hauts revenus et 40,9 % des français à très hauts revenus (0,45 à 1 MF de revenus annuels). Notons de plus que les cadres cinéphiles sont très peu consommateurs de télévision.

Les spectateurs réguliers du cinéma, quel que soit le critère socio démographique qui les caractérise, présentent le même profil socio-culturel. Aller au cinéma serait, selon cette étude SOFRES, plus une posture psychologique qu'un âge, une profession ou un statut social. De même, la culture cinéma reste très différente de la culture télévision, comme le montrent les cartes ci-dessous.

1.3 Un fort pouvoir de communication

Parce qu'il est un média complet, le cinéma possède un fort pouvoir de communication. Contrairement au film télévisé, le film cinéma s'adresse à un public disponible, il s'adresse également à une collectivité. S'il réussit à rendre cette foule homogène comme nous l'avons vu avec C.R. Hass, ses réactions seront amplifiées.

Dans le même ordre d'idées et parce que les individus vont rarement seuls au cinéma, il est le média du couple (51,6 % des spectateurs vont au cinéma à deux, dont 64,7 % avec leur conjoint), ce qui est utile pour certains produits dont l'achat se décide à deux, la voiture par exemple. Le cinéma provoque une réaction en couple. 6,1 % des spectateurs vont au cinéma seuls, 42 % à plusieurs dont 58,7 % entre amis et 38,1 % en famille [(1)]... pourtant les foyers monopersonnels sont deux fois plus représentés au cinéma que dans la population française.

En somme, aller au cinéma est un style de vie.

---

(1) Enquête Médiamétrie « Le public du cinéma », avril 1997

Les cadres

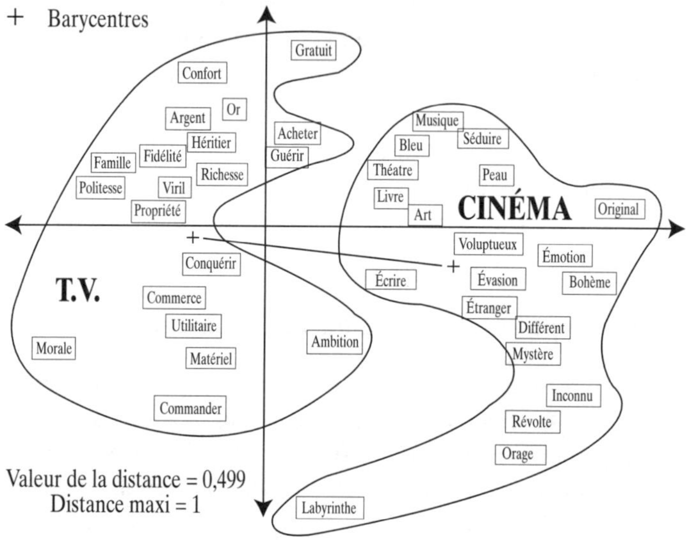

Les Ménagères < 50 ans

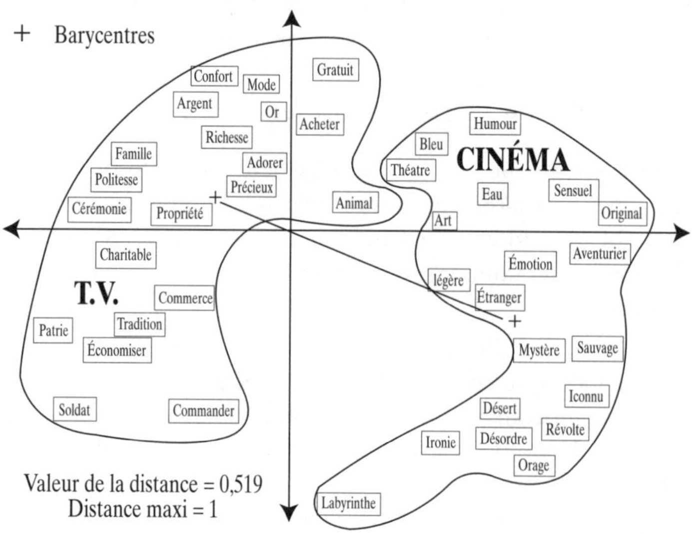

Vont au Cinéma au moins une fois par mois

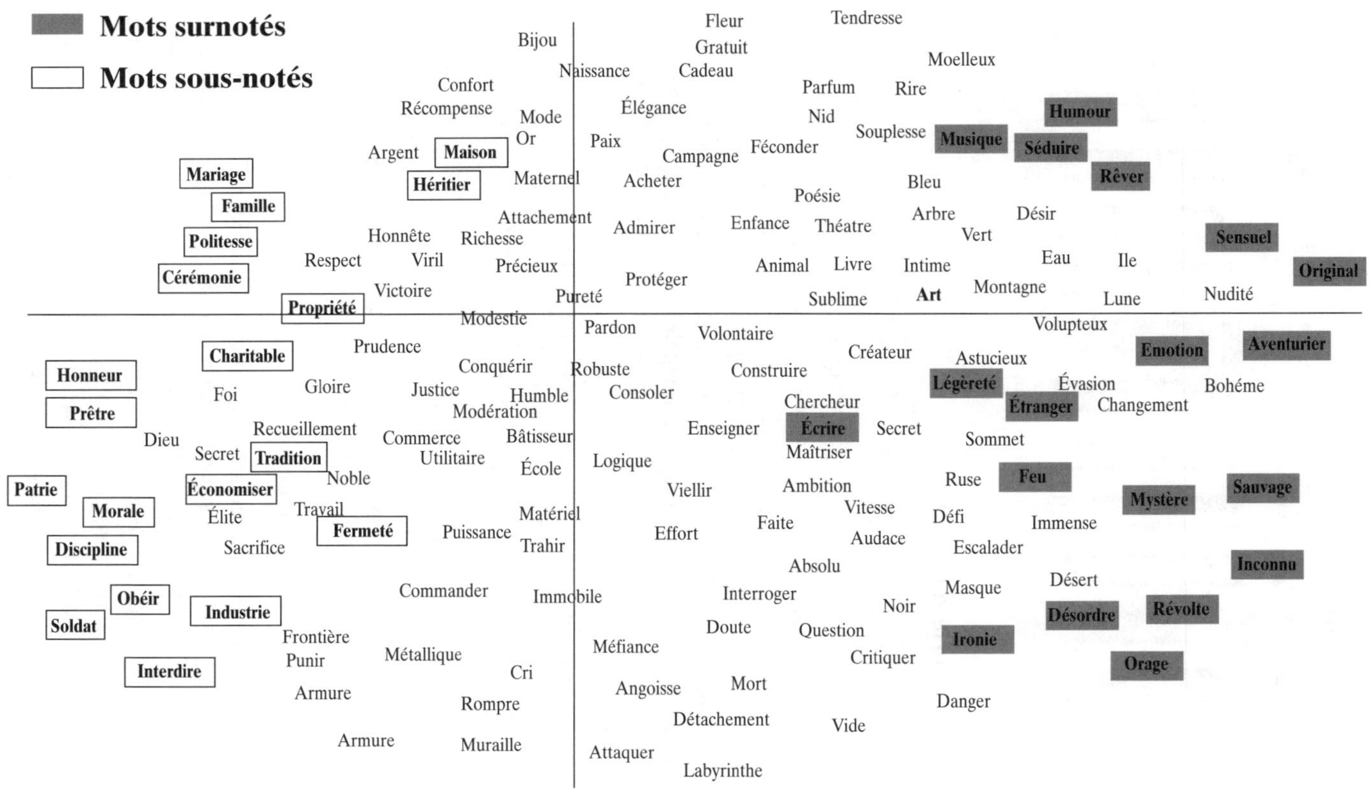

Indices mensuels – Audience 30 jours
Moyenne avril 1994 – mars 1999

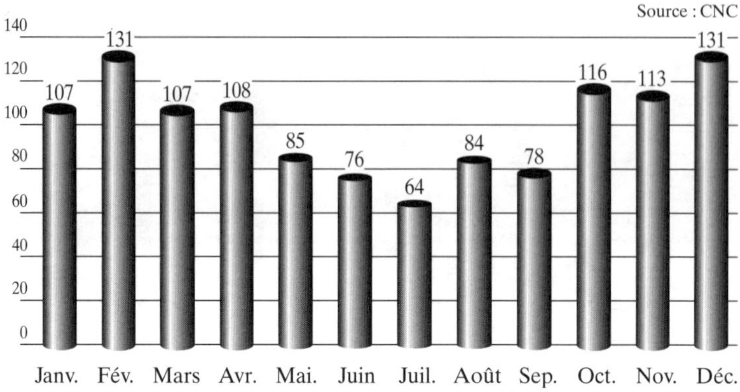

1.4 Une forte sélectivité

■ Sélectivité géographique

L'unité de vente est le bassin géographique.

Cette caractéristique n'est pas à négliger pour une zone test ou pour suivre des caravanes publicitaires comme celle du Tour de France par exemple. Cette possibilité est aussi intéressante pour des petits points de vente : situé dans un centre commercial, un magasin peut annoncer sa présence par un film dans le cinéma du centre. Cette action est principalement pratiquée par les restaurants des centres commerciaux : les spectateurs aiment se retrouver ensuite pour commenter le film.

La sélectivité géographique est aussi intéressante pour les franchisés d'une grande marque : après le film « générique » de la marque, un plan final peut montrer leur présence dans la ville où se situe le cinéma. Le cinéma peut ainsi être utilisé en trafic local.

Plus de la moitié des entrées est réalisée à Paris et dans les grandes villes de province. Le cinéma sur-représente les villes de plus de 100 000 habitants. Ainsi, chez Circuit A, Paris représente à lui seul 58 % des investissements cinéma, tandis que les villes de plus de 200 000 hab. pèsent 34 %.

■ Sélectivité saisonnière

L'unité de vente est la semaine (du mercredi au mardi) et l'annonceur peut donc en principe choisir une semaine spécifique pour réaliser son action : fête des mères, fêtes de fin d'année, fête du cinéma (plus de 4 millions d'entrés en 1997).

Enfin, une dernière sélectivité du cinéma est celle réalisée au niveau de l'âge et des PCS. Ici, néanmoins, une telle sélectivité ne procède pas d'un choix mais elle est imposée : le consommateur de cinéma est un jeune, urbain et de PCS élevée comme nous le verrons plus en détail.

Ce critère est un inconvénient pour le média cinéma puisqu'il le montre comme un média d'affinité qui n'est que qualitatif, sa puissance est donc faible. Mais il possède une forte résonance émotionnelle et un lien très proche avec le public, ce qui lui confère une efficacité importante dans la construction et l'entretien de l'image de marque et de la notoriété. En somme, avec le cinéma, la reconnaissance est renforcée, la qualité de la signature de la marque est supérieure et les éléments de compréhension restitués sont plus nombreux.

2. L'AUDIENCE DU CINÉMA

L'audience est constituée par tous les individus ayant assisté à une séance de cinéma pendant la période de référence c'est-à-dire pendant les sept derniers jours. Le **CNC** et le **CESP** fournissent ces statistiques qui, pour être utilisables par l'annonceur, doivent être décomposées.

La France reste le pays d'Europe où la fréquentation moyenne par habitant est la plus forte : l'indice de fréquentation cinématographique (rapport entre le nombre d'entrées et la population résidente sur une zone géographique donnée) donne pour 1995 : 2,2 pour la France et l'Espagne ; 2 pour le Royaume-Uni ; 1,6 pour l'Italie ; 1,5 pour l'Allemagne. Cet indice est de 4,6 pour les États-Unis et 1 pour le Japon (les chiffres du CNC, 1997).

Le public cinéma est proportionnellement plus important dans la population :

- **jeune** (les 15/34 ans sont sur-représentés l'âge moyen est de 31 ans);
- **d'un niveau d'instruction élevé** ;
- **appartenant aux PCS élevées** ;
- **urbaine** (villes de plus de 100 000 hab.).

Ce profil type du spectateur est très stable : une évolution des statistiques sur 20 ans montre une répartition en pourcentages très proche.

Au niveau de l'urbanisation, il semble que plus le nombre d'habitants est élevé, plus la fréquentation augmente. Ce fait est à lier à la meilleure infrastructure cinématographique des villes.

Au niveau de l'équipement du foyer, on constate que la population cinéma est suréquipée en matériel électroménager et audiovisuel. Ses revenus sont très nettement supérieurs à la moyenne.

Les médias susceptibles de toucher la population cinéma sont :

- la télévision : 23,9 % sont abonnés à Canal + ;
- la radio : Europe 2, NRJ, France Inter, Fun;
- la presse des cadres : Télérama, Le Nouvel Observateur, L'Expansion, L'Express

STRUCTURE DU PUBLIC DU CINÉMA EN 1997

Ensemble	**en pourcentage**
Sexe :	
hommes	49,8
femmes	50,2
Âge :	
6-14 ans	16
15-24 ans	27,5
25-49 ans	38,1
50 et +	18,4
PCS :	
PCS +	23,9
autres PCS actifs	21,2
étudiants	42,4
autres inactifs	12,5
Habitat :	
communes rurales	19,6
–100 000 hab.	25,3
100 000-200 000 hab.	7,5
+200 000 hab.	25,1
agglomération de Paris	22,5

Source : 75 000 Médiamétrie cinéma, avril-juin 2000

Un public potentiel de 31 millions de personnes âgées de plus de 6 ans, soit 58 % de la population française.

B. Utiliser le cinéma

Comme les autres médias, le cinéma est choisi pour être porteur du message s'il est cohérent avec le produit, la cible... et le budget. Le dispositif le plus courant concerne un investissement de 2,2 MF net. Mais on peut avoir une excellente action à partir de 700 KF en le concentrant sur Paris. Notons que les gros budgets privilégient des dispositifs intensifs sur des zones de plus de 200 000 habitants.

1. Les régies publicitaires du cinéma

Elles assurent la vente de l'espace publicitaire et, comme nous l'avons vu, le montage des bandes et leur distribution dans les salles.

La première société de distribution de films publicitaires fut créée en 1929 par Jean Mineur, qui s'associa ensuite à la société de production des films Pathé. À la même époque, Publicis et Havas créèrent une filiale commune : Cinéma et Publicité.

La société Jean Mineur-Pathé Cinéma et celle des deux agences de publicité fusionnaient en 1971 et donnaient naissance à **Médiavision** (capital : 66 % Publicis et 33 % Jean Mineur) qui gère pour 15 % de son parc les salles Pathé, Gaumont, MK2 et pour 85 % des salles d'indépendants. Le parc Médiavision est national avec une forte implantation en province et dans les petites villes.

Quelques années plus tard, une autre société **Circuit A** fut créée, elle s'occupe de la régie publicitaire des salles UGC, dont elle est une filiale, (1/3 de son parc), et de salles indépendantes comme le Rex, les salles Paramount pour les 2/3 du parc. Le parc de Circuit A est principalement parisien et grand urbain.

Aujourd'hui, ces deux sociétés assurent la quasi-totalité de la distribution des films publicitaires dans les salles de cinéma françaises.

– **Médiavision** : 2 431 salles. Cette régie pèse environ 70 % du CA pub cinéma.

– **Circuit A** : 1 140 salles. Cette régie pèse environ 30 % du CA pub cinéma.

Ces salles représentent près de 75 % du parc de salles dans la France entière (environ 4 600 salles en 2000).

Cependant, on estime que seulement 1 000 salles sont actives publicitairement (délivrant plus de 5 000 contacts par semaine).

Le cinéma est « le seul média où les deux acteurs ne sont pas vraiment concurrents » (DG de Circuit A. *CB News* n° 504-08 du 14/12/97) puisque la quasi-totalité des annonceurs achète les produits des deux régies.

Au niveau publicitaire, le média se lance aussi dans l'innovation du fait de la création des multiplexes au moins 10 salles pour un minimum de 1 800 à 2 000 fauteuils) qui modifient le concept d'attraction. Depuis l'inauguration du premier à Toulon, en 1993, on compte aujourd'hui 84 multiplexes, 27 sont prévus en 2001. Les multiplexes regroupent 1 043 salles. L'analyse de l'effet d'attraction des multiplexes montre que 42,2 % des entrées des agglomérations de 50 000 à 100 000 hab. ne sont pas réalisées par des résidents. La notion d'agglomération qui sert de base à la commercialisation du cinéma est donc à revoir. Début 1998, Médiavision a décidé de lui substituer la notion de bassin d'attraction cinématographique, BAC, correspondant à la zone géographique située à moins d'une demi-heure de trajet d'un cinéma. On passe alors d'une vente en fonction du nombre d'habitants de la ville dans laquelle est implanté le cinéma à une vente en fonction du nombre de contacts réalisés par le cinéma lui-même.

À terme, l'outil devrait permettre à une marque de mieux coller à ses zones de chalandise. Ces changements ont entraîné l'adoption de nouveaux types de vente et de tarification.

Zone de chalandise des cinémas : « la migration » des spectateurs. L'identité entre le lien de résidence d'un individu et son lieu de fréquentation cinéma n'est pas systématique.

	–50 000 hab.	50 à 100 000 hab.	100 à 200 000 hab.	+200 000 hab.	Paris
(moins) de 50 000 hab.	56,9 % vont au cinéma une agglo de…	2,8 %	1,6 %	4,4 %	0,0 %
50 à 100 000 hab.	8,9 %	86,6 %	1,2 %	2,0 %	0,0 %
100/200 000 hab.	12,7 %	0,3 %	90,2 %	1,1 %	1,4 %
+ 200 000 hab.	17,3 %	7,2 %	4,2 %	91,3 %	1,7 %
Paris	4,2 %	3,0 %	2,8 %	1,1 %	96,9 %
Total	100,0 %	100,0 %	100,0 %	100,0 %	100,0 %

Exemple de lecture : sur 100 personnes habitant une agglomération de – de 50 000 hab., 56, 9% déclarent aller au cinéma dans « leur habitat ». Les 43,1 % restant se répartissent dans d'autres strates, comme le montre le tableau.

2. Les possibilités de communication proposées par les régies cinéma

Chaque régie propose des produits spécifiques.

2.1 Quelques produits Circuit A.

– Ciné puissance : 1 048 salles.

– Ciné 200+ : 854 salles.

– Ciné 50+ : 892 salles.

– Ciné Paris : 340 salles.

2.2 Les produits Médiavision

– Vision parisienne : 348 salles.

– Vision 11 000+ : 1 280 salles Vision parisienne et 53 BAC totalisant chacun 11 000 contacts hebdomadaires.

– Vision 5 000+ : 1 574 salles Vision parisienne et 84 BAC totalisant chacun 5 000 contacts hebdomadaires moyens et plus.

– Vision d'ensemble : 2 431 salles et 311 BAC (soit l'intégralité du parc Médiavision).

– Vision cinéphiles : 340 salles composées de complexes dont la moitié ou plus entre dans la catégorie « Art et essai ».

– Vision campus : 1 073 salles composées de la Vision parisienne et de complexes situés dans les villes ou quartiers universitaires de province.

– Vision Caraïbes : 22 salles implantées en Guadeloupe, Martinique et Guyane.

En plus de cette gamme de produits classiques, Médiavision propose la gamme Vision'aire, des produits adaptés à des demandes spécifiques selon des critères géomarketing.

2.3 Les produits spécifiques : les opérations spéciales

Ils permettent de « mettre en scène » un produit. Proposés par les deux régies, les tarifs sont en fonction du type d'opération :

■ Opérations en écran

- montage de films parrainés par un annonceur ;
- association avec le spot publicitaire d'un long métrage ;
- infomerciales (qui peuvent s'intégrer dans la bande publicitaire)
- association au générique Circuit A (Tam Tam) ou Médiavision (Afflelou)
- emplacement privilégié dans l'écran (les trois dernières positions en fin de bande peuvent être réservées).

■ Opérations en salle

Il s'agit ici de distribution d'échantillons, ou de dégustation. Les annonceurs sont surtout ici, ceux de la cosmétique et de l'alimentaire (café, petit déjeuner).

■ Opérations en partenariat avec les magazines cinéma diffusés en salles.

Une marque peut ainsi monter des jeux promotionnels pour créer du trafic ou distribuer des catalogues encartés dans les magazines cinéma.

■ Opérations avec présence sur Internet

L'annonceur peut, dans ce cas, être présent sur le site Internet Circuit @ et sur celui du journal *Le Monde.*

3. Le placement de produit

Devant la chute de l'audience du cinéma, les annonceurs ont réduit leurs investissements publicitaires sur ce média (0,8 % du total des investissements environ). On assiste néanmoins à un retour des annonceurs selon d'autres principes. La formule spot est de moins en moins envisagée mais la présence de marques dans les films n'est pas laissée au hasard. La vie d'un long métrage est longue : sortie en salle sur une cible jeune, urbaine et aisée ; programmation sur Canal+ un an plus tard sur une cible plus large ; programmation sur la chaîne coproductrice dix-huit mois plus tard sur une cible encore plus large axée famille et de toute PCS ; enfin sortie en cassette vidéo treize mois après la sortie salle. Notons que cette hiérarchie de passage fait l'objet de négociations âpres depuis l'éclatement de l'offre télévisuelle (câble, satellite, pay-per-view...), puis l'arrivée du numérique.

Trois types de placement existent : prêt de matériel, échange de marchandise et apparition payante. Les deux premiers types existent depuis longtemps, ils permettent la citation de la marque au générique (le nom de la marque n'est pas visible dans le film) et souvent une avant-première réservée. Le dernier type est plus récent en France, il existe aux États-Unis depuis les années cinquante et permet la présence directe et visible du produit dans le long métrage. Même si l'objectif ne peut pas être de faire connaître le produit, le placement de produit donne un capital de sympathie quand la marque ou le produit sont utilisés par des stars. On se situe dans le domaine affectif où une relation de confiance s'établit avec le spectateur puisque le produit prescrit est placé de manière naturelle.

Le budget de cette nouvelle utilisation du média cinéma est très variable et dépend de la place qu'occupera finalement le produit à l'écran. La présence dans un film américain avec une vedette internationale se monte de 30 000 à 50 000 dollars, le CPM se situant à un niveau de 0,17 à 0,28 dollars. Aucune étude ne permet actuellement de mesurer l'efficacité de cette technique mais son développement, y compris en télévision, est important. Il permet de toute façon un moyen de financement important pour le cinéma.

En conclusion, le cinéma possède plusieurs atouts :

- Il apporte un impact exceptionnel par
  - de très bonnes conditions sensorielles d'exposition,
  - de très bonnes conditions psychologiques,
  - la faible durée des écrans qui savent éviter le « hard selling » pour utiliser le mode spectaculaire ou émotif,
  - l'adhésion et la compréhension.
- Il dynamise un plan télévision, en particulier sur les jeunes et les cadres.

IMPACT DES CAMPAGNES TV EXCLUSIVES ET BI-MÉDIA

Scores au 1 contact	Campagnes	Non cinéma	Régulier cinéma	en indice (0 – 100 – 200 – 300)
Score brut	Campagnes TV exclusives	6,5 %	12,1 %	186
	Campagnes bi-média	8,6 %	16,4 %	191
Score de reconnaissance	Campagnes TV exclusives	7,0 %	13,1 %	187
	Campagnes bi-média	8,8 %	17,2 %	195
Score prouvé	Campagnes TV exclusives	2,6 %	5,5 %	212
	Campagnes bi-média	3,7 %	8,9 %	241
Score spécifique	Campagnes TV exclusives	1,6 %	3,6 %	225
	Campagnes bi-média	2,1 %	6,1 %	290

Source Ipsos/Circuit A

- Il permet de renforcer la présence à l'esprit des marques et d'amplifier le pouvoir de persuasion des films publicitaires.
- Il touche une cible rare, volatile et utile : il est le moyen, pour les marques, d'implanter durablement leur concept sur la cible des jeunes. Quant au public plus âgé, orienté PCS+, il dispose de confortables moyens financiers.
- Il représente un style de vie et de consommation.
- Il dispose d'un bon rapport qualité/prix :
  - le ticket d'entrée est faible,

– le cinéma n'est pas encombré et les parts de voix n'atteignent pas des montants élevés,
– le GRP, pondéré par le β, reste abordable.

• Il est d'un usage souple au niveau géographique.

Incontestablement les médias disposent d'atouts non négligeables. Cependant, une part dans les dépenses de communication tend à diminuer au profit des investissements hors-média.

Dépenses de communication des annonceurs en 2000

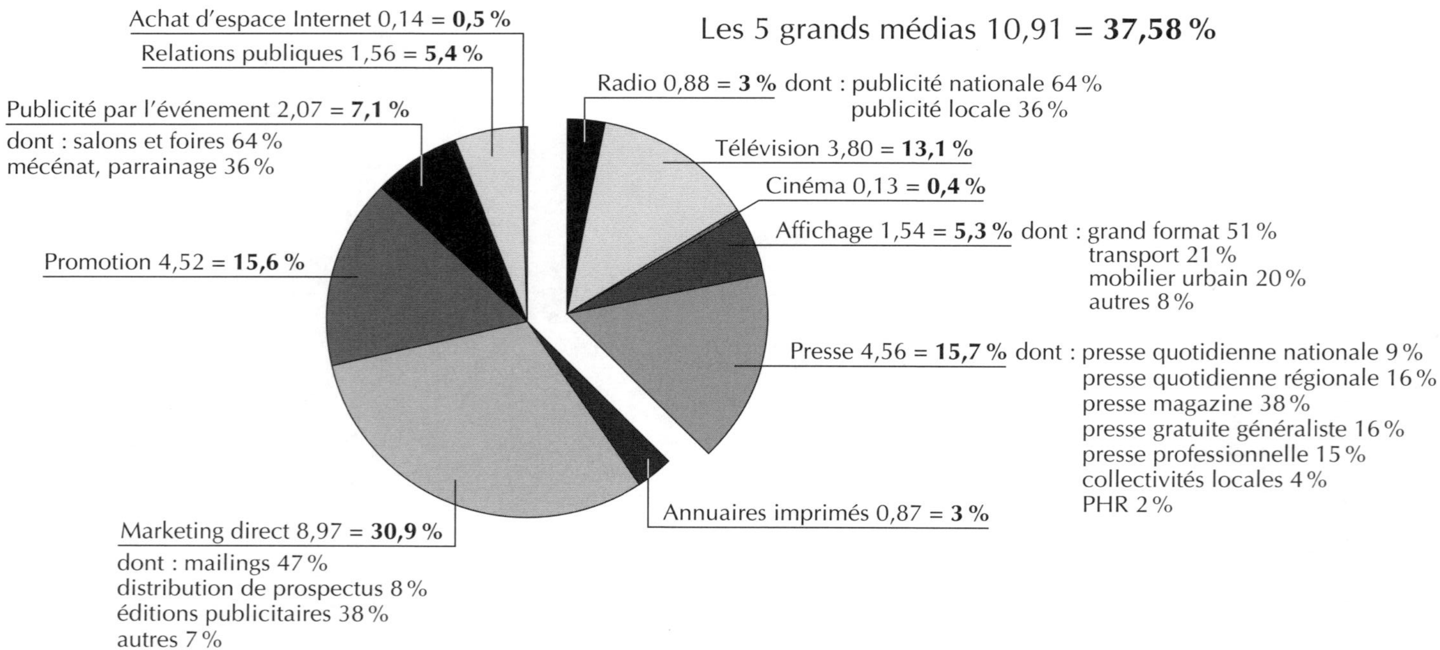

3

Le hors média

I. LA PROMOTION ET TECHNIQUES PÉRI-PROMOTIONNELLES

A. La promotion

Le chiffre d'affaires de la promotion pèse autant que le CA publicitaire presse... Énormément utilisée, elle peut être définie comme « l'ensemble des actions qui poussent le produit vers l'acheteur » (stratégie « **push** »). Complémentaire de la publicité dont le but est de faire tirer le produit par le consommateur (stratégie « **pull** »), elle vise, elle aussi, à façonner l'attitude du public par rapport à la marque et à l'inscrire dans la liste d'achat (*shopping list*) du consommateur. Elle joue sur une modification temporaire des éléments de l'échange commercial en faveur du client et est fondée sur le principe de l'éphémère ; c'est un discours d'opportunité visant principalement (mais pas uniquement) les consommateurs et renforçant l'action des équipes commerciales.

1. Objectifs

Nombreux, ils renvoient aux deux cibles principales de la promotion : les consommateurs et la distribution.

1.1 Les objectifs de la promotion face aux consommateurs

60 % des actions promotionnelles concernent cette cible. La promotion vise principalement à gagner des parts de marché, mais plus précisément, elle cherche à :

- gagner des acheteurs ;
- créer une occasion d'achat ;
- inviter à l'achat immédiat ;
- faire acheter dans un lieu déterminé ;

- faire prendre en main/essayer/faire acheter le produit ; recruter de nouveaux consommateurs ;
- faire consommer plus, plus tôt, plus tard ou plus vite, susciter de nouvelles circonstances de consommation ;
- appuyer un lancement, un relancement ou une opération de positionnement ; faire connaître une marque, un produit ou son repositionnement ;
- développer un point d'image de marque, relayer la campagne de publicité ;
- réduire ou lever un frein (par exemple celui du prix) ;
- rendre la marque et le produit plus attractifs ;
- remettre la marque dans la mémoire des consommateurs ;
- écouler un stock ;
- développer et promouvoir de nouvelles utilisations, améliorer l'usage qui est fait du produit (par exemple des fiches de recettes montrent que l'on peut consommer le fromage de chèvre en dessert, en entrée chaude dans une salade, dans des crêpes, etc.) ;
- renouveler le parc et/ou introduire une nouvelle variété de produit ;
- fidéliser le consommateur.

1.2 Les objectifs de la promotion face aux distributeurs

La distribution permet de jouer sur deux types d'actions :

- les actions *sell in*, qui consistent à vendre des produits aux distributeurs ;
- les actions *sell out,* qui leur permettent de revendre les produits aux consommateurs.

Sur cette cible, la promotion réseau vise à :

- augmenter la présence au point de vente ;
- faciliter les mises en avant ;
- augmenter, réguler les stocks (afin, par exemple, d'éviter les pics saisonniers) ;
- développer ou maintenir le linéaire parallèlement à une politique merchandising ;
- intéresser de nouveaux circuits, par exemple dans le cas d'un développement extensif ;
- mieux communiquer avec le point de vente ;
- animer les ventes et les magasins, créer un événement, développer le trafic ;
- rééquilibrer la concurrence ;
- occuper le terrain ;
- développer la notoriété de la marque.

L'objectif de la promotion est aussi de positionner une enseigne par rapport à ses concurrents, de montrer sa compétitivité, son agressivité commerciale et sa capacité de réaction. Cela nécessite donc une promotion de plus en plus segmentée, personnalisée, et adaptable aux différents cahiers des charges et aux plans de promotion de chaque enseigne. De plus, afin de renforcer le dialogue entre producteurs et distributeurs, il faut être capable de proposer des actions sur mesure préalablement testées ; c'est un des rôles du trade marketing (Voire chapitre **1, VII. C. La distribution des contacts).**

D'une manière générale, même si la distribution constitue une cible secondaire, il faut la faire participer à l'opération... et ne pas oublier qu'elle en juge le succès par les ventes.

Les objectifs de la promotion sont donc essentiellement conatifs en visant à agir vite et directement sur les ventes. La promotion possède, ensuite, une composante cognitive, puis, plus faiblement, un aspect affectif. Elle permet ainsi de sortir la marque de l'indifférenciation et contribue à la rendre plus sympathique et à laisser une trace dans l'esprit des cibles.

2. Les techniques

Nous étudierons ces techniques type par type. Il est bien évident que bon nombre de campagnes de promotion combinent différents moyens. La promotion a, de fait, évolué en développant une utilisation plus créative de ses moyens. Ces techniques dépendent de la cible à atteindre.

2.1 Les techniques sur la cible consommateurs

Quatre techniques principales peuvent être utilisées : les ventes à primes, les jeux, les réductions de prix, les essais et échantillonnages. Nous développerons ensuite quelques techniques émergentes, nouvelles.

■ Les ventes à primes

Elles traduisent la notion de cadeau et sont de plusieurs types :

- **la prime recette** offre des fiches recettes en prime à tout acheteur. Exemple : Suzi Wan proposant le temps d'une campagne des idées de recettes pour le menu du nouvel an chinois. En renouvelant ces recettes chaque année, l'entreprise incite le consommateur à varier son mode de consommation et son rapport au produit.

  Enfin, la prime recette peut aussi être considérée comme un véritable service qui fidélise.

- **la prime directe** offre un article supplémentaire, qui est directement remis à l'acheteur avec le produit qu'il a acheté. Le lien entre le produit et le cadeau est nécessaire.

  Exemple : 130 000 bouteilles d'une marque de whisky portant une boîte de 12 chocolats noir à Noël (plus un leaflet décrivant le produit).

  Notons qu'une prime directe contenue toute l'année dans le produit (Bonux, La Vache qui Rit...) se nomme **promotion intégrée**.

– **la prime différée** offre un avantage supplémentaire dont la remise est temporellement décalée par rapport à l'achat, l'acheteur devant souvent renvoyer un bon. Cela permet éventuellement de fidéliser, à l'aide de coupons à collectionner.

– **la prime « contenant »** consiste à transformer le conditionnement pour en faire un contenant réutilisable par l'acheteur, ou à collectionner. Un récipient non habituel au produit peut être proposé, sa valeur ne doit alors pas excéder celle des menus objets publicitaires (voir *infra*). A contrario, le conditionnement habituel d'un produit n'est pas considéré comme une prime (cas des verres à moutarde).

– **la prime « produit en plus »**, appelée aussi « offre girafe » (ou « jumbo ») offre à l'acheteur une plus grande quantité de produit pour le même prix (souvent utilisée pour les céréales du petit déjeuner, la lessive, les produits coiffants).

– **l'offre auto-payante** propose un article B à un prix très avantageux si le consommateur achète le produit A. Exemple : le constructeur de maisons individuelles Kaufman & Broad offre aux acquéreurs d'une de ses maisons une cuisine équipée pour moins de 1 000 euros supplémentaires.

Mentionnons que pour ce type d'opération, le consommateur doit pouvoir acheter séparément les deux produits s'il le demande. On peut aussi, par exemple, créer un catalogue et permettre au consommateur, contre des preuves d'achat, d'en commander les articles.

La prime doit donc être :

– attrayante pour le consommateur ;

– valorisante pour la marque ;

– insérable sur le produit ;

– légale et ne pas dépasser la valeur des menus objets publicitaires. À ce titre, la loi pose une alternative (uniquement valable pour les primes destinées aux consommateurs) :

  • si le prix de vente du produit est inférieur ou égal à 500 F, l'objet (échantillon, prime, etc.) ne peut dépasser 7 % de la valeur du produit,

  • si le prix de vente du produit est supérieur à 500 F, la valeur de l'objet est limitée à 30 F + 1 % du prix du produit, sans pouvoir dépasser les 350 F TTC.

Malgré ces contraintes, la prime est un véritable plus-produit.

■ Les techniques de jeux

Elles sont au nombre de trois :

– la **loterie** sélectionne les gagnants par un système de tirage au sort ou toute autre méthode faisant intervenir le hasard. Mis à part le cas de certaines loteries payantes autorisées (*cf.* la loi du 21 mai 1836), ce type d'action suppose une gratuité pour le consommateur ; aucun débours ne peut être demandé aux participants. La gratuité s'étend à l'achat du produit, aux preuves d'achat, aux frais de timbre, à la connexion téléphonique (par exemple sur un serveur vocal), à la commande obligatoire d'un produit...

On note divers types de mécanismes : le **sweepstake** est une loterie avec pré-tirage au sort des numéros gagnants avant le lancement de l'opération (cette technique est largement utilisée par les entreprises de VPC), le **bingo** repose sur une carte-jeu cochée ou à gratter, le **game** est une révélation immédiate du résultat par le participant qui gratte une carte, décachette une enveloppe, ouvre un produit à l'aide d'une clef, etc.

Les effets des loteries sur les ventes sont assez sensibles (par exemple + 10 % pour les titres de presse qui l'ont pratiquée) mais ces actions n'impliquent que peu le consommateur.

- le **concours** offre la possibilité d'un gain acquis à la faveur d'une « compétition » faisant appel aux qualités d'observation, de sagacité, d'intelligence, de perspicacité et de créativité des participants.

  Le concours sans obligation d'achat est à distinguer de celui pour lequel un achat est obligatoire. Ce dernier type est autorisé, à condition que ce ne soit pas une loterie déguisée (faisant donc intervenir un élément aléatoire). Le concours implique plus le consommateur que la loterie.
- le **winner per store** (un gagnant par magasin) est un tirage au sort dans un point de vente qui permet au client de gagner sans que ce dernier soit obligé d'acheter. Exemple : si des tickets, remis à l'entrée par des hôtesses, glissés dans une PLV géante, émettent la musique du jingle de la marque, le consommateur gagne. S'il perd, il pourra participer à un tirage au sort.

En somme, un bon jeu-concours :

- respecte une législation contraignante ;
- nécessite de prévenir La Poste six mois à l'avance en cas d'organisation d'un concours avec la télévision ;
- est lié au produit et à son univers afin que « l'investissement consenti par la marque aille au-delà de l'instant promotionnel » (B. Taïeb) ;
- est appuyé par la publicité et le packaging (l'exploitation du concours prime sur les résultats) ;
- suppose souvent un produit et une marque connus.

Le consommateur semble apprécier les jeux à révélation immédiate (instant win) qui se développent très fortement. Leur taux de remontée se situe généralement entre 5 et 7 %. Cependant, le consommateur leur préfère les offres de réduction. La promotion jeu ne semble pas posséder une crédibilité suffisante : on estime que trois quarts des Français ne jouent pas. Pourtant, ce type de technique reste encore bien utilisé, sans doute pour créer des fichiers qualifiés, même si ces moyens ont été largement galvaudés par la pratique d'entreprises de VAD peu scrupuleuses – la loi du 23 juin 1989 et le décret du 22 août 1990 obligent d'ailleurs à distinguer (visuellement seulement !) le bon de participation à un jeu, du bon de commande.

■ Les réductions de prix

Se situant « on pack » (sur le paquet, visibles de l'extérieur), elles proposent des :

- **bons de réduction** donnant droit à une réduction immédiate lors de la présentation du bon. Le couponnage croisé (cross couponning) propose pour l'acquisition d'un produit un bon de réduction à valoir sur l'achat d'un autre produit de nature différente. Le bon de réduction peut aussi consister en un chèque cadeau.

  La distribution de coupons à l'aide de machines à l'entrée de certaines GSA (Carrefour, Champion, Casino...) se nomme **couponning électronique**. En scannant les produits, la caissière d'un hyper équipé génère l'impression d'un bon de réduction. Ces offres ne sont valables qu'enseigne par enseigne, permettant aussi une fidélisation chez le distributeur.

  Les **magazines de coupons** (Free Standard Inserts, FSI) comme les « Recettes de Marques » permettent de rapprocher le discours publicitaire (argumentation, explication) d'une opération promotionnelle à l'aide d'un ensemble de coupons de réduction immédiate encartés dans un support de communication (à ne pas confondre avec les ODRM).

- **offres de remboursement (ODR)** ou **cash refund** qui sont des réductions différées sur le prix d'une marchandise, sur présentation d'une preuve d'achat et l'envoi de ses coordonnées. C'est une technique classique mais efficace qui consiste donc en un remboursement différé d'un produit acheté.

  Certaines entreprises (comme la SOGEC avec ses « Coupons Espace ») diffusent des coupons en presse TV ou féminine. On appelle ce mécanisme **ODRM** (offre de remboursement multiproduits).

  Le **cash refund** est une offre de remboursement à valoir sur le prochain achat du produit.

- **offres spéciales**, c'est-à-dire un prix spécial (–20 % sur les vélos d'appartements), issu par exemple d'une promotion saisonnière, d'un article pilote, de soldes... ;
- 3 pour le prix de 2, 4 pour le prix de 3, 13 à la douzaine, etc. ;
- **reprises** du produit ancien, de la marque ou non.
- **ventes jumelées** de plusieurs produits différents mais complémentaires (exemple : PC + imprimante), et la **vente par lots** (plusieurs unités d'un même produit sont vendues ensemble alors qu'elles le sont habituellement à l'unité : cas de 6 bières de marques différentes dans une même offre).
- crédits gratuits et systèmes d'escompte, de remises (par exemple une carte de fidélité).
- ventes à prix coûtant.

La publicité d'une opération promotionnelle doit mentionner la durée de l'action et/ou le stock disponible, et l'offre annoncée doit être garantie pour tout produit commandé dans la même période. Enfin, le prix TTC à payer par l'acheteur doit figurer sur le visuel.

Ces techniques semblent ordinaires au consommateur. Ne risque-t-il pas de percevoir ces offres de prix comme un signe de faiblesse de la marque ? Mais plus qu'un signe de faiblesse, elles semblent peu contribuer à construire l'image et la personnalité de la marque...

■ Les techniques d'essai

Elles proposent gratuitement :

- un **cadeau gratuit** pour inciter le consommateur à se comporter d'une manière particulière. Yves Rocher, à certaines périodes de l'année, utilise le cadeau gratuit pour générer du trafic dans ses magasins ;
- l'**essai gratuit** (donc sans obligation d'achat), régulièrement exploité par les constructeurs automobiles ou les opérateurs de téléphonie. L'essai n'est pas loin de la dégustation. Cette dernière peut permettre de réaliser une enquête de satisfaction et de constituer un fichier. Bien réalisée, elle devient événementielle, spectacle. Son efficacité est meilleure si elle a lieu à l'entrée de la surface de vente ou en amont du linéaire dans lequel le produit se situe.
- la **démonstration**, qui est une présentation commentée des qualités d'un produit, avec parfois dégustation, échantillon ou essai. Ce type de promotion est régulièrement utilisé pour la vente de produits industriels et en business to business (par exemple les serveurs, les machines à café...).
- le « **satisfait ou remboursé** » au taux de remontées très faible, de l'ordre de un pour mille ;
- le **remplacement** d'un ancien produit par un nouveau.
- le **buy back** consiste, pour le consommateur, s'il le désire, à se faire rembourser son achat 7 à 10 ans après son achat au prix auquel il l'a acheté. Cette technique importée du Royaume-Uni pose de difficiles problèmes d'élaboration.
- un **échantillon**, c'est-à-dire le produit en quantité et taille réduites. Souvent utilisée par les grandes entreprises, cette technique coûte relativement cher car elle entraîne des difficultés de fabrication et de distribution. Elle suppose de plus un appui par des ODR (par exemple) et une bonne prévision du niveau de stock que devront constituer les distributeurs. Enfin, l'entreprise doit aussi tenir compte de certains aspects juridiques : l'échantillon ne doit pas, entre autres, avoir une valeur marchande, il doit porter les mentions « échantillon gratuit. Ne peut être vendu », et ne pas dépasser la valeur des menus objets publicitaires. Cependant, les échantillons remis en cadeau, c'est-à-dire en dehors de toute vente, n'ont pas à respecter ces contraintes de valeur et de marquage.

Le produit en échantillon doit être, plus que pour les autres techniques promotionnelles, de qualité car il permet :

– à l'entreprise et à la marque de vaincre un frein au non-essai en provoquant une consommation gratuite, « anonyme » et sans aucun risque financier ;
– un repérage plus facile du produit en linéaire car l'échantillon reproduit souvent le packaging du produit ;
– une communication sympathique fondée sur la notion de cadeau (même si, bien sûr, des objectifs mercantiles la gouvernent).

La distribution des échantillons peut s'effectuer par différents moyens :

– en porte-à-porte (de plus en plus rare) ;
– dans la rue ou sur des lieux de circulation (péages autoroutiers...). ;
– au point de vente ; dans ce cas, elle peut être réalisé par des hôtesses (qui peuvent en profiter pour faire déguster le produit ou argumenter sur ses qualités) ou par un autre produit (comme une prime ; il s'agit alors d'une prime échantillon), on dit dans ce dernier cas que l'échantillon est « porté » ;
– dans les boîtes aux lettres, dans la majorité des cas. On procède alors soit en distribution toutes boîtes, soit en distribution qualifiée à l'aide de fichiers ou suite à des demandes d'échantillon par des consommateurs (ce dernier cas est surtout valable pour la vente B to B, par exemple le textile)
– sur commande, souvent afin de constituer un fichier et de trier les consommateurs intéressés des demandes « polluantes ». Internet peut être utilisé dans ce but.
– en asile-colis (voir : Le marketing direct).

Exemple de campagnes d'échantillonnage : la Pochette Santé, colis multimarque destiné aux nouveaux possesseurs de chiens, et remis à l'occasion de leur première visite chez le vétérinaire (proposé par la société FBS).

■ Le produit partage, le charity promotion

L'objectif de la *charity promotion* est de donner une dimension humaine, voire humanitaire, à la marque. *Les charities* supposent une grande rigueur organisationnelle (surtout au niveau de la gestion), une cohérence dans la démarche et une pudeur dans le discours, sous peine de créer un effet boomerang, préjudiciable à la marque. Ce type d'opération semble rapidement trouver, dans certains cas, ses limites : « on ne peut pas s'empêcher de se demander s'il n'y a pas une certaine indécence, lorsqu'on est une grande marque de produits alimentaires, à inviter les consommateurs à acheter davantage pour... aider des populations qui meurent de faim : les vraies limites de cet outil de communication se situent sur le plan de l'éthique » (B. Taïeb).

Les associations caritatives ont bien compris ce phénomène et deviennent sélectives dans le choix de leurs partenaires ; elles leur imposent de plus le respect d'un cahier des charges à chaque opération.

Exemple de charity promotion : Une marque d'eau minérale propose de verser X centimes pour tout achat d'une bouteille, et cela à quatre associations, au choix du consommateur (cela est nouveau) : Croix Rouge, Restos du Cœur, MSF, Unicef.

■ Partenariat et association

Mentionnons enfin que la technique du couponning (couponnage) a recours à ces quatre méthodes en proposant, par le biais d'un coupon distribué dans les boîtes aux lettres, par la presse ou par le produit, des réductions de prix, des essais, un concours, des primes, etc. On assiste aussi à des opérations de couponnage croisé (cross couponning) et de promotions croisées, par exemple une réduction sur le produit A, portée par le produit B, et vice versa. Ce type d'opération est autorisé depuis l'ordonnance Balladur de 1986.

Le partenariat entre marques se nomme **co-branding** (ou plus exactement, ici, co-branding promotionnel). Il s'agit d'un partenariat multi-annonceurs ou multimarques qui généralement ne travaillent pas sur un même marché.

Cette technique est intéressante lors du lancement d'un nouveau produit car elle permet de bénéficier du capital image de l'autre produit, autorisant, déjà, la création d'un climat. De plus le coût au mille contacts est plus faible que par une campagne classique. Mais cela suppose au minimum :

- une cible commune ;
- un réel équilibre entre les marques, l'une ne devant pas cannibaliser l'autre.

Le packaging possède un rôle important : il véhicule la promotion (un paquet de céréales pour le petit déjeuner reste en moyenne 30 minutes sur la table : il faut en profiter pour faire passer un message !).

Exemple de partenariat entre marques de producteurs : Tetley (thés) et Jordans (céréales) un consommateur ayant dépensé plus d'une certaine somme dans son magasin et acheté un paquet de céréales Jordans se voit offrir une boîte de thé anglais Tetley Tir' Press.

Exemple de partenariat entre un distributeur et des marques de producteurs : Opération « Produits de toujours » associant le groupe Casino et 29 fabricants dont la Vache qui rit, Rivoire & Carret, Menier, Nivea, Monsavon... Pour l'achat de 250 F dans le magasin et d'un des 40 produits mis en avant, l'acheteur a la possibilité de gagner directement des cadeaux.

Ces opérations de collaboration entre produits de grande consommation ont amorcé aussi le partenariat entre marques et médias.

■ Le trade media

Ce nom, déposé par la régie Interdéco, vise à adapter la maquette et les rubriques d'un support connu, généralement de presse, aux besoins d'un annonceur. Le trade media est un peu le pendant des droits d'asile et du sponsoring développés par la radio et la TV.

Les objectifs principaux assurés au trade media presse est de créer du trafic en magasin, de stimuler la force de vente et la distribution (le support est une sorte d'argumentaire), et de crédibiliser un produit en utilisant la caution du support. En somme le trade media donne un caractère officiel et événementiel à une campagne. On peut alors utiliser concomitamment des bons de réduction, un échantillon et bien sûr un support textuel (les « articles »).

■ L'événement promotionnel

Il n'est que prétexte... et relais d'autres opérations de fond. L'événement promotionnel est conçu dans la durée. Mais les opérations promotionnelles qui s'y greffent sont, elles, temporaires. À l'origine, ils étaient un réel élément de différenciation et d'image, puis, à coup d'imitations, ils se sont rapidement banalisés.

Exemple : « la Semaine du goût » organisée par la Collective du sucre, précurseur.

2.2 Les techniques sur les autres cibles

■ Promotion et distributeurs

On distingue ici les avantages financiers des méthodes diverses.

Les avantages financiers sont à manipuler avec précaution car ils sont fortement liés aux conditions commerciales : un distributeur, bénéficiant d'une remise exceptionnelle, peut être enclin à demander à ce qu'elle devienne habituelle...

Les avantages financiers comprennent les remises de référencement (surtout utilisées pour un produit nouveau ou nouvellement distribué dans une enseigne), les remises sur quantité (proportionnelles à la commande), les participations aux frais engagés par le distributeur (par exemple dans le cas d'une publicité « anniversaire » mentionnant les produits du fabricant, ou de la mise en place de PLV). Les réductions de prix sont aussi possibles, de même que les primes pour mouvement de stock (celles-ci sont versées aux grossistes sur tout produit ayant transité par ses entrepôts) et les produits à prix d'essai. Ces derniers sont fournis gratuitement au distributeur qui les revend au consommateur à un prix d'essai (donc plus bas).

Les autres techniques recouvrent les primes (difficiles à utiliser auprès de la distribution intégrée), la participation aux frais (publicité, PLV, promotion, merchandising, catalogue...), les échantillons, les concours de vitrine ; le client-mystère venant contrôler l'accueil, la mise en place, l'argumentation du produit (ce point, accompagné d'un concours, peut être considéré comme une forme de stimulation).

Le producteur peut aussi proposer, à ses frais, la formation du personnel du distributeur. La formation est très utile et efficace pour les produits techniques et évolutifs, elle valorise le personnel, diminue les frais de formation du distributeur, favorise l'information sur la marque, développe chez le vendeur ses capacités d'argumentation sur la marque, et renforce les liens du distributeur avec le fabricant.

■ Promotion et prescripteurs

Face à cette cible intéressant particulièrement les relations publiques, l'entreprise peut envisager des échantillonnages, des envois documentaires, des réductions de prix (par exemple à l'occasion d'un salon), ainsi que des concours ou des jeux (par exemple les compétitions sportives intraprofessionnelles. On se rapproche alors du sponsoring). Le but de la promotion est alors de (faire) conseiller le produit. Il est difficile de « travailler » cette cible car elle est exigeante, difficile, critique, et très sollicitée. Une fois encore l'originalité et le plus-produit doivent primer.

Nous pourrions aussi aborder la promotion et la force de vente, mais elle sera étudiée dans le point concernant les techniques péri-promotionnelles.

Conclusion sur les techniques

Nous pouvons donc distinguer deux types de promotion :

- **la promotion-prix**, technique de hard selling, est surtout un moyen efficace de communication entre le distributeur et le consommateur. Elle permet la fidélisation du client à son point de vente et à la marque ;
- **la promotion-image** est un moyen de communication entre le producteur et le consommateur. Elle dépend du positionnement de la marque, du concept produit et de sa politique de communication globale (avec une campagne TV, radio, etc.).

Mais nombre d'opérations promotionnelles issues du producteur sont attribuées au distributeur, générant une confusion préjudiciable aux marques.

2.3 Les contraintes de l'action promotionnelle

Face à ces différentes techniques s'adressant à de nombreuses cibles, le choix d'une méthode est conditionnée par plusieurs critères :

- la faisabilité légale. En plus des contraintes que nous avons pu relever, il ne faut pas oublier que chaque demande doit pouvoir être satisfaite : il ne peut y avoir d'offres limitées (sauf stipulation expresse), sauf dans le temps ;
- la simplicité pour le consommateur ;
- la créativité, comme par exemple le concours olfactif pour le *Nouvel Observateur*, ou l'opération KB Jardin qui proposait en prime une cassette de musique scientifiquement composée pour les plantes. L'arrivée de sociétés de service comme Essilor, Hertz ou Orange a d'ailleurs tiré la création vers le haut car elles investissent essentiellement sur l'image. Pourtant, la créativité reste difficile car les délais sont de plus en plus courts : de l'ordre de deux à quatre semaines pour la réalisation de la création ;
- l'attractivité et l'originalité du bénéfice promotionnel ;
- la prise en compte du temps : la promotion doit s'arrêter à la date souhaitée pour éviter qu'elle ne soit prolongée par des produits toujours en linéaire, on réalise souvent des tirages « coup de balai » (pour les techniques de jeu) en organisant un deuxième tirage 3 à 6 mois après le tirage principal ;
- une promesse forte et déclinable avec les codes de la marque. À ce titre, dans le cas d'une campagne internationale, le thème doit être

universel, seules les techniques et les mécanismes changent. La déclinaison doit aussi pouvoir s'effectuer de la cible principale vers la cible intermédiaire ;

- la qualité de l'exécution ; « la création doit déranger la structure du packaging (sinon elle ne se voit pas) tout en respectant le style (pour ne pas détruire l'image du produit) » (B. Taïeb). On utilise par exemple des oreillettes (qui recouvrent le produit de leur rabat), le pick-up (qui se plante dans le produit, par exemple pour signaler une réduction de prix sur un fromage à la coupe), une collerette ou un manchon (qui entourent, par exemple, les cols de bouteilles)... ;
- la pertinence de la promotion par rapport à la communication du produit, et la compatibilité entre le thème promotionnel et la personnalité de la marque. À ce sujet, une politique promotionnelle ne doit pas être considérée comme une manœuvre dans le long terme. Cela entraîne une imbrication des techniques de communication entre elles (ne serait-ce que pour faire connaître la promotion par l'intermédiaire de la publicité), montrant bien que le « *below the line* » et le « *above the line* » ne font plus qu'un ;
- l'efficacité du mécanisme.

Des concepts puissants, originaux et marquants, concrets et directement perceptibles par la cible sont la preuve d'une action pertinente.

Pourtant une promotion sur deux reste une offre de prix...

3. Contrôles et tests de promotion

Seules 40 % des campagnes font l'objet d'une étude sérieuse et donc d'un test. Les raisons en sont sans doute imputables aux budgets, plus restreints en promotion qu'en publicité.

3.1 Les pré-tests de promotion

Une des méthodes utilisées est celle du Scannel de Sécodip. 2 500 foyers panélisés sont identifiés par une carte qu'ils présentent à chaque passage à la caisse. Les données collectées dans quatre magasins permettent une analyse des achats, des transferts entre marques, du taux de réachat, etc. Des applications identiques peuvent donc être réalisées en matière de test d'opérations promotionnelles. Il est possible de mesurer le futur impact d'un échantillonnage ou de la distribution de bons de réduction grâce à des échantillons appareillés. De plus, l'élasticité au prix est mesurable, permettant d'optimiser la baisse de prix à consentir. Le coût de cet outil est de 50 000 euros environ pour 6 mois. Scannel est donc un test *in vivo*, ou *in situ*.

La société d'études In Vivo, associée à WSA, propose de tester sur deux échantillons appareillés :

- les scores de vente comparés ;
- les raisons de l'achat et l'importance du paramètre promotion dans leur processus de choix ;
- l'audit de promotion, c'est-à-dire sa visibilité, son pouvoir d'attraction, sa compréhensibilité, son apport d'image (cohésion avec l'image du produit).

Ces scores sont rapprochés de ceux obtenus lors des opérations précédentes sur le même segment.

Nous pouvons aussi évoquer la méthode, moins utilisée, de l'institut Burke avec son modèle Bases 2, qui est un marché test simulé fonctionnant à partir d'une modélisation.

Parallèlement à ces méthodes, des entretiens à dominante qualitative, permettant de situer l'acceptabilité de la promotion (pour le type de produit et de marque) auprès des consommateurs, sont réalisables.

3.2 Les post-tests de promotion

Quelle que soit l'articulation entre le qualitatif et le quantitatif, le bilan complet par rapport aux objectifs est nécessaire avant de lancer toute nouvelle opération. En fait, mesurer l'efficacité d'une campagne de promotion des ventes, c'est calculer la progression de la part de marché, étudier la modification espérée du comportement du consommateur et analyser l'effet de la campagne sur l'image de marque.

■ Quantitativement

Un des avantages de la promotion est d'être quantifiable. On estime donc ses résultats par :

- les statistiques internes du producteur ;
- les panels (mais on a vu que la lente remontée de l'information ne permettait pas une modification des techniques en cas de problème) et parfois les sondages (mais cette méthode, vu sa lourdeur reste peu adaptée) ;
- le compte rendu de la force de vente, des merchandiseurs et de la distribution.

Mais la rentabilité immédiate n'est pas le seul point à rechercher. Il faut aussi prendre en compte la fidélisation induite par l'opération (que seul un fichier peut mesurer).

■ Qualitativement

Toutes les méthodes d'enquêtes publicitaires peuvent être appliquées en promotion, comme le test de concept, l'adéquation de la promesse au territoire de la marque, etc.

Conclusion

La profession va dans le sens d'opérations qui se répètent d'une année sur l'autre, qui entraînent une meilleure fidélisation et aident au positionnement à long terme.

Nous assistons aussi au développement de l'utilisation conjointe de la promotion et du marketing direct, et de la promotion avec les médias.

L'accès aux médias, outre le fait qu'il élève le standard créatif des agences, donne la visibilité au métier en le faisant sortir des magasins, sans pour autant oublier que ceux-ci restent le principal « média » pour la promotion. Les médias permettent de travailler de plus en plus sur l'image et de démarrer rapidement.

B. Les techniques d'appui à la promotion (techniques péri-promotionnelles)

1. Gestion et animation de promotions

Très souvent, les campagnes de promotion ne peuvent être menées à bien sans l'intervention de spécialistes du terrain, de gestionnaires et d'animateurs.

1.1 La gestion de promotion

L'évolution et le développement des offres de réduction et de remboursement (ODR), ainsi que des jeux, a rendu primordial le métier de gestion de promotion. Les entreprises spécialisées sur ce créneau s'occupent du tri, du comptage, de l'envoi des timbres, du paiement des consommateurs et des distributeurs, etc. Ils proposent parfois aux distributeurs une mesure des taux de remontées des opérations gérées (analyse par valeur faciale, par famille de produits, par magasin).

Leur compétitivité réside dans les énormes moyens informatiques dont ils disposent.

1.2 L'animation de promotion et les autres outils du marketing terrain

Le marketing terrain est le fait d'animer, de commercialiser ou de promouvoir des produits et des services sur le terrain avec une intervention humaine. Cela intègre différentes prestations, dont l'animation, plus promotionnelle.

■ L'animation

Les actions consommateurs, généralement appelées animation, représentent 40 % du CA dégagé par le marketing terrain. Elles regroupent plusieurs techniques :

- l'animation proprement dite, destinée à vanter les mérites d'un produit ;
- la dégustation, particulièrement utilisée en phase de lancement. Outil onéreux, il est surtout utilisé pour montrer les plus produits manifestes ;
- la distribution de bons de réduction afin d'augmenter rapidement les ventes et en particulier les quantités.

Le budget à consacrer à une animation sur environ 500 hypers pour un week-end (vendredi/samedi), en faisant appel à ce type de prestataire, coûte environ 120 000 euros (la journée est évaluée à 200 euros environ, hors coupons). Le personnel intervenant sur le terrain est briefé par le prestataire ; parfois une formation au produit, plus approfondie, a lieu. Ce type de structure s'illustre par sa rapidité (car, située au bout de la chaîne promotionnelle, elle doit souvent rattraper les retards accumulés en amont) et ses investissements considérables en informatisation, recrutement et formation.

■ Les autres moyens du marketing terrain

Ces spécialistes du terrain ont pour rôle de distribuer des dépliants, des catalogues ou des journaux gratuits, de monter des opérations d'échantillonnage... Ils peuvent aussi assurer la gestion et la maintenance du linéaire, mettre en place la PLV, et même fournir une assistance commerciale à des entreprises manquant de force de vente (ou qui n'ont pas l'expérience d'un circuit de distribution particulier) ; c'est ce que l'on nomme les forces de vente supplétives.

2. La PLV

Le succès de la PLV (publicité sur le lieu de vente) en GMS (grandes et moyennes surfaces) est lié à la volonté des grandes surfaces d'harmoniser et de personnaliser leurs linéaires... mais les chiffres montrent clairement l'importance de la PLV en circuit sélectif, tandis que le développement de la PLV dans la grande distribution reste freiné par le refus (ou les autorisations parcimonieuses) de certaines enseignes à adopter la PLV (Carrefour, Auchan, Intermarché...). Dans tous les cas, le distributeur est le premier client de la PLV. Elle a souvent pour objet d'appuyer une politique merchandising initiée par le distributeur ou l'industriel ; sur cent mètres développés, le déplacement moyen d'un consommateur en recherche est de 16 secondes ; en demi-recherche, il passe à 12 secondes. Et quand il n'est qu'en déplacement, il ne met que 8 secondes ! C'est là qu'interviennent la signalétique du magasin, le packaging et la promotion d'un produit. La PLV doit ralentir ou accélérer ce flux. Mais nous abordons déjà l'utilité de cette technique.

2.1 L'utilité de la PLV

En grande distribution, 70 % des consommateurs n'ont pas de liste, et 66 % des achats sont décidés sur le lieu de vente. Dans ces conditions, la PLV permet d'influencer les achats au point de vente. Par exemple, 83 % des consommateurs ressortent d'une pharmacie en ayant acheté des produits autres que ceux prescrit sur leur ordonnance ; et 57,4 % à 66 % des achats (selon les sources), tous circuits confondus se décident sur le lieu de vente. La PLV n'aura eu que quelques secondes pour convaincre les consommateurs et leur donner l'envie d'acheter.

La PLV bénéficie aussi d'une tendance des consommateurs à écourter le temps consacré aux courses, tant dans leur réalisation que dans leur préparation, menant alors à des achats d'impulsion. Ce type d'achat sera d'autant plus facilement guidé vers la marque qu'elle saura, à travers la PLV, rappeler ses messages publicitaires, souligner sa personnalité et se mettre en avant, parfois avec l'appui d'une opération promotionnelle... pour enfin stopper net le consommateur devant le produit. La PLV est donc le média le plus proche du produit après le packaging. Elle est celui de l'acte d'achat.

2.2 Le conseil en PLV

Le conseil en PLV doit connaître les circuits de distribution du produit (une adéquation produit/PLV est nécessaire) et pouvoir analyser le marché, la concurrence, les habitudes de consommation, afin de concevoir une PLV adaptée au point de vente et déclinable selon les magasins d'une même enseigne (par exemple pour les constructeurs automobiles), qui tienne compte de l'environnement.

L'agence doit aussi être en mesure d'évaluer le potentiel de séduction de la PLV vis-à-vis du consommateur, et de calculer l'impact afin d'évaluer le retour sur investissement.

Enfin, tout comme pour les agences de publicité, un véritable partenariat doit exister entre l'agence et l'annonceur afin de travailler dans la durée.

Lorsque l'annonceur s'adresse à un conseil en PLV, il peut rencontrer des créateurs, des maîtres d'œuvre, des fabricants spécialisés par matériaux, ou des conseils. Ces derniers permettent une réflexion stratégique plus poussée et indépendante de la fabrication (qu'ils sous-traitent) liée à un matériau principal, quel que soit le produit. Les conseils permettent du sur mesure et une réflexion plus approfondie. La méthode de travail peut être la suivante :

- analyse du produit et de son environnement (attentes et contraintes de la distribution et des consommateurs, etc.) ;
- diagnostic ;
- conception et création ;
- validation (définition des techniques et des matériaux en fonction des impératifs vus dans la première phase, du budget et des délais) ;
- production. Dans le milieu de la PLV, 85 % des achats sont représentés par le plastique, le carton et le métal. Mais certains secteurs proscrivent le carton, comme en parfumerie où le plastique, l'aluminium, le laiton et des métaux haut de gamme sont rois, entraînant alors des problèmes de coûts. Par contre, pour les têtes de gondoles (espace situé au bout d'un rayon, c'est-à-dire d'une gondole), le carton est le matériau le plus utilisé ;
- suivi et prise en compte des résultats ; interviews des consommateurs et des distributeurs, mesure de l'efficacité.

Les délais sont d'environ 6 à 8 semaines.

Le client a parfois, selon les agences, le choix entre l'achat de la création, de la fabrication, ou des deux, assortis éventuellement du suivi. Notons qu'il est plus valable pour un producteur de confier le tout à un conseil, qui se chargera de la synergie entre les différentes phases avec d'autant plus d'efficacité que c'est son métier...

2.3 Contraintes de la création de la PLV

Les agences se fixent pour objectifs de :

- concevoir des meubles de vente pouvant être réutilisé.
- mettre en avant le produit et faire passer son image de marque, souvent en rappelant la campagne de publicité. Exemple : la PLV pour General Foods représentant un « truck » américain pouvant supporter 2 à 3 tonnes de chewing-gum ;
- mettre en place une signalétique promotionnelle : balisage, boutiquage (ce dernier permettant une augmentation du CA de l'ordre de 40 %), merchandising qualitatif, etc. ;
- avoir une fonction d'alerte sur le point de vente : étonner, séduire, animer... ;
- rendre un service au distributeur en facilitant son travail (par exemple les présentoirs testeurs en parfumerie, qui restent parfois en place

quelques années), en augmentant les ventes et en valorisant son point de vente ;

- ne pas encombrer les allées ni nuire à la circulation ;
- être résistante tant au poids des produits, qu'aux conditions climatiques (par exemple supporter l'exposition au soleil derrière une vitrine) ;
- prévoir la mise en place de la PLV par la force de vente ou par le distributeur (elle est alors livrée avec les produits commandés). Cela nécessite une sensibilisation de ces deux entités à l'utilité de la PLV (ainsi qu'une indemnisation du distributeur qui la monte. Quant à la force de vente, le montage de PLV rentre souvent dans ses objectifs qualitatifs), ainsi qu'un montage simple et rapide. On peut, certes, recourir à des sociétés spécialisées proposant des forces de vente supplétives.

De leur côté, les producteurs choisissent les agences de PLV et leurs réalisation, en fonction de la combinaison de nombreux critères, au titre desquels : le prix, l'innovation, la qualité, la créativité, la robustesse, et les délais courts.

Enfin, parmi les critères jugés a posteriori, nous pourrions ajouter : son efficacité.

2.4 Tendances

On se dirige vers des PLV à forte valeur ajoutée où le retour sur investissement semble plus fort qu'en publicité classique.

Les PLV animées (avec une animation lumineuse, sonore ou motrice ; mais il est sûr qu'une PLV qui s'allume et s'éteint, qui parle, etc. finit par agacer !) se développent, parfois avec le soutien de la vidéo et de l'informatique, dans les rayons jardin, cosmétique, textile. Exemple : la borne d'information sur les collants d'une marque qui demande l'âge, la taille, le poids, l'usage (bureau, ville, campagne) et les chaussures portées, pour ensuite donner le collant qui correspond à ces critères. Le choix du consommateur est facilité par cette information sur le lieu de vente (ILV), tandis que la borne conseille des modèles un peu plus haut de gamme que ceux habituellement choisis par les consommatrices.

Par ces procédés, la PLV devient alors un vendeur, un conseil et permet :

- la mise en valeur du produit par un argumentaire, une mise en situation du produit par une démonstration visuelle de son utilisation, la distribution de fiches recettes, de coupons de réduction et d'échantillons. Exemple : le système Inforayon de la société Infonet est équipé d'un stop rayon (attirant l'attention du consommateur) qui se fixe sur les étagères du linéaire et bénéficie d'une taille réduite. Il permet une augmentation des ventes de 15 à 18 % selon des tests réalisés au Canada ;
- une interactivité entre la marque et le consommateur ;
- un enregistrement des données entrées par le consommateur afin d'élaborer des statistiques pour affiner l'assortiment du magasin. Notons que ces données sont nombreuses car une borne est consultée environ 5 000 fois par semaine.

Il faut alors que la rentabilité provoquée par cette borne ou ces moyens soit très élevée afin de compenser le linéaire perdu pour son installation.

Enfin, la PLV étend son domaine de compétence vers le packaging, le merchandising et le design d'environnement (conception d'espaces de vente, de centres de vie, approches architecturales...). Des accords, des participations entre marques (et parfois entre des producteurs et un distributeur) voient le jour pour revoir la structure entière du rayon et créer une vraie ambiance, valorisante et vendeuse, sur le point de vente. Cela permet aussi, par son intégration, de lui donner un caractère permanent, générant des ventes sur le long terme. Exemple : le linéaire hygiène beauté revu sous l'impulsion de L'Oréal, avec le concours des autres fabricants.

La PLV devient donc de plus en plus souple et adaptable, permettant une créativité poussée ; sa finition s'améliore de plus en plus.

2.5 Budgets

Un bon budget est nécessaire. La PLV, carte de visite de la marque sur le point de vente, ne saurait se contenter d'une queue de budget publicitaire. Très souvent, pour quelques efforts de plus, la PLV peut être plus esthétique et plus efficace. Elle restera alors plus longtemps en place.

Les prix varient selon les quantités, le secteur, les matériaux et le caractère temporaire ou permanent (elle dure dans ce cas de 2 à 5 ans). On estime qu'une campagne de PLV nécessite un budget de 60 000 à 120 000 euros, fabrication incluse.

Exemples : un présentoir testeur de Yves Saint-Laurent, pesant 80 kg et ayant une durée de vie de 3 à 4 ans vaut environ 700 euros l'unité (pour 10 000 exemplaires produits).

N'oublions pas que dans la grande distribution, les têtes de gondoles (TG) sont louées à la semaine, entraînant des coûts supplémentaires pour le producteur: 3 500 à 10 000 F par semaine et par hypermarché.

Conclusion sur la PLV

Le faible coût de la PLV comparé aux autres techniques de communication permet à des annonceurs disposant de petits budgets de mener des actions spécifiques ; elle est un élément de communication événementielle au point de vente. Mais plus encore, la PLV est sans doute le seul moyen de vendre plus pour un investissement modeste (par rapport aux autres techniques).

3. La stimulation

La promotion s'attache au produit. La stimulation s'intéresse aux hommes pour ensuite obtenir un effet sur les performances quantitatives du produit.

La motivation, qui aujourd'hui englobe les termes motivation et stimulation, permet à l'entreprise d'être plus performante sur son marché, soit par ses propres forces de vente et par son propre potentiel humain, c'est la motivation interne, soit grâce à la force de vente de ses distributeurs, c'est la motivation externe. Cette dernière s'est surtout développée pour les entreprises commercialisant des produits par un réseau (assurances, banques, automobiles, pétroliers, réseaux de distribution longs...).

3.1 Stimulation et motivation

La stimulation, apparue aux États-Unis en 1929 (dans les années soixante en France), appelée aussi *incentive,* a pour objectif de motiver le personnel d'une entreprise et d'en optimiser les ressources humaines.

Elle constitue également un vecteur de relations publiques et permet le lancement d'un produit ou de faire passer un message particulier.

La stimulation est parfois synonyme de motivation. Par praticité, c'est dans ce sens que nous l'emploierons. Pourtant, une différence est à faire entre les deux termes :

- la stimulation est tactique, ponctuelle, événementielle. C'est un outil de promotion des ventes. Elle incite la cible à faire recherche de performances quantitatives. Le concours de vente est l'exemple majeur.
- la motivation (parfois appelée « marketing des hommes » d'une manière pompeuse, ou marketing opérationnel, mobilisation d'entreprise ou dynamique commerciale) est stratégique, permanente. C'est un acte de management et les outils rassemblent l'ensemble de ceux de la gestion des ressources humaines : rémunération, formation... (1)

3.2 Les objectifs de la stimulation

Les objectifs fixés à la stimulation sont principalement d'ordre économique ; ils visent à mobiliser le capital humain :

- valoriser le stimulé, son entreprise, ses produits ;
- relancer les ventes d'un produit en perte de vitesse ;
- lancer un nouveau produit ;
- combattre la concurrence sur des produits ou des segments particuliers ;
- recréer, entretenir, développer les relations hiérarchiques ;
- stimuler la distribution ;
- responsabiliser, revaloriser le vendeur, et tirer le meilleur de sa connaissance du marché ;
- ouvrir la force de vente sur les autres départements de l'entreprise.
- améliorer la communication interne, développer un esprit de corps et d'équipe, et même réduire le taux d'absentéisme, les accidents du travail, le taux de rebuts, améliorer la qualité, le taux de recouvrement des factures, encourager l'émulation interne... ;

3.3 Les moyens

L'interlocuteur du conseil en stimulation, si l'entreprise fait appel à un prestataire extérieur, est généralement le directeur de la communication, le directeur des ressources humaines ou le directeur du marketing. Mais la décision appartient à 60 % au président ou au directeur général, à 30 % au directeur du marketing et des ventes. Ces responsables peuvent utiliser plusieurs techniques :

---

(1) Voir Marcenac, Milon, Saint-Michel. Communication des entreprises Hachette. 1996.

– les avantages financiers à base de primes (annuelle, exceptionnelle, conditionnelle...) ;

– les concours individuels ou par équipe ;

– les formations, *cf.* L'Oréal et ses coiffeurs ;

– les honneurs (diplôme, signe de reconnaissance...) ;

– les chèques cadeaux ;

– les bons d'argent ;

– les cadeaux.

3.4 Un des moyens de stimulation : le voyage ou incentive

Le voyage de stimulation (parfois appelé de motivation ou tourisme d'affaires) représente 20 % du marché de la stimulation. Il est très souvent la récompense d'un concours. Les principaux utilisateurs sont les compagnies d'assurances, les constructeurs automobiles, les pétroliers, les banques et les laboratoires pharmaceutiques. Ceci peut s'expliquer par le contexte concurrentiel prononcé qui oblige les entreprises de ces secteurs à lancer régulièrement de nouveaux défis à leur force de vente.

Le voyage offert à un groupe de salariés d'une entreprise (accompagnés de leurs conjoints ; 71 % des voyages ne comprennent cependant pas, les épouses) permet de redévelopper chez les participants un sentiment de fierté et d'appartenance à la même société. Le voyage individuel, proposé également, présente l'inconvénient d'un caractère événementiel moindre et ne permet pas des prestations aussi originales qu'en groupe. Mais à qui doit bénéficier le voyage : à l'entreprise ou au stimulé ? Certes, le client préfère partir seul (et accompagné de son conjoint) plutôt qu'avec des collègues qui ne parleront que de travail... Le voyage individuel permet un système de choix, de graduer les récompenses et de lutter contre les problèmes de voyage de groupe. Mais la notion de groupe doit rester prépondérante car elle est importante au niveau de l'appel. Et le voyage de groupe, pour l'entreprise, permet des échanges, des gains relationnels.

Les entreprises choisissent de plus en plus le voyage parrainé où le stimulé paie une partie (variable selon la réalisation des objectifs) de la prestation.

Le contenu peut être centré autour du sport (comme les stages "extrême" avec raft, 4x4, survie en haute montagne, pêche au gros...), des croisières (très utiles pour des séminaires), du farniente (thalassothérapie, etc.), de la culture... Cependant, avec la crise, les récompenses matérielles leur sont préférées (bons d'achat...). Les entreprises cherchent des opérations plus ciblées et privilégient la qualité des prestations plutôt que les destinations, afin de marquer davantage les « invités » et de conférer à leur opération un caractère inédit. En somme, on reconstruit le rêve en ajoutant au voyage des événements plus culturels qui restent en mémoire.

Ce type de motivation permet aux entreprises de découvrir les opérations de motivation, avant de se diriger, si leur budget et leurs objectifs le permettent, vers des opérations plus complètes.

3.5 Contraintes de la stimulation ; les critères d'une bonne action

La stimulation nécessite :

- un nivellement des inégalités régionales entre les compétiteurs : certains produits se vendent en effet mieux au nord qu'au sud.
- une destination, un contenu et/ou une récompense stimulants et en rapport avec la cible. Cela suppose que l'entreprise fasse preuve de créativité et qu'elle ait clairement identifié les facteurs de motivation et de démotivation de la cible. Il faut de plus créer de l'événementiel personnalisé, convivial, éblouissant et enthousiaste ;
- des lots plaisant aussi au conjoint. Certaines entreprises envoient même régulièrement le résultat intermédiaire du concours pour que le conjoint puisse mesurer l'activité du salarié... et le pousser à se dépasser pour obtenir la récompense !
- que le plus grand nombre d'employés se sentent concernés et estiment avoir des chances de gagner, et que les abandons entre chaque étape de sélection, surtout s'il y a un concours, soient réduits. On convient généralement qu'une campagne de stimulation doit toucher 70 % du personnel et que 100 % doivent la percevoir comme accessible. Cela doit tenir compte du degré d'autostimulation des salariés car on estime que 10 % des collaborateurs sont automotivés, que 20 % sont réfractaires à toute stimulation. Il est donc évident que les 70 % restants (les suiveurs) constituent le cœur de cible ;
- que l'on fabrique des gagnants et non des perdants en donnant, dans le cas du voyage de stimulation par exemple, l'envie aux perdants de partir grâce à des réunions perdants/gagnants, à des photos et vidéos du voyage, et même par une implication du conjoint comme nous l'avons vu ;
- que le personnel cherche sa motivation dans l'entreprise et non dans le cadeau ;
- de ne pas ignorer la phase suivant la récompense : le stimulus du souvenir peut être renforcé par l'envoi au gagnant de photos du voyage, par l'organisation de cocktails et d'expositions, par des interviews pour le journal interne, etc. Il faut donc capitaliser sur l'événement et penser que bien stimuler, c'est laisser des traces. Le voyage commence donc bien en amont pour s'arrêter très en aval ;
- une cohérence avec la communication interne et les objectifs stratégiques.
- des prix et récompenses périssables dont la plus-value est psychologique, le tout étant proposé dans un cadre extraordinaire (80 % des séjours se font en hôtels 4 ou 5 étoiles) ;
- une durée d'absence des salariés vainqueurs courte pour des raisons de rentabilité. La tendance est d'ailleurs aux voyages plus courts et plus actifs ;
- une action s'inscrivant dans la durée, la modification des comportements nécessitant deux à trois ans ;
- une action créative permettant aux participants d'être actifs ;
- un système fiable d'évaluation des objectifs et des performances.

Cinq points sont donc à respecter : le mécanisme, le système de gestion, la création de support (un ou plusieurs événements), le système d'animation dans le temps (courriers de relance, cadeaux-rappels...) et la dotation. En somme, il faut faire rêver le plus grand nombre avant et pendant, et laisser le plus de traces après.

3.6 Le budget

Sur la totalité du budget consacré à la stimulation, 10 à 30 % est consacré aux dotations, le reste étant attribué à la logistique en amont (communication autour de l'opération, élimination progressive des candidats...), et en aval (réunions et cocktails, évaluation de la correspondance objectifs/efficacité réelle, lettres de félicitations et d'encouragement...).

Exemple : Courrier teasing, jeu de piste à travers Paris et dîner-débat pour 100 personnes : 50 000 euros.

Ce qui coûte cher, c'est surtout la personnalisation, c'est-à-dire le conseil. Les prix sont donc relativement variables, parfois élevés, mais très souvent la stimulation est financée par les résultats de la motivation.

Conclusion sur la stimulation

Promotion et stimulation font partie d'une même culture : la promotion pousse le consommateur à acheter plus pour vendre mieux, la stimulation pousse le vendeur à vendre plus pour vendre mieux. La cible diffère mais l'objectif final reste le même : vendre. La stimulation intègre les notions de communication et de qualité. De fait, on est passé de problématiques purement quantitatives à des problématiques qualitatives.

Mais la stimulation n'est-elle pas le symptôme du « mal-être » de l'entreprise ? En effet, si l'entreprise n'est pas en mesure de faire naître l'envie de se dépasser chez ses collaborateurs, n'est-ce pas le signe d'un malaise ? La stimulation, enfin, ne crée-t-elle pas un effet d'accoutumance ?

Conclusion sur la promotion et les techniques péri-promotionnelles

Les techniques promotionnelles sont donc multiples et imbriquées, tant entre elles qu'avec les autres moyens de communication. On sait que les problèmes de communication sont de deux ordres : l'image et le comportement. On énonce souvent que la première utilise des techniques comme la publicité, le sponsoring et le mécénat, et que la seconde a recours à la promotion, à la stimulation et au marketing direct.

Autrefois opposés, marketing direct et promotion sont de plus en plus liés (les fusions entre les deux types d'agences l'ont récemment prouvé). Les deux techniques ont les mêmes objectifs d'influence des comportements et convergent au niveau du marketing tactique qui utilise un message simple, interactif et convivial. Mais en ce qui concerne le marketing stratégique, elles gardent leurs différences : le marketing direct lie la marque au consommateur, la promotion lie le produit au consommateur.

Plus précisément, la promotion sert à faire venir le client sur le point de vente et à le déstabiliser pour l'amener vers une marque, pousse le produit vers le consommateur en le mettant en valeur dans les linéaires, tandis que le marketing direct cherche principalement à fidéliser le consommateur et à tirer le consommateur vers la marque.

Les deux se complètent pour fidéliser et conquérir de nouveaux acheteurs.

II. LE MARKETING DIRECT

A. Définition et facteurs de développement

1. Définition

Le marketing direct peut se définir comme « toutes les techniques de communication de l'information qui suscitent, valorisent et entretiennent un contact direct et mesurable entre l'émetteur d'un message et celui qui le reçoit ». Il suppose ainsi un contact personnel et confidentiel, un message individuel ; la base de données en est donc l'élément de base incontournable, comme nous le verrons. Il ne cesse de se développer, à tel point que les agences de publicité se demandent si cette technique ne va pas totalement supplanter la publicité et donc les inciter à intégrer encore davantage ce moyen de communication. Certaines agences se sont déjà fortement orientées dans cette voie en créant un service marketing direct ou bien une filiale exclusivement tournée vers celui-ci. D'autres ont développé un pôle de marketing opérationnel ou de marketing services regroupant entre autres marketing direct et promotion, et parfois même Internet ou CRM.

Le marketing direct est différent de la publicité dans la mesure où il est une technique de communication individualisée qui s'adresse aux consommateurs ou aux entreprises et qui prend en charge certaines fonctions habituelles du vendeur telles que la prospection. En fait, la publicité est la face publique de l'expression de la marque ; le marketing direct en est le côté privé qui s'adresse non à une entité, mais à un individu.

Très sensible à son environnement, poussé par des circonstances économiques, sociologiques et techniques, le marketing direct a évolué.

2. Les raisons du développement

– Raisons économiques :
  - l'essor industriel et le développement du secteur tertiaire ont entraîné l'établissement d'une classe moyenne, cible privilégiée du marketing direct ;
  - le développement du travail des femmes qui disposent ainsi de moins de temps pour aller dans les magasins ;

- le développement de l'urbanisation et des problèmes de transport : bien que les magasins soient plus nombreux et de mieux en mieux fournis, il demeure moins fatiguant et plus rapide de choisir chez soi ;
- le manque de vendeurs sur le marché du travail et donc l'augmentation des coûts tendent à freiner les visites chez des clients pas ou trop peu rentables ;
- la position de force des distributeurs mène les industriels à rechercher des stratégies de contournement en s'adressant directement au consommateur final ;
- la fidélité aux marques diminue, nécessitant un contact régulier et un réel lien entre la marque et le consommateur.

– Raisons techniques :
- le développement de l'outil informatique : le fichier est la base du marketing direct ;
- le développement des techniques : téléphone, minitel, télécopie... outils du marketing direct ;
- le développement de techniques d'imprimerie plus rapides permettant plus de créativité et de personnalisation ;

– Raisons sociologiques :
- la volonté des consommateurs d'obtenir une communication plus relationnelle et personnalisée ;
- le développement de la notion de gestion du temps, de rapidité ;
- la volonté des consommateurs d'obtenir des produits autrefois réservés aux classes aisées ou à des cibles plus étroites : le foie gras sur catalogue, l'information financière par exemple.

En somme, proximité et efficacité semblent être les mots clés du marketing direct. Pour ce faire, la base de données et le fichier sont souvent des points de passage obligés.

B. La base de données et le fichier, outils de base du marketing direct

1. Les bases de données marketing (BDDM)

1.1 Contenu et segmentation de la BDD

La BDD comprend des informations de trois types :
- **l'identité,** qui comporte des éléments de segmentation (nom, prénom, adresse, téléphone...) et des codes internes : contentieux, liste Robinson, liste orange, stop publicité, liste rouge, NPAI (n'habite pas à l'adresse indiquée)... ;
- **l'activité commerciale,** qui permet de connaître la date, la fréquence et le montant des commandes et des articles. Ces profils permettent de dégager des typologies de comportement (mode de paiement,

mode de distribution, produits achetés..). Elle autorise la sortie de ratios de rentabilité, le calcul du coût commercial, des marges dégagées et du profit pour chaque prospect ou client ;

- **l'activité relationnelle,** qui concerne les échanges entreprise/client (courrier, visites, sollicitations, facturation...) et client/entreprise (commandes, paiement, réclamations, annulations, demandes d'information...).

On peut de plus faire appel au ratio RFM. La valeur d'un client s'évalue en effet à partir de trois éléments :

- la **récence** correspond à la date du dernier achat. Plus cette date est récente, meilleur sera le potentiel client dans les années à venir ;
- la **fréquence** indique le nombre d'achats effectués et leur cadence pendant une période donnée. Elle nécessite cependant un historique assez lourd (qui ne remonte pas à plus de deux ans) pour être complète ;
- le **montant** des achats, qui est plus ou moins lié à la fréquence.

Ces éléments permettent de distinguer les « actifs » des « inactifs ».

1.2 Utilité

La base de données marketing permet :

- de déterminer les cibles et des segmentations comportementales ;
- de repérer les choix produits du clients ;
- d'analyser les paniers d'achat ;
- de calculer les flux financiers futurs (à l'aide du profil du client, de son ancienneté, etc.) ;
- d'analyser les interpénétrations de produits (cannibalisation, substituabilité, appui, complémentarité des produits de la gamme) ;
- de déclencher des programmes de « marketing automatique » quand certains événements de la vie du client ou du cycle de vie du produit se produisent ;
- de personnaliser les campagnes (adresse, gestion de points fidélité et des adhésions au club de clients, etc.) et éventuellement proposer des produits/services sur mesure ;
- de détecter les clients non performants ;
- d'habiller les produits de l'entreprise en fonction des segments de clientèle (argumentation) ;
- de s'enrichir de sources extérieures (INSEE, sources géo-démographiques, banques de données d'entreprises, etc) ;
- de constituer un outil d'aide à la décision et à la prospection pour la force de vente ;
- d'extraire des fichiers pour une utilisation sous forme de marketing direct (avec un objectif de fidélisation) et de mesurer le résultat de telles actions ;

– de mesurer les fichiers de l'entreprise, leur évolution par rapport aux données externes : pénétration par région, par secteur, par prénom (au sujet des prénoms, voir plus loin le paragraphe 2.4. Les améliorations de performances).

2. La constitution et la gestion d'un fichier

Un fichier est une liste des individus ou des produits constituant une base de sondage (1). Il convient de ne pas le confondre avec la base de données (ensemble de données homogènes recueillies au cours de plusieurs enquêtes et dont la structure assure la possibilité de traitements informatiques ad hoc = à la carte) (1) : cette dernière est interactive et sert en permanence, tandis qu'un fichier sert ponctuellement et vient enrichir, par ses remontées, une base de données.

Le fichier garantit le ciblage. Son importance s'illustre par quelques points :

– si le taux de NPAI est important, le coût au mille est accru ;

– si le nom est mal orthographié, les efforts de personnalisation seront réduits à néant ;

– si le ciblage n'est pas précis, il y aura déperdition (le fichier évite une dispersion de la pression publicitaire en ne touchant que la cible utile).

Le fichier permet de plus :

– un ciblage par items (localisation géographique, profession, etc.) et donc une segmentation ;

– la constitution d'échantillons témoins pour pré-tester les opérations. Selon S. Rapp et T. Collins, les bases de données supplanteraient les techniques de communication qui sont trop générales : « *mass marketing is out, data bases are in* ». On peut d'ailleurs déjà l'observer dans le développement des techniques promotionnelles utilisant les fichiers clients des distributeurs pour leur proposer des opérations correspondant à leur profil d'achat.

2.1 Les divers types de fichiers

■ Fichier interne/externe

S'il est interne, il est constitué par les différents personnels de l'entreprise, les vendeurs essentiellement, qui rapportent de chaque tournée les caractéristiques socio-économiques de leurs clients mais aussi des données importantes sur leurs comportements et leurs attitudes. Un fichier peut aussi être constitué ou développé lors de foires, salons... Les actions de couponning dans la presse sont aussi un bon moyen pour récolter des adresses pour un fichier : les demandes d'offres d'essai sont utiles pour faire connaître un produit mais aussi pour connaître les prospects. Enfin, de la plus simple méthode (qui est de photocopier les chèques des clients pour pouvoir leur adresser ensuite un mailing) jusqu'aux coupons réponses et aux jeux.

Un fichier interne à l'entreprise est généralement plus efficace qu'un fichier externe ; il reste néanmoins quantitativement limité et dans certains cas, l'entreprise peut avoir intérêt à accéder à d'autres fichiers, dans le cas d'une prospection par exemple.

■ Fichier horizontal/vertical

Pour le business to business (communication d'un secteur professionnel vers un autre secteur professionnel par opposition à la communication grand public) (1), ils peuvent être de deux types : verticaux et horizontaux.

Les fichiers verticaux touchent plus précisément un secteur à l'aide d'annuaires professionnels ou de fichiers constitués par des organisations : associations professionnelles, fédérations, syndicats...

Parmi les seconds, on peut citer le fichier de l'INSEE qui est le plus vaste fichier français puisqu'il regroupe plus de trois millions d'établissements. Les fichiers des chambres de Commerce et d'Industrie et les fichiers issus d'annuaires *(Kompass, Qui Décide)* sont aussi utiles.

■ Fichier de compilation/de comportement

Enfin, les fichiers peuvent être scindés en deux catégories :

- les fichiers de **comportement** s'appuient sur une consommation effective et suivie. Ils proviennent de supports de presse, de possesseurs de carte bancaire ou de la vente par correspondance. Ils sont plus précis car ils présentent beaucoup plus de segments ;
- les fichiers de **compilation** émanent de sociétés spécialisées en location d'adresses ou d'organismes réputés : Chambres de Commerce, INSEE, les annuaires professionnels et téléphoniques... Ce sont des fichiers d'individus ou d'entreprises définis par un certain nombre de caractéristiques (âge, profession...) que l'on croise. Leur mise en œuvre est rapide car il suffit de saisir et de compiler les adresses mais les sélections opérées sont peu fines, peu descriptives et les sources peu actualisées, provoquant souvent un fort taux de NPAI.

Il est par ailleurs parfois intéressant de croiser ces deux types de fichier, on arrive alors à des mégabases de données.

Les **mégabases de données**, comme Consodata, sont fondées sur un comportement déclaré recueilli par des questionnaires distribués par voie de presse, de mailings toutes boites, de partenariats avec les grandes marques ou d'opérations spéciales. À l'aide de 160 questions, ils permettent de déterminer plus de 2 600 critères d'informations sur le foyer et d'identifier 90 % des dépenses (2 à 4 mailings annuels permettent de remettre les données à jour). Les mégabases peuvent servir à des opérations de marketing direct, à des études, à la création de clubs de consommateurs, à des analyses géomarketing...

2.2 Les propriétaires et les loueurs

■ Les trois intervenants

Les **dépositaires de fichiers** en exclusivité ou co-exclusivité (généralement des fichiers de comportement pour lesquels ils ont des contrats d'un an renouvelable) réalisent 30 à 50 % de marge sur la revente des fichiers dont ils ont la charge.

(1) A. Milon – S.-H Saint Michel – *Lexicom* – Breal – 1993

Les **simples courtiers**, qui sont à l'origine du mot *broker*, ne créent pas les fichiers mais en font simplement le négoce.

Les **propriétaires**, comme leur nom l'indique, possèdent des fichiers clients (La Redoute, *L'Expansion*...) ou des fichiers créés de toutes pièces (Dun & Bradstreet, Cégédim...) qu'ils commercialisent soit directement, soit via un courtier (le broker).

Cela dit, certains courtiers sont également propriétaires de fichiers, et vice versa ! Dans la mesure du possible, le courtier essaie d'obtenir l'exclusivité du fichier qu'il négocie. Les brokers se rémunèrent par un pourcentage sur la vente ou la location du fichier, entre 15 à 30 %. Ils détiennent les deux tiers du marché de la location de fichier.

L'adresse est rarement achetée puisque les fichiers nécessitent des mises à jour constantes et le loueur dont c'est le métier est plus à même de les réaliser. Il est bien évident que ces prix varient en fonction du contenu même du fichier.

Le prix est une des variables du calcul du seuil de rentabilité ; le prix des adresses étant parfois trop élevé, les entreprises pratiquent l'échange de fichiers.

■ L'échange et le partenariat

On raisonne ici par analogie afin de trouver des clients de l'entreprise A intéressés par les produits de l'entreprise B et inversement. Un fichier d'acheteurs de voitures haut de gamme peut par exemple s'échanger contre un autre comprenant les acheteurs de hi-fi dernier cri ; un hôtel de luxe peut lancer une opération à partir d'un fichier de possesseurs de carte de crédit haut de gamme.

2.3 Choisir un fichier

Avant de louer ou d'acheter un fichier, il faut connaître :

- l'historique de sa constitution (c'est la provenance des adresses : annuaires, réponses à des annonces presse...) ;
- la politique de location afin de savoir à qui le fichier a déjà été loué, pour quel type de produits et avec quel succès ;
- le moment de l'année où le fichier « rend » le mieux ;
- sous quelle forme le fichier est disponible (papier, étiquettes, fichier numérique...) ;
- les critères de segmentation : modes d'achat, zones géographiques, clients actifs/non actifs, produits achetés, mode de paiement, sexe, âge, PCS, nombre d'enfants, habitat, etc. Les professionnels se plaignent en général du manque de qualité des fichiers. Un fichier doit systématiquement comprendre plusieurs entrées : par ordre alphabétique, par profession, par lieu de résidence, par fréquence d'achat, etc ;
- la quantité d'adresses disponibles par critère de sélection (par sexe, par habitat...) ;
- le degré d'activité du prospect, c'est-à-dire la dernière fois qu'il a acheté, commandé, demandé de l'information par exemple. La notion d'adresse active est très variable selon les propriétaires : moins de 6 mois à La Redoute et aux Trois Suisses, contre parfois beaucoup plus

ailleurs (parfois 2 ans !). Cela s'explique simplement : l'INSEE procède à 10 000 ou 20 000 mises à jour quotidiennes de son fichier Sirène (entreprises), mais les intermédiaires le commercialisant ne suivent pas ces mises à jour principalement pour des raisons de coûts... On estime de plus qu'un fichier professionnel se périme de 30 à 40 % par an ;
- le taux de NPAI (n'habite pas à l'adresse indiquée). Certains loueurs remboursent les retours ;
- le numéro d'inscription du fichier à la Commission nationale informatique et liberté (CNIL) (il est interdit de commercialiser les fichiers non inscrits) ;
- le nom du fichier en clair (afin de ne pas le confondre avec le même, vendu sous un autre nom par un autre intermédiaire). Les noms originaux sont déposés à la CNIL qui recense 360 000 fichiers déclarés (mais en fait 4 000 sont commercialisés, les autres étant réservés à l'usage de leurs propriétaires) appartenant à 600 propriétaires ;
- la possibilité de repérer les adresses louées afin d'éviter la prochaine fois de les réutiliser (cela s'appelle le topage). Si le topage est possible, la meilleure méthode est le topage aléatoire ;
- les délais de fourniture (de une semaine à un mois).

Les fournisseurs d'adresses se voient de plus en plus concurrencés par les routeurs (voir plus bas F.1 **Le routage**) et les agences. Mais quelle que soit l'entité qui les loue ou les vend, le prix d'un fichier dépend du nombre d'adresses ainsi que du nombre et de la précision des champs (un champ étant en quelque sorte un renseignement, par exemple l'âge ou le nombre d'enfants).

2.4 Les améliorations de performances

■ Les traitements informatiques

Certains traitements informatiques permettent d'améliorer les performances d'un fichier en affinant la matière première. Voyons trois méthodes.

Le **dédoublonnage** évite d'envoyer un même message à une même personne identifiée par deux éléments différents (par exemple l'adresse peut être identique, mais écrite sous deux formes différentes).

La **déduplication** évite que la même personne ne reçoive deux mailings identiques si l'annonceur utilise plusieurs fichiers.

Le **scoring** vise à enrichir un fichier afin qu'il atteigne mieux sa cible. On a ainsi un scoring selon le **géotype** (caractère des communes françaises étudiées par la COREF. Il s'agit d'une typologie combinant des données démographiques, économiques et sociologiques. Source : LEXICOM), l'adresse ou le prénom. Dans le cas d'un scoring prénom, on regarde quels sont les prénoms sur-représentés dans le fichier par rapport à la population totale. Ils permettront ensuite l'envoi d'un mailing aux prénoms sur-représentés ne faisant pas partie des clients actuels de l'entreprise. Mais le scoring prénom correspond souvent à une sélection par âge, les prénoms subissant les effets de mode. On peut néanmoins douter de son efficacité.

C. Les objectifs et le bilan du marketing direct

Très schématiquement, les objectifs du marketing direct correspondent aux trois objectifs généraux que nous avons vus dans notre première partie : faire connaître, faire aimer, faire agir et aux différentes hiérarchies possibles entre eux.

Pourtant, le marketing direct agit davantage sur le comportement du consommateur et c'est le troisième objectif qui semble prépondérant : on fait agir le consommateur, on lui fait acheter le produit (plus il répond vite, plus il a d'ailleurs de chance de gagner un cadeau supplémentaire : dramatisation), on le fait se rendre dans un point de vente afin de créer du trafic...

Le marketing direct a certes le même objectif que la promotion des ventes que nous avons examinée *supra*, mais aussi des objectifs de ciblage, de renforcement de proximité de la relation marque/consommateur, de développement de l'image et de la notoriété, de séduction et de fidélisation.

Un autre objectif concerne la force de vente. Le marketing direct n'est pas un concurrent de la force de vente mais un soutien à son action puisqu'elle prend de plus en plus à sa charge la prospection.

Une visite commerciale doit être rentable ; elle ne peut l'être que chez un gros client dont on sait que la commande sera conséquente. C'est la raison pour laquelle le marketing direct prend à sa charge la prospection ; les vendeurs se déplacent maintenant le plus souvent chez un prospect après une prise de rendez-vous demandée à la suite d'une opération de couponning, de phoning ou encore à un appel sur un numéro vert.

Par contre, le marketing direct présente un inconvénient certain, à savoir la saturation du consommateur devant sa boîte aux lettres qui reçoit un nombre croissant de kilos de « prospectus » par an (junk mail) d'où des rejets probables (et la critique que le marketing direct violerait l'intimité des foyers...). Les autres inconvénients sont les grèves postales, l'utilisation de fichiers surannés et l'imprécision face aux produits que l'on ne peut pas concrètement toucher même si les services vendus par le marketing direct se développent.

Devant cette saturation nuisant à la perception du message, certains auteurs parlent d'une deuxième génération du marketing direct qui verrait davantage son intégration dans une stratégie de communication générale de l'entreprise.

D. Les médias du marketing direct

À côté des médias traditionnels tels que le catalogue et le mailing, se sont développés d'autres médias tels que le téléphone, le fax, Internet, qui ont bénéficié d'innovations technologiques performantes.

Tous les médias que nous allons examiner sont compatibles et l'agence doit assurer un mix de communication entre eux et les autres moyens de communication retenus.

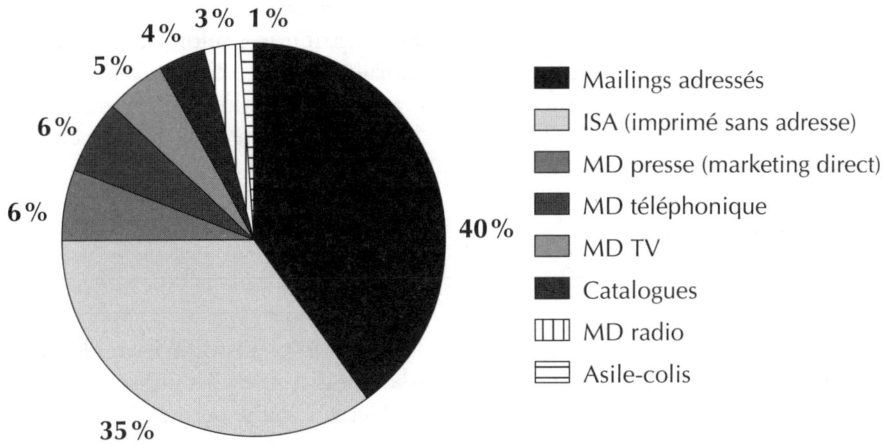

1. Catalogues, consumer magazines et imprimés sans adresse (ISA)

1.1 Le catalogue

Le **catalogue** est historiquement le premier média du marketing direct (celui du Bon Marché fut lancé en 1867) ; il permet une bonne présentation visuelle des produits, leur mise en situation et leur description, éléments d'autant plus importants que le client achète sans pouvoir toucher les articles.

1.2 Les consumer magazines

Ce sont des magazines de clientèle développés par les marques, en particulier de l'alimentaire et de la distribution. Ce mouvement est conforté par le développement des mégabases qui permettent de varier les messages d'accompagnement et la valeur faciale des éventuels coupons de réduction.

Outil d'information, support de l'image de marque et porteur de bons de réduction, le contenu des consumer magazines peut aller du ton consumériste (*L'Essentiel des marques*, de Consodata) à une approche plus magazine (*Danoé*, *Contact*).

1.3 Les ISA

Les **prospectus** ou imprimés sans adresse (ISA) sont appelés outre-Atlantique « *junk mail* »... Très utilisés, ils ont fait l'objet d'une étude menée par l'IFOP :

- 19 % des consommateurs ont identifié le nom de l'enseigne de distribution émettrice ;
- 35 % des consommateurs déclarent avoir lu au moins une page de chaque dépliant ;
- finalement, 4 % des personnes interrogées se sont rendues dans le magasin.

Ce « média » a beaucoup évolué suite aux progrès du géomarketing, permettant une rationalisation des méthodes de distribution selon des segmentations relativement fines autorisant un quadrillage précis d'une zone géographique. Le prospectus est souvent couplé avec d'autres médias, comme l'affichage et la radio afin de transformer l'action de l'imprimé sans adresse en surpression locale et en média événementiel rapide à mettre en place.

2. Le mailing

2.1 Bilan

Historiquement, la VAD a développé les mailings et a codifié les règles d'efficacité. Il est aujourd'hui le moyen de marketing direct le plus utilisé car il a de très nombreux avantages dont l'extrême sélectivité qu'il permet lorsqu'il est associé à un bon fichier.

Le mailing permet la personnalisation du message grâce aux nouvelles technologies d'impression par laser ou projection d'encre couplées à un fichier nominatif (cher monsieur Jean Dupont, (...) oui, c'est bien vous monsieur Jean Dupont qui demeurez 4, rue des Pivoines à Rodez qui avez gagné (...) en espérant recevoir très bientôt votre commande nous vous prions d'agréer cher monsieur Jean Dupont...).

Le mailing permet enfin l'utilisation des supports les plus variés et n'oppose aucune limite à la créativité ni à l'information.

Ses inconvénients sont son coût de revient élevé à cause des frais fixes, son manque de souplesse et son faible rendement, en particulier pour les « mailings toutes boîtes », à moins que la sélection ne se fasse sur des critères beaucoup moins précis et ne concerne en général que le type d'habitat (résidence pavillonnaire pour la nourriture ou pour les tuyaux d'arrosage par exemple).

2.2 Les éléments du mailing

■ La création

Nous n'avons pas jusqu'à présent parlé de création publicitaire en général car ce n'est pas l'objet de cet ouvrage qui traite de la gestion de la publicité. Nous l'évoquerons néanmoins ici car elle est particulière et constitue à ce titre une caractéristique de ce type de publicité.

L'objectif du marketing direct est d'abord de faire agir rapidement le prospect et donc de présenter tous les avantages du produit afin de pousser à l'achat ou à la demande de renseignement par appel au numéro vert ou renvoi d'un coupon-réponse.

Une autre raison de création différente entre marketing direct et publicité est que la première devient un vendeur de l'entreprise ; elle le remplace principalement dans la phase de prospection. Certains spots télévisés mettent d'ailleurs en scène un vendeur comme s'il était chez le prospect pour lui expliquer les raisons de choisir « son » assurance-vie par exemple.

Le mailing doit avoir les mêmes qualités qu'un vendeur : un vendeur doit inspirer confiance physiquement et par ses paroles, le vendeur doit présenter les avantages du produit que recherchent précisément le prospect, le vendeur doit répondre à toutes les objections du prospect, il doit même tenter de les précéder...

Le propre du marketing direct est de faire du marketing relationnel adressé à des individus. Toute règle est donc à bannir mais certains principes sont à respecter. Nous aborderons ici les huit points dont la création s'occupe.

En listant les phases classiques de la vente, nous pouvons envisager le rôle du marketing direct à chacune des étapes.

■ Au niveau global.

La lettre est l'élément convivial, il faut créer un courant de sympathie et de séduction car c'est un média individuel : le lecteur n'aimerait pas savoir que des milliers de gens lisent au même moment la même lettre que lui. D'où la signature d'un responsable de l'entreprise, obligatoire, qui personnalise l'envoi. Le message doit exprimer un avantage immédiat et concret, qui soit explicite avant même que le document soit ouvert. Chaque offre doit être valorisée dans des documents séparés. De plus en plus de propositions concernent une gamme complète de produits (est-ce pour amortir les coûts ou pour favoriser un choix fidélisant ?). D'un point de vue général :

- la conception graphique doit rendre le mailing immédiatement clair, facile à lire et à suivre car la première étape du dialogue avec le lecteur est faite par les images et les titres (en 20 secondes environ) ;
- si le mailing contient trop d'éléments, le prospect risque de mettre le tout à la poubelle. Le mailing standard (lettre + dépliant + carte réponse) est souvent le plus efficace ;
- un mailing de recrutement de prospects ne devrait jamais vendre uniquement le produit. Il doit aussi mettre en avant l'offre. La meilleure est celle qui consiste en un essai gratuit, une consultation gratuite, un échantillon... ;
- les créations comme un pliage spécial, un objet en trois dimensions, etc. ne fonctionnent que s'il existe un lien entre cette création et l'offre (ou le produit), de même que le cadeau d'ailleurs ;
- mettre en avant les réductions de coût, les avantages du produit, les offres gratuites, les garanties ;
- appuyer si possible l'action mailing par un phoning car le tiers des lecteurs qui ont l'intention de renvoyer le coupon le renvoient vraiment. Le téléphone permet de transformer l'intention en action et de réargumenter s'il en est besoin ;
- impliquer au maximum le lecteur en le faisant, par exemple, répondre à un court questionnaire (qui, de plus, permettra de le qualifier) ;
- donner au consommateur un intérêt à réagir (c'est le « *act now* » : s'informer, essayer, acheter, jouer... ;
- rester simple sans pour autant être toujours attaché aux mêmes règles : il faut aussi savoir prendre des risques ;
- le graphisme, la typographie, les illustrations doivent coller à l'écriture;

– tenir compte des images et de la communication habituelle des clients, respecter les chartes graphiques, serrer au plus près les publicités déclinées ;
– revenir à des choses simples, sobres, belles, tout en conservant l'efficacité. Nous sommes ici très proches de la démarche publicitaire.

■ Les titres et les accroches

L'accroche est très importante ; on estime qu'elle décide à 95 % si le prospect va poursuivre ou non la lecture du message :

– les longs titres vendent mieux que les courts. Un titre doit promettre un avantage fort et original. David Ogilvy écrivait : « votre titre est l'élément le plus important, les sous-titres donnent des respirations à votre texte et le rendent plus lisible. Ils doivent être écrits de telle façon que, même après une lecture en diagonale, les principaux points de votre argumentaire de vente retiennent l'attention du lecteur » ;
– les accroches doivent promettre un avantage, exciter la curiosité et annoncer une nouvelle. On utilise alors les fameux « 7 étapes pour... », « Comment... », « 10 façons de... », « Le secret de... », « Un moyen sûr pour... », etc. tandis que les thèmes abordés ont souvent trait (pour les produits grand public) à la santé, aux enfants, à l'amélioration de soi, au couple, à l'argent ou à la profession.

■ Le texte

– mettre les points importants en encadré ou en post-scriptum ;
– faire clair et séduire le lecteur ;
– faire facile, agréable à lire (car les prospects lisent aussi longtemps que cette lecture leur procure un enrichissement, un avantage, etc. N'oublions pas non plus que pour le prospect, le mailing est une des choses les moins intéressantes à lire) et « frappant » car le prospect met environ 20 secondes pour juger de l'intérêt du mailing. Les avantages-produit doivent donc être suggérés dans les images, les titres et les intertitres ;
– selon Ogilvy, « un texte long vend plus qu'un texte court, en particulier quand vous demandez au lecteur de dépenser beaucoup d'argent ». Aux États-Unis, certains mailings atteignent 10 pages et sont très performants. L'essentiel est de ne pas lasser le lecteur ;
– personnaliser l'offre, surtout lorsque la promesse inclut un service privilégié de l'entreprise au client. Mais il faut surtout dire au prospect en quoi cette relation personnelle lui promet plus d'avantages et de services. La personnalisation se fait par impression électromagnétique au rayon laser (à chaud ou à froid) ce qui permet d'imprimer environ 5 000 messages à l'heure, ou par jet d'encre ;
– ne pas hésiter à cautionner l'offre par la signature du responsable de l'annonceur émetteur du mailing ;
– le lecteur commence par lire d'abord le bas de page d'une lettre (selon S. Vogele) si celle-ci s'achève par un court « pavé » de texte.

Dans ce cas, il faut résumer les arguments commerciaux et la promesse dans ce « pavé » ;

- « les témoignages augmentent votre crédibilité et les ventes » (Ogilvy). On peut ici faire appel à des clients ou à des articles parus dans la presse;
- on peut dramatiser l'offre afin de susciter des retours plus rapides et plus nombreux avec par exemple des « édition limitée », « quantité limitée », « pour la dernière fois à ce prix », « prix spécial en cas de réponse rapide »... Selon Ogilvy, « les concours, les cadeaux, les offres gratuites, et les bas prix augmenteront la réaction initiale mais le client que ces formules attirent ne se transforme pas toujours en acheteur durable ». Il faut donc développer la vente avec des arguments rationnels ;
- justifier et toujours démontrer l'intérêt de l'offre ;
- ne pas oublier le poids des mots : un vocable mal choisi peut faire chuter le rendement. L'utilisation de l'humour est souvent délicate et les superlatifs ne sont à utiliser que si l'on peut en avancer la preuve.
- d'une manière générale, le but de la lettre est d'établir le contact, de créer un dialogue, de convaincre puis de faire passer à l'action ;
- reformuler l'avantage principal dans la conclusion et inciter finalement à l'action.

■ Le coupon

- le couponning est, selon E. Vernette, « toute possibilité matérielle proposée à un consommateur de transmettre ses coordonnées à une entreprise, en réponse à une offre précise, faite par cette dernière ». Un couponning peut donc être le fait du Minitel (lorsqu'on laisse ses coordonnées sur un 36.15 d'un fabricant par exemple), du Numéro Vert, de l'annonce presse et du mailing permettant la réponse ou d'un coupon électronique édité via Internet. Nous ne traiterons ici que des deux derniers ;
- la carte-réponse doit permettre de recueillir des informations pour qualifier des prospects ;
- le bulletin-réponse doit résumer l'ensembles des propositions car souvent c'est le seul document vraiment lu ;
- indiquer un numéro vert augmente le taux de réponses ;
- présenter un « beau » coupon ;
- dans le cas d'une annonce presse, prévoir un coupon facile à détacher, tandis que les coordonnées de l'entreprise figureront aussi sur la partie à conserver, afin de toucher éventuellement un autre prospect qui serait amené à lire l'annonce.

■ Le dépliant/la brochure

Joint à la lettre, le **dépliant** n'est qu'optionnel. Mais :

- il présente visuellement le produit, il argumente ;
- il détaille l'offre et utilise des accélérateurs pour provoquer un achat plus rapide ;

– il est redondant à la lettre (le prospect a plus tendance à conserver le dépliant que la lettre).

La **brochure** présente largement et techniquement les points forts d'une offre mise en avant par un mailing. Elle décrit précisément l'offre et apporte une caution de sérieux et de crédibilité. Elle justifie la lecture de la lettre d'accompagnement, incite le prospect à conserver l'envoi (il y a toujours réticence à jeter une belle production écrite) et montre le produit en situation d'utilisation. Il faut cependant prendre garde à une cohérence nécessaire entre le positionnement de la brochure et le reste de l'envoi : la brochure ne doit pas focaliser l'attention du prospect car elle n'est qu'un des éléments de l'offre.

■ Le bon de commande

Même si le prospect peut commander par téléphone, il faut lui laisser la possibilité de le faire par écrit, ce qui rassure une partie de la clientèle.

Le bon de commande doit dégager la même atmosphère que le mailing et ne pas se contenter d'être un document pré-comptable impersonnel. Il peut alors résumer l'offre, comporter les principaux accélérateurs de celle-ci, les garanties, les facilités de paiement. Le bon de commande doit conforter le prospect dans sa décision d'achat et être tout particulièrement soigné car ce sera le dernier document à être saisi.

Mais le bon de commande peut s'effacer devant la carte-réponse lorsqu'il s'agit d'une vente en deux temps (cas d'un mailing qui a pour objectif de générer un contact, une prise de rendez-vous ou une documentation).

■ La carte-réponse/le bon de réponse

Elle aussi incite à l'action et doit permettre un retour d'autant plus rapide que l'acheminement de la réponse est gratuit pour le prospect à l'aide d'une **carte T** ou d'une **enveloppe T**, qui permet à la cible de répondre sans frais : les frais d'envoi sont payés par l'annonceur.

La **libre réponse** est une alternative à la carte T ou à l'enveloppe T : l'entreprise acquitte les frais d'affranchissement des plis effectivement envoyés par ses prospects avec une taxe complémentaire par pli reçu, assorti d'un minimum de facturation. L'avantage de cette technique est que le prospect peut utiliser sa propre enveloppe, et n'a plus qu'à recopier le numéro d'autorisation accordée par La Poste à l'entreprise, sans avoir à affranchir l'enveloppe.

■ L'enveloppe

Ne pas hésiter à annoncer l'offre sur l'enveloppe porteuse car les personnes qui l'ouvrent sont aussi des prospects. L'enveloppe est la vitrine, elle doit donner l'envie d'ouvrir le mailing. Il faut cependant conserver au contenu son mystère.

Le mailing doit donc présenter une offre claire, convaincante (expliquer, positiver les freins, argumenter sur les motivations), attrayante (rendre le produit désirable, valoriser le prospect), et urgente (offre limitée dans le temps et en nombre) par un style direct et impliquant. Mais, pour autant, rien ne doit cacher le plus-produit ; l'achat doit être, selon une formule américaine, « easy, secured, fascinating, good value ».

Cependant, transgresser ces règles peut faire exploser les résultats. C'est là qu'intervient la créativité.

2.3 Les cas particuliers du vidéo-mailing et du bus mailing

■ Le vidéo-mailing, le cédérom

Il a été créé en 1987 par l'agence Video-mailing. Le principe est de concevoir, réaliser et produire des messages sur des supports vidéocassettes acheminés par la poste. Il a été ensuite remplacé par le cédérom, qui mixe aisément vente, démonstration, interactivité et facilité à être encarté.

Leur coût les réservent à des actions de business to business ou à des actions très grand public cherchant à développer du marketing viral, un esprit de collection… ou tout simplement un mode d'accès (cas des cédéroms des fournisseurs d'accès à l'Internet).

■ Le mailing groupé : le bus mailing

Le premier bus mailing aurait été envoyé par des éditeurs de presse fin 1972 : *l'Expansion* et les *Cahiers Techniques de Bâtiment.* Mais certains le font remonter à 1969 avec le premier mailing groupé...

Un bus mailing regroupe en moyenne 28 cartes (de format 15 x 10 cm environ) d'annonceurs différents (à l'exception des bus solos qui ne concernent que les produits d'un seul annonceur) et envoyées dans une même enveloppe à une cible définie. Les cartes peuvent être volantes ou regroupées dans un chéquier en forme de carnet permettant de conserver le bus après consultation. Cela accroît le taux de circulation et les retours ont lieu jusqu'à deux ou trois mois (contre 15 jours pour un bus classique). Mais il demeure plus cher à fabriquer. Cependant, afin de pousser le prospect à utiliser les cartes dès réception, l'emballage est conçu pour ne pas être réutilisable après ouverture ce qui explique que la forme la plus utilisée soit celle des cartes volantes.

Le bénéfice du bus mailing est d'économiser trois à dix fois la somme à investir dans un mailing traditionnel ; ce qui peut expliquer que le tiers des entreprises utilisent les bus mailings. D'ailleurs la majorité des bus sont B to B. Les agences restent faiblement motivées par ce média car leurs marges sont faibles et la création limitée.

Les avantages du bus sont pourtant nombreux :

- facilité de calcul du retour sur investissement ;
- très faible coût moyen au contact ;
- réponses rapides grâce aux cartes pré-affanchies ;
- possibilité de tester des créations, des offres, des marchés ou des bus différents ;
- l'annonceur bénéficie du crédit et de la caution du titre si le bus est sur un fichier de lecteurs. Les titres de presse doivent donc surveiller l'utilisation de noms et le discrédit que cela pourrait entraîner, d'autant plus que la majorité des bus est issue d'entreprises de presse ;

– un taux de couverture relativement fort ;
– le bus passe mieux le barrage des secrétaires
– effectuer un travail de défrichage afin d'étendre le noyau de clientèle et de faire remonter des informations (adresses, demandes d'information, type d'équipement...).

Le prospect ne passe que 2 à 3 minutes sur le paquet (soit environ deux secondes par carte) dont il ne retient que 3 à 4 cartes. Il y a donc beaucoup d'appelés et peu d'élus... De plus, on répond immédiatement à une carte de bus ou on n'y répond jamais. Cependant les taux de transformation peuvent être excellent et avoisinent parfois les 30 %.

Il semble, d'autre part, que le bus ne soit pas rentable s'il propose un produit de moins de 400 F. Ces raisons expliquent certainement le développement du bus dans le B to B. Une autre explication peut être avancée : les lecteurs de la presse économique, technique et professionnelle couponnent peu en annonce presse car ils hésitent à découper un instrument de travail qu'ils conservent. L'intérêt du bus est alors évident.

Encore plus que dans un mailing classique, le message doit être direct, concis et répondre à une offre produit : le bus n'est pas adapté à des objectifs de notoriété, mais à des objectifs de vente.

Il faut faire des cartes simples car si le prospect s'attarde sur une carte difficile à comprendre, il risque d'être moins réceptif aux cartes suivantes. Voilà pourquoi certains éditeurs majorent les premières cartes de leur bus (de 15 à 20 %).

Plus la cible est pointue, plus le bus est efficace (encore faut-il que le marché ciblé soit suffisamment important pour que les envois soient rentables en termes de coûts-contact).

Pour conclure, nous pouvons dire que la force du bus réside dans sa marque et dans sa précision. Souvent ignoré, le bus peut jouer le rôle de la force de vente (envoi de documentation et prise de rendez-vous). Son prix et ses remontées en font un média avantageux. Pourtant, ses annonceurs, fidèles, ne sont que peu nombreux. De leur côté, les éditeurs de bus se dirigent de plus en plus vers les marchés grand public.

Le marché semble très secoué par l'irruption de l'Internet qui permet de développer de telles approches pour un coût très faible.

3. L'ASILE-COLIS

Il consiste à faire transporter le message par une autre entreprise à l'intérieur d'un colis, d'une facture, d'un document commercial...

Les sociétés de VAD, plus généralement, se chargent de transporter des messages d'autres sociétés, elles garantissent ainsi le consommateur de la qualité et du sérieux du message qu'elle cautionne.

L'annonceur du message transporté bénéficie ainsi de l'image du transporteur, de sa caution, et de l'économie des frais postaux, bien qu'il faille rémunérer le transporteur. Un autre avantage est l'économie du message lui-même puisque la cible, déjà cliente de la VAD, est donc favorable à ses méthodes.

Les difficultés résident dans la définition même du moyen : il faut trouver un transporteur non concurrent dont la cible est similaire (ce qui implique une relative faiblesse dans la sélectivité).

4. La presse

Elle est un moyen de marketing direct au même titre que les autres types de publicité ; on se référera alors pour le choix de ce média au chapitre 2. Les différents médias, au chapitre I.

Les supports les plus utilisés pour le marketing direct sont les hebdomadaires de télévision : *Télé 7 Jours, Télé Poche* et *Télé Star* en tête. La presse TV totalise 3/4 des annonces, la presse féminine 18 %.

L'annonce de marketing direct demande une réponse immédiate au prospect et elle est un bon instrument pour constituer un fichier.

La presse permet une rapidité de mise en place et des frais fixes faibles. Elle permet enfin une insertion particulière sous forme d'encart presse.

L'encart presse permet à l'annonceur de présenter son offre sur une surface importante, d'utiliser des photographies... Il privilégie donc l'argumentation et l'image. Le texte est construit autour de plusieurs arguments de vente, présente les principaux avantages du produit pour le prospect et met en avant ses caractéristiques techniques.

Les inconvénients sont un faible rendement et surtout la présence éventuelle d'un concurrent dans le même support. Pourtant, les taux de transformation sont deux fois plus importants en presse qu'en télévision.

5. La télévision

Comme pour la presse, les caractéristiques de la télévision détaillées sont dans le chapitre trouver en **2. Les différents médias, II**.

Le marketing direct TV a démarré en France en 1986 avec l'arrivée des chaînes commerciales. Mais il a peu évolué depuis cette date.

Pourtant, les rendements mesurables, chiffrables au centime près font de la télévision un excellent outil de marketing direct et permettent aux PME de faire le grand saut et de doubler, voire de tripler leur chiffre d'affaires pour certaines.

Avec cette technique hors-média, la télévision déborde de son rôle traditionnel de média d'image et de notoriété ; ses fonctions sont, en plus, de remplir des objectifs de vente, de trafic, de création d'un club de clients, d'amplificateur de campagne... La présence d'un numéro vert en fin de spot incite à l'acte.

Trois mots sont à la base de la création de spots de marketing direct en télévision : rigueur dans la construction, expression rationnelle, style réaliste afin de transformer un spectateur passif en un sujet motivé qui va se lever et décrocher son téléphone. Si la qualité du spot et celle du produit sont vitales, le chaînage, c'est-à-dire le suivi des appels, doit aussi être impeccable, de la gestion des stocks au routage afin de permettre le plus grand nombre de transformations.

Il faut éviter les programmes trop captivants car les « accros » ne quittent pas leur écran pour téléphoner et il faut donc préférer les programmes de compagnie que le spectateur peut regarder en faisant autre chose.

En conséquence, une diffusion des spots en day time (un point d'audience suffit) s'impose afin d'éviter la surcharge du standard.

De son côté, la durée des spots a tendance à se réduire pour se caler sur le trente secondes car cela revient moins cher qu'un spot long tout en générant des remontées quasi semblables.

Notons enfin que le MD TV grands médias représente deux fois plus d'investissements que le MD téléphonique.

6. Les médias électroniques

6.1 Le minitel

Le marché du minitel, en baisse, est fortement concurrencé par l'Internet, qui semble devoir le remplacer à terme. Pourtant cet outil aura su développer l'intermédiation, la VAD, le paiement à distance, la présentation corporate, produit et la vente. En ce sens, il a été précurseur de certaines fonctionnalités et de quelques services aujourd'hui accessibles via Internet.

6.2 Les outils informatiques et Internet

■ Quelques éléments chiffrés sur le marché du multimédia

En 1996 l'équipement reste encore faible en France sauf pour la télématique. Il y a environ 7 millions de minitels en France avec près de 24 000 services, soit 10 MdsF de CA réalisés par France Télécom dont 40 % techniques et 60 % de services.

Les réseaux et le câble sont par contre beaucoup moins développés même si la situation évolue avec plus de 1 million d'utilisateurs de services internet en France (90 % dans les entreprises (750 000 entreprises) et les universités, 10 % chez les particuliers), et un rythme de croissance de 20 % par mois. Il existe à peu près 5 millions de machines connectées à Internet dont 321 000 pour la France avec un coefficient multiplicateur variant entre 2 et 5, soit 40 millions de personnes dans le monde. Il se crée de surcroît plus de 500 000 sites web par an.

■ Généralités

Le marché du marketing interactif sur Internet représentera en l'an 2000 environ 6 milliards de dollars dont 2,6 milliards pour la seule publicité. Le reste concernera les études de marché et les enquêtes. Les publicités sur le web oscillent entre 10 000 F et 150 000 F par mois mais il est difficile pour l'instant de dresser une grille de prix représentative. Les emplacements les plus chers sont évidemment ceux situés sur les moteurs de recherches de type Alta Vista, Yahoo....

L'intérêt de ce genre d'encart publicitaire est qu'il peut être modifié en fonction du profil socio-économique du surfer. Pour pouvoir analyser cette demande, les *cookies* (marqueurs qui permettent de repérer le comportement individuel du surfer) mesurent les fréquences de visite des sites page par page. Sur certains sites web, en plus de l'accès à l'information, il existe des demandes de renseignements, sorte de sondages et d'enquêtes qui permettent de mieux cibler le navigateur afin d'améliorer le contenu du site ou les offres de services.

QUELQUES OUTILS SUR INTERNET

Fonction	Outils	Impact marketing
Recensement du trafic sur un site web	Ipro, Icount, Nielson, Pro On Line	Déterminer le prix d'une publicité. Améliorer le contenu d'un site
Cookies et markers	Netscape, Explorer	Repérer le comportement d'un surfer. Mais proposent aussi des messages d'alerte pour tout consommateur épié.
Inspection de la concurrence	Webtrack	Évaluer la concurrence

En général, l'argumentaire des entreprises à l'égard des sites web se résume à l'attitude antagoniste suivante.

Pour l'utilisation des sites web

- accès mondial aux commerces ;
- consultations moins chères que sur le minitel ;
- moteurs de recherches efficaces (on trouve ce que l'on recherche) ;
- on peut faire des comparaisons en changeant de sites comme on veut ;
- support commercial peu onéreux pour les entreprises ;

Contre l'utilisation de site web

- équipement cher par foyer ;
- pas de contact humain ;
- infrastructure saturée du réseau ;
- pour une entreprise, le Minitel est plus lucratif qu'Internet ;
- problème de sécurisation des paiements ;
- en anglais ;
- problème de la livraison à l'étranger.

Pour l'instant, il est difficile de présenter des grilles de prix de conception de service. Nous proposons à titre indicatif des estimations :

- argumentaire électronique de type PréAO : entre 100 000 et 150 000 F.
- CD-I : coût moyen : 1,5 million de F ;
- jeux : coût moyen : 3 millions de F ;
- CD-Rom : coût moyen : 1,5 million de F ;
- borne interactive : coût moyen : de 150 000 F. à 2 millions de F ;

– catalogue électronique, réseau messagerie interne : 800 000 F;
– serveur : petit BBS : 10 000 F ; gros serveur : 1 million de F ;

■ Les techniques publicitaires spécifiques au réseau Internet

Le marché publicitaire sur le réseau Internet est encore balbutiant. Il a récemment dépassé le CA publicitaire du cinéma, avec 180 millions d'euros.

Le Web comme média publicitaire a des atouts bien particuliers

Avantages :

– une cible globale privilégiée en termes de PCS, Sécodip, niveau d'instruction et taux d'équipement ;
– un ciblage très pointu et précis (l'accès au site visité se fait en fonction d'une démarche volontaire de la part du visiteur comme la recherche informationnelle) ;
– un taux d'efficacité important en terme de mesure précise d'audience puisqu'il est possible de suivre le visiteur dans sa consultation des sites grâce aux cookies (marqueurs informatiques propres à la page Web) ;
– une mesure en temps réel de la consultation publicitaire ;
– un coût d'investissement très faible.

Faiblesses :

– taux d'équipement en micro-informatique trop faible encore ;
– rentabilité inexistante si la publicité est la seule source de revenus ;
– créativité très faible des espaces publicitaires.

Certaines questions se posent quant aux formes que pourrait prendre la publicité sur le Web :

– quelle est la particularité de la démarche publicitaire sur le Web ?
– existe-t-il des formes publicitaires spécifiques au Web ?
– quelle stratégie faut-il suivre pour faire une campagne de publicité sur un réseau en ligne ?
– comment apprécier la pertinence d'une campagne sur ce genre de réseau ?
– comment déterminer un retour sur investissement sur ce type de support ?
– comment déterminer le ciblage du site ?

De ce point de vue, les comportements publicitaires évoluent et se spécifient par rapport au singularité du Web. Même si la plupart des agences de publicité se sont mises à la conception de sites Web et à l'élaboration de stratégie de communication sur ce réseau, elles se cantonnent à la mise en place de bandeaux publicitaires sans une réelle démarche stratégique. C'est la raison pour laquelle de nouvelles structures se créent et développent leurs propres outils de mesure en vue de gérer les campagnes publicitaires mais surtout pour fournir des statistiques sérieuses pour chacun des annonceurs (marketing interactif).

La principale qualité de la publicité sur le Web tient à la connaissance précise que les spécificités informatiques du réseau peuvent offrir. Ce ciblage est rigoureux, précis et intelligent. Il peut même conduire à la construction de fichiers précis de prospects et de bases de données à moindres frais. C'est un outil de marketing direct extrêmement efficace. Le lien entre le développement du commerce électronique et cette nouvelle forme de publicité risque de faire du réseau Web le média électronique par excellence et un média aussi important que les cinq médias traditionnels. Toutefois, la navigation sur le Web implique des comportements et des conceptions différents. C'est pourquoi il existe différentes formes publicitaires sur ce réseau.

– le bandeau

La principale forme utilisée est le bandeau intégré aux pages Web du site. Le bandeau, étant donné les outils de développement informatique (HTML) reste encore très statique. Mais l'évolution des technologies informatiques (Gif animé, script CGI, Flash, JavaScript, VBScript, Applet Java, RealAudio, RealVideo, VRML, plus tous les autres plug-ins à l'heure actuelle sur le marché) a permis de construire des supports publicitaires plus dynamiques. Il est devenu visuel, en animation 3D, sonore, etc.

Le bandeau représente environ 80 % des formes publicitaires sur le Web. Ce chiffre devrait normalement chuter dans la mesure où d'autres formes doivent apparaître. Le bandeau est le moyen, par un simple clic, d'arriver à une autre adresse HTTP, celui de l'annonceur en question qui pourra ainsi proposer une offre promotionnelle, un site dédié, un jeu ou tout autre chose.

– l'infomercial ciblé

L'impact publicitaire est efficace lorsqu'il atteint directement sa cible. Avec le Web, il est possible d'utiliser des marqueurs (cookies) afin de suivre ou espionner les différents parcours du visiteur. Le serveur va ainsi détecter son profil-type afin d'adapter un message publicitaire qui lui convient parfaitement. On parle ainsi d'infomercial ciblé. Cela se déroule de la manière suivante. Ou bien le visiteur d'un site ou l'abonné au service proposé par un site remplit une fiche signalétique avec toutes les informations nécessaires (PCS, Secodip, préférences en matière de pratiques sociales, etc.), ou bien un cookie va enregistrer son comportement. L'URL permet de définir l'accès à n'importe quelles ressources sur Internet. L'URL comporte le nom de protocole (http, ftp, news, file) le séparateur (://), le nom de machine où se trouve le service (www.X.com par exemple), le nom du fichier (/page.html) et éventuellement des paramètres s'il y a besoin de lancer un programme sur le serveur (lancer une requête pour répondre à une question précise comme : /page/annuaire ? par exemple. Lors de la visite d'un site, la page HTML va inspecter le contenu du cookie afin d'envoyer ces informations au serveur Web. On peut ainsi constituer des fichiers de prospection. En France, ce type de pratiques est soumis aux directives de la CNIL (Commission nationale Informatique et Libertés). Il est obligatoire d'informer le visiteur qu'il est susceptible d'être « espionné ».

– l'utilisation des outils de recherche

En plus du fait que les outils de recherche de type AltaVista (moteur), Yahoo (annuaire essentiellement)... sont les premiers espaces publicitaires visités puisqu'ils sont des passages obligés, ils permettent aussi de repérer le comportement du visiteur. Il est possible ainsi de classer les adresses visitées par rubrique. Cela permet de mieux cerner les attentes et motivations du visiteur. Le bandeau publicitaire sera alors mieux ciblé.

– le parrainage du site

La présence d'une publicité sur un site peut être l'occasion pour le propriétaire du site d'intégrer dans ses pages HTML des bandeaux publicitaires pour telle ou telle marque. Mais le plus intéressant est la création de sites professionnels et thématiques (site spécifique sur l'industrie pharmaceutique, les transports, le BTP, etc.). Dans ce cas précis, on est face à une cible captive.

– l'e-mailing

Le développement de l'e-mail marketing se heurte pour le moment à quelques écueils : des fichiers fiables, juridiquement irréprochables, des envois non intrusifs (i.e. sans « spam »), des formats compatibles quelles que soient les options de lecture des lecteurs de mail (mode texte simple vs html). Ces éléments ne favorisent pas un nécessaire ciblage et une créativité réelle...

– les newsletters

Les annonceurs peuvent sponsoriser des rubriques sur des newsletters et ainsi bénéficier du climat de lecture positif axé autour des centres d'intérêt de l'internaute. cependant, le coût pour mille de ces actions reste cher.

■ Les différents outils informatiques appliqués au marketing et à la vente

Il existe plusieurs centaines de logiciels destinés au marketing interactif. Notre objet n'est pas d'en faire l'inventaire mais plutôt de répertorier ces différents outils par catégorie.

– Logiciels d'analyse statistique (Boost, Sta Tlab)

Ce sont des logiciels de dépouillement d'enquêtes ou d'analyse de données. Ces logiciels sont utilisés principalement par les institutionnels (ministères, universités, organismes de sondage, laboratoire de recherche...). Ces outils intègrent leur base de données et sont dédiés aux produits de grande consommation. Ils permettent également de tracer l'historique des données. Ce sont avant tout des instruments de planification et de méthode d'analyse. L'utilisateur peut ainsi construire des liens entre prix, produit, volume de vente par produit ou par magasin et chiffre d'affaires.

– Logiciels de préparation et de dépouillement d'enquêtes (OMR Manger)

Souvent, les logiciels de conduite d'enquêtes sont conçus en interne. Ils sont utilisés pour la prospection d'un marché et pour une meilleure connaissance du marché. Rares sont encore les produits de dépouillement d'enquêtes. En général, leur fonction est de saisir les questions du questionnaire et de les mettre en page pour les rendre conforme aux principes de la lecture optique. Une fois l'enquête effectuée, l'opérateur introduit les documents remplis dans un lecteur optique. Les réponses sont ensuite affichées au fur et à mesure sur l'écran. Les logiciels d'automatisation permettent enfin d'analyser et d'exploiter les réponses obtenues en gérant simultanément les critères d'analyse et la présentation des résultats.

– Bases de données marketing (Axime Direct, Aramis)

La bonne exploitation d'une base de données est le facteur déterminant de la réussite d'une offre promotionnelle. Ces logiciels de bases de données doivent associer les outils de gestion de la base et les outils d'analyse. Ce genre de logiciels permet de faire le suivi d'article, de prix, de clients et gère l'envoi de mailing.

Ces outils informatiques permettent aussi d'appliquer les principes du juste à temps au marketing. (*cf. supra* B. 1. Les BDDM).

– Logiciels de géomarketing (Décisionnel Cartes et Bases, Atlas GIS, GeoConcept)

Apparu dans les années quatre-vingt, le géomarketing est une technique qui consiste à reporter les informations d'une base de données sur des cartes géographiques. Cela permet de visualiser les lieux de vente, les concurrents, les clients directs et indirects... À ces données peuvent s'ajouter des précisions socio-économiques. Ces cartes intelligentes ainsi détaillées autorisent des croisements d'informations et des zooms. Plus le logiciel permettra de croiser des données, plus il coûtera cher.

Le géomarketing est un outil qui permet aux responsables marketing d'intégrer la dimension géographique à la combinaison client-produit.

– Bases de données géographiques (BD Carto, Géoroute, BD Topo)

Deux types de cartes sont actuellement disponibles sur le marché, les cartes vectorielles et les cartes scannérisées (image scannérisée de la carte papier). Seules les cartes vectorielles intéressent les bases de données géographiques. Ces cartes permettent d'associer des informations géographiques et des informations socio-économiques. Construites en plusieurs couches successives, ces cartes permettent de visualiser des régions avec les emplacements de magasins, le chiffre d'affaires des différents quartiers compris dans la zone de chalandise.

– Bases de données comportementales (StoreScan, Consodata)

Ce sont des logiciels de gestion d'adresses de prospects répondant à des caractéristiques socio-économiques bien précises. Il est alors possible de concevoir et de gérer des fichiers comportementaux ainsi que d'associer des profils socio-économiques, des habitudes de consommation, les zones de chalandise des principales enseignes et leurs adresses.

– Logiciels d'outils d'aide à la décision (Pilot Decision Support Suite)

Ces outils permettent de faire des prévisions en marketing. On peut ainsi simuler les effets d'une action promotionnelle comme la baisse du prix d'un produit de la concurrence ou bien l'arrivée sur le marché d'un nouveau fournisseur. Ces logiciels assurent des fonctions de classement, de croisement multidimentionnel des données, de zoom ou de présentation graphique des données. Les données commerciales sont alors analysées sous tous les angles.

– Logiciel de fidélisation de client (Satis, Datacard, Elea Cardware, Privilege Card)

À l'heure actuelle, l'écoute du client reste très peu informatisée. Les services de relation client-consommateur datent pour la plupart des années quatre-vingt-dix. Il s'agit en fait de gérer et de traiter les demandes des clients, du service consommateur au support technique et de documentation.

Du suivi de la demande à la prospection en passant par la fidélisation du client, ce type de logiciel assure un suivi précis du prospect.

– Logiciel d'outils d'information des clients et de surveillance des concurrents (Search'97)

Il existe certains logiciels qui permettent de surveiller la concurrence et de faire de l'intelligence économique et concurrentielle. Le logiciel automatise ainsi ces recherches d'informations. En général, ces logiciels se décomposent en plusieurs modules :

- un agent intelligent qui prospecte les sites web pour trouver les renseignements correspondant aux profils recherchés,
- un moteur de recherche documentaire qui indexe les sites web existants,
- un moteur d'indexation et de recherche pour les données locales (cédéroms) et pour mettre à jour les informations locales stockées sur cédéroms en utilisant les informations sur les sites web.

■ Le marketing de masse

Les logiciels du marketing de masse (marketing direct) permettent de mieux gérer le nombre croissant des clients et la qualité de la relation entre le producteur et sa clientèle. Il existe ainsi des outils informatiques qui permettent pour les entreprises d'affiner leur connaissance du terrain. Dans le cas d'entreprises importantes, celle-ci passe de la relation particulière avec le client à une approche statistique en multipliant les critères d'identification et en croisant ces critères. De ce point de vue, les outils du géomarketing sont les plus appropriés. Ils permettent de compenser la perte de qualité relationnelle de l'entreprise à l'égard de ses clients.

Certaines bases de données comme celles de la Poste par exemple sont très efficaces. Médiapost, filiale de la Poste ne vend pas ses adresses mais ses tournées. Le client achète la tournée d'un préposé en fonction de critères sociodémographiques. Médiapost découpe ainsi le territoire en quartier de 360 foyers définis par 50 critères socio-économiques.

■ Le marketing interactif

Le géomarketing, les nouvelles stratégies marketing et les nouveaux outils informatiques ont permis l'apparition du marketing interactif (marketing direct sur les médias électroniques). La naissance du marketing de niche oblige les annonceurs à repenser les outils traditionnels du marketing quantitatif. De nouvelles méthodes pour définir le comportement du consommateur, même si cela provoque une multiplication de segments, apparaissent. Ce sur-mesure correspond au marketing interactif ou « *one to one* ». Cela permet d'orienter le contenu d'une campagne en fonction d'un consommateur spécifique. Pour ce consommateur, acheter en hypermarché des aliments pour nourrissons, cela peut se traduire ensuite par une campagne de couponning ciblé sur ce même consommateur (par exemple des coupons de réduction pour des couches culottes).

La carte à puces, le code-barres ou les cookies sur Internet sont de ce point de vue des outils très efficaces pour gérer ce marketing qualitatif (rythme des achats, montant, détail, fréquence, lieu, coupon, point de réduction...). Cela reste aussi un très bon moyen pour fidéliser sa clientèle.

Ce type de conduite marketing convient parfaitement pour un marketing de niche. Faire de la promotion pour Hollywood sur Internet n'a aucun intérêt. Par contre, viser le segment des joueurs de golf est nettement plus intéressant.

■ Le marketing du client

Il s'agit ici d'aborder le client en le plaçant au centre du système d'information marketing de l'entreprise. Pour cela, l'entreprise intègre les données internes, les informations externes et les outils d'analyse.

Le but de l'opération est de se recentrer autour du client en utilisant les bases de données. Dans un premier temps, l'entreprise analyse ses clients en tenant compte d'informations comptables, financières, en tenant compte aussi de l'offre de la concurrence, ou de ses capacités de production, etc. Dans un deuxième temps, il convient pour l'entreprise de créer une base de données qui rassemble l'ensemble des données commerciales et de marketing interne et externe, les informations financières, les stocks, les ordres de livraisons, etc. Ces outils informatiques sont des outils d'analyse et d'aide à la décision. Ils intègrent même des problématiques de segmentation de marché, des recherches de zones de chalandise et éventuellement des analyses de préférence des produits. Ils sont aussi souvent utilisés pour mener des opérations de télémarketing.

6.3 Le télémarketing (ou marketing téléphonique)

Ce marché en forte croissance représente un peu moins de 10 % des actions de marketing direct. Le marketing téléphonique souffre encore d'une mauvaise image, véhiculée par des prestataires et des annonceurs peu scrupuleux. Son expansion sur les appels en réception (70 % des actions) reste aussi freinée par les standards téléphoniques peu adaptés aux appels nombreux en un temps très court. Ces difficultés expliquent sans doute que certaines agences se développent sur le terrain du conseil (13 % du chiffre d'affaires des agences de ce secteur) où les marges sont plus fortes et les investissements en matériels (informatiques surtout) plus faibles. Les actions sont de plus en plus intégrées au cœur des annonceurs où les agences interviennent souvent en sous-traitance.

Prospecter, vendre, fidéliser, informer, sonder, le télémarketing se sectorise mais on distingue l'émission d'appel (qui est surtout le fait des banques, de la presse et de la VAD), la réception d'appel et de nouvelles évolutions.

■ L'émission d'appel

Le contact téléphonique est très cher. Il n'est donc utilisé, en émission d'appels, que pour des produits à forte marge ou coûteux (cuisines, produits financiers, encyclopédies...). De plus, comme il est impossible au prospect de voir le produit, la marque doit jouir d'une bonne notoriété ou ne nécessiter qu'une explication courte et simple. Ainsi, la vente directe par téléphone est-elle principalement réservée aux opérations de réachat, le taux de transformation étant alors susceptible d'être suffisamment élevé pour justifier ce type d'opération.

Les structures de marketing téléphonique peuvent être intégrées ou déléguées. On distingue, en émission d'appel :

- la télévente, c'est-à-dire la vente par téléphone (un accord écrit du client après l'appel est nécessaire). La création d'un argumentaire structuré est importante car si un vendeur dispose, selon les études, de 17 minutes pour convaincre son interlocuteur, le téléacteur n'en a que 5... ;
- la prospection commerciale afin de mettre à jour un fichier, de le qualifier, de renforcer une campagne de publicité ou de marketing direct. Le marketing téléphonique est un bon outil de relance sur mailing : il permet alors à ce dernier d'atteindre des retours de 20 %. Par ce biais, la dynamisation du réseau de vente, la fidélisation de la clientèle sont aussi possibles. Là encore, le coût est bien moindre qu'une visite d'un représentant. De plus, chaque opérateur obtient en une heure autant de contacts qu'un vendeur en une journée (de 4 à 5 environ) ;
- les études par téléphone, qui coûtent près de cinq fois moins cher que les enquêtes sur le terrain. 60 % des sondages sont d'ailleurs réalisés par téléphone ;
- le recouvrement des factures.

L'émission d'appel est seulement utilisable à certaines heures de la journée pour la cible des ménages (la cible doit être chez elle) ; pour les cibles professionnelles, il se heurte à de nombreux filtres : standard, secrétariat... Les organismes de formation en phoning développent à ce propos des séminaires très performants visant à franchir ces barrages. N'oublions pas que la déontologie fixée par le SMT (Syndicat du Marketing Téléphonique) stipule « qu'aucune sollicitation commerciale ne sera effectuée au domicile d'un particulier sinon lorsqu'un lien préalable aura été établi entre le particulier et la société ou si celui-ci est déjà client de l'entreprise ».

■ La réception d'appel

On pense surtout, en réception d'appel, à la prise de commande et au service après-vente qui permet de traiter les réclamations, de réclamer les créances, ou simplement d'effectuer un suivi de clientèle ou de prospects. La réception d'appel coûte entre 5 et 6 euros l'unité ; elle est surtout développée grâce aux numéros à revenus partagés :

- numéro vert (communication payée par celui qui reçoit l'appel ; il commence par 08 00, suivi de 6 chiffres) et est facturé environ 0,6 euros par France Télécom. 5 % des entreprises utilisent le numéro vert (il existe 13 000 numéros de ce type en France). Cela peut sans doute s'expliquer par le nombre d'appels polluants qu'il suggère : les numéros verts diffusés en prime time à la télévision enregistrent en moyenne 20 à 70 % d'appels polluants ;

- numéro azur (08 01) est une communication payée par celui qui émet l'appel sur la base d'un appel local quelle que soit la distance. Le nombre d'appels parasites est moindre qu'avec le numéro vert ;
- numéro indigo (08 02 et 08 03) qui est facturé jusqu'à 0,20 euros environ la minute à l'appelant. Mais le prix est variable car il s'agit d'une déclinaison des deux formules précédentes.

La réception d'appels automatique avec les serveurs vocaux permet de palier ces difficultés... et diminuent nettement les coûts.

■ Les missions extérieures et les call centers

Les missions extérieures recouvrent la formation du personnel d'une entreprise à l'utilisation du téléphone ainsi que le conseil et le transfert de savoir-faire, comme par exemple la mise en place de *call centers*. Un centre d'appel est une structure humaine, technologique et stratégique dont la vocation est de vendre, d'informer, de conseiller, d'assister ou de fidéliser en optimisant l'outil téléphonique et ses connexions avec l'informatique et d'autres moyens (courrier, fax, minitel, Intranet, Extranet, Internet...). La spécificité du centre d'appel réside dans le fait qu'il est dédié à un annonceur. Il s'intègre donc dans l'organigramme de l'entreprise et dans ses directions stratégiques car il répond à une récurrence des besoins en télémarketing, à la création d'un nouveau canal de distribution ou à l'optimisation du retour sur investissements commerciaux.

Quelle que soit son utilisation, une heure de télémarketing coûte de 25 à 33 euros, selon la cible visée et la qualification nécessaire des téléacteurs. En une heure, environ 6 contacts sont réalisés et on peut alors se demander si les rendements, élevés par rapport aux autres techniques de marketing direct, compensent les coûts plus élevés.

■ Les points de passage obligés

Pour la réalisation d'une opération de phoning, nous sommes plus proche des techniques de vente que de la communication publicitaire. Disons simplement qu'une opération nécessite :

- un brief des téléacteurs ;
- la rédaction d'un guide d'entretien, appelé aussi scénario, devant conduire à la vente ; ou d'un questionnaire dans le cas d'une enquête ;
- la gestion des contacts par des fiches de contact permettant la qualification des prospects, les relances éventuelles, l'évaluation de l'action...

Le téléphone est le moyen de marketing direct qui a le plus évolué. Son fort développement est à lier à son avantage principal qui est la possibilité d'avoir un contact immédiat et personnel. Ce point est positif pour l'annonceur mais aussi pour le consommateur qui recherche de plus en plus un contact humain dans son acte d'achat.

Il autorise aussi une grande rapidité d'intervention et un fort rendement. Il permet enfin de toucher une cible géographiquement dispersée.

6.4 Le fax (la télécopie)

Il ne s'adresse qu'aux entreprises mais comme le téléphone, il est très rapide dans sa mise en œuvre.

Sa qualité graphique lui fait supplanter le télex. Le fax a comme avantage la rapidité mais le message doit être bref et la conception graphique peu esthétique à moins d'être très onéreuse.

Le problème majeur réside dans la recherche de fichiers aux prix accessibles.

Un peu comme l'e-mailing...

6.5. Les cartes à puce

■ Les émanations de cartes privatives

Il s'agit souvent d'émanations de cartes de paiement (Cofinoga...). Les grands programmes actuels regroupent plusieurs marques ou enseignes qui permettent de capitaliser des points grâce aux achats dans les points de vente. Le titulaire de la carte choisit ses cadeaux en fonction de ses points dans un catalogue (qui mixe cadeaux accessibles sur simple échange de points et ceux qui combinent points et participation financière) ; des points sont crédités sur sa carte lors de chaque passage en caisse.

■ La carte prépayée

On peut aussi concevoir des cartes prépayées (fondées sur le même principe que la carte de téléphone) qui évitent de recourir à la monnaie classique en simplifiant les transactions. La carte joue alors le rôle de porte-monnaie électronique.

■ La carte téléphonique à mémoire déportée

Elle émane d'une marque et permet à un consommateur de téléphoner à partir d'un poste à fréquence vocale après avoir composé sa clé d'accès personnelle. Il entend alors un message d'accueil et son crédit d'unités.

La carte peut se recharger en achetant des unités auprès de l'opérateur, en participant à des jeux, en répondant à des questionnaires ou lors de passages sur le point de vente.

Ces systèmes permettent de « tracer » le consommateur, de mesurer sa réactivité et de stocker son profil, en le lisant instantanément sur le point de vente. Le danger est par contre de risquer de fidéliser sur des programmes, et non sur des marques, ce qui mènerait à une mercantilisation du consommateur...

(Exemple : carte Kyriel)

7. Le client comme moyen de marketing direct

Le dernier moyen consiste à utiliser le client comme vecteur de communication. L'offre-ami est un cadeau proposé à un client qui signale le nom d'un prospect susceptible de répondre positivement à une offre commerciale ; le client devient ainsi « parrain ».

Ce premier système qui ne « donne » qu'un prospect peut être poussé ; il consiste alors à faire réaliser effectivement la vente par le client.

Les ventes en réunion pour des marques telles que Avon ou Tupperware utilisent les clients comme vecteur de communication : plus la réunion génère de chiffre d'affaires, plus l'hôtesse gagne de cadeaux.

Nous pouvons aussi mentionner dans ces techniques les clubs, qui ont pour objectifs de :

- fidéliser ;
- faire découvrir en avant-première ;
- unifier les consommateurs autour de la marque ou du produit ;
- constituer un courant de sympathie autour de la marque ;
- constituer des prescripteurs qui véhiculeront l'image du produit ;

Surtout développés, à l'origine, dans le monde du jouet, leurs nouveaux terrains sont l'alimentaire, les entreprises de voyages, etc. Leur faible nombre, cependant, s'explique par la nécessité d'une lourde organisation :

- création d'un support qui servira de lien entre les membres (journal, revue...) ;
- gestion du fichier ;
- organisation d'événements pour ce public ciblé ;
- création de « privilèges » réservés aux membres.

Les clubs entraînent donc des coûts de fonctionnement élevés. Malgré cela, ils possèdent de nombreux avantages comme leur forte efficacité sur les enfants, le renforcement du lien cognitif et affectif. Leurs objectifs rejoignent donc ceux des boutiques. Ils lient en fait fidélisation et image de marque.

E. Tester le marketing direct

Le marketing direct vise une réponse immédiate. Une des raisons de son emploi grandissant est qu'elle permet des calculs de rendement (et donc d'efficacité) qu'a du mal à obtenir la publicité.

Deux formules simples existent pour calculer l'efficacité du marketing direct :

- le pourcentage de rendement : nombre de commandes (ou de demandes reçues)/ nombre de messages expédiés ;
- le coût par commande : coût des messages expédiés/nombre de commandes.

Ces deux formules de base sont modulables à volonté, on peut transformer par exemple le nombre de commandes reçues par le chiffre d'affaires obtenu, on peut également obtenir le profit par envoi... Ces différentes méthodes sont à déterminer en fonction de ce que recherche l'entreprise.

Nous avons vu que le marketing direct suivait les étapes traditionnelles de la vente. À cet effet, des tests ont dû prouver que l'offre commerciale répondait bien par exemple aux objections du prospect .

Pour David Ogilvy, dans son ouvrage *La publicité selon Ogilvy (1) :* « dans le mailing, le test est la règle du jeu », dans le mailing mais aussi pour tout le marketing direct.

Trois domaines essentiels sont à tester : l'offre d'achat, les fichiers utilisés et les divers éléments qui constitueront le marketing direct.

Avant l'envoi, des pré-tests cherchent à apprécier la capacité de la publicité, à énoncer clairement le message et à avoir une efficacité en termes de réponse du prospect. Tout se teste dans l'offre mais les différentes variables doivent se tester les unes après les autres pour bien déterminer leur poids réciproque. Faute de moyens en temps et en argent, les variables ne sont pas en pratique toutes testées. L'expérience a appris aux professionnels du marketing direct que certaines variables avaient peu d'influence sur les résultats ; celles-ci seront donc laissées de côté. On teste le produit, les prix mais aussi le format de l'offre, celui de l'enveloppe de retour, l'esthétisme de l'offre, le cadeau offert, le moyen de paiement...

La méthode utilisée pour tester les mailings hormis les tests qualitatifs par entretien de groupe (test de couleur, d'accroche, de compréhension du bénéfice...) est le **split run**. Il consiste à envoyer à deux échantillons appareillés (c'est-à-dire ayant les mêmes caractéristiques) deux messages différents. Le taux de remontée de chacun permet d'évaluer la performance du message. Cette méthode est simple, efficace et peu coûteuse. Mais il est difficile de sélectionner des échantillons appareillés et la mesure fournie n'est qu'un chiffre brut ne permettant pas de déceler pourquoi le message a obtenu un tel score. Le split run peut être utilisé pour des supports presse, des catalogues ou des mailings.

Une fois testés, l'offre et son contenu sont envoyés. Pendant cette phase, des tests doivent encore avoir lieu : le mailing envoyé doit être traité comme un « étalon » et on doit tester les moyens de le battre par l'offre d'une nouvelle prime, un nouveau document dans l'envoi ou au contraire moins de documents dans l'envoi... comme le précise David Ogilvy dans son ouvrage.

Le publicitaire américain prône une innovation sans limite en la matière à condition qu'elle soit sans cesse testée dans un but de meilleure efficacité.

Les **post-tests** consistent en une simple analyse des retours. Mais ils supposent que le message envoyé comporte une codification du média d'origine grâce à une « clé », écrite en petits caractères sur le bon ou coupon réponse. Cela permet d'évaluer les réponses par support. Un complément daté peut être ajouté à la clé dans le cas d'une opération de longue durée, afin d'évaluer la durée des retours.

Les post-tests analysent :

- la qualité du fichier, par les NPAI ;
- le rendement de l'opération (pourcentage de commandes par rapport au nombre de messages).

Pour une proposition de documentation, il analyse le taux de rendement (le nombre de documentations demandées) et le taux de transformation (le nombre de commandes par rapport au nombre de documentations).

(1) Dunod, 1988

Par ces tests, on va chercher à mesurer :

- la compréhension du message ;
- l'adéquation du prix et de la proposition... ;
- l'impact du mailing (taux de mémorisation du courrier, taux de lecture, restitution du message perçu...) ;
- l'attitude à l'égard du courrier (force incitative de la proposition et du cadeau, raisons de l'adhésion ou de la passivité, image construite...).

F. Le routage et la distribution

Ces deux techniques s'insèrent dans la logistique du marketing direct, qui comprend en outre le négoce d'adresses, le traitement informatique des données et l'impression.

1. Le routage

Le routage est la préparation et l'acheminement des messages ou colis, depuis leur sortie de presse à leur remise en Poste. Le routeur (on estime qu'ils sont 300 en France) assemble les éléments, les plie, les met sous enveloppe et parfois sous film, édite les étiquettes et met le message en sac. Quand il n'assure pas lui-même (comme c'est de plus en plus souvent le cas) la location d'adresses, il les récupère auprès d'un broker.

Le routage comprend deux opérations bien distinctes :

- le conditionnement : personnalisation et adressage, façonnage, pliage, assemblage, mise sous pli et sous film ;
- le tri : tri postal (tarifs de La Poste) et tri complémentaire (travaux de préparation achetés par La Poste lui permettant de faciliter l'acheminement et la distribution).

Au cours de ces phases, le routeur tient compte des contraintes émises par La Poste pour faciliter le tri optique des courriers (place de l'adresse, typographie, corps des caractères, format de l'enveloppe, place des coordonnées de l'expéditeur...).

Son efficacité se mesure par les délais d'acheminement des messages, mais il est rémunéré au pourcentage de l'affranchissement total.

2. La distribution

Le routage précède donc la distribution. Celle-ci se réalise avec ou sans adresse :

- la distribution des lettres sans adresse s'effectue dans les boîtes aux lettres par des prestataires ou par le postier ainsi que sur les points de vente ;
- l'asile-colis consiste, comme nous l'avons vu, pour une lettre à voyager dans un paquet (par exemple acheminé par une entreprise de VAD) en rémunérant l'entreprise qui transporte mais à moindres frais que par un envoi postal classique. Il existe aussi des bus colis basés sur le même principe. Cette technique permet d'éviter les NPAI car le client donne

lui-même ses coordonnées. Elle favorise aussi les retours car le client a déjà prouvé qu'il était prêt à acheter par correspondance ;

- le message peut aussi circuler par fax, par Internet ;
- l'encart presse peut être jeté (inséré dans le support) ou broché (agrafé avec le support). Ses longs délais de réservation en font un moyen difficile à utiliser ;
- la distribution par la Poste est beaucoup plus onéreuse, tant par les droits de timbre, environ 0,20 euros par lettre de moins de 20 grammes pour un envoi en nombre, que par les frais de fichier que cela suppose. La Poste, qui propose deux modes de distribution, Postcontact (imprimé sans adresse) et Postimpact (adressé) s'est d'ailleurs lancée dans la location d'adresses en mars 1997 avec Postcible, qui consiste à permettre à des annonceurs locaux d'envoyer des mailings adressés sur leur zone de chalandise.

Conclusion

David Ogilvy dit du mailing qu'il est son « premier amour et [son] arme secrète ». Selon lui, c'est un formidable outil de communication individualisé doté de nombreux avantages : un coût relativement faible, une possibilité réelle de calcul d'efficacité, une rapidité de mise en œuvre...

En analysant le fort développement que le marketing direct a connu depuis les années soixante, nous pouvons dire qu'Ogilvy n'est pas le seul à estimer les bienfaits de ce moyen de communication. Le marketing direct est un secteur en forte progression, ce qui laisse à penser qu'il peut encore s'étendre. Certaines agences annoncent même que seulement un tiers du marché est actuellement couvert.

Il se développe sur les services, l'automobile, l'informatique, la téléphonie et le B to B, c'est-à-dire aux secteurs hyper concurrentiels pour lesquels il devient une arme de pointe. Pourtant certains secteurs restent à conquérir, comme les voyages, les collectivités locales, la santé... et surtout l'alimentaire.

Secteur au droit d'entrée de plus en plus élevé et soumis à une forte concentration, le marketing direct évolue rapidement. Même les PME l'utilisent alors qu'elles viennent difficilement à la publicité qui les effraie. Pourtant, il ne faut pas perdre de vue que, long à mettre en place, il doit être répétitif, relancé, analysé, rectifié ; il s'agit donc d'une véritable technique qui ne s'improvise pas, contrairement aux idées reçues. Par son approche rationnelle, formaliste, le MD est le complément indispensable à toute politique de qualité.

Le MD, véritable investissement à long terme (BDD, informatique, fidélisation...) montre donc de la part de ses utilisateurs une véritable volonté stratégique, quelle que puisse être la taille de l'annonceur.

Face aux coûts de fonctionnement de la force de vente, le marketing direct est beaucoup plus rentable dans l'objectif de fidélisation que l'envoi d'un représentant chez chaque petit client.

Ce fort développement du marketing direct nous incite à nous demander ce qui pourrait l'arrêter aujourd'hui, à l'heure où le client se place au centre des préoccupation des entreprises, ces dernières cherchant à en développer la rentabilité par le biais de la gestion de la relation client, ou CRM (Customer Relationship Management). Voir à ce titre le très bon dossier proposé par *Marketing Magazine*, n° 57.

Cependant, les boîtes aux lettres remplies d'offres, les opérations de télémarketing souvent agressives font que le consommateur se sent peut être plus étouffé par le marketing direct que par la publicité : le débat sur la manipulation publicitaire des années soixante-dix s'est orienté contre le marketing direct.

Pour éviter cette saturation, certains auteurs préconisent le passage à une deuxième génération du marketing direct qui se voudrait être une discipline de synthèse entre les différents moyens vus (mailing, téléphone, encart...).

Loin d'être une discipline à part, le marketing direct doit être couplé avec les autres moyens médias et hors médias dont dispose l'entreprise dans le respect de sa stratégie ; elle doit lui permettre d'aboutir à ses objectifs généraux.

III. LE MÉCÉNAT ET LE PARRAINAGE (SPONSORING)

A. Généralités

Il existe depuis un certain nombre d'années une nouvelle forme de communication qui provoque l'événement. Cette communication événementielle peut prendre différentes formes comme le mécénat, le parrainage, le sponsoring... Le terme de communication événementielle est aussi utilisé lorqu'une entreprise réalise pour elle-même un événement (convention d'entreprise par exemple). Nous ne traiterons dans ce chapitre que du mécénat et du parrainage.

1 - **Le mécénat** est un soutien (matériel, financier, moral) apporté sans contrepartie directe par un annonceur à une entité, pour l'exercice d'activités ayant un intérêt général. L'annonceur se profile derrière l'événement.

2 - **Le parrainage** est un soutien (matériel, financier) apporté à une entité (personne, manifestation, produit, organisation) en vue d'en retirer un bénéfice direct et à court terme. On l'appelle aussi mécénat à contrepartie. Il se calque souvent sur l'entreprise.

Certains auteurs tiennent le sponsoring pour l'équivalent du parrainage.

D'autres avancent que le **sponsoring** a lieu lorsque plusieurs annonceurs assurent la promotion et le soutien d'un événement (multi-parrainage).

On parlerait alors de parrainage lorsqu'un seul annonceur assume le soutient à l'événement. De la même manière on pourrait parler de mécénat lorsqu'un seul mécène participe, et de patronage lorsqu'ils sont plusieurs. Dans les lignes qui suivent nous confondrons parrainage/sponsoring d'une part et mécénat/patronage d'autre part.

Type de communication Événement	Parrainage/sponsoring Une marque	Mécénat Institutionnel
	En relation avec le métier d'annonceur	Différent du métier d'annonceur
	Authenticité de la relation annonceur/événement ; cible commune entre l'annonceur et l'événement.	
Communication sur l'événement	Rapide	Lente
Présence d'autres annonceurs	Souvent	Rarement
Objectifs	– rentabiliser commercialement la participation – augmenter la notoriété – valoriser l'entreprise – développer l'image de marque puis la notoriété	– donner une citoyenneté – acquérir une valeur sociale – véhiculer une image positive
Utilisation des médias	Fortement recherchée (objectif principal)	Recherchée (mais ce n'est pas l'objectif)
Technique principale	Médias	Relations publiques
Effets	Voyant à court terme	Discret à long terme
Image	Commerciale, mercantile	Détachée, généreuse

La distinction entre ces deux grandes formes d'événementiels s'illustre aussi par les points mentionnés dans le tableau ci-dessus.

Il serait faux de considérer que le parrainage (sponsoring) n'existe que pour des activités sportives. Il existe un parrainage (sponsoring) culturel : lors du lancement de la lessive Le Chat par exemple, l'entreprise apporta une subvention à un ballet de Roland Petit. Ne raisonner qu'au niveau de l'événement et dire que le mécénat concerne le culturel et le parrainage (sponsoring) sportif est donc une erreur. Ne raisonner qu'au niveau de l'efficacité économique et dire que le mécénat est désintéressé et que le parrainage (sponsoring) ne l'est pas en est une autre.

L'approche des différences entre les deux techniques ne doit pas se faire en termes d'activité noble (le mécénat) et d'activité servile (le parrainage/sponsoring).

Le plus important est de bien comprendre que les deux techniques doivent être rentables pour l'entreprise. Le mécénat a, comme nous l'avons vu, un objectif commercial mais il est à long terme. Lorsqu'une entreprise s'engage dans une action de parrainage (sponsoring), ses objectifs peuvent être la valorisation de sa marque, la valorisation de son produit, sa cohésion sociale... Elle choisit un événement en liaison plus ou moins étroite avec ses productions : Biotherm parrainait Florence Arthaud (la navigatrice lutte contre les éléments comme les femmes luttent avec Biotherm contre le vieillissement) ; Marlboro parrainait des pilotes de F1 (les cow-boys du XXe siècle). À travers son action de parrainage (sponsoring), l'entreprise affirme sa communication, elle se fait reconnaître pour augmenter immédiatement sa notoriété et donc ses ventes. Elle a un objectif commercial à court terme.

Les objectifs commerciaux visés par le parrainage (sponsoring) ont des chances d'être atteints si l'entreprise annonce haut et fort qu'elle parraine effectivement l'événement. L'entreprise n'a pas à faire preuve de discrétion.

Le parrainage (sponsoring) en tant que moyen de communication hors média a besoin des médias comme relais. Par exemple, le bateau parrainé lors d'une course autour du monde sera présent dans le spot télé, dans les annonces presse, sur le packaging, dans le journal interne de l'entreprise... Il s'agit pour l'annonceur de profiter pleinement de son action de sponsoring. Coca-Cola, sponsor officiel des JO de 1996 (40 millions de dollars de droits d'entrée) a créé parallèlement « La Cité Olympique Coca-Cola » pour 30 millions de dollars. Sur un parc de 5 hectares, 800 supporters pouvaient venir se mesurer virtuellement aux plus grands athlètes du moment. En fait, on estime que lorsqu'une entreprise dépense 50 F en parrainage (sponsoring), elle en investit entre 50 et 100 en promotion et en médias.

La liaison parrainage (sponsoring) et médias s'explique aussi comme un remerciement aux médias. Après un article sur l'événement où la marque est citée, il est « normal » que l'entreprise remercie le média par un achat d'espace.

Le mécénat est quant à lui beaucoup plus discret. Il n'a pas besoin de tapage publicitaire : sa discrétion fait la preuve de son désintéressement !

Les deux techniques nécessitent ou supposent de plus :

- une notoriété certaine, de l'ordre de 25 %. Ce chiffre constitue le seuil minimal de visibilité de telles actions ;
- une adéquation entre l'image, le positionnement (recherchés ou actuels), le mix marketing et la cible de l'annonceur et de l'événement.

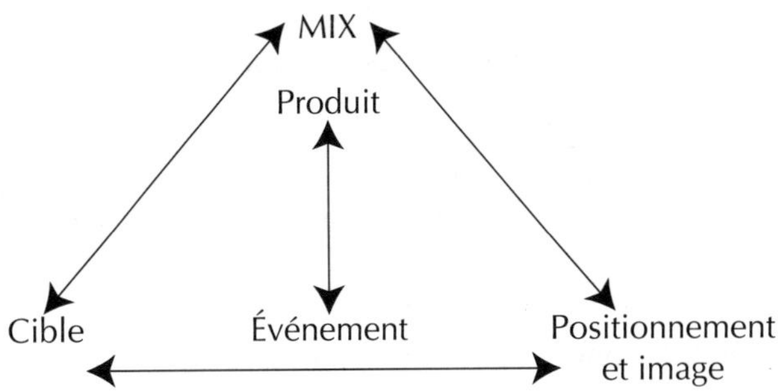

Cela suppose une association étroite à l'événement afin de permettre une valorisation de l'entreprise (et de ses produits dans le cas du parrainage) et de sa communication. Le mécénat et le parrainage sont donc, par exemple, des moyens efficaces pour repositionner une entreprise ou ses produits :

- une démonstration inductive et non affirmative, contrairement à la publicité média ;
- une approche différente des médias qui constituent un émetteur (ils diffusent l'information sur l'événement), un récepteur (ils sont l'objet de sollicitation de retombées et de moyens de RP) et un relais (entre l'événement et la cible finale), et non un émetteur simple comme le sont les médias dans le cadre de campagnes de publicité média ;
- une politique d'information centrée autour de l'événement afin de capitaliser dessus et de se mettre en valeur. Cela renvoie à divers types d'exploitation possibles par :

- la **communication interne** (journal d'entreprise, expositions, rencontres avec ceux qui ont fait l'événement, tant du côté des bénéficiaires que de celui de l'annonceur, etc.),
- les **relations publiques** auprès des différentes cibles (distributeurs, opérateurs en amont comme les fournisseurs et les créditeurs...) et la stimulation (de la force de vente et des employés d'une manière générale).

L'objectif est donc aussi de faire savoir l'événement (par les médias dans le cas du parrainage, par les RP puis par les médias en ce qui concerne le mécénat), et donc de prévoir le budget en conséquence. Ce n'est qu'à ce titre que l'image de marque (ayant pour composante la proximité, le caractère, etc.) et la notoriété pourront se développer, dans le cadre d'une véritable personnalité de marque, de produit ou d'entreprise.

B. Le mécénat

1. Historique

Gaïus Cilnuis Maecenas, conseiller de l'empereur Auguste, fut au Ier siècle avant J.-C. un grand protecteur des arts et des lettres, mais il ne se doutait pas que son nom passerait de la sorte à la postérité. En réalité, le mécénat est bien plus ancien, les Égyptiens et les Grecs le pratiquaient déjà. En France, le mécénat d'entreprise naît dans les années soixante-dix. En 1980, l'Association pour le développement du mécénat industriel et commercial (ADMICAL) voit le jour. Elle est toujours l'association professionnelle du secteur.

1.1 Le mécénat et la loi

Le 23 juillet 1987, la loi sur le développement du mécénat est promulguée. Le mécénat devient alors un acte naturel de gestion, les achats d'œuvres d'art sont, par exemple, déductibles au titre de l'impôt sur les sociétés, mais les œuvres ainsi acquises doivent être exposées au public.

Depuis, d'autres loi ont permis l'extension des domaines dits d'intérêts généraux (domaines philanthropique, éducatif, scientifique, social, sportif...). Selon des critères bien précis, la loi autorise la déductibilité des dépenses des entreprises...

■ **dans la limite de 2,25 ‰ du CAT**

pour les versements qu'elles auront effectués au profit :

- d'œuvres et d'organismes d'intérêt général ayant un caractère philanthropique, éducatif (...) ;
- de sociétés ou organismes de recherche publics ou privés agréés ;
- de fondations d'entreprise ;
- de la fondation du Patrimoine.

■ **dans la limite de 3,25 ‰ du CAT**

pour les versements réalisés au profit :

- de fondations et associations reconnues d'utilité publique et d'intérêt général ;
- d'associations culturelles ou de bienfaisance ;

– d'établissements agréés d'enseignement supérieur ou d'enseignement artistique à but non lucratif ;

– d'œuvres d'art (qui doivent être exposées au public).

En cas de dépassement de ces limites, un report peut être effectué sur les cinq exercices suivants, sans qu'il puisse excéder les plafonds de déductibilité que nous venons de mentionner.

Le point important de la loi tient au fait que ces déductions sont autorisées si la dépense ne génère aucune contrepartie directe ou indirecte pour le donateur. C'est pourquoi les entreprises ont souvent recours à la création de fondation pour qu'il existe une entité distincte entre l'entreprise et le nom de l'entreprise qui assure le mécénat (si ce protocole n'est pas respecté, nous tombons dans le cadre du parrainage). La loi du 4 juillet 1990 vient modifier la loi de 1987 en créant les fondations d'entreprise, structures juridiques d'accueil mieux adaptées au mécénat.

1.2 Les fondations d'entreprise

Selon le décret d'application du 30 septembre 1991 de la loi de juillet 1990, les fondations d'entreprise doivent être financées par une dotation initiale de 200 000 F par an pendant cinq ans minimum (1). La dotation et les sommes correspondant au programme d'actions pluriannuelles sont donc déductibles dans la limite de 2 pour 1 000 du CA de l'entreprise.

Ses ressources sont de quatre types :

– le versement de l'entreprise fondatrice (plusieurs entreprises peuvent créer une fondation commune) ;

– les subventions de l'État, des collectivités locales... ;

– les produits et les rétributions pour services rendus ;

– les revenus du capital de la dotation initiale.

La fondation d'entreprise ne peut faire appel à la générosité publique, ni bénéficier de dons ni de legs.

1.3 Les contraintes du mécénat

Une opinion répandue veut que la culture soit d'intérêt général. Cela induit que l'entreprise ne peut, face à l'art, avoir que des vues mercantiles. Son objectif de profit serait (tout comme pour les produits « économiques » ou « monétaires ») donc évident, même si par cette intervention apparemment désintéressée elle cherche à s'autolégitimer.

De plus, le mécénat, dans l'esprit du public, est imprégné de deux éléments sous-jacents :

– il a longtemps été une dépense inutile profitant au seul p.-d.g. (« la danseuse du président ») ;

---

(1) Plus précisément, la dotation initiale est comprise entre le cinquième du montant minimal du programme d'action pluriannuel prévu par la loi et le cinquième du montant du programme d'action pluriannuel effectivement versé, soit 200 000 F si le montant est compris entre 1 et 2 millions de francs.

- il est assis sur un principe simple : l'artiste tire une partie de sa gloire de son impécuniosité, et l'entreprise va chercher à profiter de cette gloire, moyennant rétribution, rendant peut-être alors l'indépendance de l'artiste plus fragile.

La réalisation d'une opération de mécénat obéit à des contraintes strictes. Ce type d'action interdit toute allusion au produit, aux différents aspects de la marque ou aux circuits de distribution. Seul compte l'annonceur, son nom et son image. Le mécénat semble donc inadapté aux campagnes de lancement : il ne possède pas d'effet de levier pour les ventes, ou du moins pas directement. Son effet est principalement culturel. À ce titre, il se heurte à la mentalité française qui se méfie des rapports entre la culture et l'argent.

Enfin, la dernière contrainte est celle de la durée nécessitée par la création d'une image dans le cadre d'un partenariat agissant sur le long terme.

Le mécénat a, de plus, été marqué par trois interventions des pouvoirs publics en 1990, qui ont freiné son développement :

- la **loi Évin** contre le tabagisme et l'alcoolisme, qui a entraîné une modification dans la structure des budgets des annonceurs et des contraintes d'expression : par exemple, la superficie occupée par le nom du mécène doit être au plus égale à 2 % de celle de l'affiche ou de la page du document ;
- la **loi Lang** sur les fondations d'entreprise fait disparaître le lien obligatoire des fondations d'entreprise avec les fondations reconnues d'utilité publique ;
- le durcissement du **CSA** en matière de contrôle du parrainage et du mécénat à la télévision.

Face à ces contraintes juridiques, les entreprises sont de plus en plus nombreuses à se plaindre. Elf a mis fin à sa fondation en 1997 en constatant que le statut de fondation d'utilité publique ne lui permettait pas de faire de la publicité et des relations publiques sur ses actions de mécénat. L'entreprise critique aussi la lourdeur administrative de ce type de fondation. Sans aller jusqu'à cette extrémité (la fin de la fondation Elf est, reconnaissons-le, aussi une façon de montrer symboliquement la fin de l'ère de son précédent président), les entreprises mécènes dénoncent globalement : l'obligation de s'engager sur 5 ans, d'utiliser l'appellation contrôlée « fondation d'entreprise», de déposer – sous contrôle du ministère de l'Intérieur – une somme initiale sur un compte bloqué en plus de la caution bancaire traditionnelle. L'article 17 de la loi de finances 2000 a pourtant permis une avancée en permettant à l'entreprise versante une déduction des dépenses liées au mécénat de son résultat et non plus de son seul bénéfice imposable. Enfin, la loi actuellement en discussion sur les musées devrait modifier le statut des fondations d'entreprise.

2. Structure d'une action mécénale

2.1 Les critères d'une bonne action

Nous pouvons relever certaines obligations auxquelles l'annonceur et l'événement, dans le cadre du mécénat, doivent souscrire.

Ainsi, un événement de ce type doit être :

- **efficace** en conciliant l'intérêt général et l'intérêt de l'entreprise afin de valoriser socialement cette dernière et lui faire tenir un rôle de citoyenne responsable. Nous sommes ici dans des objectifs d'image. Cette efficacité ne prendra sa dimension que si l'événement est crédible : un lien en termes d'image et de cible est donc nécessaire entre l'annonceur et le « mécéné » ;
- **déterminant.** L'entreprise doit être celle qui a permis la réalisation de l'événement : elle est alors innovatrice, généreuse, désintéressée, altruiste, charitable... ; Exemple : l'organisation par la Snecma d'un concert avec le pianiste hongrois Walter Chodack et l'orchestre de chambre Salieri, jusqu'alors inconnus en France, en avril 1990 au théâtre des Champs-Élysées ;
- **discrète**. L'entreprise s'efface derrière l'événement. Le mécénat est donc une action « douce »... qui n'exclut pas les médias. Mais les médias sont peu utilisés, on joue surtout sur le retour d'image. Ainsi, dans l'exemple précédent, la Snecma a permis l'édition d'un CD du concert, tandis que la présence d'Ève Ruggieri lors du concert (et sur les plaquettes de présentation) crédibilisait l'ensemble. La sortie du CD fut relatée dans la revue *Diapason ;*
- **personnelle** afin de faciliter la capitalisation et l'association entre l'événement et l'entreprise. Cependant une coopération entre annonceurs n'exclut pas de bonnes retombées. Ainsi voit-on les assureurs intervenir de plus en plus dans le mécénat de solidarité, ce qui leur assure un territoire de communication en rapport direct avec la cible et leur savoir-faire (la gestion du risque, la rapidité d'intervention...).

2.2 Les objectifs du mécénat

À l'externe, ils sont :

- de mettre en avant le métier et la créativité de l'entreprise (objectif institutionnel) ;
- d'émerger face à la concurrence en proposant des actions ciblées et bien exploitables en relations publiques, en particulier pour les biens ou réalisations haut de gamme ;
- de s'inscrire dans un cadre géographique de proximité, permettant à l'entreprise de dialoguer avec son environnement et d'être saisie comme un acteur de celui-ci (particulièrement pour les entreprises étrangères).

A l'interne, le mécénat a principalement pour objet de rechercher l'harmonie du groupe (il rejoint en cela la stimulation, par exemple). Il est un des éléments du projet d'entreprise.

On peut aussi lui assigner pour tâche d'appuyer la communication média.

2.3 Les moyens du mécénat

La loi du 23 juillet 1987 a donné au mécénat un sens générique de « rapport entre les particuliers ou les entreprises et des actions éducatives, scientifiques, sociales, humanitaires, sportives, familiales, culturelles, de mise en valeur du patrimoine naturel, de diffusion de la culture, de la langue et de la connaissance scientifique française ».

■ Le soutien à une organisation, à une cause ou à un individu

Exemple de soutien à une organisation : la réalisation par Apple d'un concours de couvertures de livres (créées sur Macintosh) pour la maison d'édition Actes Sud. L'objectif pour Apple est de communiquer sur son studio graphique, de faire connaître le Macintosh dans les milieux artistiques et de mettre en avant la technologie apportée par Apple.

Exemples de soutien à une cause :

- la cathédrale d'Évry. Il s'agit ici d'un mécénat grand public. Ce dernier est invité à contribuer à la construction de la cathédrale-musée pour un montant total de 20 MF (l'autre partie du budget étant financée par l'État, les souscriptions publiques, et les chantiers du cardinal). Pour cela, des moyens de communication média (pour faire connaître le problème), offerts par les supports, ont été utilisés (368 affiches 4 x 3, 500 affiches 200 x 160) ;
- Bull réalise un programme international de soutien à l'arbre (au Niger, dans les Calanques...) et à la forêt pour un budget de 30 MF.

Exemple de soutien à des individus : la SNCF a mécéné plusieurs peintres contemporains (Christophe Curien, Dominique Maraval, Objectal, Colette Brice) en « hébergeant » leurs fresques murales dans diverses stations (avenue Foch-Pereire, St-Ouen, Neuilly-Porte-Maillot).

■ Une entité d'accueil

- **la fondation, de 3 types :** les fondations sous égide (de la Fondation de France ou de l'Institut de France), les fondations d'entreprises et les fondations reconnues d'utilité publique.

Exemple : la fondation Gan pour le cinéma

LES 10 PLUS GRANDES FONDATIONS D'ENTREPRISE

Fondation d'entreprise	Domaine d'intervention	Date de création	Programme d'action sur cinq ans (en MF)
Générale des eaux	Emplois de proximité	13/09/95	115
Macif	Divers	05/05/93	34,5
GDF	Environnement	25/03/92	25
La Française des jeux	Sport	06/01/93	22
Total	Environnement	05/08/92	20
UAP	Solidarité entre générations	21/06/95	20
Crédit national	Musique et action sociale en faveur des personnes handicapées	20/05/92	19
Groupe Air France	Enfance (bien-être, santé, culture)	04/11/92	15
RATP	Combattre les exclusions	18/10/95	15
Institut de la gestion déléguée	National et international	19/03/96	14,75

Source : Admical. Stratégies *n° 989, 22/11/96.*

– un lieu de rencontre et d'échange

Exemple : l'Espace Kronenbourg Aventure, ouvert en 1990, accueille des expositions, une librairie (en partenariat avec Gallimard), une cartothèque (en collaboration avec l'IGN), un cinéma, des salles de réception et une salle de presse. L'objectif est de redonner une identité plus intelligente au produit en le ciblant sur l'aventure et en mettant Kronenbourg au centre de toutes les aventures par des bourses de projets, des actions sur le terrain et un centre de rencontre entre « offreurs » et demandeurs. 15 MF annuels lui sont alloués.

– l'appui sur des structures existantes

Pernod aide Planète Bleue pour 500 000 F par an. Cette association écologiste traite surtout des problèmes de l'eau. De son côté, Paribas aide deux associations humanitaires : Astrée, qui forme des bénévoles souhaitant soutenir des personnes en détresse, et Naître et Vivre, qui aide la recherche en matière de mortalité infantile.

– la création d'une association

Les assurances Axa ont fondé une association, Axa Atout Cœur, destinée à mettre en relation les salariés volontaires et des organismes d'aide aux handicapés et aux toxicomanes.

La Fondation de France héberge des entreprises qui ne désirent pas créer une structure de la taille des fondations d'entreprise pour réaliser les actions mécénales.

LES CINQ PLUS GRANDES FONDATIONS

LES 5 PLUS GRANDES FONDATIONS SOUS L'ÉGIDE DE LA FONDATION DE FRANCE

Fondation	Domaine d'intervention	Date de création	Budget 1995 (en MF)
Cartier pour l'art contemporain	Culture (30 MF) et solidarité (5 MF)	15/06/92	35
Caisse d'épargne	Prévention de l'illettrisme et de la marginalisation liée à la perte de l'emploi ou au grand âge	01/03/94	8
Crédit local de France	Culture (5,49 MF) et solidarité (1,7 MF)	16/03/93	7,19
EDF	Patrimoine, nature et art contemporain	03/04/92	7
CNP	Santé	17/12/93	4,5

NB : La fondation J.-M. Bruneau, qui ne souhaite pas révéler le montant de son budget de mécénat, fait cependant partie des cinq plus grandes fondations créées sous l'égide de la Fondation de France.

Source : Fondation de France. Stratégies *n° 989 - 22/11/96.*

Dans le cas d'entreprises liées par un intérêt commun, ou de filiales d'une même entreprise, il peut être intéressant de se grouper afin de mener des actions de plus grande envergure au sein d'un **GIE**. Exemple : l'association de Bull, du WWF et de l'ASE .

Le Groupement d'intérêt public regroupe des entreprises publiques et des entités de droit public.

■ La régie directe

Elle présente des avantages : relation directe entre le mécène et le projet, ponctualité de l'opération et des inconvénients : alourdissement des structures, responsabilité de l'entreprise engagée. Elle s'avère inadaptée pour certaines opérations.

■ Une manifestation

- un prix : la CNP récompense annuellement un travail de recherche témoignant de l'apport de la médecine sportive à la santé de chacun, dans le cadre de la Bourse CNP Sport. Le prix est de 250 000 F. La Fondation pour l'art d'écrire, de l'entreprise Montblanc, mécène des nouvelles et des prix littéraires ;
- une exposition, comme Fiat et Andy Warhol, Feruzzi et Toulouse-Lautrec ;
- un concert...

■ Le mécénat croisé

Son mécanisme est compliqué. Un exemple nous servira d'explication. L'assureur Gras Savoye suit depuis 1990 un orchestre de musique de chambre (l'ensemble Carl Stamitz), qu'il met en relation avec les municipalités pour organiser des concerts dont l'entreprise assure la publicité, et dont les recettes sont ensuite intégralement versées aux associations choisies par les communes d'accueil. Ces opérations ont permis à l'assureur de verser 300 000 F en 1991.

Autre exemple : Fondation Bayer santé, organisatrice de programmes culturels en milieu hospitalier.

3. Panorama du secteur

La pause dans le marché du mécénat depuis 1990, suite à plusieurs années de hausse, s'explique par :

- l'interdiction de certains secteurs à la publicité (alcool, tabac) qui a entraîné une baisse de 70 à 100 millions de francs environ ;
- le bilan que dressent les entreprises mécènes suite à trois ou cinq ans d'actions.

Après une stagnation jusqu'en 1994, les actions se sont multipliées pour atteindre 1 milliard d'investissement dans le domaine culturel en 1995 et plus de 1,8 milliard de francs en 1996, pour revenir à 1,2 milliard de francs en 1998.

Selon l'Admical, 2000 a vu 2 800 actions de mécénat culturel (2 600 en 1995 et 1 900 en 1994) par 1 200 entreprises pour un budget global de 1 298 millions de francs, soit 198 millions d'euros (1 000 en 1995 pour un budget de 1 100 millions de francs). Dans le domaine de la solidarité : 2 100 actions par 550 entreprises en 2000 pour un budget de 857 millions de francs (130 millions d'euros) en matière d'environnement on recense pour 2000 : 270 actions pour 90 entreprises pour un budget de 13 millions d'euros. La répartition des investissements et des actions est la suivante :

Répartition des opérations de mécénat culturel par disciplines artistiques en 2000

(en % du nombre d'actions de mécénat culturel)

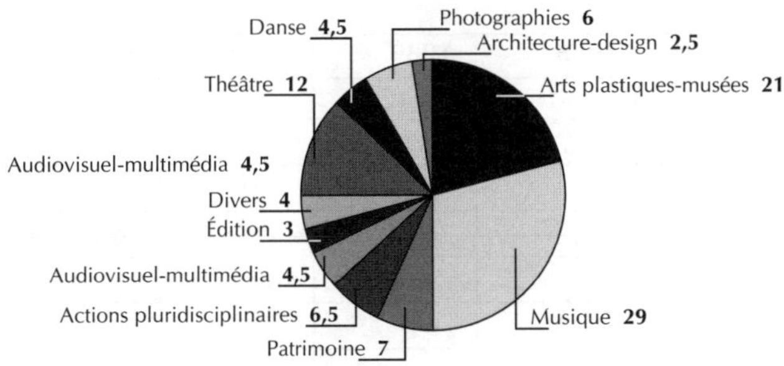

Source : Admical.

La répartition 1995 des actions de mécénat culturel par discipline

(en % du nombre total d'actions)

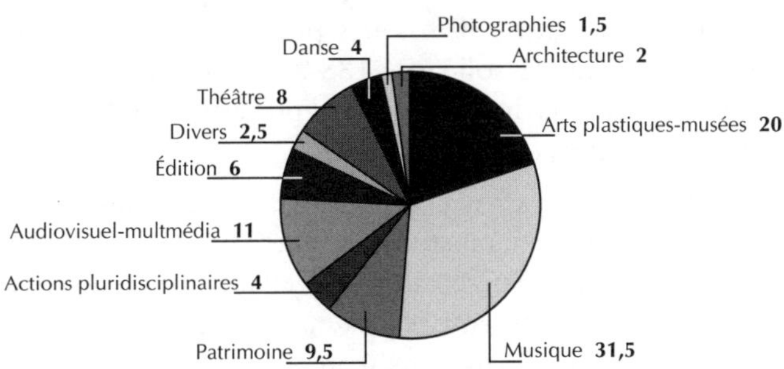

Source : Admical.

Répartition du nombre d'actions de solidarité par domaine d'intervention en 2000

(en % du nombre total d'actions de mécénat en faveur de la solidarité)

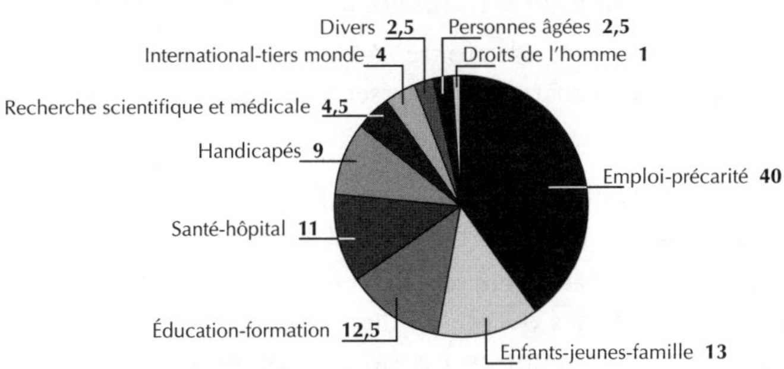

Source : Admical.

RÉPARTITION DES OPÉRATIONS DE MÉCÉNAT D'ENTREPRISE PAR DISCIPLINES ARTISTIQUES ET EN POURCENTAGES (SOURCE ADMICAL)

Disciplines	1988	1989	1990	1991	1995
Musique	25,7	25,4	27,5	32	31,5
Arts plastiques/Musées	27,3	29,2	25	21,7	20
Patrimoine/Archives	6,9	7,3	9,5	6	9,5
Théâtre	8,1	6,5	7,2	9,9	8
Édition/Littérature	5,4	4	6,5	4,4	6
Audiovisuel/cinéma	4,2	6,2	5,6	6	11
Danse	8,7	4	3,6	2	1,5
Photographie	1	2,7	2,6	–	4
Architecture/Design/Mode	3,1	3,4	2,2	–	2
Animation	0,9	–	–	–	–
Actions pluridisciplinaires	5,1	4,9	5,1	–	4
Divers	3,6	6,3	5,2	–	2,5

On constate pour 2000, une hiérarchie similaire pour le mécénat culturel (60 % des dépenses) : musique (30 %), arts plastiques (21 %) et un essor du théâtre (12 %). Le mécénat de solidarité (38 %) est en forte progression, les actions se retrouvent dans la lutte contre la précarité (40 %). Les droits de l'homme sont peu concernés (1 %).

Même si les objectifs assignés aux opérations changent peu : 62 % des entreprises leur assignent des objectifs institutionnels, 93 % souhaitent promouvoir leur image, la forme du mécénat se modifie. Les entreprises délaissent petit à petit la « clé en main » pour choisir des partenariats permettant un échange de compétences et la fourniture de moyens matériels et humains. Les entreprises s'engagent davantage encore sur la durée. Elles visent aussi davantage l'international comme l'exposition organisée par la fondation Cartier (créé en 1984) dans la Cité interdite à Pékin à l'automne 1996. Le mécénat se tourne aussi vers une cible interne à l'exemple de la fondation UAP consacrée aux opérations de solidarité entre générations. 200 salariés sont ici chargés de faire remonter, mettre en place et suivre des projets. Les secteurs économiques concernés sont : banques et établissements de crédit, énergie, chimie, services et communication presse, agro-alimentaire et nouvelles technologies.

Enfin, la part des PME ne cesse de croître : 64 % en 1995 contre 58 % en 1994, ce qui montre bien que le mécénat n'est pas réservé qu'aux grosses entreprises.

Exemples :

- l'orchestre du Capitole de Toulouse est soutenu par l'association Aïda constituée de plusieurs entreprises locales ;
- la cathédrale d'Orléans a été rénovée et la collection de peintures hollandaises et flamandes du musée des beaux arts de la ville restaurée par l'intermédiaire d'entreprises locales réunies dans l'association Mécènes Entreprises.

Quelques agences de mécénat : ABCD, Argos, Vocatif.

C. Le parrainage (sponsoring)

1. Le développement du parrainage (sponsoring)

Le parrainage (sponsoring) n'est pas une technique récente. Dans la Grèce antique, les athlètes victorieux étaient pris en charge par leur cité et dotés d'une rente à vie ; en Grande-Bretagne, au début du siècle, des entreprises s'associaient déjà à des événements essentiellement sportifs. Le développement actuel de cette technique tient à plusieurs raisons :

- la volonté énoncée par les entreprises de légitimer le profit réalisé et de développer une image fédératrice (qui n'exclut pas des opérations ciblées) auprès de ses fournisseurs, distributeurs, actionnaires, salariés, etc. ;
- la saturation des écrans publicitaires et la lassitude qu'éprouve le consommateur face à l'avalanche de spots dans les écrans. Le parrainage (sponsoring) permet le recours aux médias, en dehors des écrans classiques et bénéficie alors d'une meilleure attention . Nous pourrions aussi évoquer le prix croissant des écrans, qui conduit les annonceurs à rechercher d'autres formes d'exposition du consommateur à son message, pour un prix moindre. Mais le parrainage doit être compris comme étant le complément de la publicité « classique », comme une force d'appui. Pour un investissement de 10 millions dans le Vendée Globe 1997, le crédit immobilier a été crédité de 63 millions de retombées médiatiques : 164 passages TV, 305 passages radio et 3700 articles de presse ont cité le nom du bateau et donc du sponsor.

2. Les objectifs : de « la danseuse du président » à une stratégie cohérente

Le marché mondial du sponsoring
Total : 39,3 milliards de francs

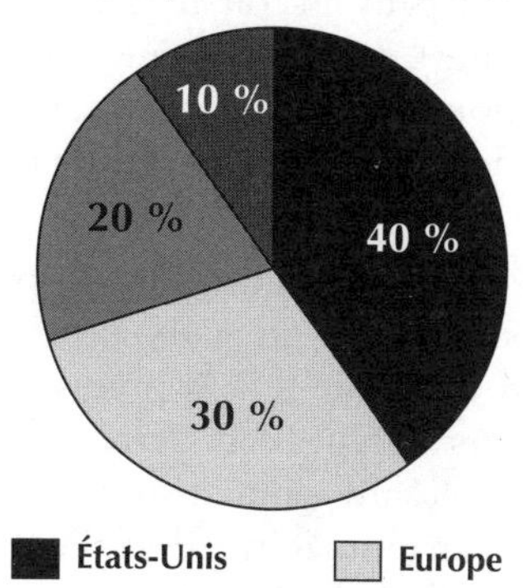

Stratégies *n° 1 001 - 28/02/97*

Le marché européen du sponsoring
Total : 18 milliards de francs

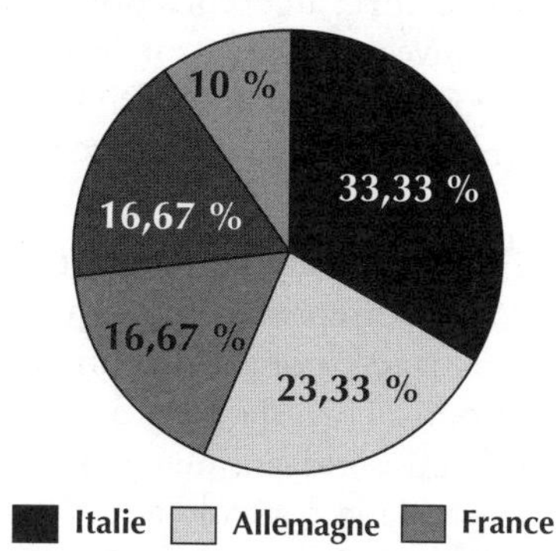

Stratégies *n° 1 001 - 28/02/97*

Le marché français se situe autour de 3,7 MdF.

Si nous parlons dans notre titre de « danseuse du président », c'est qu'historiquement les premières actions de parrainage (sponsoring) résultaient avant tout de la volonté des dirigeants d'une entreprise d'aider une activité qui leur tenait à cœur.

Le directeur finançait l'équipe de football où il avait joué plus jeune, l'association des étudiants de son ancienne école, le club d'échecs où s'exerce son fils...

Sans nier l'existence de ces actions encore aujourd'hui, nous nous intéresserons dans les lignes qui suivent à des actions de plus grande envergure.

L'importance du budget parrainage (sponsoring) n'est pas une preuve de la qualité de l'événement. Pourtant, c'est parce que les budgets deviennent très élevés qu'une réelle stratégie doit être mise en place. En 1997, la Française des Jeux consacre 30 millions de francs à son équipe cycliste ; l'ensemble des engagements dans le sport représente de un quart à un tiers du budget total de communication de Coca-Cola selon son directeur marketing France (Stratégie 1035 - 05/12/97). Ces budgets sont évidemment exceptionnels mais tout investissement doit être rentabilisé et la stratégie doit être bien pensée afin d'obtenir des résultats efficaces. Cette stratégie passe en premier lieu par la définition d'objectifs précis.

Nous avons dit que les objectifs du parrainage (sponsoring) étaient avant tout commerciaux. L'action doit ainsi se traduire par des gains de notoriété puis en parts de marché. Pour traiter des objectifs de communication, nous reprenons nos trois verbes : connaître, aimer, agir et nous allons montrer que le parrainage (sponsoring) peut aider à faire connaître, faire aimer, faire agir.

2.1 Faire connaître

Le parrainage (sponsoring) n'a pas pour objectif de faire connaître une entreprise. Des études ont montré qu'une entreprise devait posséder un taux de notoriété relativement important (environ 25 %) avant de se lancer dans une telle opération. Voir le nom d'une entreprise sur les maillots de joueurs de football par exemple ne sert à rien si le consommateur ne peut pas faire le lien entre ce nom et une entreprise déjà connue. Le démarrage d'une entreprise se réalise avec d'autres médias qui assureront le stade cognitif.

Par contre, une entreprise connue et reconnue peut asseoir le lancement d'un nouveau produit sur le parrainage (sponsoring). Cette pratique peut se concevoir si elle est couplée et relayée par une action dans les médias traditionnels (rappelons que l'affichage est un moyen efficace pour le lancement de produits nouveaux).

En fait, le faire connaître trouve sa pleine réussite sur un attribut du produit. Une entreprise connue qui dispose d'un produit connu fera connaître avec le parrainage (sponsoring) un élément de son produit. Elle fera la preuve que son produit correspond aux besoins des utilisateurs et réutilisera cette preuve dans d'autres moyens de communication. Hewlett Packard a ainsi assuré aux JO d'Albertville le contrôle anti-dopage des athlètes par un matériel dont l'entreprise est la seule à disposer. Si la preuve est faite que dans des circonstances particulières, comme celles des compétitions, le produit est efficace, il le sera d'autant plus pour un usage régulier par le consommateur.

2.2 Faire aimer

Il s'agit ici pleinement d'obtenir des gains de notoriété. Aider à la réalisation d'une compétition sportive donne une bonne image du parrain chez les amateurs sportifs ; donner les moyens à la réalisation d'un concert donne une image favorable du parrain chez les musiciens et leurs auditeurs.

L'avantage du parrainage (sponsoring) dans de telles circonstances est le ciblage qu'il permet. Au niveau de la cible, on raisonnera davantage en styles de vie qu'en PCS par exemple. On connaît le profil du consommateur de l'événement, l'objectif peut ainsi être quantifié comme nous le verrons en analysant les critères de choix de l'événement à parrainer (voir partie 4. **Les critères de choix de l'événement**).

Le faire aimer est valable envers la cible externe de l'entreprise mais aussi vis-à-vis de l'interne. La Snecma par exemple, qui parraine Jean Alesi, fait régulièrement venir le pilote de F1 dans ses usines.

Depuis le début du XXe siècle, les théories en ressources humaines ont beaucoup évolué. De Mac Gregor à Hertzberg, les auteurs en organisation ont montré l'importance du facteur humain dans l'entreprise et la nécessaire prise en compte de la motivation des salariés comme facteur d'efficacité.

Dans son ouvrage *Communication et organisation,* (Les Éditions d'Organisation 1990) Annie Bartoli estime que, dans une entreprise, des actions de communication éparses et non reliées à un plan d'ensemble n'ont aucun effet, elles peuvent même avoir des effets pervers. Pour Annie Bartoli, l'entreprise se doit de communiquer mais ses différents discours inscrits dans la communication institutionnelle doivent être cohérents. L'auteur propose à la suite de *La communication globale* (Les Éditions d'Organisation 1988) de Régouby quatre types de discours :

- le **discours d'identité** qui permet à l'entreprise d'être reconnaissable parmi les autres par son logo, la musique de ses spots...
- le **discours de personnalité** qui correspond à une communication de marque (le "bon sens près de chez vous" du Crédit Agricole)
- le **discours factuel** qui correspond à une communication produit et s'attache par exemple à décrire les caractéristiques de fabrication, les procédés... ;
- le **discours culturel** qui est l'expression des valeurs de l'entreprise. (Le "vous ne reviendrez plus chez nous par hasard" de Total qui sous-entend la proximité)

Le parrainage (sponsoring) peut correspondre à ces différents types de discours :

- l'**identité :** en parrainant telle ou telle action, l'entreprise aura une image particulière (l'entreprise qui soutient une course automobile n'est pas la même que celle qui aide un groupe musical), l'entreprise personnalise l'événement comme l'événement la personnalise ;
- la **personnalité :** même remarque que précédemment, par le choix de l'action, l'entreprise se différencie, elle se positionne ;

– le **factuel :** l'entreprise fait la preuve que son produit correspond aux besoins des consommateurs (voir ce que nous disions pour le faire connaître) ;

– le **culturel :** c'est le type de discours qui correspond le plus à l'objectif que nous traitons ici, le « faire aimer ».

Avec ce dernier type de discours, nous touchons davantage une cible interne. Par le choix de l'action à parrainer, l'entreprise va mettre en avant les valeurs qu'elle désire véhiculer hors de ses murs, mais aussi et surtout à l'intérieur. La performance et le dépassement de soi, manifestés par exemple dans une compétition sportive où l'entreprise est présente, montrent la volonté de celle-ci de faire référence à ses propres valeurs. Par l'appropriation des qualités physiques ou morales exaltées dans la compétition, l'entreprise cherche à démontrer que ses qualités sont présentes chez elle et donc que ses salariés les possèdent.

C'est parce qu'elle affirme à ses salariés qu'elle croit en leurs qualités que l'entreprise développe leur motivation. Il est à noter qu'une incohérence entre cette affirmation au-dehors et ce qui se passe effectivement dans l'entreprise serait désastreuse au plan social.

L'esprit d'entreprise est aussi mis en avant avec le parrainage (sponsoring). Lorsqu'une entreprise parraine une action, les salariés doivent être tenus au courant du déroulement de l'action, la suivre et en être fiers. Les Assurances de France parrainent le Tour de France et offrent chaque année à leurs collaborateurs de suivre une étape ; autre exemple, « chez William Saurin, la direction a inclus la dynamisation du personnel dans ses objectifs. Les résultats sont probants : Eugène Riguidel est le chouchou des ouvrières de l'usine de Lagny où il vient régulièrement dédicacer son livre, signer des autographes et passer ses films. Les délégués syndicaux se retrouvent aux côtés de la direction aux départs des grandes courses. Vas-y Eugène ! ». GDF, sponsor officiel de l'Open Gaz de France, organisait en 2000 un challenge interne.

Ainsi, facteur de motivation et de cohésion sociale, le parrainage (sponsoring) touche aussi une cible interne à l'entreprise.

2.3 Faire agir

Le parrainage (sponsoring) se rapproche ici des objectifs de la promotion des ventes. Il est bien évident qu'il ne va pas faire agir le consommateur immédiatement. Cependant, la présence du parrain dans une action peut faire augmenter son **top of mind,** c'est-à-dire sa capacité à être la première marque citée, le plus grand nombre de fois dans une enquête de notoriété spontanée. Ainsi, lors d'achats impulsifs, le consommateur agira par l'achat du produit dont il a vu la marque. L'intérêt est donc de récupérer l'événement sur le packaging (le coffret SFR de l'équipe de France) ou bien sur le mobilier de PLV. C'est la fonction de rappel.

Le « **capital sympathie** » acquis par l'entreprise grâce à sa participation à l'action de parrainage (sponsoring) influencera le consommateur dans un sens qui lui sera favorable.

Par rapport à la distribution que nous abordons ici en tant que cible, le parrainage (sponsoring) aura donné une image de dynamisme à l'entreprise. L'action parrainée sera reprise par la force de vente et valorisée dans ses discussions avec les distributeurs au sujet du référencement ainsi que dans les argumentaires.

Parrainer une action peut avoir pour contrepartie des places gratuites lors du déroulement de l'action. Dans la majorité des cas, les sponsors bénéficient de places gratuites pour assister aux évènements. Ces places sont offertes aux salariés, distributeurs, voire clients sous forme de concours. Christophe Auguin, par exemple recevait certains partenaires de son sponsor sur son bateau, Géodis.

Waterman parrainait il y a quelques années l'équipe de France de rugby. On peut s'étonner de la liaison du produit et du type de sport. Pourtant, en termes de cible, cette action visait davantage les libraires que les consommateurs finaux. Un show fut organisé où les détaillants purent rencontrer les sportifs, ce qui fut l'occasion de montrer que la société prenait soin de ses distributeurs. L'objectif d'animation du réseau de vente est donc aussi un objectif du parrainage (sponsoring).

Tous les objectifs que nous venons de voir se retrouvent dans les différentes formes que peut prendre le parrainage (sponsoring).

3. Les moyens

3.1 Les formes de participation

Le parrainage (sponsoring) peut s'établir dans le sport, la culture, la nature, la recherche... Nous pouvons établir trois types de formules.

■ L'achat d'espace

La vision d'une compétition sportive et sa retransmission à la télévision indiquent très clairement cette première forme de parrainage (sponsoring). Tout autour du terrain, des panneaux publicitaires montrent la marque, c'est un achat d'espace fixe. Sur les joueurs, leur tenue vestimentaire..., sur les voitures de course, les caravanes publicitaires du Tour de France par exemple, le nom de la marque est encore rappelé, c'est l'affichage mobile.

Une question se pose : en quoi cette présence n'est-elle pas de l'affichage pur ? Affichage d'autant plus rentable lorsqu'il est relayé par les autres médias : compétition télévisée, photographies dans la presse.

Pour répondre à cette question, il faut revenir aux objectifs vus dans la partie précédente.

Si l'objectif est de faire connaître davantage un attribut du produit, nous parlerons de parrainage (sponsoring). Lorsque Michelin équipe les F1 de pneus, il a une réelle volonté de participation à l'événement. Cette participation sera la fourniture de pneus et si elle est couplée avec des panneaux d'affichage autour du circuit, nous ne parlerons pas pour ces derniers d'achat d'espace classique. De même, Adidas, qui habille par exemple l'équipe de football de l'Olympique de Marseille, parraine aussi puisqu'il démontre, par sa participation, les qualités de son produit.

Il y a ainsi parrainage dans l'achat d'espace fixe et mobile lorsque l'objectif de l'annonceur est de profiter de l'événement pour mettre en valeur son produit. Dans ce cas, le produit a un lien plus ou moins direct avec l'événement, mais ce n'est pas la règle générale.

Si à Roland-Garros, la BNP ne faisait qu'acheter des panneaux, nous ne parlerions que d'affichage. Puisque la BNP apporte en plus une participation financière, nous parlons de parrainage (sponsoring). La banque ne fait pas ici la preuve des qualités de son produit, il ne s'agit pas uniquement d'achat d'espace mais d'une aide à l'événement.

Mentionnons pour finir que de plus en plus de sponsors/parrains utilisent le procédé de l'échange marchandise afin d'éviter des coûts médias trop importants (il s'agit, par exemple, pour une manifestation, de se faire soutenir par une radio qui diffusera des spots portant sur l'événement, contre présence du logo de celle-ci sur les affiches).

■ L'aide à l'événement

Toujours avec l'exemple de la BNP, nous voyons que l'objectif n'est pas de faire connaître mais davantage de faire aimer. Il s'agit de faire aimer l'entreprise qui finance l'épreuve sportive ou culturelle qui sans elle, étant donné le budget qu'elle apporte, n'existerait pas. Il s'agit aussi de faire aimer une entreprise qui n'est pas toujours positivement perçue et qui sort de son domaine de rigueur pour donner de l'animation, du plaisir.

Les avantages de cette formule sont les mêmes que ceux de la première formule : le choix de l'événement (en fonction des critères que nous verrons dans la partie **4. Les critères de choix de l'événement**) ; la possibilité d'être présents sur plusieurs événements : le budget est très variable et l'entreprise peut le répartir en parrainant plusieurs actions et donc ainsi bénéficier de plus d'audience.

Exemple de Roland Garros la présence à Roland Garros peut s'effectuer par :

- panneaux publicitaires sous l'approbation de la Fédération française de tennis : 1,5 million de francs (budget moyen 1996) ;
- une tente au Village ;
- l'une des 7 terrasses (525 000 francs hors taxe, hors loge) ;
- l'un des 5 espaces-vérandas ;
- un espace à la journée + priorité d'achat de centaines de places ;
- adhésion au club des Loges : 165 000 francs hors taxe pour 15 jours ;
- animation d'un des 40 stands d'exposition dans les allées (70 000 à 150 000 francs) ;
- création d'une opération spéciale (exemple : les navettes Peugeot) ;
- parrainage du livre illustré du tournoi ;
- achat d'espaces dans l'un des 2 supports du tournoi (Roland-Garros Magazine et le Quotidien Officiel) ;
- édition de produits griffés Roland-Garros ;

Source : Stratégies *1 013, 23/05/97).*

Des inconvénients existent pourtant :

- la présence éventuelle d'autres parrains entraîne une déperdition de notoriété et même une confusion dans le cas de parrains concurrents ;

- le problème de l'exclusivité : il est présent lorsque par exemple l'équipe de football de Marseille parrainée par Adidas « achète » un nouveau joueur parrainé par Nike ;
- et surtout, le manque de liberté : une fois l'événement choisi, l'entreprise est enfermée dans les dates de l'événement, dans son lieu et son public...

Si l'annonceur a choisi l'événement, c'est qu'il correspond le mieux à ses critères mais pas forcément à tous. L'événement qui correspondra à tous est celui que crée lui-même l'annonceur : c'est la troisième forme de parrainage (sponsoring).

■ La création de l'événement

La course du Figaro est une épreuve de cross qui se déroule tous les ans dans le bois de Boulogne et qui a été créée par le journal. Le trophée Lancôme est une épreuve de golf créée par le parfumeur. Avec ces deux cas que l'on pourrait multiplier, l'annonceur n'est pas intervenu dans un événement préexistant mais l'a créé en fonction de critères spécifiques. Par la création, l'annonceur détermine totalement le moment de l'événement (intéressant pour un produit saisonnier par exemple), sa durée, son lieu (dans un lieu où les consommateurs sont nombreux ou au contraire peu nombreux) et donc sa cible. Rien ne lui est imposé comme dans la seconde formule. Il semble que les entreprises se tournent de plus en plus vers la création de l'événement : Lion challenge, Raid Action man.

L'annonceur peut éventuellement choisir un ou plusieurs co-parrains afin de répartir les coûts. Dans le cas d'une exclusivité de parrain, le nom de celui-ci sera omniprésent puisqu'il est déjà dans le nom même du tournoi, concours, trophée...

Cette dernière formule concerne les trois objectifs généraux :

- faire connaître davantage (rappelons qu'un taux de notoriété d'environ 25 % est nécessaire avant de se lancer dans une telle opération) et se faire reconnaître ;
- faire aimer l'entreprise qui, par exemple, cherche à développer un sport qui prend son essor (les débuts du trophée Lancôme sont liés au développement du golf en France) ; enrichir le capital sympathie de l'entreprise chez le public et chez ses partenaires (clients, salariés, fournisseurs, actionnaires...) par leur invitation à l'événement ;
- faire agir par la présence de l'événement sur tous les documents publicitaires de l'entreprise, dont la PLV, pour permettre son souvenir sur le lieu d'achat et donc inciter à l'acte.

Que l'entreprise aide l'événement ou qu'elle le crée, nous rappelons qu'il s'agit d'un monoparrainage si elle est la seule entreprise présente.

Nous pouvons donc distinguer deux formes principales de parrainage :

- le **parrainage créatif** où l'annonceur crée l'événement. Exemples : La journée européenne de l'écriture, organisée par l'agence Event International, pour les stylos Dupont (budget : 3,5 MF).

- le **parrainage participatif** (qui ne suppose pas forcément une action sous forme de parrainage [sponsoring]) où l'annonceur participe à un événement créé.

Pour cela, le recours à divers moyens est possible.

3.2 Les moyens

Le parrainage, nous l'avons vu dans notre définition, est un soutien logistique, financier, matériel, apporté à une entité. Cette dernière est choisie d'après des critères précis (*cf.* schéma *supra*) et peut prendre plusieurs formes :

- une équipe sportive ;

  Exemple : Au départ de la saison cycliste 1997, 7 équipes françaises portaient les couleurs d'entreprises : Cofidis, Française des Jeux, Festina, Casino, Gan, BigMat-Aubervilliers, Mutuelle de Seine-et-Marne ;

- un sportif ;

  Exemple : Somewhere (nom de la marque de sportswear de La Redoute) du groupe Pinault-Printemps-la Redoute sponsorisait le skipper Marc Thiercelin dans la dernière Transat Jacques Vabre.;

- une fédération sportive ;

  Exemple : Brut de Fabergé et la Fédération française d'escrime (plus de 1 MF). Il y a d'ailleurs une forte cohérence entre ce sport et le spot TV qui montre un individu sabrant un flacon de Brut ;

- un chanteur : Igol soutient Les tambours du Bronx ;
- un événement artistique ; exemple : Coca-Cola et ses partenariats dans la musique avec le Zénith de Paris ou de nombreux festivals ;
- un événement sportif, comme le championnat d'Europe de golf des moins de 25 ans, organisé par l'UAP ;
- une émission TV (sur ce point, voir notre développement dans notre partie sur **La télévision**).

Ces moyens permettent à la marque de s'ancrer dans le présent, de faire une démonstration de ses qualités et, donc, de lui conférer une personnalité, une incarnation.

4. Les critères de choix de l'événement

Il semble que le seuil minimal de notoriété pour réaliser et bâtir une politique de parrainage (sponsoring) soit de 25 %. Hormis cet élément quasi obligatoire, nous pouvons relever quatre critères qui gouvernent le choix d'une politique de parrainage.

4.1 Les quatre critères de choix

De la même façon qu'un annonceur choisit des médias pour porter sa communication, il choisit un événement en fonction de critères précis.

■ Le critère « produit »

Dans la partie qui précède, nous avons fait une distinction entre parrainage (sponsoring) et achat d'espace lorsqu'il s'agit d'énoncer le nom de la marque sur les panneaux entourant un stade par exemple. L'action ne porte le nom de parrainage (sponsoring) que lorsque le produit de l'annonceur a un rapport direct avec l'événement choisi : Adidas et le football ou bien lorsque l'action couple participation financière et achat d'espace : la BNP et Roland-Garros.

Dans une large mesure, le produit de l'annonceur guide le choix de l'événement : Unysis et son matériel informatique pour le chronométrage d'épreuves et l'affichage électronique des résultats, imaginons les pianos Steiner pour des concerts classiques et Yamaha pour des concerts rock, Damart et le Harricana...

■ Le critère « message »

L'annonceur répond ici à la question : que cherchons-nous à faire passer ?

Certains sports ont une connotation spécifique : l'agressivité pour la boxe, la réflexion pour les échecs, la lutte contre les éléments naturels pour la voile... Ce positionnement du sport (qui existe aussi pour les activités culturelles) doit être en relation avec le positionnement du produit ou de la marque. Marlboro, par exemple, a choisi la F1 considérant les pilotes, cow-boys du xxe siècle, comme vecteur d'imaginaire, d'aventure et d'évasion.

Répartition des investissements par sport

(en %)

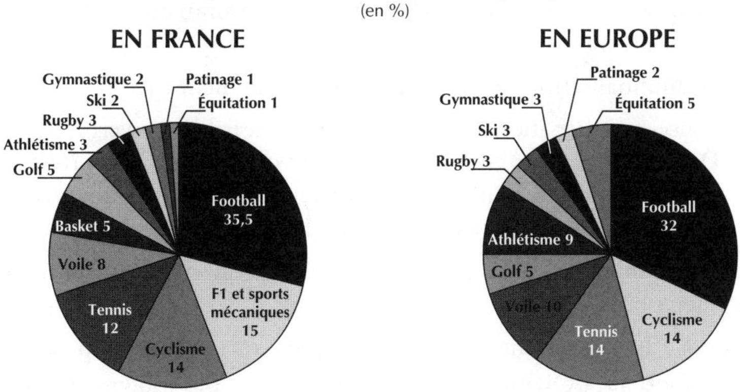

Source : Sports Marketing Surveys Ltd. 1996

■ Le critère « cible »

L'événement doit être en relation avec la cible du produit en termes de PCS, âge, sexe... et en terme de style de vie. On distingue, à ce niveau, l'audience directe c'est-à-dire l'ensemble des personnes présentes physiquement sur le stade, au concert, à l'exposition... et l'audience indirecte, c'est-à-dire l'ensemble des personnes qui assistent à l'événement par l'intermédiaire d'autres médias (TV, presse, radio) et l'ensemble de celles qui en ont entendu parler. L'audience indirecte, malgré la difficulté à la saisir, est de plus en plus importante compte tenu du développement des retransmissions sportives dans les médias.

Certaines activités sont très ciblées : en règle générale, le golf intéresse les individus à revenus élevés, le football les individus à revenus moins élevés.

■ Le critère « budget »

Vu l'évolution croissante des coûts du parrainage (sponsoring), le critère budget est important, sans compter la nécessaire médiatisation de l'événement. La majorité des annonceurs dispose d'un budget inférieur à 2 millions de francs, 37 % de moins de 1 million dont 24 % de moins de 500 000 francs ; 9 % ont un budget supérieur à 20 millions de francs. En 2000, le groupe Cegetel a mis 20 millions de francs pour devenir le partenaire de la FFF. L'organisation coûte en moyenne 4 francs lorsque le « faire connaître l'événement » coûte 1 franc.

La somme de ces quatre critères conduit au choix de l'événement.

4.2 Le choix

Ces différents critères qualitatifs et quantitatifs amènent l'entreprise à préciser ses choix pour éviter l'inefficacité du projet pour différentes causes :

- le risque accidentel : le démâtage express du multicoque Legal dans la Transat Jacques Vabre en octobre 1997.
- le caractère imprévisible. Mais cela renforce aussi la crédibilité et la véracité du message ;
- la non-cohérence événement/marque est susceptible de donner une mauvaise image de la marque chez ses consommateurs et même chez ses salariés ;
- la cannibalisation de la marque par l'événement ;
- la non-médiatisation de l'événement ou sa faible couverture : le Paris-Dakar s'est déroulé en 1991 au moment où avait lieu la guerre du Golfe, en 1997, certains journalistes préféraient parler de la Transat Le Havre-Carthagène plutôt que de la Transat Jacques Vabre.

Il s'agit de limiter les risques en répondant aux questions suivantes afin de choisir le mieux possible :

Qui, quoi ? Le sujet : une activité, une équipe ou un joueur spécifique ?

- le football, l'Olympique de Marseille ou un des joueurs de l'équipe ?
- le piano, un concert ou le pianiste ?

Exemple de Whirpool qui ne sponsorise pas un sport, ni un champion spécifique mais « des femmes aux projets exceptionnels » : Brigitte Gimenez en planche en voile, Catherine Destivelle en alpinisme, Catherine Chabaud en voile...

Où ? Le lieu de l'événement.

Quand ? La date.

Combien ? La durée : la saison ou un match ?

Il est à noter à ce niveau qu'il est nécessaire d'assurer une continuité à la présence de l'entreprise ; pour entraîner une meilleure efficacité, l'annonceur doit tenir dans le temps sa participation (par exemple, les parrains du Tour de France ne changent pas tous les ans, ils sont reconnus comme partenaires par le public qui a pris l'habitude de les voir). De toute façon, une bonne politique de parrainage s'engage sur trois ans.

Comment ? Les modalités de la participation de l'entreprise (et donc le budget).

La bonne définition de ces choix permettra d'évaluer les résultats de l'action. Des objectifs précis permettront de calculer les écarts entre le prévu et le réalisé et de voir ainsi l'efficacité du parrainage (sponsoring).

Ces choix peuvent mener l'annonceur à réaliser plusieurs opérations de parrainage (sponsoring) afin de répondre à l'ensemble de la problématique. Exemple : Vittel suit une politique de parrainage (sponsoring) qui tourne autour de trois thèmes : Vittel, la boisson qui entre dans l'alimentation du sportif ; Vittel station thermale ; Vittel centre de préparation olympique.

Le parrainage (sponsoring) implique donc des choix complexes qui concernent aussi les autres éléments du mix de communication : l'entreprise ne doit pas oublier que l'événement doit être exploité publicitairement et promotionnellement. Cela explique aussi que l'analyse de l'efficacité de l'action de parrainage soit très proche de celle réalisée pour une campagne publicitaire.

5. L'ANALYSE DE L'ACTION

Le parrainage d'un événement n'est pas gratuit pour l'annonceur qui en attend bien évidemment des retombées. La contrepartie est d'abord un ensemble d'actions « offertes » par l'organisateur de l'événement à son (ses) parrain(s) : présence de l'annonceur sur les panneaux du stade, sur les plaquettes de présentation... Voir notre exemple sur les présences possibles à Roland Garros (**3. Les moyens**).

Malgré son ampleur, cette contrepartie reste néanmoins faible au regard de l'investissement de l'annonceur qui cherche à obtenir des gains de notoriété et une augmentation de son chiffre d'affaires.

5.1 L'analyse de l'efficacité de l'action au niveau de la notoriété

La première action à mener afin d'analyser l'efficacité du parrainage (sponsoring) est la plus simple à réaliser. Elle consiste à mesurer l'audience directe, c'est-à-dire le nombre de personnes ayant physiquement assisté à l'événement et qui ont donc été soumises au nom de l'annonceur.

La mesure de l'audience indirecte est plus difficile à réaliser. Globalement, l'audience indirecte est constituée par les individus qui ont entendu parler de l'événement (et donc de la participation de l'annonceur) dans les différents médias. La retransmission d'événements sportifs à la télévision se développe ; il est à noter que c'est le tennis qui compte le plus de temps d'antenne.

Afin de tenter de mesurer l'audience indirecte, il s'agit pour l'entreprise de repérer les articles de presse, les émissions de télévision, de radio, qui relatent l'événement et surtout le nombre de fois où la marque est citée. Ce repérage, appelé pige, peut être réalisé par l'entreprise ou bien par une société spécialisée telle que Sécodip.

Ce recensement de passages gratuits dans les médias permet de calculer l'économie réalisée par rapport à un achat d'espace classique. Par exemple, l'entreprise est citée en première page du Parisien, combien aurait coûté en millimètres/colonnes cette insertion ? Ainsi, Fuji a calculé que la couverture de la course du Rhum équivalait à 18 MF d'achat d'espace, alors que son budget annuel était de 8 MF. Le calcul de l'économie réalisée paraît aisé mais l'analyse ne l'est pas.

En effet, être cité même en première page, n'a pas le même impact qu'une réelle annonce.

Ainsi, le repérage des citations de la marque est intéressant mais non suffisant pour évaluer l'efficacité de l'action. On préférera les études de notoriété. Une première façon d'appréhender un gain de notoriété est de recenser le nombre de sollicitations reçues après une action de parrainage (sponsoring). Il n'est pas rare, en effet, qu'après une action, de nombreux autres organisateurs d'événements contactent le parrain pour lui demander sa participation. Cette mesure des sollicitations n'est pas représentative mais elle a le mérite de montrer que le parrain a été vu et qu'il est considéré dorénavant comme tel ; les sollicitations rassurent l'annonceur dans un premier temps.

Au niveau des études, nous retrouvons les études de notoriété classiques. On demande à un ensemble d'individus de préciser les marques qu'il connaît dans tel ou tel secteur. L'entreprise peut ainsi calculer son taux de notoriété spontanée et son taux de notoriété assistée. Dans le premier cas, il a été cité sans l'assistance de l'enquêteur. Ces études sont réalisées juste après l'événement. Pour calculer l'impact réel de l'action sur la notoriété, une solution est d'avoir réalisé une enquête juste avant l'événement et de comparer les résultats avec ceux de l'étude postérieure à l'événement. On peut aussi envisager une comparaison entre les résultats d'un groupe soumis à l'événement et ceux d'un groupe y ayant échappé. La difficulté dans ce dernier type d'enquête est la sélection des individus des deux groupes.

Ces différentes études peuvent montrer le gain de notoriété obtenu grâce à l'événement. D'autres études sont intéressantes au niveau du positionnement. Nous avons vu les différentes étapes afin de déterminer la place qu'occupe le produit dans l'esprit des consommateurs par rapport aux produits concurrents (voir **1re partie B.**). Avant l'événement, l'entreprise peut disposer de mappings qui montrent sa place parmi la concurrence en fonction de certains critères. Après l'événement, une nouvelle étude de positionnement peut être réalisée afin de déterminer si l'événement a renforcé le positionnement ou l'a modifié. L'entreprise peut ainsi voir si son objectif est atteint.

Toutes ces études sont utiles pour voir la notoriété, la mémorisation et l'attribution de la marque ou du produit grâce à l'événement. L'inconvénient principal de ces études réside dans la difficulté d'isoler une variable du mix, ici le parrainage/sponsoring, pour dire que le gain éventuel de notoriété est dû uniquement à cette variable.

5.2 L'analyse de l'efficacité de l'action au niveau du chiffre d'affaires

Une accélération des ventes après l'événement laisse supposer son efficacité. Cette conséquence n'est qu'une supposition car, comme nous le disions pour les études de notoriété, il est impossible d'isoler une variable. Il est donc impossible de dire que c'est uniquement grâce à cette action que les consommateurs se sont précipités sur le produit. L'analyse des ventes peut être un indicateur valable si un questionnaire est soumis à l'acheteur au moment de son acte d'achat : comment avez-vous connu notre produit ? Dans quelles circonstances précises avez-vous entendu parler de la marque ? Ce qui paraît peu envisageable à une grande échelle. Mais le premier but du parrainage (sponsoring) est-il de faire vendre ? Des exemples sont restés célèbres : augmentation des ventes de Coca Cola de 34 % au Brésil et 22 % au Vénézuela après la Coupe du monde de football de 1994 sponsorisé par le fabricant de soda ; 58 % des gens citent John Player Special comme l'un des principaux sponsors de la Formule 1 alors qu'il s'est retiré de la compétition depuis plus de 10 ans.

LES PRINCIPAUX ACTEURS DU SPONSORING SPORTIF

Société	Activité	Clients / Événements / Sportifs
Carré Mer (filiale de Carré d'As)	Conseil/Agent	PRB, Sodebo, région Île-de-France, Brocéliande / Isabelle Autissier, Alain Gautier
Derby	Conseil	CIV, Pro Kennex, Yprema, Grand Adour, Mutuelle de Seine-et-Marne
First Events	Organisateur	Melitta, Vediorbis, Continental Airlines, Pro-Am Côte d'Opale
Gérard Fusil Company	Organisateur	Elf Authentic Aventure
Groupe Jean-Claude Darmon	Régie/Organisateur	Quatorze clubs de D1, Équipe de France, Coupe de France, Coupe de la ligue de football, Équipe de France de rugby, Adidas Open de Toulouse, Open de Monte Carlo / Cadre noir de Saumur
Havas Advertising Sports (LMG, Jour J, PB Conseil et Bedel Portes Organisation)	Conseil/Régie/Organisateur	Crédit Agricole, EDF, Hewlett-Packard, Bonduelle, Coca-Cola, Champion, Paris 2008 / clubs de rugby de Perpignan, Narbonne, Pau, FFJ, FFA, Championnat Orma 9 Telecom des multicoques, Europe 1 Newman Star / Compaq senior
Hickory	Conseil/Organisateur/Agent	Whirlpool, Europe 2, FFN / Nager grandeur nature, Judo Raisin / Catherine Chabaud, Amélie Mauresmo, Thierry Peponnet
IMG France (groupe McCormack)	Conseil/Régie/ Organisateur/Agent	Club Med, Philips, Cisco / Championnat du monde de patinage artistique, Championnat du monde de handball (avec Sport+) / Trophée Lancôme, Open Gaz de France, R.C. Strasbourg / Yannick Noah, Mary Pierce
ISL France	Conseil/Régie/Organisateur	France Télécom / clubs de football de Marseille, Saint-Étienne, Toulouse, Metz, Caen, Lille, clubs de basket de Pau, Nancy, FFC, Championnat du monde de cyclisme / Roc d'Azur
JD Relations	Conseil/Régie	France Télécom, Weston / Championnats de France et du monde de gymnastique, Championnat d'Europe de natation
Occade (Gilles Moretton Organisation)	Organisateur	Grand Prix de tennis de Lyon et Lyon Marathon France Télécom
Pampelonne	Conseil/Organisateur	Total, Kodak Polychrome, Arjo Wiggins, EDF / Open 13 de tennis à Marseille
Panathénées	Conseil	Ariel, Axe, Brut de Fabergé, Frosties, Cencep, Festina
Pion (Pion Organisation, Pion Communication, Promo Rugby)	Conseil/Organisateur/Agent	Barbarian Rugby Club, Cap Gemini, Rhône Poulenc / Air France Rugby Seven / Philippe Bernat-Salles, Pierre Mignoni
Quarterback	Conseil	ATP Tour, FFT, Fédération française de pétanque, Danone
Sport Events	Conseil	CCF, Hasbro, Pespico, Thomson Multimedia, La Poste, Crédit Agricole, Nike, Christofle
Williwaw	Organisateur	Snowboard Big Air, 1er Open Calvin Klein, For Fun Tour (Tabacalera)

Stratégies n° 1 128 - 07/01/2000.

IV. LES RELATIONS PUBLIQUES

Nous pourrions définir les relations publiques comme l'ensemble des moyens de communication que l'entreprise utilise, à titre gratuit (par opposition à la publicité), pour favoriser son insertion dans la société, et se faire reconnaître de façon positive auprès de cibles intermédiaires qui véhiculeront une image.

Selon le Syntec et l'UDA, « les relations publiques permettent de définir et de mettre en œuvre, de manière continue ou ponctuelle, tout ou partie d'une politique de communication ou d'information au service d'une entreprise, d'une administration, d'une collectivité, ou de toute autre entité – qu'elle soit personne morale ou physique – en direction de ses publics et interlocuteurs, qu'ils soient internes ou externes ».

On a coutume de reconnaître comme le père des relations publiques, l'Américain Ivy Lee. C'est lui qui modifia l'image des Rockfeller pour les faire considérer comme des bienfaiteurs. Ivy Lee avait déjà compris que les RP nécessitent une cible pointue et clairement définie.

A. Les cibles

Les RP visent principalement les leaders d'opinion, les responsables, les porte-parole, etc. qui permettent une amplification de l'information qui leur est transmise.

Nous pouvons distinguer deux types de cibles : la cible interne à l'entreprise et la cible externe. Elles concernent tous les publics qui peuvent avoir une influence sur l'existence et le développement de l'annonceur.

1. La cible interne

Les RP visent alors :

- les actionnaires ;
- les administrateurs ;
- le personnel et les membres de l'entreprise (comité d'entreprise, délégués du personnel...).

2. La cible externe

Elle peut toucher :

- le voisinage (« community » en anglais) afin de désamorcer ou d'éviter des tensions suite à l'implantation sur une commune d'une centrale nucléaire, d'un dépôt d'ordures... ou d'Eurodisney ;
- les autorités publiques politiques (partis, parlementaires, collectivités territoriales...), économiques (chambres de commerce...), scientifiques, syndicales ;
- les autorités morales (enseignants et organismes de formation, corps médical, milieux artistiques, confessionnels...) ;

– les associations de consommateurs, les associations professionnelles ;
– les concurrents (afin de se communiquer des chiffres sur le marché par exemple) ;
– les fournisseurs et les banques de l'entreprise ;
– les clients (distributeurs et consommateurs) : par exemple une manifestation réunissant des agences de voyage pour assurer le lancement de la ligne Paris-Dubaï ouverte par les Emirates Airlines. L'entreprise peut aussi viser les prospects, les futurs employés, etc. ;
– les organismes d'information (médias, agences de presse...) et leur personnel ;
– le grand public. Les moyens utilisés sont alors les visites d'usine, ou des actions plus « publicitaires » sur une cible réduite.

B. Objectifs, missions et modes d'action

1. Objectifs et missions

Les relations publiques aident l'annonceur à établir et/ou à entretenir et maintenir des relations optimales avec les différents publics concernés par l'existence de cette entreprise (c'est-à-dire les cibles étudiées cf *supra*)

Les objectifs des RP sont donc de :
– crédibiliser ;
– faire connaître et faire comprendre, expliquer, faciliter le jugement ;
– instaurer la confiance et se concilier les bonnes grâces d'une cible par un lien de confiance et de loyauté ;
– surprendre ;
– fidéliser ;
– officialiser ;
– médiatiser ;
– décliner un message publicitaire en relations publiques.

Les inductions recherchées étant de :
– faire admettre (une OPA, un rachat d'entreprise par ses salariés, les qualités d'un produit, un projet...) et créer des réactions favorables, voire d'obtenir un appui ;
– présenter (un produit, un dirigeant...) ;
– fédérer différents éléments, services, produits... de l'entreprise ;
– rassurer les cibles. Exemples : la conférence de presse de la filiale américaine de Perrier, ainsi que le communiqué de presse du président de Perrier France dans la *Cote Desfossés* pour éviter la chute du titre en Bourse. Nous pouvons aussi penser à la SNCF qui fait parvenir aux radios, lors des grèves et avant 6 h du matin, des informations sur l'état du réseau.

Le but principal est donc de renforcer l'image. Ces objectifs se concrétisent par divers modes d'action.

2. Modes d'action

Cinq facettes composent les services que proposent les agences de RP.

2.1 Le conseil en communication

Le prestataire en RP réalise des études d'image, diagnostique et propose des stratégies de communication, met en place des services de RP intégrés chez l'annonceur, ou mesure l'état de l'opinion. Il s'agit ici d'un véritable conseil en communication globale. Une agence peut ainsi réaliser un audit portant sur la communication de crise (1) pour une banque afin de savoir que faire, que dire et par qui, en cas de crise sociale (l'incendie d'un centre de tri de chèques, ou l'escroquerie par un des cadres). Exemples :

- Procter & Gamble demandant à Bellescize d'être son conseil dans l'affaire des phosphates ;
- Chambourcy qui, le 30 août 1991, a trouvé du cyanure dans une cuve de 6 000 litres de lait, entraînant un coût de 500 000 F en nettoyage. Cette crise ne fut quasiment pas ébruitée... ;
- Perrier et l'affaire du benzène.

2.2 La communication interne

Les moyens sont nombreux. Ils comprennent la maîtrise des groupes (entretiens, cercles de qualité...), l'organisation de services (documentation, etc.), la création de supports écrits ou audiovisuels (livret d'accueil, bilan financier, journal interne...). Le conseil en RP conçoit donc des systèmes de communication interne qui doivent permettre de fédérer, de dynamiser et de produire une image vers l'externe.

2.3 La promotion externe

Elle est principalement réalisée par la création d'événements : parrainage, mécénat, fondations, visites, rencontres, festivals, expositions, etc. Ces techniques permettent de promouvoir une entité ou un produit, mais aussi de sensibiliser l'opinion après l'avoir informée.

2.4 Les relations avec les publics spécialisés

Ces publics sont ceux que nous avons détaillés dans les cibles. Les moyens utilisés sont la rédaction et la diffusion d'informations, l'organisation de réunions, conférences, etc. et l'établissement de contacts privilégiés avec ces cibles. Lorsque la cible est celle des journalistes, on parle de relations presse. Cette relation avec les publics spécialisés peut prendre la forme d'une publicité institutionnelle. C'est pour ces raisons qu'à la suite de la guerre du Golfe de nombreuses entreprises se sont adressées à leurs actionnaires : Air Liquide le 23 août 1990, Paribas fin septembre...

---

(1). Voir Marcenac L., Milon A. et Saint-Michel S.-H, *Communication des entreprises*, Hachette, 1996.

2.5 Les relations internationales

Le conseil en RP peut préparer des visites officielles, présenter des analyses de situation (politique, sociale...) et effectuer un travail relationnel pour les annonceurs étrangers désirant s'implanter en France.

Les moyens utilisés sont donc principalement centrés autour de la diffusion d'informations par le biais d'édition (revues, plaquettes...), d'audiovisuels, par la création de structures informatives (centre de documentation, conférence de presse, gala...). Ils nécessitent ensuite une évaluation par le biais de piges, d'enquêtes à dominante qualitative. Ces piges permettent aussi de détecter les éventuels points sur lesquels il faudrait communiquer. Les agences conseil en sont souvent les acteurs.

3. Moyens et compétences des agences

3.1 Les moyens

■ Les actions sur les cibles internes

Elles sont principalement centrées, lorsque l'on s'adresse à des commerciaux ou à des techniciens, sur les conventions, les séminaires de motivation (voir la partie sur les techniques para-promotionnelles) et de formation, les séances d'inauguration, les voyages d'étude...

Parfois, on a recours aux opérations portes ouvertes, aux tournois sportifs, ou aux expositions.

■ Les actions sur les cibles externes

Elles sont nombreuses. Parmi elles, nous pouvons distinguer les visites d'établissements (usine, siège), la participation à des tables rondes, la fourniture de documents audiovisuels, l'abonnement gracieux à la presse d'entreprise (journal interne et *house organ*, journal édité par l'entreprise et destiné à être diffusé en dehors, sur d'autres cibles que son personnel), les soirées de prestige et les *incentives* mixtes (personnel de l'entreprise et personnalités extérieures).

3.2 Compétences des agences de RP

■ Compétences perçues

Les responsables de communication n'attribuent aux agences de RP qu'un nombre limité de compétences : création d'événement, mécénat, parrainage, relations presse, lobbying. Certaines autres, qui relèvent également de leur champ d'intervention (communication institutionnelle et interne, conseil en stratégie de communication), ne sont pas perçues comme telles de manière aussi évidente. Ceci est sans doute dû à une confusion entretenue par la prolifération de nouvelles notions comme la communication globale, corporate, hors-médias, etc. recouvrant elles aussi une multitude de sous-disciplines.

■ Compétences réelles

Au niveau des prestations, les relations presse devancent la communication financière, institutionnelle, les études, le conseil, le lobbying et la communication de crise.

En effet, la plupart des agences de RP ont manqué le virage : toutes les grandes campagnes de communication institutionnelle (Rhône-Poulenc, AGF, Paribas, Société Générale, les privatisations, les OPA...) ont été gérées par des groupes publicitaires. Les agences de RP n'ont eu, dans ces opérations, que des rôles de sous-traitants.

C. Les agences conseil en RP

1. Rôle du conseil en RP

Le conseil en RP a pour mission d'apporter son concours aux annonceurs en assumant les fonctions suivantes :

- analyse et diagnostic de la communication ;
- définition d'une politique et d'une stratégie de relations publiques ;
- conception de plans d'action, de montage d'opérations par une assistance permanente ou ponctuelle, par la maîtrise d'œuvre ou la sous-traitance ;
- établissement de bilans d'action qui mesurent les résultats obtenus.

Ces points sont aussi énumérés par le Code d'Athènes (1977). Aujourd'hui, afin de répondre aux exigences accrues des annonceurs dans le domaine de la communication, les agences sont amenées à développer leurs activités de conseil en abordant les problèmes de plus en plus en amont, les conduisant à mettre en place des politiques de communication globale. Cela ne va pas sans heurts avec les agences de publicité qui, pour garder la mainmise sur certains budgets, rachètent des agences de RP. Mais les RP demeurent néanmoins complémentaires à la publicité et aux autres techniques de communication : nul ne peut prétendre à l'omniscience.

2. Sélectionner un conseil

Certains conseils offrent un service complet, dans toutes les disciplines des RP et dans les différents milieux. D'autres sont spécialisés sur des cibles ou des secteurs économiques (c'est ce que l'on appelle la sectorisation de la profession). Enfin, certains appartiennent à des groupes multinationaux, permettant des actions dans différents pays. Ces éléments de jugement sont mentionnés dans le guide *Syntec* des RP.

Pour le conseil choisi (ou les conseils dans le cadre d'une consultation), l'annonceur peut demander une réflexion sur le problème qu'il demande à l'agence de résoudre. Ceci prend alors, alternativement, deux formes :

- la note de réflexion, succincte, définit une méthode que l'agence se propose de suivre ;
- la proposition détaillée, par contre, est une recommandation plus élaborée nécessitant un travail approfondi. Dans ce dernier cas, l'agence est dédommagée sur le temps passé et les frais techniques engagés.

En cas d'accord, l'annonceur et l'agence décident de la rémunération de cette dernière. Elle comprend les honoraires (qui correspondent à l'achat de la « matière grise »), les frais techniques et les débours (déplacements...).

3. Les contraintes à respecter lors d'une campagne

Les agences conseil, avec l'aide de l'annonceur doivent :

- définir la cible en cohérence avec la stratégie de communication ;
- agir en fonction de cette cible ;
- définir les objectifs à court et moyen termes. On distingue ici les actions continues – information permanente, relations suivies avec les médias, journal d'entreprise, *house organ*, envoi de documentation avec mise à jour régulière, etc. – des actions ponctuelles (conférence de presse, réception, débat-déjeuner, gala, concert...) ;
- faire en sorte que la campagne de RP précède toute autre action de communication ;
- signer la campagne afin d'identifier l'émetteur et personnaliser l'événement ;
- produire une campagne créative, ce qui conduit souvent à monter de toute pièce un événement afin de provoquer une différenciation ;
- avoir une idée neuve !

Mais ces quelques principes ne sont que rarement respectés du fait des contraintes budgétaires et temporelles imposées aux agences.

4. Panorama des agences et du marché des RP

La moitié des agences a des effectifs supérieurs à dix personnes. Mais nous sommes dans un marché oligopolistique et en croissance : 20 % des agences de RP françaises représentent 63 % des effectifs et réalisent 67 % des honoraires ; le taux de croissance du marché fut de 20 à 25 % par an jusqu'en 1990, pour descendre à 15 % en 1991 et se stabiliser. En 1996, les relations publiques récoltaient 9,362 MdF des 152,4 MdF de dépenses de Communication.

Les agences sont liées par un contrat continu de plus d'un an dans 55 % des cas.

Parmi les grandes agences, on assiste à un double mouvement :

1 - un développement des compétences vers d'autres domaines (l'éco-business, l'intégration sociale, etc.) et à un mouvement de concentration en réseau, comme :

- Actis, filiale de Ogilvy & Mather ;
- Burson Marsteller, filiale de Young & Rubicam ;
- Delaitte et Associés, du groupe Grey ;
- Hill & Knowlton, de WPP.

De fait, ces agences figurent dans les dix plus grandes agences de RP ; leur marge brute se situant entre 14 et 35 MF.

2 - une segmentation par :
- discipline : communication institutionnelle, financière, prévention et gestion de crise, communication interne... ;
- outils de communication : relations presse, mécénat, parrainage, lobbying, édition, études, presse et audiovisuel d'entreprise... ;
- secteurs d'activité : tourisme, loisirs, culture, institutions et collectivités locales (comme l'agence Capucine), santé, hautes technologies...

Cette organisation mise en place, certaines agences s'en tiennent à un travail d'élaboration stratégique, déléguant à d'autres la partie logistique ; mais la majorité d'entre elles préfère assurer de bout en bout la maîtrise des opérations, quitte à prendre appui sur des compétences extérieures si les circonstances l'exigent.

Nous venons de voir que les cibles, les objectifs et les moyens des relations publiques sont multiples. Nous avons pris ici le parti de développer deux de ces techniques : les relations presse et le lobbying.

D. Deux moyens d'action des relations publiques : les relations presse et le lobbying

1. Les relations presse

Les relations presse sont la principale technique utilisée par les agences de RP ; elles représentent environ deux tiers de leur marge brute.

Les relations presse ont pour objectifs de surveiller et d'analyser la presse, d'alerter et de répondre par communiqué, dossier ou conférence de presse. Elles comprennent une nécessaire phase de suivi des actions et de l'actualité.

1.1 Avantages

Les avantages se comparent à ceux de la publicité. Les relations presse permettent donc :

- un degré de crédibilité élevé car les articles rédactionnels sont lus avec moins de scepticisme que les publicités ;
- un fort impact, moyen massif et sélectif ;
- un degré de rentabilité élevé du fait des frais moins importants que cette communication engage, par rapport à l'achat d'espace publicitaire ;
- une grande souplesse car les sujets proposés à la presse peuvent être adaptés en fonction des circonstances et des événements, ainsi que par rapport au ton du support.

1.2 Principes à respecter

Sans donner, une fois encore, des recettes miracles, certains principes doivent être suivis :

- attendre d'avoir quelque chose à dire car le silence fait aussi partie de la communication (Michelin communique très peu), notamment dans le cadre des OPA, tout en sachant lutter contre les rumeurs et la désinformation. Mais dans tous les cas, l'initiative fait partie de la stratégie ;

- communiquer sur des faits (car tout ce qui est hypothétique, en cas de non-réalisation, risque d'entamer le capital d'image de l'annonceur) et dire la vérité, jouer la transparence comme EDF depuis avril 1986 (date de la fuite de pyralène à Villeurbanne) ;
- présenter un dossier inventif, original, qui puisse entraîner une motivation supérieure chez le journaliste ;
- ne pas hésiter à acheter de l'espace pour annoncer certains événements ;
- exploiter un événement à fond sur chaque cible. Exemple : pour l'organisation du premier tournoi de sumo à Bercy, une agence a contacté de nombreux types de presse car ce sport touche de multiples domaines comme l'économie, l'art, la religion, la géographie, etc. Cela suppose une segmentation de l'information ;
- dans un dossier de presse, il faut légender les photos ;
- penser aux délais (quotidiens : 7 jours environ, hebdos : 15 jours, mensuels : 1 à 2 mois) ;
- remercier le journaliste après la parution de l'article. Certains annonceurs vont même jusqu'à acheter de l'espace dans le support suite à un article les concernant... ;
- traiter tous les journalistes d'une manière semblable (ne pas faire de traitements de faveur) ;
- en cas de communiqués à la presse étrangère, les rédiger dans la langue du pays et l'adapter aux intérêts locaux.

1.3 Les moyens

On peut distinguer les moyens utilisant une médiation, de ceux permettant des contacts directs. Les premiers renvoient au communiqué de presse et au dossier de presse :

- le communiqué doit attirer l'attention du journaliste souvent sollicité, mettre en valeur les faits (plus qu'une argumentation publicitaire) et s'adapter au profil, à la cible du support visé. Enfin, tout comme le dossier de presse, le communiqué doit être envoyé nominativement et inclure les coordonnées de la « source » qui permettra d'obtenir, le cas échéant, plus d'information ;
- le dossier de presse, au contraire du communiqué, développe une information plus importante sous différents aspects. Il comprend parfois des photos.

En fait, le choix entre ces deux moyens dépend de la portée de l'information à transmettre.

Les seconds intègrent les rencontres avec les journalistes par le biais de conférences, de déjeuners, de cocktails, de voyages de presse, ou même de visites d'application où l'on montre le produit en action (parfois même chez un client).

1.4 Tendances et difficultés

Les entreprises ont plus tendance à sous-traiter les relations presse-produit que leur relations presse-corporate (c'est-à-dire celles qui concernent l'entreprise, et non ses produits). En fait, le choix d'un service intégré ou extérieur dépend de la ponctualité des événements de l'entreprise : une communication ponctuelle entraîne souvent l'intervention d'un prestataire extérieur. Mais passer par une agence permet bien sûr aux annonceurs de bénéficier de structures plus souples et plus disponibles.

Les relations presse exigent donc la maîtrise des techniques d'expression écrite. Mais leur développement peut être freiné par deux éléments. Le premier tient au fichier de journalistes : 30 % d'un fichier de journalistes est à renouveler chaque année. Il est, de plus, difficile de cibler les journalistes car les pigistes sont de plus en plus nombreux. Le second tient à la portée des relations presse : on peut s'interroger sur leur rapport coût/efficacité car, même si les retombées presse sont bonnes, on peut se demander comment les lecteurs lisent et ce qu'ils en retiennent. Mais ne vaut-il pas mieux être présent partout afin qu'il en reste toujours quelque chose...?

2. Le lobbying

2.1 Définition et historique

« *Lobby* », mot anglo-saxon signifie à l'origine le vestibule. En politique, le terme désigne, aux États-Unis, le lieu où les hommes politiques rencontrent leurs administrés (l'équivalent de notre salle des pas perdus).

D'après la définition du Robert, le lobbying (ou *Public Affairs*) représente les divers « groupements, organisations ou associations qui exercent une pression sur les pouvoirs publics pour faire triompher des intérêts particuliers ».

Historiquement, le lobbying a fait son apparition en 1946 aux États-Unis et n'est arrivé en Europe que bien plus tard, sans doute à cause de l'image « *Booze, Blonds and Bribes* » (boisson, blondes et pots-de-vin), les trois B, qui étaient synonymes de méthodes peu recommandables. Le développement de ce moyen d'action en France remonte surtout à 1981 où bon nombre de chefs d'entreprises, surpris par l'arrivée d'une nouvelle majorité se sont retrouvés face à un pouvoir où ils n'avaient pas encore leurs entrées. Pourtant Communication et Institutions, le premier cabinet conseil en lobbying, ne fut créé qu'en 1983 par O. Le Picard. La cohabitation, en 1986, les obligera, de plus, à s'attirer les bonnes grâces, à droite comme à gauche.

Ce nouveau type de communication reste peu développé en France : Paris ne compterait qu'une vingtaine de lobbyistes, contre plus de 1 500 déclarés à Washington. Mais la grande ville européenne du lobbying est Bruxelles, marché commun oblige, avec plus de 10 000 lobbyistes et 1 500 délégations (dont 80 pour la France). Nous pouvons gager que le lobbying va se développer, surtout à Bruxelles, car les intérêts européens vont se multiplier et s'opposer (par exemple, la définition d'un produit varie d'un pays à l'autre : le yaourt est un produit frais en France, mais un produit stérilisé aux Pays-Bas...).

2.2 Les différents types de lobby

Nous pouvons les regrouper dans la typologie suivante :

- les lobbies corporatistes regroupent les grandes organisations représentatives d'employeurs ou de salariés. Ils veulent, comme le CNPF, remplir un rôle quasi institutionnel ;

– les lobbies « féodaux », composés de grandes organisations d'État qui, à force de développer leur puissance, sécrètent leur propre stratégie, comme la SNCF, les Télécoms, EDF ;
– les lobbies « conquérants », dont l'objectif principal est de s'opposer aux lobbies « féodaux » et de conquérir des marchés nouveaux en ouvrant l'espace économique, juridique, etc., qui leur est offert.

Ces divers types sont regroupés dans les 500 000 associations et les 1 500 organisations professionnelles de France. Quelle que soit la forme du lobby, des conditions préalables à l'action sont nécessaires. Il faut :

– être organisé et former un groupe solidaire ;
– savoir s'allier pour donner à cette solidarité la base la plus vaste ; c'est ce que les producteurs d'alcool et de tabac surtout n'ont pas su faire face à la loi Évin ;
– élaborer une stratégie complète (dans la durée) et de vaste ampleur ;
– être représentatif et garder ses distances face au pouvoir : le lobby doit se méfier de la récupération par la cogestion.

2.3 Objectifs et rôles

Le lobbying a pour ambition d'éviter la communication de crise grâce à une réflexion menée en amont. Il se situe donc, normalement, en amont des problèmes. Les deux objectifs principaux sont en effet de prévenir un dommage et d'obtenir un avantage. Il s'agit donc d'agir pour ne pas subir.

Le but du lobbying est ainsi d'attirer l'attention des responsables de l'intérêt collectif sur les préoccupations des particuliers, qu'il s'agisse d'une entreprise ou même d'une profession tout entière. Le rôle d'un lobby est alors de :

– représenter ses adhérents ou une seule entité (car, à la différence d'un lobby, un syndicat ne peut satisfaire tous ses membres) ;
– trier les demandes, agréger et synthétiser les revendications.

Le lobby est en réalité un corps intermédiaire qui structure la vie sociale.

2.4 Les acteurs

Il est coutume d'admettre plusieurs grandes familles de lobbyistes :

– les hommes d'influence, comme les patrons de multinationales, tel Ambroise Roux, ancien p.-d.g. de la CGE. Ces contacts sont en général organisés par l'Association française des entreprises privées (AFEP) ;
– les syndicats professionnels ou les organisations de consommateurs ;
– les lobbyistes professionnels, qui sont souvent d'anciens hauts fonctionnaires, des ex-journalistes, avocats... À ce sujet, l'article 4 de la Charte de l'AFCL stipule que l'exercice du conseil est « strictement incompatible avec tout mandat électif (...), tout emploi salarié dans la fonction publique ».

Les conseils en lobbying ont pour atout de bien connaître les modes de fonctionnement des différents pouvoirs. Ils sont capables d'approcher les décisionnaires compétents par leur approche technique et leur sens des contacts. Cela explique sans doute le prix de leurs interventions « sur mesure » : 12 000 F par jour et 4 000 F de l'heure à Bruxelles.

Les annonceurs ayant recours au lobbying se trouvent dans les secteurs à forte réglementation : les tabacs, les alcools (*cf.* leurs actions contre le projet de loi Évin), les pétroliers, les laboratoires pharmaceutiques, les constructeurs automobiles, les industries chimiques, les betteraviers producteurs de sucre (qui ont réussi, pendant longtemps, à empêcher l'autorisation de la vente de sucre édulcoré), etc.

2.5 Les moyens

Cette forme de communication s'intègre dans les relations publiques dans la mesure où le lobbyiste met en relation deux entités différentes : l'entité politique qui prend les décisions, et l'entité économique (le particulier ou l'entreprise) concernée par ces décisions. C'est pourquoi le travail du lobbyiste consiste avant tout en un long travail d'enquête et de documentation qui se décompose en plusieurs phases :

- la première consiste à informer les clients des projets de loi, de règlements et d'arrêtés : c'est le monitoring (environ 1 MF par an) ;
- la seconde se résume en la construction d'un argumentaire pour convaincre les différents cabinets ministériels, après définition de la stratégie. Cette étape précède le calendrier d'action.

Les demandeurs ont certes une marge de manœuvre restreinte, mais le lobbying devient un outil de travail important pour les hauts fonctionnaires qui ont toujours besoin d'informations pratiques sur les dossiers qu'ils traitent. Le lobbying est donc à la limite de la communication : il est certes transmission d'informations, mais les grands lobbyistes sont avant tout des avocats, des fiscalistes, des financiers...

2.6 Les cibles

Elles sont diverses :

- le pouvoir exécutif, car il décide en dernier ressort ;
- l'administration, qui élabore les projets ;
- le Parlement, qui vote ces décisions. Lors des débats sur la loi Évin, Jean Auroux a eu une phrase résumant la situation : « Le Sénat est une chambre d'enregistrement des lobbies ; »
- les consommateurs, gardiens d'une morale issue d'un contrôle des élus.

Les cibles à Bruxelles sont un peu différentes. Elles recouvrent :

- la Commission ;
- le Parlement ;
- le Comité 113 (chargé de veiller au respect du traité) ;
- le Conseil des ministres ;
- les gouvernants nationaux.

2.7 La stratégie utilisée

La stratégie utilisée peut s'effectuer sur deux axes différents :

- un axe vertical qui consiste à attirer l'attention de l'autorité politique la plus haute (le président de la République et ses conseillers, les ministres...) ;
- un axe horizontal qui s'attache à toucher tous les grands leaders d'opinion. Dans ce cas précis, il s'agit d'adopter la politique du nombre : pétitions, lettres aux députés ;

Il existe donc plusieurs stratégies de lobbying qui vont des plus douces comme la médiation, les questions écrites aux ministres, les amendements de dernière minute, la création d'associations (comme « Le Dimanche » rassemblant les partisans de l'ouverture dominicale, avec J. Séguéla et J.-L. Descours, d'André), la mise au point de groupes de réflexion (comme la Table Ronde Européenne avec M. Agnelli, Gomez, Roux, Riboud...), jusqu'à des moyens plus violents comme les manifestations publiques, les incidents diplomatiques ou l'achat d'espaces publicitaires pour informer le public (ce fut le cas de Leclerc dans sa lutte contre le GIE des cartes bancaires).

On distingue alors trois méthodes :

- l'information ;
- la séduction. Le projet doit :
  - être sérieux, tant dans sa requête que dans son argumentation. Il doit apporter un éclairage complet et comparatif,
  - s'insérer dans une perspective d'avenir,
  - faire et prévoir les concessions à l'intérêt général (pour ne pas se voir taxé de corporatisme) ;
- l'opposition, en appelant l'opinion à manifester, en faisant de la publicité voire à appeler au boycott (exemple du boycott du TEO : Transversale Est-Ouest, le périphérique nord de l'agglomération lyonnaise mis en service en août 1997).

Conclusion sur le lobbying

Le lobbying est encore parfois assimilé à du trafic d'influence, les trois B ne sont pas si loin... Sans doute est-ce pour cette raison que l'Association française des conseils en lobbying (AFCL), qui regroupe une quinzaine de cabinets indépendants, a vu le jour le 31 janvier 1991, afin de permettre un meilleur développement de la profession (après en avoir défini le code déontologique) et une reconnaissance de celle-ci, en vue d'éviter l'image de « terroristes d'entreprises » et de « trafiquants d'influence » (cette dernière étant réprimée par les articles 178 et 179 du Code pénal) qui leur est attribuée.

De son côté, l'Institut La Boétie devrait proposer à la présidence du Parlement un code de déontologie du lobbying (fortement inspiré de la législation américaine) qui interdirait le financement de parlementaires, obligerait les cabinets à déclarer les personnes et les entreprises qui travaillent avec eux. La publication des sommes engagées par chaque client serait, elle aussi, obligatoire, ainsi que l'enregistrement des lobbyistes au bureau des deux assemblées. Le respect de ces obligations conditionnerait l'accès au métier.

Le lobbying se situe entre la communication publique et les RP. À ce titre, il est amené à proposer son savoir-faire stratégique, et non son influence. Mais le lobbying, en faisant passer les intérêts particuliers devant l'intérêt général, n'est-il pas antidémocratique ? Une lobbyiste italienne disait : « Informer le Parlement au moment opportun est une expression démocratique. User de ses privilèges auprès d'amis bien placés est une expression mafieuse... » (S. Rattazzi, in Stratégies, 12 février 1988).

La solution serait-elle dans une distinction entre les types de lobby, qui séparerait :

- le lobby public et transparent, signe de force de la démocratie ;
- le lobby caché, qui fait la part belle aux plus forts et affaiblit la démocratie ?

J.-D. Giuliani, pour sa part, pense que « L'action des groupes de pression est acceptable s'ils ne sont pas seuls en tête-à-tête avec les détenteurs du pouvoir, car c'est alors que commencent l'injustice et l'iniquité. » Faudrait-il alors... des contre-lobbies ?

Conclusion sur les relations publiques

La profession des RP éprouve certaines difficultés à se débarrasser de l'image très restrictive d'organisatrice de cocktails. Il semble y avoir un décalage important entre l'image perçue par le grand public et la réalité professionnelle. Mais les relations publiques les plus efficaces sont celles qui s'inscrivent dans la durée ; l'heure n'est plus à la séduction fugace, mais à la réflexion stratégique, d'autant plus pertinente que les RP regroupent un ensemble de spécialités (communication interne, financière, institutionnelle, produit...) et recourent ainsi à diverses techniques de communication complémentaires.

Enfin, la profession est passée de la prestation de services à la notion de conseil, mouvement favorisé par la prise de conscience du rôle de l'image de marque par les entreprises.

V. LES SALONS

Entre 1970 et depuis 1990, le nombre des salons a quadruplé, passant de 75 à 300 (nombre de salons autorisés par les préfets ; le chiffre exact se situerait aux alentours de 600). On constate pourtant une récession depuis 1990 : les investissements par m^2 ont baissé de 3 000 à 2 200 francs comme les dépenses moyennes de 126 000 à 90 000 francs de 1991 à 1992. En 1995, les entreprises françaises ont dépensé 7,5 milliards de francs dans les foires et salons français soit 5 % du total des dépenses des annonceurs, tous médias confondus. (Source : France pub, Stratégie n°1038 - 09/01/98). Néanmoins, les étrangers ont augmenté leur budget salon de 16 % et on constate un poids accru de la province : ils se tiennent à 40 % à Paris, contre 60 % en province, soit deux fois plus qu'il y a dix ans pour ces derniers. Cela explique que la France est le deuxième pays organisateur de salons en Europe, derrière l'Allemagne.

A. Salons et organisateurs

1. Les types de salons

On distingue deux types de salons :

- les salons internationaux ont pour vocation d'aider la politique d'exportation des entreprises. Ils constituent donc un bon point de départ pour les PME. Leur poids international tient avant tout à l'industrie qui les soutient (*cf.* l'importance du Salon de l'alimentation, de l'aéronautique, de l'emballage, du cuir, de la mode...). Exemple de salon international à l'étranger : la Foire de Hanovre consacrée, entre autres, à la sous-traitance.

- les salons nationaux correspondent davantage à une politique de court terme avec un objectif de rentabilité quasi immédiate. On distingue alors :

  • les salons grand public, parfois appelés foires, accueillant des consommateurs « ordinaires ». Ils traversent une période difficile, même pour ceux axés autour d'un thème, comme le Salon de l'automobile, du nautisme, de l'agriculture ;

  • les salons spécialisés représentant les deux tiers des surfaces louées. Ils sont généralement réservés aux professionnels, bien que l'ouverture au public pendant quelques jours soit possible. Les visiteurs sont constitués d'entreprises et de revendeurs. Ils semblent correspondre aux réalités commerciales : les exposants cherchent à rationaliser leurs budgets et se tournent de préférence vers des manifestations à forte valeur ajoutée au mètre carré, ce qui leur permet de se concentrer sur un public ou une solution particuliers.

  Exemples : Salon du marketing direct, Midem, Mipcom...

Cela explique le développement des salons sur des micro-marchés, en particulier dans les secteurs très innovants, comme le Salon international de la gestion de documents, au détriment d'approches plus générales (l'échec du Sicob et des Arts Ménagers en sont aussi une preuve). Cette hyper-segmentation se réalise aussi à partir de salons existants qui complètent l'offre du salon principal. À côté du Sial (alimentation) sont nés Vinexpo (vins et spiritueux) et le Mofel (fruits et légumes). Cette fragmentation des thèmes a entraîné une multiplication des salons et de nombreuses disparitions de nouveaux venus ! D'autre part, les services ont fait leur apparition (Salon de l'assurance, du marketing, de la franchise, du recrutement...).

2. Les organisateurs

Ils peuvent être de plusieurs types, selon leur finalité et leur structure juridique :

- les organismes et syndicats professionnels contrôlent 75 % du marché. Une partie des bénéfices réalisés est ristournée aux organismes professionnels. Mais ce mécanisme bride toute politique d'investissement et de croissance ;

– les organisateurs indépendants, reconnus d'utilité publique, ont aussi un statut associatif. Exemples : le Comité français des expositions, Le Comité des expositions de Paris (organisant 60 salons) ;

– les SA et SARL sont privées, comme Blenheim (32 salons dont Equip'hotel, Midest, Batimat), CEP (qui a racheté Sepaic ; 37 salons dont Expolangues, le Quojem, Interfinances/Expobanques), Reed Exposition (MIPTV, Midem, Mipcom, Salon du Livre...)

Les trois premiers opérateurs sont CEP (26 % de parts de marché), le Comité des expositions de Paris (23 % du marché) et Blenheim (18 %). Ils regroupent les deux tiers des surfaces d'exposition et les deux tiers du CA. Leurs recettes proviennent de la location des espaces à 80 %, des entrées de visiteurs (15 %) et des ventes (de catalogues par exemple) à 5 %. À l'opposé, leurs dépenses sont constituées à 27 % par la promotion du salon (parfois jusqu'à 50 % s'il est nouveau), à 26 % par la logistique (gardiens, électricité...), la location de halls (20 %), le personnel (24 %), et l'édition de catalogues (3 %).

B. Salons et exposants

1. Conditions de participation

L'exposant désire, par le salon, concrétiser des affaires et obtenir des informations sur le marché, afin de préparer et de finaliser des contacts commerciaux. Le visiteur, de son côté, vient rechercher des informations sur le marché et découvrir de nouveaux produits. Face à ces impératifs, l'exposant doit s'assurer :

– de la structure d'accueil (et de sélection !) des visiteurs et des exposants, de l'ambiance. Une salle de presse, de réunion, de conférence sont aussi parfois nécessaires (pour les RP) ;

– des possibilités de restauration et de parking ;

– de la localisation géographique du salon qui doit permettre un déplacement aisé des visiteurs pour s'y rendre ;

– de la promotion promise par l'organisateur autour du salon. Il faut savoir qu'un salon de faible surface, même si l'espace est chèrement loué, ne peut pas assurer une promotion efficace, sauf si les visiteurs peuvent être ciblés dans des annuaires professionnels. C'est le cas des salons très spécialisés ;

– enfin, le nom de l'organisateur est de plus en plus synonyme de sérieux ; ils proposent de plus en plus des activités de conseil.

– de la qualité des visiteurs : ainsi le Salon du meuble fait venir 600 acheteurs internationaux à ses frais.

Une fois ces assurances prises, le budget doit être construit. En France, le prix moyen de la location d'un stand est de 730 F le m^2 54 % des salons ont un prix de location inférieur à 1 000 F, 26 % entre 1 000 et 1 250 F, 20 % supérieur à 1 250 F. Ces variations s'expliquent par la notoriété des salons, les prestations proposées (surface nue ou aménagée) et la durée du salon (de 17 jours en moyenne, dont 5 jours et demi d'ouverture et 11 jours et demi de montage/démontage).

50 % du budget salon est englouti dans la communication et le suivi.

Enfin, il convient d'ajouter à ces prix la création du stand (souvent réutilisable). Le budget minimal pour un salon peut être évalué à 90 000 F, se décomposant comme suit :

- 1 125F le m^2 est le coût moyen d'un emplacement ;
- transport et hébergement de l'exposant.

2. Exploitation du salon par la communication

Le salon est le lieu où l'offre et la demande se rencontrent. Les objectifs sont d'entretenir l'image et la notoriété, d'augmenter le carnet de commandes, de découvrir les goûts des clients, de lancer un produit... La Fédération Française des salons spécialisés estime qu'un franc dépensé dans un salon génère entre 35 et 40 francs de chiffre d'affaires grâce aux commandes signées sur le stand-même ou consécutives à la manifestation. La notoriété et la qualité d'un salon tiennent à cette adéquation entre l'offre proposée par les exposants et la demande des visiteurs. Partie prenante de la stratégie de communication de l'entreprise, celle-ci doit communiquer autour de cet événement par des dossiers de presse, la mention de sa participation lors de ses insertions publicitaires dans la presse professionnelle et grand public. Elle profitera de la promotion réalisée par l'organisateur. Elle doit aussi prévoir une structure d'accueil des visiteurs étrangers et de marque, et prendre soin de l'aménagement et de la tenue du stand qui reflètent l'état d'esprit de l'entreprise (attention aux belles hôtesses « potiches » non formées à l'entreprise ni à ses produits !). L'entreprise pourra alors nouer des contacts commerciaux efficaces afin de répondre rapidement et précisément à la demande des visiteurs qui est de découvrir les innovations, d'acquérir des informations sur la profession et les produits de l'entreprise exposante. L'entreprise veillera aussi particulièrement :

- à la possibilité de communiquer à partir du fichier de l'organisateur ;
- à l'assistance que l'organisateur peut lui fournir dans le montage de conférences, en prenant en charge la logistique et la promotion ;
- au suivi des actions post-salon, par exemple par le biais du marketing direct. Le salon est une amorce de fidélisation.

Les salons sont aujourd'hui en pleine évolution : ils se regroupent autour de domaines d'activité complémentaires pour créer un événement et réduire les coûts de promotion et de gestion de chacun des organisateurs (par exemple, le Carrefour de la mode qui regroupe six salons autour du prêt-à-porter). Mais victimes de ces succès, ils se concurrencent parfois entre eux (Salon de la BD à Angoulême ou à Grenoble), rendant plus difficile le choix de l'un d'eux par les exposants, et induisant un saupoudrage du budget consacré aux salons en cas de participation aux deux manifestations. Portés par une conjoncture économique favorable, ils ont grossi. Mais rares sont ceux qui ont pu atteindre la taille critique leur permettant d'avoir une aura internationale : on ne compte en France que 100 salons spécialisés à caractère international (à Batimat, 40 % des exposants sont étrangers, et au MIP TV, 90 % des visiteurs viennent de l'étranger). Enfin, les salons génèrent une dépense nationale totale de 20 milliards de francs (soit 6 à 7 MF par salon), les 18 MF restants se répartissant entre les hôteliers, les installateurs de stands, les transporteurs, etc. Les salons ont donc un important poids économique induit.

LES SALONS LEADERS

Secteurs	Nombre de salons	Nombre d'exposants directs	Nombre d'exposants étrangers	Nombre total de visiteurs	Nombre de visiteurs étrangers	Surface totale louée en m^2
Textiles, habillement, cuir, accessoires de mode	18	10 226	5 297	484 025	195 970	286 100
Équipement et décoration de la maison	10	3 781	1 005	148 131	29 577	208 366
Communication d'entreprise, Commerces, services	10	2 040	638	81 500	11 337	42 286
Agriculture, viticulture	10	3 808	418	223 442	10 200	192 485
Mécanique	9	3 415	859	278 807	32 438	155 957

Source : Office de justification des salons (1994). Stratégies *n° 953, 02/02/96.*

VI. Conclusion générale : bilan des techniques hors-média

Avantages

- faire agir (axe conatif) en établissant un contact direct (fichier) avec le prospect ;
- la proximité ;
- l'incitation et l'influence ;
- complément et appui de grandes campagnes ;
- suivi du consommateur sur le point de vente ;
- mesure précise de l'impact ;
- fidélisation du consommateur ;
- l'information ;
- bonne image de marque (dynamisme, présence, prix...).

Inconvénients

- le court terme ;
- l'aspect ponctuel des opérations ;
- l'absence d'argumentation du produit ;
- nécessité d'utilisation des médias en complément pour avoir de la puissance (budget important).

4

Le plan de campagne

Le plan de lancement d'une campagne publicitaire fait partie intégrante du plan média. Il se présente comme la phase finale à partir de laquelle l'agence estimera que c'est le moment opportun pour commencer la campagne de communication. À cet effet, nous ne prétendons pas ici donner les règles sur l'art et la manière de lancer une campagne de publicité, mais nous nous contenterons simplement de donner, dans les grandes lignes, un certain nombre d'indications sur son lancement.

Le calendrier se présente en fait comme le point de jonction entre les trois éléments les plus importants du plan média, à savoir :

- le moment propice pour chaque média ;
- la répétition de chaque support ;
- et la fréquence des médias et supports.

I. LES DIFFÉRENTES VARIABLES

Le lancement de la campagne publicitaire dépend :

- du produit : ensemble des objectifs commerciaux de la marque (saisonnalité ou non, lancement du produit, période de lancement d'un nouveau produit, lancement d'un produit par la concurrence) ;
- des pointes de vente : il s'agit de profiter des périodes de lancement de soldes (juillet pour les voitures par exemple), des périodes de blanc, de Noël ou des fêtes, des mères ou des pères, etc. pour débuter une campagne de publicité spécifique à chaque fête ;
- des cibles : on a plus de chances de réussir une campagne de lancement pour une planche à voile en juin qu'au mois de novembre ;
- des circonstances extérieures : telle ou telle période de soldes ou fêtes, ou des contextes favorables : tel événement sportif pour une campagne pour les raquettes de tennis, le tournoi de Roland-Garros par exemple ;

– des contraintes techniques : délais de réservation de l'achat d'espace ou creux des coûts d'achat d'espace, août par exemple et des délais de conception à grande échelle du produit ;
– des périodes de ralentissement pour désaisonnaliser la vente des produits (lancer une campagne publicitaire pour des skis de neige en juillet) ;
– du budget : un faible budget oblige à construire une campagne courte ;
– de l'impact des ODV ou des ODE sachant qu'il s'agit de réaliser le plus possible d'ODV sur la période la plus courte qui soit ;
– et de l'effet de référencement de la marque ou du produit.

Remarquons également qu'une campagne publicitaire dure au moins trois mois et au maximum huit à neuf mois en raison des coupures de juillet/août, mais ceci n'est pas une obligation.

II. LES DIFFÉRENTS PLANS DE CAMPAGNE

Nous ne donnons ici que certaines indications sur les différents types de plans de campagne que l'on peut recenser sachant que l'on peut très bien mélanger ces stratégies.

A. Campagne de continuité

Cette stratégie est la plus classique. Elle consiste à répartir de façon uniforme les dépenses budgétaires afin de produire une exposition régulière. Il est à noter que ce type de stratégie convient parfaitement pour des produits ou marques bien implantés, à forte notoriété. Toutefois, le problème posé par cette stratégie tient à la difficulté d'estimer le laps de temps qui doit séparer deux expositions publicitaires. En réalité, cela varie en fonction du produit et de la marque à promouvoir.

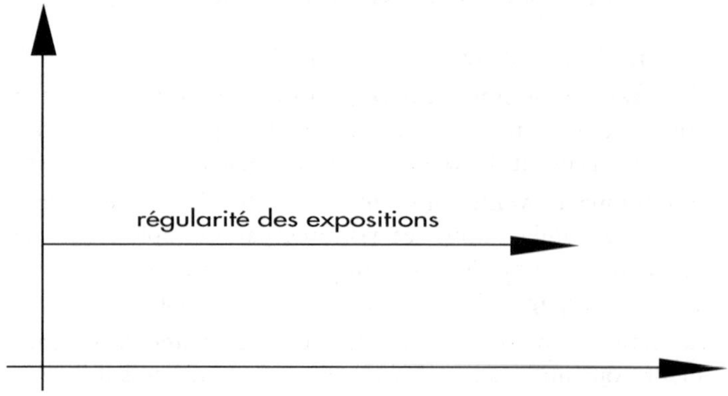

B. Campagne d'impulsions régulières

Dans ce cas de figure, il s'agit de répartir de façon régulière les occasions d'exposition publicitaire lors de la campagne. Ce type de campagne sied parfaitement pour certains produits ou marques dont il convient de rappeler de façon régulière la présence au consommateur. Cette stratégie s'adapte bien aux campagnes qui se déclinent. Le code humoristique convient également bien à ces combinaisons. Voir, par exemple, les différentes déclinaisons des modèles Golf (Volskswagen présente régulièrement aux consommateurs des variantes qui ont l'avantage de ne pas lasser le public et ont pour effet de rappeler régulièrement la marque à son esprit).

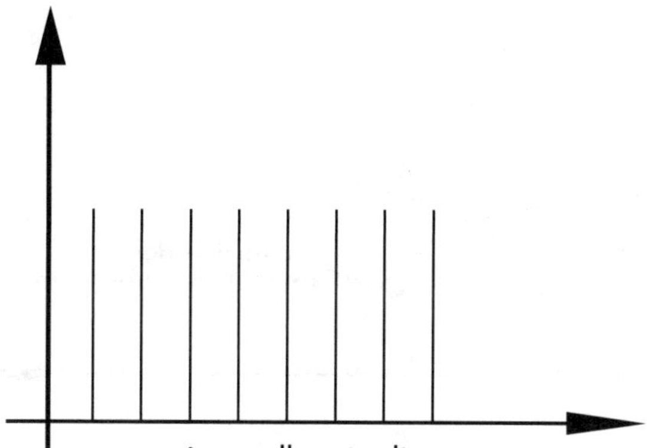

C. Campagne d'impulsions irrégulières

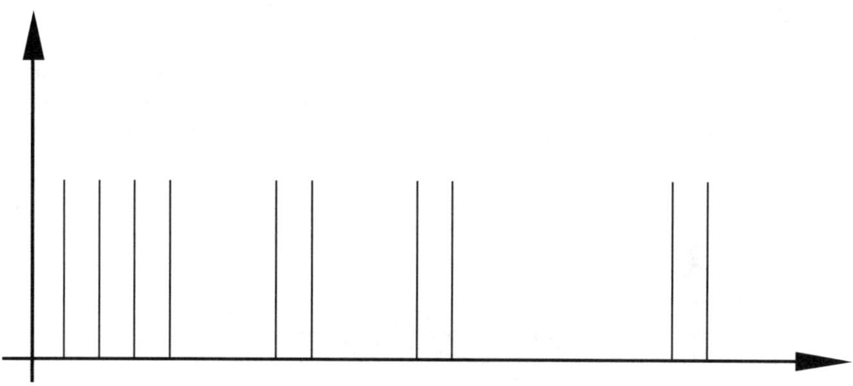

Cette stratégie est identique à la précédente. La seule différence tient à l'espacement irrégulier entre les expositions publicitaires. Cette stratégie convient tout à fait quand il s'agit de s'adapter à la saisonnalité des cycles d'achat dans l'espoir de les modifier. Comme pour la stratégie de continuité, la difficulté consiste à bien doser l'espacement entre les différentes vagues d'exposition.

D. Campagne de lancement

Ce plan de campagne concerne les lancements de produits ou marques nouveaux. La dépense publicitaire sera inversement proportionnelle à l'augmentation des ventes du produit. Plus les parts de marché augmenteront, plus les occasions d'exposition diminueront. On assiste à ce type de stratégie à chaque lancement de produit de grande consommation où les parts de marché coûtent cher.

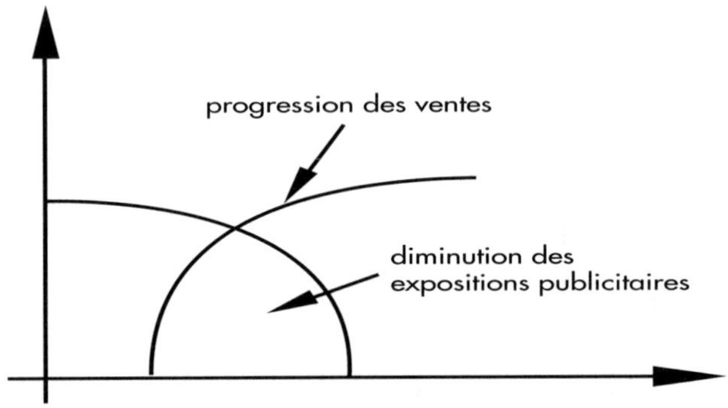

E. Campagne promotionnelle

Cette stratégie est une variante de la stratégie précédente. Elle consiste à mettre en place, parallèlement au lancement de la campagne publicitaire, une campagne de promotion par une PLV ou des relations publiques, voire aussi une politique de promotion par coupon, réduction ou échantillon. En général, la campagne publicitaire se met en place avant.

On peut toutefois adapter ce type de campagne lorsqu'il s'agit de faire la promotion d'un produit ou d'une marque en raison d'impératifs saisonniers. En fait, la campagne promotionnelle est rarement réalisée avant la campagne publicitaire, mais cela peut arriver.

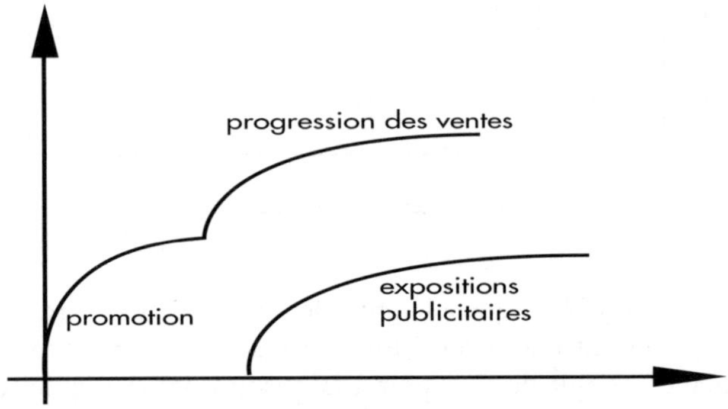

Bibliographie

Bahu-Leyser D., Chavenon H., Durand J., *Audience des médias*, Eyrolles, 1990.

Bartoli A., *Communication et organisation*, Éditions d'Organisation, 1990.

Benoun M., *Marketing, savoirs et savoir-faire*, Economica, 1989.

Bonnange C., Thomas C., *Don Juan ou Pavlov*, Seuil, 1987.

Bougnoux D., *La Communication par la bande*, Éditions La Découverte, 1990.

Brochand B., Lendrevie J., *Le Publicitor*, Dalloz, 1989.

Cathelat B., *Styles de vie*, Éditions d'Organisation, 1985.
Socio-styles système, Éditions d'Organisation, 1990.

Cordey Y., Perconte B., *Connaître la mercatique*, Bréal, 1994.

Coriat B., Weinstein O., *Les nouvelles théories de l'entreprise*, Livre de poche, 1995.

Cormerais F., Milon A., *La communication ouverte*, Éditions Liaisons, 1994.

Dayan A. *et alii , Marketing*, PUF, 1989.

Devismes P., *Packaging, mode d'emploi*, Dunod, 1991.

Dominitz J.-C., Tochon S., *La communication promotionnelle*, Éditions d'Organisation, 1988.

Haas C., *Pratique de la publicité*, Dunod, 1987.

Helfer J.-P., Orsoni J., *Marketing*, Vuibert Gestion, 1988.

Kotler P., Dubois B., *Marketing management*, Publi Union, 1983.

Lauginie J.-M. *et alii, Action commerciale*, Foucher, 1982.

Lendrevie D., Lindon D., Laufer R., *Mercator*, Dalloz, 1983.

Lhermie C., *Études de marché*, Sirey, 1989.

Milon A. *La valeur de l'information*. PUF, col. « Sociologie d'aujourd'hui », 1999.

Ogilvy D., *La publicité selon Ogilvy*, Dunod, 1988.

Pico P., *Action commerciale appliquée*, Bréal, 1990.

Retzler K., *La bible du marketing direct*, Top Édition, 1989.

Seguéla J., *Hollywood lave plus blanc*, Flammarion, 1988.

Taïeb B., *La promotion des ventes*, Dunod, 1991.

Tarrit J.-M., Kubik E., *La médiatique*, Chotard et associés, 1987.

U.D.A., PIQUET S., *Sponsoring et mécénat*, Vuibert, 1987.

VARIOT J.-F., « L'identité de marque », *in* Journée d'études de l'IREP, Paris, 5-6 juin 1985.

XARDEL D., MANUEL B., *Le marketing direct en France*, Dalloz, 1989.

B.D. : GAREL B., DEBLAERE P., *Les pubeurs*, 1982.

Remerciements à Marie-José RIOUX pour les recherches documentaires et la veille stratégique sur ce secteur.

Pour des sites internet en rapport avec les parties de cet ouvrage :
http://marketcom.free.fr/

Imprimé en France par C.C.I.F 18390 Saint-Germain-du-Puy
Dépôt légal : octobre 2004 - N° d'impression : 04/539
5 772501/02